आधुनिक हिन्दी कविता और काव्यानुभूति

आधुनिक हिन्दी कविता और काव्यानुभूति

(आलोचना)

एकान्त श्रीवास्तव

प्रकाशन संस्थान
नयी दिल्ली-110002

प्रकाशक

प्रकाशन संस्थान

4268-B/3, अंसारी रोड, दरियागंज

नयी दिल्ली-110 002

प्रथम संस्करण : सन् 2019

आवरण : जगमोहन सिंह रावत

शब्द-संयोजन : कम्प्यूटेक सिस्टम, दिल्ली-110032

मुद्रक : बी. के. ऑफसेट, दिल्ली-110032

पापा के लिए
जो इस पुस्तक के पृष्ठ गिनते थे
कि आज मैंने कितना लिखा...

पूर्वकथन

हमारा अन्तर्जगत् बाह्यजगत् से जो साक्षात्कार करता है, उसका ज्ञान ही अनुभूति है अर्थात् बाह्यजगत् से अन्तर्जगत् का जब गहरा तादात्म्य होता है, तब अनुभूति पैदा होती है। अनूभूति तभी सच्ची और तीव्र होगी जब उस मनःस्थिति से हमारा साक्षात्कार किसी न किसी धरातल पर हुआ हो। अनुभूति भोगकर तो होगी ही, जो सबसे गहरी होगी लेकिन एक अनुभूति वह भी होती है जो देखकर होती है, बशर्ते बाह्य से हमारा सही साक्षात्कार हो यानी गहरा तादात्म्य। भूख का अनुभव किये बिना या एक भूखे व्यक्ति की भूख से गहरे तादात्म्य के बिना भूख की अनुभूति नहीं हो सकती। प्रेमचन्द ने किसान के दैन्य का अनुभव किया इसलिए वे किसान की दैन्य अनुभूति से जुड़ सके।

यों तो मनुष्य बकौल रामचन्द्र शुक्ल—"केवल एक जोड़ी अनुभूति लेकर इस संसार में आता है।" लेकिन जीवन और व्यक्तित्व के विकास तथा समाज के दैनन्दिन साक्षात्कार के साथ-साथ दो मूल अनुभूतियाँ—सुख और दुःख से—विभिन्न अनुभूतियों का जन्म होता है।

प्रश्न यह है कि सामान्य अनुभूति और काव्यानुभूति में क्या अन्तर है और एक ही दशा या विषय को लेकर दो कवियों की अनुभूतियाँ अलग-अलग क्यों होती हैं? जिस अनुभूति के साथ हम गहराई से जुड़ते हैं, वह विशिष्ट अनुभूति है और जिससे केवल सतही स्तर पर साक्षात्कार होता है, वह सामान्य अनुभूति है। काव्यानुभूति दरअसल कविता का उद्‌गम-स्थल है। हम मुक्तिबोध के शब्द उधार लेकर इसे 'कला का प्रथम क्षण' भी कह सकते हैं। काव्यानुभूति हम उस अनुभूति को कह सकते हैं जो न सिर्फ रचना-प्रक्रिया के दौरान उसकी पूर्णता तक निरन्तर सक्रिय रहती है, बल्कि जिसके पीछे एक निश्चित लक्ष्य भी होता है। रिचड्‌र्स की दृष्टि से देखें तो जो अनुभूति अभिव्यक्ति के लिए बाध्य कर दे,

काव्यानुभूति है। नन्ददुलारे वाजपेयी के अनुसार आत्माभिव्यंजना ही काव्य है। यहाँ हम पुनः अपनी बात दोहरायेंगे कि मनुष्य के अन्तर्जगत् की रचना में बहिर्जगत् की भूमिका भी अत्यन्त महत्त्वपूर्ण और प्रमुख होती है।

मनुष्य की जन्मजात प्रवृत्तियों तथा घर-परिवार और सामाजिक परिवेश से उसके व्यक्तित्व का निर्माण होता है और व्यक्तित्व की भिन्नता से एक ही विषय को लेकर दो व्यक्तियों की अनुभूतियाँ भी भिन्न-भिन्न हो जाती हैं। व्यक्तित्व के आधार पर ही व्यक्ति अनुभूति से जुड़ता है। आगे चलकर दो विचारधाराओं का अन्तर दो रचनाकारों की जीवन-दृष्टियों का अन्तर बन जाता है। इस अन्तर के कारण एक ही विषय के सन्दर्भ में दो कवियों की अनुभूतियों का स्वरूप भी बदल जाता है।

अनुभव और अनुभूति की बहस भी बहुत कम दिलचस्प नहीं। पन्त का मत है कि "जीवनगत अनुभव अनुभव है, कलागत अनुभव अनुभूति।" अज्ञेय भी अनुभूति को कम से कम एक रचनाकार के लिए अनुभव से ज़्यादा मूल्यवान मानते हैं। हम अपनी सुविधा के लिए इस अन्तर को यों समझ सकते हैं कि जीवनानुभवों का रचना में रूपान्तरण बिना अनुभूति के सम्भव नहीं। अनुभूति जीवनानुभवों और काव्यानुभवों के बीच एक कड़ी है जो दोनों को एक-दूसरे से जोड़ती है। यह सच है कि जीवन में अनुभव पहले घटित होता है फिर उसे भोगकर या देखकर अनुभूति उत्पन्न होती है। लेकिन रचना में यह स्थिति ठीक इसके विपरीत होती है। वहाँ कवि अनुभूति के सहारे जीवनानुभव को काव्यानुभव में बदलता है, अतः अनुभूति का स्थान पहले है और अनुभव का बाद में। रचना में अनुभूति और अनुभव की स्थिति के आधार पर अब हम यहाँ यह कहने का साहस कर सकते हैं कि अनुभूति अनुभव का सूक्ष्म और अमूर्त रूप है और अनुभव अनुभूति का स्थूल और मूर्त रूप। अतः काव्यानुभूति और काव्यानुभव को बहुत ज़्यादा अन्तर के साथ नहीं देखा जाना चाहिए।

प्रकृति, समाज और कवि–काव्यानुभूति के तीन मूल तत्त्व हैं। इन तीनों तत्त्वों में निश्चित रूप से समाज का सर्वाधिक महत्त्व है क्योंकि मनुष्य एक सामाजिक प्राणी है और उसका पहला दायित्व समाज के प्रति ही है। एक सच्ची रचना न केवल बहुसंख्यक लोगों का प्रतिनिधित्व करती है, बल्कि कटिबद्ध होकर एक स्वस्थ समाज के निर्माण में अपना योग भी देती है लेकिन यह तभी सम्भव है जब रचनाकार की अनुभूति जनसामान्य से जुड़ी हो।

उपर्युक्त तीनों तत्त्वों से टकराकर ही काव्यानुभूति पैदा होती है और इन तीनों

के सामंजस्यपूर्ण सम्बन्धों के द्वारा ही निरन्तर निर्मित होती है। इसलिए सच्ची काव्यानुभूति द्वारा रचित कविता में कवि अकेला नहीं होता, बल्कि अपने युग और समाज के साथ होता है। यह सच है कि कवि अपने अनुभव में अकेला होता है और उसकी अनुभूति भी व्यक्तिगत होती है। लेकिन कवि की अनुभूति कवि के जीवन की विषय-वस्तु द्वारा निर्मित और निर्धारित होती है और कवि का व्यक्तित्व स्वयं युग के तकाज़ों, चुनौतियों, संघर्षों और कष्टों से बना है इसलिए कवि के व्यक्तिगत जीवन से उठकर अनुभूति एक सामूहिक चेतना से जुड़ जाती है।

लेकिन ऐसा सभी रचनाकारों के साथ स्वाभाविक रूप से नहीं होता क्योंकि कवि यदि स्वभाव से ही प्रगतिशील या जनवादी होता, तब तो प्रगतिशील और प्रतिक्रियावादी रचनाकारों में फर्क करने की ज़रूरत ही नहीं रह जाती। हर कवि के भीतर व्यक्ति और समाज का द्वंद्व होता है। इस द्वंद्व में किसी एक की जीत रचना को एकांगी बना देती है। एक सार्थक रचना में व्यक्ति और समाज का बराबर सम्मिलन और सन्तुलन आवश्यक है। हम अपने व्यक्ति को मारकर सिर्फ़ समाज को ही प्राथमिकता देकर रचना को मात्र वक्तव्य और विचार में बदल सकते हैं, अनुभूति वहाँ नहीं होगी और फलतः 'ज्ञानात्मक संवेदना' के अभाव में कविता भी वहाँ नहीं होगी। इसी तरह समाज को मारकर हमारी रचना मात्र वैयक्तिक दुःख-राग का माध्यम बनकर रह जाएगी। वहाँ जनता के दुःख-तकलीफों और युगीन चिन्ताओं के लिए न अवकाश होगा न स्थान।

यहीं पर आकर जनवादी और व्यक्तिवादी रचनाकार का अन्तर महत्त्वपूर्ण हो उठता है। इस अन्तर से एक ओर मुक्तिबोध जैसे कवियों का जन्म होता है तो दूसरी ओर अज्ञेय जैसे कवियों का।

जो काव्यानुभूति कवि के नितान्त निजी अन्तर्जगत् से उठकर समाज की सामूहिक चेतना से जुड़ती है, दरअसल, वही सच्चे. श्रेष्ठ और महान् काव्य की जन्मदात्री होती है। संक्षेप में, कवि, प्रकृति और सामाजिक यथार्थ की टकराहट से उत्पन्न अनुभूति ही श्रेष्ठकाव्य की रचना करती है और काव्य में नैतिक सौन्दर्य की स्थापना भी। जो रचनाकार इस सामंजस्यपूर्ण सम्बन्ध का निर्वहन नहीं कर पाते, उनकी रचना में न सिर्फ अहं, कुंठा, निराशा, संशय, अकेलापन, नियतिवाद—जैसी प्रवृत्तियों का बोलबाला रहता है बल्कि एक स्वस्थ्य जीवन-दृष्टि का भी सर्वथा अभाव रहता है।

स्वातन्त्र्योत्तर हिन्दी कविता में काव्यानुभूति के दो स्वरूप देखने को मिलते हैं। काव्यानुभूति के ये दो रूप ही काव्य में जनवादी और गैर जनवादी जीवन-दृष्टि

की स्थापना करते हैं।

हिन्दी काव्य-चिन्तन में काव्यानुभूति पर छिटपुट ही विचार हुआ है। प्रस्तुत शोध-प्रबन्ध में काव्यानुभूति के सन्दर्भ में विभिन्न चिन्तकों के विचारों का विश्लेषण किया गया है तथा काव्यानुभूति के उपर्युक्त दोनों स्वरूपों की खोज की गयी है। अन्त में काव्यानुभूति के वैयक्तिक तथा नकारात्मक निषेधात्मक स्वरूप की सीमाओं को स्पष्ट करते हुए उसके जनधर्मी तथा यथार्थवादी स्वरूप की महत्ता व गरिमा का उद्‌घाटन किया गया है।

पहले अध्याय का उद्‌देश्य मूलतः शोध के कार्य-क्षेत्र पर प्रकाश डालना ही है। अतः यहाँ संक्षेप में स्वातन्त्र्योत्तर युगीन परिस्थितियों तथा हिन्दी कविता की प्रमुख प्रवृत्तियों पर एक विहंगम दृष्टि डाली गयी है।

दूसरा अध्याय सैद्धांतिक है जिसके अन्तर्गत काव्यानुभूति का अर्थ तथा आशय स्पष्ट करते हुए विभिन्न भारतीय तथा पाश्चात्य कवियों और आलोचकों के विचारों का विश्लेषण किया गया है। साथ ही काव्यानुभूतियों की प्रेरणाओं, प्रयोजन और लक्ष्य की चर्चा करते हुए काव्य-सामग्री से उसके सम्बन्ध को स्पष्ट करने का प्रयास किया गया है। काव्यानुभूति के स्वरूप-निर्धारण में सहृदय-समाज की क्या भूमिका होती है तथा काव्यानुभूति और रसानुभूति में क्या अन्तर है—जैसे सवालों को भी इसी अध्याय में उठाया गया है।

तीसरा अध्याय स्वातन्त्र्य-पूर्व तथा स्वातन्त्र्योत्तर हिन्दी कविता के तुलनात्मक सर्वेक्षण से आरम्भ होता है और स्वातन्त्र्योत्तर ऐतिहासिक कारणों से काव्य-स्वभाव में आए हुए निर्णायक मोड़ को रेखांकित करता है। आगे कवियों के नए अन्तर्जगत्, नयी चेतना, नयी वस्तु, नयी भाषा व छन्द—अर्थात् कवि-कर्म की समग्र विशेषताओं का विश्लेषण करते हुए बढ़ते हुए परिवेश में काव्यानुभूति की बदली हुई बुनावट को स्पष्ट किया गया है।

चौथा अध्याय स्वातन्त्र्योत्तर राष्ट्रीय काव्य-धारा पर केन्द्रित है। इस धारा के कवियों की स्वातन्त्र्य-पूर्व कृतियों की संक्षेप में चर्चा करते हुए मूलतः उनके आजादी के बाद के काव्य में काव्यानुभवों की खोज की गयी है।

इसी तरह पाँचवाँ अध्याय स्वातन्त्र्योत्तर स्वच्छन्दतावादी धारा और उसके काव्यानुभवों पर केन्द्रित है। इसमें मैंने यह स्पष्ट करने का प्रयास किया है कि प्रगतिशील तथा निःगतिशील नवस्वछन्दतावाद के अन्तर्गत स्वातन्त्र्योत्तर काव्य-परिदृश्य के प्रायः सभी कवि आ जाते हैं—प्रगतिवादी धारा के कुछ कवियों को छोड़कर।

छठा अध्याय मूलतः प्रगतिशील काव्य-धारा के अन्तर्गत काव्यानुभूति के

स्वरूप की विवेचना करता है तथा स्वातन्त्र्योत्तर प्रगतिवाद की ऐतिहासिक स्थिति और उसकी गतिविधियों को स्पष्ट करता है। कवियों के अनुभव संसार के विविध पक्षों का विश्लेषण भी यहाँ किया गया है।

प्रयोगवादी काव्य, उसका प्रारंभिक चरण, स्वातन्त्र्योत्तर विकास, उसकी कवि दृष्टि व कवि-कर्म की नयी भूमियों का उद्घाटन करते हुए प्रयोगवादी काव्य-धारा में काव्यानुभवों की खोज और उनका विवेचन सातवें अध्याय के अन्तर्गत किया गया है। इसी अध्याय में आगे नयी कविता की चर्चा करते हुए जीवन से उसके रिश्तों की खोज की गयी है। नयी कविता के सौन्दर्यशास्त्रीय आग्रह क्या थे? उसमें भावुकता तथा बौद्धिकता के लिए कितनी गुंजाइश थी? सम्प्रेषण की समस्याएँ किस तरह की थीं? आदि बिन्दुओं पर केन्द्रित चर्चा भी की गयी है। यहाँ उद्देश्य प्रयोगवाद तथा नयी कविता में काव्यानुभूति के नितान्त व्यक्तिमुखी स्वरूप पर प्रकाश डालना ही है।

सातवें दशक का हिन्दी काव्य-जगत् तथा उसके मानस पर केन्द्रित आठवाँ अध्याय अकविता तथा विभिन्न छोटे-छोटे काव्यान्दोलनों में काव्यानुभूति के सकारात्मक तथा नकारात्मक स्वरूपों की जाँच-पड़ताल करता है। साथ ही विभिन्न सामाजिक, राजनीतिक तथा साहित्यिक आन्दोलनों की चिन्ता भूमियों को उद्घाटित करते हुए काव्यानुभवों की प्रकृति और प्रयोजन को भी यहाँ स्पष्ट किया गया है। सातवें दशक के धुँधलकों के बाद ही आठवें-नौवें दशक में काव्यानुभूति गहरे अर्थों में जन सम्पृक्त होने लगती है। यह अध्याय मूलतः साठोत्तरी काव्य-परिदृश्य का मूल्यांकन करता है।

नौवें अध्याय में स्वातन्त्र्योत्तर हिन्दी कविता के लगभग तमाम महत्त्वपूर्ण कवियों तथा उनके काव्यानुभवों की विस्तार से चर्चा की गयी है। दसवाँ अध्याय उपसंहार है जिसमें स्वातन्त्र्य-पूर्व तथा स्वातन्त्र्योत्तर हिन्दी कविता के कुछ उल्लेखनीय काव्यानुभवों की चर्चा के साथ उनका महत्त्व-निरूपण किया गया है।

मेरी जानकारी के अनुसार काव्यानुभूति पर अभी तक कोई नियोजित शोध कार्य नहीं हुआ है जिसमें स्वातन्त्र्योत्तर हिन्दी कविता के लगभग 40 वर्षों के व्यापक फलक (सन् 47 से 89) पर काव्यानुभूति के स्वरूपों की खोज व विस्तार से चर्चा की गयी हो। अतः उम्मीद है कि यह शोधकार्य काव्यानुभूति सम्बन्धी विचारों को आगे बढ़ाने में सहायक होगा तथा उनमें कुछ मौलिक तथ्यों को जोड़ सकेगा।

एकान्त श्रीवास्तव

अनुक्रम

प्रथम अध्याय

स्वातन्त्र्योत्तर हिन्दी कविता की पहचान : सीमारेखाएँ

सृजन मूलतः मानवीय स्वतन्त्रता के संघर्ष का ही संवेद्य रूप होता है। सृजन एक संघर्ष है, आत्मसंघर्ष, जिसके स्रोत समूचे परिवेश में व्याप्त होते हैं। रचनाकार अपने इस आत्मसंघर्ष के द्वारा अपने युग और इतिहास की मूल्यपरक स्थितियों का जायजा लेता चलता है और इस तरह वह संस्कृति को गति प्रदान करता है। इसी अर्थ में सृजन नवीन होता है और समृद्धिकारक भी। रचना के केन्द्र में मानवीय जिजीविषा के बहुरंगी पहलुओं का संयोजन होता रहता है। इस तरह रचना अपने परिवेश को बुनती हुई आगत को, सम्भावनाओं को अपने भीतर समेटे रहती है। इस दृष्टि से हिन्दी कविता ही नहीं, सम्पूर्ण हिन्दी साहित्य का अपना एक गौरवशाली इतिहास है।

जहाँ तक अनुभूति का प्रश्न है, उसे हम अन्तर्जगत् और बाह्यजगत् के साक्षात्कार के फलस्वरूप उत्पन्न ज्ञान कह सकते हैं। और काव्यानुभूति वह अनुभूति कही जाएगी जो न सिर्फ रचना प्रक्रिया के दौरान उसकी पूर्णता तक निरन्तर सक्रिय रहती है बल्कि जिसके पीछे एक निश्चित लक्ष्य भी होता है। काव्यानुभूति में इस लक्ष्य की उपस्थिति को ही मुक्तिबोध ने "एक भावनात्मक उद्देश्य की संगति"[1] कहा है। प्रकृति, समाज और स्वयं कवि काव्यानुभूति के तीन मूल तत्त्व हैं। एक ओर प्रकृति है, कवि है, कवि का व्यक्तिगत संसार है, उसके सुख-दुख, अहं, आशा-निराशा और आकांक्षाएँ हैं और दूसरी ओर है एक पूरा युग, जीवन-संघर्ष से जूझता व्यापक जनारण्य। दरअसल इन तीनों के तनाव भरे सन्तुलन से ही सच्ची अनुभूति-काव्यानुभूति-उत्पन्न होती है।

हिन्दी साहित्य का इतिहास प्रमाण है कि युगीन परिस्थितियों के साथ-साथ काव्यानुभूति भी बदलती रही है और अनुभूतिगत यही परिवर्तन रचना में लक्षित होता रहा है। हिन्दी कविता की विभिन्न प्रवृत्तियों के जन्म के मूल में यही परिवर्तन

लक्ष्य किया जा सकता है। कहना न होगा कि स्वातन्त्र्योत्तर हिन्दी कविता के मूल्यांकन में हमें उस अनुभूति तक यह यात्रा करनी होगी जो काव्य का उद्‌गम भी है।

लेकिन जब हम स्वातन्त्र्योत्तर हिन्दी कविता कहते हैं तो यह सवाल उठ खड़ा होता है कि स्वातन्त्र्योत्तर हिन्दी कविता हम किसे मानेंगे? क्या इसकी पहचान स्वातन्त्र्य-पूर्व हिन्दी कविता से अलग है?

स्वातन्त्र्योत्तर हिन्दी कविता की पहचान : सीमारेखाएँ

निश्चित रूप से स्वतन्त्रता के फलस्वरूप हिन्दी कविता में हुए परिवर्तनों को नजर अन्दाज नहीं किया जा सकता। इस घटना ने कवियों को एक स्वतन्त्र देश का परिवेश प्रदान किया। आजादी की लड़ाई और गुलामी की व्यथा का एक दौर समाप्त हुआ।

लेकिन स्वातन्त्र्योत्तर हिन्दी कविता की अपनी अलग पहचान और सीमा रेखाओं को स्पष्ट करने के लिए हमें स्वातन्त्र्य-पूर्व हिन्दी कविता की संक्षेप में चर्चा करनी होगी और यह देखना होगा कि सन् '47 से पहले हिन्दी कविता का परिदृश्य कैसा था।

भारतेन्दु के प्रवेश के साथ ही हिन्दी साहित्य के आधुनिक काल का आरम्भ होता है और रीतिकाल का अन्त। आधुनिक भारत के इतिहास के एक महत्त्वपूर्ण दौर में उनका आगमन हुआ। यह 1857 के स्वाधीनता संग्राम की असफलता के बाद का समय था। भारत के शासन की बागडोर ईस्ट इंडिया कम्पनी के हाथ से निकलकर ब्रिटेन के संसद के हाथों में आ चुकी थी। महारानी विक्टोरिया ने देश में नए सुधारों की घोषणा की थी और इस घोषणा से भारतवासियों के मन में यह उम्मीद जाग रही थी कि अब देश के शान्त वातावरण में वे अपने सर्वांगीण विकास का समुचित अवसर पा सकेंगे। न सिर्फ आवागमन के साधनों के विकास की बात की गयी थी बल्कि आधुनिक शिक्षा हेतु नए स्कूल-कॉलेज खोलने का वचन भी दिया गया था। सबसे ज्यादा प्रसन्नता की बात भारतीयों के लिए यह थी कि सरकारी नौकरियों में किसी प्रकार का कोई भेदभाव न बरते जाने का आश्वासन दिया गया था। देश में इन घोषणाओं से नया वातावरण बन रहा था। समाज तीन वर्गों में विभक्त हो गया था। एक वर्ग ऐसे लोगों का था जो पाश्चात्य सभ्यता से बेहद प्रभावित थे। दूसरा वर्ग ऐसे लोगों का था जिनकी आस्था परम्परागत धार्मिक विश्वासों, आचार-विचारों तथा रूढ़ियों और रीतियों में थी। आधुनिकता के लिए इनके मन में कोई स्थान न था। तीसरा वर्ग उन लोगों का

था जिनकी आस्था परम्परागत धार्मिक विश्वासों, आचार-विचारों तथा रूढ़ियों और रीतियों में तो थी ही, साथ ही आधुनिक ज्ञान-विज्ञान में भी इनकी रुचि थी। यह तीसरा वर्ग धर्म, जाति तथा संस्कृति से जुड़ा रहकर भी ज्ञान-विज्ञान के आधुनिक रास्तों से गुजरना चाहता था।

यह वर्ग शासन के शोषक चरित्र को समझ रहा था लेकिन फिर भी शासन द्वारा दी गयी वैज्ञानिक सुविधाओं का उपयोग करने में और देशवासियों के मानसिक स्तर को ऊपर उठाने में इस वर्ग को कोई आपत्ति न थी। इस वर्ग का यह प्रयास रहा कि विज्ञान तथा शिक्षा के समुचित प्रचार-प्रसार के द्वारा समाज, धर्म तथा जाति को नया संस्कार दिया जाए। उसे युगानुरूप चेहरा दिया जाए। इस सुधारवादी वर्ग ने भारतीय संस्कारों के साथ-साथ पश्चिमी जगत् द्वारा प्राप्त विवेक को भी स्वीकार किया। परम्परा के साथ-साथ आधुनिक चेतना को भी आवश्यकतानुसार ग्रहण करने में इसने परहेज नहीं किया। भारतेन्दु और उनके साथी लेखकों ने इसी वर्ग का प्रतिनिधित्व किया। इस वर्ग ने ब्रिटिश शासन के शोषक चरित्र की कड़ी आलोचना भी की और अनेक क्षेत्रों में उसके द्वारा उठाये गए कदमों को सराहा भी। निश्चित रूप से यह दोहरा चरित्र था। यहाँ डॉ. शिवकुमार मिश्र का यह कथन महत्त्वपूर्ण है कि–"जो लोग तत्कालीन वस्तुस्थिति को पूरी तरह नज़रअन्दाज कर भारतेन्दु और उनके सहयोगियों की राजभक्ति की आलोचना करते हैं, उन्हें ऐतिहासिक सन्दर्भों के साथ इसी राजभक्ति के स्वरूप को देखना चाहिए और तब उनके समक्ष स्पष्ट होगा कि भारतेन्दु और उनके सहयोगियों की राज़भक्ति उनकी देशभक्ति से विच्छिन्न न होकर उसी का एक अंग थी।"[2]

इस युग में यथार्थ और अनुभूति के रिश्ते मजबूत हुए। रीतिकालीन कोरी कल्पनाओं और शृंगार के दिन लद चुके थे। युगीन परिस्थितियों के अनुसार ही कवियों की काव्यानुभूति में उनकी वैयक्तिक चिन्ताएँ कम और सामाजिक चिन्ताएँ ज्यादा दिखती हैं। इस युग के काव्य में हमें यथार्थ का तीखा व प्रखर बोध दिखाई देता है। इस युग का काव्य मुक्त तथा स्वस्थ मानस की उपज है। कवियों की दृष्टि समसामयिक परिवेश को खुले रूप में देखते हुए बहुधा सतह को तोड़कर भीतरी परतों तक पहुँची है। देश के आर्थिक शोषण पर कटूक्तियाँ भारतेन्दु युगीन काव्य में मिलती हैं। ज़्यादातर कवियों ने व्यंग्य को अपनाया। बदरीनारायण चौधरी 'प्रेमधन', प्रताप नारायण मिश्र, जगनमोहन सिंह, अम्बिका दत्त व्यास तथा राधाकृष्ण दास आदि सभी महत्त्वपूर्ण कवियों ने समाज के विभिन्न क्षेत्रों में व्याप्त विकृतियों का पर्दाफाश करने की कोशिश की।

अंग्रेजों द्वारा भारतीयों के शोषण के विरुद्ध भारतेन्दु ने लिखा–

"बाहर भीतर सब रस चूसे, हँसि-हँसी के तन मन धन चूसे
जाहिर बातन में अति तेज, क्यों सखि, साजन, नहिं, अंगरेज।"[3]

उद्धरण तो और भी बहुत से दिए जा सकते हैं लेकिन अनावश्यक विस्तार से बचते हुए यहाँ इतना कहना उचित होगा कि भारतेन्दु युगीन कविता ने समाज की हर विसंगति को रेखांकित करने की कोशिश की। वह शोषण तथा अन्याय के विरुद्ध खड़ी हुई तथा सामाजिक चेतना फैलाने के क्षेत्र में उसने अपना विशिष्ट योगदान दिया। इस तरह भारतेन्दु युग से ही हिन्दी कविता में न सिर्फ भौतिक परिवेश का द्वंद्व समाहित हो जाता है बल्कि मनुष्य की राजनीतिक, सामाजिक और सांस्कृतिक मुक्ति का भौतिक प्रारूप भी आने लगता है।

भारतेन्दु युगीन लेखकों ने सामाजिक, आर्थिक तथा राजनीतिक क्षेत्र में जिस संघर्ष का सूत्रपात किया, उसे आधुनिक युग के दूसरे दौर में द्विवेदीयुगीन रचनाकारों ने आगे बढ़ाया। भारतीय इतिहास में यह समय ब्रिटिश शासन के दमन चक्र और कूटनीति का काल था लेकिन स्वतन्त्रता के प्रेरणास्रोत भी कम न थे। रजनी पामदत्त ने लिखा है–"यदि भारत के पूँजीपति वर्ग ने केवल संस्कृत में लिखे वेदों का अध्ययन किया होता अथवा सभी तरह की विचारधाराओं से अलग हटकर मठों में ज्ञान प्राप्त किया होता तो निश्चय ही उसे संस्कृत वेदों में भी अपनी आजादी की प्रेरणा के भरपूर सिद्धान्त मिल जाते। साम्राज्यवाद की समूची प्रणाली में निहित अन्तर्विरोधों का ही यह परिणाम था कि शिक्षा की जो पद्धति कुशल साम्राज्यवादी प्रशासन के लिए थोपी गयी थी, उसी ने भारत के लोगों के लिए इंग्लैंड के जनतान्त्रिक और लोकप्रिय आन्दोलनों तथा जन संघर्षों से भारत में चल रहे अत्याचारों की ही तरह के अत्याचारों से लड़ रहे मिल्टन, शेली तथा बायरन जैसे कवियों से प्रेरणा प्राप्त करने का रास्ता भी खोल दिया।"[4]

यह लड़ाई भारत के राष्ट्रीय पूँजीवाद तथा अंग्रेजी साम्राज्यवाद की थी। दोनों के आर्थिक हित एक-दूसरे के विरुद्ध थे। जनाधार राष्ट्रीय उद्योगपतियों का था। दिनोंदिन तीव्रतर होते जा रहे राष्ट्रीय आन्दोलन का यह तनावभरा वातावरण द्विवेदीयुगीन रचनाकारों का भी था। निश्चित तिथियों के विवाद में न पड़ें तो यह समय लगभग सन् 1885 से 1915-16 के बीच का है। भारतेन्दुकालीन साहित्यकार ने एक ओर 'भारतदुर्दशा' पर दुःख व्यक्त किया, वहीं दूसरी ओर द्विवेदीकालीन कवियों ने देश की दुर्दशा के चित्रण के साथ-साथ देशवासियों को स्वतन्त्रता प्राप्ति

की प्रेरणा दी तथा उन्हें आत्मोत्सर्ग एवं आत्मबलिदान का मार्ग दिखाया।

उन्नीसवीं शताब्दी के अन्त तक साहित्याकाश का रंग बदलने लगा। लोग भक्ति और शृंगार से ऊबने लगे। पंडित महावीर प्रसाद द्विवेदी ने जनता की रुचि तथा आकांक्षाओं को समझा। उन्होंने सहयोगी लेखकों को भी विविध विषयों पर कविता लिखकर जनजीवन से जुड़ने तथा भारतेन्दुयुगीन काव्यात्मक संघर्ष को आगे बढ़ाने के लिए प्रेरित किया। इस क्षेत्र में महावीर प्रसाद द्विवेदी, मैथिलीशरण गुप्त, श्रीधर पाठक, अयोध्यासिंह उपाध्याय 'हरिऔध', 'नाथूराम शर्मा', 'शंकर', राय देवी प्रसाद 'पूर्ण', रामचरित उपाध्याय, गयाप्रसाद शुक्ल 'सनेही' तथा रामनरेश त्रिपाठी ने अपनी कविताओं के द्वारा न सिर्फ पुरानी रूढ़ियों से समाज को मुक्त करने की कोशिश की बल्कि देशभक्ति और बलिदान की भावना जगाकर लोगों को स्वतन्त्रता प्राप्ति के लिए प्रेरित किया। बढ़ती हुई राजनीतिक चेतना तथा सांस्कृतिक पुनरुत्थान के परिणामस्वरूप राष्ट्रीयता द्विवेदीयुगीन काव्य की प्रधान भाव-धारा रही। इस युग के प्रायः सभी कवियों ने समाज की धड़कनों को वाणी देने की कोशिश की।

व्यापक परिमाण में देशभक्तिपूर्ण कविताओं का प्रणयन किया गया तथा पराधीनता को सबसे बड़ा अभिशाप बताया गया। मैथिलीशरण गुप्त ने लिखा—

"धरती हिलकर नींद भगा दे
बज्रनाद से व्योम जगा दे।
दैव और कुछ लाग लगा दे।"[5]

गोपाल शरण सिंह जैसे कवियों ने यदि यह लिखकर कि "किसने शताब्दियों की ली छीन सब कमाई?' अंग्रेजों के शोषक चेहरों की तरफ उँगली उठायी तो कवि नाथूराम शर्मा 'शंकर' ने 'बलिदान गान' जैसी कविता में "प्राणों का बलिदान देश की वेदी पर करना होगा' कहकर जनता को स्वतन्त्रता प्राप्ति के लिए क्रांति और बलिदान की प्रेरणा दी। इसके अतिरिक्त मानवता, नीति और आदर्शपरक तथा छुटपुट हास्य-व्यंग्य की कविताएँ भी लिखी गयीं लेकिन द्विवेदीयुगीन काव्य का अधिकांश राष्ट्रीयता की भावना से ओतप्रोत रहा।

हम द्विवेदीयुगीन कविता को राष्ट्रीय-सांस्कृतिक कविता कह सकते हैं। तत्कालीन युगीन परिस्थितियों का पूरा प्रभाव इस युग के काव्य पर पड़ा और फलस्वरूप विरोध का स्वर मुखर हुआ। इस युग की राष्ट्रीयता, साम्प्रदायिकता और प्रान्तीयता से ऊपर उठी हुई है। मातृभूमि के लिए सर्वस्व बलिदान, स्वार्थ त्याग तथा पारस्परिक

वैमनस्य को दूर करने की प्रेरणा देकर इस युग के काव्य ने राष्ट्रीय भावना को विकसित किया और तत्कालीन राष्ट्रीय आन्दोलन को बल प्रदान किया। कवियों ने जातीय जीवन की बड़ी मार्मिक और रचनात्मक आलोचना की। उन्होंने सामाजिक कुरीतियों, धार्मिक आडम्बरों एवं निरर्थक रूढ़ियों पर जोरदार प्रहार किये। एक नवीन मानवतावादी दृष्टि का निर्माण हुआ। काव्य में सम्राटों और महापुरुषों की जगह पहली बार सामान्य मानव ने ली। जिन्दगी के संघर्ष से जूझता एक आम मनुष्य काव्य का विषय बना जो इस युग की सबसे बड़ी उपलब्धि रही।

आधुनिक काल की निरन्तर परिपक्व और प्रौढ़ होती कविता के एक महत्त्वपूर्ण युग को इतिहास में हम छायावाद के नाम से जानते हैं। इस युग का रचनाफलक सन् 1918 से लगभग 1938 तक फैला हुआ है। इस युग में विविध काव्यधाराएँ एक साथ सक्रिय रहीं, फलस्वरूप काव्यानुभूति के विविध रूप हमें देखने को मिलते हैं। एक धारा राष्ट्रीय काव्य की रही। दूसरी छायावादी कविता की धारा थी जिसके आधार पर समूचे युग का नाम ही छायावाद पड़ा। तीसरी धारा प्रेम और मस्ती के काव्य की थी जिसका प्रतिनिधित्व बच्चन जैसे कवियों ने किया। प्रथम धारा में माखनलाल चतुर्वेदी, सियाराम शरण गुप्त, बालकृष्ण शर्मा 'नवीन', रामधारी सिंह 'दिनकर' तथा सुभद्राकुमारी चौहान जैसे कवि सक्रिय थे। प्रेम और मस्ती की तीसरी काव्यधारा के अन्तर्गत हरिवंशराय बच्चन के अलावा नरेन्द्र शर्मा, रामेश्वर शुक्ल 'अंचल', भगवतीचरण वर्मा के नाम याद किये जा सकते हैं। दूसरी धारा यानी छायावादी कविता इस युग की सबसे महत्त्वपूर्ण देन रही जिसके प्रमुख आधार-स्तम्भ प्रसाद, निराला, पन्त और महादेवी रहे।

राष्ट्रीय धारा की कविता स्वतन्त्रता आन्दोलन से गहरे तक प्रभावित रही। एक ओर कवियों ने भारत की आन्तरिक विसंगतियों और विषमताओं को दूर करने के लिए सामाजिक चेतना फैलाने की कोशिश की तो दूसरी ओर जनता को विदेशी शासन से मुक्ति पाने के लिए स्वाधीनता संग्राम में सक्रिय हिस्सेदारी के लिए प्रेरित किया। माखनलाल चतुर्वेदी, रामनरेश त्रिपाठी, बालकृष्ण शर्मा 'नवीन' तथा सुभद्राकुमारी चौहान ने न सिर्फ देशप्रेम और संघर्ष की कविताएँ लिखीं बल्कि स्वतन्त्रता आन्दोलन में भी भाग लिया। यही कारण है कि उनकी रचनाओं में अनुभूति की सच्चाई दिखाई देती है।

बालकृष्ण शर्मा 'नवीन' ने भिखमंगे, पराजित, मजलूम और चिरदोहित भारत को जगाने का प्रयत्न किया—

"ओ भिखमंगे, अरे पराजित, ओ मजलूम, अरे चिरदोहित
तू अखण्ड भंडार शक्ति का, जाग अरे निद्रा सम्मोहित
प्राणों को तड़पाने वाली हुंकारों से जल थल भर दे।"

माखन लाल चतुर्वेदी ने 'कैदी और कोकिला' नामक कविता में हथकड़ियों को ब्रिटिश राज्य का गहना मानकर स्वीकार किया—"हथकड़ियाँ क्यों? यह ब्रिटिश राज्य का गहना", क्योंकि संघर्ष समकालीन जीवन की नियति थी। रामनरेश त्रिपाठी ने यदि भारत को सुनहला भविष्य और अपना अंतिम लक्ष्य बताया—"करेंगे क्या लेकर अपवर्ग, हमारा भारत ही सुख-स्वर्ग' तो सुभद्राकुमारी चौहान ने इस लक्ष्य की प्राप्ति के लिए बलिदान की प्रेरणा दी—

"गुँजा डालें स्वराज्य की तान और सब हो जावें बलिदान" स्पष्ट है कि देश की स्वाधीनता के लिए संघर्ष ही राष्ट्रीय काव्य का प्रधान काव्य-विषय रहा।

प्रेम और मस्ती की काव्यधारा के अन्तर्गत बच्चन, नरेन्द्र शर्मा, अंचल, भगवतीचरण वर्मा के अलावा नवीन तथा गोपालसिंह नेपाली आदि कवियों के काव्य में प्रणय का व्यक्तिवादी स्वर प्रधान रहा। इनके काव्य में प्रणय के शारीरिक और मांसल चित्र मिलते हैं। हालाँकि इनकी अधिकांश रचनाएँ छायावादोत्तर काल में प्रकाशित हुईं लेकिन इनका प्रवेश छायावादी युग में ही हो गया था। इन कवियों को अलग काव्यधारा में रखने का कारण यह है कि छायावादी कवियों ने स्थूल प्रणय बन्धन से ऊपर उठने का प्रयत्न किया और प्रणय को व्यापक जीवन चेतना के अंग के रूप में ग्रहण किया। छायावाद की प्रणय भावना एक उदात्त, आध्यात्मिक और सांस्कृतिक स्तर पर प्रतिष्ठित हो जाती है लेकिन इस धारा की कविता शरीर के धरातल पर ही व्यक्त हुई, छायावादी कविता की तरह वह मन फिर आत्मा का स्पर्श नहीं करती।

निश्चित रूप से यह यथार्थ विमुख प्रणय था। नवीन यदि नशे में गर्क हो जाना चाहते हैं—

"हो जाने दो गर्क नशे में, मत पड़ने दे फर्क नशे में"

तो बच्चन उस मादकता में आशा रखते हैं जिसमें जग का भय खत्म हो जाता है—

"वह मादकता ही क्या, जिसमें बाकी रह जाए जग का भय"

आश्चर्य है कि स्वाधीनता आन्दोलन के मध्य ये कवि किस प्रकार अपने

आपको राष्ट्रीय यथार्थ से विमुख रख सके? डॉ. नगेन्द्र ने इस यथार्थ-विमुखता का पर्दाफाश करते हुए लिखा है—"जैसे-जैसे स्वाधीनता का आन्दोलन बल पकड़ता जा रहा था, वैसे-वैसे ब्रिटिश साम्राज्यवाद का दमन चक्र और उसका आतंक बढ़ता ही जा रहा था। इसलिए जो कवि खुलकर आतंक और दमन चक्र का सामना न कर सके, वे आत्मकेन्द्रित होकर प्रणय के गीत गाने लगे।"[6] बच्चन, नवीन तथा नरेन्द्र शर्मा जैसे कवियों के कुछ नाम ऐसे भी हैं जिनकी कविता जीवन से पूरी तरह विमुख नहीं हुई। इन कवियों ने व्यक्तिवादी, शारीरिक और प्रणय भावना की अन्धड़ में भी जीवन की डोर को कहीं न कहीं थामे रखा।

छायावादी कविता इस युग की अत्यन्त महत्त्वपूर्ण देन रही। इस काव्यधारा में द्विवेदीयुगीन इतिवृत्तात्मकता का विरोध हुआ। उसकी स्थूल और सरल पदावली की भी प्रतिक्रिया हुई और कविता अन्तर्जगत् की ओर उन्मुख होकर सूक्ष्म, वक्र तथा सांकेतिक हो गयी। छायावादी कवियों पर भारतीय पुनर्जागरण के आन्दोलन का व्यापक प्रभाव पड़ा था। निराला, प्रसाद, पन्त और महादेवी वर्मा ने विषय, भाव, भाषा, छन्द आदि सभी क्षेत्रों में जातीय मूल्यों की प्रतिष्ठा का प्रयास किया। इस विद्रोह को केवल द्विवेदीयुगीन प्रतिक्रिया के रूप में नहीं देखा जा सकता। इसके मूल में तत्कालीन राजनीतिक-सामाजिक कारण भी हैं। पाश्चात्य शिक्षा ने एक सुनहला भविष्य दिखा तो दिया लेकिन किसी भी स्वप्न को साकार करने के अवसर नहीं के बराबर थे। फलस्वरूप असफलता और कुंठा से उत्पन्न विक्षोभ, क्रांति और कभी-कभी घोर व्यक्तिवादिता भी छायावादी काव्य में दिखाई देती है। लेकिन छायावादी कविता फलक व्यापक था। इस धारा के कवि पुनर्जागरण से गम्भीर रूप से प्रभावित थे। इसलिए उनका क्षेत्र एकदम पलायन, मादकता और निराशा का भी नहीं था।

उनके सामने जीवन की आशा, आस्था और आकांक्षाओं से भरा अनन्त सम्भावनाओं का पक्ष भी था। इसलिए उनके काव्य में मूल्यों की अभिव्यक्ति व्यापक मानवीय स्तर पर हुई। छायावादी कविता ने भारतीय जीवन के विकास में अत्यन्त महत्त्वपूर्ण भूमिका निभायी है। डॉ. नामवर सिंह ने लिखा है—"छायावादी कविता की आत्मीयता, प्रकृति प्रेम, सौन्दर्य भावना, संवेदनशीलता, अथक जिज्ञासा, जीवन की लालसा, उच्चतर जीवन की आकांक्षा और इन सबके लिए संघर्ष करने की अनवरत प्रेरणा छायावादी कविता का स्थायी सन्देश है। छायावाद हमें रसमग्न करके निष्क्रिय नहीं बनाता, बल्कि उद्बुद्ध करके सक्रिय बनाता है। वह हमारी भावनाओं की व्यापक अनुभूति को गहरी और भावों को परिष्कृत तथा परिवर्तित करता है।"[7] इस युग

की कविता ने द्विवेदीयुगीन इतिवृत्तात्मकता के विरुद्ध सूक्ष्म भावनाओं की प्रतिष्ठा की, तत्कालीन रूढ़ियों और ईसाई धर्म प्रचारकों के आक्षेपों के विरुद्ध भारतीय अतीत के प्राणवान मूल्यों की स्थापना की तथा अंग्रेजी दासता के विरुद्ध स्वाधीनता संग्राम में संघर्षरत मनुष्य का साथ दिया।

छायावादी अभिव्यंजना द्विवेदीयुगीन स्थूलता के विरोध में निश्चित रूप से अर्थ गाम्भीर्य के उस उत्कर्ष तक पहुँच जाती है जिससे आगे जाने की सम्भावना शायद नहीं रह जाती। दृष्टव्य है महादेवी की 'दीप की शिखा' की ये पंक्तियाँ–

"हार चुके तारक कुसुम जब
रश्मियों के रजत पल्लव
संधि में आलोकतम की
क्या नहीं नभ जानता तब
पार से, अज्ञात वासंती
दिवस-रथ चल चुका है।"[8]

जहाँ तक सम्पृक्ति का सवाल है, प्रायः सभी छायावादी कवियों में इसके लिए प्रयास दृष्टिगोचर होता है। प्रसाद अपनी व्यक्तिगत वेदना के आँसू को विश्व कल्याण की भावना के साथ सम्बद्ध करने के प्रयास में अपनी प्रसिद्ध कृति 'आँसू' का अन्त इन पंक्तियों से करते हुए जैसे समूचे छायावादी काव्य की वेदना का उपसंहार निश्चित कर देते हैं–

"सबका निचोड़ लेकर तुम / सुख से सूखे जीवन में
बरसो प्रभात हिमकन-सा
आँसू इस विश्व-सदन में।"[9]

यहाँ तक कि चाँदनी रात में 'नौका विहार' करते हुए भी पन्त 'जग' को नहीं भूलते। फिर चाहे वह विवेचना दार्शनिक ही क्यों न हो। छायावाद में काव्यानुभूति न सिर्फ अत्यन्त गहरी और सूक्ष्म थी बल्कि उस पर आध्यात्मिक और दार्शनिक रंग भी था–

"इस धारा सा ही जग का क्रम
शाश्वत इस जीवन का उद्गम
शाश्वत है गति शाश्वत संगम।"[10]

फिर निराला तो जीवन संघर्ष के कवि हैं ही, वे रचना के हर क्षेत्र में अतिक्रमण

करते हैं। चाहे प्रेम कविता हो–

"तुम तुंग हिमालय शृंग
और मैं चंचल गति सुर सरिता
तुम विमल हृदय उच्छ्वास
और मैं कान्त कामिनी कविता

तुम बरसों के बीते वियोग
और मैं हूँ पिछली पहचान... ।"[11]

चाहे जीवन संग्राम में जुझारू संघर्ष की तैयारी हो, वे पीछे नहीं हटते–

"जीवन की तरी खोल दे रे
जग की उत्ताल तरंगों पर..."[12]

निराला के 'तुलसीदास' जैसे सांस्कृतिक काव्य में भी तुलसी की ऊर्ध्वमुखी चेतना और संकल्प में प्रत्येक भारतीय का संकल्प और विश्वास दृष्टिगोचर होता है–

"करना होगा यह तिमिर पार
देखना सत्य का मिहिर द्वार
बहना जीवन के प्रखर ज्वार में निश्चय ।"[13]

यहाँ डॉ. विजयबहादुर सिंह का यह कथन महत्त्वपूर्ण है कि–"कविता का सम्बन्ध भावों से होता है और छायावादी कविता की यही उपलब्धि है कि वह वस्तुओं और घटनाओं के शास्त्रीय काव्य रूपों से निकलकर भावोन्मेष के उच्च सोपान पर अपने व्यक्तित्व की प्रतिष्ठा कर सकी है।"[14]

सन् 1936 के बाद हम काव्यानुभूति में एक तीव्र सामाजिक चेतना की संगति देखते हैं। जहाँ कहीं भी कविता में वर्तमान से जुड़ने और अपने समसामयिक समाज को पहचानने का प्रयास होता है, वहीं पर कविता अपने रोमांटिक उन्माद से बाहर आने लगती है और बौद्धिक व्यवहार के अनुकूल होने लगती है। छायावाद की मूल दृष्टि विद्रोह की आत्मपरक व्यंजना वाली है और वह बहुत दार्शनिक भी है। अतः जब हम खड़ी बोली कविता के विकास को देखते हैं तो भारतेन्दु युग से लेकर प्रगतिवाद तक मानवीय स्वतन्त्रता के निरन्तर विकसित होते हुए सामाजिक, आर्थिक, राजनीतिक और दार्शनिक पक्षों का उद्‌घाटन देखते हैं। यह वह समय है जब राजनीति के धरातल पर भारतीय जनता अपनी आजादी की लड़ाई

लड़ रही थी और साथ-साथ इतिहास के धरातल पर वह रूढ़ियों तथा अन्ध-विश्वासों के विरुद्ध समकालीन जीवन-बोध की रचना भी कर रही थी। डॉ. नगेन्द्र के अनुसार—"प्रगतिवादी काव्य की संज्ञा उस काल को दी गयी जो छायावाद के समाप्ति काल में 1936 ई. के आस-पास सामाजिक चेतना को लेकर निर्मित होना आरम्भ हुआ। यह नाम उस काव्यधारा का है जो मार्क्सवादी दर्शन के आलोक में सामाजिक चेतना और भावबोध को अपना लक्ष्य बनाकर चली।"[15]

सूर्यकान्त त्रिपाठी निराला ने अपने काव्य में उपेक्षित समाज को स्थान दिया तथा किसान-मजदूरों के श्रम को और उनके सामाजिक सम्बन्धों के यथार्थ को व्यक्त किया। पन्त की कविता में भी सामान्य मानव ने जगह ली। उनके परवर्ती काव्य में सामाजिक चेतना के विविध आयाम परिलक्षित होते हैं। इस सन्दर्भ में निराला की 'कुकुरमुत्ता' तथा 'तोड़ती पत्थर' जैसी अनेक कविताएँ याद की जा सकती हैं। पन्त की 'युगान्त', 'युगवाणी' तथा 'ग्राम्या' आदि परवर्ती कृतियों में इसी विचारधाराओं की कविताएँ मिलती हैं। केदारनाथ अग्रवाल, नागार्जुन, त्रिलोचन, रामविलास शर्मा, शिवमंगल सिंह सुमन, रांगेय राघव, शील प्रगतिवाद के अन्य महत्त्वपूर्ण कवि हैं।

सन् 1943 में 'तारसप्तक' के प्रकाशन से हिन्दी कविता के क्षेत्र में एक नए युग का सूत्रपात होता है जिसे हम प्रयोगवाद के नाम से जानते हैं। यह खेमा अज्ञेय और उनके साथी कवियों का था। हालाँकि इसमें मुक्तिबोध, रामविलास शर्मा, भवानी प्रसाद मिश्र जैसे कुछ कवि भी अपवाद रूप में सम्मिलित हो गए थे लेकिन ये बहुत जल्द प्रयोगवादी दायरे से बाहर आ गए। अज्ञेय के अतिरिक्त गिरिजा कुमार माथुर, नरेश मेहता, शकुन्त माथुर, कुँवर नारायण, जगदीश गुप्त, लक्ष्मीकान्त वर्मा आदि कवियों ने शब्द और प्रयोग पर जोर दिया और इस तरह हिन्दी कविता के क्षेत्र में रूपवाद और कलावाद का आन्दोलन तेज हुआ। प्रयोगवाद में काव्यानुभूति को जनाधार से काटने का प्रयास किया गया, फलस्वरूप काव्य वैयक्तिकता और आत्मविज्ञप्ति का माध्यम बनकर रह गया और जिसमें नग्न यथार्थवाद, अति बौद्धिकता और कुंठाओं की अभिव्यक्ति हुई। यह आन्दोलन प्रगतिवाद के विरोध में आरम्भ हुआ था, इसलिए कविता में व्यक्ति-स्वातन्त्र्य के नारे सुनाई पड़ने लगे। समाजवाद के स्थान पर व्यक्तिवाद को स्थापित करने का प्रयत्न किया जाने लगा। लेकिन प्रयोगवाद के शोरगुल के बीच प्रगतिवादी कवि निरन्तर सक्रिय रहे और उन्होंने कविता और जन के रिश्ते में बराबर एक सन्तुलन बनाये रखा।

इस तरह 1947 के पूर्व हिन्दी काव्य के परिदृश्य में विभिन्न काव्यधाराएँ

सक्रिय दिखाई देती हैं। प्रयोगवादी आन्दोलन के शोरगुल के बीच सन् '47 में भारत स्वतन्त्र हुआ। हिन्दी कविता में ही नहीं, समूचे हिन्दी साहित्य में भारतीय स्वतन्त्रता का गहरा प्रभाव पड़ा। रचनाकारों को एक स्वतन्त्र देश का परिवेश मिला। गुलामी की व्यथा और उससे मुक्ति का एक लम्बा संघर्ष समाप्त हुआ।

ऐसा नहीं है कि स्वातन्त्र्योत्तर हिन्दी कविता के परिदृश्य में पूर्वागत काव्यधाराओं में केवल प्रयोगवादी धारा ही थी। छायावादी काव्य के वरिष्ठतम कवियों में पन्त, निराला, महादेवी भी अपनी रचना-यात्रा के अंतिम दौर में थे। प्रगतिवादी कवियों में नागार्जुन, त्रिलोचन आदि भी रचनारत थे। राष्ट्रीय कवि भी लिख रहे थे। हालाँकि स्वतन्त्रता प्राप्ति अब उनका मूल काव्य विषय नहीं था। इसलिए वे जीवन के अन्य विषयों की ओर हाथ-पैर मारते दिखाई दे रहे थे। दिनकर की चेतना दूसरी हो गयी थी। उनका राष्ट्रबोध चीन के आक्रमण के समय ही दिखाई देता है। बालकृष्ण शर्मा 'नवीन' प्रेम और रहस्यवाद की ओर मुड़ गए। 'हम विषपायी जनम के' उनका ऐसा ही काव्य है। मैथिलीशरण गुप्त भी 'विष्णु प्रिया' जैसी कृतियाँ लिखने लगे थे। सच तो यह है कि राष्ट्र का दायित्व अब मूलतः प्रगतिवादी कवियों के कन्धों पर ही आ पड़ा था और वे उसका बखूबी निर्वहन भी कर रहे थे। व्यक्तिवादी गीति कविता की धारा के अन्तर्गत बच्चन आदि भी निरन्तर काव्य रचना में रत थे।

हम देखते हैं कि आगे चलकर प्रयोगवाद से ही नयी कविता का आन्दोलन भी आरम्भ हो जाता है जो कमोबेश उसी व्यक्तिवादी विचारधारा का प्रतिनिधित्व करता है। इस तरह स्वातन्त्र्योत्तर हिन्दी कविता में विभिन्न काव्यधाराएँ सक्रिय दिखाई देती हैं। इसमें न सिर्फ पूर्वागत काव्यधाराएँ ही हैं बल्कि नयी कविता जैसी नयी धाराएँ भी दिखाई देती हैं। स्वातन्त्र्योत्तर काव्य में अनेक वरिष्ठतम कवियों के साथ-साथ हम नए कवियों का उभार भी देखते हैं। बच्चन, नवीन, दिनकर, भवानी प्रसाद मिश्र तथा सोहन लाल द्विवेदी ऐसे ही नाम हैं।

आजादी के बाद कवियों की मनोभूमि में हम एक स्पष्ट परिवर्तन लक्ष्य कर सकते हैं। कवियों के एक बड़े वर्ग ने भूख, गरीबी, बेरोजगारी के रहते तथा भारत में दिनोंदिन बढ़ते पूँजीवाद के रहते एक ओर आजादी को अधूरी मानते हुए काव्य में मोहभंग की पीड़ा को व्यक्त किया तो दूसरी ओर कवियों के दूसरे वर्ग ने आजादी के स्वागत में जय-जयकार किया और यह मानकर देश के कटु यथार्थ से आँखें मूँद ली कि अब देश का दायित्व कुछ राजनीतिज्ञों के कन्धों पर ही है। वे ऐसे विषयों पर लिखने लगे जिनका जन जीवन से कोई सीधा सम्बन्ध न था। इनमें से अधिकांश या तो बड़े सरकारी अफसर हो गए या पूँजीपति संस्थानों से

चिपक गए। पहला वर्ग नागार्जुन, मुक्तिबोध तथा भवानी प्रसाद मिश्र जैसे जनवादी प्रगतिशील कवियों का था तो दूसरा वर्ग था अज्ञेय, गिरिजा माथुर तथा बच्चन जैसे कवियों का।

आजादी के बाद की स्थिति पर डॉ. विजय बहादुर सिंह ने लिखा है कि—"नगरीय जीवन की अति महत्त्वाकांक्षी, सुविधा खोजी संघर्ष विमुखता के खिलाफ स्वभावतः हमारे लेखन को खड़ा होना था और जिस जागरूक मध्यवर्ग को इसकी अगुवाई करनी थी, उसी का एक तबका आजादी के संघर्ष के उजाले में भी रो-कलप रहा था। सुखद आश्चर्य तो यह है कि उसी के बीच से मुक्तिबोध, नेमिचन्द्र जैन, भवानी प्रसाद मिश्र, हरिनारायण व्यास, शमशेर बहादुर सिंह, सर्वेश्वर और रघुवीर सहाय जैसे लोग भी आ रहे थे। जनता के प्रति समर्पित, लोकजीवन के सुखदायी भविष्य का सपना देखने वाले इन कवियों की कविताओं में दृढ़ सामाजिक आस्था और उल्लास का भाव तरंगित था। कभी-कभी निराशा और क्षोभ के क्षण भी हैं, किन्तु मूलभूत तौर पर ये सब जन समर्पित, स्वाधीनता-कामी, लोकजीवन के कवि थे जिन्होंने यह मान लिया था कि कविता स्वयं में कोई साध्य नहीं है, साध्य तो है वह मानव जीवन, जिससे संस्कृति नया स्वरूप ग्रहण करती है और सभ्यता का माथा ऊँचा उठ जाता है।"[16]

युगीन परिस्थितियाँ

एक ओर 15 अगस्त, 1947 की भारतीय स्वतन्त्रता से हर तरफ प्रसन्नता की लहर दौड़ गयी तो दूसरी ओर देश की जनता में एक नया उत्साह तथा कार्य करने की एक नयी क्षमता पैदा हुई। जनता ने स्वतन्त्रता और प्रजातन्त्र का स्वागत किया। जनता ने सोचा कि परतन्त्रता के बाद अब गरीबी, भुखमरी, बेकारी और अशिक्षा से भी मुक्ति मिलेगी।

लेकिन ऐसा सोचना उसकी गलती थी। प्रधानमन्त्री नेहरू की सरकार ने आधुनिक उद्योगों को बढ़ावा दिया। इस तरह राष्ट्रीय पूँजीवाद के विकास की नींव मजबूत हुई। भारत को विदेशों तथा विश्व बैंक से सहायता और उधारी के रूप में धन मिला। इस तरह विदेशी पूँजी की घुसपैठ भी होने लगी। नतीजा यह हुआ कि भारत की ग्रामीण अर्थव्यवस्था तथा विदेशी पूँजी की सहायता से विकसित होने वाली उद्योग व्यवस्था का सन्तुलन टूटने लगा। इसके अतिरिक्त कुछ ही दिनों में प्रजातन्त्रीय राजनीति की रूपवादी शैली के तहत जमींदारी उन्मूलन हुआ। देशभर में उच्च-मध्यम वर्ग के नवधनाढ्यों का सिलसिला शुरू हुआ, जिनके पास खेती

थी तथा शहरों में मिल्कियत थी। धीरे-धीरे इस वर्ग का आर्थिक और राजनीतिक गठबन्धन राष्ट्रीय पूँजी तथा साम्राज्यवादी देशों से उपलब्ध होने वाली पूँजी से होने लगा। एक नए किस्म के हिन्दुस्तान का जन्म हुआ। एक नयी किस्म की संस्कृति का जन्म हुआ। ग्रामीण जीवन कुंठित होने लगा। वह नगरों और महानगरों के अधीन होने लगा। आजाद भारत के आधुनिकीकरण की इस प्रगतिमान रूपरेखा को साहित्य में भरपूर जगह मिली। कविता में भी इस नयी प्रगति की रोमांचकारी गाथा देखी जा सकती है—"अब साहित्य में आधुनिकीकृत मध्यवर्ग के नायक-नायिकाओं का जन्म होने लगा। रोमांस की दुनिया चाय घरों, कॉफी घरों, पार्कों, होटलों और सड़कों तक फैलने लगी। घर के बन्धन टूटने लगे। कथा जगत् में राजेन्द्र यादव, मोहन राकेश और कमलेश्वर के युग का आरम्भ हुआ। 'मांस के दरिया' के किनारे बुद्धिजीवी इकट्ठे होने लगे।"[17]

यह ध्यान देने लायक तथ्य है कि भारत के तमाम राष्ट्रीय नेताओं ने पराधीनता से मुक्ति और स्वाधीनता प्राप्ति के लिए किसान, मजदूर, विद्यार्थी, वकील, कर्मचारी, सैनिक आदि सभी वर्गों से राजनीति में हिस्सेदारी का आह्वान किया था, उसी देश में राजनीति को आजादी के बाद जनता के चिन्तन और आचरण से दूर करने की कोशिश की गयी। यह भारतीय जनता के लिए मोहभंग का समय था। जनता ने महसूस किया कि एक गुलामी से मुक्त होकर वे दूसरी गुलामी की गिरफ्त में आ गए हैं। जनता की समस्याओं, भूख, गरीबी, बेकारी, अशिक्षा की ओर सिर्फ उतना ही ध्यान दिया गया जितना पूँजीवादी रंग में ढलती व्यवस्था के लिए सम्भव था। व्यक्ति आत्मकेन्द्रित होने लगा तथा दिनोंदिन कुंठाओं का शिकार होने लगा।

हमारा प्रजातन्त्र रजवाड़ों, रियासतों और अंग्रेजी जमाने के नौकरशाहों के मिले-जुले वातावरण के बीच से जन्मा था। आजादी के बाद व्यवस्था की संरचना को बदलने के महत्त्वपूर्ण कार्य को नजरअन्दाज किया गया। यही कारण है कि नेता, नौकरशाह और उद्योगपति के हित जुड़ते गए और जनता से उनके सम्बन्ध दिनोंदिन शत्रुतापूर्ण होते गए। सरकार ने हमेशा उद्योगों को बढ़ावा दिया और पूँजी के साथ रहकर श्रम की उपेक्षा की। इस तरह भारतीय जनजीवन में दिनोंदिन पूँजीवाद का जहर फैलता गया। आजादी के बाद भारत की जनतांत्रिक, राजनीति में न सिर्फ पुराने रजवाड़ों, रियासतदारों, नवधनाढ्यों का प्रभाव बढ़ता गया बल्कि पूँजीवादी आकांक्षाओं से ओत-प्रोत मध्यवर्ग का प्रभाव भी बढ़ता गया। सत्ता और उसके चुनाव उपर्युक्त वर्गों के प्रभाव से अछूते न रह सके। इस तरह सत्ता और जनता में विरोध

बढ़ता गया। इस अन्तर्विरोध का प्रभाव साहित्य और कला में स्पष्ट दृष्टिगोचर होता है।

स्वातन्त्र्योत्तर हिन्दी काव्य में एक ओर तो विभाजन और साम्प्रदायिक दंगों की स्वतन्त्रता के सन्दर्भ में चर्चा हो रही थी तो दूसरी ओर प्रयोगवाद और उसके बाद नयी कवितावादी दृष्टि का विकास हो रहा था। आजादी के बाद के रचना फलक पर पंडित जवाहरलाल नेहरू के ही सामाजिक, आर्थिक तथा राजनीतिक नीतियों का प्रत्यक्ष प्रभाव दिखाई नहीं देता, अपितु, डॉ. लोहियां की सोशियल डेमोक्रेसी का भी गहरा प्रभाव परिलक्षित होता है। रचना के स्तर पर नेहरू-लोहिया का यह भेद नयी कविता के विकास की नयी विविधताओं को दर्शाने वाला सिद्ध हुआ। यह स्पष्ट है कि स्वातन्त्र्योत्तर हिन्दी काव्य का एक पक्ष वह भी है जहाँ मानवतावादी-धर्मनिरपेक्षतावादी विवेकशीलता का विकास हुआ और भाषा की व्यावहारिकता स्पष्ट हुई।

यह वह समय है जब 'तीसरा सप्तक' और 'चौथा सप्तक' के द्वारा व्यक्तिवादी जीवन-दर्शन को पुष्ट किया जा रहा था और ठीक इसके विपरीत केदार, नागार्जुन, त्रिलोचन और मुक्तिबोध जैसे कवि मार्क्सवादी विचार-दर्शन के द्वारा अपने समकालीन परिवेश की द्वंद्वात्मक समझ हासिल कर रहे थे तथा रचना में सामन्तवादी व पूँजीवादी जीवन की विद्रूपताओं को पहचान भी रहे थे।

भारत के प्रजातन्त्रीय जीवन-दर्शन के सम्बन्ध में यह कथन ध्यान देने योग्य है—"यहाँ के प्रजातन्त्रीय जीवन-दर्शन में प्रैग्मेटिज्म का सार तत्त्व मिलता है। इसलिए उसके आचरण में अन्तर्विरोधों का संघर्ष तथा विभिन्न अवयवों में ऐक्य की भावना एक साथ मिलती है, अन्तर्विरोधों के मध्य एकता और समन्वयात्मकता मिलती है तथा उद्देश्य की भूमिका पर रामराज्यीय व्यवस्था का मिथक और पूँजीकेन्द्रित व्यक्तिवाद की प्रगतिशील सामाजिकता दिखाई देती है। इस तरह की प्रगतिशीलता रोमांटिक यथार्थवाद से अभिभूत होती है। समाजवाद के भारतीयकरण की यही रूपरेखा है। इसी के आधार पर राजनीति में नेहरू और लोहिया पन्थ सक्रिय रहे हैं, स्वातन्त्र्योत्तर हिन्दी रचना में जिनके विचार-दर्शन की गहरी छाप मिलती है।"[18]

स्वातन्त्र्योत्तर हिन्दी काव्य परिदृश्य में धीरे-धीरे प्रयोगवाद का स्थान नयी कविता ले लेती है। अज्ञेय भी धीरे-धीरे प्रयोगवाद का चोला उतारकर नयी कविता के परिवेश में खिसक आते हैं। नए भारत में उसके परिवेश के अनुकूल नयी रचना का प्रादुर्भाव होता है। कविता ही क्या, कला और साहित्य का कोई भी दौर अपने समय के सामाजिक, आर्थिक परिवेश के प्रत्यक्ष और परोक्ष प्रभावों से अछूता नहीं रह सकता।

फलस्वरूप हिन्दी कविता में भी युगीन परिस्थितियों का व्यापक और गहरा प्रभाव लक्षित होता है। स्वतन्त्रता-प्राप्ति के बाद के दशकों में भारतीय समाज में विकास और उपलब्धियों के आँकड़ों के बावजूद सामाजिक, आर्थिक और सांस्कृतिक क्षेत्र में भयानक विषमताएँ दिखाई पड़ती हैं।

नेहरू का दृष्टिकोण भी अधिकांश भारतीय राजनीतिज्ञों की तरह शहरी दृष्टिकोण था। यही कारण है कि कृषि के विकास के लिए केवल शाब्दिक चर्चाएँ ही हुईं। रुपये जनता कार, भारत निर्मित जेट वायुयानों आदि आयोजनों पर खर्च होते रहे। गाँवों में, जहाँ भारत की 80 प्रतिशत आबादी रहती है और मूलतः जो कृषि पर निर्भर है, आयोजनों को केन्द्रित नहीं किया गया। फलतः विकास के तमाम आँकड़ों के बावजूद गाँवों की स्थिति में कोई खास फर्क नहीं पड़ा।

गहराते हुए सामाजिक संकट और गरीबी की राजनीति के बारे में स्व. दीनानाथ रांगणेकर का यह कथन कितना महत्त्वपूर्ण है कि—"भारत आज अपने को एक अधूरी औद्योगिक क्रांति और एक खोखली हो चुकी प्राचीन संस्कृति के अवज्ञापूर्ण प्रतिरोध के बीच ठहरा हुआ पा रहा है। यह उसी जटिल द्वैत का एक पहलू है जो एक आधुनिक औद्योगिक क्षेत्र के विकास तथा गरीबीग्रस्त कृषि क्षेत्र की लँगड़ाहट के बीच दिखाई पड़ता है। गाँवों में यह द्वैत हरित क्रांति के कारण और गहरा हुआ है, क्योंकि इसके परिणामस्वरूप भूमिहीन मजदूरों और सीमान्त किसानों की संख्या काफी बढ़ी है। शहरी गरीबी वस्तुतः देहाती गरीबी का ही उच्छिष्ट है। लेकिन गाँवों में रहने वाले गरीब संख्या में ज्यादा, बिखरे हुए तथा असंगठित हैं। गाँव के गरीब का कोई सहारा नहीं है। सरकार वहाँ जो कुछ करती है, उससे अन्ततः अमीरों और शक्तिशाली लोगों को ही फायदा होता है। हमारी पूरी प्रणाली भूमिपतियों, व्यापारियों, साहूकारों और राजनीतिक सूबेदारों का पक्षपात करती है, और ऐसा जिन कारणों से होता है, हमारे राजनीतिक नेता उन्हें बिलकुल ही छेड़ना नहीं चाहते।"[19]

साहित्यिक अन्तरिक्ष

स्वातन्त्र्योत्तर हिन्दी कविता की प्रवृत्तियों की चर्चा करने से पहले हमें संक्षेप में स्वातन्त्र्योत्तर साहित्यिक अन्तरिक्ष की चर्चा करनी होगी ताकि विभिन्न काव्यधाराओं और प्रवृत्तियों का विकास हम उनकी सम्पूर्णता में देख सकें। स्वातन्त्र्योत्तर परिदृश्य सकारात्मक और नकारात्मक जीवन-मूल्यों की विभिन्न छोटी-बड़ी काव्यधाराओं से समृद्ध है। इसमें एक तरफ प्रयोगवाद, नयी कविता और नयी कविता के बाद के

छोटे-छोटे काव्यान्दोलन हैं तो दूसरी तरफ प्रगतिवाद है तथा वे जनवादी कवि भी हैं जो मार्क्सवादी न होते हुए भी पूरी ईमानदारी के साथ जन पक्षधर हैं। इस व्यापक परिदृश्य में स्वातन्त्र्योत्तर राष्ट्रीय काव्यधारा तथा नव स्वच्छन्दतावादी काव्यधारा भी है। नयी कविता के समानान्तर आरम्भ किया गया नवगीत का आन्दोलन यदि एक तरफ है तो दूसरी तरफ प्रगतिशील जनवादी गीतकारों का भी एक बड़ा वर्ग है।

प्रयोगवाद हालाँकि सन् '47 से पहले का आन्दोलन है और वह '47 से पहले पर्याप्त चर्चित भी हो चुका था लेकिन बाद के सप्तक क्योंकि '47 के बाद छपे, इसलिए यह स्वातन्त्र्योत्तर काव्य में भी एक पूर्वागत प्रधान काव्यान्दोलन रहा। हालाँकि पाँचवें दशक का यह आन्दोलन बहुत अधिक समय तक इसी नाम से न चल सका। छठे दशक के आते-आते इसने चोला बदल लिया। जो प्रयोगवादी कवि 'राहों के अन्वेषी' थे, उन्हें अब 'राह' मिल गयी थी। यह राह थी—आत्म-परक सूक्ष्म सौन्दर्य-बोध के अनाम पर गैर राजनीतिक किस्म की एक मध्यवर्गीय संवेदना। सारे प्रयोगवादी अब नयी कविता के कवि कहलाने लगे। स्वतन्त्रता मिलने के बाद के लगभग डेढ़ दशक में जो नयी कविता लिखी गयी, उसका समूचा बोध विश्वयुद्ध के बाद दुनिया भर में चल रहे शीतयुद्ध की राजनीति से प्रभावित था। कहना न होगा कि नयी कविता अपनी पूर्ववर्ती काव्यधारा प्रगतिवाद की प्रतिक्रिया में आयी थी। मुक्तिबोध ने लिखा है कि—"नयी कविता के बुर्ज से शीतयुद्ध की गोलन्दाजी की गयी थी।"[20]

आगे चलकर नयी कविता का यह आन्दोलन अनेक छोटे-छोटे काव्यान्दोलनों में विभाजित हो जाता है। इन छोटे काव्यान्दोलनों में कई नाम सुनाई पड़ते हैं—नकेनवाद, अकविता, क्रुद्ध पीढ़ी, भूखी पीढ़ी, कबीर पीढ़ी, विद्रोही पीढ़ी, युयुत्सावाद, अस्वीकृत कविता, अतिकविता आदि-आदि। इन विभिन्न काव्यान्दोलनों के साथ-साथ नयी कविता का अन्त भी हो जाता है और नयी कविता के व्यक्तिमुखी जीवन दृष्टि से लगातार संघर्ष करने वाले प्रगतिशील-जनवादी कवियों की वरिष्ठ पीढ़ी से प्रेरणा लेकर अनेक नए और समर्थ कवियों द्वारा समकालीन कविता का ताना-बाना बुना जाने लगता है। इस तरह समकालीन कविता के विस्तृत दायरे में नागार्जुन, केदार, त्रिलोचन, शमशेर के अतिरिक्त रघुवीर सहाय, केदारनाथ सिंह, लीलाधर जगूड़ी, ज्ञानेन्द्र पति, सोमदत्त, वेणुगोपाल, कुमार विकल, मंगलेश डबराल, अरुण कमल, उदय प्रकाश, राजेश जोशी आदि अनेक महत्त्वपूर्ण नाम सम्मिलित हो जाते हैं। इन कवियों ने धूमिल, मुक्तिबोध, दुष्यन्त कुमार, भवानी प्रसाद मिश्र,

सर्वेश्वर दयाल सक्सेना की गौरवशाली परम्परा को आगे बढ़ाया।

स्वतन्त्रता के बाद राष्ट्रीय काव्यधारा के कवि जीवन के अन्य विषयों की तरफ प्रस्थान करने लगते हैं क्योंकि उनका मूल लक्ष्य स्वाधीनता प्राप्ति अब पूरा हो चुका था, जो उनका प्रधान काव्य विषय भी था। हालाँकि अब वे चूक से गए थे और लम्बे समय तक सामयिक रचना लिखते रहने के कारण किसी भी तरह की कलात्मक और कालजयी कृति देने में वे स्वयं को असमर्थ महसूस करने लगे थे। नव स्वच्छन्दतावाद को भी प्रगतिशील और निःगतिशील स्वच्छन्दतावाद के रूप में देखें तो इसमें भी विभिन्न कवि-गीतकारों का प्रतिबद्ध और गैर प्रतिबद्ध लेखन सामने आता है।

हिन्दी गीतों में भी एक ओर व्यक्तिवादी गीत और नवगीत लिखे गए तो इन्हीं के साथ प्रगतिशील-जनवादी गीत भी व्यापक परिमाण में लिखे गए। कथा के क्षेत्र में भी एक तरफ प्रेमचन्द की परम्परा में कथाकार और उपन्यासकार आगे आए जिनमें भैरवप्रसाद गुप्त, अमरकान्त, भीष्म साहनी, मार्कण्डेय आदि हैं तो दूसरी तरफ मध्यवर्गीय प्रेम और कुंठाओं को अभिव्यक्त करने वाला कथा-साहित्य भी नयी कहानी के नाम से, नयी कविता के समानान्तर ही सामने आया। राजेन्द्र यादव, कमलेश्वर ने इसी कथा-धारा का प्रतिनिधित्व किया।

कहने का आशय यह कि पद्य के साथ-साथ गद्य की विधाओं में भी, न सिर्फ कहानी-उपन्यासों में बल्कि नाटक-एकांकियों में भी जनवादी और गैर जनवादी लेखन का अन्तर बराबर बना रहा। इस तरह स्वातन्त्र्योत्तर हिन्दी साहित्यिक अन्तरिक्ष में विभिन्न छोटे-बड़े काव्यान्दोलन और साहित्यिक गतिविधियाँ दिखाई देती हैं।

स्वातन्त्र्योत्तर हिन्दी कविता की प्रवृत्तियाँ

कवि और उसके सामाजिक यथार्थ की टकराहट से उत्पन्न अनुभूति ही श्रेष्ठ काव्य की रचना करती है और काव्य में नैतिक सौन्दर्य की स्थापना भी करती है। इस तरह कवि की व्यक्तिगत अनुभूति, उसकी निजी पीड़ा, जीवन और कहें कि समूचा रचना व्यक्तित्व ही एक मचान की तरह सामाजिक यथार्थ के खम्भों पर खड़ा है। जो रचनाकार समाज के साथ इस सामंजस्यपूर्ण सम्बन्ध का निर्वहन नहीं कर पाते, उनकी रचनाओं में न सिर्फ अहं, कुंठा, निराशा, ईर्ष्या, स्वार्थ-लोभ जैसी व्यक्तिवादी प्रवृत्तियों का बोलबाला रहता है, बल्कि एक स्वस्थ-जीवन दृष्टि का भी सर्वथा अभाव रहता है।

स्वातन्त्र्योत्तर हिन्दी कविता में काव्यानुभूति के मूलतः दो रूप देखने को मिलते हैं—एक वह अनुभूति जो जीवन से जुड़कर युग की गहरी पीड़ा को अपने भीतर समाहित करती है और एक ऐसी कविता को जन्म देती है जिसे आम आदमी न सिर्फ ओढ़ता-बिछाता है, बल्कि जिसके आलोक में वह अपने यथार्थ को समझता और पहचानता भी है, ऐसी कविता जो मनुष्य की यात्रा और उसके संघर्ष में उसके साथ होती है और उसकी चेतना का हिस्सा बनती है। दूसरी अनुभूति जो अपनी घोर व्यक्तिवादिता से उठकर उसी में फलती-फूलती और खत्म होती है, ऐसी कविता को जन्म देती है जिसमें अहं, कुंठा, निराशा, पराजय, शब्द-चातुरी और रूपवादी रुझान के अतिरिक्त कुछ नहीं होता। इसमें मनुष्य के जीवन-संघर्ष की कोई झलक नहीं होती।

काव्यानुभूति के ये दो रूप ही काव्य में जनवादी और गैर जनवादी जीवन दृष्टि की स्थापना करते हैं। स्वातन्त्र्योत्तर हिन्दी कविता की विभिन्न प्रवृत्तियों के पीछे मूलतः ये दो जीवन-दृष्टियाँ काम करती दिखाई देती हैं। यहाँ हम इन प्रवृत्तियों की चर्चा थोड़ा विस्तार के साथ करेंगे।

कहा जा चुका है कि स्वातन्त्र्योत्तर परिदृश्य में प्रयोगवाद का एक पूर्वागत काव्यान्दोलन था। सन् 1943 में 'तार सप्तक' के प्रकाशन से हिन्दी कविता के क्षेत्र में एक नए युग का सूत्रपात होता है जो अपनी पूर्व परम्पराओं से पृथक् प्रयोगधर्मिता से युक्त दिखाई देता है। 'तार सप्तक' की भूमिका में अज्ञेय ने छायावाद और प्रगतिवाद के विरुद्ध प्रयोगवाद के अर्थ की व्याख्या की और कवियों के चुनाव का कारण स्पष्ट करते हुए कहा—"कवियों के चुनाव में मूल सिद्धान्त यह था कि संग्रहीत कवि सभी ऐसे होंगे जो कविता को प्रयोग का विषय मानते हैं, जो यह दावा नहीं करते कि काव्य का सत्य उन्होंने पा लिया है, केवल अन्वेषी ही अपने को मानते हैं।"[21]

1951 में 'दूसरा सप्तक' के प्रकाशन ने प्रयोगवाद की स्थिति को हिन्दी काव्य क्षेत्र में निश्चित कर दिया। अज्ञेय के अतिरिक्त अनेक कवियों ने अपने वक्तव्यों में काव्य-विषयक प्रयोगों की आवश्यकता को विशेष महत्त्व देकर प्रयोगों की इस प्रक्रिया को एक संगठित आन्दोलन के रूप में उभरने में सहायता प्रदान की। प्रयोगवाद की कविताओं में आत्मपरक भावनाओं की अभिव्यक्ति हुई। शैली की नवीनता, नूतन प्रतीक, कल्पनाएँ तथा नवीन छन्दों के सृजन की प्रवृत्ति प्रयोगवाद में दिखाई देती है। प्रयोगवादी काव्यधारा के स्वरूप पर विचार करने से पहले यदि उसके नामकरण पर विचार किया जाए तो प्रयोग शब्द अंग्रेजी के 'एक्सपेरिमेंट'

के अनुरूप ही हिन्दी में प्रयुक्त हुआ है। जिस प्रकार एक वैज्ञानिक उक्ति या तर्क द्वारा पदार्थों का विश्लेषण करता है, उसी प्रकार प्रयोगवाद मानव के शरीर और मस्तिष्क-तत्त्व का विश्लेषण करता है। मानसिक भावनाओं का विश्लेषण करने के लिए वह अनेक प्रयोग करता है और उसे कविता में उतारता है।

प्रयोगवाद के प्रमुख कवियों में अज्ञेय, मुक्तिबोध, नेमिचन्द्र जैन, भारतभूषण अग्रवाल, प्रभाकर माचवे, गिरिजाकुमार माथुर, रामविलास शर्मा, भवानी प्रसाद मिश्र, शकुन्त माथुर, हरिनारायण व्यास, शमशेर बहादुर सिंह, नरेश मेहता, रघुवीर सहाय, धर्मवीर भारती, प्रयाग नारायण त्रिपाठी, कीर्ति चौधरी, मदन वात्स्यायन, केदारनाथ सिंह, कुँवरनारायण, विजय देवनारायण साही, सर्वेश्वरदयाल सक्सेना, जगदीश गुप्त तथा लक्ष्मीकान्त वर्मा आदि प्रमुख हैं। यह महत्त्वपूर्ण है कि इनमें से बहुत कवि सप्तकों में प्रकाशित होने के बावजूद सिर्फ प्रयोगवाद की सीमा में ही नहीं रहे, बल्कि उससे बाहर आकर वे नयी कविता के दौर में भी निरन्तर जनवादी लेखन में सन्नद्ध रहे। मुक्तिबोध, रामविलास शर्मा, भवानी प्रसाद मिश्र, शमशेर, हरिनारायण व्यास, रघुवीर सहाय, सर्वेश्वर, साही, केदारनाथ सिंह कुछ ऐसे ही नाम हैं।

प्रयोगवादी काव्य का अधिकांश वैयक्तिकता और आत्मविज्ञप्ति का माध्यम बनकर रह गया जिसमें नग्न यथार्थवाद, अतिबौद्धिकता और कुंठाओं की अभिव्यक्ति हुई। रामशंकर मिश्र ने यदि एक तरफ लिखा कि—"प्रयोगवाद ने जो उपलब्धियाँ की हैं वे अधिकांशतः कला और शिल्प के क्षेत्र से ही सम्बन्धित हैं। परन्तु उसमें ऐसी अनेकानेक अतियों को भी प्रश्रय मिला है, जिनके कारण उन उपलब्धियों का रंग, जैसा चाहिए था, वैसा निखर नहीं सका।"[22] तो दूसरी तरफ नरेश मेहता जैसे कवियों ने भी बाद में यह स्वीकार किया कि—"प्रयोगवादी काव्य में इतनी शक्ति नहीं आ सकी कि वह अपनी रचयिताओं के दावों के अनुकूल खरा उतर सके। उसका अधिकांश एक तीखी प्रतिक्रिया और असन्तुलन को ही सूचित करता है।"[23]

प्रयोगवाद से पहले खड़ी बोली हिन्दी की कविता में छायावाद और प्रगतिवाद के दो महत्त्वपूर्ण आन्दोलन चल चुके थे। छायावाद में काव्यानुभूति का स्वरूप सूक्ष्म, वैयक्तिक और आध्यात्मिक रंग से रंगा हुआ था। इसका विरोध प्रगतिवादियों ने किया और रचना में सामाजिक यथार्थ के चित्रण पर जोर दिया। प्रगतिवादियों की आस्था मार्क्सवादी जीवन-दर्शन में भी थी। प्रयोगवाद इन दोनों आन्दोलनों की प्रतिक्रियास्वरूप सामने आया। मुख्यतः इसने प्रगतिवाद का विरोध किया और यह आरोप लगाया कि प्रगतिवाद में रचना के कलात्मक सौष्ठव की ओर कम ध्यान

दिया गया। प्रयोगवादी कवियों ने लेखक की अतिशय स्वतन्त्रता पर अपना विश्वास व्यक्त किया है और व्यक्तिवाद को बढ़ावा दिया। इस सन्दर्भ में प्रयोगवादी काव्य के नैतिक पतन के एक-दो नमूने देखे जा सकते हैं। बानगी के तौर पर अज्ञेय की ही कविता 'सावन-मेघ' का एक अंश लें—

''घिर गया नभ, उमड़ आए मेघ काले
भूमि के कम्पित उरोजों पर झुका-सा
विशद, श्वासाहत, चिरातुर
छा गया इन्द्र का नील वक्ष
वज्र-सा, यदि तड़ित से झुलसा हुआ-सा

आह, मेरा श्वास है उत्तप्त
धमनियों में उमड़ आयी है लहू की धार
प्यार है अभिशप्त
तुम कहाँ हो नारि?''[24]

'दूसरा सप्तक' के कवि नरेश मेहता ने यह घोषणा की—

''विश्व के इस रेत वन पर
मैं अहं का मेघ हूँ।''[25]

धर्मवीर भारती ने 'गुनाह का गीत' लिखकर यह स्वीकार किया कि—

''इन फ़िरोज़ी होंठों पर बरबाद
मेरी ज़िन्दगी''[26]

प्रयोगवाद के प्रवर्त्तक कवि अज्ञेय और उनके बहाने प्रयोगवाद की सम्पूर्ण रचनाओं के केन्द्र को यदि पकड़ा जाए तो—''उसमें भारत के जनतांत्रिक राष्ट्रीय आन्दोलन के विपरीत गुण-धर्म वाला व्यक्तिबोध दिखाई देगा। अज्ञेय ने भारत के सामाजिक यथार्थ को, वास्तविकता और सच्चाई को काट-काटकर व्यक्तिधर्मी बनाया है और अहं के विद्रोह को आधुनिक परिवेश में स्थापित किया।''[27] इन समाजविरोधी पक्षों के कारण प्रयोगवाद बहुत दिनों तक नहीं चल सका। छठे दशक के उत्तरार्द्ध और सातवें दशक के पूर्वार्द्ध की कविता मूल रूप से नयी कविता आन्दोलन के रूप में दिखाई देती है।

लेकिन प्रयोगवाद और नयी कविता के वैचारिक धरातल में बहुत ज़्यादा अन्तर नहीं है। कहा जा चुका है कि प्रयोगवाद की तरह ही नयी कविता का समूचा बोध विश्वयुद्ध के सारे संसार में चल रहे शीतयुद्ध की राजनीति से प्रभावित था। नयी कविता का आन्दोलन आधुनिकतावाद और व्यक्ति-स्वातन्त्र्य का नारा लेकर आया। ज़्यादातर नए कवि मध्यवर्गीय थे। इन कवियों द्वारा आधुनिकता बोध में कल्पना के स्थान पर व्यक्ति के अनुभव सत्य को स्थापित करने की बात गलत नहीं थी। लेकिन जब यह आधुनिकता बोध अपने समय की व्यापक सामाजिक, आर्थिक चुनौतियों से बचने का प्रयास करने लगा तो कविता के नैतिक मूल्यों का पतन आरम्भ हो गया। मानव-विरोधी और प्रतिगामी शक्तियों के बारे में समाज में सामन्तवादी संरचना और पूँजीवादी ढाँचे के बारे में तथा गरीब जनता पर चल रहे शोषण के कुचक्र के बारे में नए कवि ने विचार करना आवश्यक नहीं समझा। नयी कविता के सन्दर्भ में यह कथन महत्त्वपूर्ण है कि–"राजनीति से नयी कविता के सौन्दर्य बोध को परहेज था, क्योंकि राजनीतिक मसलों को उठाने का अर्थ अनिवार्य तौर पर सत्ता प्रतिष्ठान के विरोध में जाना और प्रगतिशील वामपन्थी शक्तियों से जुड़ना था। यह निश्चित रूप से स्वतन्त्र भारत के बौद्धिक समाज में घटी सबसे भयंकर दुर्घटना थी।"[28]

इसके पीछे जो कारण थे वे कम महत्त्वपूर्ण नहीं हैं। एक ओर यदि नयी कविता के अनेक कवियों का स्वतन्त्रता के बाद सत्ता-प्रतिष्ठानों और पूँजीवादी संस्थानों से जुड़ना था, तो दूसरी ओर यह भ्रम भी था कि कांग्रेस की सरकार व्यापक जन समुदाय के हितों की प्रतिनिधि है। हालाँकि भारतीय जन-जीवन में दिनोंदिन उग्र होते जा रहे अन्तर्विरोधों को नयी कविता के कुछ कवि कुछ-कुछ समझ भी रहे थे। 1957 के बाद की नयी कविता में एक खास प्रकार की तल्खी और वाक्‌पटुता भी दिखाई पड़ती है। लेकिन इस चेतना का इतिहास से कोई गहरा सम्बन्ध नहीं था। इसलिए यह तल्खी कोरी वाक्‌पटुता बनकर रह गयी। श्रीकान्त वर्मा, कैलाश वाजपेयी, अजित कुमार, जैसे अनेक कवियों की कविताएँ इस दृष्टि से देखी जा सकती हैं। मुक्तिबोध के इस कथन से यह बात और साफ हो जाएगी, उनके अनुसार–"नयी कविता के भावबोध में इन उत्पीड़नकारी शक्तियों का बोध शामिल नहीं है, जिन्हें हम शोषण कहते हैं, पूँजीवाद कहते हैं, साम्राज्यवाद कहते हैं तथा उन संघर्षकारी शक्तियों का बोध भी शामिल नहीं है, जिन्हें हम जनता कहते हैं।"[29]

सन् 1960 के बाद नयी कविता में एक मूल बदलाव आया। इस बदलाव को धूमिल, सर्वेश्वर, रघुवीर सहाय तथा केदारनाथ सिंह की कविताओं में देखा जा

सकता है। मुक्तिबोध का काव्य तो फिर इस परिवर्तन के केन्द्र में ही है, लेकिन आज नयी कविता आन्दोलन के इतने बरसों बाद इन कवियों के बारे में लिखते हुए, जिन्होंने जड़ीभूत सौन्दर्याभिरुचि और वस्तुतत्त्व की सीमा को तोड़ा, इन्हें नयी कविता का कवि कहना न्यायसंगत न होगा। यह अलग बात है कि उस समय इनका मूल्यांकन नयी कविता के अन्तर्गत ही किया गया। नयी कविता के साम्यवाद विरोधी कवियों के काव्य में शीतयुद्ध से प्रभावित राजनीतिक सोच के तहत जिन दिनों नए-नए कला सिद्धान्त गढ़े जा रहे थे, व्यक्ति स्वातन्त्र्य का नारा लगाया जा रहा था, लघु मानव, क्षणभोग की बात की जा रही थी, उन्हीं दिनों कवियों का एक ऐसा भी वर्ग सक्रिय था जो मध्यवर्गीय सौन्दर्यबोध की भीतरी विसंगतियों को भी उघाड़ रहा था। यह बदले हुए काव्यबोध का परिणाम था। जैसे-जैसे भारतीय समाज के अन्तर्विरोध स्पष्ट होते गए, मुक्तिबोध का काव्य-चिन्तन स्वातन्त्र्योत्तर हिन्दी काव्य परिदृश्य पर छाता चला गया। हिन्दी कविता को नयी कविता की सीमाओं से बाहर खींचकर लाने वाले जागरूक कवियों का यह वर्ग दरअसल प्रगतिशील-जनवादी कवियों का वर्ग है। इस वर्ग की कविता धर्मवीर भारती, गिरिजाकुमार माथुर, अज्ञेय, लक्ष्मीकान्त वर्मा, जगदीश गुप्त, नरेश मेहता, विपिनचन्द्र अग्रवाल, कुँवर नारायण आदि नयी कविता के कवियों के विरुद्ध खड़ी होती है।

लेकिन प्रगतिशील-जनवादी काव्यधारा की चर्चा से पहले हमें उन छोटे-छोटे काव्यान्दोलनों की चर्चा कर लेनी चाहिए जो सन् 1960 के बाद उभरते दिखाई देते हैं। मूलतः ये नयी कविता से अलगाव की प्रवृत्तियाँ थीं। देखा जाए तो नयी कविता के रूढ़ हो चुके संवेदन रूप के विरोध में सातवें दशक के आरम्भ में अनेक काव्यान्दोलन उभरकर सामने आए पर इनमें से अधिकांश आन्दोलन मात्र आन्दोलन थे, अपनी रचनाधर्मिता के आधार पर वे कुछ भी सार्थक नहीं दे पाये जिससे एक नयी काव्य-प्रवृत्ति के रूप में उनकी पहचान बनती। डॉ. जगदीश गुप्त ने ऐसे सभी आन्दोलनों का जिक्र 'किसिम-किसिम की कविता' शीर्षक अपने लेख में किया है।

इन काव्यान्दोलन से कुछ पहले अर्थात् नयी कविता के समय नकेनवाद नामक एक काव्यान्दोलन का नाम जोर-शोर से सुनाई पड़ा। इस वाद का नाम तीन कवियों—नलिन विलोचन शर्मा, केसरी कुमार तथा नरेश के नामों के आरंभिक अक्षरों से मिलकर पड़ा है। इन तीनों कवियों की कविताओं का संग्रह 'नकेन के प्रपद्य' शीर्षक से निकला जिसकी भूमिका में उन्होंने अपने वाद की सैद्धान्तिक व्याख्या की। नरेश की 'विरह' कविता नमूने के तौर पर देखी जा सकती है—

"इक सूनापन इतना
धीरे-धीरे भरता रहता है
अन्तराल में, कहीं किसी कोने में
झरता रहता
यूँ जैसे हो झरना।"[30]

लेकिन सूक्ष्म दृष्टि से देखें तो यह स्पष्ट हो जाता है कि नकेनवादी कविता अपने मूल रूप में नयी कविता से अलग नहीं है।

सातवें दशक के आरम्भ से ही अनेक खंड-खंड जीवन-दृष्टियाँ दिखाई देती हैं। अकविता, अस्वीकृत कविता, अति कविता, क्रुद्ध पीढ़ी, भूखी पीढ़ी, कबीर पीढ़ी, विद्रोही पीढ़ी, बिम्बवाद, युयुत्सवाद, अस्तित्ववाद, मनोविश्लेषणवाद, कैप्सूलवाद आदि विभिन्न नाम सुनाई पड़ते हैं। देखा जाए तो ये विभिन्न वाद नयी कविता के ही खंडित रूप हैं। किसी निश्चित आधार पर ये अपने-अपने खेमों की कविता को नयी कविता से अलग नहीं कर पाये। अकविता और युयुत्सवाद जैसी एक-दो काव्य-प्रवृत्तियों को छोड़कर अन्य आन्दोलन अपनी स्वतन्त्र तथा ठोस पहचान बनाने में प्रायः असफल रहे। इन तमाम काव्यान्दोलनों में मूलतः असन्तोष, अस्वीकृति, विद्रोह और व्यंग्य का तीखा स्वर सुनाई पड़ता है। इन विभिन्न वादों के जन्म के पीछे जो कारण हैं यदि उनकी ओर हम दृष्टिपात करें तो मालूम होता है कि कवियों ने जीवन की जटिलता का अनुभव किया और यह देखा कि नयी कविता के भी फार्मूले बनने लगे हैं। उसके प्रतीक और दर्द रूढ़ होते जा रहे थे और नयी कविता स्थिर और निस्पन्द होती जा रही थी। ये सारे काव्यान्दोलन इस ठहराव को तोड़ने के प्रयास में सामने आए।

अकविता निश्चित रूप से एक ऐसी काव्य प्रवृत्ति है जिसमें हमें नयी कविता के संवेदन रूप से अलगाव की स्पष्ट दिशाएँ नजर आती हैं। इसकी प्रेरणा भूमि में हम विदेशी प्रभाव लक्ष्य कर सकते हैं। प्रमुख अकवियों में सतीश जामाली, श्याम परमार, गंगा प्रसाद विमल, जगदीश चतुर्वेदी, अतुल भारद्वाज, गिरिजा माथुर, शकुन्त माथुर, प्रभाकर माचवे, राजकमल चौधरी, मुद्राराक्षस, मोना गुलाटी, सौमित्र मोहन, राजीव सक्सेना, श्रीराम शुक्ल आदि नाम महत्त्वपूर्ण हैं। लेकिन विदेशी प्रभाव, व्यर्थता बोध, कुंठा, निराशा, निषेध, अस्वाभाविक तथा अति यौन चित्रण के कारण अकविता में शुरू से अन्त तक एक बड़बोलापन और चौंकाऊपन दिखाई देता है। इस तरह यह आन्दोलन भी अपनी सीमाएँ निर्धारित कर लेता है। फिर भी इस देहवाद और

नकारात्मक तेवर के बावजूद अकविता के अपने ऐतिहासिक महत्त्व से इनकार नहीं किया जा सकता। सौमित्र मोहन की लम्बी कविता 'लुकमान अली' तथा राजकमल चौधरी की 'मुक्ति प्रसंग' को हम सहमति-असहमति के बावजूद इस आन्दोलन का महत्त्वपूर्ण प्रदेय मान सकते हैं।

सन् 1960 के बाद हिन्दी कविता में एक ओर यदि ये विभिन्न अलगाववादी प्रवृत्तियाँ मिलती हैं, जिनका शोर सातवें दशक के अन्त तक समाप्त हो जाता है, तो दूसरी ओर प्रगतिशील जनवादी काव्यधारा का नया रूप दिखाई देता है। इस काव्यधारा में नागार्जुन, केदारनाथ अग्रवाल, त्रिलोचन, शमशेर तथा मुक्तिबोध जैसे वे प्रगतिशील कवि तो सम्मिलित हैं ही जिनकी गहरी आस्था मार्क्सवादी जीवन-दर्शन में है, साथ ही वे कवि भी इस धारा में आते हैं जो इस वैचारिक प्रतिबद्धता के बिना जन पक्षधर होकर अपनी कलम चला रहे थे। ये जनवादी कवि हैं। रघुवीर सहाय, सर्वेश्वर, भवानी प्रसाद मिश्र जैसे कुछ ऐसे ही महत्त्वपूर्ण नाम हैं। युवा पीढ़ी के लिए ये कवि प्रेरणास्रोत बन गए। सातवें दशक के लगभग अन्त से यह काव्यधारा एक बार फिर जोर-शोर से अपनी पुरानी प्रतिष्ठा प्राप्त करने लगती है और आठवें-नौवें दशक की हिन्दी कविता मूलतः प्रगतिशील-जनवादी कविता के रूप में हमारे सामने आती है।

कहना न होगा कि साठोत्तरी हिन्दी कविता में प्रतिबद्धता रचना-कर्म के लिए अनिवार्य मानी जाने लगी। इस तरह रचना के भावजगत् में आधारभूत अन्तर पैदा हो गया। रचनाकार अपने एकान्त में वैयक्तिक दुःखों का राग अलापना छोड़कर बाहर की दुनिया में निकल आया। प्रगतिशील कविता का एक बड़ा हिस्सा व्यवस्था विरोधी गुस्सैल कविता का है—

> *"पुनश्च के नाम पर कविता लिखकर जो अपने को*
> *बहलाना मेरा शगल नहीं। शगल तो यह भी नहीं*
> *कि राह चलते बिम्ब या प्रतीक से*
> *टकराऊँ और फिर उसके या अपने खून की नुमाइश*
> *करते हुए किसी युद्ध की कहानियाँ सुनाऊँ। एक*
> *जंगल है सिर की जगह पर और एक*
> *माचिस है मेरे हाथ में कल के नाम पर। चाह है*
> *कि एक दावानल भड़काऊँ ताकि अपने होने को*
> *मंजूर करने की राह पहचान सकूँ।"*[31]

प्रगतिशील काव्यधारा में नागार्जुन, केदारनाथ अग्रवाल, त्रिलोचन, शमशेर, मुक्तिबोध जैसे कवि युवा कवियों के लिए प्रेरणास्रोत बन गए। जनवादी कवियों ने भी व्यवस्था विरोध की व्यापक कविताएँ लिखीं। सर्वेश्वर, धूमिल, रघुवीर सहाय, केदारनाथ सिंह के नाम यहाँ याद किये जा सकते हैं। इन कवियों के लिए स्वतन्त्रता मोहभंग के बाद सामने आया एक कटु यथार्थ थी। इसलिए 'सुबह' इन कवियों को 'सिर्फ चमकते हुए रंगों की चालबाजी' लगती है—

"सिरकटे मुर्गे की तरह फड़कते हुए जनतन्त्र में
सुबह
सिर्फ चमकते हुए रंगों की चालबाजी है
और यह जानकर भी तुम चुप रहोगे।
शायद, वापसी के लिए पहल करने वाले आदमी की तलाश में
एक बार फिर
तुम लौट जाना चाहोगे मुर्दा इतिहास में।"[32]

देश पर दिनोंदिन गहराते हुए आर्थिक-राजनीतिक संकट ने युवा कवियों को एक ऐसे विक्षोभ से भर दिया जिसमें एक ओर वर्तमान राजनीतिक व्यवस्था के प्रति तीव्र घृणा और जुगुप्सा का भाव है तो दूसरी ओर एक वैकल्पिक व्यवस्था ढूँढ़ने की छटपटाहट है। फलस्वरूप प्रगतिशील जनवादी कविता में एक आज़ाद आदमी का प्रवेश होता है और एक नयी व्यवस्था का स्वप्न बार-बार उभरकर सामने आता है—

"देखो, देखो
वे आज़ाद आदमी से डरते हैं
सारी दुनिया आज़ाद आदमी से डरती है,
क्योंकि उसकी हथेलियाँ
इस दुनिया को रचती हैं
और फूल और साँप के फनों का अन्तर नहीं जानतीं
उन्हें एक-सा थाम लेती हैं।"[33]

लेकिन ऐसा नहीं है कि इस काव्यधारा में सिर्फ व्यवस्था विरोधी कविताएँ ही लिखी गयीं। व्यापक परिमाण में जीवन के अन्य पहलुओं को भी काव्य-विषय बनाया गया। कवियों ने दमन-चक्र के नीचे पिसते हुए कमजोर आदमी का इस

तरह चित्रण किया कि पूरी व्यवस्था की विसंगतियाँ उभरकर सामने आ गयीं—

“मैंने कहा डपट कर
ये सेब दागी हैं
नहीं, नहीं साहब जी
उसने कहा होता
आप निश्चिन्त रहें
तभी उसे खाँसी का दौरा पड़ गया
उसका सीना थामे खाँसी यही कहने लगी।”[34]

आठवें और नौवें दशक की कविता में कवियों की नयी पीढ़ी का प्रवेश होता है। यहाँ तक आते-आते इस काव्यधारा से विद्रोह की रूमानियत का अन्त हो जाता है और वस्तुजगत् से उसका सम्बन्ध गहरा हो जाता है। राजनीति मूल काव्य विषय अब भी रही लेकिन साथ ही इस काव्य में औसत आदमी का दैनन्दिन संसार भी अत्यन्त ठोस और मानवीय रूप में सामने आया। स्त्री और बच्चों की मानवीय उपस्थिति भी हम समकालीन कविता में लक्ष्य कर सकते हैं। समकालीन काव्य-संसार को समृद्ध करने में अनेक महत्त्वपूर्ण कवि अपना योगदान दे रहे हैं। इनमें रघुवीर सहाय, केदारनाथ सिंह, कुमारेन्द्र पारसनाथ सिंह, लीलाधर जगूड़ी, वेणुगोपाल, सोमदत्त, विजेन्द्र, शलभ श्रीराम सिंह, चन्द्रकान्त देवताले, विनोद कुमार शुक्ल, राजेश जोशी, अरुण कमल, मंगलेश डबराल, उदयप्रकाश, प्रयाग शुक्ल, विजय गुप्त, असद जैदी, स्वप्निल श्रीवास्तव, नरेन्द्र जैन, मानबहादुर सिंह, विनय दुबे, भगवत रावत, गोरख पांडे, ज्ञानेन्द्र पति, अजीत चौधरी, आलोक धन्वा, अक्षय उपाध्याय, इब्बार रब्बी, विष्णु खरे, कुमार विकल, विष्णु नागर, ऋतुराज जैसे अनेक महत्त्वपूर्ण नाम याद किये जा सकते हैं।

इस दशक तक आते-आते इस काव्यधारा की आन्तरिक प्रकृति में आया परिवर्तन न सिर्फ इसके विकास को ही रेखांकित करता है बल्कि काव्य संसार को भी विस्तृत तथा समृद्ध करता है—“यह परिवर्तन अपने देशकाल, घर, परिवार, समाज, निजी संघर्ष और उसके खट्टे-मीठे अनुभवों से जुड़ी एक ऐसी समस्त रचनाशीलता का परिवर्तन है जिसे तीन पीढ़ियों के कवि एक साथ अपनी रचनाओं से अभिव्यक्त कर रहे हैं। बिना किसी सायास संगठन के रचनाकारों के भीतर इस भावनात्मक एकता और सह अस्तित्व के तन्तु स्थापित हुए हैं और जीवन्त संवाद की सम्भावनाएँ विकसित हुई हैं।”[35]

स्वातन्त्र्योत्तर हिन्दी कविता की प्रवृत्तियों की चर्चा करते हुए राष्ट्रीय काव्यधारा को नजरअन्दाज नहीं किया जा सकता। यद्यपि इसमें किसी विवाद की गुंजाइश नहीं कि राष्ट्रीय काव्यधारा मूलतः स्वातन्त्र्य-पूर्व काव्यधारा थी क्योंकि उसका मूल उद्देश्य स्वतन्त्रता-प्राप्ति के लिए संघर्ष ही था। राष्ट्रीय धारा की कविता मूलतः स्वतन्त्रता आन्दोलन से गहरे तक प्रभावित रही। एक ओर कवियों ने भारत की आन्तरिक विसंगतियों और विषमताओं को दूर करने के लिए सामाजिक चेतना फैलाने की कोशिश की तो दूसरी ओर जनता को विदेशी शासन से मुक्ति पाने के लिए स्वाधीनता संग्राम में सक्रिय हिस्सेदारी के लिए प्रेरित किया। माखनलाल चतुर्वेदी, रामनरेश त्रिपाठी, बालकृष्ण शर्मा 'नवीन' तथा सुभद्रा कुमारी चौहान ने न सिर्फ देशप्रेम और संघर्ष की कविताएँ लिखीं बल्कि स्वतन्त्रता आन्दोलन में भाग भी लिया। यही कारण है कि उनकी रचनाओं में अनुभूति की सच्चाई दिखाई देती है।

स्वतन्त्रता के बाद राष्ट्रीय काव्य में परिवर्तन होना लाज़िमी था क्योंकि उसका मूल उद्देश्य स्वतन्त्रताप्राप्ति पूरा हो चुका था। हालाँकि यह सच है कि राष्ट्रीय धारा '47 के बाद भी प्रवाहमान रही लेकिन उसकी मूल धारा का कई उपधाराओं में विभाजन स्पष्ट दीख पड़ता है। अब अधिकांश कवियों के सामने समस्या थी कि क्या लिखें। देश की स्वाधीनता प्राप्ति तक इस धारा में जो संश्लिष्टता थी, उसमें अब एक विघटन अथवा विशृंखलता दिखाई पड़ती है। इसके सर्जक दिग्भ्रमित होकर नयी राह और नए विषयों की खोज में भटकने लगते हैं।

अधिकांश राष्ट्रीय कवि सामयिक विषयों से ही सम्बन्धित रहे थे। हालाँकि राष्ट्रीय काव्य की सामयिकता के महत्त्व को नकारा नहीं जा सकता, लेकिन सामयिकता और स्थायित्व में एक अन्तर तो करना ही होगा। स्थायित्व ही रचना को कालजयी बनाता है। सन् 1947 के बाद राष्ट्रीय कवियों के सम्मुख दो मार्ग ही रह गए—या तो वे स्थायित्व प्राप्ति के लिए नयी राह खोजें या स्थायित्व का मोह छोड़कर सामयिकता को वाणी दें। या दोनों में असमर्थ होकर इधर-उधर भटका करें। परवर्ती राष्ट्रीय काव्यधारा के कवि इस भटकाव से बच नहीं सके।

दिनकर ने नयी राह खोजने के प्रयत्न में प्रयोगवादी हो जाने का प्रयत्न किया। हरिकृष्ण प्रेमी ने 'रूप-दर्शन' के सस्ते गीत गाने की कोशिश की। सोहनलाल द्विवेदी तथा श्याम नारायण पांडे ने पुराने विषयों को ही नए-नए रूपों में प्रस्तुत करने का प्रयास किया। बालकृष्ण शर्मा 'नवीन' प्रेम और रहस्यवाद की ओर मुड़ गए। 'हम विषपायी जनम के' में यही प्रवृत्तियाँ प्रधान हैं।' मैथिलीशरण गुप्त 'विष्णुप्रिया'

जैसी कृति लिखने लग गए। कहना ही होगा कि राष्ट्रीय कवियों का परवर्ती काव्य क्रमागत राष्ट्रीय कविता के विघटन का ही प्रमाण प्रस्तुत करता है।

स्वतन्त्रता मिलने के पश्चात् देश की परिस्थिति में बड़े-बड़े परिवर्तन हुए। नयी समस्याएँ तथा प्रश्न भी उठ खड़े हुए। रचनाकारों के एक वर्ग ने एक नयी रचनात्मक दृष्टि से नए भारत के निर्माण का स्वप्न देखा। यह वर्ग प्रगतिशील जनवादी कवियों का था। राष्ट्रीय काव्यधारा क्रमशः ह्रास की ओर बढ़ रही थी। ऐसी परिस्थिति में राष्ट्र का दायित्व इन कवियों ने अपने कन्धों पर सम्हाल लिया।

स्वातन्त्र्योत्तर हिन्दी कविता के परिदृश्य में एक प्रधान प्रवृत्ति नवस्वच्छन्दतावाद भी है। हम इसे स्वातन्त्र्योत्तर स्वच्छन्दतावाद भी कह सकते हैं जो '47 के बाद सर्वथा नए रूप में, नयी भाषा, वस्तु और शैली के साथ उभरकर सामने आता है। स्वातन्त्र्योत्तर काव्य परिदृश्य में राष्ट्रीय कविता, प्रगतिवादी, प्रयोगवादी या नयी कविता का हम यदि गहराई से विवेचन करें तो स्पष्ट हो जाएगा कि ये तमाम काव्य प्रवृत्तियाँ नव स्वच्छन्दतावादी काव्य को हम मूलतः दो वर्गों में बाँट सकते हैं—व्यक्तिवादी या निःगतिशील नव स्वच्छन्दतावाद या क्रांतिकारी या प्रगतिशील नव स्वच्छन्दतावाद।

पूर्ववर्ती स्वच्छन्दतावाद से इस परवर्ती स्वच्छन्दतावाद का अन्तर यदि हम रेखांकित करना चाहें तो वह यह है कि पहले की तरह यह सिर्फ कल्पना और अनुभूति का आन्दोलन नहीं था। इसमें नए युग की बौद्धिक श्रेष्ठता और प्रबुद्धता का प्रभाव था। इस काव्यधारा में प्रथम विश्वयुद्ध के बाद की पश्चिमी मान्यताओं—मुख्य रूप से टी. एस. इलियट के चिन्तन और मान्यताओं का खास प्रभाव था। लेकिन कहा जा चुका है कि कवियों का प्रयास समन्वित और एकान्वित नहीं था। यह मूलतः दो वर्गों में विभाजित था। कवियों का बहुत बड़ा वर्ग युग के सामाजिक, राजनीतिक यथार्थ से कटकर मन की गुत्थियाँ सुलझाने में व्यस्त था और कुंठा, संशय, अकेलापन जैसी वैयक्तिक भावनाओं को व्यक्त कर रहा था। इस वर्ग के काव्य में स्थूल और मांसल चित्रों की अनेक झाँकियाँ देखी जा सकती हैं। ये यौन वर्जनाओं से त्रस्त कवि हैं, जिनके काव्य में आस्था और विश्वास का दूर तक नामो-निशान नहीं है। कहने की जरूरत नहीं कि नव स्वच्छन्दतावाद की इस व्यक्तिवादी या निःगतिशील धारा का मुख्य उद्देश्य प्रगतिशील-जनवादी काव्य का विरोध करना ही था। यह प्रथम विश्वयुद्ध के बाद दुनियाभर में चलाये गए शीतयुद्ध की राजनीति से प्रभावित काव्य था। प्रयोगवाद और नयी कविता में यही प्रवृत्तियाँ प्रधान हैं। निःगतिशील स्वच्छन्दतावाद के प्रमुख कवियों में अज्ञेय, धर्मवीर भारती,

गिरिजा माथुर, जगदीश गुप्त, लक्ष्मीकान्त वर्मा, नरेश मेहता, सौमित्र मोहन, विपिनचन्द्र अग्रवाल, बच्चन, आरसी प्रसाद सिंह आदि नाम उल्लेखनीय हैं।

दूसरा वर्ग प्रगतिशील नव स्वच्छन्दतावादी कवियों का है जो राजनीति को साहित्य से काटने का नहीं बल्कि जोड़ने का पक्षधर है, ताकि युग जीवन की सही-सही अभिव्यक्ति हो सके। इस वर्ग में शमशेर बहादुर सिंह, मुक्तिबोध, केदारनाथ सिंह, रघुवीर सहाय, धूमिल, चन्द्रकान्त देवताले, दुष्यन्त कुमार, सर्वेश्वर, शलभ श्रीराम सिंह, लीलाधर जगूड़ी तथा ज्ञानेन्द्रपति के नाम महत्त्वपूर्ण हैं। इस धारा का मूल स्वर व्यवस्था विरोधी है। कवियों ने सामाजिक परिवर्तन के लिए अपने आक्रोश को काव्य में अभिव्यक्ति दी और सामाजिक विसंगतियों का चित्रण किया। आगे के दशकों में अर्थात् 1965 के बाद के इस धारा के अनेक कवि मार्क्सवाद से जुड़ जाते हैं और स्वच्छन्दतावादी प्रवृत्तियों से मुक्त होने लगते हैं। मार्क्सवादी जीवन-दृष्टि की समकालीन जनवादी-प्रगतिशील काव्य की पृष्ठभूमि में इसी क्रांतिकारी नव स्वच्छन्दतावाद के बीज मौजूद हैं। इस धारा के काव्य में न सिर्फ व्यवस्था विरोध ही तीव्र है बल्कि मनुष्य के औसत और दैनंदिन संसार के मार्मिक और यथार्थ चित्रण का आग्रह भी विशेष रूप से दीख पड़ता है। कविता के इस दूसरे संसार के मूल में भी प्रगतिशील चेतना ही काम करती दिखाई देती है।

इन तमाम काव्यधाराओं से अलग हटकर स्वतन्त्र रूप में यदि हम हिन्दी गीतों का मूल्यांकन करें तो यहाँ भी नवगीत और जनगीत जैसी दो धाराओं का सामना करना पड़ता है। नवगीत का आन्दोलन नयी कविता के समानान्तर ही शुरू हुआ और नयी कविता की वैचारिक पृष्ठभूमि पर ही फला-फूला। स्वातन्त्र्योत्तर भारत में व्यक्तिवादी गीतकारों की जमात में छायावाद के समय के जानकी वल्लभ शास्त्री, सुमित्राकुमारी सिन्हा तथा विद्यापति 'कोकिल' जैसे गीतकार तो सम्मिलित हैं ही, साथ में शुद्ध गीतकारों के अतिरिक्त कई ऐसे कवि भी शामिल हैं जिन्होंने कविताओं के साथ-साथ काफी मात्रा में गीत भी लिखे। अज्ञेय, धर्मवीर भारती, गिरिजाकुमार माथुर, बच्चन, नरेन्द्र शर्मा, आरसी प्रसाद सिंह, भगवतीचरण वर्मा, रामेश्वर शुक्ल अंचल, शम्भूनाथ सिंह, वीरेन्द्र मिश्र, नीरज, श्रीपाल सिंह 'क्षेम', रमानाथ अवस्थी, हंसकुमार तिवारी, बुद्धिनाथ मिश्र, रवीन्द्र भ्रमर, सोमनाथ ठाकुर, बालस्वरूप राही, कश्यप, उमाकान्त मालवीय आदि गीतकारों के नाम इस धारा में महत्त्वपूर्ण हैं। इन गीतकारों के गीत लोकप्रिय चाहे जितने हों, लेकिन मूल्यवत्ता की दृष्टि से उन्हें उच्च कह पाना कठिन है। युग का वास्तविक दर्द इन गीतकारों के गीतों में व्यक्त न हो सका।

लेकिन एक समय के बाद व्यक्तिवादी गीत ह्रास की स्थिति पर पहुँच गए और कवि सम्मेलनीय हो गए। हिन्दी गीतों को नव जीवन प्रदान करने तथा उन्हें युग की वास्तविक पीड़ा से जोड़ने का कार्य प्रगतिशील-जनवादी गीतकारों ने किया। इस सन्दर्भ में भवानीप्रसाद मिश्र तथा सर्वेश्वर के गीतों को याद तो किया ही जा सकता है साथ ही शलभ श्रीराम सिंह, रमेश रंजक, कांति मोहन, अश्वघोष, नचिकेता, नईम, माहेश्वर तिवारी, पुरुषोत्तम प्रतीक, ओम प्रभाकर, महेश उपाध्याय, रामकुमार कृषक, विनय श्रीकर, गुलाब सिंह, जयकान्त, अनूप अशेष के नाम भी लिये जा सकते हैं। इस गीत धारा में नागार्जुन, केदारनाथ अग्रवाल, त्रिलोचन, शील के गीतों को विस्मृत नहीं किया जा सकता, जिन्होंने नए गीतकारों के लिए प्रेरणास्रोतों का काम किया। इन गीतों की रचना के पीछे सिर्फ वैयक्तिक सुख-दुख तथा चिन्ताएँ प्रेरक नहीं हैं। इनकी रचना के पीछे ठोस राजनीतिक तथा सामाजिक कारण हैं। यही कारण भी है कि ये गीत न सिर्फ कलात्मकता की दृष्टि से बल्कि मूल्यवत्ता की दृष्टि से भी अत्यन्त महत्त्वपूर्ण हैं।

इस तरह स्वातन्त्र्योत्तर हिन्दी काव्य-परिदृश्य विविध काव्य-प्रवृत्तियों से समृद्ध है। इन तमाम प्रवृत्तियों के पीछे काव्यानुभूति के मूलतः दो रूप देखने को मिलते हैं। एक वह अनुभूति है जो अपनी वैयक्तिक सीमाओं से आगे नहीं बढ़ पाती और दूसरी वह जो इन सीमाओं का अतिक्रमण कर युग की गहरी पीड़ा से स्वयं को सम्पृक्त करती है। कहना न होगा कि कालजयी कृतियों के मूल में युग की यही गहरी पीड़ा प्रेरक शक्ति का कार्य करती रही है।

सन्दर्भ

1. मुक्तिबोध : 'एक साहित्यिक की डायरी', पृ. 19
2. शिवकुमार मिश्र : 'यथार्थवाद', पृ. 175
3. भारतेन्दु हरिश्चन्द्र : 'भारतेन्दु ग्रन्थावली', पृ. 811
4. रजनी पामदत्त : 'आज का भारत' पृ. 314-315
5. मैथिलीशरण गुप्त : 'स्वदेश-संगीत' नामक कविता।
6. डॉ. नगेन्द्र : 'हिन्दी साहित्य का इतिहास', पृ. 566
7. नामवर सिंह : 'छायावाद', पृ. 156
8. महादेवी वर्मा : 'दीपशिखा' से उद्धृत।
9. जयशंकर प्रसाद : 'आँसू' से उद्धृत।
10. पन्त ग्रन्थावली : 'नौका विहार' नामक कविता से उद्धृत।
11. निराला ग्रन्थावली : 'तुम और मैं' नामक कविता से उद्धृत।
12. 'वही' : 'गीतिका' (गीत-52)

13. निराला ग्रन्थावली : ''तुलसीदास' से उद्धृत।
14. डॉ. विजय बहादुर सिंह : 'वृहत्त्रयी', पृ. 225
15. डॉ. नगेन्द्र : 'हिन्दी साहित्य का इतिहास', पृ. 630
16. डॉ. विजय बहादुर सिंह : 'जनकवि' की भूमिका, पृ. 21
17. डॉ. राजेश्वर सक्सेना : 'रचना का इतिहास दर्शन', पृ. 86
18. 'वही', पृ. 92
19. डॉ. दीनानाथ रांगणेकर 'रविवार' (15-21 अगस्त, 1982)
20. मुक्तिबोध : 'नए साहित्य का सौन्दर्यशास्त्र', पृ. 57
21. अज्ञेय : 'तार सप्तक' की भूमिका', पृ. 5
22. रामशंकर मिश्र : 'नयी कविता : संस्कार और शिल्प', पृ. 3
23. नरेश मेहता : नयी कविता : अंक 3, सव्याख्या
24. अज्ञेय : 'तार सप्तक' : 'सावन-मेघ' नामक कविता, पृ. 276
25. नरेश मेहता : 'दूसरा सप्तक' : 'अहं' नामक कविता, पृ. 111
26. धर्मवीर भारती : 'दूसरा सप्तक' : 'गुनाह का गीत', पृ. 172
27. डॉ. राजेश्वर सक्सेना, 'रचना का इतिहास दर्शन', पृ. 89-90
28. विजय कुमार : 'साठोत्तरी हिन्दी कविता : परिवर्तित दिशाएँ'
29. मुक्तिबोध : रचनावली, खंड-5, पृ. 163
30. नरेश : 'नकेन के प्रपद्य', पृ. 88
31. वेणुगोपाल : 'एक माचिस है मेरे हाथ में' शीर्षक कविता, वे हाथ होते हैं, पृ. 53
32. धूमिल : 'संसद से सड़क तक'।
33. सर्वेश्वर : 'कुआनो नदी'!
34. रघुवीर सहाय : 'हँसो-हँसो, जल्दी हँसो', पृ. 24
35. विजय कुमार : 'साठोत्तरी हिन्दी कविता : परिवर्तित दिशाएँ', पृ. 115

द्वितीय अध्याय

काव्यानुभूति का अर्थ और आशय

अनुभूति कविता की आत्मा है। अनुभूति के द्वारा ही कविता का समाज से गहन सम्बन्ध स्थापित होता है। कविता की अनुभूति सामान्य अनुभूति नहीं है। अनुभूति कविता का केन्द्रीय और निर्णायक तत्त्व है, प्रेरक तत्त्व है और उसकी मूलभूत सत्ता भी है। कल्पना को अनुभूति का क्रियाशील रूप समझना चाहिए जिसकी अंतिम परिणति काव्य की अभिव्यंजना है। अनुभूति एक गतिमान तत्त्व की तरह इस प्रक्रिया में सन्निहित रहती है। कल्पना के विविध अंगों और मानस छवियों को नियमित और एकान्वित करने वाली वस्तु ही अनुभूति है। अनुभूति में मानव-व्यक्तित्व तथा मानवता के श्रेष्ठतम गुण घुले-मिले रहते हैं और इन्हीं से कविता में मूल्य और महत्त्व की प्रतिष्ठा होती है। जिस कविता की अनुभूति में जागृति की चेतना रहती है, वह सम्पूर्ण सोये हुए समाज को जगाती है। जिस कविता की अनुभूति में क्रांतिकारी चेतना बीज रूप में मौजूद रहती है वह सम्पूर्ण समाज में पुरानी रूढ़ियों और व्यवस्था का विरोध करती है और नयी भावनाओं का संचार करके एक नए मनुष्य की रचना का प्रयत्न करती है। कविता में किसी भी अनुभूति के जन्म के पीछे उसकी युगीन परिस्थितियाँ होती हैं और इनके महत्त्व को कम करके नहीं आँका जा सकता।

अनुभूति मूलतः मनुष्य के मानसिक जगत् की उपज है और मनुष्य का मानसिक जगत् (अन्तर्जगत्) मूलतः बाह्य प्रकृति (वस्तुजगत्) की ही आत्मगत प्रभाव-सत्ता का द्योतक है। हिन्दी कविता के इतिहास और उसकी युगीन परिस्थितियों पर एक दृष्टि डालने से ही हम इस निष्कर्ष पर आसानी से पहुँच सकते हैं कि समाज के विकास से मन की अनुभूतियों को भी विस्तार मिलता है। समाज ही वह शब्द है जो अनुभूति में उसकी शक्ति का काम करता है और समाज ही अनुभूति के अंतिम स्वरूप का निर्धारण भी करता है।

मनुष्य के मानसिक जगत् की रचना वस्तुजगत् के यथार्थ से कटकर नहीं हो सकती और यह वस्तुजगत् सुख-दुख, आशा-निराशा तथा संघर्ष से भरा हमारा जीवन ही है जिसके अनुभव यानी 'जीवन के उत्कट तीव्र अनुभव क्षण'[1] को हिन्दी के स्थापित कवि मुक्तिबोध ने कला का पहला क्षण माना है।

इसका आशय यह भी नहीं है कि यहाँ अनुभूति के वैयक्तिक पक्ष को नकारा जा रहा है। काव्यानुभूति तो कवि के मन की अनुभूति है, इसलिए वह व्यक्तिगत तो होगी ही और यह भी सर्वमान्य है कि रचनाकार सबसे पहले अपना हृदय उद्घाटित करता है लेकिन यह भी सच है कि यह हृदय कहीं अरण्य में नहीं बल्कि समाज में ही, उसके जैसे और लोगों के बीच धड़क रहा है और इसमें उसी समाज और धरती की महक रची-बसी है जिसमें रचनाकार साँस ले रहा है। काव्यानुभूति किस तरह अपनी वैयक्तिकता से उठकर सार्वजनिक हो जाती है, इसकी तहकीकात करते हुए नामवर सिंह ने लिखा है कि "सच्चे लेखक वे हैं जो अपने मन के माध्यम से उस मन के साथ जुड़े हुए सैकड़ों दूसरे मनों का उद्घाटन करते हैं, इस तरह वे अपने मन के द्वंद्व का उद्घाटन करते-करते उस युग के पूरे समाज के संघर्ष को खोलकर रख देते हैं।"[2]

इसलिए कभी-कभी एक ही भाव पर लिखी हुई दो कविताओं में से कोई एक कविता तुलनात्मक दृष्टि से हमें ज्यादा अच्छी लगती है क्योंकि उसमें एक मूल भाव के साथ अनेक छोटे-छोटे भाव गुँथे रहते हैं। एक दुःख के साथ कई दुःख तथा एक परिस्थिति के साथ कई परिस्थितियाँ, निराशा, संघर्ष और थकान स्वाभाविक रूप से श्रृंखलाबद्ध रहती हैं। यहीं पर सामान्य विलाप और दुःख की कविताएँ अलग-अलग हो जाती हैं। निराला की कविता 'सरोज स्मृति' में व्यथा की यही व्यापकता और गहराई है, इसलिए वह श्रेष्ठ है। सच्ची अनुभूति हमेशा रचना में जीवन के मर्मस्पर्शी हिस्सों को उद्घाटित करती है।

दर्शन, काव्य तथा कलाओं के क्षेत्र में मनःप्रकृति तथा मनःजगत् का समय-समय पर बहुत गहन अध्ययन होता रहा है। ग्रीक चिन्तकों, मुख्य रूप से प्लेटो और अरस्तू ने तो काव्यानुभूति पर आत्मपरक और वस्तुपरक दोनों ही दृष्टियों से विचार किया है। प्लेटो ने नितान्त आत्मगत होकर अनुभूति की दैवीय शक्ति को स्वीकार किया और इस तरह उसने प्रत्यय या विचार की सत्ता को प्रकृति का, सृष्टि का कारक माना। प्लेटो का यह आत्मगत मार्ग हमें आगे स्वच्छन्दता में विकसित होता दिखाई देता है। किसी ने कहा भी है—"मैं जहाँ कहीं भी जाता हूँ, प्लेटो को लौटते हुए देखता हूँ।"

काव्यानुभूति का सन्दर्भ और प्लेटो

प्लेटो ने अनुभूति और रहस्यवाद के सम्बन्धों को जोड़ा। प्लेटो ने तादात्म्य सिद्धान्त की बुनियाद डाली और अनुभूति के वैयक्तिक पक्षों की प्राथमिकता को सिद्ध किया। काव्यानुभूति के चरित्र-निर्माण में प्लेटो के महत्त्व को कम करके नहीं आँका जा सकता। यूरोपीय विचारधारा पर प्लेटो का बहुत गहरा प्रभाव पड़ा है।

प्लेटो के अनुसार काव्य-रचना अभ्यासजन्य या कौशलजन्य नहीं है बल्कि वह दैवीय प्रेरणा का परिणाम है। प्लेटो ने 'फ्रेड्रस' नामक संवाद में काव्य प्रेरणा का सामान्य उल्लेख किया है किन्तु 'इआन' नामक संवाद में इसका विस्तृत विवेचन मिलता है। प्लेटो के संवादों में सुकरात न सिर्फ मुख्य प्रश्नकर्ता हैं बल्कि वही प्रश्नों का विस्तृत समाधान भी प्रस्तुत करते हैं। प्लेटो की मान्यता थी कि जो शक्ति कवियों को प्राप्त है वह 'कला' न होकर 'प्रेरणा' है। प्रत्येक कवि की रचना-प्रक्रिया को एक दैवीय शक्ति परिचालित कर रही है। इस सम्बन्ध में वह चुम्बक-प्रस्तर का उदाहरण देता है कि चुम्बक केवल लोहे को अपनी ओर नहीं खींचता बल्कि लोहे को भी आकर्षण शक्ति प्रदान करता है, जिससे वह दूसरे लोहे को अपनी तरफ खींचता है। इस प्रकार चुम्बक की आकर्षण-शक्ति छल्लों द्वारा लोहे की अंतिम कड़ी को भी मिल जाती है।

प्लेटो इस शृंखला की आरंभिक कड़ी को कवि, बीच की कड़ी को आलोचक और अंतिम कड़ी को दर्शक या पाठक की संज्ञा देता है और इस सारी शृंखला को शक्ति देने वाला चुम्बक ईश्वर का द्योतक है। कवि जब तक दैवीय प्रेरणा से अभिभूत नहीं होते तब तक रचना सम्भव नहीं है। रचना-प्रक्रिया के दौरान कवि अपने आपे में नहीं रहता। उस पर काव्य-देवी का अधिकार रहता है। काव्य-देवी से कवि को जितना वरदान मिलता है, उसी क्षमता के अनुसार कवि गीत या काव्य लिखता है।

डॉ. केसरीनारायण शुक्ल ने प्लेटो के काव्य सिद्धान्तों का विश्लेषण करते हुए लिखा है—"प्लेटो का विचार है कि काव्य रचना के क्षणों में कवियों को तर्क शक्ति और सामान्य मानसिक दशा से वंचित करने में ईश्वर का विशेष उद्देश्य है। इन व्यक्तियों को उनकी तर्क शक्ति से वंचित कर ईश्वर उनको भविष्य कथन तथा दैवी मन्तव्यों में अपना सहायक बनाता है, जिससे जब हम उनको सुनें तो जान जाएँ कि इन उच्च तथा उदार शब्दों के सच्चे वक्ता वे कवि नहीं हैं, क्योंकि ये वचन उनकी बुद्धि द्वारा प्रसूत नहीं हैं, प्रत्युत ईश्वर स्वयं बोल रहा है और मनुष्यों के मुख द्वारा हमें सम्बोधित कर रहा है।"[3]

इस प्रकार कवि देवता से प्राप्त तथ्यों की ही व्याख्या करते हैं। केवल कला के द्वारा एक अच्छा कवि होना असम्भव है।

प्लेटो ने कला की दो किस्में बतायी हैं—उत्पादक और अनुकरणात्मक। इनमें से पहली जीवन को बनाये रखने के लिए आवश्यक-उपयोगी चीजों का उत्पादन करती है। इसमें कृषि, दस्तकारियाँ, व्यायाम तथा औषधियाँ शामिल हैं। ये सब पूर्ण सम्मान की अधिकारिणी हैं किन्तु अनुकरणात्मक कलाएँ मनुष्य को कतई कुछ प्रदान नहीं करतीं। यह कला एक धोखा और वास्तविक पदार्थों की निरर्थक नकल मात्र है। चित्रकारी, संगीत, कविता इसी तरह की कलाएँ हैं। कलाकार को भीतरी विषय की चिन्ता नहीं होती, वह केवल बाह्य से वास्ता रखता है। वह केवल पदार्थ की सतह का ऊपरी ज्ञान रखता है। एक चित्रकार कुर्सी का चित्र बनाता है, लेकिन वह नकल मात्र है। सच तो यह है कि कुर्सी के बारे में वह उतना हर्गिज नहीं जानता, जितना बढ़ई जानता है।

प्लेटो के अनुसार क्योंकि काव्य अनुकरण है, स्वयं वह मूल वस्तु नहीं है इसलिए वह सत्य या प्रकृति के सम्पर्क से दूर है, और इसलिए उसका महत्त्व कम है। बढ़ई केवल विशिष्ट कुर्सी बनाने वाला है, कुर्सी की भावना का जन्मदाता नहीं है। उस 'भावना' का मूल स्रष्टा ईश्वर है। इस प्रकार बढ़ई भी अनुकर्ता ही है। बढ़ई अपने मन में प्राप्त 'भावना' का अनुकरण करता है।

बढ़ई की कुर्सी अनुकृति मात्र है। असली कुर्सी तो 'भावना' की है जिसका मूलकर्ता ईश्वर है। चित्रकार जब चित्र बनाता है तब वह असली वस्तु नहीं, परछाईं मात्र होती है। और उसकी रचना 'बिम्ब' नहीं, प्रतिबिम्ब है। उसकी रचना अनुकृति की अनुकृति है।

इस प्रकार तीन कुर्सियाँ हैं—एक भावना की कुर्सी, दूसरी बढ़ई की कुर्सी और तीसरी चित्रकार की कुर्सी। इस प्रकार तीन निर्माता हुए—ईश्वर, बढ़ई और चित्रकार। इनमें मूल और असली स्रष्टा ईश्वर है। शेष अनुकर्ता मात्र हैं।

इस प्रकार यह प्लेटो की काव्य सम्बन्धी विचारों की अत्यन्त संक्षिप्त रूप-रेखा है। उसके सम्पूर्ण काव्य सिद्धान्त का सार यह है कि काव्य और उसकी अनुभूति दैवी प्रदत्त है। प्लेटो के विचारों का पाश्चात्य तथा भारतीय साहित्य पर गहरा प्रभाव पड़ा है। प्लेटो का मार्ग नितान्त आत्मगत है। प्लेटो ने अनुभूति को दैवीय शक्ति द्वारा प्रदत्त मानकर उसे रहस्यवाद के भीतर ला दिया है। ईसा पूर्व की पाँचवीं शताब्दी में किया गया प्लेटो का यह काव्य-चिन्तन आत्मपरक और काव्यानुभूति के वैयक्तिक पक्षों तथा काव्यसृजन के मूल में दैवीय प्रेरणा को प्राथमिकता देने

वाला है।

आचार्य प्लेटो ने काव्य के प्रति संकीर्ण और अनुदार भावना रखते हुए जिस तरह अनुकरण सिद्धान्त के आत्मपरक पक्ष की विवेचना की, उसे परवर्ती आचार्यों ने स्वीकार नहीं किया। प्लेटो को कवि में न तो किसी प्रतिभा के दर्शन होते थे न वह काव्य को किसी उन्नति का आधार ही मानता था। प्लेटो के काव्य-चिन्तन में काव्य का उज्ज्वल पक्ष उपेक्षित ही रह गया।

यही कारण है कि प्लेटो के काव्य-चिन्तन के अनेक अधूरे तथा एकांगी पक्षों को ध्यान में रखते हुए उनके सुयोग्य शिष्य आचार्य अरस्तू ने काव्य-कला और अनुकरण सिद्धान्त को उदात्त और व्यापक भूमि पर विवेचित करने का प्रयत्न किया तथा काव्यानुभूति के वस्तुपरक पक्ष की व्याख्या की।

अरस्तू का काव्य-चिन्तन बनाम काव्यानुभूति का वस्तुपरक रूप

अरस्तू ने प्रकृति को सत्य मानकर, वस्तु को सत्य मानकर प्लेटो के आत्मगत वाद को काफी हद तक निरस्त किया तथा वस्तुनिष्ठ दृष्टिकोण से दर्शन और काव्य-कला में अनुभूति के स्रोत व स्वरूप की व्याख्या की। अरस्तू का दृष्टिकोण प्लेटो की तुलना में अधिक उदार और समन्वयपूर्ण था। अरस्तू का दृष्टिकोण न तो संकीर्ण था न पूर्वाग्रहों से ग्रस्त। डॉ. वेंकट शर्मा ने लिखा है—"अरस्तू ने काव्यगत अनुकरण के प्रधान विषय के रूप में 'क्रियाशील मानव' की प्रतिष्ठा की ओर यह साबित करने का प्रयास किया कि काव्य में मानव की जिन प्रवृत्तियों की अनुकृति की जाती है, वे बाह्य रूपिणी ही नहीं होतीं अपितु उनमें जीवन के आभ्यन्तरिक सूक्ष्म तत्त्व भी समाविष्ट रहते हैं।"[4]

अरस्तू ने भी प्लेटो की तरह काव्य को अनुकरणीय ही माना है लेकिन अरस्तू का विश्लेषण प्लेटो के काव्य-चिन्तन से भिन्न है। अरस्तू के अनुसार काव्य अपने सामान्य स्वरूप में अनुकरण ही है किन्तु उसके अनुकरण के विभिन्न साधनों, आश्रयों और रीतियों में परस्पर भेद भी रहता है। अरस्तू ने अनुकरण को कविता का प्रमुख तत्त्व अथवा प्रधान गुण स्वीकार करने के बावजूद उसमें स्वभावगत रूप-वैचित्र्य को भिन्न दृष्टि से निरूपित किया है। अरस्तू के अनुसार अनुकरण की आकांक्षा कला का स्रोत है और वह ज्ञान की पिपासा से जुड़ी है। ज्ञान की यह पिपासा कला-कृतियों से प्राप्त आनन्द का स्रोत है। यही पिपासा अनुकृति की मूल से तुलना करने के लिए बाध्य करती है। कला का मानव आत्मा की सर्वाधिक महत्त्वपूर्ण तथा ऊँची आकांक्षाओं से घनिष्ट सम्बन्ध है। कला के उद्गम

की यह परिभाषा कला को मानव की आत्मा की उच्चतम आकांक्षाओं में सम्मानपूर्ण स्थान प्रदान करती है।

इस तरह बौद्धिक गतिविधि के क्षेत्र में अरस्तू ने कला के लिए उच्च उद्देश्य खोजने का प्रयत्न किया। अरस्तू ने अपने काव्य-चिन्तन में यह स्पष्ट करने की कोशिश की कि काव्य सामान्य दृष्टिकोण से मानवीय जीवन का चित्रण करता है तथा जीवन के मूलभूत तथा विशिष्ट तत्त्वों को पेश करता है। इसलिए काव्य भी बहुत कुछ वही गुण और महत्त्व रखता है जो गुण और महत्त्व दर्शन रखता है। काव्य-प्रेरणा और काव्यानुभूति का मूल स्रोत मानवीय जीवन ही है। इसलिए काव्य का काम मानव-जीवन का चित्रण करना है, बाहरी मिलावटों से उसे विकृत करना नहीं।

अरस्तू ने काव्य में प्रकृति को भी केवल दृश्य चित्रांकन की दृष्टि से महत्त्व दिया। रूसी लेखक चर्नीशेव्स्की ने अरस्तू के काव्य-सिद्धान्त का विश्लेषण करते हुए लिखा है—"अरस्तू के काव्यशास्त्र में प्रकृति के बारे में एक शब्द भी नहीं मिलता। वह लोगों को उनके क्रिया-कलापों और उनके साथ घटने वाली घटनाओं के बारे में बात करता है। यही वे चीजें हैं जो काव्य के लिए अनुकरणीय हैं।"[5]

अरस्तू को भी प्लेटो की तरह ही काव्य का नैतिक धरातल ही स्वीकार था। किन्तु वे उसे मानवता की व्यापक भूमि पर विवेचित करना अधिक उचित समझते थे क्योंकि मानव जीवन के अनुकरण को वे केवल भौतिक तत्त्वों और प्रत्यक्ष व्यापारों का अनुकरण नहीं मानते थे। यह अनुकरण क्रियाशील मानव की उदात्त भावनाओं का भी है। इस तरह अरस्तू ने अनुकरण को केवल बाह्य प्रयास मानने में आपत्ति प्रकट की और उसे आन्तरिक चेष्टा भी माना। जीवन का यह बाह्य और आन्तरिक स्वरूप ही वह आधार है, अनुभूति और प्रेरणा है, जिसके सहारे कवि जीवन के सौन्दर्य को कलात्मक अभिव्यक्ति देता है।

इस तरह—"अरस्तू का अनुकरण सिद्धान्त एक दृष्टि से प्रत्यक्ष और परोक्ष जगत् की अभिसंधि का वह स्थल है जहाँ इतिहास और कविता का पार्थक्य सिद्ध हो जाता है।"[6] अरस्तू ने 'सम्भावना सिद्धान्त' की ओर भी संकेत किया है कि कविता जीवन की घटित घटनाओं के अतिरिक्त उन घटनाओं का भी चित्रण करती है, जिनके घटने की सम्भावना (या आशंका) जीवन में सदैव बनी रहती है। इस तरह कविता का स्थान इतिहास से अधिक ऊँचा हो जाता है। वह अधिक व्यापक और मौलिक हो जाती है।

अरस्तू ने काव्य और अनुकरण का अपरिहार्य सम्बन्ध स्थापित किया और

उसे नूतन अर्थ गरिमा प्रदान की। अरस्तू के सम्पूर्ण काव्यचिन्तन का निचोड़ देखें तो वह यह है कि काव्य "मानव जीवन के सार्वभौमिक तत्त्व की अभिव्यक्ति"[7] है। इस तरह अरस्तू ने काव्यानुभूति के आत्मपरक पक्ष की प्रधानता का प्रतिपादन किया।

पाश्चात्य काव्य-चिन्तन पर अरस्तू के विचारों का अत्यन्त व्यापक तथा गहरा प्रभाव पड़ा है। उन्होंने अपने काव्य-चिन्तन में काव्य-सर्जना के जिन मौलिक गुणों का उद्‌घाटन किया, उनका आधार लेकर परवर्ती काव्यशास्त्रियों ने नए-नए मतों की स्थापना की।

मध्ययुगीन धार्मिक तथा नैतिक दृष्टिकोण

इंग्लैंड में सोलहवीं शताब्दी से आरम्भ नवजागरण युग के पूर्व लगभग पाँचवीं शताब्दी से लेकर पन्द्रहवीं शताब्दी के अन्त तक का काल मध्ययुग माना जाता है। यद्यपि इस युग को अन्धकार का युग कहा जाता है लेकिन इस समय भी हमें कला और साहित्य की सर्जनात्मकता और जिज्ञासावृत्ति के दर्शन होते हैं। रोमन कैथोलिक धर्म का सत्ता पर आधिपत्य होने से इस युग में धार्मिक बन्धनों की जटिलता बढ़ गयी थी जिससे बौद्धिकता का स्वतन्त्र विकास न हो सका।

ऑगस्टस के जमाने से ही रोमन संसार में राजनीतिक तथा सामाजिक क्षेत्र में महत्त्वपूर्ण परिवर्तन हुए। ईसा की प्रथम दो शताब्दियों के बाद व्यापक अराजकता का समय आ गया। इस बीच रोमन साम्राज्य दो हिस्सों में बँट गया—एक पूर्वी (यूनानी) और दूसरा पश्चिमी (रोमन)। पाँचवीं शताब्दी के बर्बर आक्रमणों ने इस विभाजन को और पूर्ण कर दिया। ईसाई धर्म पर अंकुश न रहा और यह धर्म राष्ट्र का धर्म बन गया। इससे यूरोपीय सभ्यता तथा नक्शे में व्यापक परिवर्तन हुए तथा एक नए संसार का निर्माण हुआ। परिणामतः रोम का महत्त्व लुप्त हो गया और पाँचवीं शताब्दी के बाद पश्चिमी यूरोप पर अन्धकार का अभेद्य पर्दा पड़ गया। फिर भी इस युग में प्राचीन संस्कृति से कुछ न कुछ सम्बन्ध बना रहा।

सौन्दर्यानुभूति सम्बन्धी मध्ययुगीन विचारों के संक्षिप्त विश्लेषण के लिए इस युग के तीन महत्त्वपूर्ण दार्शनिकों को लिया जा सकता है।

इनमें से प्रथम दार्शनिक प्लाटिनस हैं। मध्ययुग में इनके सिद्धान्तों का व्यापक प्रभाव पड़ा। प्लाटिनस के विचारों को 'नव प्लेटोवाद' का नाम दिया गया है। इनका जीवनकाल 205 ई.. से 270 ई. तक का है और इस तरह इन्हें मध्ययुग का आरम्भ माना जा सकता है। ये मूलतः अध्यात्मवादी तथा रहस्यवादी दार्शनिक थे और इनका ईसाई धर्म पर भी व्यापक प्रभाव पड़ा।

'सौन्दर्य आध्यात्मिक है' : प्लाटिनस के विचार

प्लाटिनस का दर्शन सत् का दर्शन है जो उस 'परम दैवीय सत्ता' से निःसृत होकर उसी में मिल जाता है। संसार को वे आभास और वास्तविकता को उस परम एक में निहित मानते हैं। दैवीय आत्मा संसार की ओर देखती हुई इसकी सर्जना करती है और इसे आधार देती है। नीलकान्त प्लाटिनस के सौन्दर्य शास्त्रीय दृष्टिकोण का विश्लेषण करते हुए लिखते हैं—"प्लाटिनस के दार्शनिक विचारों में हम तत्त्व-मीमांसा और धर्म दोनों का समन्वय पाते हैं। वे एक ही अद्वय सत्ता को परम सत्य मानते थे। उस अद्वय सत्ता से पहले प्रज्ञा का निर्गम होता है और उससे आत्मा का निर्गम होता है। विश्व की अंतिम परिधि पदार्थ है। आदमी का सम्बन्ध दोनों ओर से है, अंशतः वह पदार्थ के क्षेत्र में है, दूसरी ओर वह आध्यात्मिक क्षेत्र से भी सम्बन्धित है।"[8]

प्लाटिनस के अनुसार अनुभूति से हमें भौतिक वस्तुओं का ज्ञान होता है किन्तु वस्तुएँ स्वयं परिवर्तनशील व अस्थायी हैं, अतः उनका ज्ञान महत्त्व का नहीं है। इस तरह अनुभूति एक क्रिया है। कल्पना भी अनुभूति पर आश्रित होती है, बिना स्मृति के उसमें गति नहीं आ सकती। मानवीय आत्मा नीचे देखती है तो वह पदार्थ को देखती है, अशुभ पदार्थ का क्षेत्र देखती है, ऊपर देखती है तो वह आध्यात्मिक क्षेत्र की शुद्धता की अनुभूति करती है। अतः आध्यात्मिक ज्ञान ही उच्चतम ज्ञान है। प्लाटिनस ने पूर्ववर्ती विचारधारा का खण्डन किया कि सौन्दर्य, सन्तुलन और सामंजस्य के कारण उत्पन्न होता है। प्लाटिनस ने कहा कि सौन्दर्य इससे कुछ ऊपर की वस्तु है।

प्लाटिनस के अनुसार सौन्दर्य वह है जिसे हम प्यार करते हैं। आत्मा प्रथम दर्शन में ही उसे सौन्दर्य कहकर पुकार उठती है। प्लाटिनस का विश्वास है कि आत्मा आध्यात्मिक जगत् की निवासिनी है, वह कभी साक्षात् सौन्दर्य के साथ रहती थी, जब उसे यह स्मृति होती है तो वह गृह-वियोग से पीड़ित हो जाती है। इस तरह सौन्दर्य प्रेम एक तरह का गृह वियोग ही है। व्यवहार-जगत् की वस्तुएँ, रंग-रूप और कला उसी सौन्दर्य की अभिव्यक्ति होती हैं। इसलिए वे सुन्दर लगती हैं। यदि सन्तुलन और सामंजस्य, रूप और रंग में प्रज्ञा की अभिव्यक्ति न होती तो वे सुन्दर न हो सकते।

प्लाटिनस के चिन्तन की उपलब्धि यह है कि वे सौन्दर्य का लक्षण जीवन मानते हैं। उनके अनुसार—"किसी भी मूर्ति से चाहे वह कितनी ही सुन्दर क्यों न हो, एक कुरूप आदमी बहुत ही अधिक सुन्दर है, क्योंकि उसमें जीवन अधिक

है। सौन्दर्य रोशनी है, उसी की आभा में वस्तुएँ चमकती हैं और यही सन्तुलन और सामंजस्य का अर्थ होता है। इस तरह प्लाटिनस ने रूपात्मक नियमों को महत्त्व न देकर जीवन को महत्त्व दिया।"[9] सौन्दर्यशास्त्र की दिशा में यह नयी प्रगति थी।

कुरूपता और सौन्दर्य का सामंजस्य : सेन्ट आगस्टाइन के विचार

सेन्ट आगस्टाइन ईसाई दार्शनिक थे। अपनी कट्टरता और पूर्वाग्रहों के बावजूद उन्होंने सौन्दर्यमूलक मूल्यों पर भूल से विचार किया ही है। उन्होंने चित्रकला और काव्यकला को 'विलासपूर्ण' असत्य अवश्य कहा किन्तु इन कलाओं में एक प्रकार का सत्य भी वह देखते हैं। असत्य वह है जो सत्य होने का भ्रम उत्पन्न करता है। कविता, प्रहसन, अभिनय इसी तरह असत्य हैं। कला अपनी असत्यता के कारण ही सत्य होने का प्रयत्न करती है। राम का अभिनय करने वाला पूर्ण राम नहीं हो सकता। इस तरह कलाकार जब तक असत्य की सृष्टि नहीं करेगा तब तक अपने पेशे में ईमानदारी नहीं बरत सकता। यदि अभिनेता नकली राम नहीं है तो वह असली अभिनेता हो ही नहीं सकता। इस तरह कला सत्य की प्राप्ति की ओर बढ़ती है।

आगस्टाइन कुरूपता और सौन्दर्य, इन दो विरोधी पक्षों में सामंजस्यता लाते हुए सौन्दर्यशास्त्र की दिशा में महत्त्वपूर्ण कदम रखते हैं। आगस्टाइन ने कुरूपता को सौन्दर्य की बगल में स्थान दिया। चित्र में प्रकाश और छाया का एक साथ बराबर महत्त्व है, सिर्फ उन्हें उचित स्थान पर देखा जाना चाहिए। इस तरह सामंजस्य और सन्तुलन का अर्थ अधिक स्पष्ट होता है। पिछले दार्शनिकों ने कुरूपता की समस्या का स्पर्श भर किया था, आगस्टाइन ने इसकी स्पष्ट व्याख्या की। आगस्टाइन ने अपने चिन्तन में यह प्रतिपादित किया कि कुरूपता सापेक्ष रूप से सौन्दर्य के बगल में बनी रहे तो वह सौन्दर्य को आहत नहीं करती। यह मध्ययुगीन चिन्तन की सीमाओं के भीतर एक नया विचार था।

धर्म और नैतिकता का आग्रह : टामस एक्विनास के विचार

बीसवीं शताब्दी में ईसाई दार्शनिक टामस एक्विनास के विचारों की पुनः व्याख्या की गयी और उन्हें आधुनिक युग के अनुरूप बनाने का प्रयत्न किया गया। हालाँकि उनका चिन्तन सौन्दर्य-विषयक पिछली मान्यताओं से आगे नहीं जा सका। प्लेटो, अरस्तू तथा सेन्ट आगस्टाइन के विचारों का उन पर गहरा प्रभाव लक्षित होता है।

नीलकान्त ने एक्विनास की सौन्दर्य दृष्टि का मूल्यांकन करते हुए लिखा है कि–"एक्विनास के अनुसार सत्य और शिव का आपस में तादात्म्य है, क्योंकि दोनों का आधार एक केन्द्र ही है जिसे रूप कहते हैं। इसलिए जब हम सौन्दर्य की प्रशंसा करते हैं तो अप्रत्यक्ष रूप से शिव की ही प्रशंसा करते हैं। फिर भी दोनों में तार्किक रूप से अन्तर है। परिभाषा के अनुसार शिव वही है जिसकी कामना सभी लोग करते हैं। इस तरह शिव का एक पक्ष सप्रयोजन या सोद्देश्य होता है। इसके पीछे एक प्रवृत्ति होती है जो किसी वस्तु की ओर प्रेरित करती है। इस तरह शिवत्व हमारी इच्छा-प्रवृत्ति या स्वाद से जुड़ा हुआ होता है और इसकी अनुभूति इच्छा-पूर्ति में होती है।"[10]

सौन्दर्य की विशेषताओं का उल्लेख करते हुए एक्विनास उसके तीन मूल तत्त्वों की ओर संकेत करते हैं–

(1) **पूर्णता**–क्योंकि अपूर्णता कुरूपता को जन्म देती है और जो वस्तुएँ कुरूप दिखती हैं, उसका कारण उनकी अपूर्णता ही है।

(2) **अनुपात या सामंजस्य**–अनुपातहीनता और असामंजस्य भी वस्तु को कुरूप कर देता है।

(3) **प्रांजलता या स्पष्टता**–सुन्दर कही जाने वाली वस्तुएँ एक आभापूर्ण ढंग से युक्त होती हैं, इसी से उनकी स्पष्टता प्रकट होती है।

एक्विनास ने सौन्दर्यबोध के दो मार्ग ही स्वीकार किये हैं–श्रवणेन्द्रिय और दृष्टि-इंद्रिय। उनके अनुसार सौन्दर्य मूल रूप से वांछनीय नहीं है, वह तभी तक वांछनीय है जब तक वह शिव से अपना सम्बन्ध कायम रखता है और सत्य भी इसी सीमा तक वांछनीय है। इस तरह एक्विनास के सौन्दर्य-शास्त्र में धर्म और नैतिकता का आग्रह सर्वत्र लक्षित होता है। वे शिव को सर्वोच्च तत्त्व और सौन्दर्य को उसी का प्रतीक मानते हैं।

उपर्युक्त विचारकों के सौन्दर्य-चिन्तन के बावजूद मध्ययुग में हमें कला व उसकी अनुभूति से सम्बन्धित चिन्तन बहुत बड़ी उपलब्धि के रूप में प्राप्त नहीं होता। यह एक अन्धकार युग है फिर भी इसके ऐतिहासिक महत्त्व को नकारा नहीं जा सकता। इस युग के महत्त्व को हम डॉ. जगदीश चन्द्र जैन के शब्दों में इस तरह स्वीकार कर सकते हैं कि–"मध्ययुग प्राचीन और आधुनिक युग की कुंजी होने के कारण महत्त्वपूर्ण है।"[11]

आधुनिक सौन्दर्यशास्त्र में काव्यानुभूति से सम्बन्धित विवेचन बहुत जटिल है। सामान्य मनुष्य की अनुभूति और काव्य की अनुभूति क्या एक-सी होती है?

या इनमें कोई गुणात्मक भेद होता है? इस प्रश्न पर आई. ए. रिचर्ड्स, रामचन्द्र शुक्ल और मुक्तिबोध ने विचार किया है। बीसवीं शताब्दी के आलोचकों में आइवर आर्मस्ट्रांग रिचर्ड्स का स्थान सम्भवतः सबसे महत्त्वपूर्ण है। काव्यानुभूति से संबंधित उनकी आलोचना एक तरह से क्रांतिकारी प्रमाणित हुई है।

रिचर्ड्स का काव्य-सिद्धान्त और काव्यानुभूति का मनोवैज्ञानिक आधार

रिचर्ड्स के अनुसार आज के वैज्ञानिक युग में वही आलोचना पद्धति मान्यता प्राप्त कर सकती है जिसका निर्माण वैज्ञानिक उपादानों से जुड़ा हो। इसके लिए उन्होंने मानव विज्ञान, समाज विज्ञान जैसे अन्य विज्ञानों के साथ विशेषतः मनोविज्ञान को अपनी आलोचना पद्धति का आधार बनाया है। रिचर्ड्स के अनुसार आलोचना का उद्देश्य कलात्मक अनुभूतियों का मूल्यांकन एवं तारतम्य निर्धारण है अर्थात् यह बताना कि किसी कलाकृति का मूल्य क्या है? और एक कलाकृति दूसरी कलाकृति से किस अर्थ में भिन्न (श्रेष्ठ अथवा हीन) है। उदाहरण के लिए 'रामचंद्रिका' की तुलना में 'रामचरितमानस' की काव्यानुभूति क्यों श्रेष्ठ है, और उसका मूल्य क्या है? यह तब तक सम्भव नहीं जब तक हम कला से प्राप्त होने वाली अनुभूतियों की प्रकृति को ठीक-ठीक न जान लें। कलात्मक अनुभवों की प्रकृति के विश्लेषण के लिए मानसिक व्यापारों की जानकारी आवश्यक है। इस प्रकार रिचर्ड्स काव्य-चिन्तन और मनोविज्ञान में घनिष्ट सम्बन्ध देखते हैं।

रिचर्ड्स के अनुसार—"किसी भी सफल कविता में निबद्ध अनुभूति कवि में ऐसे मनोविज्ञान समायोजन का निदर्शन होती है जो व्यक्तित्व के लिए मूल्यवान होता है।"[12] अपने समय के सौन्दर्यशास्त्रियों से रिचर्ड्स की सबसे गम्भीर शिकायत यह रही है कि उनके द्वारा काव्यानुभूति के मूल्य विचार की उपेक्षा हुई है। उनके समय के सौन्दर्यशास्त्र ने सौन्दर्य मूल्य या कला-मूल्य का अन्य मानवीय मूल्यों से कोई सम्बन्ध नहीं माना। क्लाइव बेल ने साबित करना चाहा कि—"किसी कलाकृति के आस्वादन के लिए जीवन से कुछ भी साथ लेने की जरूरत नहीं है। उसके लिए न तो जीवन के विचारों और व्यापारों की कोई जानकारी अपेक्षित है और न उसके भावों का कोई परिचय ही आवश्यक है।"[13] डॉ. ब्रैडले कविता की प्रकृति के सम्बन्ध में यहाँ तक कह डालते हैं कि—"वह न तो वास्तविक जगत् का अंग है न उसका अनुकरण है, अपितु उसका एक स्वतन्त्र पूर्ण रूप और स्वायत्त अलग जगत् है।"[14]

रिचर्ड्स ने कला सम्बन्धी इन धारणाओं का खंडन किया तथा कला को जीवन

की व्यापक परिधि में रखकर देखा।

आधुनिक सौन्दर्यशास्त्र की एक महत्त्वपूर्ण मान्यता यह है कि सौन्दर्यानुभूति या काव्यानुभूति में एक अलग और विशिष्ट प्रकार की मानसिक प्रक्रिया विद्यमान रहती है। रिचर्ड्स इतना स्वीकार करते हैं कि सौन्दर्यानुभूति में बुद्धि और इच्छा कुछ विशेषताओं को लिये उपस्थित रहती है। इन विशेषताओं के रूप में निःसंगता, निर्वैयक्तिकता और निर्मलता के नाम लिये जा सकते हैं। लेकिन इन विशेषताओं के आधार पर ही सौन्दर्यानुभूति को अन्य अनुभूतियों से मूलतः भिन्न मानने के पक्ष में रिचर्ड्स नहीं है।

सौन्दर्यानुभूति के विशिष्टत्व की मान्यता के दो स्वरूप रिचर्ड्स सम्भव मानते हैं प्रथमतः यह कहा जा सकता है कि सौन्दर्यानुभूति में एक खास प्रकार का मनस्तत्त्व विद्यमान रहता है जो अन्य अनुभूतियों में नहीं रहता। क्लाइवबेल सौन्दर्यात्मक भाव (ईस्थेटिक इमोशन) नामक विशिष्ट भाव को भेदक तत्त्व मानते हैं, किन्तु मनोविज्ञान इस तत्त्व की सत्ता का समर्थन नहीं करता। वर्नन ली भाव तादात्म्य को यह गौरव देती हैं लेकिन रिचर्ड्स की मान्यता है कि भावतादात्म्य अन्य अनुभूतियों में भी मौजूद रहता है। रिचर्ड्स के अनुसार सौन्दर्यानुभूति की विशिष्टता के पक्ष का दूसरा रूप यह हो सकता है कि तत्त्वतः यह अनुभूति अन्य अनुभूतियों से अभिन्न होकर भी स्वरूपतः उनसे भिन्न होती है। स्वरूप की यह विशिष्टता निरुद्देश्यता, निःसंगता, दूरी, निर्वैयक्तिकता, विषयी की सार्वजनीनता आदि के रूप में वर्णित होती है।

रिचर्ड्स का कहना है कि साधारणतः सौन्दर्यात्मक प्रणाली का अर्थ उन वस्तुओं को विलक्षण दृष्टि से देखना समझा जाता है। इसके परिणामस्वरूप दृष्टा इस बात पर ध्यान नहीं देता है कि प्राप्त अनुभूतियाँ मूल्यवान हैं या मूल्यहीन। वह सुन्दरता और कुरूपता में कोई अन्तर नहीं देखता। रिचर्ड्स इस प्रणाली का खंडन करते हैं। वे सौन्दर्य और कुरूपता की अनुभूति में कोई समानता नहीं देखते। 'सौन्दर्यात्मक' (एस्थटिक) शब्द का एक संकीर्ण अर्थ यह है कि जो सुन्दर की अनुभूति तक अपने को सीमित रखता है और मूल्य को स्वीकार करता है। रिचर्ड्स के अनुसार इस अर्थ में सौन्दर्यात्मक अनुभूति भिन्न की जाने योग्य होकर भी बहुत सारी अन्य अनुभूतियों के समान है और यह प्रधानतः अपने अवयव सम्बन्धों की दृष्टि से ही दूसरी अनुभूतियों से भिन्न है, यह अन्य साधारण अनुभूतियों का ही विकसित और व्यवस्थित रूप है न कि कोई नवीन और भिन्न कोटि की वस्तु।

यहाँ रिचर्ड्स उदाहरण देते हुए स्पष्ट करते हैं कि "जब हम किसी चित्र

को देखते हैं, किसी कविता को पढ़ते हैं या किसी संगीत को सुनते हैं तब हम उससे कुछ भिन्न कार्य नहीं करते जैसा हम गैलरी जाने के रास्ते में या सुबह कपड़ा पहनते समय कर रहे थे।"[15] इस तरह रिचर्ड्स कला से प्राप्त अनुभूतियों को वस्त्र पहनने की अनुभूति से सर्वथा भिन्न नहीं मानते। उनके अनुसार कलात्मक अनुभूति जिस ढंग से हमें प्राप्त होती है, वह अवश्य भिन्न है और नियमतः कलागत अनुभूति अधिक संकुल व एकीकृत होती है लेकिन हमारी कलानुभूति की क्रिया मूलतः भिन्न प्रकार की नहीं होती।

इस तरह रिचर्ड्स इस निष्कर्ष पर पहुँचते हैं कि कलात्मक अनुभूतियाँ जीवन की अन्य अनुभूतियों से मूलतः भिन्न नहीं हैं और सौन्दर्यशास्त्रियों द्वारा प्रचारित शुद्ध कलात्मक मूल्य या विचित्र प्रकार के सौन्दर्य मूल्य की मान्यता गलत और भ्रान्त है। वे स्वीकार करते हैं कि काव्यानुभूति में एक खास प्रकार का मनसतत्त्व विद्यमान रहता है। उनकी दृष्टि में तत्त्वतः काव्यानुभूति अन्य अनुभूतियों से भिन्न नहीं है लेकिन स्वरूपतः वे अन्य अनुभूतियों से काव्यानुभूति की भिन्नता स्वीकार करते हैं।

रिचर्ड्स ने काव्यानुभूति की व्यापक जाँच-पड़ताल तथा परीक्षण के लिए विभिन्न ज्ञान-विज्ञानों का सहारा लिया है। विशेषतः उन्होंने व्यवहारवादी मनोविज्ञान को अपनी आलोचना पद्धति का आधार बनाया। रिचर्ड्स ने मनोविज्ञान विषयक विचारों में मन के स्वरूप, मानसिक घटनाओं के स्वरूप, ज्ञान सिद्धान्त, आनन्द, संवेद तथा सामान्य संवेदनीयता तथा स्मृति आदि का विस्तार से विश्लेषण किया है। स्मृति की परिभाषा देते हुए वे लिखते हैं–"स्मृति जीवित तन्तुओं की ऐसी विचित्रता है जिसके द्वारा अतीत वर्तमान के व्यवहार को प्रभावित करता है।"[16] उनका यह दृष्टिकोण अत्यन्त महत्त्वपूर्ण है कि कोई भी ऐसी मानसिक क्रिया नहीं है जिसमें स्मृति का हस्तक्षेप न हो। काव्यानुभूति में कल्पना का कितना योगदान रहता है, इसे बताने की आवश्यकता नहीं है। कल्पना में स्मृति का सुपरिचित रूप देखा जा सकता है। हम अपनी अनुभूति में अकेले होते हैं लेकिन स्मृति में नहीं। स्मृतियों में हमारा सारा समाज–घर, माँ, भाई, दोस्त आदि समाहित होते हैं। स्मृति की सार्वजनिकता अनुभूति को वैयक्तिक होने से बचाती है।

इस तरह काव्यानुभूति तथा काव्य-चिन्तन के अन्य क्षेत्रों में रिचर्ड्स का स्थान बहुत विशिष्ट है। आधुनिक युग के थोड़े-से श्रेष्ठ समीक्षकों में उनकी गणना की जाती है।

भारतीय काव्य-चिन्तन के क्षेत्र में काव्यानुभूति के गहन व विशद विश्लेषण

की दृष्टि से आचार्य रामचन्द्र शुक्ल का योगदान सर्वाधिक महत्त्वपूर्ण है। रस सिद्धान्त आदि के विवेचन में उनका पांडित्य, मौलिकता तथा सूक्ष्म विश्लेषण क्षमता पग-पग पर दिखाई देती है। शुक्ल जी की आलोचना वैज्ञानिक अध्ययन-चिन्तन से पुष्ट और तर्कपूर्ण है।

कलागत अनुभूति और प्रत्यक्ष अनुभूति की अभिन्नता : रामचन्द्र शुक्ल के विचार

आचार्य शुक्ल ने कल्पना को एक मानसिक रूप-विधान माना है। उनके अनुसार मन के भीतर यह रूप-विधान दो तरह का होता है। या तो यह कभी प्रत्यक्ष देखी हुई वस्तुओं का ज्यों का त्यों प्रतिबिम्ब होता है अथवा प्रत्यक्ष देखे हुए पदार्थों के रूप, रंग, गति आदि के आधार पर खड़ा किया हुआ नया वस्तु-व्यापार-विधान। आचार्य शुक्ल ने प्रथम प्रकार की आभ्यन्तर रूप-प्रतीति को स्मृति कहा है और द्वितीय प्रकार की रूप-योजना या मूर्ति विधानों के मूल में प्रत्यक्ष अनुभव किए हुए बाहरी रूप-विधान हैं। शुक्ल जी ने रूप-विधान को तीन प्रकारों में बाँटा है—

(1) प्रत्यक्ष रूप-विधान।

(2) स्मृति रूप-विधान।

(3) सम्भावित या कल्पित रूप-विधान।

वे कहते हैं कि इन तीनों रूप-विधानों में भावों को इस रूप में जाग्रत करने की शक्ति होती है कि वे रस कोटि में आ सकें। सम्भावित या कल्पित रूप-विधान द्वारा जाग्रत मार्मिक अनुभूति ही काव्यानुभूति मानी जाती है। प्रत्यक्ष या स्मृति द्वारा जागृत वास्तविक अनुभूति भी विशेष दशाओं में रसानुभूति की कोटि में आ सकती है।

आचार्य शुक्ल के अनुसार—"सौन्दर्य की भावना का जागना सुन्दर-सुन्दर वस्तुओं या व्यापारों का मन में आना ही है। जब हमारी आँखें देखने में प्रवृत्त रहती हैं तब रूप या सौन्दर्य हमारे बाहर प्रतीत होता है, जब हमारी वृत्ति अन्तर्मुखी होती है, तब यही सौन्दर्य हमारे भीतर दिखाई पड़ता है।"[17] शुक्ल जी की दृष्टि में सुन्दर और कुरूप काव्य में बस ये दो ही पक्ष हैं। भला-बुरा, शुभ-अशुभ, पाप-पुण्य, मंगल-अमंगल, उपयोगी-अनुपयोगी ये सब शब्द काव्य-क्षेत्र के बाहर हैं। ये नीति, धर्म, व्यवहार, अर्थशास्त्र आदि के शब्द हैं। शुद्ध काव्य क्षेत्र में न कोई बात भली कही जाती है, न बुरी, न शुभ, न अशुभ, न उपयोगी, न अनुपयोगी। सब बातें केवल दो रूपों में दिखाई जाती हैं—सुन्दर और असुन्दर।

प्रत्यक्ष रूप-विधान का सूक्ष्म विश्लेषण करते हुए रामचन्द्र शुक्ल ने यह स्पष्ट करने की कोशिश की है कि भावुकता की प्रतिष्ठा करने वाले मूल आधार या उपादान प्रत्यक्ष रूप ही हैं। इन प्रत्यक्ष रूपों की मार्मिक अनुभूति जिन रूपों में जितनी ही अधिक होती है वे उतने ही रसानुभूति के उपयुक्त होते हैं। शुक्ल जी के अनुसार प्रत्यक्ष से अभिप्राय केवल चाक्षुष ज्ञान से नहीं है। रूप शब्द के भीतर शब्द, गन्ध, रस और स्पर्श भी समझ लेना चाहिए। उन्होंने काव्यानुभूति तथा प्रत्यक्ष अनुभूति की भिन्नता-अभिन्नता को स्पष्ट करते हुए लिखा–"कलागत अनुभूति प्रत्यक्ष अनुभूति नहीं है लेकिन वह प्रत्यक्ष अनुभूति से पृथक् भी नहीं है।"[18]

काव्यानुभूति में स्मृति के योगदान की चर्चा संक्षेप में रिचर्ड्स के काव्य-सिद्धान्त के सन्दर्भ में हो चुकी है। स्मृति के महत्त्व को नकारा नहीं जा सकता। शुक्ल जी ने इस सन्दर्भ में विचार किया है। वे मानते हैं कि जिस प्रकार हमारी आँखों के सामने आए हुए कुछ रूप-व्यापार हमें रसात्मक भावों में मग्न करते हैं। उसी प्रकार भूतकाल में प्रत्यक्ष की हुई कुछ वस्तुओं का स्मरण भी कभी-कभी रसात्मक होता है जैसे परदेस में जन्मभूमि और बचपन के मित्रों का स्मरण आदि।

काव्यवस्तु का सारा रूप-विधान सम्भावित या कल्पित रूप-विधान की क्रिया से होता है। काव्य प्रक्रिया के रूप और व्यापार कल्पित ही होते हैं। कवि जिन वस्तुओं और व्यापारों का वर्णन करता है वे उस समय उसके सामने नहीं होते, कल्पना में ही होते हैं। शुक्ल जी ने कल्पित रूप-विधान का भी दो प्रकार माना है–

(1) प्रस्तुत रूप-विधान।

(2) अप्रस्तुत रूप-विधान।

प्रस्तुत रूप-विधान से तात्पर्य विभाव पक्ष से है जिसके अन्तर्गत आलम्बन विभाव व उद्दीपन विभाव दोनों आ जाते हैं। आलम्बन से अभिप्राय उन सब वस्तुओं और व्यापारों से है जिनके प्रति हमारे मन में किसी भाव का उदय होता है। शुक्ल जी कहते हैं कि अनुभूति के उद्रेक में वही रूप या दृश्य समर्थ होगा जो जगत् या जीवन का कोई गूढ़ या मार्मिक तथ्य सामने लाएगा।

सच्चे काव्य में दो पक्ष अवश्य रहते हैं–जगत् या जीवन का कोई तथ्य, जिसे प्रस्तुत रूप-विधान कहेंगे और उसके प्रति किसी प्रकार की अनुभूति यानी अप्रस्तुत रूप-विधान। काव्य में जगत् या जीवन की किसी वस्तु का तथ्य होना यानी प्रस्तुत पक्ष का होना अनिवार्य है। काव्य में इस प्रस्तुत अवयव के अतिरिक्त और जो कुछ रूप-विधान होगा वह अप्रस्तुत होगा। अप्रस्तुत रूप-विधान काव्य में कहीं अलंकार रूप में और कहीं लक्षणा के रूप में मिलता है।

आचार्य शुक्ल के शब्दों में–"सिद्ध कवियों की दृष्टि ऐसे अप्रस्तुतों की ओर जाती है जो प्रस्तुतों के समान ही सौन्दर्य, दीप्ति, कांति, कोमलता, प्रचंडता, भीषणता, उग्रता, उदासी, अवसाद, खिन्नता इत्यादि की भावना जगाते हैं। जैसे विषाद या अवसाद के स्थान पर अन्धकार, पतझड़, संध्या की छाया तथा मानसिक आकुलता के स्थान पर झंझा-तूफान, सुख-आनन्द के लिए उषा, प्रभात आदि। उदाहरण के लिए–

"गिरिवर के उर से उठ-उठकर
उच्चाकांक्षाओं के तरुवर, हैं झाँक रहे नीरव नभ पर"

यहाँ उठे हुए पेड़ों का साम्य मनुष्य के हृदय की उन उच्चाकांक्षाओं से है जो लोक से परे जाती हैं।"[19]

सौन्दर्यानुभूति की परिभाषा देते हुए शुक्ल जी लिखते हैं–"कुछ रूप-रंग की वस्तुएँ ऐसी होती हैं जो हमारे मन में आते ही थोड़ी देर के लिए हमारी सत्ता पर ऐसा अधिकार कर लेती हैं कि उसका ज्ञान ही हवा हो जाता है और हम उन वस्तुओं की भावना के रूप में ही परिणत हो जाते हैं। हमारी अन्तरसत्ता की यही तदाकार परिणति सौन्दर्य की अनुभूति है।"[20] जिस वस्तु के प्रत्यक्ष ज्ञान या भावना से तदाकार परिणति जितनी ही अधिक होगी, उतनी ही वह वस्तु हमारे लिए सुन्दर कही जाएगी। शुक्ल जी बाह्य जगत् के सौन्दर्य के साथ-साथ अन्तर्जगत् के सौन्दर्य की भी चर्चा करते हैं। उनका मानना है कि कविता केवल वस्तुओं के ही रंग-रूप में सौन्दर्य की छटा नहीं दिखाती, प्रत्युत कर्म और मनोवृत्ति के सौन्दर्य के भी अत्यन्त मार्मिक दृश्य सामने रखती है। वे कहते हैं कि बाह्य प्रकृति के बीच वन, पर्वत, नदी, निर्झर आदि की विभूति से जिस तरह सौन्दर्यानुभूति करते हैं, उसी तरह अन्तःप्रकृति में दया, दाक्षिण्य, श्रद्धा, भक्ति आदि वृत्तियों में भी सौन्दर्य लहराता हुआ पाते हैं।

इस तरह सौन्दर्य के दोनों पक्षों–आन्तरिक और बाह्य की चर्चा करते हुए वे स्पष्ट करते हैं कि कवि की दृष्टि तो सौन्दर्य की ओर जाती है, चाहे वह जहाँ हो, वस्तुओं के रूप-रंग में अथवा मनुष्यों के मन, वचन तथा कर्म में। किसी वस्तु का वर्णन जितनी ही अधिक वस्तुओं के सम्बन्ध को लिये हुए होगा, उतना ही वह पेचीदा होगा और कवि की अनुभूति की गहनता और सूक्ष्मता प्रकट करेगा। इस सन्दर्भ में निराला की 'सरोज-स्मृति' याद की जा सकती है जिसमें एक दुख के साथ अनेक दुःख, एक भाव के साथ अनेक भाव तथा एक चित्र के साथ जीवन

के अन्य अनेक चित्र गुँथे हुए मिलते हैं।

इस तरह भारतीय काव्य-शास्त्र में आचार्य रामचन्द्र शुक्ल की काव्य मर्मज्ञता तथा महत्त्व को किसी भी तरह कम करके नहीं आँका जा सकता। उन्होंने न सिर्फ सौन्दर्य को परिभाषित किया बल्कि प्रत्यक्ष रूप-विधान, स्मृति रूप-विधान तथा सम्भावित या कल्पित रूप-विधान की विस्तार से चर्चा की और काव्यानुभूति के बारीक पक्षों की व्याख्या की।

रामचन्द्र शुक्ल के बाद भारतीय काव्य-चिन्तन के जगत् में गजानन माधव मुक्तिबोध का नाम सम्भवतः सर्वाधिक महत्त्वपूर्ण नाम है। उन्होंने काव्यानुभूति को न सिर्फ जीवन और जगत् की व्यापक परिधि के बीच देखा बल्कि अनुभूति का समाज से सबसे महत्त्वपूर्ण और गहरे सम्बन्ध का प्रतिपादन भी किया।

मुक्तिबोध का चिन्तन : अनुभूति कला का पहला क्षण है

मुक्तिबोध ने रचना-प्रक्रिया पर विस्तार से विचार किया है। वे रचना-प्रक्रिया की वास्तविक अर्थमत्ता से परिचित हैं क्योंकि कवि होने के नाते उन्हें रचना-प्रक्रिया में निहित जोखिम का अनुभव भी है। मुक्तिबोध के अनुसार किसी वस्तु, भाव या दृश्य से मनुष्य जब एकाकार हो जाता है, तब सौन्दर्य-बोध होता है अर्थात् जब दो पृथक् तत्त्वों—वस्तुपक्ष और आत्मपक्ष का भेद मिट जाता है और दोनों का पूर्ण तादात्म्य हो जाता है तब सौन्दर्यानुभूति होती है। वे सौन्दर्यानुभूति का मूल आधार आत्मपक्ष और वस्तुपक्ष के सम्बन्ध की कल्पना को मानते हैं।

वस्तुपक्ष का विवेचन करते हुए मुक्तिबोध कहते हैं कि हिन्दी में मन से बाह्य वस्तु को वस्तु समझा जाता है जबकि मन का तत्त्व भी वस्तु हो सकता है। यदि हाँ, तो ऐसे तत्त्व के साथ तदाकारिता या तादात्म्य की कोई आवश्यकता नहीं क्योंकि वह तत्त्व मन ही का एक भाग है। वे मन के इस तत्त्व के साथ तटस्थता के रुख़ की कल्पना करते हैं, तदाकारिता की नहीं। वस्तुपक्ष के प्रति मुक्तिबोध का यह दृष्टिकोण हिन्दी में सम्भवतः बिलकुल नया है।

मुक्तिबोध सौन्दर्य मीमांसा के दो रास्ते मानते हैं—एक रास्ता लेखक की हैसियत से सौन्दर्य मीमांसा तक जाने का है और दूसरा पाठक या दर्शक की हैसियत से। यदि पाठक-दर्शक या श्रोता की ओर से बात शुरू होगी तो विचार यात्रा अलग तरह की होगी और यदि लेखक या कवि की ओर से विचार आरम्भ हो तो भी यात्रा अलग तरह की होगी। दोनों यात्राओं की इस परस्पर भिन्नता को वे—विरोधी और पूरक दोनों मानते हैं। यहाँ महत्त्वपूर्ण यह भी है कि विभिन्न व्यक्तियों

के लिए ही सृजन-प्रक्रिया भिन्न-भिन्न नहीं होती बल्कि विभिन्न युगों में भी यह प्रक्रिया अलग-अलग होती है।

सौन्दर्य के विश्लेषण का क्षेत्र केवल हिन्दी की आत्मपरक कविता या हिन्दी साहित्य है, मुक्तिबोध ने इस मान्यता का खंडन किया ताकि सौन्दर्य सम्बन्धी धारणा और परिभाषा अस्पष्टता, अव्याप्ति या अतिव्याप्ति के दोषों से रहित रहे। मुक्तिबोध चाहते हैं कि विज्ञान की ही तरह साहित्य में भी 'इण्डक्शन' से 'डिडक्शन' तक आया जाए अर्थात् तथ्यों के संग्रह से उनके विश्लेषण द्वारा, उनके सामान्यीकरण से अनुमान और निष्कर्ष निकाले जाएँ। मुक्तिबोध के अनुसार रचनाकार में दो परिणतियाँ होती हैं। एक तो विचारों की परिणति संवेदनाओं में और दूसरी संवेदनाओं या अनुभूतियों की परिणति रचना में।

रचना-प्रक्रिया पर मुक्तिबोध का अत्यन्त महत्त्वपूर्ण निष्कर्ष यह है कि कला के तीन क्षण होते हैं–"कला का पहला क्षण है जीवन का उत्कट तीव्र अनुभव क्षण। दूसरा क्षण है इस अनुभव को अपने कसकते और दुखते हुए मूलों से पृथक् हो जाना और एक ऐसी फैण्टेसी का रूप धारण कर लेना मानो वह फैण्टेसी अपनी आँखों के सामने खड़ी हो। तीसरा और अंतिम क्षण है इस फैण्टेसी के शब्द-बद्ध होने की प्रक्रिया का आरम्भ और उस प्रक्रिया की परिपूर्णावस्था तक की गति-मानता।"[21] इस तरह, अनुभूति, कल्पना और अभिव्यक्ति कला के तीन क्षण हैं। काव्यानुभूति जब कला के दूसरे क्षण यानी कल्पना में क्रियाशील होती है तब उसमें व्यक्तित्व और जीवन का समस्त प्रवाह शामिल हो जाता है।

फैण्टेसी निरन्तर परिवर्तित और विकसित होती रहती है। कभी-कभी वह इतनी परिवर्तित हो जाती है कि यह कहना कठिन हो जाता है कि फैण्टेसी का यह नया रूप अपने मूल रूप की प्रतिकृति है। अनुभूति निस्सन्देह कला का पहला क्षण है। मुक्तिबोध अनुभूति के बिना आवेग और आगे की गति असम्भव मानते हैं। अनुभूति ही मानसिक प्रक्रिया को आत्माभिव्यक्ति की ओर ले जाती है, रचना-प्रक्रिया की गति की दिशा निर्धारित करती है और उसके तत्त्व रूपायित करती है अर्थात् उनको आकार प्रदान करती है। अनुभूति विचित्र रूप से अन्य मनस्तत्त्वों से जुड़ती हुई मानसपटल पर स्वयं ही बदल जाती है। यहीं आकर मुक्तिबोध यह मानते हैं, कि अनुभूति अपनी दुःखती हुई भूमि से पृथक् हो जाती है अर्थात् वे वैयक्तिकता से ऊपर उठने लगती हैं–"जो फैण्टेसी अनुभव होकर अनुभव के भीतर की ही संवेदनाओं द्वारा उत्सर्जित और प्रक्षेपित होगी, वह एक अर्थ में वैयक्तिक होते हुए भी दूसरे अर्थ में नितान्त निर्वैयक्तिक होगी। उस फैण्टेसी में अब एक

भावनात्मक उद्देश्य की संगति आ जाएगी।"[22]

यह भावनात्मक उद्देश्य ही फैण्टेसी को नया रूप-रंग देता है। ऐसा होने पर भी मुक्तिबोध यह दलील देते हैं कि फैण्टेसी यथार्थ में भोगे गए अनुभव की प्रतिकृति नहीं होगी क्योंकि वैयक्तिक ने निर्वैयक्तिक होने की प्रक्रिया में फैण्टेसी कुछ ऐसा नया रूप ग्रहण कर लेती है कि वह स्वयं भी वास्तविक अनुभूति से पृथक् हो उठती है। फैण्टेसी का जन्म अनुभूति से ही होता है लेकिन फिर भी मुक्तिबोध उसका अपना स्वतन्त्र विकासमान व्यक्तित्व मानते हैं।

इसके बाद मुक्तिबोध तीसरे क्षण यानी अभिव्यक्ति का विस्तार से विश्लेषण करते हैं और अन्त में इस निष्कर्ष पर पहुँचते हैं कि अनुभूति ही कल्पना में रच-बसकर वैयक्तिकता की भूमि से निर्वैयक्तिकता की ओर उठने का प्रयत्न करती है और एक कृति में बदल जाती है। इस तरह मुक्तिबोध कला के तीन क्षण मानते हैं और इनके बिना कला का अस्तित्व असम्भव मानते हैं। इन तीन प्रधान क्षणों का मनोवैज्ञानिक अध्ययन किए बिना यह जानना मुश्किल है कि सौन्दर्यानुभूति या काव्यानुभूति क्या है और वह किस प्रकार वास्तविक अनुभूति से भिन्न है। संक्षेप में मुक्तिबोध की दृष्टि में सौन्दर्यानुभूति "सृजनशील कल्पना के सहारे संवेदित अनुभव का ही विस्तार"[23] है।

'अनुभूति' शब्द हिन्दी में छायावादी स्वछन्दतावादी चिन्तन की देन है। आचार्य रामचन्द्र शुक्ल ने भावना के अन्तर्गत और आधुनिक आलोचकों ने संवेदना के अन्तर्गत इस पर विचार किया है और काव्य के उद्‌भावक और प्रेरक तत्त्वों की व्याख्या की है। अतः अब काव्यानुभूति के सन्दर्भ में प्रमुख आलोचकों के विचारों के बाद, इंद्रिय संवेदन, प्रत्यक्षीकरण और अवधारणा के स्वरूप को स्पष्ट कर लेना चाहिए क्योंकि काव्यानुभूति एक व्यापक परिभाषित शब्द है जिसमें उक्त तीनों मानसिक शक्तियों का समायोग होता है—

(अ) काव्यानुभूति में ऐंद्रिय संवेदन की भूमिका।

(ब) काव्य और प्रत्यक्षीकरण बोध।

(स) काव्य और अवधारणा।

(अ) काव्यानुभूति में ऐंद्रिय संवेदन की भूमिका

आधुनिक सौन्दर्यशास्त्र में इंद्रिय बोध और प्रत्यक्षीकरण के साथ अवधारणा का भी विशेष महत्त्व है। इन तीनों की अन्तरंग एकता से ही सार्थक रचना सम्भव हो पाती है। जर्मन दार्शनिक बामगार्टन ने कहा है—"सौन्दर्यशास्त्र ऐंद्रिय संवेदन का

ही विज्ञान है।"[24] बामगार्टन ने लाइबनीज से प्रभावित होकर ऐंद्रिय ज्ञान और बौद्धिक ज्ञान में भेद किया। उन्होंने बताया कि तार्किक ज्ञान की वस्तु सत्य है और ऐन्द्रिक ज्ञान की वस्तु सौन्दर्य है। ज्ञान के निम्न माध्यम इन्द्रियों से प्राप्त प्रत्यय कहे जाते हैं और सौन्दर्य ऐन्द्रिक ज्ञान की वस्तु है। उन्होंने अपने विश्लेषण द्वारा यह स्पष्ट किया कि जिस तरह सत्य एक पूर्णता है और इसका बोध विवेक के द्वारा ही सम्भव है, जिस तरह शिवत्व एक पूर्णता है और इसका बोध इच्छा के माध्यम से ही संभव है, उसी तरह सौन्दर्य भी एक पूर्णता है। इसे परम निरपेक्ष रूप में अनुभव नहीं किया जा सकता। इसका बोध इंद्रियों के द्वारा ही सम्भव है।

एडीसन ने कल्पना का विवेचन करते समय ऐन्द्रिक सम्बन्ध में रूपों की व्यापक चर्चा की है। वे वास्तविक अनुभवों पर अपना सौन्दर्य विषयक सिद्धान्त स्थापित करते हैं। जब हम वास्तविक जीवन में किसी वस्तु को देखते हैं तब हमारे अन्दर कल्पना का आनन्द आरम्भ होता है। एडीसन के अनुसार हमारी इंद्रियों में सर्वाधिक आनन्दप्रद और पूर्ण इन्द्रिय दृष्टि है, इसलिए कल्पना का प्रारम्भिक आनन्द दृश्यमूलक वस्तु से प्रारम्भ होता है और माध्यमिक आनन्द का अनुपस्थित वस्तु से, किन्तु यह आनन्द स्मृति से मिलता है। वे सौन्दर्य की अनुभूति को एक सामाजिक प्रवृत्ति मानते हैं। साथ ही सौन्दर्यानुभूति की वैयक्तिक स्थिति को भी स्वीकार करते हैं, क्योंकि एक के लिए जो सुन्दर है दूसरे के लिए कुरूप भी हो सकता है। इसलिए सौन्दर्य बाह्य सम्बन्धों पर ही नहीं निर्भर करता, बल्कि यह अन्तर्मन की अनुभूति है। एडीसन के अनुसार—"यद्यपि आनन्द की उत्पत्ति इंद्रियानुभूति से होती है, किन्तु अन्त में उसका स्वभाव मननात्मक, धार्मिक और नैतिक हो उठता है।"[25]

वास्तव में जिसे हम सौन्दर्यशास्त्र कहते हैं और जिसमें ऐन्द्रिय संवेदन का विशेष महत्त्व रहता है, उसके स्रोत अनुभव के दर्शन में ही हैं। जॉन लॉक ने भी सौन्दर्य को इंद्रियानुभूति की वस्तु कहा और डेविड ह्यूम ने ऐन्द्रिय संवेदन को प्राथमिक सत्ता की तरह देखा और अनुभव की व्याख्या की। ह्यूम के अनुसार सौन्दर्यानुभूति के सिर्फ दो उचित मार्ग ही नहीं हैं अर्थात् दृष्टि और श्रवण बल्कि मनोवेग, मनोभाव और संवेग अधिक महत्त्वपूर्ण हैं। चाहे जिस इंद्रिय से रुचिकर और मनोनुकूल संवेदना उत्पन्न होती हो, वह सौन्दर्य की अनुभूति कही जा सकती है।

भारत में भी न्याय वैशेषिक दर्शन में प्रत्यक्ष अनुभव के माध्यम से इंद्रियार्थ सन्निकष की चर्चा की गयी है और इस तरह अनुभव प्रत्यक्ष के द्वारा ही ज्ञान

अथवा प्रज्ञा की ओर बढ़ा गया है। काव्य और कलाओं में इस मूलभूत तत्त्व एन्द्रिय संवेदन का केन्द्रीय स्थान है। जिस काव्य में ऐन्द्रिय संवेदन का विस्तार जितना व्यापक होगा वह काव्य जीवन के उतने बड़े क्षेत्र को अपने में समेटे हुए होगा।

आचार्य रामचन्द्र शुक्ल ने कहा है कि–"अनुभूति के द्वंद्व से ही प्राणी के जीवन का प्रारम्भ होता है। उच्च प्राणी मनुष्य भी केवल एक जोड़ी अनुभूति लेकर इस संसार में आता है।"[26] जैसे-जैसे उसके भाव का विधान जटिल होता जाता है, वह ज्ञान और कर्म के क्षेत्र में अनुभव प्राप्त करने लगता है। यहाँ शुक्ल जी परिचय, संसर्ग और साहचर्य के माध्यम से बाह्य जगत् के गोचर सत्यों के साक्षात्कार की बात करते हैं। इस तरह वे ऐन्द्रिक संवेदन के व्यापार की महत्ता को स्वीकार करते हैं। काव्य अथवा कला में वस्तु जगत् और कवि कल्पना के सम्बन्धों का जिस तरह का भी चिन्तन हुआ है, उसके मूल में ऐन्द्रिय संवेदन रहा ही है। अतः–

(1) यह ऐन्द्रिय संवेदन है कि जो कल्पना और वस्तु जगत् के सम्बन्धों को स्पष्ट करता है।
(2) जो दृश्य रूप तथा बिम्ब रूप चित्रण की प्रभावशाली भूमिका तैयार करता है।
(3) जिसमें भाव की वाच्यार्थ मूलकता बनी रहती है।
(4) काव्य में सगुण साकार की पूरी रूपरेखा ही ऐन्द्रिय संवेदन से युक्त होती है।

किन्तु यह काव्यगत ऐन्द्रिक संवेदन अपनी लौकिक और कायिक प्रतिक्रियाओं के रूप में नहीं होता। वह तो कल्पना का विषय बनकर सामान्य रूप का प्रतिपादक हो जाता है। और उसमें इच्छाएँ, मनोभावनाएँ तथा स्मृतियाँ और फैण्टेसी का योगदान होने लगता है।

(ब) काव्य और प्रत्यक्षीकरण बोध

कल्पना का विषय बनकर यह ऐन्द्रिक संवेदना प्रत्यक्षीकरण बोध की सामान्य भावभूमि की परिचायक हो जाती है–

(1) यह प्रत्यक्षीकरण बोध है जिसे काव्य और कला की भाषा में कल्पना व्यापार भी कह सकते हैं।
(2) यह प्रत्यक्षीकरण बोध है जिसमें ऐन्द्रिय अनुभव के सामान्य अथवा सार्वजनिक पक्ष निर्धारित होने लगते हैं।
(3) यह प्रत्यक्षीक्ररण बोध है जिसमें कवि या कलाकार के व्यापक अनुभव

संश्लिष्ट होने लगते हैं।

(4) यह प्रत्यक्षीकरण बोध है जिसके द्वारा शब्दबद्ध प्रक्रिया निर्धारित होने लगती है।

प्रसिद्ध दार्शनिक येरिक न्यूटन हार और सीपी का उदाहरण देते हुए समझाते हैं कि जिस प्रकार सीपी में रत्नजड़ित हार का मूल स्थल होता है। उसी प्रकार जीवन के अनुभव कलाकृतियों के जनक होते हैं। कलाकृति का जन्म अनुभव के बीच से होता है और अनुभवों के बीच ही कल्पना का जन्म और विकास होता है। अनुभव ही वह शक्ति है जो कल्पना को एक सुनिश्चित और वैचारिक आधार देती है। येरिक न्यूटन के शब्दों में–"जिसे हम कलाकार की कल्पना कहते हैं अर्थात् सृजनात्मक यंत्र विन्यास का वह अंश जो कलाकृति की अवधारणा करता है, एक ऐसी मशीन मात्र है, जिसमें उसके जीवन भर के अनुभव संग्रहीत होते हैं।[27] हमारा अनुभव जगत् जितना समृद्ध होगा, कल्पना भी उतनी ही समृद्ध होगी। अनुभव ही हैं जो कल्पना को हवाई होने से रोकते हैं। किसी भी कला में कल्पना की पर्त के नीचे कलाकार के उस दृष्टिकोण का दर्शन होता है जिसे उसने विश्व के प्रति व्यक्त किया है, और क्योंकि अनुभव जीवन और जगत् में उत्पन्न होते हैं तथा कल्पना भी अनुभवों के धरातल की ही उपज है, अतः वह किसी भी कलाकृति को वैयक्तिक होने से बचाती है यानी कलाकार की अनुभूति को वैयक्तिकता की संकीर्ण परिधि से एक सार्वजनिक विस्तार में आमंत्रित करती है।

आचार्य शुक्ल ने मानसिक रूप-विधान को कल्पना कहा है। मन के भीतर उस रूप-विधान के वे दो प्रकार मानते हैं–एक तो प्रत्यक्ष देखी वस्तुओं का ज्यों का त्यों प्रतिबिम्ब और दूसरा देखी वस्तुओं के आधार पर खड़ा हुआ नया वस्तु-व्यापार विधान। प्रथम प्रकार की रूप प्रतीति स्मृति है और द्वितीय प्रकार की रूप योजना कल्पना। शुक्ल जी ने भी अनुभव को ही दोनों प्रकार के रूप-विधानों का मूल माना है। इस तरह शुक्ल जी रूप-विधानों को तीन भागों में बाँट देते हैं–

(1) प्रत्यक्ष रूप-विधान।

(2) स्मृति रूप-विधान।

(3) कल्पित रूप-विधान।

शुक्ल जी के अनुसार कल्पना द्वारा जागृत मार्मिक अनुभूति ही काव्यानुभूति है। काव्य वस्तु का सारा रूप-विधान इसी की क्रिया से होता है।

इससे पहले आचार्य शुक्ल के विचारों का विस्तार से विश्लेषण किया जा

चुका है। यहाँ पुनः उनकी चर्चा करना पुनरावृत्ति ही होगी। मुक्तिबोध की काव्य-दृष्टि पर भी विचार किया जा चुका है। मुक्तिबोध ने कल्पना को कला का दूसरा क्षण माना है। उनके अनुसार कल्पना कला के इस दूसरे क्षण में प्रथम क्षण की अनुभूति से या कहें कि उसकी व्यक्तिगत पीड़ा से पृथक् होने लगती है। वह एक अर्थ में व्यक्तिगत होती हुई भी दूसरे अर्थ में निर्वैयक्तिक होने लगती है। उसमें "एक भावनात्मक उद्देश्य की संगति"[28] आ जाती है।

इस तरह ऐंद्रिक अनुभव और प्रत्यक्षीकरण की जैविक एकता में ही काव्यानुभूति के समस्त तत्त्वों और उपकरणों का, उसकी वस्तु और उसके अभिव्यंजना रूप का निर्माण हो जाता है। काव्यानुभूति कुल मिलाकर बाह्य भौतिक जगत् के ऐंद्रिक रूपों में उतर जाने और प्रत्यक्षीकरण बोध के माध्यम से उस ऐंद्रिक के यूनिवर्सल हो जाने की परिचायक है।

(स) काव्य और अवधारणा

काव्य संवेदन अथवा काव्यानुभूति अपने सहज रूप में भी अराजक नहीं होती, उसका अपना वस्तुनिष्ठ अनुशासन होता है, उसकी अपनी मर्यादा होती है और उसका अपना लॉजिक होता है। काव्यानुभूति अवचेतन मन की अराजक ग्रंथियों का विषय नहीं है जो चित्त के दमन की प्रतिक्रियास्वरूप पैदा होती है। कवि अनुभूति के स्तर पर मनस्तापी नहीं होता। वह अनुभूति के स्तर पर बाह्य की पुनर्रचना कर रहा होता है। अतः उसकी अनुभूति के ज्ञानपक्षीय आधारों को भी समझ लेना जरूरी हो ज़ाता है।

साहित्य का जनमानस पर गहरा प्रभाव पड़ता है और उसके माध्यम से पाठकों की भावनाओं को उभारा जा सकता है अथवा उन्हें नया मोड़ दिया जा सकता है तथा पाठक को अपने आस-पास की दुनिया की समझ को प्रखर बनाया जा सकता है। प्रतिक्रियावादी साहित्यकार निरन्तर इस धारणा का प्रचार करते रहते हैं कि अच्छे साहित्य की रचना के लिए यह आवश्यक है कि लेखक अपने आपको सभी प्रकार की विचारधाराओं से मुक्त रखे। उनके अनुसार जब साहित्यकार किसी विचारधारा से जुड़ जाता है तो उसकी सृजन क्षमता धीरे-धीरे समाप्त हो जाती है, उसकी संवेदना संकुचित होती जाती है और उसकी दृष्टि भी धुँधली पड़ जाती है। जबकि वास्तव में ऐसा नहीं है। सच्चाई यह है कि भ्रांतिपूर्ण और खतरनाक धारणा से बचकर ही श्रेष्ठ साहित्य की रचना सम्भव है।

ओम प्रकाश ग्रेवाल के शब्दों में—"वास्तव में एक वर्ग विशेष के सामूहिक राजनीतिक कार्यक्रम को ही नहीं बल्कि व्यक्ति की समूची चेतना के वर्गीय स्वरूप को हमें विचारधारा की संज्ञा देनी चाहिए। विचारधारा व्यक्ति के अनुभव का कोई ऐसा अंश नहीं है जिसे हम उसके शेष अनुभव से अलग कर सकते हैं, बल्कि यह उसके समूचे अनुभव का एक विशिष्ट और आधारभूत आयाम है। सचेष्ट, सुचिंतित और सुव्यवस्थित बौद्धिक निष्कर्षों के अलावा विचारधारा हमारी भावनाओं के धरातल पर भी सक्रिय रूप में विद्यमान रहती है। व्यक्ति वस्तु जगत् को (जिसमें उसके अपने भी शामिल हैं) जिस रूप में देखता-समझता है, उस रूप की विशिष्टता को लक्षित करने के लिए ही विचारधारा की अवधारणा की आवश्यकता पड़ती है।"[29] हर ईमानदार कवि अपने समय की प्रगतिशील-जनवादी शक्तियों का पक्षधर होता है।

किसी भी अनुभूति को समझने अथवा प्रेषित करने के लिए एक निश्चित चिन्तन-पद्धति अथवा दृष्टिकोण को अपनाना पड़ता है। एक वर्ग से सम्बन्ध रखने वाले लोगों की सामूहिक समझ अकेले व्यक्ति की समझ से अधिक प्रखर और व्यापक होगी। इस समझ के ज्ञानात्मक और संवेदनात्मक पक्षों को ध्यान में रखते हुए हम इसे मुक्तिबोध के शब्दों में 'संवेदनात्मक ज्ञान' भी कह सकते हैं। रचना के अन्दर विचार तत्त्व स्पष्ट अथवा सूक्ष्म रूप में विषय-वस्तु की हैसियत से विद्यमान न होकर परिप्रेक्ष्य के रूप में भी विद्यमान हो सकता है। जब ज़मीन और जनता से प्रतिबद्ध एक कवि प्रेम कविता भी लिखता है तो एक सुनिश्चित बौद्धिक चिन्तन विषय-वस्तु में भले ही दिखाई न दे किन्तु परिप्रेक्ष्य के रूप में वह अवश्य मौजूद होगा। इस सन्दर्भ में केदारनाथ अग्रवाल तथा विजेन्द्र की प्रेम कविताएँ देखी जा सकती हैं।

इस तरह कविता की अनुभूति में विचार एक आधारभूत आयाम के रूप में विद्यमान होता है और कविता के मूल्यांकन में इस आयाम का महत्त्वपूर्ण स्थान होता है। यदि इस ज्ञान पक्ष की भूमिका को नकार दें तो प्रेरणास्रोत के स्तर पर, रचना-प्रक्रिया के स्तर पर तथा प्रभाव के स्तर पर अनुभूति का व्यापार उद्देश्यहीन हो जाएगा। अतः स्पष्ट है जिसे हम अनुभूति कहते हैं और जो अनुभव प्रत्यक्ष के कल्पना व्यापार से रूप की रचना करती है, उसके अवधारणात्मक पक्ष विरल नहीं होते। कोई भी प्रेरणा और रचनात्मक दबाव किसी न किसी मानसिक चिन्तन से अथवा किसी न किसी उद्देश्य से उत्सर्जित और उत्प्रेरित होता है। रचना क्यों,

के पीछे काव्यगत अवधारणा की स्थिति स्पष्ट हो जाती है।

इस तरह अनुभूति के निर्माण में उक्त तीनों मानसिक शक्तियों का जैविक योगदान रहता है।

काव्यानुभूति बनाम कवि

(अ) काव्यानुभूति सम्बन्धी स्वच्छन्दतावादी दृष्टिकोण

अठारहवीं-उन्नीसवीं शताब्दी का समय पाश्चात्य काव्य जगत् में वस्तुतः स्वच्छन्दतावादी आन्दोलन का समय था। वड्र्सवर्थ, कॉलरिज, शैली तथा कीट्स आदि प्रमुख स्वच्छन्दतावादी कवियों ने अत्यन्त सूक्ष्म दृष्टि से काव्यानुभूति पर विचार किया। काव्य-चिन्तन जगत् में स्वच्छन्दतावाद का योगदान अत्यन्त महत्त्वपूर्ण है।

विलियम वड्र्सवर्थ के विचार : कल्पना प्रधान साहित्य के इस नवीन युग में अनेक विशेषताएँ दृष्टिगोचर होती हैं जैसे—प्रकृति के प्रति उत्कट प्रेम, अज्ञात अलौकिक रहस्य भावना में गहरी आस्था, जीवन के कौतूहल और अध्यात्मवाद की ओर संकेत, व्यक्तिवाद, नए पूँजीवादी सामाजिक सम्बन्धों के प्रति असन्तोष, सरलता तथा मानवता। वड्र्सवर्थ की कविताओं में स्वच्छन्दतावाद की प्रायः सभी विशेषताएँ लक्षित होती हैं। वड्र्सवर्थ ने कहा कि अनुभूति केवल प्रत्यक्ष वस्तुओं से जागृत नहीं होती बल्कि अप्रत्यक्ष वस्तुओं से भी हम ऐसे प्रभावित होते हैं मानो वे प्रत्यक्ष हों। यह एक ऐसी योग्यता है जो अपने आप में भावावेशों का एक जादुई असर पैदा करती है, ऐसे भावावेश जो वास्तविक घटनाओं से उत्पन्न भावावेशों से नितांत भिन्न होते हैं फिर भी वास्तविक घटनाओं से उत्पन्न भावावेशों से साम्य रखते हैं।

वड्र्सवर्थ के शब्दों में : "कविता उदात्त अनुभूतियों का स्वतः स्फूर्त प्रवाह है और उसका जन्म शांति के क्षणों में स्मरण किए हुए आवेगों से होता है।"[30] वड्र्सवर्थ ने कथानक अथवा परिस्थिति को मुख्य न मानकर अनुभूति को ही मुख्य माना है। अनुभूति की प्रक्रिया के सम्बन्ध में वड्र्सवर्थ कहते हैं कि इस भाव का चिन्तन किया जाता है, एक प्रकार की प्रतिक्रिया द्वारा। अक्षुब्ध अवस्था का धीरे-धीरे लोप हो जाता है तथा पहले भाव के समान जो चिन्तन का विषय था—एक नए भाव का शनैः-शनैः उद्भव होता है और वह मानस में स्थित हो जाता है। इसी मानसिक स्थिति में सामान्यतया सफल रचना का सूत्रपात होता है और इसी स्थिति में यह आगे बढ़ती जाती है। विविध कारणों से उत्पन्न यह अनुभूति विविध प्रकार

की आनन्द की भावनाओं से संयुक्त होती है। वड्र्सवर्थ ने कविता को अनुभूति की अपूर्वता माना है।

वड्र्सवर्थ ने यूनानी समीक्षकों की भाँति कविता को अनुकृति की अनुकृति न मानकर उसे एक ठोस और इंद्रिय ग्राह्य चित्र कहा है जो हमें आनन्द प्रदान करता है तथा साथ ही आनन्द की व्यापक महत्ता पर प्रकाश भी डालता है। अनुभूति के कारण ही काव्य में मनोभावों और स्थिति को महत्त्वपूर्ण स्थान प्राप्त होता है।

सैमुअल-टेलर कॉलरिज के विचार : कॉलरिज स्वच्छन्दतावाद के प्रवर्तक कवि वड्र्सवर्थ का मित्र और सहयोगी ही नहीं था बल्कि वह स्वयं स्वच्छन्दतावाद के समर्थक कवियों में से एक था। कॉलरिज ने काव्य-सृजन के सिद्धान्तों पर जोर दिया। वह जिस रूप में कविता मौजूद है, उसका विश्लेषण न करते हुए सृजनात्मक शक्ति का विश्लेषण करता है, जिसकी सहायता से कविता लिखी जाती है। कॉलरिज के अनुसार काव्य में मानवीय ज्ञान तथा मानवीय भावों का समन्वय रहता है। उनके अनुसार काव्यानुभूति कवि की सम्पूर्ण आत्मा को सक्रिय बना देती है। वे काव्य को कवि की प्रतिभा से ही निष्पन्न भेद मानते हैं क्योंकि काव्य कवि के मानस बिम्बों, विचारों और मनोभावों को आलम्बन देता है।

कॉलरिज वड्र्सवर्थ की तरह कविता में अनुभूति की प्रधानता स्वीकार करते हैं। उनके अनुसार अनुभूति एक भावावेश है जो भावनाओं और वृत्तियों की ही उत्तेजित अवस्था है। प्रत्येक अनुभूति का अपना स्पन्दन होता है और उसी प्रकार से उसकी विशिष्ट अभिव्यंजना पद्धति निर्धारित होती है। दरअसल काव्य रचना की सम्पूर्ण क्रिया ही उत्तेजना की असाधारण अवस्था होती है।

कल्पना के द्वारा ही हमारी अनुभूति कार्यकारी होती है। कॉलरिज कल्पना की भी दो कोटियाँ करते हैं—एक प्राथमिक, दूसरी विशिष्ट। प्राथमिक कल्पना एक जीवन्त शक्ति है जो सम्पूर्ण मानवीय ज्ञान का मूल हेतु है। वह सृजनात्मक शक्ति है और विशिष्ट कल्पना प्राथमिक कल्पना शक्ति की ही प्रतिध्वनि है और सजग इच्छा के साथ विद्यमान रहती है। कॉलरिज उद्देश्य को भी दो प्रकार का मानते हैं—एक तात्कालिक और दूसरा अंतिम। तात्कालिक उद्देश्य आनन्द की प्राप्ति है और अंतिम उद्देश्य सत्य की प्राप्ति है। कॉलरिज के शब्दों में—"आदर्श समाज में जो सत्य नहीं, वह आनन्दप्रद नहीं हो सकता और साहित्यिक जगत् में कोई साहित्यिक कृति बिना नैतिक और बौद्धिक सत्य के आनन्द प्रदान नहीं कर सकती।"[31]

कॉलरिज के अनुसार काव्य के मूल में भावावेशों की उत्तेजना रहती है जिसका

तात्कालिक उद्देश्य सौन्दर्य के माध्यम से आनन्द प्रदान करना होता है। उसने सौन्दर्य को शिवत्व से पृथक् बताया और सत्य के साथ उसका एकत्व स्थापित किया। कॉलरिज के सौन्दर्य-चिन्तन में ज्ञान-शास्त्र और अध्यात्म विद्या—दोनों का समन्वय मिलता है।

पर्शीबाइसी शेली के विचार : स्वच्छन्दतावादी कवियों में शेली का स्थान महत्त्वपूर्ण है। उसकी मान्यता है कि आसपास के पदार्थों का एक संयुक्त प्रभाव मन पर पड़ता है और फिर उन पदार्थों का बोध होता है। उसके पश्चात् यह बोध सामाजिक मानव के राग-विराग और आनन्द का विषय बनता है। उच्चतम आनन्द के कारण सौन्दर्य के निकट पहुँचने की प्रवृत्ति जिनमें विशेष रूप से पाई जाती है, उन्हें ही शेली ने कवि माना है। शेली की मान्यता है कि जो कुछ हम जानते हैं, उसका कल्पना में समावेश करने के लिए हममें सृजनात्मक शक्ति होनी चाहिए तथा जो हम कल्पना करते हैं—उसे कार्यरूप में बदलने के लिए उदार अन्तःप्रेरणा की आवश्यकता है। शेली के अनुसार कविता की एक दिव्य शक्ति है जो न सिर्फ ज्ञान का केन्द्र बिन्दु है बल्कि उसकी परिधि भी है। इसमें समस्त विज्ञान का अन्तर्भाव वे मानते हैं।

कवि की अनुभूति आनन्द की नयी सामग्री की सर्जना करती है और इस आनन्द की जड़ें मानव कल्याण की भावना में निहित हैं। प्लेटो के काव्यचिन्तन से प्रभावित होकर शेली सत्य को शाश्वत मानते हैं और कविता को शाश्वत सत्य में अभिव्यक्त जीवन का प्रतिबिम्ब। कविता की तुलना वे ऐसे दर्पण से करते हैं जो विकृत को सुन्दर बना देता है। कविता की रचना-प्रक्रिया को स्पष्ट करते हुए वे लिखते हैं कि कविता के एक दिव्य शक्ति होने के कारण स्रष्टा का मन एक बुझते हुए अंगारे की भाँति है जिसे कभी-कभी आने वाले हवा के झोंके की भाँति कोई अदृश्य प्रभाव क्षणभर के लिए उद्दीप्त कर देता है। कवि की शक्ति उसके अन्तरंग से उद्भूत होती है।

जब कोई काव्य रचना आरम्भ हो जाती है तो प्रेरणा का ड्रामा शुरू हो जाता है तथा उत्कृष्ट से उत्कृष्ट कोटि की कविता जो आज तक दुनिया में लिखी गयी है, वह सम्भवतः कवि की मूल अनुभूति की एक धूमिल छाया मात्र है। यहाँ शेली कल्पना द्वारा अनुभूति के सार्वजनीन होने की ओर संकेत करते हैं।

जॉन कीट्स के विचार : कीट्स ने कवि की निर्वैयक्तिकता अथवा निषेधात्मक योग्यता पर जोर दिया। कीट्स की मान्यता है कि किसी विद्यमान वस्तु में कवि अकाव्यात्मक है क्योंकि उसकी कोई पहचान नहीं है। सूर्य, चन्द्र, समुद्र, पुरुष और

स्त्री जो अन्तःप्रेरणा के जीव हैं, काव्यात्मक हैं तथा उनमें अपरिवर्तनीय गुण विद्यमान हैं। कवि निश्चय ही ईश्वर के प्राणियों में सर्वाधिक अकाव्यात्मक है, ऐसी हालत में उसमें स्वत्व नहीं है। कीट्स के अनुसार कवि में तथ्य और युक्तियों पर उत्तेजना पूर्ण पहुँच के बिना अनिश्चितताओं, रहस्यों और सन्देहों में रहने की योग्यता होनी चाहिए। इस प्रकार कीट्स कविता के बौद्धिक अथवा नैतिक स्वरूप को स्वीकार न कर उसकी सौन्दर्यानुभूति को मुख्य मानते हैं।

कीट्स के शब्दों में—"कवि के सर्वश्रेष्ठ क्षणों में तथा अनुभूति की स्वाभाविक उत्पत्ति में कविता का आविर्भाव होता है। स्वाभाविक रूप में, जैसे कि वृक्ष से पत्तियाँ फूटती हैं, यदि ऐसा न हो तो कविता का आविर्भाव ही न हो।"[32] इस प्रकार कीट्स ने मुख्यतः आत्माभिव्यक्ति को, विचारों और नैतिक आदेशों की जगह अनुभूति की अभिव्यक्ति को कविता कहा। कीट्स के लिए सौन्दर्य सबसे बड़ा धर्म है और वही परम् सत्य है। सौन्दर्य की वस्तु को वे सदा आनन्द के लिए मानते हैं। यह वस्तु कभी शून्यता को प्राप्त नहीं होती। कीट्स की दृष्टि में, जिसे कल्पना सुन्दर समझती है, वही सत्य होना चाहिए।

कीट्स अपने समस्त भावावेशों को प्रेम समझते हैं और वे सब उदात्त अवस्था में सौन्दर्य के सर्जक हैं। कल्पना की तुलना कीट्स ने आदम के स्वप्न से की है कि वह सोकर उठा और उसने उसे सत्य पाया। कीट्स के काव्य-चिन्तन के विश्लेषण के बाद हम इस निष्कर्ष पर पहुँचते हैं कि उनकी दृष्टि में आत्माभिव्यक्ति ही काव्य है तथा सौन्दर्य सबसे बड़ा धर्म और परम् सत्य। कविता में सौन्दर्य की सूक्ष्म और आन्तरिक अनुभूति की अभिव्यक्ति होती है।

भारतीय काव्य-चिन्तन जगत् में भी प्रमुख स्वच्छन्दतावादी कवियों तथा समीक्षकों ने काव्यानुभूति तथा उनके विविध पक्षों पर विस्तार से विचार किया है।

जयशंकर प्रसाद के विचार : जयशंकर प्रसाद काव्य को आध्यात्मिक मानते हैं। उनके अनुसार काव्य आत्मा की संकल्पात्मक अनुभूति है। इसका सम्बन्ध विश्लेषण, विकल्प या विज्ञान से नहीं है। इस संकल्पात्मक अनुभूति की वे दो धाराएँ मानते हैं—एक काव्यधारा और दूसरा वैज्ञानिक, शास्त्रीय या दार्शनिक धारा। दोनों में कोई मौलिक अन्तर नहीं है। दोनों ही आत्मा के अखंड संकल्पात्मक स्वरूप के दो पहलू मात्र हैं। प्रसाद जी श्रेय और प्रेय के आधार पर विज्ञान और काव्य के विभाजन से सहमत नहीं हैं। उनका स्पष्ट मत है कि श्रेय और प्रेय दोनों ही आत्मा के अभिन्न अंग हैं और काव्य के प्रेय में परोक्ष रूप से श्रेय निहित है।

संकल्पात्मक अनुभूति को स्पष्ट करते हुए प्रसाद जी लिखते हैं—"आत्मा की मनन शक्ति की वह असाधारण अवस्था, जो श्रेय सत्य को उसके मूल चारुत्व में सहसा ग्रहण कर लेती है, काव्य में संकल्पात्मक मूल अनुभूति कही जा सकती है। यह असाधारण अवस्था युगों की समष्टि अनुभूतियों में अन्तर्निहित रहती है क्योंकि सत्य अथवा श्रेय ज्ञान कोई व्यक्तिगत सत्ता नहीं, वह एक शाश्वत चेतनता है जो व्यक्तिगत स्थानीय केन्द्रों के नष्ट हो जाने पर भी निर्विशेष रूप से विद्यमान रहती है।"[33]

प्रसाद जी ने अभिव्यंजनावादियों के इस मत का खंडन किया कि काव्य में अभिव्यक्ति प्रधान है। उन्होंने अनुभूति की प्रधानता स्वीकार की। प्रसाद जी की दृष्टि में अनुभूति मननशील आत्मा की असाधारण अवस्था है। एक ओर तो कवि को अनुप्रेरित करने वाले सृष्टि के वस्तु-व्यापार हैं और दूसरी ओर है कवि का काव्य या अभिव्यक्ति। इन दोनों के बीच में अनुभूति काव्य-व्यापार में कहीं भी स्वतन्त्र नहीं है। एक ओर वह बाह्य अभिव्यक्ति—संसार और उसके भावों से प्रतिक्षण निर्मित होती है और दूसरी ओर काव्याभिव्यक्ति में परिणित होती है। प्रसाद जी अभिव्यंजनावादियों की बाह्य प्रक्रियाओं को विशेष महत्त्व नहीं देते लेकिन वे काव्य को अनुभूति पूर्ण अभिव्यक्ति स्वीकार करते हैं।

सौन्दर्यानुभूति सम्बन्धी भारतीय और पश्चिमी दृष्टिकोण के अन्तर को रेखांकित करते हुए वे कहते हैं कि—"ग्रीस द्वारा प्रचलित पश्चिमी सौन्दर्यानुभूति बाह्य या मूर्त्त को विशेषता देकर उसकी सीमा में ही उसे पूर्ण बनाने की चेष्टा करती है और भारतीय विचारधारा ज्ञानात्मक होने के कारण मूर्त्त और अमूर्त्त का भेद हटाते हुए बाह्य और आभ्यन्तर का एकीकरण करने का प्रयत्न करती है।"[34]

प्रसाद के अनुसार कोई भी अभिव्यक्ति आत्मानुभूति के प्रकट होने की चेष्टा है। यदि अनुभूति सुंदर है तो उसका विकास भी सौन्दर्यपूर्ण ही होगा जिसकी अभिव्यक्ति हम काव्य में देखते हैं। उनके अनुसार काव्य में आत्मा की जो मौलिक अनुभूति है, वही सौन्दर्यमयी संकल्पात्मक होने के कारण अपनी श्रेय स्थिति में, रमणीय आकार में प्रकट होती है। आत्मानुभूति की प्रधानता के बिना अभिव्यक्ति कभी सफल नहीं हो सकती। व्यापकता अभिव्यक्ति की नहीं, अनुभूति की होती है।

सुमित्रानन्दन पन्त के विचार : पन्त की दृष्टि में साहित्य मात्र के मूल में अनुभूति या भावना कार्य करती है। सृष्टा की अनुभूति से रहित काव्य सृष्टि हो ही नहीं सकता। काव्य का मूल और स्थायी तत्त्व भावना, अनुभूति या संवेदना है।

काव्य में सम्पूर्ण जीवन-सौन्दर्य और अभिव्यक्ति सौष्ठव का समावेश रहता है। काव्यानुभूति ही काव्य का मूल तत्त्व है और यही काव्य की आत्मा है। छायावादी-स्वच्छन्दतावादी चेतना के मुख्य आधार हैं—प्रकृति और नारी। पन्त का अधिकांश काव्य प्राकृतिक सौन्दर्य के चित्रण से भरा पड़ा है। पन्त के अनुसार सौन्दर्य के चार तात्त्विक रूप हैं—नैसर्गिक सौन्दर्य, सामाजिक सौन्दर्य, मानसिक सौन्दर्य और आध्यात्मिक सौन्दर्य। सामाजिक सौन्दर्य को वे लोक मंगल से सम्बद्ध मानते हैं और भावनात्मक सौन्दर्य को नैसर्गिक सौन्दर्य का विकास। उन्हीं के शब्दों में—"नैसर्गिक सौन्दर्य अर्थात् प्राकृतिक सौन्दर्य का विकास ही भावनात्मक सौन्दर्य के रूप में होता है।"[35]

पन्त अनुभूति को अध्यात्म से सम्बद्ध मानते हैं और उसके आध्यात्मिक पक्षों की व्याख्या करते हैं। मानसिक सौन्दर्य और आध्यात्मिक सौन्दर्य में कोई उल्लेखनीय अन्तर नहीं मानना चाहिए क्योंकि आध्यात्मिक सौन्दर्य मानसिक सौन्दर्य का ही विकसित रूप है। उनके अनुसार अध्यात्म अपनी मंगल कामना में निजी होते हुए भी 'स्व' की भावना से पूर्णतया मुक्त है। वे लिखते हैं—"मैं जगत्-जीवन से ईश्वर तत्त्व या परम् चैतन्य तत्त्व को विच्छिन्न कर, आत्मा की अधिभूमि पर साक्षात्कार से प्राप्त सत्यबोध को अर्ध-सत्य ही मानता हूँ।"[36] मंगल बोध की यह कामना इसलिए लोकोन्मुखी है। तभी वह पूर्ण सत्य बन सकती है। इस पूर्ण सत्य की साधना ही कवि का अंतिम लक्ष्य है। कवि या कलाकार सबसे पहले सौन्दर्य का स्रष्टा है क्योंकि उसे जगत् और जीवन की कुरूपता को सौन्दर्य में परिवर्तित करना पड़ता है। बकौल पन्त—"कलाकार के पास हृदय का यौवन चाहिए जिसे धरती पर उड़ेलकर उसे जीवन की कुरूपता को सुन्दर बनाना है।"[37]

पन्त की यह मान्यता है कि कवि काव्य के बाहरी और भीतरी दोनों ही उपादानों में—सौन्दर्य खोजता और उसे प्रतिष्ठित करता है। यह सौन्दर्य-दृष्टि एकांगी अथवा लोकमंगल से पृथक् नहीं है। उनका मत है कि सृजन-प्रक्रिया की वैभवमयी सौन्दर्य-चेतना में कवि की बौद्धिक चेतना के बीज भी छिपे होते हैं क्योंकि—"सौन्दर्य-चेतना का सम्बन्ध कवि के अनुभूति समृद्ध अन्तर्जगत् से है जिसका एक छोर जग जीवन के यथार्थ से और दूसरा छोर कल्पना से रसान्वित है।"[38] बावजूद इसके स्वच्छन्दतावाद में कवि की अनुभूति वैयक्तिक दायरों का बहुत कम अतिक्रमण कर सकी।

सूर्यकान्त त्रिपाठी निराला के विचार : स्वच्छन्दतावाद की सर्वाधिक प्रवृत्तियाँ

निराला में दृष्टिगोचर होती हैं। हिन्दी स्वच्छन्दतावादी काव्य में अपनी वैयक्तिक अनुभूतियों से ऊपर उठने की शक्ति सबसे अधिक निराला में है। उनका मत है कि कवि को हमेशा सचेत रहना चाहिए कि उसकी वैयक्तिक अनुभूतियाँ काव्य को नितान्त अन्तर्मुखी न बना दें। वे मानते हैं कि चेतना ही जीवन है, जीवन ही सौन्दर्य और इस सौन्दर्य की अनेकमुखी अभिव्यक्ति काव्य में होती है। अनुभूति आत्मिक व्यापार का परिणाम है जिसे सौन्दर्य रूप में अभिव्यक्त होना पड़ता है। अनुभूति के आवेग और तीव्रता से ही सार्थक काव्य की रचना होती है। अनुभूति की शिथिलता काव्य को भी शिथिल बना देती है। निराला के शब्दों में—"महत्त्व भावना के भीतर से किये गए सौन्दर्य पर्यवेक्षण का होता है। रूप सौन्दर्य का चाक्षुष पक्ष है।"[39] काव्य का अनुभूति से सीधा सम्बन्ध है। वह काव्य का मूलभूत अन्तर्वर्ती तत्त्व है।

निराला ने दृढ़तापूर्वक सौन्दर्यशास्त्र की इस आत्मनिष्ठ मान्यता का समर्थन किया कि—"कविता का सौन्दर्य उसकी पूर्णता में निहित रहता है, उसके खंडों में नहीं। अतः कविता का सौन्दर्य अविभाज्य रहता है।"[40] निराला ने सौन्दर्य चेतना की दृष्टि से अन्य छायावादी कवियों की अपेक्षा भाव-जगत् और वस्तु-जगत् के बीच वांछनीय सन्तुलन का अधिक निर्वाह किया है। अतः निराला के लिए सौन्दर्य केवल कल्पना का विलास या अनुभूति को व्यक्त करने का साधन नहीं है, बल्कि वह मनुष्य के वास्तविक जीवन में छिपी भीषण कठोरताओं का उत्खनन करने वाला उपादान है। निराला की दृष्टि में काव्यानुभूति की सार्थकता इसी में है कि वह जीवन-सौन्दर्य का वास्तविक चित्र हमारी आँखों के सामने उभारकर रख दे। निराला सौन्दर्य को कला का मुख्य आधार मानते हैं—"चित्रकार जितनी सुन्दर कल्पना कर सकता है, उसका चित्र उतना ही सुन्दर होता है। सौन्दर्य की ही कल्पना ललित कला का मुख्य आधार है।"[41]

महादेवी वर्मा के विचार : 'आधुनिक कवि', 'दीपशिखा', 'गीतपर्व', 'सप्तपर्णा' आदि की भूमिकाएँ महादेवी वर्मा की काव्य-दृष्टि पर प्रकाश डालती हैं। महादेवी वर्मा सत्य को काव्य का साध्य और सौन्दर्य को काव्य का साधन मानती हैं। "व्यापक सत्य पर, सीमित जीवन का सुन्दर ताना-बाना बुनने के लिए काव्य ने स्थूल-सूक्ष्म सभी विषयों को अपना उपकरण बनाया है। काव्य में कला का उत्कर्ष एक ऐसे बिन्दु तक पहुँच गया, जहाँ से वह ज्ञान को भी सहायता दे सका, क्योंकि सत्य काव्य का साध्य है और सौन्दर्य उसका साधन है।"[42] उनकी मान्यता है कि प्रत्येक काव्य की रचना के केन्द्र में एक सूक्ष्म सौन्दर्यानुभूति होती है। इस युग का कवि

प्रकृति के सौन्दर्य में किसी परोक्षसत्ता का आभास पाता है और उसकी अनुभूति रहस्यानुभूति में बदल जाती है। स्वच्छन्दतावादी काव्य की पृष्ठभूमि में धर्मनिरपेक्ष अध्यात्म, दार्शनिक चिन्तन, सूक्ष्म भाव-सौन्दर्य, वैयक्तिक अनुभूति, प्रकृति सत्ता का अनुभव आदि प्रवृत्तियों की प्रधानता महादेवी स्वीकार करती हैं और उनका व्यापक विश्लेषण करती हैं।

बुद्धि के सूक्ष्म धरातल पर कवि जीवन की अखंडता का साक्षात्कार करता है और हृदय की भावभूमि पर प्रकृति में बिखरी सौन्दर्य-सत्ता की रहस्यमयी अनुभूति प्राप्त करता है, और दोनों मिलकर अर्थात् जीवन की अखण्डता का साक्षात्कार और प्राकृतिक सौन्दर्य की रहस्यात्मक अनुभूति—उत्तम काव्य की सृष्टि करते हैं। हालाँकि वह कहती हैं कि सच्चे कवि में संघर्षमय यथार्थ जीवन से पलायन का भाव नहीं रहता फिर भी अधिकांश स्थलों पर वह काव्यानुभूति के दार्शनिक तथा आध्यात्मिक पक्षों का समर्थन करती हैं और मानती हैं कि काव्यानुभूति में करुण-भावना तथा रहस्योन्मुख चेतना की संगति होती है। सौन्दर्यानुभूति को परिभाषित करते हुए महादेवी वर्मा लिखती हैं—"सौन्दर्य की अनुभूति जितनी सहज है, उसकी परिभाषा उतनी ही कठिन हो जाती है। सामान्यतः वह ऐसी सुखद अनुभूति है जो वस्तुओं, रंगों, रेखाओं आदि की विशेष सामंजस्यपूर्ण स्थिति में अनायास उत्पन्न हो जाती है। मनुष्य का सौन्दर्यबोध दोहरा होता है। मानव-सौन्दर्य-बोध का एक छोर बाह्य जगत् से सम्बद्ध है और दूसरा अन्तर्जगत् से।"[43]

फिर भी यह स्वीकारना होगा कि सौन्दर्य के केवल कोमल पक्ष की स्वीकृति रहने के कारण छायावादी कवियों की सौन्दर्य चेतना में उस जीवन्तता का अभाव है जो संघर्षशील कर्म-सौन्दर्य और लोकमंगल की स्थापना के लिए आवश्यक है। सिर्फ निराला ही एक ऐसे कवि रहे हैं जिन्हें इस सन्दर्भ में अपवाद के तौर पर देखा जा सकता है।

आचार्य नन्ददुलारे वाजपेयी की मान्यताएँ : आचार्य वाजपेयी की दृष्टि में किसी भी काव्य की अंतिम परख उसके उद्घोषित आशयों द्वारा नहीं होती बल्कि उसकी सम्पूर्ण ग्राह्यता तथा मानवजीवन सम्बन्धी उसकी आन्तरिक अनुभूतियों द्वारा होती है। उसी काव्य को हम अनुभूतिप्रद कह सकते हैं जिसमें शब्दों के आवरण में कवि की संवेदनीय भावना छलकती रहती है। कवि अपनी अनुभूति को वैयक्तिक वासना की परिधि से जितना ही ऊपर उठा सकता है और जिसकी रूप-सृष्टि में जितना ही सामंजस्य तथा एकतानता होगी, उस काव्य की अनुभूति उतनी ही अधिक मार्मिक तथा गहरी होगी। अनुभूति की सार्थकता इसी में है कि

वह व्यक्तिगत परिधि से बाहर आकर लोक सामान्य की भूमि में पहुँच जाए।

अनुभूति की परिभाषा देते हुए आचार्य वाजपेयी ने लिखा है–"वह वस्तु जो कल्पना के विविध अंगों और मानस छवियों का नियमन तथा एकान्वयन करती है, अनुभूति कहलाती है।"[44] आचार्य वाजपेयी अनुभूति को काव्य का निर्णायक और केन्द्रीय तत्त्व मानते हैं जिसका क्षरण और विन्यास काव्य कल्पना तथा काव्यात्मक अभिव्यक्ति के रूपों में होता है। अनुभूति से ही काव्य में मूल्य और महत्त्व की प्रतिष्ठा होती है क्योंकि उसमें मानव व्यक्तित्व की और मानवता के श्रेष्ठ उपादान घुले-मिले होते हैं। वाजपेयी जी अनुभूति में निम्नलिखित उपकरणों या तत्त्वों का सन्निवेश मानते हैं–

(1) वह वस्तु जो अनुभव का विषय है।

(2) विषयी या आत्मा जो अनुभव करती है।

(3) विषय और विषयी के संघात से उत्पन्न अनुभव या संवेदन।

अनुभूति के निर्माण में क्योंकि इन त्तत्त्वों का संयोग होता है, अतः उसके स्वरूप और वैशिष्ट्य में स्वाभाविक रूप से असंख्य भेद भी होते हैं, लेकिन काव्यानुभूति अत्यन्त उच्च स्तर का अनुभव होने के कारण बहुत कुछ समरस और समरूप भी हुआ करती है। देशकाल के अनुसार उसमें न सिर्फ़ गतिशीलता का तत्त्व होता है, बल्कि मानव-आत्मा की विकासावस्था के अनुरूप उसमें व्यापकता तथा वैशिष्ट्य की मात्राएँ भी होती हैं।

स्वच्छन्दतावाद में काव्यानुभूति का विश्लेषण करते हुए आचार्य वाजपेयी विभिन्न युगों में अनुभूति की स्थिति की संक्षेप में चर्चा करते हैं–"विभिन्न युगों में कवियों की अनुभूति और कल्पना नए-नए काव्य-रूपों और काव्य-शैलियों की सृष्टि करती रही है। साहित्य के इतिहास में अनुभूति की क्षीणता के युग भी आए हैं और उसकी सफलता के भी। इसी प्रकार अनुभूति में अनेक अवसरों पर व्यक्त द्रव्य या बहिर्जगत् के स्वरूपों का ग्रहण अधिक तीव्रता और मनोयोग से हुआ है और अनेक अवसरों पर कवियों की अन्तरात्मा का उल्लास ही अधिक प्रखरता के साथ फूट निकला है।"[45]

इस प्रकार वाजपेयी जी सौन्दर्य को काव्य की केन्द्रीय वस्तु मानते हैं। सौन्दर्य का उन्मेष करना ही काव्य-कला का मूल उद्देश्य है। वाजपेयी जी स्वच्छन्दतावादी काव्य में सौन्दर्य के दो भेद करते हैं–व्यष्टि सौन्दर्य तथा समष्टि सौन्दर्य। वस्तु मात्र में सौन्दर्य की धारा प्रवाहमान है। प्रकृति में कुछ भी असुंदर नहीं। प्राकृतिक सौन्दर्य के द्वारा अहं (आत्मा) का इदम् (प्रकृति) से समन्वय करने का प्रयत्न व्यष्टि

सौन्दर्य को स्वीकार करता है। समष्टि सौन्दर्य बोध उच्चतर अनुभूति है। फिर भी यह प्रत्येक क्षण रूढ़ होने की सम्भावना रखती है। इसमें इंद्रियानुभूति की सहज प्रगति या विकास के लिए स्थान नहीं है। यह कदम-कदम पर धर्म के कटघरे में बन्द होने की अभिरुचि रखती है। जबकि व्यष्टि सौन्दर्य बोध एक सार्वजनिक अनुभूति है जो सहज ही हृदयस्पर्शी है। यह सक्रिय और स्वावलम्बिनी काव्य चेतना की जन्मदात्री है। वाजपेयी जी की दृष्टि में व्यष्टि सौन्दर्यबोध छायावाद का और समष्टि सौन्दर्य बोध रहस्यवाद का माना जाना चाहिए।

वाजपेयी जी जीवन सौन्दर्य के चित्रण में ही कवि और उसके काव्य की सार्थकता देखते हैं और इस निष्कर्ष पर पहुँचते हैं—"काव्य में मूर्तिमती होने वाली जीवन-सौन्दर्य की प्रतिमा ही प्रत्येक कवि की अपनी देन है। इसी से उसके व्यक्तित्व का निर्माण होता है और शताब्दियों तक स्थिर रहता है। इसके बिना कवि की वास्तविक सत्ता प्रकट नहीं होती।"[46]

डॉ. नगेन्द्र की मान्यताएँ : डॉ. नगेन्द्र सौन्दर्य को निरपेक्ष वस्तु नहीं मानते। उसका निर्माण कलाकार की अपनी भावनाओं और धारणाओं के आधार पर ही होता है। देखा जाए तो भावनाओं और धारणाओं का प्रचार आत्माभिव्यक्ति का स्थूल रूप है, सूक्ष्म और उत्कृष्ट रूप सौन्दर्य की सृष्टि ही है। क्योंकि कला की सृष्टि शून्य में नहीं हो सकती। उसका कुछ न कुछ आधार चाहिए जिसे कलाविद मूर्त्त उपकरण कहते हैं। कलाकार का भावबोध ही कला का मूल और मूर्त्त उपकरण है। कल्पना निश्चित रूप से जीवन के लिए वरदान है लेकिन अनुभूति तो स्वयं जीवन ही है। कल्पना की सिद्धि अनुभूति के पोषण में ही है। प्रत्यक्ष अनुभूति की आग में तपे बिना वे जीवन की मूर्ति को पूर्णतम नहीं मानते।

यही नहीं, डॉ. नगेन्द्र अनुभूति के चिन्तन में गहराई तक उतरते हैं और अनुभव तथा अनुभूति के बारीक भेद को स्पष्ट करते हैं—"लौकिक जीवनगत अनुभव अनुभव है और कलात्मक अनुभव अनुभूति है जिसके अन्तर्गत सुन्दर कल्पनाएँ भी आ जाती हैं। लेकिन कल्पना के पीछे जब तक अनुभव की शक्ति नहीं रहती तब तक वह घट में नहीं उतरती, हवा में तैर जाती है।"[47] अनुभूति और अभिव्यक्ति के परस्पर सम्बन्ध के विषय में वे तीन मतों की चर्चा करते हैं—

(1) पहला मत क्रोसे का है जिसके अनुसार अनुभूति का अभिव्यक्ति के बिना, संवेदन पुंज के अतिरिक्त कोई अस्तित्व नहीं होता। जब हम प्रेम-घृणा, निराशा आदि की अनुभूति की बात करते हैं तो इस अनुभूति

में अभिव्यक्ति निहित रहती है। अनुभूति अपने मूल रूप में संवेदनों का पुंज है, मानसिक अभिव्यक्ति के द्वारा वह रूप धारण करती है। इस मत के अनुसार अभिव्यक्ति के दो रूप हैं—एक मानसिक या आन्तरिक जो मन के भीतर ही पूर्ण हो जाता है और दूसरा बाह्य जो शब्दार्थ, रंग-रेखा आदि के द्वारा इस आन्तरिक अभिव्यक्ति को भौतिक इंद्रियगम्य आकार देता है।

(2) दूसरा मत रीतिवादियों का है। जिसके अनुसार अनुभूति और अभिव्यक्ति का पृथक् अस्तित्व है। अनुभूति के तत्त्व अभिव्यक्ति के तत्त्वों के माध्यम से रूप धारण करते हैं।

(3) तीसरी स्थापना आचार्य शुक्ल की है जिसके अनुसार अनुभूति और अभिव्यक्ति तत्त्वतः अभिन्न हैं लेकिन व्यावहारिक धरातल पर—विवेचना के लिए उनकी पृथक् सत्ता की कल्पना हमेशा असंगत ही नहीं होती वरन् उपयोगी भी होती है।

डॉ. नगेन्द्र तीसरे मत का समर्थन करते हैं। प्रमुख भारतीय तथा पाश्चात्य आचार्यों का प्रायः यही मत है। व्यावहारिक दृष्टि से तीसरा मत ही ग्राह्य है। डॉ. नगेन्द्र मानते हैं कि अनुभूति और अभिव्यक्ति का अभिन्न सम्बन्ध है लेकिन विवेचना की सुविधा के लिए उन्हें पृथक् मानना आवश्यक है। यूँ तो अनुभूति और अभिव्यक्ति के अभिन्न सम्बन्ध की स्वीकृति ही अभिव्यक्ति की अनिवार्यता को सिद्ध कर देती है फिर भी तुलनात्मक दृष्टि से देखा जाए तो अनुभूति का सापेक्षिक महत्त्व निश्चय ही अधिक है क्योंकि—"साहित्य मूलतः हृदय का व्यापार है और इसका माध्यम स्पष्टतः अनुभूति है।"[48] अनुभूति न सिर्फ कविता का प्राण है बल्कि वह अभिव्यक्ति के सौन्दर्य का आधार भी है। सौन्दर्य की सृष्टि अनुभूति से अनुबद्ध अभिव्यक्ति में ही होती है।

डॉ. नगेन्द्र चेतना की व्यापकता को साहित्य की व्यापकता का मूल उपादान-तत्त्व मानते हैं और अनुभूति की व्यापकता ही चेतना की व्यापकता का सर्वप्रमुख उपादान है। जिस साहित्यकार का भाव-जगत् जितना विस्तृत, अनेक रूप तथा समृद्ध होगा, उतना ही व्यापक उसके साहित्य का क्षेत्र होगा। यहाँ यह भी तय है कि जिस साहित्यकार को जीवन के विविध पक्षों का अनुभव होगा तथा जिसने जीवन को गहरे में जाकर भोगा और सहा हो, उसी का भाव-जगत् विस्तृत और समृद्ध होता है। डॉ. नगेन्द्र परस्पर विरोधी तत्त्वों को ग्रहण करने की क्षमता को व्यापक अनुभूति का ही प्रमाण मानते हैं। अनुभूति की परिधि में अनुकूल-प्रतिकूल,

स्व-पर, सत्-असत्, सुन्दर-कुरूप, मधुर-कटु, विराट-सूक्ष्म तथा कोमल-कठोर आदि परस्पर विरोधी तत्त्व घुल-मिलकर एक हो जाते हैं। अनुभूति की व्यापकता ही साहित्य की व्यापकता का सबसे महत्त्वपूर्ण उपकरण सिद्ध होता है।

(ब) स्वातन्त्र्योत्तर हिन्दी कविता में काव्यानुभूति सम्बन्धी विचारों का विकास

स्वातन्त्र्योत्तर हिन्दी कविता में काव्यानुभूति सम्बन्धी विचारों का विकास निरन्तर होता रहा है। पाश्चात्य तथा भारतीय काव्य-चिन्तन में प्रमुख कवियों तथा आलोचकों ने अनुभूति को नए-नए दृष्टिकोणों से देखने का प्रयत्न किया।

काव्यानुभूति और नव स्वच्छन्दतावादी दृष्टि : नव स्वच्छन्दतावादी दृष्टिकोण से पाश्चात्य काव्य चिन्तन-जगत् में टी. एस. इलियट जैसे कवि-समीक्षकों ने तथा भारतीय चिन्तन-जगत् में अज्ञेय, धर्मवीर भारती, जगदीश गुप्त, विजयदेव नारायण साही, लक्ष्मीकान्त वर्मा, मलयज आदि विचारकों ने काव्यानुभूति तथा काव्य की रचना-प्रक्रिया पर विचार किया है।

कवि-व्यक्तित्व केवल माध्यम मात्र है : टी. एस. इलियट का दृष्टिकोण : टी. एस. इलियट आधुनिक युग के एक सुप्रसिद्ध आंग्ल कवि विचारक एवं आलोचक हैं। उनकी मान्यता का एक प्रबल पक्ष यह है कि उन्हें कविता में कवि के व्यक्तित्व के प्रकाशन का सिद्धान्त स्वीकार नहीं है। उनका मत है कि काव्य-रचना में कवि का व्यक्तित्व तो केवल माध्यम का कार्य करता है जिसका आशय यह है कि मध्यस्थ रूप में स्थित कवि प्रतिभा का उपयोग केवल इस बात में है कि वह परम्परा को काव्य में प्रतिफलित करने के कार्य में सहायता प्रदान करें।

इलियट के काव्य-चिन्तन पर प्रकाश डालते हुए डॉ. वेंकट शर्मा ने लिखा है—"इलियट ने कविता में व्यक्तित्व प्रकाशन के स्थान पर निर्वैयक्तिकरण की प्रक्रिया को मान्यता प्रदान की है क्योंकि उनके मतानुसार यदि कोई कवि अपनी निजी संवेदनाओं अथवा अनुभूतियों में उलझकर केवल उन्हीं का अभिव्यंजन करने का प्रयत्न करता है तो उसकी रचना महान और महत्त्वपूर्ण नहीं हो सकती। इलियट ने कविता को वैयक्तिक भावनाओं का प्रकाशन न मानकर उनसे पलायन कहा है।"[49] इलियट यह मानते हैं कि कवि के अपने सुख-दुःख तथा राग-द्वेष आदि परम्परागत सांस्कृतिक प्रभावों को अपने माध्यम से व्यक्त करने में ही सार्थक तथा सार्वभौम बनते हैं।

यह दृष्टिकोण निश्चय ही रोमांटिक व्यक्तिवाद के विरुद्ध गम्भीर घोषणापत्र है क्योंकि स्वच्छन्दतावाद में जिन आन्तरिक क्रियाओं तथा चेष्टाओं को महत्त्व दिया गया था—उनके स्थान पर इलियट ने परम्परा को गौरव प्रदान किया जिसमें इतिहास और संस्कृति के भौतिक तत्त्व निरन्तर समाविष्ट रहते हैं। परम्परा और निर्वैयक्तिकरण की प्रक्रिया का यह विवेचन अत्यन्त तात्त्विक तथा विचारणीय है। परम्परा का विवेचन करते हुए इलियट ने उसमें अतीत और वर्तमान का समन्वय स्वीकार किया। उनके मतानुसार परम्परा की चिरन्तन धारा के प्रवाह में हमारे जातीय जीवन, कला, साहित्य और दर्शन के उत्कृष्ट तत्त्वों का सुन्दर समावेश रहता है। किसी भी कृति के मूल्यांकन का मूलाधार परम्परा-ज्ञान है जिसके अभाव में काव्य सर्जना और काव्य विवेचना की सफलता संदिग्ध ही समझी जानी चाहिए।

जो कवि अपने आपको परम्परा से पृथक् रखकर अपने वैयक्तिक सुख-दुःखों का राग अलापना ही काव्य का मूल उद्देश्य समझते हैं उनकी रचनाएँ कभी महान और सफल नहीं हो सकतीं। इलियट का कथन है कि काव्य-समीक्षा में 'वस्तुमूलक प्रतिरूपता' का सिद्धान्त अत्यन्त विचारणीय है। इस सिद्धान्त का मुख्य दृष्टिकोण यह है कि कवियों को अपनी अनुभूतियों या संवेदनाओं की अभिव्यक्ति के लिए कुछ विशिष्ट वस्तुमूलक प्रतीकों से काम लेना पड़ता है जिनके कारण उनकी अमूर्त्त कल्पनाएँ ठीक उसी रूप में मूर्त्त हो उठती हैं जिस रूप में वे कवि-मानस में जागृत हुई थीं तथा जिन्हें बिम्ब प्रदान करना कवियों को अभीष्ट रहता है। 'वस्तुमूलक प्रतिरूपता' की सफलता इसी बात में है कि कवि-संवेदनाओं के अमूर्त्त रूप तथा काव्य-वर्णित मूर्त्त विधान में पूर्ण सामंजस्य अथवा एकरूपता उत्पन्न हो जाए।

इस तरह इलियट अनुभूति को व्यक्तिगत पीड़ा से परे खींचकर उसकी जन-सम्पृक्ति की माँग करते हैं। शायद इसलिए कविता की परिभाषा देते समय वे लिखते हैं—"कविता भावों का उन्मोचन नहीं, वरन् उससे पलायन है, कविता व्यक्तित्व की अभिव्यक्ति नहीं, वरन् व्यक्तित्व से पलायन है।"[50]

अनुभव और अनुभूति का फर्क : अज्ञेय की दृष्टि : अज्ञेय की मान्यताओं का नव स्वच्छन्दतावाद में अत्यन्त महत्त्वपूर्ण योगदान रहा है। काव्यानुभूति सम्बन्धी उनके विचारों की संक्षेप में चर्चा करते हुए हम देखेंगे कि सबसे पहले उन्होंने अनुभव और अनुभूति के अन्तर को स्पष्ट किया—"अनुभव से अनुभूति गहरी चीज़ है। कम से कम कृतिकार के लिए। अनुभव तो घटित का होता है पर अनुभूति संवेदना और कल्पना के सहारे उस सत्य को आत्मसात् कर लेती है जो वास्तव में कृतिकार के साथ घटित नहीं हुआ है। जो आँखों के सामने नहीं आया, जो

घटित के अनुभव में नहीं आया, वही आत्मा के सामने ज्वलन्त प्रकाश में आ जाता है तब वह अनुभूति प्रत्यक्ष हो जाता है।"[51]

अज्ञेय आधुनिक कविता पर मनोविज्ञान की गहरी छाप देखते हैं। उनकी दृष्टि में व्यक्ति और उनकी परिस्थिति में इतना कम सामंजस्य, इतना तीखा विरोध कभी नहीं हुआ और उस विरोध के दबाव की गहरी छाप कवि के मन पर पड़ी है। यह छाप इतनी गहरी है कि मनुष्य इसे सीधे-सीधे व्यक्त नहीं कर पाता, केवल संकेत देता है। जिससे हम आगे बढ़कर उसे देख सकें। यहाँ अज्ञेय तीन प्रकार के सौन्दर्य की बात करते हैं। एक सौन्दर्य वह है जो बाहर फुलवाड़ी में बैठता है। एक सौन्दर्य घर में रहता है और अतिथियों द्वारा देखा जाता है। एक तीसरे प्रकार का सौन्दर्य भी होता है जिसे हम बन्द कमरे की खिड़की से आते हुए आलोक को देखकर अपनी संवेदना के सहारे मूर्त्त कर लेते हैं। आज की कविता—जो तीखी चेतना के स्वर-सी संयत है और मानसिक तनावों से ग्रस्त है—का सौन्दर्य इस तीसरी कोटि का ही सौन्दर्य है।

अनुभूति को अनुभावक से अलग नहीं किया जा सकता क्योंकि अनुभूति अद्वितीय है और कोई दूसरे की अनुभूति नहीं भोग सकता। 'सहानुभूति' में जो 'सह' विशेषण है, उससे ही इस बात की स्वीकृति झलकती है। कवि साधारणीकरण द्वारा जिस अनुभूति का प्रेषण करता है वह काव्यानुभूति जीवन की सामान्य अनुभूति से अलग होती है। अज्ञेय रचना के लिए दो चीज़ें जरूरी समझते हैं—एक तो 'कलात्मक संवेदना' तथा दूसरे उसके प्रति वह तटस्थ भाव जो उसे सम्प्रेष्य बना सके। और यह एक के पूरा हो जाने के बाद दूसरी होती हो, ऐसा भी नहीं है। संवेदनशील कलाकार निरन्तर अपनी अनुभूति से अपने को अलग करता चलता है, तभी तो वह देख पाता है कि वह अनुभूति देय भी है या नहीं, साधारण भी हो सकती है या नहीं। इसलिए अज्ञेय कवि को दृष्टा मानते हैं।

अज्ञेय के अनुसार प्राचीनकाल से अब तक हमारी अनुभूति तो वही रही है लेकिन सभ्यता के विकास के साथ-साथ न सिर्फ अनुभूति का क्षेत्र विकसित हुआ है बल्कि उसके उपकरण भी विकसित हुए हैं। उनमें परिवर्तन हुआ है—"यह मानना होगा कि सभ्यता के विकास के साथ-साथ हमारी अनुभूतियों का क्षेत्र भी विकसित होता गया है और अनुभूतियों को व्यक्त करने के हमारे उपकरण भी विकसित होते गए हैं। यह कहा जा सकता है कि हमारे मूल राग-विराग नहीं बदले—प्रेम अब भी प्रेम है, और घृणा अब भी घृणा, यह साधारणतया स्वीकार किया जा सकता है पर यह भी ध्यान में रखना होगा कि राग वही रहने पर भी रागात्मक

सम्बन्धों की प्रणालियाँ बदल गयी हैं और कवि का क्षेत्र रागात्मक सम्बन्धों का क्षेत्र होने के कारण इस परिवर्तन का कवि-कर्म पर गहरा असर पड़ा है।''[52]

अनुभूति के केन्द्र में मनुष्य है : विजयदेवनारायण साही की मान्यताएँ : साही ने सबसे पहले अनुभूति की विविधता की ओर संकेत किया। उन्होंने बताया कि अनुभूति केवल एक ढाँचे या मनोभूमि में ही चक्कर नहीं काटती, उसमें अपनी खुद की विविधता अथवा एकरूपता, सम्पन्नता अथवा दरिद्रता, विस्फोट अथवा सन्तुलन, निविड़ता अथवा रुक्षता होती है। अन्यथा एक ही मनोभूमि पर अभिव्यक्त होने वाले सभी लेखक एक ही जैसा लिखने लगते। एक उदाहरण से साही जी अनुभूति की विविधता को स्पष्ट करते हैं कि पेड़ तो सभी आम के होते हैं लेकिन सभी न एक जैसे छतनार होते हैं, न सब में एक जैसी मंजरियाँ ही आती हैं, न फलों में स्वाद ही एक जैसा होता है। साही के अनुसार यदि इस बखेड़े में न भी पड़ें कि बहिर्जगत् अन्तर्जगत् को जन्म देता है या अन्तजर्गत् बहिर्जगत् को, फिर भी हमें यह मानना होगा कि हमारे मन में अनुभूति की परत दर परत एक शृंखला है, प्याज के छिलके की तरह हर परत पहली से कुछ भिन्न दिखलाई पड़ती है। यह एक नया परिप्रेक्ष्य है और इसके बीज तो स्वच्छन्दतावाद में मिल जायेंगे लेकिन यह अनुभूति आज़ादी के बाद के साहित्य या नव स्वच्छन्दतावाद की अपनी है। स्वच्छन्दता या छायावाद के बाद का न सिर्फ बहिर्जगत् अध्यात्मविहीन है, बल्कि अन्तर्जगत् भी आध्यात्मिक नहीं है। नव स्वच्छन्दतावादी काव्य में कवियों की अनुभूति विषयक व रचना-प्रक्रिया से सम्बन्धित विवेचन के बारे में साही लिखते हैं कि—''नए कवियों में से बहुतों ने काफी दूर तक अन्तर्मन के महाद्वीप या महासागर में कोलम्बस जैसी अन्वेषण-यात्राएँ की हैं, कभी-कभी छायावादियों से ज़्यादा भी, लेकिन हिन्दुस्तान के इतिहास में पहली बार यह घटित हुआ कि भीतर बैठने पर आत्मा के दर्शन नहीं हुए। मिला कुछ और ही। नयी कविता की आन्तरिकता उस अर्थ में आध्यात्मिक नहीं है, जिस अर्थ में छायावाद की।''[53]

साही के अनुसार बारम्बार मनुष्य को बदलते हुए देश-काल में परिभाषित करना साहित्य की ज़िम्मेदारी है। कृतिकार युगों से मनुष्य को परिभाषित करता आया है। उसकी कल्पना और अनुभूति का केन्द्र मनुष्य रहा है। कवियों की श्रेष्ठता की छानबीन उनकी कृतियों के तल में काम करती हुई मनोभूमि या अनुभूति के विश्लेषण द्वारा ही सम्भव है। अपने विश्लेषण पद्धति से साही यह प्रमाणित कर देते हैं कि दार्शनिक या आध्यात्मिक मुद्रा को जो छायावादी अनुभूति की विशेषता थी, नयी कविता ने लबादे की तरह उतार फेंका, उसी के साथ उस गम्भीरता को

भी जो उसमें निहित थी। जो गम्भीरता को न छोड़ सके, उनमें दार्शनिक मुद्रा या अनुभूति का स्थान दर्शनशास्त्र ने ले लिया। दार्शनिक काव्यानुभूति और दर्शनशास्त्र में अन्तर है। नयी कविता का कवि गम्भीर होकर दार्शनिक की तरह बोलता है, कवि की तरह नहीं।

साही का यह मत है क्योंकि हमारी अनुभूति का केन्द्र मनुष्य है इसलिए असली मनुष्य तो भीतर धड़कते हुए दिल में है, जिसे बुद्धि अथवा ज्ञान अभिव्यक्ति नहीं दे पाता। यह असली मनुष्य हम सबके भीतर है और यही सहज मानव है। यही जब बन्धन तोड़कर आशा और निराशा की हिलकोरे खाता निकलता है तब नयी कविता जन्म लेती है। छायावाद में जो संकल्पनात्मक अनुभूति है, वह नयी कविता में अरमान बनकर रह जाती है। रहस्यानुभूति, शौर्यानुभूति, वेदनानुभूति, तमाम अनुभूतियाँ अरमानों के धरातल पर घटित होती हैं। आश्चर्य की बात यह है कि छायावादी अनुभूति, अपराजेयता तो देखती है लेकिन इसमें विवशता कहाँ है, यह नहीं देख पाती। साही की दृष्टि में 'चैतन्यता' ही अनुभूति का केन्द्रीय सिद्धान्त है। नयी कविता की अनुभूति में लघु और महत् का अद्‌भुत सम्मिलन है।

नव स्वच्छन्दतावादी कवि तथ्य और सत्य के बीच के अन्तर को पहचानता है। दोनों को जोड़ने वाली कड़ी अनुभूति है। लेकिन यह भाव के रूप ग्रहण की चेष्टा नहीं है, रूप के भाव ग्रहण की चेष्टा है, दूसरे शब्दों में तथ्य का सहसा अर्थ से आलोकित हो जाना है। नव स्वच्छन्दतावाद में 'अनुभूति' शब्द वही होने पर भी उसका अर्थ भिन्न हो गया और साथ ही कविता का मूल धर्म क्या है, इसकी परिभाषा भी। अनुभूति सम्बन्धी धारणा में गहन परिवर्तन लक्षित होता है। अनुभूति की सार्वजनीनता के सम्बन्ध में साही ने लिखा है—"अनुभूति के प्रति सार्वजनीनता कृतिकार की तटस्थता अथवा निर्वैयक्तिकता से उत्पन्न होती है। इसलिए नहीं कि हमारे बीच के मान्य सत्य या आस्थाएँ चिरन्तन एवं समान हैं, बल्कि इसलिए कि जिस चिरन्तन तथ्य के दबाव में हम रह रहे हैं, वह तथ्य समान हैं।"[54]

अनुभूति बनाम रचना और रचनाकार के परख का मानदंड : लक्ष्मीकान्त वर्मा का चिन्तन : लक्ष्मीकान्त वर्मा रचना के परख के मानदंड का महत्त्वपूर्ण प्रश्न उठाते हैं कि किसी रचना को कैसे परखा जाए? और उत्तर ढूँढ़ने पर मानदंड मिलता है—कवि-सत्य, अर्थात् अनुभूति के स्तर पर कवि के अनुभूत-सत्य को ही मूल्यांकन का आधार बनाना होगा जिससे रचना और रचनाकार का वास्तविक मूल्य आँका

जा सके। हालाँकि यह मूल्यांकन कभी-कभी कठिन हो जाता है क्योंकि कवि जब अपने समय से आगे की दृष्टि देता है तब प्राप्त अनुभूतियों के स्तर को भिन्न स्तर पर अनुभव करता है, और उस अनुभूति पर आधारित अपने कुछ आत्मोपलब्ध सत्य देता है तो प्रायः अनुभूति के नए आयाम से अपरिचित होने के नाते मूल्यांकन में गलती कर बैठने की आशंका रहती है।

कुछ रचनाएँ ऐसी होती हैं कि उनकी विवेचना करते समय प्राप्त मानदंड छोटे और अधूरे लगने लगते हैं। प्राप्त मानदंडों के अनुकूल न होते हुए भी उन्हें कविता कहना ही पड़ता है। फिर प्रश्न यह उठता है कि वह कौन-सी वस्तु है, जो मानदंडों की अवहेलना करने के बावजूद, स्थापित कलात्मक मानों में कम होते हुए भी अपने को कविता के स्तर से नहीं गिरने देती और हर दशा में हमें मजबूर होकर उसे कविता कहने के लिए विवश होना पड़ता है। लक्ष्मीकान्त वर्मा का मत है कि निश्चय ही वह वस्तु-विषय नहीं है और न वह किसी रचना का आकार-प्रकार ही है। यह कवि की अनुभूति होती है—वह अनुभूति जो उसके व्यक्तिगत सत्य से उपजती है, उसके व्यक्तिगत साक्षात्कार का परिचय होती है, जो उसके नितान्त व्यक्तिगत सत्य होते हुए भी अनुभूति और अभिव्यक्ति के नए आयामों का उद्घाटन करता है। जिस साहित्य या जिस प्रतिमान में कवि के भोगे हुए सत्य को आँकने की क्षमता नहीं होती या जिसमें यह उदारता नहीं होती कि वह उस कवि-सत्य के वास्तविक मूल्य को ग्रहण कर सके, वह अधूरा होता है। ऐसा प्रतिमान कला की गहराइयों तक नहीं पहुँच पाता।

लक्ष्मीकान्त वर्मा की दृष्टि में कविता मूलतः कवि की व्यक्तिगत वस्तु है। उसकी व्यक्तिगत अनुभूति जब अपने ही अन्वेषण में तल्लीन होती है और जब उसके अर्जित सत्यों के बीच से उसे उसकी दृष्टि स्थापित मूल्यों को देखने के लिए विवश करती है तो वास्तव में उस अनुभूति का स्तर केवल कवि का व्यक्तिगत स्तर होता है। वह उस क्षण के यथार्थ से जूझता है, टकराता है, उससे प्रताड़ित होता है और उस घात-प्रतिघात, विघटन और संघटन, संक्रमण और नियमन का वह क्षण कवि का व्यक्तिगत सत्य होता है। उस क्षण उसके निकट न तो आलोचक होता है और न पाठक, न तो उसके समक्ष प्रतिमान होते हैं और न परम्परा। उस समय केवल वह होता है, उसकी प्रज्ञा होती है और यथार्थ का वह सजीव क्षण होता है। उस वेदनामय क्षण को वही भोगता है और वही उस क्षण का तटस्थ द्रष्टा भी होता है।

इसलिए—"कवि-सत्य वास्तव में कवि का व्यक्तिगत सत्य होता है। इसकी

अनुभूति ही कवि की आत्म स्थापना से जनमती है। यह आत्म स्थापना वह गतिशील तत्त्व है जो कवि को परिचित सत्य और अर्जित सत्य के समक्ष आत्म-चेतना के साथ साक्षी होने का बल देता है। कलाकार का सत्य बह जाने में नहीं मिलता। कवि सत्य तो केवल साक्षात्कार में मिलता है, और यह सिद्ध करता है कि यथार्थ बद्ध देश काल में समय के प्रवाह के आगे भी देख सकने की क्षमता किसी कवि में तभी आती है, जब वह आत्मस्थापित होता है।"[55] जिस कवि के भाव में नयापन होता है प्रायः लोग उसे समझ नहीं पाते। यह कठिनाई प्रत्येक अच्छे कवि के साथ प्रायः होती ही है क्योंकि उसकी अनुभूति यथार्थ के नए आयामों से जूझती चलती है, सौन्दर्य को विभिन्न परिप्रेक्ष्यों से पनपाती है और दृष्टि के नए अन्तरालों का साक्षात्कार करती है। इसलिए उसकी संवेदना नयी होती है, उसका मर्म भिन्न होता है और उसका आग्रह भी सर्वथा अपरिचित-सा लगता है।

लक्ष्मीकान्त वर्मा के अनुसार कवि अनुभूतियों के विभिन्न स्तरों को एक साथ और अलग-अलग भोगने के कारण, अपनी विशेष भाष्य-बुद्धि के नाते वर्तमान से उबरकर भविष्य के भी कुछ क्षणों का साक्षात्कार कर लेता है। साथ ही मानव नियति का वह अंश, जो केवल दैनिक होने के नाते शिथिल हुआ रहता है—मानवीय सन्दर्भ से जुड़कर अधिक मानवीय हो जाता है। अनुभूति का वैयक्तिक रूप कवि की व्यापक दृष्टि के आधार पर ही मूल्यों के स्तर को स्वीकार करता है। कवि जहाँ नितान्त वैयक्तिक स्तर पर किसी भी वस्तुस्थिति की व्यंजनाओं को झेलता है वहीं वह एक व्यापक स्तर पर अपनी उपलब्धियों को व्यापक जीवन के सन्दर्भों से जोड़ता है। प्रश्न यह नहीं है कि उसकी मर्मपीड़ा उसकी अपनी है, प्रश्न यह है कि वह अपनी मार्मिक पीड़ा को, अपने नितान्त वैयक्तिक भोग्य को किस सीमा तक व्यापक जीवन से सम्बद्ध कर पाता है।

नव स्वच्छन्दतावाद में इलियट, अज्ञेय, साही तथा लक्ष्मीकान्त वर्मा के विचारों को संक्षेप में ऊपर प्रस्तुत किया गया है। तो यों धर्मवीर भारती, जगदीश गुप्त, मलयज, गिरजाकुमार माथुर, कमलेश, रघुवीर सहाय, अशोक वाजपेयी, सर्वेश्वर, धूमिल, लीलाधर जगूड़ी तथा ज्ञानेन्द्र पति आदि महत्त्वपूर्ण कवियों ने भी काव्यानुभूति पर विस्तार से विचार किया है लेकिन यहाँ सिलसिलेवार प्रत्येक कवि को न लेते हुए सुविधा के लिए कुछ कवियों को लिया गया है ताकि काव्यानुभूति के प्रति नव स्वच्छन्दतावादी दृष्टि स्पष्ट हो जाए।

नव स्वच्छन्दतावाद के बाद हिन्दी कविता में काव्यानुभूति सम्बन्धी वस्तुनिष्ठ दृष्टिकोण का विकास दिखलाई पड़ता है।

आधुनिक हिन्दी कविता में काव्यानुभूति सम्बन्धी वस्तुनिष्ठ दृष्टिकोण का विकास : नव स्वच्छन्दतावाद के बाद आधुनिक हिन्दी कविता में काव्यानुभूति सम्बन्धी एक यथार्थवादी दृष्टिकोण का विकास हुआ। इस दृष्टिकोण के कवि मूलतः मार्क्सवादी हैं और मार्क्सवादी सौन्दर्यशास्त्र में गहरी आस्था रखते हैं। मुक्तिबोध इस धारा के सर्वाधिक महत्त्वपूर्ण कवि रहे। मुक्तिबोध के अतिरिक्त नागार्जुन, केदारनाथ अग्रवाल, त्रिलोचन, शमशेर बहादुर सिंह, शील, शिवमंगल सिंह सुमन, विजेन्द्र तथा केदारनाथ सिंह आदि कवियों के नाम स्वाभाविक रूप से याद आते हैं। यहाँ कुछ प्रमुख कवियों के द्वारा मार्क्सवादी सौन्दर्यशास्त्र की दृष्टि से हम रचना-प्रक्रिया और अनुभूति के पक्षों को समझ सकते हैं। मुक्तिबोध पर पहले विचार किया जा चुका है और उनके बाद आधुनिक हिन्दी कविता में नागार्जुन, केदारनाथ अग्रवाल, त्रिलोचन तथा शमशेर बहादुर सिंह का काव्य तथा चिन्तन अत्यन्त महत्त्वपूर्ण रहा है।

नागार्जुन : नागार्जुन की दृष्टि में सौन्दर्य, संवेदना और भावबोध की अभिव्यक्ति का प्रासंगिक साधन और रचनात्मक माध्यम मानवीय सम्बन्धों का वह विन्यास है जिसकी हम रचना करते हैं। रचनाओं में हमारे अनुभव के रूपान्तरण की मानवीय शक्लों से ही हमारी रचना के भावबोध और मूल्य चेतना की पड़ताल की जा सकती है। नागार्जुन सौन्दर्य का परम उत्कर्ष जीवन-संग्राम में मानते हैं। नागार्जुन का काव्य इस बात का न सिर्फ उदाहरण है बल्कि सौन्दर्य दृष्टि की संकीर्णता को चुनौती भी है। उन्हें पढ़ते हुए साफ-साफ यह महसूस होता है कि सुन्दरता की कसौटी बदलनी होगी। वे सौन्दर्य की वस्तुगत सत्ता स्वीकार करते हैं? सौन्दर्यानुभूति का सम्बन्ध मनुष्य की स्थिति-परिस्थिति से होता है। अतः वह निरपेक्ष नहीं हो सकती। यथार्थवाद मार्क्सवादी सौन्दर्यशास्त्र की एक प्रमुखतम अवधारणा है और नागार्जुन के काव्य का रिश्ता यथार्थवाद से अत्यन्त गहरा है। उनकी सौन्दर्य दृष्टि में मार्क्सवादी सौन्दर्यशास्त्र की गहरी छाप है।

नागार्जुन के यहाँ संघर्षरत जनता का सौन्दर्य तो मिलता ही है–'अफ्रीका की काली मिट्टी लाल हो गयी आज' या 'भारत माता की काया में गलित कोढ़ के घाव देखिये' या 'पाँच पूत भारत माता के दुश्मन या खूँखार' आदि, साथ ही प्रेम और प्रकृति के भी दुर्लभ सौन्दर्यचित्र उनके काव्य संसार में हमें मिलते हैं। धनंजय वर्मा ने लिखा है–'नागार्जुन का प्रकृति चित्रण हिन्दी कविता में एक नए यथार्थवाद की प्रतिष्ठा है। प्रकृति के उदात्त और मानवीकृत बिम्बों की वहाँ कमी नहीं है।'[56] वर्तमान जीवन की विषमताओं को संकेतित करने में भी उनके

बिंब अत्यन्त प्रभावशाली हैं। कुछ उदाहरण दृष्टव्य हैं—"छेड़ती रहेगी छिनाल पुरवइया। इकलौती बिटिया वाले अधेड़ बाप की भाँति। झुका रहेगा तुम पर बादल" या 'पके धान की कनक मंजरी/एक नहीं सौ बनी झालरें/चौकस खेतिहारों ने पाए/ऋद्धि-सिद्धि के आकुल चुम्बन' तथा 'भीनी-भीनी खुशबू वाले/रंग-बिरंगे। यह जो इतने फूल खिले हैं। कल इनको मेरे प्राणों ने नहलाया था। कल इनको मेरे सपनों ने सहलाया था।'

इस तरह नागार्जुन ने प्रकृति चित्रण को ही जीवन से सम्बद्ध करके नहीं देखा बल्कि प्रेम को भी जीवन का ही एक हिस्सा माना—"कर गयी चाक/तिमिर का सीना/जोत की फाँक/यह तुम थीं।" नागार्जुन की प्रेम कविताओं में एक पारिवारिक और सामाजिक मनुष्य का संसार उभरता है जो अपने प्रेम को पूरे मानवीय परिवेश और परिवार के सन्दर्भ में अभिव्यक्ति दे रहा है। नागार्जुन की दृष्टि में काव्यानुभूति के स्वरूप की पड़ताल के लिए जब हम गहरे उतरेंगे तो पायेंगे कि उनके यहाँ अनुभूति साधारण जन की जिन्दगी और ठेठ उस जिन्दगी के बीच से उपजती है जो स्वयं नागार्जुन जी रहे हैं। यही जिन्दगी न सिर्फ उनके विचारों और कल्पनाओं को बल्कि अनुभूति को भी एक सुदृढ़ आधार देती है। उनके यहाँ अनुभूति न सिर्फ कल्पना के जीवन-रस से रची-पगी मिलती है बल्कि विचार और यथार्थ की आँच में तपी-सिंकी भी। और शायद इसलिए नागार्जुन का लेखन रचना के उस जनवादी चरित्र को निर्मित करता है, आधुनिक हिन्दी कविता में जिसकी तुलना किसी से कर पाना मुश्किल हो जाता है।

डॉ. शिवकुमार मिश्र के शब्दों में, "स्थितियों तथा उनसे जुड़ी संवेदनाओं को ठेठ जनता के जीवन के बीच से उभारना, जनता के अपने दैनंदिन क्रिया-कलापों को ही अपनी सहज संवेदना का ताप देते हुए कविता के रूप में ढाल देना, जनता की अपनी बोली, यहाँ तक कि बातचीत के लहज़े तक को अपनी कविता के शिल्प का अंग बना लेना, विद्यमान सामाजिक परिदृश्य के प्रति जनता के एक-एक तेवर को पहचानते हुए अपनी कविता में उन्हें जीवन्तता के साथ प्रस्तुत करना, नागार्जुन की कविता के जनवादी चरित्र का प्रमाण है।"[57] कहना न होगा कि नागार्जुन की काव्यानुभूति जिन्दगी की गहन मानवीय अनुभूति है।

केदारनाथ अग्रवाल : केदारनाथ अग्रवाल की यह मान्यता है कि प्रत्येक सौन्दर्यानुभूति जब कवि के रागात्मक अस्तित्व और भावबोध के स्तरों का वहन करती है तो सौन्दर्य की सापेक्षता में कवि की सौन्दर्य दृष्टि को एक चेतना प्रदान करती है, जिससे वह सौन्दर्य और अपने बीच के सम्बन्धों में कुछ नैतिक निर्णय

लेता है। यह नैतिक निर्णय कोई कर्मकाण्ड नहीं है, जिज्ञासा के मर्म से उपजी हुई सौन्दर्य की प्रज्ञा-दृष्टि की एक निर्णयात्मक चेतना है। सौन्दर्य के साक्षात्कार में कवि का व्यक्तित्व जिस आत्म तटस्थता के आधार पर सौन्दर्य से परिचय ग्रहण करता है, उसके विभिन्न आयामों को अनुभूति के स्तर पर भोगता है, उन्हीं से ये नैतिक निर्णय विकसित होते हैं, जो उसे मूल्यों की उपलब्धि करा सकने में समर्थ हो पाते हैं।

केदारनाथ अग्रवाल का काव्य-प्रेम, प्रकृति और जीवन के संघर्ष का काव्य है इसलिए उनकी काव्यानुभूति भी उक्त तीनों से मिलकर निर्मित और विकसित होती है। शमशेर बहादुर सिंह ने लिखा है–"केदार जिस खोज की तरफ बढ़ा है वह है समाज का सत्य और प्रकृति का खुला नैसर्गिक सौन्दर्य। अन्याय के खिलाफ और मेहनत के पक्ष में वह बेझिझक बोलता है। उसके व्यंग्य में दोहरी-तिहरी धार नहीं, सीधी एक धार है। मगर वही बहुत काफी होती है। ऐसे खुले हृदय का उन्मुक्त साहसी कवि सौन्दर्य और प्रेम की सुषमा और सौष्ठव पर दृष्टि डालता है तो सहज ही अनुभूति से हमें मोह लेता है।"[58]

केदारनाथ अग्रवाल के यहाँ भी प्रेम का मानवीय रूप ही मिलता है–"इतना प्रिय है प्यार हमारा/ जितना प्रिय है गिरे मनुज को/ देना प्राण सहारा। इसी प्यार से हमने-तुमने पाया अपना कूल-किनारा।" वे प्रकृति को भी जीवन के व्यापक सन्दर्भों के बीच से देखते हैं--"एक बीते के बराबर/यह हरा ठिगना चना/ बाँधे मुरेठा शीश पर/ छोटे गुलाबी फूल का। सजकर खड़ा है," इस तरह वे हरे और ठिगने चने पर लिखते हुए भी एक कर्मठ भारतीय किसान की याद दिला देते हैं। केदारनाथ अग्रवाल का काव्य उनकी इस धारणा का समर्थन करता है कि सर्वाधिक सचेत, जागरूक तथा संवेदनशील वह रचनाकार होता है जो जनता से आया है।

केदारनाथ अग्रवाल के अनुसार सौन्दर्यानुभूति के क्षणों में कवि जीवन के प्रवाह के बीच खड़ा होता है। वह स्वयं सौन्दर्य वहन करता है और सौन्दर्य से तटस्थ भी होता है, वह स्वयं अनुभूत होता है और स्वयं ही उस अनुभूत सत्य का पृथक् दृश्य भी होता है। वह प्रत्येक सौन्दर्य के आयाम को विकसित भी करता है और उससे तटस्थ उसके विकास का विश्लेषण भी करता है। वह स्वयं ही प्रवाह होता है और उस प्रवाह में स्थिर भी होता है, वह जीवन की पीड़ा भोगता भी है और उससे तटस्थ उस पीड़ा का विवेचन करके उसके सम्पर्क-सूत्रों को जानने की चेष्टा भी करता है–इसलिए इस सौन्दर्यपरक अनुभूति के क्षण में वह अपने जीवन और साक्षात्कार सत्यों के प्रति कुछ निर्णयों का अधिष्ठाता भी होता है। यही निर्णय

उसकी नैतिकता में, उसके मूल्यगत आग्रहों में, उसकी दृष्टिगत उपलब्धियों में उसकी मर्मस्पर्शी संवेदनाओं में एक नया अर्थ पिरो देता है। यह निर्णय वास्तव में उस क्षण के परिचायक होते हैं जब कवि की समस्त चेतना विभिन्न सौन्दर्यों से जूझती-टकराती एक निश्चित अर्थबोध की सीमा तक पहुँचकर उसको ग्रहण करती है।

इस तरह केदारनाथ अग्रवाल यथार्थवादी दृष्टिकोण के एक मार्क्सवादी कवि होने के नाते व्यापक जनारण्य में सौन्दर्य देखते हैं और इस जनारण्य के साथ रागात्मक सम्बन्ध बोध से ही काव्यानुभूति निर्मित व विकसित होती है।

त्रिलोचन : त्रिलोचन ने अपनी काव्ययात्रा छायावाद से आरम्भ की और अब जनवादी कविता के दायरे में पहुँच गए हैं तथा नागार्जुन और केदारनाथ अग्रवाल की तरह जनजीवन के प्रति प्रतिबद्ध होकर निरन्तर लेखन में जुटे हुए हैं। इन्हें ठेठ देशी कवि कहा जा सकता है। उनका काव्य मूलतः ग्रामीण मानस का काव्य है। उनके यहाँ काव्यानुभूति की जड़ें सहज और आडम्बरहीन ग्रामीण जन-जीवन में ढूँढ़ी जा सकती हैं। अपने मानवीय तथा सामाजिक सरोकारों में त्रिलोचन की अनुभूति अतिशय सम्पन्न अनुभूति है। उनकी वे रचनाएँ जो एक व्यक्ति के रूप में उनके मन के निजी सुख-दुःख उभारती हैं, अपने में एकान्त तथा निजी नहीं बन पायी हैं, वहाँ भी कवि एक सामाजिक व्यक्तित्व लेकर किसी का संग-साथ चाहता हुआ सामने आया है। अकेलेपन की अनुभूति त्रिलोचन को ज्यादा आक्रान्त नहीं कर पाती क्योंकि वे अपने से बाहर हो जाने में ही अपनी मुक्ति मानते हैं।

कहना न होगा कि ऐसा तभी होता है जब अनुभूति की वैयक्तिकता हार जाती है और कल्पना की सार्वजनीनता जीत जाती है। उनकी रचना में जनता की सांस्कृतिक अभिरुचि का स्पष्ट प्रतिबिम्ब है। वे दुःख से दबे हुए मानव को बुलाते हैं कि–"दुःख से दबे हुए मानव आ-आ मैं ले लूँ।" समझौता न कर सकने की विवशता का बेबाक बयान उनके सॉनेटों में मुखर हो उठता है–"इस ऊबड़-खाबड़ दुनिया से मैं समझौता/ नहीं कर सकता हूँ, यह मेरी कमजोरी है।" जो कवि अपनी अनुभूति में ईमानदार होते हैं ऐसा शायद उन्हीं के साथ होता है कि उन्हें पढ़ने के बाद हम इस सुखद निष्कर्ष पर पहुँचते हैं कि कविता कवि के पास फूलों की तरह सुरक्षित है और उसकी सुरभि वे हमें सहज ही सौंप देते हैं–

"एक अनुरोध मेरा मान लो
सुरभि हमारी यह
हमें बड़ी प्यारी है

इसको सँभालकर जहाँ जाना
ले जाना
इसे तुम्हें सौंपता हूँ।''[59]

त्रिलोचन भी एक कवि के मूल्यांकन के लिए जीवन की व्यापकता और अनुभूति की गहराई की विवेचना को आवश्यक मानते हैं। त्रिलोचन का मत है कि प्रत्येक कवि का अनुभूत सत्य जितना ही व्यक्तिगत है, उतना ही गहन दायित्व भी उससे सम्बद्ध है। दरअसल कवि की आत्मचेतना में और यथार्थ के गतिशील तत्त्वों में वास्तविक ईमानदारी का सम्बन्ध स्थापित कर पाना ही कलाकार की वास्तविक प्रक्रिया होती है। कवि की अनुभूति केवल स्थूल दृष्टि से यथार्थ के बाह्य रूप-रंग को ही नहीं देखती बल्कि सूक्ष्म दृष्टि से यथार्थ को गुणात्मक सीमाओं के भीतर रखकर देखती है। इसलिए कवि की अनुभूति के स्तर पर नदी मात्र नदी नहीं रह जाती, बल्कि उसके कुछ गुणात्मक तत्त्व भी कवि की अनुभूति के साथ सम्बद्ध हो जाते हैं।

किस तरह रोज़मर्रा की मामूली-सी मामूली चीज़ें त्रिलोचन की अनुभूति के धरातल पर एक व्यापक मानवीय सम्बन्ध की द्योतक हो जाती हैं, यह त्रिलोचन को पढ़ते हुए देखते ही बनता है। सौन्दर्य-अनुभूति का क्षण त्रिलोचन के यहाँ प्राप्त संवेदन-तत्त्वों में एक नए रागात्मक सम्बन्ध की भावनाओं को प्रस्तुत करता है। वास्तविक काव्यानुभूति की अभिव्यक्ति इस रागात्मक सम्बन्ध के बोध और उसकी उपलब्धि से विकसित होती है।

शमशेर बहादुर सिंह : ''एक सजग और जिम्मेदार कवि के नाते शमशेर की कविता जितनी अपने प्रति वफापरस्त है, उतनी ही अपने समय के प्रति समर्पित भी। शमशेर की कविता इसी अर्थ में व्यक्तित्वधर्मी है। इसलिए ना समझदारों के बीच भी पहचानी जा सकती है। और वे भी खुद को उनमें शामिल पा सकते हैं जिनके जीवन में चाय की दबी हुई पत्तियाँ, उदास शामें, दर्दभरी रातें और दोपहर की धूप-छाँव में खड़ी ठेलागाड़ियों के अलावा और कुछ भी सच नहीं है। पर शमशेर इस न कुछ के बीच खड़े होकर एक धीमी किन्तु अविराम आवाज़ लगाते हैं जो हमें जिन्दगी के मोहक संगीत के पास ले जाकर खड़ा कर देती है। यह मोहक संगीत एक पार्श्ववर्ती रिकॉर्ड की तरह उनकी हर कविता की पृष्ठभूमि में बजता रहता है। इसे सुनने की कोशिश ध्यानपूर्वक करनी पड़ती है। सारी बातचीत बन्द करके, एकाग्र भाव से। इतनी गहरी निष्ठा और एकाग्रता शमशेर के यहाँ जाने से पहले जरूरी है।''[60]

शमशेर के काव्य की अनुभूति, बिना किसी विवाद के यह प्रमाणित करती है कि वह एक समृद्ध सौन्दर्यानुभूति है। उनकी सौन्दर्य दृष्टि हर चीज में एक अन्तः सौन्दर्य देख लेती है। इस सौन्दर्य दृष्टि को आत्मपरक या वस्तुपरक धरातल पर हम नहीं बाँट सकते क्योंकि आत्म और वस्तु की अन्तर्क्रिया से ही उसकी उपलब्धि होती है। 'दूसरा सप्तक' के वक्तव्य में शमशेर ने कहा था कि—"सुन्दरता का अवतार हमारे सामने पलछिन होता रहता है। अब हम पर है कि हम अपने सामने और चारों ओर की अनन्त और अपार लीला को कितना अपने अन्दर घुला सकते हैं।"[61] शमशेर का काव्य इस बात का ज्वलन्त उदाहरण है कि उन्होंने बाह्य और अन्तर्जगत् के सौन्दर्य को बखूबी अपने अन्दर घुलाया है।

उनकी कविताओं का सौन्दर्य सिर्फ प्रकृति और प्रेम का सौन्दर्य नहीं है बल्कि ज़िन्दगी के संघर्ष से जूझते एक जुझारू मनुष्य का, और एक क्यों, एक पूरे के पूरे जुलूस का—सौन्दर्य है। इस सन्दर्भ में 'ये शाम है' कविता देखी जा सकती है जहाँ 'धुआँ-धुआँ सुलग रहा ग्वालियर के मजूर का हृदय' है। कहीं-कहीं एक साफगोई भी उनके काव्य में मिलती है। जब वे कहते हैं कि—'बात बोलेगी हम नहीं, भेद खोलेगी बात ही' प्रकृति सौन्दर्य के चित्रकार कवि तो फिर शमशेर निर्विवादरूप से हैं ही—"एक दरिया उमड़कर पीले गुलाबों का। चूमता है बादलों के झिलमिलाते/स्वप्न जैसे पाँव।"

इस तरह शमशेर के काव्य में सौन्दर्य के गतिशील आयाम उनकी आन्तरिक अनुभूति की पर्तों के साथ उद्घाटित होते हैं। उनका कवि व्यक्तित्व एक आत्म चेता व्यक्तित्व है जो सौन्दर्य के अनेक आयामों को देखता है और उसके अन्वेषण तथा परीक्षण के बाद उसे अपने काव्य में सार्थक रूप में पिरो देता है। शमशेर एक कुशल कवि की तरह अपनी बात में ही जग का सत्य देख लेते हैं। अपनी गहरी से गहरी व्यक्तिगत उपलब्धि में भी शमशेर अपने को व्यापक जीवन-सन्दर्भों से जोड़े रखते हैं।

नागार्जुन, केदारनाथ अग्रवाल, त्रिलोचन तथा शमशेर की चर्चा के बाद यह स्पष्ट हो जाता है कि इन कवियों ने हिन्दी कविता में एक वस्तुनिष्ठ दृष्टिकोण का विकास किया। समकालीन हिन्दी कविता में काव्यानुभूति के बहुविध विकास की भौतिक परिस्थितियाँ निरन्तर निर्मित हो रही हैं और जनवादी दृष्टिकोण का विकास हो रहा है। अरुण कमल, राजेश जोशी, उदय प्रकाश, मंगलेश डबराल, सोमदत्त, अजीत चौधरी, विनय दुबे, नरेन्द्र जैन, स्वप्निल श्रीवास्तव आदि कवि इस सन्दर्भ में महत्त्वपूर्ण भूमिका निभा रहे हैं।

काव्यानुभूति और काव्य सामग्री

मुक्तिबोध ने अपने समीक्षा-सिद्धान्तों में स्पष्ट किया है कि काव्य में ज्ञानात्मक संवेदना के द्वारा ही उसका मूल्य आँका जाता है अर्थात् कविता में अनुभूति और विचार इन दोनों की एकनिष्ठ अभिव्यक्ति जरूरी है। कविता सिर्फ विचार नहीं है, उसमें कल्पना और भाव की व्यापकता भी रहती है। इस तरह काव्य के संज्ञान में रचनाकार का जीवन और जगत् से सम्बन्धित अनुभव प्रमुख होता है। कविता में सिर्फ अनुभूति नहीं होती बल्कि काव्य-सामग्री या विषय-वस्तु भी होती है। अनुभूति सार्थक तभी होगी जब वस्तु तत्त्व का वस्तुमूलक आविर्भाव होगा और वह वस्तु भी ज़िन्दगी के बीच से उठायी गयी होगी।

वस्तु जिस प्रकार प्राप्त होती है उसी प्रकार अभिव्यक्त भी होती है, यदि वह कोरे ज्ञान या पुस्तकों से प्राप्त होगी तो उसी तरह शुष्क होगी। यदि वह जनता और समाज से दूर जंगल के चिन्तन से प्राप्त होगी तो उसका रूप वैयक्तिक चिन्तन का होगा। यदि वह जीवन के संघर्षों से जूझने के बाद प्राप्त होगी तो उसी ताजगी और जीवन्तता के साथ रूपायित होगी। कला में इसी रूपायन और ऐसी ही विषय-वस्तु का महत्त्व है। व्यापक जीवन और समाज से कटी हुई विषय-वस्तु समाज के लिए निरर्थक और महत्त्वहीन होती है और इस तरह रचना भी वैयक्तिकता से ग्रस्त दिखाई देती है। डॉ. नामवर सिंह ने लिखा है कि–"ऐसी रचनाएँ फल के उस रस की तरह होती हैं जिसे सजीव फल में से निचोड़कर बोतल में बन्द कर दिया जाता है। उस निचुड़े हुए रस में भी मिठास होती है लेकिन पल्लवों से सुशोभित छिलका, रेशा, गुठलीवाले सजीव फल की शोभा तथा सरसता और ही है। साहित्य में ऐसी सुषमा तथा ऐसे ही रस की महिमा है। यह तभी सम्भव है जब साहित्यकार जीवन का सक्रिय उपभोग करे।"[62]

इसलिए साहित्य में विषय-वस्तु पर बल देने का अर्थ है यथार्थ-जगत् के सत्य का पूर्ण और गहरा ज्ञान। यही ज्ञान है जिसकी वजह से जीवन के प्रति वह अडिग आस्था पैदा होती है जो सम्पूर्ण साहित्य को अदम्य दीप्ति देती है। यह आस्था मनुष्य और समाज के व्यापकतम सम्बन्धों को वैज्ञानिक ढंग से समझने के प्रयत्न से ही सम्भव है। इस तरह यह स्पष्ट है कि अनुभूति के बिना साहित्य तो खैर लिखा ही नहीं जा सकता और वह साहित्य ही क्या किसी भी कला का प्राण है लेकिन विषय-वस्तु का भी अनुभूति के साथ न सिर्फ गहरा सम्बन्ध है बल्कि इसका अत्यन्त महत्त्वपूर्ण स्थान भी है। जो अनुभूति युग की चिन्ता की कोख से जनमती है, वही कालजयी साहित्य की रचना करती है। यह एक निर्विवाद

सत्य है कि—"जो लेखक अपने युग की ज्वलन्त समस्याओं से तटस्थ रहकर केवल 'अनुभूति' की रट लगाया करते हैं वे अनुभूति के सामाजिक आधार का निषेध करते हैं। इसलिए उनकी सारी सदिच्छा सपना बनकर ही रह जाती है। अनुभूति वास्तविकता नहीं बल्कि वास्तविकता सम्बन्धी भावना है। इसलिए वह वास्तविकता का एक अंश अथवा पहलू है। अनुभूति की सार्थकता इस बात में है कि वह वास्तविकता को रचनात्मक रूप दे सके।"[63]

काव्य में वस्तु और अनुभूति तभी मानवीय होगी जब वह कवि के सामाजिक सम्बन्ध की प्रतिबिम्ब होगी। काव्य के सच्चे मूल्यांकन की कसौटी यही है कि वस्तु की परीक्षा करते समय कृतिकार के मानस और अनुभूति की परीक्षा अवश्य होती है। उसी तरह अनुभूति की परीक्षा करते हुए काव्य-वस्तु तक आना ही होगा। काव्य-सामग्री या काव्य-विषय का महत्त्व इसलिए भी है कि उसके सहारे हम कृतिकार के मन में पहुँचते हैं और उसकी परख करते हैं कि कैसे वह वस्तु तक पहुँचा, कैसे उसे उसकी अनुभूति ने ग्रहण किया और कैसे बहुजन-संवेद्य या प्रेषणीय बनाया।

काव्यानुभूति और काव्य सामग्री का सम्बन्ध अत्यन्त महत्त्वपूर्ण है। इस बात के मूल्यांकन के लिए कि एक ही विषय पर लिखे जाने वाले काव्यों में विभिन्न कवियों की अनुभूतियाँ अलग-अलग क्यों हैं, हमें विषय से अनुभूति तक आना होगा और कवि के अन्तर्जगत् का विश्लेषण करना होगा जैसे राम पर ही लिखे जाने के बाद भी राम को लेकर 'राम की शक्ति पूजा' में निराला की अनुभूति 'साकेत' के मैथिलीशरण गुप्त की अनुभूति से एकदम भिन्न है और 'संशय की एक रात' में नरेश मेहता की अनुभूति भी अलग तरह की है। इसी तरह अनुभूति के मूल्यांकन के समय उसकी सार्थक परिणति देखने के लिए विषय-वस्तु का विश्लेषण आवश्यक है।

काव्यानुभूति की प्रेरणाएँ

काव्यानुभूति की प्रेरणाओं का विषय अपने आप में इतना अधिक रोचक एवं महत्त्वपूर्ण है जिस पर सभी देशों के आलोचकों ने गम्भीर तथा व्यापक दृष्टि से विवेचन किया है। उनके विवेचन में जहाँ एक ओर व्यावहारिक विभेद हैं, वहाँ दूसरी ओर तत्त्व-चिन्तन का अद्भुत साम्य भी विद्यमान है। भारतीय काव्य-शास्त्र में काव्य-हेतुओं के रूप में शक्ति, व्युत्पत्ति और अभ्यास आदि जिन काव्यांग-साधनों की चर्चा की गयी है, वे साधन एक प्रकार से काव्य-प्रेरणाओं के ही विविध प्रकार हैं। पश्चिमी काव्य

चिन्तन की व्यापक परम्परा में अनुकरण, लोकज्ञान, शास्त्र-बोध और अभ्यास आदि की आवश्यकता पर बल देते हुए जिन काव्य-प्रेरणाओं का निरूपण हुआ है, ये भारतीय चिन्तनधारा के भी पर्याप्त निकट हैं। सच तो यह है कि काव्य-प्रेरणा का स्वरूप बोध करने के पश्चात् ही किसी काव्यकृति का सही मूल्यांकन कर सकते हैं।

काव्य-प्रेरणा के विवेचन में इस बात पर विचार किया जाता है कि कवि ने किन शक्तियों से अन्तःप्रेरित होकर काव्य की रचना की है। कवि की प्रेरक शक्तियों के आधार पर ही रचना-प्रक्रिया का मूल रहस्य उद्घाटित किया जा सकता है। जिस रचना में कवि का नैसर्गिक मानस जितना अधिक संन्निविष्ट होकर अभिव्यंजित होता है, वह कृति उतनी ही सफल होती है। अन्तःकरण की प्रेरणा से विहीन और अभ्यास से निर्मित कविता वस्तु और रूप दोनों ही दृष्टियों से प्रभावहीन होती है। काव्य-प्रेरणा का स्वरूप समझकर ही काव्य का परीक्षण किया जा सकता है। आलोचना भी कवि-मानस का रहस्योद्घाटन करते हुए उसकी रचना-प्रेरणाओं के आलोक में काव्यकृति की समीक्षा करती है। भारतीय काव्य शास्त्र में काव्य के प्रमुख हेतु के रूप में प्रतिभा तत्त्व का भी जो विवेचन किया गया है, वह अनेक स्थलों पर दैवीय प्रेरणा का ही एक प्रतिरूप है। अनेक आचार्यों ने प्रतिभा को शिव का तृतीय नेत्र कहा है जिसकी विवृत्ति से कवि त्रिकालद्रष्टा बनकर सृष्टि के सम्पूर्ण रहस्यों के उद्घाटन का सामर्थ्य प्राप्त कर लेता है। काव्य की दैवीय प्रेरणा के प्रसंग में प्रतिभा के नामोल्लेख का मुख्य अभिप्राय उतना ही है कि उसके बिना काव्य-प्रेरणा का एक मूलभूत पक्ष अस्पष्ट रह जाता है। वस्तुतः काव्य-प्रेरणा का मूल सिद्धान्त प्रतिभा के बीज रूप कल्पना में विद्यमान है।

काव्य-रचना के मूल में कभी दैवीय प्रेरणा का सिद्धान्त स्वीकार किया जाता था, अब लौकिक चेतना का—लेकिन दोनों ही स्थितियों में प्रेरणा की अनिवार्य आवश्यकता का महत्त्व तो अंगीकार करना ही पड़ेगा। एक समय था जब दैवीय प्रेरणा का सिद्धान्त सर्वजन प्रशंसित एवं बहुमान्य था किन्तु आज की परिवर्तित परिस्थिति तथा नवीन युग दृष्टि के सम्मुख उसका महत्त्व नगण्य हो गया है। उसका स्थान जीवन तथा व्यापक मानव-समाज ने ले लिया है। किन्तु काव्य-रचना के मूल में प्रेरणा तत्त्व का अंकुरण रहता अवश्य है जिसके अभाव में कवि अपना निर्माण कर ही नहीं सकता। विश्व के अनेक कवियों ने अपनी काव्य-सृष्टि के मूल उत्स का अंकन करते हुए प्रेरणा विषयक विचारों की ओर संकेत किया है जिससे पता चलता है कि प्रेरणा के अभाव में वे अपनी सृष्टि कर ही नहीं सकते

थे। शेक्सपियर ने कवि की तीव्र सर्जनात्मक अनुभूति की चर्चा करते हुए काव्य-प्रेरणाओं के महत्त्व का प्रतिपादन किया है। ड्राइडन ने प्रेरणा के अभाव में श्रेष्ठ काव्य रचना को सर्वथा असम्भव बताया है। कवि शेली ने काव्य-शक्ति को तर्क-शक्ति से पृथक् सिद्ध करते हुए उसे असाधारण और अलौकिक माना है क्योंकि व्यक्ति की सामान्य इच्छा मात्र से ही काव्य का निर्माण नहीं हो सकता। शेली ने कवि के सर्जनशील मन को ऐसी ज्योति से उपमित किया है, जिसे प्रेरणा की अदृश्य वायु प्रज्वलित कर देती है। अभिप्राय यह है कि काव्य-प्रेरणा मूलतः भाव-सुमनों की दिव्य अभिव्यंजना ही है।

काव्य प्रेरणा को अलौकिक स्तर पर जितना भी विवेचित किया गया हो, सच तो यह है कि उसके उद्‌भव का सम्बन्ध हमारी भावनाओं, विचारधाराओं और मानसिक प्रतीतियों के साथ अवश्य रहता है। भावों और विचारों के अभाव में प्रेरणा का उद्‌भव सम्भव नहीं है। मनोविश्लेषणवादी विचारकों का मत है कि विचारों के बिना प्रेरणा हमारे स्नायुमंडल की झंकृति मात्र है और उसे उसी स्थिति में कवि मानस को आन्दोलित और सम्प्रेरित करने का सामर्थ्य प्राप्त होता है जब वह विचारों और भावों से परिवेष्टित होकर रचना-प्रक्रिया की दिशा में प्रवृत्त हो जाए। वस्तुतः भावनाओं और विचारों की आधारशिला पर अधिष्ठित और प्रेरणाओं के चमत्कार से आन्दोलित कवि-हृदय में ऐसी प्रज्ञा जागृत हो जाती है जिसके असाधारण प्रभाव में कवि का सम्पूर्ण व्यक्तित्व रचनोन्मुख हुए बिना नहीं रहता।

समीक्षकों ने कवि के मन की एकाग्रता और अनुभूति की तीव्रता को प्रेरणा का विशिष्ट गुण माना है जिसके कारण कवि के एक-एक क्षण का महत्त्व अनन्त काल की महिमा से कम नहीं होता। क्रौंच-वध की घटना ने वाल्मीकि के मानस में करुणा उद्वेलित कर तन्मयता की वह स्थिति प्रदान की थी जिसके सूक्ष्मतम स्वरूप में 'रामायण' जैसे महाकाव्य के सृजन की प्रेरणा का अन्तर्भाव था। कहने की आवश्यकता नहीं कि महान कवियों की रचनाओं में काव्य की नैसर्गिक प्रेरणा, अनुभूति और अभिव्यंजना के कलात्मक प्रयास का अन्तर्सम्बन्ध अत्यन्त अनिवार्य प्रक्रिया है। प्रेरणा का आलोक रचनाकार को जीवन और व्यापक मानव-समाज के यथार्थ और सम्बन्धों को विश्लेषित करने की शक्ति प्रदान करता है।

काव्यानुभूति का प्रयोजन और लक्ष्य

"समाज से साहित्य का सम्बन्ध बहुत कुछ वही है जो धरती से फूल का है। धरती का रूप-रस फूल में नया वर्ण, गन्ध उत्पन्न करता है। इसी तरह साहित्य में भी

समाज ज्यों-का-त्यों नहीं झलकता, बल्कि रूपान्तरित रूप में अन्तर्निहित रहता है।"[64] काव्यानुभूति में जैसे ही प्रयोजन और लक्ष्य की चर्चा उठती है, कला और समाज के सम्बन्ध सामने आ जाते हैं। काव्य-रचना के प्रेरक तत्त्वों के साथ उसके प्रयोजनों का भी घनिष्ट सम्बन्ध है। इसके अन्तर्गत इस बात पर विचार किया जाता है कि जिस प्रेरणा से किसी काव्य-कृति की रचना होती है, उसका अभीष्ट मन्तव्य क्या है। भारतीय और पाश्चात्य विद्वानों ने काव्य-प्रयोजनों का विश्लेषण अत्यन्त व्यापक और गम्भीर दृष्टि से किया है।

प्राचीन भारतीय आचार्यों और दार्शनिकों ने आत्मा को मनोमन और प्राणमय कहकर उसका विवेचन करते हुए उसकी अभिव्यंजना में एक प्रकार से काव्य-प्रयोजन का ही तात्त्विक संकेत किया है। लोकोत्तर आनन्दानुभूति तथा जगत् का नैतिक उत्थान प्राचीन भारतीय दृष्टि में काव्य के प्रमुख प्रयोजन रहे हैं। वर्तमान में इन प्रयोजनों का क्षेत्र विस्तृत और व्यापक मानव समाज से सम्बद्ध हो गया है। डॉ. नगेन्द्र के अनुसार भी काव्य का प्रयोजन आनन्द है। काव्य के तीन सर्वमान्य तत्त्वों—भाव, कल्पना और बुद्धि—में भाव ही आधार है। शेष दो उसके सहायक हैं। अतः काव्य का आस्वाद मूलतः भाव का ही आस्वाद है—इंद्रियगम्य प्रकृत भाव का नहीं, वरन् कल्पनागम्य शुद्ध अथवा निर्वैयक्तिक भाव का। आस्वाद के इसी रूप को शास्त्र में रस कहा गया है। इस प्रकार काव्य के सन्दर्भ में आनन्द का विशिष्ट अर्थ है रस और यही काव्य का प्रयोजन है।

कला का प्रयोजन और लक्ष्य प्रायः आनन्द-प्राप्ति को माना जाता रहा है लेकिन रिचर्ड्स ने कला की इस सुखवादी धारणा को स्वीकार नहीं किया। वे उस सुखवादी मनोविज्ञान से सहमत नहीं हैं जो मनुष्य की प्रत्येक क्रिया का लक्ष्य आनन्द की प्राप्ति मानता है। कविता का लक्ष्य आनन्द-प्राप्ति नहीं है। रिचर्ड्स के अनुसार—"कविता वह पिटारी नहीं है जिसमें मिठाइयाँ भरी हुई हों।"[65] रिचर्ड्स का कथन है कि प्रत्येक क्रिया का विशिष्ट लक्ष्य होता है जिसकी पूर्ति होने पर आनन्द उत्पन्न होता है, पर आनन्द क्रिया का लक्ष्य नहीं है इसलिए उनके अनुसार आनन्द-प्राप्ति को रचना का उद्देश्य मानना अपर्याप्त दृष्टिकोण का परिचायक है। यद्यपि कविता पढ़ लेने पर आनन्द-प्राप्ति सम्भव है। कला से आनन्द मिल सकता है लेकिन यह आनन्द वस्तुतः उक्त क्रियाओं का लक्ष्य नहीं है अपितु उनकी प्रक्रिया में उत्पन्न वस्तु है, ठीक उसी तरह जैसे मोटर साइकिल चलने की प्रक्रिया में उत्पन्न शोर उसके चलने का कारण नहीं है, अपितु उसके चलने की सूचना देने वाला है। उनका विश्वास है कि वड्र्सवर्थ या कॉलरिज आज लिखते तो 'आनन्द' की

जगह कोई दूसरा शब्द प्रयुक्त करते।

अगर प्राचीन आचार्यों और रिचड्र्स के विवाद में न भी पड़ें तो भी इतना तो हमें मानना ही होगा कि–"पूरे प्याज की शक्ति का आधार वह मिट्टी है जिसमें वह उगा है।"[66] इसी तरह कला की शक्ति का आधार भी वह समाज है जिसमें वह जनमती और जिसके लिए विकसित होती है। इतिहास के अध्ययन से पता चलता है कि कला कभी भी अपने आप में एक उद्देश्य नहीं रही है। किसी न किसी रूप में वह जीवन से बराबर सम्बन्ध बनाए रही है। यही नहीं, वह आदर्श, नैतिकता, राजनीति और धार्मिक मान्यताओं के लिए प्रचार का साधन भी रही है। प्लेटो ने आखिर कला से यही तो माँगा था। स्वयं अरस्तू ने दुखान्त नाटक को सामाजिक उद्देश्य की पूर्ति के लिए एक साधन माना था। ईसाई कला तो एक तरह से ईश्वर और धर्म के प्रचार का मात्र माध्यम ही रही है।

कला और समाज के इस परस्पर सम्बन्ध को किस प्रकार अस्वीकार किया जा सकता है? एंगेल्स के अनुसार राजनीतिक, न्यायिक, दार्शनिक, धार्मिक, साहित्यिक तथा कलात्मक आदि विकास–आर्थिक विकास पर निर्भर करते हैं किन्तु वे भी एक-दूसरे से क्रिया-प्रतिक्रिया करते हैं और स्वयं आर्थिक विकास को भी प्रभावित करते हैं। इस तरह आर्थिक विकास कला को प्रभावित करता है और कला सामाजिक चेतना को प्रभावित करती है। प्रभावित करने का अर्थ है–क्रिया की प्रेरणा देना। यह समझना कि कलाकार सामाजिक जीवन से परे है, वह सिर्फ सौन्दर्य का सृजन करता है और उसकी कला सामाजिक उत्तरदायित्व से मुक्त है–एक तरह का भ्रम है। दरअसल सामाजिक जीवन ही प्रेरणा का स्रोत है और स्रोत से कटकर कलाकार सिर्फ कोरी भावुकता का प्रदर्शन कर सकता है।

कला सामाजिक मनुष्यों के बीच सम्प्रेषण का एक माध्यम है। वह जीवन की व्याख्या करती है। जनता अपने जीवन और समाज को समझने के लिए कला का अध्ययन करती है। इसी तरह कला सामाजिक चेतना में रूपान्तरण लाती है। परम्परा की कमियाँ दिखलाते हुए वह नए विश्वासों और आदर्शों को समाज में प्रचारित करती है। परिणामतः वह क्रिया की प्रेरणा देती है और जीवन संघर्ष में अस्त्र का काम करती है। कला–फिर चाहे वह कोई भी हो–अन्त तक इसी प्रयोजन और लक्ष्य से बँधी रहती है।

काव्यानुभूति और सहृदय समाज

सहृदय समाज से आशय काव्यरसिकों और आलोचकों से है। सहृदय अर्थात् कलामर्मज्ञ

जिसमें काव्यास्वाद की योग्यता हो। सहृदय समाज काव्यानुभूति के स्वरूप ग्रहण करने में अपनी महत्त्वपूर्ण भूमिका अदा करता है। व्यापक अर्थ में हम इसे पाठक-श्रोता समाज भी कह सकते हैं। जागरूक कवियों में सहृदय समाज के साथ तादात्म्य की आकांक्षा अन्तःसंस्कार बनकर प्रस्फुटित होती है। अनेक कवि इस भाव-तादात्म्य में सफल नहीं हो पाते। उनमें तादात्म्य की महत्त्वाकांक्षा तो होती ही है पर वे उसमें ज़्यादा सफलता नहीं प्राप्त कर पाते। कारण स्पष्ट है, तादात्म्य की अनुभूति केवल आकांक्षा से नहीं आती, आकांक्षा कार्यान्वित होने की ठोस प्रगति से आती है। जो ऐक्य जीवन में नहीं आ सका, वह अनुभूति में नहीं आ सकता और जो अनुभूति में नहीं आ सका, वह अभिव्यक्ति में नहीं आ सकता।

काव्य-चर्चा का उद्‌गम दरअसल रसिक मनोभूमि में ही है। आज काव्य की चर्चा करना विभिन्न पत्र-पत्रिकाओं के कारण अत्यन्त सरल कार्य है। नयी कृति को पढ़कर हम उसकी चर्चा पत्र-पत्रिकाओं में कर सकते हैं। गोष्ठियों में ही यह चर्चा हो, ऐसा अब आवश्यक नहीं है। लेकिन प्राचीनकाल में किसी सभा में एकत्रित हुए बिना इस प्रकार की चर्चा कर पाना सम्भव नहीं था। ऐसी सभा को 'विदग्ध गोष्ठी' कहा जाता था। गोष्ठी का अर्थ है मंडल या सभा। प्राचीनकाल में काव्य-चर्चा ऐसी विदग्ध गोष्ठी में ही हुआ करती थी। इस गोष्ठी में सम्मिलित होने की योग्यता रखना शिष्टता का लक्षण माना जाता था। इन्हीं गोष्ठियों के द्वारा कवि के काव्य तथा उसकी कीर्ति का धीरे-धीरे प्रसार होता था और अन्त में उस कवि का प्रवेश किसी राजसभा में होता था।

काव्य के आस्वादन का आनन्द विदग्ध नागरिक तथा राजा लिया करते थे। ये दोनों रसिक रहते थे। लेकिन सहृदय की स्थिति इनसे भिन्न थी। गणेशत्र्यम्बक देशपांडे ने सहृदय को परिभाषित करते हुए लिखा है—"रसिक अर्थात् विदग्ध नागरिक और राजा—दोनों से भिन्न तथा दोनों से कुछ विशेष योग्यता रखने वाला काव्य का एक तीसरा भी रसिक होता था। वह था 'सहृदय।' काव्य गोष्ठी, कवि समाज एवं ब्रह्म सभा इन सभी में सहृदय की उपस्थिति रहती थी। काव्य प्रेमी राजा तथा अन्य सदस्यों के साथ सहृदय भी काव्य के आस्वादन का आनन्द लिया करता था। किन्तु इसी में उसे इतिकर्त्तव्यता न थी। काव्य के आस्वादन की उपपत्ति खोजने का भी वह प्रयास करता था, उसने जो काव्य पढ़े हों, अथवा सुने हों, उनके गुण तथा दोषों को वह विवेक करता, समय-समय पर काव्य के सम्बन्ध में अपना विचार भी वह प्रस्तुत किया करता था। एक दृष्टि से सहृदय स्वयं कवि के काव्य का आलोचक भी रहता था तो दूसरी दृष्टि से काव्य-चर्चा के सिद्धान्तों का वह प्रस्थापक

भी होता था।''[67] कहना न होगा कि आज जिसे हम आलोचक कहते हैं, उसे ही प्राचीन समय में सहृदय कहा जाता था।

कवि समाज का सदस्य होने के नाते सहृदय प्रस्तुत काव्य पर अपनी टिप्पणी भी देता था और टिप्पणी देते हुए काव्य के सिद्धान्तों की विवेचना भी किया करता था। यही विवेचना धीरे-धीरे शास्त्र में परिणत हुई। विदग्ध गोष्ठी में सभी नागरिक रसिक होते थे। लेकिन सभी के पास विवेचना की प्रज्ञा होना सम्भव नहीं है। इसलिए काव्य-रहस्य के अन्वेषण में सभी समर्थ भी नहीं होते। यह अन्वेषण कार्य विमल प्रतिभावान सहृदय किया करता था। इसी अभूतपूर्व कार्य के कारण वह काव्य के लिए एक निकष बना। सहृदय काव्य के आस्वादन का मूल अधिकारी है। अभिनव गुप्ता कहते हैं—''अधिकारी पात्र विमल प्रतिभाशाली सहृदय।'' एक ओर है काव्य का निर्माता कवि, दूसरी ओर है तन्मय भाव से काव्य का आस्वादन करने वाला सहृदय। कवि तथा सहृदय के हृदय-संवाद के लिए अत्यन्त उपकारक साधन है शब्दार्थमय काव्य। इसी काव्य से रसिक आनन्दमयी अवस्था को प्राप्त होता है।

सहृदय द्वारा शब्दार्थमय काव्य के स्वरूप की विशेष रूप से विवेचना प्राचीनकाल में जिस शास्त्र में हुई, वही शास्त्र साहित्य या काव्यशास्त्र कहलाया। साहित्य शास्त्र के नियमों की रचना में सहृदय ने अनेक अन्य शास्त्रों से भी लाभ उठाया लेकिन उसने इस बात का बराबर ध्यान रखा कि जीवन के लौकिक अनुभव क्षण भर के लिए दृष्टि से ओझल न होने पाएँ। गणेशत्र्यम्बक देशपांडे के अनुसार—''जीवनानुभवों की ठोस भित्ति पर साहित्य-भवन की सृष्टि करने में जहाँ कहीं किसी शास्त्र से लाभ हो सकता था, वहाँ सहृदय ने अवश्य लाभ उठाया है। सभी शास्त्रों का सार निचोड़कर उनके यथावत मेल से जीवन की जिस रमणीय मूर्ति को उसने अंकित किया, वही है साहित्य विधा। इसी हेतु साहित्य में सभी विधाओं का सार मिलता है।''[68] यहाँ राजशेखर का यह प्रसिद्ध कथन याद किया जा सकता है— *''पंचमी साहित्य विद्या, सा तु सर्वासां विद्यानाम् निष्पन्दः।''*

इस तरह काव्य में सहृदय की भूमिका अत्यन्त महत्त्वपूर्ण है। कवि और सहृदय के बीच कृति ही माध्यम का कार्य करती है। सहृदय काव्य के गुण-दोषों का विवेचन करता है, एक तरह से कवि का पथ-प्रदर्शन करता है और उसके काव्य को असामाजिक या वैयक्तिक होने से रोकता है। सूक्ष्म दृष्टि से देखें तो सहृदय अपने चिन्तन में काव्यानुभूति को हवाई होने से रोकता है और उसका रिश्ता जीवन-जगत् के ठोस धरातल से जोड़ने का उपक्रम कराता है।

काव्यानुभूति बनाम रसानुभूति

काव्यानुभूति जब कृति के माध्यम से पाठक या सहृदय की हो जाती है तब वह रसानुभूति कहलाती है। रस की परिभाषा सर्वप्रथम भरतमुनि ने अपने प्रसिद्ध ग्रन्थ 'नाट्यशास्त्र' में ईसा की पहली शताब्दी के आसपास दी थी–

"विभावानुभाव व्याभिचारि संयोगाद्रस निष्पत्तिः"

अर्थात् रसानुभूति पुरुषों के हृदय में वासना रूप में स्थित रति आदि स्थायी भाव ही विभाव, अनुभाव और संचारी के द्वारा अभिव्यक्त होकर रस के स्वरूप को प्राप्त होते हैं। उक्त रस-निष्पत्ति के सूत्र में प्रयुक्त 'संयोग' और 'निष्पत्ति' शब्दों को लेकर परवर्ती आचार्यों –भट्टलोल्लट, शंकुक, भट्टनायक तथा अभिनव गुप्त–ने विभिन्न दृष्टिकोणों से अपने मतों की स्थापना की। कालान्तर में आचार्य रामचन्द्र शुक्ल, नन्ददुलारे वाजपेयी, डॉ. नगेन्द्र, नामवर सिंह जैसे विभिन्न आलोचकों ने रसानुभूति पर विभिन्न दृष्टिकोण से विचार किया।

आचार्य शुक्ल के अनुसार किसी काव्य का श्रोता या पाठक जिन विषयों को मन में लाकर रति, करुणा, क्रोध, उत्साह आदि भावों तथा सौन्दर्य, रहस्य गाम्भीर्य आदि भावनाओं का अनुभव करता है, वे अकेले उसी के हृदय से सम्बन्ध रखने वाले नहीं होते, मनुष्य मात्र की भावनात्मक सत्ता पर प्रभाव डालने वाले होते हैं। इसी से उक्त काव्य को एक साथ पढ़ने या सुनने वाले सहस्रों मनुष्य उन्हीं भावनाओं का थोड़ा या बहुत अनुभव कर सकते हैं। सहृदय के साथ तादात्म्य या साधारणीकरण के विषय में शुक्ल जी ने लिखा है–"जब तक किसी भाव का कोई विषय इस रूप में नहीं लाया जाता कि वह सामान्यतः सबके उसी भाव का अलम्बन हो सके, तब तक उसमें रसोद्बोधन की पूर्ण शक्ति नहीं आती। किसी भाव का कोई विषय इसी रूप में लाया जाना हमारे यहाँ यानी भारतीय काव्यशास्त्र में साधारणीकरण कहलाता है।"[69]

शुक्ल जी की दृष्टि में सच्चा कवि वही है जिसे लोक हृदय की पहचान हो। जो मनुष्य जाति के सामान्य हृदय को अलग करके देख सके। इसी लोक-हृदय में हृदय के लीन होने की अनुभूति रसानुभूति है। 'भाव' शब्द का अर्थ चित्त की चेतन दशा विशेष है। शुक्ल जी के अनुसार–भाव का विधान केवल उद्दीपन और क्रिया के समय होता है, उसके उपरान्त नहीं रह जाता। पात्र के भाव की ही प्रतीति श्रोता या पाठक को रस रूप में होती है। इसलिए वे प्रतीतिकाल में ही रस की सत्ता मानते हैं।

नन्ददुलारे वाजपेयी रस सिद्धान्त को मूलतः काव्य के आस्वादन के प्रश्नों से सम्बन्धित और साधारणीकरण का अर्थ रचयिता और उपभोक्ता अर्थात् कवि और दर्शक के बीच भावना का तादात्म्य मानते हैं। उनका मत है कि साधारणीकरण वास्तव में कवि कल्पित समस्त व्यापार का होता है, केवल किसी पात्र विशेष का नहीं। रस का प्रयोजन काव्य में उसे एक गौरवशाली स्थान प्रदान करता है। दरअसल—"रस का सम्पूर्ण प्रयोजन ही काव्य को कल्पना की व्यक्तिगत परिधि से हटाकर लोक सामान्य आस्वादकता के क्षेत्र में पहुँचा देना है।"[70] निश्चित रूप से रस का स्थायी तत्त्व भावना या अनुभूति ही है। काव्य कल्पना के सहारे मानव-अनुभूतियों का सौन्दर्यमय चित्रण है जो मनुष्य मात्र में सौन्दर्य-संवेदन उत्पन्न करता है। यही सौन्दर्य-संवेदन भारतीय पारिभाषिक शब्दावली में रस है।

रस वैयक्तिक अनुभूतियों के प्रकाशन में नहीं है। काव्य की सार्थकता वैयक्तिक पीड़ा की भूमि से ऊपर उठकर सार्वजनिक सुख-दुख की भूमि पर पहुँचने में ही है। रस का साधारणीकरण व्यापार यही है कि काव्य व्यक्तित्व की आत्म सीमित परिधि का अतिक्रमण करे। वाजपेयी जी के अनुसार रसानुभूति से सदैव सुन्दरजीवन लक्ष्यों के प्रति हमारी आस्था बढ़ती है और हमारा उन्नयन होता है।

डॉ. नगेन्द्र की दृष्टि में—"काव्य के सन्दर्भ में आनन्द का विशिष्ट अर्थ ही रस है।"[71] क्योंकि काव्य का प्रयोजन आनन्द है और काव्य का आस्वाद मूलतः भाव का ही आस्वाद है। यह भाव कल्पनागम्य शुद्ध अथवा निर्वैयक्तिक भाव है। आस्वाद का यही रूप रस है। इस तरह वे रस को ही काव्य का प्रयोजन मानते हैं। उनके अनुसार काव्य के मूल्य का प्रश्न भी रस से सम्बद्ध है। काव्य मूल्य का अर्थ है, वह गुण जिसके द्वारा काव्य की सिद्धि का निर्धारण किया जाता है। इस दृष्टि से मूल्य का आधार प्रयोजन ही सिद्ध होता है। रस काव्य की सीमा में भूत, भविष्य और वर्तमान तीनों कालों का समावेश हो जाता है। काव्यानुभूति शाश्वत सार्वजनीन अनुभूति है। मनुष्य की भावनाएँ चिरन्तन हैं और उन पर आधृत 'रस' को किसी काल विशेष तक ही सीमित नहीं किया जा सकता।

इस तरह रस शब्द से आशय ही उस भौतिक और मूल्यवान मानव भावना से है जिसकी सृष्टि श्रेष्ठ काव्य में होती है। रस की उदात्त भूमि पर वैयक्तिकता निःशेष हो जाती है, वहाँ व्यक्ति का अपना कुछ भी नहीं बचता। नामवर सिंह का मत भी यही है कि अनुभूति की गहराई पर विचार करते समय साधारणीकरण के प्रश्न का सामना करना होगा—"तब सवाल उठेगा कि उस विशेष चरित्र तथा अनुभूति में अधिक से अधिक लोगों और युगों तक पहुँचने की शक्ति है या नहीं।

अनुभूति की गहराई को इस तरह तीव्रता के साथ सामान्यतः का निर्वाह करना होगा। अनुभूति की शक्ति केवल तीव्रता में नहीं बल्कि स्थायित्व में होती है और स्थायित्व का आधार व्यापक मानवीयता ही है। मानवीयता की व्यापक भूमि पर ही कोई अनुभूति गहरी नहीं हो सकती है।''[72] अनुभूति मन या हृदय का विषय है। उसे इंद्रियों का विषय बनाना ही अमूर्त को मूर्त करना है क्योंकि इंद्रियों के माध्यम से ही तो श्रोता या पाठक का मन विषय का अनुभव करता है। अतः कवि अपनी अनुभूति को बिम्बों के द्वारा मूर्तित करता हुआ पाठक के मन में सह या सम अनुभूति जगाने का प्रयत्न करता है। इस तरह काव्यानुभूति रसानुभूति में परिवर्तित होती है और यही कला-साधना का मूल लक्ष्य है।

सन्दर्भ

1. मुक्तिबोध : 'एक साहित्यिक की डायरी', पृ. 18
2. नामवर सिंह : 'इतिहास और आलोचना', पृ. 17
3. डॉ. केसरी नारायण शुक्ल : 'पाश्चात्य समीक्षा सिद्धान्त', पृ. 20
4. डॉ. वेंकट शर्मा : 'काव्य-सर्जना और काव्यास्वाद', पृ. 617
5. चर्नीशेवस्की : 'दर्शन साहित्य और आलोचना', पृ. 189
6. डॉ. वेंकट शर्मा : 'काव्य-सर्जना और काव्यास्वाद', पृ. 617
7. डॉ. केसरीनारायण शुक्ल : 'पाश्चात्य समीक्षा सिद्धान्त', पृ. 52
8. नीलकान्त : 'सौन्दर्यशास्त्र की पाश्चात्य परम्परा', पृ. 46
9. वही, पृ. 50
10. वही, पृ. 53
11. डॉ. जगदीशचन्द्र जैन : पाश्चात्य समीक्षा दर्शन', पृ. 139
12. रिचर्ड्स : 'रिचर्ड्स के आलोचना-सिद्धान्त' का अनु. शम्भुदत्त झा, पृ. 13
13. वही, पृ. 15
14. वही, पृ. 15
15. वही, पृ. 18-19
16. वही, पृ. 39
17. रामचन्द्र शुक्ल : 'रसमीमांसा', पृ. 211
18. वही, पृ. 213
19. वही, पृ. 277
20. वही, पृ. 24
21. मुक्तिबोध : 'एक साहित्यिक की डायरी', पृ. 18
22. वही, पृ. 19
23. वही, पृ. 20
24. बामगार्टन : 'सौन्दर्यशास्त्र की पाश्चात्य परम्परा', पृ. 83

25. एडीसन : 'सौन्दर्यशास्त्र की पाश्चात्य परम्परा', पृ. 72
26. रामचन्द्र शुक्ल : 'चिन्तामणि' पहला भाग, पृ. 1
27. येरिक न्यूटन : 'सौन्दर्य का तात्पर्य' अनुवाद : रामकीर्ति शुक्ल, पृ. 18
28. मुक्तिबोध : 'एक साहित्यिक की डायरी', पृ. 19
29. ओमप्रकाश ग्रेवाल : 'साहित्य और विचारधारा' पहल 10-11, पृ. 26-27
30. वर्ड्सवर्थ : 'पाश्चात्य समीक्षा दर्शन' (डॉ. जगदीशचन्द्र जैन), पृ. 229
31. कॉलरिज : वही, पृ. 243
32. जॉन कीट्स : वही, पृ. 264
33. जयशंकर प्रसाद : 'काव्य और कला तथा अन्य निबन्ध', पृ. 38
34. वही, पृ. 36
35. सुमित्रानन्दन पन्त : 'चिदम्बरा' की भूमिका, पृ. 19
36. सुमित्रानन्दन पन्त : 'छायावाद : पुनर्मूल्यांकन', पृ. 21
37. सुमित्रानन्दन पन्त : 'गद्य पथ', पृ. 204
38. सुमित्रानन्दन पन्त : 'शिल्पी', पृ. 107
39. निराला : 'प्रबन्ध प्रतिमा', पृ. 157
40. वही, पृ. 284
41. निराला : 'चाबुक', पृ. 28
42. महादेवी वर्मा : 'गीत पर्व' वैचारिकी, पृ. 5-6
43. महादेवी वर्मा : 'सप्तपर्णा की भूमिका', पृ. 19
44. नन्ददुलारे वाजपेयी : 'नया साहित्य : नए प्रश्न', पृ. 146
45. वही, पृ. 147
46. नन्ददुलारे वाजपेयी : 'हिन्दी साहित्य : बीसवीं शताब्दी', पृ. 159
47. डॉ. नगेन्द्र : 'आलोचक की आस्था', पृ. 4
48. डॉ. नगेन्द्र : 'विचार और विश्लेषण', पृ. 105
49. वेंकट शर्मा : 'काव्य-सर्जना और काव्यास्वाद', पृ. 654
50. टी. एस. इलियट : 'पाश्चात्य समीक्षा दर्शन' (जगदीशचन्द्र जैन), पृ. 411
51. अज्ञेय : 'आत्मने पद', पृ. 238
52. अज्ञेय : 'दूसरा सप्तक' की भूमिका, पृ. 9
53. विजयदेव नारायण साही : 'नयी कविता : लघु मानव के बहाने हिन्दी कविता पर एक बहस', पृ. 70
54. वही, पृ. 120
55. लक्ष्मीकान्त वर्मा : 'नयी कविता' : कवि-सत्य : एक दृष्टिकोण', पृ. 123
56. धनंजय वर्मा : 'वसुधा' : 'प्रेम और प्रकृति : प्रगतिशील काव्य की वृहत्रयी : नागार्जुन, केदार, शमशेर', पृ. 24
57. डॉ. शिवकुमार मिश्र : 'कंक' : समकालीन जनवादी कविता, पृ. 63
58. शमशेर बहादुर सिंह : 'मेरे कुछ प्रिय आधुनिक हिन्दी कवि'।
59. त्रिलोचन : 'तुम्हें सौंपता हूँ' संकलन से इसी शीर्षक की कविता।

60. विजय बहादुर सिंह : 'लहर' नवम्बर-दिसम्बर '86 'शमशेर : स्वप्न और यथार्थ की लीला', पृ. 12
61. शमशेर बहादुर सिंह : 'दूसरा सप्तक' का वक्तव्य।
62. नामवर सिंह : 'इतिहास और आलोचना', पृ. 28
63. वही, पृ. 66
64. वही, पृ. 187
65. रिचड्‌र्स : 'रिचड्‌र्स के आलोचना-सिद्धान्त' अनु.—शम्भुदत्त झा, पृ. 35
66. येरिक न्यूटन : 'सौन्दर्य का तात्पर्य' अनु.—रामकीर्ति शुक्ल, पृ. 73
67. गणेशत्र्यम्बक देशपांडे : 'भारतीय साहित्य शास्त्र', पृ. 17-18
68. वही, पृ. 18
69. रामचन्द्र शुक्ल : 'रसमीमांसा', पृ. 217
70. नन्ददुलारे वाजपेयी : 'नया साहित्य : नए प्रश्न', पृ. 11
71. डॉ. नगेन्द्र : 'आलोचक की आस्था', पृ. 5
72. नामवर सिंह : 'इतिहास और आलोचना', पृ. 13-14

तृतीय अध्याय

स्वातन्त्र्योत्तर बनाम स्वातन्त्र्य पूर्व काव्य का तुलनात्मक सर्वेक्षण

खड़ी बोली के विकास से हिन्दी साहित्य के आधुनिक युग का आरम्भ होता है और देश के नवजागरण का इतिहास भी इसी विकास में छिपा है। खड़ी बोली को किसी प्रकार का राजाश्रय प्राप्त नहीं था और जनजीवन के आधार पर ही वह पनपी इसलिए हिन्दी के आधुनिक युग के साहित्य का इतिहास मूलतः जनता की भावनाओं का इतिहास है। यह समय था जब योरोप की विभिन्न जातियाँ भारत में अपने पैर जमा रही थीं। हिन्दी साहित्य का रीतिकाल पतन के अन्धकार में विलीन होने लगा था। 19वीं शताब्दी तक अंग्रेजों के पैर यहाँ जम चुके थे। कम्पनी का शासन देश के विस्तृत भू-भाग पर स्थापित हो चुका था। जनजीवन में असहायता की भावना घर करती जा रही थी। इसके मूल में राजनीति के अतिरिक्त सामाजिक तथा धार्मिक कारण कम महत्त्वपूर्ण नहीं थे। ऐसी परिस्थितियों में यदि जनता के जीवन में कुंठा आती जा रही थी और आदर्शों का पतन हो रहा था तो दूसरी ओर उसमें अपनी परिस्थिति के प्रति असन्तोष की भावना भी जागने लगी थी।

स्वतन्त्रता पूर्व की हिन्दी कविता जिसका मूल स्वर नवजागरणवादी था– का विकास भारतेन्दु युग से लेकर द्विवेदी और छायावाद युग तक दिखाई देता है। देश की आजादी की माँग कविता का विषय बनने लगी थी। इस काल में काव्यानुभूति के मूल में गहरी राष्ट्रीय भावना प्रेरक शक्ति की तरह दिखाई देती है। डॉ. नामवर सिंह ने लिखा है कि–"अनुभूति एक रचनात्मक क्रिया है। अपने जीवन और परिस्थितियों को बदलने के क्रम में हमारी अनुभूतियाँ भी बदलती चलती हैं–उनमें नवीनता आती है। वैज्ञानिक आविष्कारों के द्वारा प्रकृति पर विजय प्राप्त करने

के कारण मनुष्य के रागबोध के अनेक पहलू प्रकट हुए। अपने देश की स्वाधीनता के लिए लड़ते हुए जिस राष्ट्रीय भावना की अनुभूति प्रेमचन्द, प्रसाद, निराला आदि आधुनिक साहित्यकारों को हुई, वह हिन्दी साहित्य में सर्वथा नयी थी।"[1] इस राष्ट्रीय भावना की अनुभूति के कारण ही साम्राज्यवाद तथा उपनिवेशवाद के विरोध की लहर उस समय के समाज में पैदा होने लगी थी। इस लहर ने स्वतन्त्रता के पूर्व की समस्त विचारधाराओं को एक अनुशासन दिया। ये विचारधाराएँ भले ही पुनरुत्थानवादी और सुधारवादी रही हों लेकिन जिस बिन्दु पर ये राष्ट्रवाद को छूती थीं, उनकी प्रगतिशीलता असंदिग्ध हो जाती थी।

किन्तु आजादी से पहले हिन्दी रचना पर पश्चिम के आधुनिक जीवन-दर्शन की छाप भी पड़ने लगी थी। मध्यवर्ग के कुछ बुद्धिजीवी किस्म के रचनाकार पश्चिमी साहित्य-शैलियों से प्रभावित हो रहे थे। विदेशियों की शक्ति ज्यों-ज्यों देश में बढ़ती गयी, देश का सम्पर्क पश्चिम से बढ़ता गया। विदेशी शासन के विरोध में बहुत कुछ कहा जा सकता है लेकिन पश्चिमी सभ्यता के सम्पर्क में आने से देश को लाभ भी हुआ, इसमें किसी सन्देह की गुंजाइश नहीं। अंग्रेजों ने रेल, तार, डाक आदि वैज्ञानिक साधनों के प्रयोग के साथ देश में पश्चिम की नयी शिक्षा का प्रसार भी किया। इस नवीन शिक्षा से देश में नयी चेतना फैली। यही कारण है कि देश में राजा राममोहन राय जैसे प्रगतिशील भारतीय भी अंग्रेजी शिक्षा प्रचार के पक्ष में थे। अंग्रेजी शिक्षा के माध्यम से हमारा पश्चिम से अधिकाधिक सम्पर्क बढ़ता गया। इस सांस्कृतिक सम्पर्क ने देश में बहुत बड़ी क्रांति उपस्थित कर दी। भारतीय शिक्षित समुदाय ज्ञान-विज्ञान का महत्त्व समझने लगा।

लेकिन इस शिक्षा और सम्पर्क का प्रभाव देश पर बुरा भी पड़ा। योरोप की नवीन शिक्षा के प्रकाश में आए हुए व्यक्ति अपनी प्राचीन शिक्षा तथा सांस्कृतिक परम्पराओं के प्रति नितान्त उदासीन हो गए, जिसका परिणाम अच्छा नहीं हुआ। इस तरह शिक्षित समुदाय जनता की अविच्छिन्न जीवनधारा से अपने आप अलग पड़ गया। पश्चिमी सभ्यता को पूरी तरह अपनाने को लालायित वर्ग यह न समझ सका कि वह देश के परम्परागत स्वाभाविक जीवन के अनुरूप नहीं थी। इस शिक्षित वर्ग से एक ऐसा वर्ग भी निकल आया जो देश की माँग को ठीक प्रकार से पहचान सका। इस वर्ग में पाश्चात्य शिक्षा के प्रभाव से धर्म तथा समाज की प्रचलित बुराइयों के प्रति विद्रोह की भावना थी। किन्तु भारतीय प्राचीन परम्पराओं के प्रति इनके मन में श्रद्धा भी थी। वह प्राचीन मूल्यों को नवीन दृष्टि से आँकने का पक्षपाती था। पश्चिमी शिक्षा के अन्ध भक्तों द्वारा प्राचीन भारतीय संस्कृति

की अवहेलना इस वर्ग के लिए कष्टप्रद थी। इस प्रकार यह वर्ग भारत की नवोदित राष्ट्रीय चेतना को सुधारवादी आन्दोलन के रूप में जगा रहा था। इसका एक ध्येय यह भी था कि शिक्षित समुदाय के दृष्टिकोण का सुधार करके उसको स्वदेश की गौरव की भावना से भरा जाए। आधुनिक युग के प्रथम चरण अर्थात् भारतेन्दु युग के रचनाकार इसी राष्ट्रीय चेतना के उन्नायकों में आते हैं।

सन् '47 की सीमारेखा पर खड़े होकर यदि हम आधुनिक युग के पूर्वार्द्ध पर सुदूर अपनी दृष्टि डालें तो समस्त भारतेन्दुयुगीन काव्य में यही राष्ट्रीय चेतना और सुधारवादी आन्दोलन ठाठें मारता दिखलाई पड़ता है। उन्नीसवीं सदी के उत्तरार्द्ध अर्थात् 1850 के बाद हिन्दी के कवियों, लेखकों ने अपनी रचनाओं में भारत की राजनीतिक और आर्थिक महत्त्वाकांक्षाएँ प्रकट करके अपने चारों ओर के धर्म और समाज की पतित अवस्था पर क्षोभ प्रकट किया और राष्ट्रीय चेतना के विकास में अपनी विशिष्ट भूमिका निभायी। भारतेन्दु हरिश्चन्द्र, बदरीनारायण चौधरी 'प्रेमघन', प्रतापनारायण मिश्र, जगन्मोहन सिंह, अम्बिकादत्त व्यास तथा राधाकृष्णदास आदि कवियों के काव्य को मिसाल के तौर पर देखा जा सकता है। इस राष्ट्रीय चेतना के कारण इस युग को पुनर्जागरण काल कहकर पुकारा गया।

बीसवीं शताब्दी के आरम्भ के साथ आधुनिक साहित्य ने एक नया मोड़ लिया। साहित्य के इतिहास में हम इसे द्विवेदीयुग के नाम से जानते हैं। इस काल के काव्य में राष्ट्रीय भावना और आदर्श की रूपरेखा और ज़्यादा साफ़-साफ़ प्रकट होने लगी। इस समय के कवियों में दयानन्द की धार्मिक दृष्टि विवेकानन्द की आध्यात्मिक दृष्टि तथा बालगंगाधर तिलक आदि की राजनीतिक दृष्टि का प्रभाव लक्षित होता है। पहले शिक्षित वर्ग में प्राचीन गौरव के प्रति जो आकर्षण आया था, वह दिनोंदिन बढ़ता ही गया। अब सभी क्षेत्रों में आन्दोलन की दिशा स्पष्ट हो गयी। पहले सामाजिक सुधार आन्दोलनों को अधिक महत्त्व मिलता था। अब उन सबको राजनीतिक राष्ट्रीय आन्दोलन के अंग के रूप में ग्रहण किया जाने लगा। इस काल में प्राचीन संस्कृति का पुनर्जागरण हुआ और हिन्दी के प्रति लोगों का अनुराग अबाध गति से बढ़ने लगा। भारतीय कहलाना अब गौरव की बात थी।

द्विवेदीयुगीन काव्य में इसी राष्ट्रीय आन्दोलन की लहर दिखाई देती है तथा प्राचीन संस्कृति और भारतीयता के प्रति अनुराग लक्षित होता है। इस दृष्टि से यह काल विकास की नयी सीमारेखा माना जा सकता है। पिछले काल तक रूढ़ियों का विरोध सुधार के स्वर तक सीमित था और अब वह एक राष्ट्रीय आन्दोलन

से अनुशासित हो रहा था। विरोध का यह अनुशासन नाथूराम शर्मा 'शंकर', श्रीधर पाठक, महावीर प्रसाद द्विवेदी, अयोध्यासिंह उपाध्याय 'हरिऔध', गया प्रसाद शुक्ल 'सनेही', मैथिलीशरण गुप्त आदि कवियों के काव्य में देखा जा सकता है। इन कवियों ने अपने काव्य में राष्ट्रीय आदर्शभावना की दृष्टि से ऐतिहासिक घटनाओं तथा चरित्रों को नया रूप दिया।

1918 से हिन्दी काव्य के इतिहास में छायावाद का नाम जोर-शोर से सुनाई पड़ता है। यह स्वच्छन्दतावादी काव्य का युग था। समस्त छायावादी काव्य का आधार रोमांटिक भावना मान लेने से इस युग के काव्य की पीठिका अधिक स्पष्ट हो जाती है। यह ठीक है कि इस युग की परिस्थितियों ने इस युग के काव्य को मुक्त रूप से रोमांटिक भावधारा के अनुकूल नहीं होने दिया है पर अपनी मूल प्रवृत्ति के आधार पर वह इस भावधारा के अत्यन्त समीप ठहरता है। हालाँकि प्रसाद के नाटकों, पन्त के परवर्ती तथा निराला के लगभग सम्पूर्ण काव्य में युग की उद्यत चिन्ता दिखाई देती है फिर भी व्यक्तिवादी प्रवृत्तियों के क्रियाशील होने के कारण इस युग का काव्य पूर्णतः जीवन के उन्मुक्त धरातल पर नहीं आ सका। इस युग के काव्य में विरक्ति का स्वर प्रधान रहा। छायावादी कवि यथार्थवादी कम तथा स्वप्नदृष्टा और कल्पनाजीवी अधिक लगता है। यद्यपि इसमें संवेदनात्मक आवेश तथा ताजगी दिखाई देती है। निराला के काव्य में जरूर सामाजिक सम्पृक्ति का व्यापक प्रयास लक्षित होता है, लेकिन वे अकेले छायावादी काव्य को व्यक्तिवादी धारा से उबार नहीं सके।

छायावाद की यह स्थिति बहुत दिनों तक सम्भव नहीं थी। जीवन से कटकर कभी कोई काव्यधारा लम्बे समय तक प्रवाहमान नहीं रह सकती। सामाजिक भावना के विकास के साथ कवियों के एक बड़े वर्ग ने साम्यवादी राजनीति से प्रेरणा ग्रहण की। हिन्दी काव्य के इतिहास में पहली बार इतनी तीव्रता और गहराई से यह महसूस किया गया कि—"साहित्य के सौन्दर्य का कारण समाज है।"[2] कवियों ने कार्ल मार्क्स के द्वंद्वात्मक भौतिकवाद और उसकी समाजवादी व्याख्या को स्वीकार किया। फलस्वरूप इस काव्य में, जिसे प्रगतिवाद की संज्ञा दी गयी सामाजिक क्रांति का तीव्र स्वर सुनाई पड़ा। कवियों ने कविता को आत्मपरक होने से बचाया और जीवन तथा कविता के सन्तुलन को बनाये रखा। प्रगतिवाद ने अपनी सीमाओं के बावजूद हिन्दी काव्यधारा के विकास में एक महत्त्वपूर्ण अध्याय जोड़ा। निराला, पन्त, केदारनाथ अग्रवाल, नागार्जुन, रामविलास शर्मा, त्रिलोचन, शील, शिवमंगल सिंह सुमन तथा रांगेय राघव आदि कवियों ने प्रगतिवादी काव्य संसार को समृद्ध करने में अपनी

महत्त्वपूर्ण भूमिका निभायी।

द्वितीय विश्वयुद्ध (1939-45) के बाद साम्राज्यवाद को अपने अस्तित्व की रक्षा के लिए साम्यवाद से शीतयुद्ध छेड़ना पड़ा। दुनिया भर के उन देशों में जहाँ राष्ट्रवादी आन्दोलन बढ़ रहे थे और लोकतांत्रिक जनवादी राजनीति के पक्ष को लेकर जनता में जागृति आ रही थी, वहाँ-वहाँ इस शीतयुद्ध को संस्कृति का विषय बनाकर फैला दिया गया। 1943 में 'तारसप्तक' के माध्यम से प्रयोगवाद की जो वकालत की गयी, वह इसी शीतयुद्ध का एक रूप थी। यह वह समय है जब रचनाकार दो खेमों में बँट गए। एक ओर पूँजीवादी जीवन-दर्शन और अस्तित्ववादी जीवन-दर्शन की वकालत की गयी, समाजवादी मूल्यों की घनघोर आलोचना की गयी तथा प्रगतिवादी काव्य की कमजोरियों की निन्दा भी की गयी तो दूसरी ओर जनता और जीवन के प्रति प्रतिबद्ध रचनाकारों का एक वर्ग कविता के सामाजिक आधारों का लगातार पक्ष लेता रहा।

इतिहास के कुछ ऐसे ही दौर में सन् 1947 में भारत स्वतन्त्र हुआ और आजादी के मूल्य जिन्हें संविधान में दर्ज किया गया, वे थे—लोकतन्त्र, धर्मनिरपेक्षता और समाजवाद के।

यह सच है कि भारतीय जनता 1857 से लेकर 1947 तक अर्थात् लगभग एक शताब्दी तक सामाजिक, आर्थिक, राजनीतिक, धार्मिक और नैतिक स्तर पर तथा भाषा और शिक्षा के स्तर पर उपनिवेशवाद के विरुद्ध बराबर लड़ती रही। यह लड़ाई सिर्फ साम्राज्यवादी राजनीति तक सीमित नहीं थी। यह पूँजीवादी शोषण के विरुद्ध समाजवादी अर्थशास्त्र के पक्ष की भी लड़ाई थी। जिसने पिछड़ी हुई भीड़ को एक जागरूक अनुशासन में बाँधकर राष्ट्रवादी बना दिया था। इन शीतयुद्ध-कारियों ने इस राष्ट्रवादी मनुष्य के मूल्यों पर चोट करना शुरू कर दिया। यह कार्य अनेक रूपों में हुआ।

पश्चिम के साहित्यकारों की मान्यताओं का हिन्दीकरण किया जाने लगा। इलियट, पाउंड, लारेन्स आदि की दुहाई दी जाने लगी। पश्चिम की नयी समीक्षा को प्रचारित किया जाने लगा। अमूर्त कला पर बहस की जाने लगी। प्रतीकवाद की सराहना की जाने लगी। जीवन में निहित अबौद्धिकता को प्रश्रय दिया जाने लगा। यह सब कुछ समाजवादी चिन्तन में निहित प्रतिबद्धता को काटने के लिए किया जा रहा था। व्यक्ति और विचार स्वातन्त्र्य के नाम से प्राकृतिक अधिकारों को पुष्ट किया जा रहा था तथा सामाजिक और नागरिक अधिकारों को अस्वीकार किया जा रहा था। आजादी के बाद दो दशकों में जिनमें प्रयोगवाद और नयी कविता

से लेकर अकविता तक की यात्रा दिखाई देती है, वह अपने विकसित रूपों में शीतयुद्ध की कारगुजारी का ही फल है।

नतीजा यह हुआ कि इतिहास विरोधी दृष्टि पैदा हुई। परम्परा और आधुनिकता में विकास को न देखकर विरोध देखा जाने लगा। पौराणिक मिथकों की नयी बौद्धिक व्याख्याएँ की जाने लगीं। कुंठा, ह्रास, थकान तथा संत्रास जैसे विघटनवादी मूल्यों को प्रश्रय दिया जाने लगा। जीवन में संगति की जगह विसंगति को महत्त्व मिलने लगा। कुल मिलाकर क्रियाविहीन निचेष्ट उदासीन भाव की अभिव्यक्ति होने लगी। आत्मविलगाव का साहित्य रचा जाने लगा।

अतः स्वतन्त्रता से पहले की रचना में इतिहास, परम्परा, नवजागरण, राष्ट्रवाद, लोकतन्त्र तथा जनवाद की जो धाराएँ विकसित हो रही थीं, उन सभी धाराओं को इस आधुनिक बोधवादी धारा ने तोड़-फोड़कर रख दिया। प्रयोगवाद से पैदा होकर अकविता तक धूम मचाने वाला यह आधुनिकता-बोध शीतयुद्ध की साजिश का वह नमूना था जिसने आधे-अधूरों को और सैकड़ों-हजारों मिडियाकर्स (अल्प बुद्धिवालों) को रचना के क्षेत्र में उतारा। लड़ाई निजी महत्त्वाकांक्षा के स्तर पर होने लगी। सामाजिक मुद्दे कमजोर पड़ने लगे। स्वातन्त्र्योत्तर हिन्दी कविता का यह शीतयुद्धवादी नकारात्मक पहलू था। इस नकारात्मक जीवनदृष्टि के कवियों में अज्ञेय, गिरिजाकुमार माथुर, जगदीश गुप्त, लक्ष्मीकान्त वर्मा, विपिनचन्द्र अग्रवाल, शकुन्त माथुर जैसे कवियों की लम्बी सूची है जो उस समय कविता के केन्द्र में जीवन और उसके संघर्ष के स्थान पर मनुष्य की मूल आदिम तथा पाशविक प्रवृत्तियों और यौन कुंठाओं को महत्त्व दे रहे थे।

किन्तु स्वातन्त्र्योत्तर हिन्दी कविता सिर्फ व्यक्तिवादी नहीं है। उसमें निषेधवाद ही नहीं है बल्कि स्वातन्त्र्योत्तर समाज के औद्योगिक विकास की चेतना भी विकसित होती दिखाई देती है। नए समाज के पुनर्गठन की भावना भी उसमें दिखाई देती है। जिन्होंने निषेधवाद का विरोध किया तथा समय की सकारात्मक प्रवृत्तियों को पहचानकर आगे की ओर बढ़ने का तर्क दिया। मुक्तिबोध इस तर्क के केन्द्र में हैं। वरिष्ठ कवियों में नागार्जुन, केदारनाथ अग्रवाल, त्रिलोचन, शमशेर, शील के अतिरिक्त धूमिल, सर्वेश्वर, रघुवीर सहाय, भवानी प्रसाद मिश्र, केदारनाथ सिंह, शलभ श्रीराम सिंह, कुमारेन्द्र पारसनाथ सिंह, विजेन्द्र आदि कवियों ने समाज की पुनर्रचना पर बराबर ध्यान दिया। इन कवियों ने कविता के प्रगतिशील-जनवादी स्वरूप की व्याख्या की और यह प्रमाणित करने का प्रयास किया कि कविता एक सामाजिक वस्तु है और व्यक्तिगत प्रयास का परिणाम होने के बावजूद कविता का सृजन

मूलतः सामाजिक और सांस्कृतिक होता है।

मुक्तिबोध ने फिर काव्य को एक सांस्कृतिक प्रक्रिया माना ही है जिसमें निहित सांस्कृतिक मूल्य व्यक्ति की अपनी नहीं बल्कि समाज या वर्ग की देन है। काव्य में व्यक्तिवादी कुंठा और संत्रास को स्थान देने वाले कवियों का मुक्तिबोध तथा उनके साथी कवियों ने विरोध किया। इन प्रगतिशील कवियों ने अपने काव्य तथा चिन्तन से यह स्पष्ट करने की कोशिश की कि काव्य में जो प्रगतिशील जीवन-मूल्य प्रकट होते हैं, वे सामाजिक यथार्थ को समझने के लिए एक अन्तर्दृष्टि प्रदान करते हैं। मुक्तिबोध की काव्य-व्याख्या ने यह स्पष्ट किया कि प्रगतिशील-जनवादी कविता का स्वर काव्य के पूर्ववर्ती परम्परागत स्वरों से भिन्न है। इस काव्य में शोषित एवं श्रमिक वर्ग के प्रति सहानुभूति है, व्यापक मानव समाज के प्रति अनुराग का भाव है तथा शोषक वर्ग के प्रति घृणा और विद्रोह की भावना है। कवियों के इस वर्ग ने यह बताया कि स्वातन्त्र्योत्तर काव्य की एक धारा यह भी है जो जनशक्ति में आस्था और संघर्ष तथा विजय में विश्वास रखती है, जो आत्मपरक काव्य की तरह समय और संघर्ष से आँख नहीं बचाती बल्कि अत्याचार, अनीति और विषमता को मिटाकर साम्य के आधार पर समाज के नवनिर्माण का प्रयास करती है।

इस तरह स्वातन्त्र्योत्तर काव्य की यह धारा स्वातन्त्र्य पूर्व की भारतेन्दुयुगीन, द्विवेदीयुगीन तथा छायावाद की जनवादी एवं प्रगतिवादी काव्य-परम्परा से जुड़ जाती है।

स्वतन्त्रता पूर्व से आशय और सीमा

भारतेन्दु युग से लेकर 1947 तक तथा उसके कुछ बाद तक राष्ट्रीय संस्कृति का बहुमुखी विकास दिखाई देता है और इस विकास के केन्द्र में अंग्रेजी साम्राज्यवाद तथा उपनिवेशवादी संस्कृति का विरोध और भारतीय आजादी की आकांक्षा थी। अतः कवियों ने जिस युगबोध को ग्रहण किया, वह यथार्थवादी और संघर्षशील था। भारतेन्दु युग की कविता में भी यह युगबोध प्रखर रूप में दिखाई देता है। उसमें समकालीन परिवेश के प्रति जागरूकता का अभाव नहीं है। राष्ट्रीयता और सामाजिक चेतना काव्य के केन्द्र में काम करती हुई दिखाई देती है। साहित्य के इतिहास में यह आधुनिक युग का पहला चरण था जब भारतेन्दु और उनके साथी कवि 'क्यों सखि सज्जन, नहीं अंग्रेज' जैसी पंक्तियाँ लिख रहे थे।

आगे राष्ट्रीयता की यह भावना अपने प्रबल रूप में दिखाई देती है—द्विवेदी

युग की कविता में। यह सच है कि यहाँ भी कविता का मूल स्वर सुधारवादी और पुनरुत्थानवादी ही था लेकिन उसके केन्द्र में सक्रिय राष्ट्रवाद की व्यापक भावना से इनकार नहीं किया जा सकता। छायावाद में जरूर यह भावना शिथिल दिखाई देती है और काव्य अन्तर्मुखी होने लगता है। यद्यपि निराला ने राष्ट्रवाद की गहरी अनुभूति को अपने काव्य में अक्षुण्ण बचाये रखा। प्रगतिवाद में आकर उपनिवेशवादी संस्कृति का विरोध न सिर्फ अत्यन्त तीव्र हुआ बल्कि भारतीय स्वतन्त्रता के प्रति कवियों की चिन्ता भी तेजी से बढ़ी।

हम देख चुके हैं कि एक बार फिर काव्य में कुंठा और संत्रास से भरी वैयक्तिकता ने प्रयोगवाद के नाम से अपना सिर उठाया और प्रगतिवाद को कुचलने की कोशिश की। यह 1943 का समय है। लेकिन 1857 से लेकर 1947 तक अर्थात् लगभग एक शताब्दी तक साम्राज्यवाद का विरोध निरन्तर बढ़ता चला आया था। स्वतन्त्रता के लिए सम्पूर्ण देश में भारतीय जनता के आक्रोश तथा संघर्ष ने अंग्रेजी साम्राज्य के विरुद्ध अन्ततः 1947 में विजय पायी।

संघर्ष और विरोध के इस युग में 1947 तक (तथा इसके बाद भी) काव्य में हम दो मुख्य काव्यधाराओं का प्रवाह देखते हैं—एक, वैयक्तिक काव्यधारा जो प्रयोगवाद नयी कविता तथा अकविता तक अनेक अन्तर्विरोधों के साथ प्रवाहमान दिखाई देती है तथा दूसरी, प्रगतिशील जनवादी काव्यधारा। यह दूसरी धारा ही भारतेन्दु युग से समकालीन कविता तक अपनी काव्य परम्परा को निरन्तर समृद्ध करती रही है।

इस तरह स्वतन्त्रता पूर्व से आशय स्वतन्त्रता के लिए संघर्ष से है और स्वातन्त्र्योत्तर से आशय स्वतन्त्रता के बाद नवनिर्माण से।

स्वतन्त्रता से पहले जिन विचारधाराओं के पास नवनिर्माण की योजना नहीं थी, स्वतन्त्रता के बाद उनमें भटकाव आ गया। किन्तु इस भटकाव के रहते हुए भी इन विचारधाराओं ने नवनिर्माण की अपनी आंचलिक, प्रान्तीय और किसी हद तक राष्ट्रीय भूमिका को स्वीकृत किया। लेकिन इन विचारधाराओं की वजह से देश की समुचित प्रगति न हो सकी। नवनिर्माण की निश्चित योजना तथा निश्चित विचारधारा के अभाव ने आजादी के स्वप्न को ठीक-ठाक साकार करने में बाधा पहुँचायी। अतः स्वातन्त्र्योत्तर काल में विचारधारात्मक संघर्ष तेज हुआ।

काव्य-स्वभाव के निर्णायक मोड़ और ऐतिहासिक कारण

स्वतन्त्रता के बाद कविता का स्वभाव क्या था और युगीन परिस्थितियों के कारण काव्य-स्वभाव में कौन-कौन से निर्णायक मोड़ आए? इन प्रश्नों के उत्तर के लिए स्वातन्त्र्योत्तर भारतीय समाज की राजनीतिक, आर्थिक और सामाजिक पृष्ठभूमि की छानबीन करनी होगी। स्वातन्त्र्योत्तर परिदृश्य में बहुत-से परिवर्तन एक साथ परिलक्षित होते हैं। नेहरूवाद की प्रगतिशील दृष्टि से विज्ञान, उद्योग और टेकनालॉजी का विकास हुआ। नए मध्यवर्ग का उदय हुआ। नयी महत्त्वाकांक्षाएँ जगीं। ठीक इसी समय डॉ. लोहिया ने भी समाजवादी दृष्टिकोण से नेहरू की योजना से हटकर अपनी आर्थिक भूमिका रखी। यह वह समय है जब नेहरू और लोहिया से प्रभावित होकर देश भर के बुद्धिजीवियों ने नए प्रकार की रचनाशीलता को विकसित किया। नेहरू और लोहिया के संघर्षशील आशावाद से सर्वाधिक प्रभावित नयी कविता ही हुई। उसमें पूँजीवादी विकास के अनुरूप व्यक्तिवादी उदार मान्यताएँ भी बढ़ीं। स्वातन्त्र्योत्तर प्रयोगवादी काव्य और फिर आगे चलकर नयी कविता में पूँजीवादी उदारशीलता और व्यक्तिवादी संस्कृति का विकास दिखाई देने लगता है। आजादी के बाद कुछ बरसों तक वाम मार्क्सवादी दृष्टि जो समूचे को बदलना चाहती थी, इस प्रगतिशील पूँजीवाद तथा उदारवादी व्यक्तिवाद के सामने फीकी पड़ गयी।

स्वातन्त्र्योत्तर काव्य में नेहरू की नीतियों के प्रभाव के कारण आधुनिकता का प्रभाव दिखाई देता है। कवियों ने अब रस के स्थान पर बौद्धिकता को प्राथमिकता दी। आधुनिकीकरण के लिए कविता की छटपटाहट और उसके गहरे रुझान को सहज ही लक्ष्य किया जा सकता है। नेहरू के अतिरिक्त जयप्रकाश और लोहिया का प्रभामंडल भी कम महत्त्वपूर्ण नहीं था। इन तीनों राजनीतिकों ने भारतीय जनता के संघर्ष के द्वारा प्राप्त समाज में सत्ता द्वारा लाये जाने वाले समाजवाद पर विश्वास प्रकट किया। इस तरह स्वतन्त्रताप्राप्ति के पश्चात् समाजवाद का रास्ता और लम्बा तथा दुर्गम दिखाई देने लगा।

स्वातन्त्र्योत्तर बौद्धिक वर्ग संक्रमण काल से गुजर रहा था। स्वतन्त्रता पूर्व की आशा-आकांक्षा में डूबा तथा राजनीतिजन्य विद्वेष की कुंठा से ग्रस्त यह वर्ग विसंगतियों से भरे तत्कालीन परिवेश को समाज का शाश्वत स्वरूप समझकर भटकन, टूटन और उलझन में फँस गया। उसका दृष्टिकोण एकांगी हो गया। शिवसागर मिश्र के शब्दों में—''यही कारण है कि परिवेश को ही कुछ रचनाकार रचना-प्रक्रिया का अथ-इति मान बैठे। वे भूल गए कि उनका दायित्व मात्र व्यक्ति या व्यक्तियों,

स्थिति अथवा परिस्थितियों, समाज अथवा सामाजिक पद्धतियों और प्राकृतिक अथवा कृत्रिम परिवेश का चित्रण मात्र करना नहीं है बल्कि उनका दायित्व सत्य की अवधारणा को समृद्ध करने तथा यथार्थ को आदर्श तक पहुँचाने का भी है।''[3]

फलस्वरूप काव्य में अनास्था, परम्परा की अस्वीकृति, सामाजिक दायित्व से इनकार, कुंठा, निराशा तथा घुटन के दर्शन होने लगे। डार्विन, मार्क्स और फ्रायड के सिद्धान्तों से प्रभावित बुद्धिजीवियों ने मानव के विकास की वैज्ञानिकता, अर्थव्यवस्था की महत्ता और काम की प्रचण्डता पर लेख लिख-लिखकर स्वातन्त्र्योत्तर भारतीय परिवेश की व्याख्या की। इनके चलते मान्यताओं और मूल्यों में परिवर्तन हुआ। मार्क्स ने धर्म, नैतिकता, कला और अध्यात्म के क्षेत्र में निरूपित मूल्यों को लोकोत्तर मानने से इनकार किया। वे समाज की अर्थव्यवस्था में ही इन मूल्यों का विकास देखते हैं। धर्म-अधर्म, नैतिकता-अनैतिकता तथा पाप और पुण्य की भावनाओं को लोकोत्तर चेतना से सम्पृक्त मानना मार्क्स की दृष्टि में कोरा अन्धविश्वास है। इन तीनों चिन्तकों का साहित्य और समाज पर दूरगामी और व्यापक प्रभाव पड़ा। इन चिन्तकों के सिद्धान्तों, आदर्शों और विचारों का आधार है समाज एवं उसका आर्थिक तथा मनोवैज्ञानिक ढाँचा। इसलिए इनके द्वारा स्थापित मूल्य तर्कसंगत हैं। इनमें से फ्रायड के सिद्धान्त बेशक विवादास्पद हैं।

वैचारिक संघर्ष के तीव्र होने के साथ-साथ देश में सांस्कृतिक संकट, आस्थाहीनता, मूल्यों की अस्वीकृति आदि पर जोर-शोर से चर्चा चल पड़ी। सारा दोष परिवेश को दिया जाने लगा और कहा जाने लगा कि निष्क्रियता, दायित्वहीनता और अनास्था के इस युग में अस्वीकृति की अभिव्यक्ति के अतिरिक्त रचनाकार और कुछ नहीं कर सकता। इस स्थिति के लिए जिम्मेवार परिवेश को ठहराया जाने लगा। सांस्कृतिक परिवेश की रचना देश के सांस्कृतिक-सामाजिक नेता, बुद्धिजीवी, लेखक और कवि संस्कृतिगण आचरण के सिद्धान्तों के प्रतिपादन के द्वारा कर सकते थे किन्तु वे ऐसा न करके निष्क्रियता, अनास्था और अस्वीकृति की नारेबाज़ी में परेशान रहने लगे।

स्वतन्त्रता के बाद सत्याग्रही-वृत्ति सत्ता से चिपक जाने को आतुर हो उठी। कुछ लोग इस आपाधापी में सफल भी हो गए किन्तु अधिकांश को निराशा हाथ लगी। निराश व्यक्तियों का नैराश्य द्वेषाग्नि बनकर सामाजिक परिवेश पर छाता गया—''स्वतन्त्रता प्राप्त होते ही देश आक्रमणों, अकालों, दंगा-फसादों और उपद्रवों से बिंध-बिंध जाता रहा। भीतरी-बाहरी आक्रमणों के आघात से विदेशी हुकूमत द्वारा परित्यक्त आर्थिक ढाँचा चरमराने लगा। ऐतिहासिक कारणों से देशवासियों और

देश का मनोवैज्ञानिक व्यक्तित्व, देश की अर्थव्यवस्था के चरमराते हुए ढाँचे को आमूल-चूल परिवर्तित करने में असफल रहा। कुछेक ने करना भी चाहा तो भीतर-बाहर से विरोध-अवरोध का झंझावात उठ खड़ा होता रहा। इसका कुफल आम जनता को भोगना पड़ा।''[4]

लेखक का व्यक्तित्व भी समाज की एक इकाई होने के नाते निष्क्रियता, अनास्था और निराशा का पुंज बनकर रह गया। सच तो यह है कि रचनाकार परिवेश से ऊपर नहीं उठ सका। वह भूल गया कि इच्छा और क्रिया एक-दूसरे के पूरक हैं। राजनीतिक परिवेश की स्थिति और बदतर थी। राजनीतिक दल सामाजिक ढाँचा परिवर्तन के बुनियादी कार्य को छोड़कर सत्ता की छीना-झपटी में जुट गए। जनता का कोई माई-बाप न रह गया। ऐसी परिस्थिति में अधिकांश रचनाकार उस दायित्व और प्रतिबद्धता को भूल गए जो समाज के प्रति और परिवेश के उस बिम्ब के प्रति होती है जो काल की परिधि में लोककल्याण की मार्गदर्शक ज्योति बन सकता था।

कहा जा चुका है कि स्वातन्त्र्योत्तर हिन्दी कविता में नेहरू तथा लोहिया का गहरा प्रभाव लक्षित होता है। प्रधानमन्त्री नेहरू की सरकार ने आधुनिक उद्योगों को बढ़ावा दिया तथा जाने-अनजाने राष्ट्रीय पूँजीवाद के विकास की नींव मजबूत हुई। जनता का यह सोचना कि लम्बी परतन्त्रता के बाद अब स्वतन्त्र भारत में गरीबी, भुखमरी, बेकारी तथा अशिक्षा से मुक्ति मिलेगी, गलत साबित होने लगा था और वह मोह-भंग के दौर से गुजर रही थी। नेहरू के सिद्धान्तों के साथ लोहिया की सोशियल डेमोक्रेसी से रचनाकार बड़ी संख्या में प्रभावित हो रहे थे। नेहरू-लोहिया का यह भेद स्वातन्त्र्योत्तर कविता में विविधता का कारण बना।

भारत को विश्व बैंक से उधारी के रूप में धन मिला। भारतीय ग्रामीण व्यवस्था तथा महानगरीय उद्योग व्यवस्था का सन्तुलन इस विदेशी पूँजी की घुसपैठ से टूटने लगा। जमींदारी प्रथा के टूटने से उच्च मध्यवर्ग के नव धनाढ्य सामने आए। ग्रामीण जीवन न सिर्फ अभाव और कुंठाओं का शिकार हुआ बल्कि वह नगरों-महानगरों पर आश्रित होने लगा। चारों ओर भूख, गरीबी, बेकारी तथा अशिक्षा का हाहाकार सुनाई पड़ने लगा। स्वातन्त्र्योत्तर भारत के कमजोर कन्धे पूँजीवाद और व्यक्तिवाद के बेताल को लादकर चलने के लिए मजबूर हो गए।

स्वातन्त्र्योत्तर हिन्दी कविता मुख्यतः चेतनागत परिवर्तन से संबंधित है। रचनाकार जब गाँधी, मार्क्स, नेहरू तथा लोहिया के विचारों के निकट पहुँचे तो उनकी काव्यदृष्टि भी बदलती चली गयी। ऐतिहासिक कारणों से जिन्हें हम युगीन

परिस्थितयाँ भी कह सकते हैं, स्वातन्त्र्योत्तर काव्य की लगभग सभी धाराओं में काव्य स्वभाव के दो निर्णायक मोड़ दिखाई देते हैं। कवियों का एक वर्ग तो सत्ता का चारण बन गया और यह मानने लगा कि इस व्यवस्था में अब किसी तरह की कोई त्रुटि नहीं है और इसी में जनता का हित निहित है। अब देश स्वतन्त्र हो चुका था और राष्ट्र का भार चुने हुए राजनीतिक नेताओं के हाथों में सौंप कर ये कवि निश्चिन्त थे। हालाँकि ये सामाजिक विसंगतियों से त्रस्त भी थे लेकिन कोई रास्ता निकालने के बजाय ये सभी रचनाकार पश्चिम के प्रभाव में अपने वैयक्तिक दुःख-तकलीफों का राग अलापने में ही मशगूल रहे। प्रयोगवाद, नयी कविता और अकविता में हम यह अन्तर्विरोध देख सकते हैं।

कुमार विमल ने नयी कविता में आस्था के अभाव के बारे में लिखा है–"नयी कविता में एक से एक विश्वास आते हैं और कवि की शंका के निकष पर घिसकर खिर जाते हैं, कपूर की तरह उड़ जाते हैं। विश्वास और आस्था के विरुद्ध शंकाओं का ऐसा तुमुल कोलाहल हिन्दी साहित्य के किसी भी युग में नहीं मिल सकता। न कोई ऐसी धारणा है, न कोई ऐसा विश्वास है, जिसके प्रति नए कवि ने आत्म-प्रपत्ति की हो। नयी कविता विश्वास की दृष्टि से बाँझ है।"[5]

लेकिन कवियों का एक दूसरा वर्ग भी था जो बहुत गहराई से यह सोच रहा था कि आजादी के तत्काल बाद के बदलाव और भारतीय राजनेताओं की गतिविधियाँ किस प्रकार का राष्ट्र बनाना चाह रही हैं। ये प्रगतिशील और जनवादी कवि थे। और इनका काव्य व्यवस्था विरोधी तथा आलोचनामूलक था। इन कवियों के काव्य-स्वभाव में एक दूसरा निर्णायक मोड़ दिखाई देता है। इन कवियों के 'सामाजिक मानवतावाद' के विषय में डॉ. विजय बहादुर सिंह ने लिखा है–"कहना सिर्फ यह है कि यह मानव बिरादरी जो प्रगतिशील कविता में आयी है, वह किस अर्थ में उस मानवतावाद से भिन्न है जो इस धरती पर एक मनुष्य को उत्तम श्रेणी में प्रतिष्ठित कर देवत्व की सम्भावनाएँ देखता है, तो दूसरे को पशु से अधिक कुछ नहीं समझता? यह वह मानवतावाद भी नहीं है जिसका लक्ष्य व्यक्ति-मुक्ति है। प्रगतिशील बिरादरी इन दोनों को ही आलोचना की निगाह से देखती है और उस सामाजिक मानवतावाद का समर्थन करती है जिसकी एकमात्र प्रतिज्ञा मनुष्य को आर्थिक, राजनीतिक और सामाजिक शोषण से मुक्त करना है।"[6] नागार्जुन, केदार, त्रिलोचन, शील के अतिरिक्त मुक्तिबोध, सर्वेश्वर, धूमिल, रघुवीर सहाय, केदारनाथ सिंह, विजेन्द्र आदि अनेक कवियों के काव्य में यह प्रतिज्ञा बार-बार उभरकर सामने आती है–

"समस्या एक—
मेरे सभ्य नगरों और ग्रामों में
सभी मानव
सुखी, सुन्दर व शोषण-मुक्त
कब होंगे?"[7]

स्वातन्त्र्योत्तर नव स्वच्छन्दतावाद में जो प्रगतिशील दृष्टि के कवि थे, वे भी समाज के प्रति इसी प्रतिज्ञा से बद्ध थे और व्यक्तिवादी नव स्वच्छन्दतावाद के कवि अज्ञेय की 'तुम कहाँ हो नारि?' जैसी कविता की लीक पर ही चल रहे थे और 'जाँघ के भूगोल' में भटक रहे थे। कहना न होगा कि इनके काव्य का सामाजिक पक्ष अत्यन्त धूमिल था।

राष्ट्रीय काव्यधारा के कवि स्वतन्त्रता के बाद 'क्या लिखें?' की समस्या से जूझ रहे थे। माखनलाल चतुर्वेदी जैसे एक-दो अपवाद कवियों को छोड़कर शेष इतिहास बन गए थे। बालकृष्ण शर्मा 'नवीन' यदि प्रेम और रहस्यवाद की तरफ मुड़ गए थे तो मैथिलीशरण गुप्त, 'विष्णुप्रिया' जैसी कृति लिखने लग गए थे। लगभग सभी राष्ट्रीय कवियों में यह भटकाव लक्ष्य किया जा सकता है।

गीतकारों में भी कुछ लोग नयी कविता के समानान्तर उसी वैचारिक पृष्ठभूमि पर नवगीत लिख रहे थे तो कुछ गीतकार प्रगतिशील-जनवादी दृष्टि से जनगीत लिखकर अपनी गौरवशील परम्परा को समृद्ध कर रहे थे। पहले वर्ग के गीतकारों में अज्ञेय, बच्चन, शम्भूनाथ सिंह जैसे गीतकार हैं तो दूसरे वर्ग में नागार्जुन, भवानी मिश्र, शलभ श्रीराम सिंह और रमेश रंजक जैसे गीतकार।

इस तरह बात घूम-फिरकर ऐतिहासिक कारणों तक लौट आती है जो पूँजीवाद और व्यक्तिवाद के विकास से संबंधित है। युगीन परिस्थितियों ने काव्य स्वभाव में दो निर्णायक मोड़ दिये। फलस्वरूप रचनाकारों का एक वर्ग व्यक्तिवादी जीवन-दर्शन के अन्धकार में भटक रहा था तो दूसरा अपनी सामाजिक प्रतिबद्धता के साथ भारतीय जनता की मोहभंग की पीड़ा को वाणी दे रहा था। ये कवि सामाजिक, आर्थिक और राजनीतिक शोषण के विरुद्ध व्यवस्था विरोध की आवाज़ उठा रहे थे और अपने परिवेश की द्वंद्वात्मक समझ हासिल कर रहे थे। अत्यन्त सजगता के साथ ये कवि जीवन में तथा रचना में भी सामन्तवादी और पूँजीवादी जीवन की विद्रूपताओं को पहचान रहे थे।

कवि का अन्तर्जगत् और उसकी नयी चेतना

अनुभूति मानसिक जगत् की उपज है और—"एक प्रकार का अमूर्त संवेदन है।"[8] कवि का मानसिक जगत् (अन्तर्जगत्) मूलतः बाह्य प्रकृति (वस्तुजगत्) की प्रभाव सत्ता का द्योतक है। काव्यानुभूति के जन्म के पीछे कवि के अन्तर्जगत् के साथ ही युगीन परिस्थितियों की भूमिका और महत्त्व को कम करके नहीं आँका जा सकता। स्वातन्त्र्योत्तर कवियों के अन्तर्जगत् की रचना के पीछे उनके युग के राजनीतिक, सामाजिक और आर्थिक परिवेश की महत्त्वपूर्ण भूमिका है।

स्वातन्त्र्योत्तर हिन्दी काव्य के परिदृश्य में हम कवियों के दो अन्तर्जगत् देखते हैं—एक व्यक्तिवादी अन्तर्जगत् और दूसरा प्रगतिवादी और जनवादी अन्तर्जगत् स्वातन्त्र्योत्तर प्रयोगवाद कुछ बरसों बाद थोड़ा-बहुत गुण-धर्म परिवर्तन के बाद नयी कविता में ही परिणत हो जाता है। देखा जाए तो स्वतन्त्रता के बाद लगभग डेढ़ दशक तक का समय नयी कविता आन्दोलन का समय है। आगे चलकर अकविता तथा छोटे-छोटे अनेक काव्यान्दोलनों में यह व्यक्तिवाद कुछ अन्तर्विरोधों के साथ फलता-फूलता दिखाई देता है। यहाँ तक कि आठवें दशक के और उसके बाद समकालीन कविता जो मूलतः प्रगतिशील और जनवादी कविता है, में भी यह व्यक्तिवाद कुछ नए रंग-रूप में देखने को मिलता है, हालाँकि ये व्यक्तिवादी कवि परिमाण में अपेक्षाकृत कम हैं। प्रयोगवाद से लेकर अब तक इन व्यक्तिवादी कवि-गीतकारों की अनुभूति बहुत कम स्थलों पर कवि के वैयक्तिक दायरे का अतिक्रमण कर पाने में सफल हो पाती है। कवि के अन्तर्जगत् में प्रवेश करने पर हमें वहाँ घोर निराशा, अकेलापन, थकान, त्रास, कुंठा, संशय, अहं और यौन-चिन्ताओं के दर्शन ज़्यादा होते हैं और सामाजिक जागरूकता के कम।

डॉ. नामवर सिंह ने लिखा है—"व्यक्तिवादी लेखक अपने लिए दुखी हैं तो अन्य लेखक समस्त पीड़ित मानव के लिए। इसलिए इन दोनों प्रकार के साहित्यकारों की पीड़ा में एक-सी शक्ति नहीं है। इस तरह वास्तविकता अनुभूति की प्रकृति और मात्रा दोनों को प्रभावित करती है।"[9] हालाँकि नयी कविता के कवियों ने वास्तविक यथार्थ के प्रति जागरूक होने का दावा किया लेकिन व्यक्तित्व की अति प्रधानता के कारण इस युग की काव्यानुभूति व्यक्तिवादी दुरूहता और कुंठाओं के दायरे में ही घिरकर रह गयी। यथार्थ के प्रति जागरूक होने की कोशिश (जो बहुत कम देखने को मिलती है) तथा व्यक्तित्व की अति प्रधानता—इन दो विशिष्ट सीमाओं के बीच नयी कविता अपनी अनेक प्रकार की प्रवृत्तियों के साथ नजर आती है, जो एक-दूसरे से भिन्न ही नहीं, विरोधी भी हैं। एक कवि की विभिन्न कविताओं

में और कभी एक ही कविता में इस प्रकार का विरोधाभास देखने को मिलता है। नयी कविता में यह द्वंद्व और अनिर्णय की स्थिति कवियों की मानसिक स्थिति या उनके अन्तर्जगत् का परिचायक है।

नयी कविता का कवि मध्यवर्ग का है। डॉ. रघुवंश के अनुसार–"यह वर्ग द्वितीय महायुद्ध के समय से ही अन्तर्विरोधों की स्थिति से गुजर रहा है। इस युद्ध ने इसी वर्ग को सबसे अधिक प्रभावित किया। स्वतन्त्रताप्राप्ति के बाद भी उसकी स्थिति में कोई सुधार नहीं हुआ। महँगाई, चोर-बाज़ारी, घूसखोरी आदि का सबसे अधिक शिकार वही रहा है। देश के स्वतन्त्र होने के बाद उसकी आकांक्षाओं को और धक्का लगा है क्योंकि उसकी स्थिति में कोई सुधार नहीं हो सका। नयी कविता में इसी वर्ग की अस्थिर, मानसिक, सामाजिक और आर्थिक स्थिति का संघर्ष प्रत्यक्ष हुआ है।"[10]

नयी कविता के कवियों ने अपने को एकाएक विरोधी संघर्षों की परिस्थिति में पाया और अपना मार्ग निश्चित नहीं कर पाए। उनके मन पर आर्थिक और सामाजिक वैषम्य का प्रभाव तीव्र रूप से पड़ा। फिर भी मध्यवर्ग टूटने से बचा रहा। युद्धकालीन उद्योगों तथा बाद में राष्ट्रीय योजनाओं के कारण इसको बेकारी का सामना नहीं करना पड़ा। उसकी स्थिति का यही अन्तर्विरोध है। उसका पूर्ण मोहभंग अभी नहीं हुआ था। इसलिए धीमी गति से ही सही राष्ट्रीय स्वाधीनता की उन्नति से उसके मन में थोड़ी-बहुत आस्था और विश्वास की लौ काँपती थी तो दूसरी ओर अपनी बढ़ी हुई महत्त्वाकांक्षाओं के परितृप्त न होने के कारण वह निराशा और अवसाद से भी घिर जाता था। परिणाम स्पष्ट है, एक ओर उसकी काव्यानुभूति अधिक वैयक्तिक होती जाती है तो दूसरी ओर वह अपने को समय की सामाजिक, राजनीतिक तथा आर्थिक समस्याओं से पूरी तरह अलग भी नहीं कर पाता। सर्वत्र नयी कविता के कवि में हमें यही द्वंद्व दिखाई पड़ता है। यह है नयी कविता के कवि के अन्तर्जगत् का चित्र।

लेकिन यदि सूक्ष्मदृष्टि से इन तमाम व्यक्तिवादी काव्यान्दोलनों की जाँच-पड़ताल हम करें और इनकी जड़ों तक पहुँचने का प्रयास करें तो सबसे पहले और अन्त में यही एक ठोस और बेलौस बात रह जाती है कि इन व्यक्तिवादी कवियों का काव्य न सिर्फ व्यक्तिमुखी ही है बल्कि साम्राज्यवादियों द्वारा दुनिया भर में चलाये जा रहे शीतयुद्ध की साजिश का एक नमूना भी है। कहना ही होगा कि व्यक्तिमुखी नयी कविता भी प्रगतिशील-जनवादी कविता के विरोध में ही लिखी जा रही थी। यहाँ कुछ कविताओं के उद्धरण से कवियों के व्यक्तिवादी

मनःजगत् की झलक देखी जा सकती है—

"हर ईमानदारी का काम करने के बाद
मुझे लगता है कि मैं ठगा गया हूँ
प्रत्येक अन्धे को सड़क पार करवाने के बाद
कुछ अनिश्चित-सी लगी है मुझे अपनी राह
हर अच्छा काम करने के बाद
जैसे मैं कुछ असफल हुआ हूँ।"[11]

"मेरी कुंठा रेशम के कीड़े-सी ताने-बाने बुनती
तड़प-तड़पकर बाहर आने को सिर धुनती
गर्भवती है—
मेरी कुंठा क्वाँरी कुन्ती
बाहर आने दूँ तो लोक-लाज मर्यादा
भीतर रहने दूँ तो घुटन सहन से ज्यादा
मेरा यह व्यक्तित्व
सिमटने पर आमादा।"[12]

"आज इस पराजय बेला में
पता नहीं जाने
क्या झूठा पड़ गया कहाँ
सबके सब जैसे
उतर आए हैं अपनी धुरी से आज।"[13]

"मद्धिम चन्द्रमा
....
....
छिपती, दिपती, मद्धिम पड़ती
धुँधली, पूरी फिर कटी फाँक
यह मैं
मेरा व्यक्तित्व बोध।"[14]

"तुम स्वयं बन सकते हो
इतिहास, पुरातत्त्व, संस्कृति
दुनिया की हर फटी-पुरानी चीज वही है।"[15]

लेकिन ऐसे भी कवि थे जो समूचे भारतीय समाज की आशाओं, आकांक्षाओं, तकलीफों और संघर्षों से एकाकार होकर कलम चला रहे थे। इनकी काव्यानुभूति में निराशा की अभिव्यक्ति के बदले सामाजिक जीवन के यथार्थ को समझने की प्रवृत्ति और संघर्ष की चेतना प्रमुख थी। दरअसल इन्हीं कवियों की चेतना एक व्यापक सामाजिक अर्थ में नयी चेतना है। यूँ तो नयी कविता की चेतना भी पिछली काव्य चेतना से एकदम भिन्न है और इस अर्थ में नयी भी मानी जाती रही है। लेकिन जब हम चेतना के सामाजिक सन्दर्भ से रू-ब-रू होते हैं तो नयी चेतना का खिताब प्रगतिशील-जनवादी कवियों के नाम करना ही तर्कसंगत लगता है।

मुक्तिबोध इन कवियों के केन्द्र में रहे। उन्होंने उन चीजों की तरफ इशारा किया जो सर्वहारा के संघर्ष का सहारा हैं, अर्थात् ईमान का डंडा, बुद्धि का बल्लम, अभय की गैंती और हृदय की तगारी–

"तुम्हारे पास, हमारे पास
सिर्फ एक चीज़ है–
ईमान का डण्डा है
बुद्धि का बल्लम है
अभय की गैंती है
हृदय की तगारी है–तसला है
नए-नए भवन बनाने के लिए भवन
आत्मा के मनुष्य के
हृदय की तगारी में ढोते हैं हमीं लोग
जीवन की गीली और
महकती हुई मिट्टी को।"

ये प्रगतिशील और जनवादी कवि थे जो प्रतिक्रियावादी शक्तियों के खिलाफ़ अपनी द्वंद्वात्मक समझ को पुख्ता कर रहे थे और निरन्तर जनता के बीच हृदय की तगारी में जीवन की गीली और महकती हुई मिट्टी को ढो रहे थे। केदारनाथ अग्रवाल ने जनवादी रचनाकारों और कवियों का तथा उनकी समृद्ध परम्परा का परिचय अपनी एक कविता में अत्यन्त प्रभावशाली भाषा में दिया है–

"हम लेखक हैं
कथाकार हैं
हम जीवन के भाष्यकार हैं
हम कवि हैं जनवादी।
चन्द, सूर
तुलसी कबीर के
सन्तों के, हरिचन्द वीर के
हम वंशज बड़भागी।
प्रिय भारत की
परम्परा के
जीवन की संस्कृति-सत्ता के
हम कर्मठ युगवादी।
हम-सृष्टा हैं
श्रम-शासन के
मुद-मंगल के उत्पादन के।
हम दृष्टा हितवादी।
भूत-भविष्यत्,
वर्तमान के
समता के शाश्वत विधान के
हम हैं मानवतावादी
हम कवि हैं जनवादी।"[16]

यहाँ डॉ. नन्दकिशोर नवल का यह कथन महत्त्वपूर्ण है कि—"प्रगतिशील कवि के लिए यह सर्वथा स्वाभाविक है कि उसके पास एक सुसंगत राजनीतिक दृष्टिकोण हो, जिससे वह सामाजिक और राजनीतिक गतिविधियों को देखे और उन पर टिप्पणी करे। कभी-कभी तो वह कविता को नारे में और नारे को कविता में तब्दील करता हुआ आगे बढ़ता है और जनता के संघर्ष में योग देता है। लेकिन प्रगतिशील कवि के लिए भी बुनियादी चीज है—इस भौतिक विश्व और जीवन को प्यार करना। इस प्यार के कारण ही वह समाज की प्रगतिशील शक्तियों की पहचान हासिल करता है और उनके समर्थन के द्वारा उसे बदलने की कोशिश करता है।"[17]

नयी कविता के कवियों में अज्ञेय, गिरिजा माथुर, धर्मवीर भारती, नरेश मेहता, लक्ष्मीकान्त वर्मा, जगदीश गुप्त, विपिन कुमार अग्रवाल, श्रीकान्त वर्मा, श्रीराम वर्मा, रमेशचन्द्र शाह, सौमित्र मोहन आदि लोग जिन दिनों व्यक्तिवादी कविताएँ लिख रहे थे, ठीक उन्हीं दिनों नागार्जुन, केदार, त्रिलोचन, शमशेर, शील, शिवमंगल सिंह सुमन, भवानी प्रसाद मिश्र, हरिनारायण व्यास, मुक्तिबोध, कुमारेन्द्र पारसनाथ सिंह, शलभ श्रीराम सिंह, विजेन्द्र, रघुवीर सहाय, धूमिल, सर्वेश्वर, केदारनाथ सिंह आदि कवि जनता के दुःख-दर्दों को वाणी दे रहे थे। सातवें-आठवें दशक में कवियों की एक तीसरी पीढ़ी का प्रवेश होता है। लीलाधर जगूड़ी, कुमार विकल, जितेन्द्र कुमार, मानबहादुर सिंह, नरेश सक्सेना, भगवत रावत, सोमदत्त, विष्णु खरे, ऋतुराज, विष्णुनागर, प्रयाग शुक्ल, अक्षय उपाध्याय, विनय दुबे, वेणुगोपाल, राजेश जोशी, उदयप्रकाश, अरुण कमल, मंगलेश डबराल, नरेन्द्र जैन, विनोद भारद्वाज, ज्ञानेन्द्रपति, अजीत चौधरी, असद जैदी, स्वप्निल श्रीवास्तव, विनोद कुमार शुक्ल, आलोक धन्वा, नीलाभ, वीरेन डंगवाल, पंकज सिंह, मनमोहन, राजेन्द्र शर्मा, विजयगुप्त आदि अनेक महत्त्वपूर्ण कवि आठवें दशक में सृजनरत दिखाई देते हैं।

प्रगतिशील-जनवादी कविता का रचना-संसार दो तरह की कविताओं से समृद्ध है—पहली व्यवस्था विरोधी राजनीतिक कविताएँ और दूसरी आम आदमी के दैनंदिन संसार की कविताएँ। नए उभरते हुए कवियों ने भी अब यह जान लिया था कि भारतीय समाज को मार्क्सवादी-लेनिनवादी दर्शन के आधार पर ही एक सुखी और शोषणमुक्त समाज में बदला जा सकता है। व्यवस्था-परिवर्तन में ही प्रगतिशील कवियों ने शोषण-उत्पीड़न से मुक्ति का अंतिम विकल्प देखा।

बानगी के तौर पर वीरेन डंगवाल की कविता 'रामसिंह' का एक अंश देखा जा सकता है जिसमें कवि ने शोषितों को बहुत चालाकी से किये जा रहे शोषण के प्रति सचेत किया है—

"पहले वे तुम्हें कायदे से बन्दूक पकड़ना सिखाते हैं
फिर एक पुतले के सामने खड़ा करते हैं
यह पुतला है रामसिंह बदमाश का
इसे गोली मार दो, इसे संगीन भोंक दो
उसके बाद वे तुम्हें आदमी के सामने खड़ा करते हैं।
ये पुतले हैं रामसिंह बदमाश पुतले।
इन्हें गोली मार दो, इन्हें संगीन भोंक दो इन्हें...इन्हें...इन्हें

वे तुम पर बहुत खुश होते हैं तुम्हें बख्शीश देते हैं
खाने के लिए भरपेट खाना सस्ती शराब
वे तुम्हें गौरव देते हैं और इस सबके बदले
तुमसे तुम्हारे निर्दोष हाथ और घास काटती हुई
लड़कियों से बचपन में सीखे गए गीत ले लेते हैं।"[18]

उदय प्रकाश की कविता 'मालिक, आप नाहक नाराज हैं'
में आक्रोश एक नए तेवर के साथ दिखाई देता है–
"हवा बिगड़ उठती है तो कहर ढाती है
कंगूरे, गुम्बद, किले सब बिखेर डालती है
जहाजों को गेंद की तरह उछालती है
नदियों को फुहार बना देती है
तिनगी को बड़वागिन

आप तो फिर क्या हैं मालिक।
फूस की तरह उड़ेंगे अन्धड़ में
पटखनी खाएँगे खपरैलों में
बे पर्द अलग हो जायेंगे।

और नीचे धरती पर
इत्ते सारे–इत्ते सारे रंग
सबके सब
आपका मजाक बनायेंगे।"[19]

प्रगतिशील-जनवादी काव्य का एक बड़ा हिस्सा उन कविताओं का भी है जिनमें औसत मनुष्य का दैनंदिन संसार अपने छोटे-मोटे सुख-दुःखों सहित व्यक्त हुआ है। माँ-पिता, भाई-बहन, प्रेमिका-दोस्त, स्त्री तथा बच्चों पर कवियों ने व्यापक परिमाण में कविताएँ लिखीं। किसान-मजदूर जीवन की अनेक झाँकियाँ भी इस धारा के काव्य में दिखाई देती हैं। मण्डी जाने से इनकार करते, खलिहान से उठते हुए दानों की आवाज़ केदारनाथ सिंह की 'दाने' शीर्षक कविता में अत्यन्त कलात्मकता और मार्मिकता के साथ सुनी जा सकती है–

"नहीं
हम मंडी नहीं जायेंगे
खलिहान से उठते हुए
कहते हैं दाने

जायेंगे तो फिर लौटकर नहीं आएँगे
जाते-जाते
कहते जाते हैं दाने

अगर लौटकर आए भी
तो तुम हमें पहचान नहीं पाओगे
अपनी अंतिम चिट्ठी में
लिख भेजते हैं दाने

इसके बाद महीनों तक
बस्ती में
कोई चिट्ठी नहीं आती।"[20]

इस तरह स्वातन्त्र्योत्तर हिन्दी कविता के व्यापक परिदृश्य में कवियों के दो अन्तर्जगत् देखने को मिलते हैं—एक तो नयी कविता के कवियों का व्यक्तिवादी मनःजगत् और दूसरा प्रगतिशील-जनवादी कवियों का समाजोन्मुख मनःजगत्। व्यक्तिवादी कवियों का युगबोध उनके व्यक्तित्व बोध के सामने पराजित हो जाता है, फलस्वरूप उनके अन्तर्जगत् में कुंठा, संत्रास, अहं तथा नैराश्य आदि की प्रधानता दिखाई देती है जबकि जनवादी और प्रगतिशील कवियों की अनुभूति और चेतना उनकी जनपक्षधरता के रहते निरन्तर समाजोन्मुख दिखाई देती है।

काव्य-विषय

स्वातन्त्र्योत्तर भारतीय समाज नेहरू-लोहिया प्रभामंडल के आसपास ही चक्कर काटता दिखाई देता है। यह समय था जब व्यक्तिवाद और पूँजीवाद का विकास हो रहा था और यह विकास अपने नग्न रूप में एक शीतयुद्ध ही था जो प्रगतिवादी शक्तियों के खिलाफ छेड़ा गया था। ऐसे बहुत-से ऐतिहासिक कारणों से कवि का अन्तर्जगत् प्रभावित हुआ। उसकी रचना नए सिरे से हुई। काव्य-स्वभाव में निर्णायक मोड़

आए। कवियों में नयी चेतना का विकास हुआ और फलस्वरूप काव्य-विषय अर्थात् कविता की वस्तु में भी नवीनता आयी।

नयी कविता का युग हिन्दी कविता के इतिहास में वह महत्त्वपूर्ण मोड़ है जहाँ से हिन्दी कविता मध्ययुगीन भाववाद और छायावाद युगीन कल्पनावाद से प्रस्थान करती है। छायावादी काव्य एक विशेष युग की मनःस्थिति से सम्बद्ध रहा है। उसकी आत्मानुभूति, सौन्दर्यबोध, जिज्ञासा, विस्मय और प्रकृति के प्रति सर्वचेतनवादी दृष्टिकोण, सामाजिक-राजनीतिक, धार्मिक, साहित्यिक विद्रोह तथा उन्मुक्त प्रेम की प्रवृत्तियाँ स्वच्छन्दतावादी आन्दोलन की ही प्रवृत्तियाँ हैं। अपने सारे रहस्यवाद, आनन्दवाद, मानवतावाद के बावजूद छायावादी काव्य बाह्य यथार्थ से पूरी तरह सम्पृक्त नहीं था। प्रयोगवाद और आगे चलकर नयी कविता का आन्दोलन इस भाववाद और कल्पनावाद के विरोध में सामने आया। फलस्वरूप विषय-वस्तु के धरातल पर एक नए बुद्धिवाद का विकास हुआ। कविता में भावना और कल्पना की महत्ता गौण हुई। नयी-नयी बौद्धिक धारणाओं को स्थान मिला लेकिन प्रयोगवादी कविता और नयी कविता अपने मूल रूप में परम्परा विरोधी और व्यक्तिनिष्ठ थी।

स्वातन्त्र्योत्तर कविता में वस्तु और रूप के प्रति एक सन्तुलनपूर्ण सम्बन्ध का निर्वहन भी दृष्टिगोचर होता है। उसमें वस्तु-रूप सम्बन्धों का नए सिरे से विकास हुआ और इस विकास के मूल में डार्विनवादी और अनुभववादी चिन्तन को स्थान मिला लेकिन नयी कविता में जब इस डार्विनवाद और अनुभववाद से वस्तु के सर्वांगीण चरित्र को यथार्थ रूप में उपलब्ध नहीं किया जा सका तो फिर ऐसी स्थिति में पुनः मिथकों की ओर वापसी हुई। पुरामिथकीय सृजन का बार-बार प्रयास किया जाने लगा। 'अन्धा युग' तथा 'कनुप्रिया' (धर्मवीर भारती), 'कुरुक्षेत्र' तथा 'रश्मि रथी' (रामधारी सिंह दिनकर), 'जय भारत' (मैथिलीशरण गुप्त) और 'संशय की एक रात' (नरेश मेहता) ऐसी ही कृतियाँ हैं। इतिहास के सकारात्मक सम्बन्ध रूपों की वैज्ञानिक समझ के अभाव का परिणाम यह हुआ कि नयी कविता की दृष्टि निराशामूलक बनी। उस पर अस्तित्ववाद का असर पड़ने लगा और नैराश्य की बौद्धिक छवियों का निर्माण होने लगा।

इसलिए न सिर्फ प्रयोगवादी बल्कि नयी कविता और उसके बाद के व्यक्तिवादी कवियों का स्वर तीखा तो है लेकिन एकाकी है। कवि अपने संघर्ष के प्रति निश्चित नजर नहीं आता। उसके मन में रह-रहकर एक संशय सिर उठाने लगता है और अनिर्णय की स्थिति में वह अपने 'प्रभु' के सामने घुटने टेक देता है—

"मेरे तीखे पर एकाकी स्वर
केवल सच्चाई का आश्रय लेकर
गूँजेंगे या रव में खो जायेंगे
या ये स्वर पहुँचेंगे जन-जन के द्वार
लज्जित माथे पर काँटों का सिंगार
या मंगलवादन, जय ध्वनि, वन्दनवार
क्या पायेंगे
प्रभु,
हम क्या पायेंगे!"[21]

इन व्यक्तिवादी कवियों को सब कुछ बीमार और बेहोश-सा लगता है—

"पश्चिम की गगन खिड़की के उन नीले धुले शीशों पर
आज की बीमार, बुझी
साँझ की ये रोशनियाँ
पीले टिंचर की तरह
फैल रहीं, फैल गयीं
आज तो बीमार सभी
बेहोश सभी।"[22]

इस तरह स्वातन्त्र्योत्तर प्रयोगवादी तथा नयी कविता के कवियों के अतिरिक्त अकविता आन्दोलन तथा उसके बाद के व्यक्तिवादी कवियों ने भी मध्यवर्ग के उस कुंठाग्रस्त और आत्मविचलित मनुष्य को काव्य-विषय बनाया जो इतिहास और वर्तमान की वैज्ञानिक समझ के अभाव में संशय, अहं, निष्क्रियता, संत्रास आदि प्रवृत्तियों का शिकार होकर नैराश्य के अन्धकार में भटक रहा था।

दूसरी तरफ जनवादी-प्रगतिशील कविता ने अपने काव्य विषय के लिए युग के सामाजिक, आर्थिक और राजनीतिक जीवन के विविध पक्षों का चुनाव किया। इस काव्य में न सिर्फ वैज्ञानिक दृष्टि और बौद्धिक जागरूकता के दर्शन होते हैं बल्कि जीवन के प्रति एक तार्किक दृष्टिकोण भी देखने को मिलता है। उसमें एक तर्कक्षम संवेदन या बकौल मुक्तिबोध 'ज्ञानात्मक संवेदना' का विकास दृष्टिगोचर होता है। विषय-वस्तु के धरातल पर इस काव्य ने उस आम आदमी को विविध कोणों से देखने का प्रयास किया जो शोषण की मार चुपचाप सह रहा है। यहाँ मनुष्य की न सिर्फ बुद्धिसम्मत व्याख्या की गयी बल्कि उसकी नियति पर भी विचार

किया गया। युगीन यथार्थ तीखे व्यंग्य और विद्रूपता के साथ प्रकट हुआ। यह कोशिश दरअसल उस दीवार को झटकने की थी जो मनुष्य की आदत का हिस्सा बन गयी थी–

"मैं बार-बार कहता हूँ कि इस उलझी हुई
दुनिया में
आसानी से समझ में आने वाली चीज
सिर्फ दीवार है
और यह दीवार अब तुम्हारी आदत का
हिस्सा बन गयी है
इसे झटककर अलग करो
अपनी आदतों में
फूलों की जगह पत्थर भरो
मासूमियत के हर तकाजे को
ठोकर मार दो
अब वक्त आ गया है कि तुम उठो
और अपनी ऊब को आकार दो।"[23]

आठवें दशक तक आते-आते इस काव्यधारा के कवियों ने अनेक महत्त्वपूर्ण कविताओं से हिन्दी कविता को समृद्ध किया। अब काव्य का विषय सिर्फ मध्यवर्ग का व्यक्ति नहीं है, 'पाँच लीटर कैरोसिन के लिए पाँच दिन से चक्कर लगाती जगीरो' भी है, 'टमाटर बेचने वाली बुढ़िया' भी है, 'बीड़ी फूँकते, खैनी मलते' खलासी भी हैं और वह बच्चा भी है जिसका कटोरदान 'हाथ से छूटकर' सड़क पर गिर गया–

"पाँच लीटर कैरोसिन के लिए
पाँच दिन से चक्कर लगाती जगीरो
इस समय लम्बी कतार में खड़ी
कुछ इस तरह से झुक रही है
कि लगता है वह ताकत
जिससे वह एक भेड़िया दुनिया के खिलाफ
ज़िन्दगी भर लड़ी है
आज चुक रही है।"[24]

× × ×

"गहरे सुर्ख टमाटर
उसकी टोकरी में भरे हैं
धूप टमाटरों को
चाकू की तरह चीर रही है
टमाटरों के अन्दर बहुत-सी नदियाँ हैं
और अनेक शहर जिन्हें बुढ़िया के अलावा
कोई नहीं जानता।

अब बुढ़िया के हाथ
टमाटरों से खेल रहे हैं
वह एक भूरे टमाटर को धीरे से उठाती है
और हरी पत्तियों के नीचे
छिपा देती है—माँ की तरह

मुझे बुढ़िया की यह हरकत
बेहद दिलचस्प लगती है
यह माँ का एक बिलकुल नया चेहरा है
जो हरी पत्तियों के नीचे से
झाँक रहा है।"[125]

× × ×

"खलासी सारी रात जाँच-पड़ताल करेंगे
कि पटरियाँ सही जगह पर तो हैं
कि नट-बोल्ट कसे हुए तो हैं
कि किसी हत्यारे ने अँधेरे में
चोरों की तरह छुपकर
फिश प्लेटें तो नहीं निकाल दी हैं
कि टेलीफोन के तार कटे हुए तो नहीं हैं।

कोई छुपा हुआ तो नहीं है
धसान नदी वाले
बड़े पुल के नीचे

जिसके ऊपर से गाड़ी गुज़रेगी।
अभी, ज़रा देर बाद

खलासी सीटियाँ बजाते रहेंगे।
कंदीलें अँधेरे में सरकती रहेंगी
बीड़ियों की लाल-लाल आँखें टहलती रहेंगी
चौकसी में
पटरियों के किनारे-किनारे
दूर तक

खलासी छड़ पीटते रहेंगे
खाँसते रहेंगे रात भर
उनकी नीली कमीजें,
अँधेरे में गश्त लगाती रहेंगी।''[126]

× × ×

''अलमुनियम का वह दो डिब्बों वाला
कटोरदान
बच्चे के हाथ से छूटकर
नहीं गिरा होता सड़क पर
तो यह कैसे पता चलता
कि उसमें
चार रूखी रोटियों के साथ
प्याज़ की एक गाँठ
और दो हरी मिरचें भी थीं।

नमक शायद
रोटियों के अन्दर रहा होगा
और स्वाद
किन्हीं हाथों और किन्हीं आँखों में
ज़रूर रहा होगा

बस इतनी-सी ही थी भाषा उसकी
जो अचानक
फूटकर फैल गयी थी सड़क पर...''[27]

इस तरह एक औसत मनुष्य का दैनंदिन संसार ही इस काव्य का प्रधान विषय माना जा सकता है। कवियों ने दो तरह के विषयों को छुआ, चाहे वह जन-संघर्ष हो चाहे मध्यवर्गीय दुःख-तकलीफ। सुधीश पचौरी ने लिखा भी है—''समकालीन कविता के प्रमुखतः दो स्तर हैं। एक, यह जहाँ कवि जन-संघर्षों एवं जन-आन्दोलनों के प्रति अपने दायित्व का बोध रखता है और जीवन की संघर्षमूलक अभिव्यक्ति को प्राथमिकता देता है। समकालीन कविता का दूसरा स्तर वह है जहाँ कवि अपनी मध्यवर्गीय दुनिया के दुःखों, कष्टों और उत्पीड़नों का गवाह है, कदाचित्, ऐसे कवियों की संख्या अधिक है। इनकी रचनाओं में अपनी जीवन स्थितियों के भीतर असह्य हो रही स्थितियों को पीड़ा के साथ कहने का भाव प्रमुख है।''[28]

काव्य-भाषा

ऐतिहासिक कारणों के फलस्वरूप कवि के अन्तर्जगत्, चेतना और फलतः विषय-वस्तु में नयापन आया। वस्तु की नवीनता ने कवि को नयी भाषा तथा नए छन्द की ओर उन्मुख होने के लिए बाध्य किया—''स्वातन्त्र्योत्तर हिन्दी कविता की भाषा में उस 'काकु' या राजशेखर के शब्दों में 'अभिप्रायवान पाठ धर्म' का अभाव हो गया जिसे हम बीती शताब्दियों में काव्यपाठ के समय कवि के मुख से कविता सुनकर पाया करते थे और कवि की पठन भंगी से उस 'काकु' को समझ पाते थे जो प्रायः सामान्य पाठक की तरह स्वयं पढ़ने से छूट जाया करता है।''[29]

परम्परावादी विचारकों की मान्यता है कि भाषा, भाव और विचार का साधन है। मोटे रूप से कोई भी माध्यम वस्तु और पदार्थ की बनावट के निमित्त होता है, जो ऊपर से साधन रूप में दिखाई देता है लेकिन भाषा केवल माध्यम नहीं है। मूर्तिकार के लिए मिट्टी माध्यम हो सकती है क्योंकि मिट्टी को संस्कार देने का काम मूर्तिकार करता है। चित्रकार के लिए रेखा और रंग माध्यम हो सकते हैं क्योंकि रेखा और रंगों को सन्दर्भ देने का काम चित्रकार करता है। वाद्य के तारों को कम्पोज करने में संगीतकार की रचनात्मक समझ लगी रहती है, अन्यथा संगीत के माध्यमों का भी कोई अपना निजी संस्कार नहीं होता। इन समस्त माध्यमों में भाषा और शब्द की स्थिति भिन्न है।

शब्द यूँ ही अचानक हवा में पैदा नहीं होते, न ही वे आसानी से मर जाते हैं। शब्द तो अर्थ की दीर्घकालीन परम्परा को जगाते हैं और बदलते हुए परिवेश के अनुकूल सन्दर्भगत अर्थों के साथ निरन्तर विकसित होते रहते हैं। शब्द का ऐतिहासिक चरित्र होता है, जातिगत पहचान होती है, सामाजिक सम्बन्धों की मनोरचना में शब्द ब्रह्म होता है। सार्थक शब्दों के समूह भाषा का निर्माण करते हैं और—"भाषा वैयक्तिक अनुभूति के सामाजिक सामूहिक सम्प्रेषण का माध्यम है इसलिए उसका प्रथम धरातल अनुभव का सूर्य है।"[30] इसलिए कविता के माध्यम शब्द की चर्चा व्यापक अर्थ में की जाती है। शब्द वाक्‌तत्त्व है। ऐसे में यह समझना जरूरी है कि शब्द का अस्तित्व ही उनके अर्थवान होने में निहित है। अर्थ की परम्परा होती है, इसलिए शब्द का भी एक निश्चित चरित्र और व्यक्तित्व होता है जिसका उपयोग रचनाकार करता है। सच पूछा जाए तो मौलिक कल्पना वाला रचनाकार शब्द से संघर्ष करता है। इस संघर्ष के बाद वह शब्द में समाहित अर्थ परम्परा को नया रूप, नयी गति देता है और तब मुक्तिबोध के अनुसार भाषा एक सामाजिक-सांस्कृतिक उपकरण का कार्य करती है।

जिस रचनाकार में नए जीवन के अर्थ को व्यक्त करने वाले शब्दों की जितनी गहरी और व्यापक समझ होगी, उसकी रचना वस्तु के स्तर पर उतनी ही सक्षम और प्रभावपूर्ण होगी। छायावादी काव्य ने विशेष शब्दों का सिस्टम बना दिया था और कवि इस सिस्टम से संचालित था। जीवन के कुछ निश्चित सन्दर्भ थे। वह निराशा, वेदना और रहस्यवाद के द्वारा मूर्त और अमूर्त की व्यंजना में लगा हुआ था। छायावाद के बाद का कवि इस वॉक सिस्टम का विरोध करता है। प्रगतिवाद ने बाह्य भौतिक सच्चाई को अभिधा रीति से पकड़ने की कोशिश की। प्रयोगवाद और नयी कविता ने रचनाकार के शब्द खोजी स्वभाव को परिभाषित किया। जगदीश गुप्त के शब्दों में—"नयी कविता में कठोर और लोकप्रचलित शब्दों के प्रति बहिष्कार की भावना नहीं है। वह कंकड़, पत्थर और रोड़ों जैसे शब्दों को उनके सहज स्वभाव में ही प्रयुक्त करके काव्यात्मक प्रभाव एवं अभीष्ट अर्थ की सिद्धि का लक्ष्य रखती है। यह ठीक उसी प्रकार घटित हुआ है जैसे एक शिल्पी काठ की कठोरता, उसके रेशों और धारियों का कलात्मक उपयोग करके एक सुन्दर मूर्ति का निर्माण कर देता है।"[31]

किन्तु नयी कविता के कवियों के पास शब्द और अर्थ के प्रयोगधर्मी ढाँचे तो थे लेकिन कथ्य का अभाव था, सम्बन्ध योगों की कमी थी। नतीजा यह हुआ कि जिस तरह छायावादी कवि का अहं कल्पना के माध्यम से रहस्य और अनन्त

में विलीन होता है, जिसे वह व्यापकता मानता है, इसी तरह नयी कविता के कवियों का कथ्य वस्तुविहीन बौद्धिक वर्गजाल में जीवन को रेस्नलाइज करना चाहता है। फलस्वरूप रेस्नलाइज़ूड सम्बन्धों के स्वायत्त समुच्चय बनना शुरू हो जाते हैं और कविता की जातीय पहचान वाक् के स्तर पर, भाषा के स्तर पर धूमिल पड़ जाती है। अज्ञेय तथा उनके साथी कवियों ने मनुष्य को यौन वर्जनाओं का पुंज माना। फलस्वरूप उनकी भाषा में घोर व्यक्तिवादी मन की अराजकता लक्षित होती है।

यही कारण भी है कि प्रगतिशील जनवादी कविता ने छायावाद, प्रयोगवाद और नयी कविता के वॉक् सिस्टम को निरस्त किया और नए युग की बौद्धिक शक्तियों के द्वारा वाक् रचना के नूतन स्वास्थ्य की खोज की। मुक्तिबोध ने भाषा को नया संस्कार दिया–

''मेरे साथ
खँडहर में दबी हुई अन्य धुकधुकियों,
सोचो तो
कि स्पन्द अब...
पीड़ा भरा उत्तरदायित्व भार हो चला,
कोशिश करो
कोशिश करो
जीने की
ज़मीन में गड़कर भी!''[32]

कवियों ने शब्द के अभिधा धर्म की बाह्य भौतिक विशिष्टताओं के साथ व्याख्या की। शब्द का विस्तार वस्तु के संसर्ग से ही होता है, लक्षणा रूप हो या व्यंजना रूप, शब्द में वस्तु के युग धर्म समाहित होते हैं। चूँकि वस्तु अपने में कोई कटी हुई संघटना नहीं है बल्कि यह अन्तर्क्रियाओं में निरन्तर गतिमान रहती है और बदलती रहती है, इसलिए ऐसी वस्तु को व्यक्त करने वाली भाषा भी इतिहास की वर्तमान कालिक रुझानों और शक्तियों के अनुरूप लक्षणा और व्यंजना के नूतन आकारों को बनाती रहती है। स्वातन्त्र्योत्तर परिवेश में यह तय हो चुका था कि–''साक्षरता और संचार साधनों के इस युग में भाषा का इस्तेमाल वैसा नहीं हो सकता जैसा कि व्यास, कालिदास, शेक्सपियर और तुलसीदास के जमाने में होता था।''[33]

जो युग के जीवन को गहराइयों से सोच-समझ रहे थे, उन कवियों की काव्य-भाषा

के रचनात्मक पक्षों का मूल्य तभी समझा जा सकता है जब स्वातन्त्र्योत्तर भारत में भारतीय जनता के बदले हुए संघर्षपूर्ण जीवन सन्दर्भों को पहचाना जाए। शब्द और भाषा का जब वैज्ञानिक बोध के रूप में प्रयोग किया जाता है तो उसके भावरूप और कल्पनारूप भी भिन्न धर्म वाले हो जाते हैं। जनवादी कविता में खड़ी बोली के तद्‌भव रूपों की जीवन शक्ति का आधार दिखाई देता है जो समकालीन जीवन के द्वंद्वों से प्रेरित है। अपनी पिछली परम्परा की तुलना में यह काव्य भाषा एकदम नए रूप में उभरकर सामने आती है और यह प्रमाणित करती है कि–"चौंधियाई शब्दों की दुनिया से हटकर भाषा की सहज शब्दों वाली दुनिया कहीं अधिक जीवन्तता लिये होती है।"[34]

स्वातन्त्र्योत्तर हिन्दी कविताओं की लगभग सभी धाराओं में न केवल गद्य और पद्य की भाषा की अभीष्ट निकटता घटित हुई, वरन् उसमें गद्य और पद्य एक-दूसरे के इतने निकट आ गए कि दोनों की विभाजक रेखा कहीं-कहीं सर्वथा विलुप्त होती हुई दिखाई देती है। यह उल्लेखनीय है कि स्वातन्त्र्योत्तर परिदृश्य में ही नागार्जुन, भवानी मिश्र, बच्चन, गिरिजा माथुर, अज्ञेय, शलभ श्रीराम सिंह, रमेश रंजक आदि अनेक जनवादी तथा गैर-जनवादी गीतकार भी सक्रिय थे जिन्होंने छन्दबद्ध काव्य परम्परा को निरन्तर जिलाये रखा था।

छायावाद युग की काव्य भाषा में सृजनशीलता का प्रथम बार सक्रिय विकास हुआ लेकिन एक निराला को छोड़कर खड़ी बोली के निजी सत्त्व को किसी ने यथेष्ट रूप में नहीं पहचाना। निराला का प्रखर पौरुष व्यक्तित्व और ओजस्वी स्वभाव खड़ी बोली के अपने संस्कार के सर्वाधिक निकट सिद्ध हुआ। उत्तर छायावादी गीतकारों ने खड़ी बोली को बोलचाल के निकट लाकर उसको अतिशय एवं अनावश्यक तत्समता और छायात्मकता से मुक्त किया। प्रगतिवाद ने उसे गेयता के रोमांटिक वातावरण से निकालकर सहसा सड़कों और पगडंडियों पर चलने के लिए मजबूर कर दिया जिससे उसमें एक खुलापन आ गया। प्रयोगवाद और नयी कविता ने अंग्रेजी के प्रभाव से शब्द प्रयोग की विविध चेष्टाओं द्वारा उसकी अर्थवत्ता को संवर्धित किया और भाषा की शक्ति के विकास की नयी दिशाओं का संकेत किया।

प्रगतिशील-जनवादी कविता ने उत्तराधिकार में प्राप्त समस्त प्रभावों के प्रति कृतज्ञता व्यक्त करते हुए शब्दार्थ की आन्तरिक अन्विति पर आधारित एक ऐसा सौन्दर्य-बोध विकसित किया जिसमें खड़ी बोली का खड़ापन बाधक न होकर साधक तत्त्व बन गया–

"जूता क्या है–चकत्तियों की थैली है
इसे एक चेहरा पहनता है
जिसे चेचक ने चुग लिया है
उस पर उम्मीदों को तरह देती हुई हँसी है
जैसे 'टेलीफून' के खम्भे पर
कोई पतंग फँसी है
और खड़खड़ा रही है।"[35]

"एक रंग होता है नीला
और एक वह जो तेरी देह पर नीला होता है
इसी तरह लाल भी लाल नहीं है
बल्कि एक शरीर के रंग पर है एक रंग
दरअसल कोई रंग कोई रंग नहीं है
सिर्फ तेरे कन्धों की रौशनी है।"[36]

निश्चित रूप से समकालीन काव्य-भाषा विकास की उच्चतर स्थिति तक पहुँच गयी है और इसके पीछे भारतेन्दु युग से लेकर अब तक अनेक महत्त्वपूर्ण जनवादी प्रगतिशील कवियों के योगदान को अनदेखा नहीं किया जा सकता। समकालीन कविता में खड़ी बोली के स्वभाव को व्यक्त करने वाले शब्द-रूप, वाक्यांश और मुहावरे मुक्त भाव से अपनाने तथा उन्हें सृजनात्मक चेतना द्वारा अतिरिक्त शक्ति प्रदान करके प्रस्तुत करने की जागरूक भावना स्पष्ट है। यही कारण भी है कि समकालीन काव्य भाषा किसी दूरवर्ती लोक की प्रतीत न होकर नितान्त साधारण, बोलचाल की, घरेलू तथा आत्मीय लगती है।

छन्द

स्वातन्त्र्योत्तर हिन्दी कविता वस्तु के साथ अपने बाह्य पक्ष–भाषा, शिल्प, बिम्ब, प्रतीक, छन्द में भी नयापन लेकर आयी। प्रश्न यह उठता है कि हमारी शास्त्रीय परिभाषा में छन्द का जो स्वरूप है, वह कविता में अनिवार्य है या नहीं? हिन्दी कविता के सन्दर्भ में इस पर पर्याप्त वाद-विवाद हुए हैं। हमारा समस्त प्राचीन काव्य छन्दोबद्ध है। अत्यानुप्रास, तुक आदि के द्वारा कविता में छन्द को प्राथमिकता दी गयी। छन्द के अभाव में कविता का अस्तित्व ही नहीं स्वीकारा गया। इसलिए

प्राचीन समय में छन्द और कविता एक-दूसरे के पर्याय हो गए। बाद में कवियों ने कविता और पद्य में अन्तर किया। पद्य प्राचीन काव्य का रूप समझा गया जिसमें तुक की अनिवार्यता और छप्पय, दोहा, रोला की विवशता होती थी। स्वातन्त्र्योत्तर कविता में छन्द की परिभाषा बदली।

अब छन्द, भाषा और वस्तु के नैसर्गिक विकास की अनेकानेक अवस्थाओं को मूर्तित-चित्रित करने वाला एक वाक्य बन गया। न सिर्फ स्वातन्त्र्योत्तर कविता में बल्कि समकालीन कविता में भी छन्द दरअसल एक ऐसा वाक्य है जिसमें नए परिवेश की अनुभूति वस्तु के अंकुरित होने, फूटने की प्रत्येक स्थिति को मूर्तिमान कर दिया जाता है, जिसमें उसके विकास का प्रवाह और जैविक रसात्मकता भंग नहीं हो पाती और इसी वजह से काव्य प्रभावपूर्ण तथा आकर्षक बना रहता है। जीवन स्वयं ऊबड़-खाबड़ और गद्यवत है, इसलिए कवियों ने गद्यवत छन्द को ही जीवन और कविता के अनुरूप पाया और उसे स्वीकार किया। इस छन्द का निर्माण और विकास छप्पय, दोहा, रोला, बरवै आदि के विरोध में हुआ लेकिन उसमें एक लय बराबर बनी रही।

कहना न होगा कि कविता का यह नया छन्द उस मुक्त छन्द का ही विकास है जिसे हिन्दी कविता में लाने का श्रेय निराला को दिया जाता है। निराला ने छन्द-बन्धन से हिन्दी कविता की मुक्ति की घोषणा की। 1916 में 'जूही की कली' उस युग के कवियों-आलोचकों के लिए चुनौती बनकर सामने आयी। उसमें मुक्त छन्द का जो शक्तिशाली शिल्प था, वह तत्कालीन मान्यताओं से मेल नहीं खाता था। धीरे-धीरे यह छन्द लोकप्रिय होता गया और कविता छन्द के बन्धन से पूर्णतः मुक्त हो गयी। परम्परागत बन्धन से मुक्ति के कारण ही यह छन्द मुक्त छन्द के नाम से विख्यात हुआ। स्वातन्त्र्योत्तर कविता में यह छन्द अपने पूर्ण विकसित रूप में दिखाई देता है।

राममूर्ति त्रिपाठी कविता के लिए एक सर्जनात्मक अनुभूति आवश्यक मानते हैं और भाषा-छन्द अर्थात् अभिव्यक्ति माध्यम आवयविक अखंडता के स्तर पर उसी से फूटता है—"ठीक उसी तरह जैसे मयूर के अंडे में स्थिर द्रवात्मक पदार्थ से ही उभरने वाला मयूर का आकार।"[37] उपलब्धि का प्रश्न जब सामने आता है तो सबसे पहले उन आधारभूत तत्त्वों पर नजर जाती है, जिनके कारण आधुनिक काव्यधारा पिछली परिपाटियों से मोड़ लेकर अलग हुई और अपनी वर्तमान स्थिति तक पहुँची। सबसे पहली और ऊपरी विभिन्नता माध्यमों की दिखलाई पड़ती है जो आधुनिक काव्य को प्राचीन काव्य से अलग करती है। स्वातन्त्र्योत्तर कविता

में तो भाषा, छन्द, शिल्प के क्षेत्र में इतने परिवर्तन हुए कि लोग उसे रूपवाद कहकर उसके 'फार्म' में ही उलझकर रह गए। यह माना जाने लगा कि कविता और कुछ नहीं है, रूपविहीनता की एक पद्धति है, विधा हीनता की एक विधा है। छन्द हीन अराजक ढंग से बात कहना ही कवि का लक्ष्य है।

साथ ही लयहीनता और गद्यात्मकता की बात उठायी जाने लगी। यह प्रश्न सामने आया कि लय के बिना कविता हो सकती है या नहीं, क्योंकि वही उसे गद्य से अलग करती है। प्राचीन काव्य में चूँकि लय का अर्थ छन्द है, अतः छन्द मुक्त रचना क्या कविता नहीं कहला सकती? छन्द या आवृत्तिमय लय संगीत का प्रधान गुण है, और उसकी प्राथमिक आवश्यकता है, कविता की नहीं। कविता में स्वतः ही अनभिव्यक्त लय निहित होती है जो रचना-प्रक्रिया के अन्तर्सामंजस्य-क्रम से प्राप्त होती है। अतः कविता में बाहर से आरोपित किसी भी अभिव्यक्त लय की अनिवार्यता नहीं है। इस रूप में प्रगतिशील-जनवादी कविता रचना-प्रक्रिया के सहज सत्य के अधिक निकट है।

भाषा-छन्द या माध्यम की समस्या हर नवीन चेतना की प्राथमिक समस्या होती है। नयी कविता आन्दोलन के समय भी कवियों ने उसके अनेक रूपों को खोजने का प्रयास किया। बड़े रूपों के हटते-हटते कविता का आकार छोटा होने लगा। गिरिजाकुमार माथुर के अनुसार—"नयी कविता का अत्यन्त सहज, लघु आकार, आधुनिक जीवन की गतिशीलता, मनोरम तथा सुखद यंत्रमयता, रंगभरी विविधता, घटनाओं के तीव्र प्रत्यावर्तन और द्रुतगति से मिलती जाने वाली संख्यातीत अनुभूतियों के अनुरूप है।"[38] लेकिन ऐसा नहीं है कि नयी कविता में छोटी कविता ही लिखी गयी। इस आन्दोलन में अपेक्षाकृत लम्बी कविताएँ भी पर्याप्त मात्रा में मिलती हैं। प्रगतिशील कवियों में मुक्तिबोध की कविताएँ भी इस सन्दर्भ में देखी जा सकती हैं। हिन्दी कविता में निराला द्वारा आरम्भ मुक्त छन्द मुक्तिबोध की कविताओं में अपनी अत्यन्त विकसित अवस्था में दिखाई देता है।

कलागत माध्यम या शैलियाँ—भाषा, छन्द, प्रतीक, बिम्ब—सामाजिक प्रक्रिया से बराबर प्रभावित होती रहती है। सामाजिक स्थिति जैसे-जैसे परिवर्तित होती है, चेतनाएँ भी बदलती हैं और उसी के साथ-साथ कलाओं के माध्यम शैली, प्रकार, छन्द भी बदलते और स्वरूप पाते जाते हैं। जब सामाजिक स्थिति और उसके निकाय परिवर्तन की स्थिति से गुजरते हैं, तब कला माध्यम भी टूटने लगते हैं। उनका स्वरूप निखर जाता है। जब समाज पुनः स्थिर हो जाता है और बहुत काल तक यथावत अवस्था में रहता है तब प्रकार और माध्यम भी स्थिर हो जाते हैं। कालिदास

के युग में समकालीन कविता की रचना असम्भव थी। 'पद्मावत', 'रामचरितमानस' और 'रामचंद्रिका' की शैली का युग किस प्रकार सत्रहवीं और अठारहवीं सदी की उथल-पुथल से टूटकर, कवित्त-सवैयों के छोटे खंडों में विभक्त मुक्तक शैली बना, इस एक उदाहरण से उपर्युक्त बात और भी स्पष्ट हो जाती है।

इस तरह स्वातन्त्र्योत्तर कविता में भाषा-छन्द के माध्यम सामाजिक स्थिति में परिवर्तन के फलस्वरूप अपने नए रूप में हमारे सामने आते हैं। स्वातन्त्र्योत्तर कविता के माध्यमों पर भी देश की सामाजिक, आर्थिक और राजनीतिक स्थिति का प्रभाव पड़ा। युग की माँग त्वरित माध्यमों की है अतः आज कविता में छप्पय, दोहा, रोला के बनिस्पत जीवन के असमतल, ऊबड़-खाबड़ धरातल के अनुकूल मुक्त छन्द ही कविता की अनुभूति के सर्वाधिक निकट है। समकालीन कविता में इस छन्द की उपलब्धियों के अनेक रंग देखे जा सकते हैं।

काव्य-दृष्टि और कवि-कर्म की विशेषताएँ

कवि-कर्म की विशेषताओं को ध्यान में रखते हुए जब हम स्वातन्त्र्योत्तर कविता की काव्य-दृष्टि या उसके-विचार तत्त्वों का विवेचन करते हैं तो पाते हैं कि उसमें एक ओर युग के संक्रांतिकालीन जीवन की, उसकी सम्पूर्ण विषमताओं और विविधताओं के साथ अभिव्यक्ति मिलती है, सामाजिक पक्षधरता और जागरूकता देखने को मिलती है तो दूसरी ओर संशय, व्यक्ति स्वातन्त्र्य, कुंठा, घुटन, परम्परा-विरोध का अस्तित्ववादी नजरिया भी देखने को मिलता है। सच तो यह है कि स्वातन्त्र्योत्तर कविता में आरम्भ से उसके ये दोनों अच्छे-बुरे पक्ष बराबर दृष्टिगोचर होते हैं।

नयी कविता में संशय, थकान, निराशा, कुंठा और अहं की अभिव्यक्ति प्रमुखता के साथ हुई। व्यक्तिबोध और व्यक्तित्व चिन्तन का ही यह परिणाम है कि कवियों में यह संशय की स्थिति देखने को मिलती है। इस संशय में जीवन अननुभूत रह गया, न सुख को ग्रहण किया जा सका, न दुख को झेला जा सका और इस प्रकार—

"यों बीत गया सब : हम
मरे नहीं, पर हाय!
कदाचित्
जीवित भी हम रह न सकें।"[139]

नयी कविता के कवि ने परम्परा में विरोध देखा, विकास नहीं। परम्परा की

ग्राह्य प्रवृत्तियों पर उसकी दृष्टि नहीं गयी। उसने ज़्यादातर परम्परा की झूठी पड़ गयी मर्यादाओं से सतर्क करते हुए 'महाप्रलय के बाद नए उगे शिखरों' को चुनौती देकर अडिग खड़े रहने को कहा क्योंकि कुंठित रूढ़ियाँ मानव-व्यक्तित्व को विघटित करने में अपनी सार्थकता मानती हैं—

"ओ महाप्रलय के बाद
नए उगे शिखरों
है तुम्हें कसम
इन ध्वस्त विन्ध्य मालाओं की
मत शीश झुकाना तुम अपना
आ सूर्य तुम्हारा तेजस्वी यह भाल देख
कितने अगस्त्य आएँगे
गुरु का वेश धरे
आशीष वचन कहने वाले
चिर विनत तुम्हारा मस्तक यों ही झुका छोड़
ये गुरुवर
वापस नहीं लौटकर आएँगे।"[40]

नयी कविता की एक प्रधान माँग अहं की स्वीकृति, व्यक्तित्व की खोज तथा प्रतिष्ठा रही है। इन कवियों ने इस बात पर जोर दिया कि पिछले युगों में सबसे अधिक विघटन मानव व्यक्तित्व का हुआ इसलिए उनकी पहली माँग अपने अहं की स्वीकृति है—

"विश्व के इस रेत वन पर
मैं अहं का मेघ हूँ।"[41]

नयी कविता के कवियों ने अपने व्यक्तित्व के प्रति उन्मुक्तता का दावा किया और अपनी ऐसी अकिंचनता में भी 'मैं' को दृढ़ता से स्थापित करने का प्रयास किया—

"छिली हुई पपड़ी पर छाल चढ़ जाती है
दुधियारे पत्तों में बाल बस जाती है
जटाएँ भी झुकती हैं, भूतल को छूती हैं
चरवाहे की वंशी की टेर भटक जाती है

मगर
एक मैं हूँ : फौलाद की छाती लिये
जीता हूँ—
मैं आज भी जिन्दा हूँ।''[142]

वास्तव में यह अहं व्यक्ति-स्वातन्त्र्य की माँग ही है और कवि इसके लिए संघर्षरत दिखता है। दरअसल यह 'हम' के विरुद्ध 'मैं' की लड़ाई है। इस व्यक्ति मुखी संघर्ष पथ पर सबसे पहली पंक्ति में चलने वाले कवि अज्ञेय हैं। कहना न होगा कि लगभग सभी व्यक्तिवादी कवि अज्ञेय की परम्परा को ही समृद्ध करते हैं। यह है नयी कविता के कवियों की काव्यदृष्टि या कहें कि सारे व्यक्तिवादी कवियों का तथाकथित विश्वबोध। स्पष्ट है कि यथार्थ से कटकर ही कवियों की दृष्टि इन विघटनकारी प्रवृत्तियों पर पड़ी।

लेकिन सजग कवियों ने परम्परा और इतिहास में विरोध नहीं, विकास देखा। इन कवियों ने इतिहास की शृंखला में स्वयं को एक कड़ी माना और अपनी सार्थकता को व्यंजित किया। ऐसी स्थिति में कवि अहं और व्यक्तित्व का राग अलापना छोड़कर जीवन के विस्तृत यथार्थ के साथ अपनी चेतना को अभिन्न मानता है। संयोग से ऐसे जन-कवियों की संख्या कम नहीं थी जिन्होंने कविता की जनपक्षधरता पर जोर दिया। सर्वेश्वर की ही पंक्तियाँ देखें—

''......कल यदि मैंने सुना
कहीं मेरे आसपास
सुख है, शांति है
सृजन है, निर्माण है
प्रगति है, विकास है
तो मैं अपनी
इस निरर्थक आत्मा को भी
एक अर्थ दे लूँगा
अनुभव करूँगा
इन सबके साथ
कहीं मैं भी बँधा था
कहीं मेरा भी योग था।''[143]

ऐसे में, जब युग की समस्त विकृतियों के बीच व्यक्ति-मन रुग्ण, जर्जर और त्रस्त होकर उत्पीड़न का घाव पाले जी रहा था, बहुत-से कवियों ने जीवन के संघर्ष और उसके जुझारू रूप का सामना किया और विरोध को वाणी दी तथा हक की आवाज़ उठायी—

"माटी को हक़ दो—
वह भींजे, सरसे, फूटे, अँखुआए
इन मेंड़ों से लेकर उन मेंड़ों तक छाये
और कभी हारे
(यदि हारे)
तब भी उसके माथे पर हिले
और उठती ही जाए
यह दूब की पताका
नए मानव के लिए।"[44]

केदारनाथ सिंह जैसे कवियों ने विद्रोह को भी अनेक नए सन्दर्भों में उभारा। इन कवियों ने कुंठित तथा विघटित मर्यादाओं को तोड़कर नयी मर्यादाओं की स्थापना का प्रयास किया। कवियों के स्वर में इतिहास को मोड़ने की आकांक्षा से पिछले संस्कारों और विजड़ित मर्यादाओं को 'तोड़ दो' की पुकार है। वह न तो इतिहास की गाड़ियों के गुजरने की पटरियाँ बनना चाहता है, न 'किसी की डाल पर दो कूक का जीवन' जीने भर का दर्द स्वीकारता है। वह नए निर्माण की पीड़ा को व्यक्त करता है—

"दर्द हूँ तो
साल के आखिरी दिन की साँझ का
जो धार से ज्यादा नए की प्रार्थना है
हर नया शुभ हो!
हर क्षण बने माथे पर यश मंगल-तिलक
अभी तो
तोड़ दो बस
बाद में हम चाँदनी की फ़सल काटेंगे।"[45]

यदि कवियों के एक बड़े वर्ग ने हताशा, निराशा और वैयक्तिकता के गीत गाये तो नागार्जुन, केदार, त्रिलोचन, शील, मुक्तिबोध, सर्वेश्वर, धूमिल, रघुवीर

सहाय, केदारनाथ सिंह, लीलाधर जगूड़ी, विजेन्द्र, कुमारेन्द्र पारसनाथ सिंह, शलभ श्रीराम सिंह, कुमार विकल, अरुण कमल, मंगलेश आदि कवियों ने जीवन को बहुत सहज भाव से स्वीकार किया। इन कवियों के लिए कविता लिखना, सूरज को डूबते देखना, फूलों को खिलते देखना और एक बच्ची का किलककर कन्धे पर चढ़ जाना, जीवन की सहज उपलब्धि की स्थितियाँ हैं। ऐसी किसी भी स्थिति में हर बार उसने महसूसा कि–

> *"आज फिर*
> *शुरू हुआ*
> *जीवन..."*[146]

व्यंग्य ने इन कवियों के विद्रोह को एक नया आयाम दिया। विरोध तथा कुछ कर गुजरने के अभाव की कचोट ने कवियों को बार-बार उनकी सीमाओं तथा विवशता का एहसास दिलाया। फलस्वरूप व्यंग्य से कवियों ने कविता की वस्तु में युग की भयावहता को अत्यन्त प्रभावशाली ढंग से प्रस्तुत किया–

> *"बेहतर है कि जब कोई बात करो तब हँसो*
> *ताकि किसी बात का कोई मतलब न रहे*
> *और ऐसे मौकों पर हँसो*
> *जो कि अनिवार्य हों*
> *जैसे ग़रीब पर किसी ताकतवर की मार*
> *जहाँ कोई कुछ कर नहीं सकता*
> *उस गरीब के सिवाय*
> *और वह भी अक्सर हँसता है।"*[147]

स्वातन्त्र्योत्तर प्रगतिशील-जनवादी काव्यधारा में युग जीवन से सम्बद्ध व्यंग्य बहुत बड़ी शक्ति के रूप में सामने आया और अनेक स्तरों पर व्यंजित हुआ। कवियों ने उसके लिए अनेक शिल्प-विधियों का प्रयोग किया। भवानी प्रसाद मिश्र जैसे कवियों ने व्यंग्य को बहुत सीधे सहज ढंग से आन्तरिक ईमानदारी के साथ व्यक्त किया–

> *"आप बड़े चिंतित हैं, मेरे पिछड़ेपन के मारे*
> *आप चाहते हैं कि सीखता यह भी ढंग हमारे*

मैं उतारना नहीं चाहता, जाहिल अपने बाने
धोती-कुरता बहुत ज़ोर से लिपटाये हूँ याने।'[48]

ऐसे कवियों ने सामाजिक पक्षधरता का अपने काव्य में बराबर निर्वहन किया। एक तरफ स्वातन्त्र्योत्तर काव्य में यदि ह्रास और टूटन के स्वर सुनाई देते हैं, व्यक्ति स्वातन्त्र्य के प्रति आग्रह लक्षित होता है तो दूसरी तरफ युग-जीवन से कविता की गहरी सम्पृक्ति दिखाई पड़ती है। जागरूक कवियों ने अपने युग के व्यापक सन्दर्भ में तत्कालीन राजनीति, राष्ट्रनीति, युद्धनीति तथा गुटबंदियों में कुंठित होते जनमानस का चित्रण किया तथा सामाजिक-राजनीतिक परिस्थितियों के प्रति अपने विरोध को तीखे व्यंग्य के रूप में प्रस्तुत किया। इन कवियों ने स्वातन्त्र्योत्तर भारतीय समाज की विसंगतियों को पहचाना, उन्हें अपने काव्य का विषय बनाया और बहुत सहज पर नए प्रतीकों के माध्यम से विघटित होते मूल्यों पर, भ्रामक आस्थाओं पर, मानव व्यक्तित्व को कुंठित करने वाली शक्तियों पर, अपने गुटों के माध्यम से मानव भविष्य को गलत रास्ते पर ले जाने वाले राजनीतिक दलों का विरोध किया व उन पर तीखा व्यंग्य किया।

मानवीय मूल्यों के विघटन को कवि ने न केवल पहचाना बल्कि उसकी वेदना को झेला भी। कवियों ने अर्थ की महत्ता के युग में आम मनुष्य की अकिंचनता को अत्यन्त प्रभावशाली ढंग से काव्य में वाणी दी–

''मैं उनके सामने
नन्हा-सा दबा हुआ खड़ा हूँ
बेजाना, बेपहचाना

लेकिन मैं देखता हूँ
कि आज के जमाने में
आदमी से ज़्यादा लोग
पोस्टरों को पहचानते हैं
वे आदमी से बड़े सत्य हैं।''[49]

स्वातन्त्र्योत्तर काव्य-परिदृश्य में कविता के स्तर पर भी एक लड़ाई दिखाई देती है जो उन व्यक्तिवादी कवियों के खिलाफ है जो क्षण को प्राथमिकता देते हैं, व्यक्ति को असामाजिक और यौन वर्जनाओं का पुंज मानते हैं, उनके चिन्तन में अस्तित्ववादी जीवन-दर्शन की छाप है और फलस्वरूप उनके काव्य में कुंठा,

संत्रास, घुटन और अकेलेपन का संकट है। अज्ञेय, गिरिजा माथुर, जगदीश गुप्त, लक्ष्मीकान्त वर्मा, विपिन कुमार अग्रवाल, सौमित्र मोहन आदि कवियों का काव्य इसका प्रमाण है।

स्वातन्त्र्योत्तर कविता न सिर्फ वस्तु के स्तर पर बल्कि भाषा, छन्द, बिम्ब, प्रतीक की दृष्टि से भी सर्वथा नए रूप में हमारे सामने आती है। उसमें अब रस की जगह बौद्धिकता के प्रति विशेष आग्रह लक्षित होता है। नयी कविता की दृष्टि अपने ही आँसुओं से धुँधली है और वैयक्तिकता की संकीर्ण परिधि का चक्कर काटकर ही वापस लौट आती है तो प्रगतिवादी-जनवादी कविता अपनी विश्व-दृष्टि से अपने युग की विसंगति और संकट को पहचानती है, उनसे मुक्त होने का रास्ता तलाशती है और भविष्य के सपने को प्रतिकूल परिस्थितियों के संघर्ष में भी अपने भीतर जीवित बचाये रखती है।

स्वातन्त्र्योत्तर काव्य में इनका विकास और नवीन अनुभव-भूमियाँ

देखा जाए तो सन् '47 से पहले भारतेन्दु युग के काल में जो राष्ट्रीय चेतना तथा सुधारवाद का आन्दोलन चला, उसकी रूपरेखा द्विवेदी युग में आकर स्पष्ट हुई। इसके बाद युग की परिस्थितियाँ प्रतिकूल होने के बावजूद छायावादी कविता का मूल स्वर व्यक्तिवादी-रहस्यवादी ही ज़्यादा रहा। आगे चलकर प्रगतिवाद ने रचना और समाज के सम्बन्धों की व्याख्या की और उसे एक सीमित दायरे से बाहर निकालने की चेष्टा की, तभी प्रयोगवादी आन्दोलन का शीतयुद्ध काव्य की इन प्रगतिशील शक्तियों के विरुद्ध छिड़ गया और उसकी इस चेष्टा पर मूलतः अस्तित्ववादी जीवन-दर्शन की छाप थी। प्रयोगवादी कविता ही थोड़ा-बहुत रंग-रूप परिवर्तन के बाद नयी कविता के नाम से स्वातन्त्र्योत्तर परिदृश्य में हमारे सामने आती है। दोनों काव्यान्दोलन की वैचारिक पृष्ठभूमि में ज़्यादा अन्तर नहीं।

कोई भी काव्य अपनी युगीन परिस्थितियों और उसके दबावों के प्रभाव से इनकार नहीं कर सकता। 1857 से 1947 तक भारतीय जनता ने स्वतन्त्रता संग्राम के लम्बे संघर्ष में एक आदर्श या कहें कि रामराज्यीय समाज की कल्पना की थी लेकिन द्वितीय विश्वयुद्ध (1939-1945) के बाद साम्राज्यवाद को अपनी अस्तित्व की रक्षा के लिए साम्यवादी-समाजवादी शक्तियों से शीतयुद्ध छेड़ना पड़ा। प्रयोगवादी आन्दोलन इसी शीतयुद्ध का एक रूप था। नयी कविता में इसका प्रभाव खत्म नहीं हुआ। प्रयोगवाद से अकविता तक धूम मचाने वाला आधुनिकता-बोध इसी शीतयुद्ध की साजिश का एक नमूना था।

स्वातन्त्र्योत्तर भारत में कवियों पर नेहरू-लोहिया का व्यापक प्रभाव पड़ा। विदेशी पूँजी की घुसपैठ, नए मध्यवर्ग का उदय, पूँजीपतियों की एकजुटता, ग्रामीण आत्मनिर्भरता में कमी आदि विभिन्न बातें पूँजीवाद-व्यक्तिवाद के दायरे में ही उभरकर सामने आयीं। दरअसल भारतीय जनता और कवियों के लिए यह मोहभंग का दौर था। स्वातन्त्र्योत्तर परिदृश्य में नयी कविता वह काव्यधारा थी जो रचना के स्तर पर शीतयुद्ध के प्रचार-प्रसार में सक्रिय थी और वैयक्तिक प्रवृत्तियों, कुंठा, संत्रास, हास, टूटन, अहं, परम्परा-विरोध आदि को प्रश्रय दे रही थी। दूसरी धारा वह थी जो व्यापक जन-जीवन से सम्बद्ध होकर सामाजिक पक्षधरता का समर्थन कर रही थी। प्रथम धारा में अज्ञेय जैसे कवि थे और दूसरी धारा में मुक्तिबोध जैसे कवि।

स्वातन्त्र्योत्तर काव्य परिदृश्य के आरंभिक वर्षों में प्रगतिवादी काव्य को महत्त्व न मिलने तथा नयी कविता की लोकप्रियता के पीछे अनेक महत्त्वपूर्ण कारण थे। नयी कविता जो व्यक्तिवादी थी, मूलतः नगर केन्द्रित थी। बुद्धिजीवियों के आभिजात्य जीवन-शैली की उसमें छाप थी। मध्यवर्गीय कुंठाओं की वह खान थी लेकिन प्रगतिवादी कविता ग्राम केन्द्रित थी। इसलिए उसके पाठक अत्यन्त कम थे क्योंकि ग्रामीण जनता अशिक्षित थी और नगर-कवि के लिए महत्त्वहीन कविता थी। विश्वविद्यालयीय अध्यापकों को नयी कविता ज़्यादा सुरक्षित जान पड़ी। इन्होंने उसका ज़्यादा समर्थन किया क्योंकि नयी कविता की नकली विरोधशैली उनकी जीवन-शैली के करीब थी।

मुक्तिबोध और शमशेर जैसे कवि क्योंकि फॉर्म के स्तर पर नयी कविता के भीतर थे, इसलिए नयी कविता में भी स्वीकृत थे। इन दोनों कवियों में एक अमूर्तता और जटिलता थी, एक सूक्ष्मता और मध्यवर्गीय मानसिकता थी। हालाँकि इन दोनों कवियों की दृष्टि मार्क्सवादी है लेकिन इनका शिल्प नयी कविता की आधुनिकता से प्रभावित है। यह एक अन्तर्विरोध ही है और आश्चर्य यह है कि मुक्तिबोध तथा शमशेर की वृत्ति से अनेक नए और परवर्ती कवि आज भी पीछा नहीं छुड़ा पाए हैं। आजादी के बाद बहुत-से नए और महत्त्वपूर्ण नाम सुनाई पड़ते हैं—बच्चन, नवीन, दिनकर, भवानी प्रसाद मिश्र तथा सोहनलाल द्विवेदी आदि। शमशेर का सूक्ष्म और सघन रोमान सपाट, सहज तथा मुखर रूप में बच्चन में दिखाई देता है। शमशेर में यह रोमान अधिक कलात्मक व आधुनिक रूप में दिखाई देता है। अन्तर्विरोध से मुक्त न हो पाने वाले कवियों में एक नाम धर्मवीर भारती का भी है। उनकी कृति 'अन्धायुग' ज़रूर कलागत मूल्यों की दृष्टि से एक श्रेष्ठ कृति है।

विचारधारा का अन्तर हमें हिन्दी गीतों में भी नवगीत और जनगीत के बीच दिखाई देता है। स्वतन्त्रता के बाद राष्ट्रीय कवि 'क्या लिखें' की समस्या से ग्रस्त होकर प्रेम और रहस्यवाद की ओर मुड़ गए। दिनकर का राष्ट्रबोध चीन के आक्रमण के समय जागा। एक माखनलाल चतुर्वेदी के काव्य ने ही जनपक्षधरता का बराबर निर्देशन किया। सातवें दशक में विभिन्न छोटे-बड़े काव्यान्दोलनों का शोर सुनाई पड़ता है। इनमें एक अकविता ही बड़ा आन्दोलन रहा जिसने व्यापक परिमाण में कवियों को प्रभावित किया। हालाँकि वैचारिक धरातल पर वह भी निषेधवादी था और अनेक अन्तर्विरोधों से ग्रस्त था। आठवें दशक में व्यक्तिवादी प्रवृत्तियों का बाहुल्य कम हो जाता है और प्रगतिवादी-जनवादी कविता अपने सर्वाधिक विकसित रूप में दिखाई देती है। न सिर्फ वस्तु के धरातल पर बल्कि भाषा-शिल्प की दृष्टि से भी यह काव्य अपनी अनेक उपलब्धियों का एक कीर्तिमान स्थापित कर लेता है।

स्वातन्त्र्योत्तर हिन्दी कविता में ऐतिहासिक कारणों से काव्य स्वभाव में निर्णायक मोड़ आए। कवि के अन्तर्जगत् की रचना नए सिरे से हुई। उसकी चेतना और अनुभूति सर्वथा नए रूप में सामने आयी। फलस्वरूप कविता में वस्तु की नवीनता दृष्टिगोचर हुई और कवियों ने वस्तु के अनुकूल नयी भाषा और नए छन्द की खोज की। आठवें-नौवें दशक तक आते-आते हिन्दी कविता कवि-कर्म की अनेक विशेषताओं से समृद्ध हुई। यह एक सुखद संयोग ही समझा जाना चाहिए कि समकालीन कविता में एक साथ कवियों की चार पीढ़ियाँ सक्रिय हैं। पहली पीढ़ी में नागार्जुन, केदार, त्रिलोचन, शमशेर, शील आदि। दूसरी पीढ़ी में रघुवीर सहाय, जगूड़ी, कुमारेन्द्र पारसनाथ सिंह, विजेन्द्र, शलभ श्रीराम सिंह, केदारनाथ सिंह आदि। तीसरी पीढ़ी में अरुण कमल, मंगलेश डबराल, उदयप्रकाश, असद जैदी, राजेश जोशी, नरेन्द्र जैन, सोमदत्त, भगवत रावत, पंकज सिंह, कुमार विकल आदि तथा अंतिम और नव्यतम पीढ़ी में अदम गोंडवी, देवी प्रसाद मिश्र, आलोक वर्मा, कुमार अम्बुज, राजीव सभरवाल, विनोददास आदि अनेक महत्त्वपूर्ण कवि प्रगतिशील जनवादी काव्य-परम्परा को समृद्ध करने में लगे हुए हैं।

सन्दर्भ

1. नामवर सिंह : 'इतिहास और आलोचना', पृ. 65
2. वही, पृ. 11

3. शिवसागर मिश्र : 'लेखक और परिवेश', पृ. 12
4. वही, पृ. 17-18
5. कुमार विमल : 'नयी कविता-नयी आलोचना और कला', पृ. 10-11
6. डॉ. विजय बहादुर सिंह : 'जन कवि' की भूमिका, पृ. 21-22
7. मुक्तिबोध : 'चाँद का मुँह टेढ़ा है', पृ. 155
8. डॉ. नगेन्द्र : 'आलोचक की आस्था', पृ. 2
9. नामवर सिंह : 'इतिहास और आलोचना', पृ. 65
10. डॉ. रघुवंश : 'साहित्य का नया परिप्रेक्ष्य', पृ. 127
11. विपिन कुमार अग्रवाल : नयी कविता 1960-61, संयुक्तांक–5-6, पृ. 147
12. दुष्यन्त कुमार : नयी कविता, संयुक्तांक–5-6, पृ. 54
13. धर्मवीर भारती : वही, पृ. 56
14. गिरिजा कुमार माथुर : वही, पृ. 56
15. लक्ष्मीकान्त वर्मा : वही, पृ. 179
16. केदारनाथ अग्रवाल : 'गुलमेहँदी', पृ. 118
17. डॉ. नन्दकिशोर नवल : 'शब्द जहाँ सक्रिय हैं,' पृ. 68
18. वीरेन डंगवाल : पहल-13, समकालीन कविता, पृ. 49
19. उदय प्रकाश : 'सुनो कारीगर', पृ. 44
20. केदारनाथ सिंह : 'दाने' शीर्षक कविता : 'अकाल में सारस', पृ. 79
21. धर्मवीर भारती : 'साहित्य का नया परिप्रेक्ष्य' (डॉ. रघुवंश), पृ. 161
22. नरेश मेहता : 'बीमार साँझ के किनारे' : 'बनपाँखी सुनो'।
23. धूमिल : 'पटकथा' : 'संसद से सड़क तक', पृ. 124
24. कुमार विकल : 'जगीरो' : साक्षात्कार कविता अंक 1984, पृ. 123
25. केदारनाथ सिंह : 'टमाटर बेचने वाली बुढ़िया : 'प्रतिनिधि कविताएँ', पृ. 69-70
26. उदय प्रकाश : 'अनुपपुर जंक्शन' : 'सुनो कारीगर', पृ. 23
27. भगवत रावत : 'कटोरदान' : 'समुद के बारे में', पृ. 8-9
28. सुधीश पंचौरी : कंक : समकालीन जनवादी कविता, पृ. 176
29. कुमार विमल : 'नयी कविता-नयी आलोचना और कला', पृ. 19
30. रमेश कुन्तल मेघ : 'क्योंकि समय एक शब्द है', पृ. 470
31. जगदीश गुप्त : 'नयी कविता' : 'संयुक्तांक 5-6, 1960-61 : आज की कविता : खड़ी बोली की एक नयी भंगिमा', पृ. 15
32. मुक्तिबोध : 'एक भूतपूर्व विद्रोही का आत्मकथन' : 'चाँद का मुँह टेढ़ा है'।
33. रामस्वरूप चतुर्वेदी : 'नयी कविताएँ : एक साक्ष्य', पृ. 50
34. वंशी माहेश्वरी : 'कविता की भाषा : सार्थकता का दायित्व..' सन् 1970, आकंठ-8
35. धूमिल : 'मोचीराम' : 'संसद से सड़क तक', पृ. 42
36. रघुवीर सहाय : 'तेरे कन्धे' : 'आत्महत्या के विरुद्ध', पृ. 49
37. राममूर्ति त्रिपाठी : 'भारतीय काव्यशास्त्र के नए क्षितिज', पृ. 394
38. गिरिजाकुमार माथुर : नयी कविता : संयुक्तांक 5-6, पृ. 40

39. अज्ञेय : 'योगफल' : 'इन्द्रधनुष रौंदे हुए ये' से उद्धृत।
40. विजय देवनारायण साही : 'युग चेतना' से उद्धृत।
41. नरेश मेहता : 'अहं' : 'दूसरा सप्तक', पृ. 111
42. लक्ष्मीकान्त वर्मा : 'नयी कविता'-1 से उद्धृत।...
43. सर्वेश्वर दयाल सक्सेना : निकष-2 से उद्धृत।
44. केदारनाथ सिंह 'फूल को हक दो' : नयी कविता-2 से उद्धृत।
45. केदारनाथ सिंह : नयी कविता-3 से उद्धृत।
46. रघुवीर सहाय : 'आज फिर' : नयी कविता-2 से उद्धृत।
45. केदारनाथ सिंह : नयी कविता-3 से उद्धृत।
46. रघुवीर सहाय : 'आज फिर' : नयी कविता-2 से उद्धृत।
47. रघुवीर सहाय : 'हँसो-हँसो, जल्दी हँसो', पृ. 26
48. भवानी प्रसाद मिश्र : 'जाहिल बाने' : नयी कविता-1 से उद्धृत।
49. सर्वेश्वर दयाल सक्सेना : 'पोस्टर और आदमी' : नयी कविता, अंक-2 से उद्धृत।

चतुर्थ अध्याय

स्वातन्त्र्योत्तर राष्ट्रीय काव्यधारा और उसके काव्यानुभव

राष्ट्रीय कविता के केन्द्र में एक राष्ट्र होता है और वह राष्ट्रीय भावना से ओतप्रोत होती है। राष्ट्र का स्वरूप, भूमिवासी जनता और उसकी संस्कृति के सम्मिलन से बनता है। डॉ. शिवकुमार मिश्र के शब्दों में—"भूमि अर्थात् भौगोलिक एकता, जन अर्थात् जनगण की राजनीतिक एकता और जनसंस्कृति अर्थात् सांस्कृतिक एकता, तीनों के समुच्चय का नाम राष्ट्र है। राष्ट्र में भौगोलिक, राजनीतिक और सांस्कृतिक इकाइयाँ पूँजीभूत हैं। इन तीनों इकाइयों के संकोच और विस्तार के साथ राष्ट्र और राष्ट्रीयता का स्वरूप भी संकुचित और विस्तृत होता रहा है।"[1]

स्वातन्त्र्योत्तर राष्ट्रीय काव्यधारा और उसके काव्यानुभवों के मूल्यांकन से पहले यह देखना आवश्यक है कि राष्ट्रीय काव्यधारा का जन्म किन परिस्थितियों में और किन उद्देश्यों को लेकर हुआ और भारत में राष्ट्र, राष्ट्रीयता और राष्ट्रवाद के विकास की पृष्ठभूमि क्या रही।

अंग्रेजों के भारत आगमन और उनके द्वारा देश की सत्ता अधिकृत किये जाने के बाद राष्ट्रीयता की भावना का विकास प्रारम्भ होता है। अंग्रेजों ने शासन-व्यवस्था सुचारु रूप से चलाने के लिए आवागमन के नए-नए साधनों का आविष्कार किया। फलस्वरूप सारा देश एक इकाई बन गया। अंग्रेजी शिक्षा का प्रचार हुआ। देश के विभिन्न भागों के निवासियों में एकता आने लगी और राष्ट्र सम्बन्धी एक व्यापक दृष्टिकोण का जन्म हुआ। राष्ट्रीयता की भावना के विकास की गति तीव्र हुई। इस भावना का जैसे-जैसे विकास होने लगा, वैसे-वैसे अंग्रेजों के शोषण से त्रस्त भारतीय जनता को परतन्त्रता असह्य लगने लगी। अवसर मिलते ही भारतीय जनता की साम्राज्यवाद के प्रति विरोध की भावना एक साथ फूट पड़ी। सन् 1857 का स्वाधीनता संग्राम इसी का परिणाम था।

यह ठीक है कि स्वाधीनता संग्राम में भारतीय जनता को असफलता मिली

लेकिन असफलता के बावजूद जनता के मन में राष्ट्रीयता की भावना हमेशा के लिए घर कर गयी। यह समय था जब हिन्दी साहित्य में आधुनिक युग का प्रथम चरण पड़ा था। इस स्वतन्त्रता संग्राम की पृष्ठभूमि में ही भारतेन्दु युगीन साहित्य लिखा जा रहा था। दरअसल यह युग ही हिन्दी की राष्ट्रीय कविता का उद्‌गम स्थल है। राष्ट्रीय कविता यहीं से निरन्तर आगे बढ़ती रही। हालाँकि राष्ट्रीयता का स्वरूप अभी पूरी व्यापकता न पा सका था लेकिन इस खंडित स्वरूप में भी समग्र राष्ट्र को एक इकाई के रूप में देखने का सपना पल रहा था। यही कारण है कि भारतेन्दुयुगीन काव्य में देश की मौजूदा परिस्थितियों का करुण तथा हाहाकारी चित्रण मिलता है। इसके साथ ही काव्य में अतीत-गौरव की पुनः स्थापना होने लगी। इसे उस जीवन-दृष्टि का परिचायक माना जाना चाहिए जो वर्तमान की दुर्दशा से पीड़ित होकर सहज ही वैभवपूर्ण अतीत की ओर उठ जाती है।

सन् 1885 ई. में ए. ओ. ह्यूम ने अखिल भारतीय राष्ट्रीय कांग्रेस की स्थापना की। इससे राष्ट्रीयता की भावना को प्रसार मिला। इसके पहले जन-आन्दोलन जुझारू नहीं था। वह व्यवस्थित और दूरदर्शी नहीं था। अब तक राष्ट्र केवल आर्य जातीयता का ही प्रतीक माना जाता था। इस स्थापना ने सभी जातियों को अपने में समेट लिया और सम्यक् तथा सच्ची राष्ट्रीयता की भावना को जन्म दिया। यह धारा धीरे-धीरे प्रबल और पुष्ट हुई और जनता के हृदयों में प्रवाहित होती गयी। भारतेन्दु युग के पश्चात् द्विवेदी युग का प्रारम्भ राष्ट्रीयता की इसी पृष्ठभूमि में हुआ लेकिन इस युग के आरंभिक दौर में इस भावना की व्यापकता कम देखने को मिलती है। जातीयता तथा आर्य भावना को काव्य में प्रश्रय मिला। प्रमाण के तौर पर मैथिलीशरण गुप्त की 'भारत भारती' और 'हिन्दू' जैसी कृतियों को देखा जा सकता है लेकिन युगीन परिस्थितियाँ ऐसी नहीं थीं कि बहुत दिनों तक काव्य में इन भावनाओं को प्रश्रय मिलता रहे। राजनीति में गाँधी जी का प्रवेश हुआ। उनका प्रभाव जीवन के प्रत्येक क्षेत्र में दिखाई पड़ने लगा। कांग्रेस की शक्ति निरन्तर बढ़ती ही गयी। साहित्य इन प्रभावों से अछूता न रह सका।

राष्ट्रीयता की भावना, जो निरन्तर ऊँचाइयों तक पहुँच रही थी, का चित्रण अब साहित्य में होने लगा। स्वयं मैथिलीशरण गुप्त की परवर्ती कृतियों में इसके प्रमाण उपलब्ध हैं। इस युग में—"अतीत का गौरवगान, उसकी ओर हसरतभरा दृष्टिपात, वर्तमान की विपन्नावस्था पर क्षोभ, अछूत, नारी तथा समाज के अन्य पीड़ित वर्गों के प्रति गहरी सहानुभूति तथा उनकी समस्याओं के प्रति व्यापक दृष्टि के साथ-साथ विदेशी शासन से मुक्त होने की प्रबल आकांक्षा भी इस युग की राष्ट्रीयता

का प्रबल अंग बनी जिसका सबसे भव्य और काव्य की दृष्टि में उदात्त रूप देशप्रेम सम्बन्धी कविताओं में प्रकट हुआ।"[2] द्विवेदीयुगीन काव्य में राष्ट्रीयता के प्रति ऐसा ही दृष्टिकोण प्रकट होता है।

छायावाद द्विवेदी युग के बाद आने वाला साहित्य युग है। छायावाद का मूल स्वर क्योंकि रोमांटिक था, इसलिए उसमें राष्ट्रीयता की भावना की स्वीकृति तो मिलती है लेकिन मूलतः रागात्मक पक्ष की ओर अधिक अनुरक्त दिखाई देती है। वहाँ आत्मा-परमात्मा की बातें ज़्यादा और जीवन-जगत् की बातें कम सुनाई पड़ती हैं। काव्य में वैयक्तिक पक्ष प्रबल रहा और फलस्वरूप सामाजिक पक्ष धूमिल पड़ने लगा। बावजूद इसके राष्ट्रीयता की भावना को, जो युग-जीवन में प्रवाहमान थी, को कवियों ने जीवित रखा। ऐसी कविताएँ परिमाण में कम होती हुई भी काव्य-कला की दृष्टि से हिन्दी की अनमोल धरोहर मानी जा सकती हैं। इस परिप्रेक्ष्य में प्रसाद की 'अरुण यह मधुमय देश हमारा' तथा 'हिमालय के आँगन में उसे प्रथम किरणों का दे उपहार' और निराला की 'भारति जय विजय करे', 'जागो फिर एक बार' तथा 'शिवाजी को पत्र' आदि रचनाएँ उल्लेखनीय हैं। निराला ने अपनी प्रसिद्ध कृति 'राम की शक्ति पूजा' में राम-रावण युद्ध के मिथक के माध्यम ये भारतीय जनता के संघर्ष को ही व्यक्त किया। कहना न होगा कि इन कृतियों के केन्द्र में काम करने वाली भावना राष्ट्रीयता की ही थी।

देशप्रेम की अभिव्यक्ति के साथ अतीत का गौरव-गान तथा सांस्कृतिक धरोहरों का उद्घाटन भी चलता रहा। छायावादी कवियों की राष्ट्रीयता मूलतः भावात्मक और आदर्शमय ही रही। सुभद्राकुमारी चौहान, बालकृष्ण शर्मा 'नवीन' तथा माखनलाल चतुर्वेदी जैसे कवियों ने राष्ट्रीय आन्दोलन में भाग लिया। फलस्वरूप इन कवियों के काव्य में सामाजिक यथार्थ और जनता के संघर्ष का जीवंत चित्रण हुआ। इस काव्य ने जनता का न सिर्फ उत्साहवर्धन किया अपितु उन्हें गहरी प्रेरणा और स्फूर्ति भी प्रदान की। सुभद्राकुमारी चौहान की कविता—'खूब लड़ी मर्दानी वह तो झाँसी वाली रानी थी' घर-घर गायी जाने लगी। माखनलाल चतुर्वेदी की कविता—'पुष्प की अभिलाषा' ने भी पर्याप्त ख्याति अर्जित की। इस युग की राष्ट्रीय भावना का अवलोकन करते हुए डॉ. शिवकुमार मिश्र ने लिखा है—"स्वतन्त्रता की वेदी पर बलिदान होने की भावना इन कवियों की राष्ट्रीयता का एक महत्त्वपूर्ण पक्ष बनकर प्रकट हुई, जिसकी केवल सामूहिक और तीव्र अभिव्यक्ति ही न हुई, वरन् जिसके लिए तरुणों का व्यापक रूप से आवाहन भी किया गया। बलिदान की इस भावना के मूल में गाँधीवादी अहिंसा की प्रेरणा को स्पष्टतः देखा जा सकता है।"[3]

छायावाद के बाद प्रगतिवाद में राष्ट्रीय भावना का उफान सर्वाधिक उग्र रूप में दिखाई पड़ता है। स्वतन्त्रता पूर्व के इन काव्य युगों में साम्राज्यवाद विरोध राष्ट्रीय भावना के केन्द्र में रहा। साथ ही सुधारवादी प्रवृत्तियाँ भी सक्रिय थीं। अतः आज़ादी के उद्देश्य के साथ पुनरुत्थान और नवजागरण का स्पष्ट सम्बन्ध हम देखते हैं। यह समय था जब सामन्तवाद टूट रहा था, पूँजीवाद का उदय हो रहा था और तीसरे दशक के बाद वामपन्थी विचारधारा का विकास दिखाई देने लगा था। समाजवादी साम्यवादी सिद्धान्तों से प्रेरणा लेकर नयी संस्थाओं और राजनीतिक दलों का उदय हुआ। युवक वर्ग समाजवादी सिद्धान्तों से विशेष रूप से प्रभावित था। फलस्वरूप उसने 'विद्यार्थी संघ' और 'यूथ लीग' जैसी संस्थाओं की स्थापना की। शुद्ध रूप से मार्क्सवाद का आधार लेकर साम्यवादी दल की नींव यद्यपि पर्याप्त पहले ही पड़ चुकी थी, परन्तु अब वह अधिक शक्ति से उभर कर सामने आया। इसी विचारधारा की पृष्ठभूमि में प्रगतिवादी साहित्य लिखा गया।

इसी समय मुंशी प्रेमचन्द और आचार्य नरेन्द्र देव के संपादकत्व में 'जागरण' नामक एक समाजवादी पत्र का प्रकाशन भी प्रारम्भ हुआ। सन् 1936 में प्रगतिशील लेखक संघ की स्थापना हुई और प्रेमचन्द उसके अध्यक्ष बने। प्रेमचन्द ने 'हंस' और 'जागरण' में प्रकाशित अपने लेखों में साम्यवाद और समाजवाद का खुले शब्दों में प्रतिपादन किया—"संसार में जितना अन्याय और अत्याचार है, जितना द्वेष और मालिन्य है, जितनी मूर्खता और अज्ञानता है, उसका मूल रहस्य यही विष की गाँठ है। जब तक सम्पत्ति पर व्यक्तिगत अधिकार रहेगा, तब तक मानव समाज का उद्धार नहीं हो सकता।"[4] कवियों-लेखकों के मन में गाँधी जी की अहिंसात्मक नीति के प्रति जो शंका जन्म ले रही थी, प्रेमचन्द ने स्पष्ट शब्दों में उसके बारे में लिखा—"वैयक्तिक सत्याग्रह का कार्यक्रम राष्ट्र को स्वीकार नहीं है। सम्भव है, उसे पूर्ण रूप से व्यवहार में लाया जा सके, तो राष्ट्र को उसके द्वारा रामराज्य प्राप्त हो सके। जिस दिन देश में ऐसे आदमी बड़ी संख्या में निकल आएँगे जो अपना सर्वस्व राज्य के लिए त्यागने के लिए तैयार हो जायेंगे, उस दिन तो आप ही आप स्वराज्य हो जाएगा। लेकिन ऐसा समय कभी आएगा—इसमें सन्देह है।"[5]

समाजवाद-साम्यवाद से प्रभावित और विविध वामपक्षीय दलों से प्रेरित होकर सन् 1930 के पश्चात् किसान और मजदूर वर्ग ने भी आर्थिक स्वाधीनता के लिए प्रयत्न करने प्रारम्भ कर दिये। उन्होंने न केवल अपने संगठन ही बनाये अपितु

अपनी माँगों के लिए बड़े पैमाने पर आन्दोलनों का सूत्रपात कर स्पष्टतः समाजवादी शासन-पद्धति की माँग की। प्रगतिवाद की पृष्ठभूमि में इसी तरह के विभिन्न आन्दोलन जोर पकड़ रहे थे। प्रगतिवाद मूलतः मार्क्सवादी प्रभाव लिये हुए था। इस आन्दोलन ने राष्ट्रीयता के अब तक चले आते हुए स्वरूप को एक नयी रूपरेखा प्रदान की। इस नयी रूपरेखा को उन कवियों ने भी उभारा जो मूलतः गाँधीवादी चिन्तन में आस्था रखते थे। इन्होंने राष्ट्रीयता के वे तत्त्व ग्रहण किये जो व्यापक गाँधीवादी मानवतावाद में सहज ही समाहित हो जाते थे। यद्यपि प्रगतिवाद तक राष्ट्रीयता की भावना व्यापक और पुष्ट रूप धारण कर चुकी थी, फिर भी इस युग ने उसे एक नवीन उन्मेष प्रदान किया, इससे इनकार नहीं किया जा सकता।

राष्ट्रीय काव्यधारा के प्रमुख कवियों में माखनलाल चतुर्वेदी, मैथिलीशरण गुप्त, रामधारी सिंह दिनकर, बालकृष्ण शर्मा 'नवीन', सोहनलाल द्विवेदी, सुभद्राकुमारी चौहान, सियाराम शरण गुप्त, जगन्नाथ प्रसाद 'मिलिन्द', श्यामनारायण पांडे, हरिकृष्ण प्रेमी, केदारनाथ मिश्र 'प्रभात' आदि के नाम महत्त्वपूर्ण हैं। ऐसा नहीं है कि इन कवियों का वैचारिक स्तर एक था। इनमें सोहनलाल द्विवेदी जैसे कवि गाँधीवादी थे तो मैथिलीशरण गुप्त की आस्था वैष्णव दर्शन में थी। दिनकर का झुकाव मार्क्सवाद की ओर दिखाई देता है। कुछ कवि किसी भी तरह की विचारधारा से प्रायः स्वतन्त्र दिखाई देते हैं।

उपर्युक्त सभी कवियों की राष्ट्रीय कविता ने अपनी-अपनी तरह से युग की राष्ट्रीय भावना को अभिव्यक्त किया। लक्ष्य एक ही रहा, विदेशी शासन से देश की मुक्ति। राष्ट्रीय आन्दोलन के कठिन समय में इन कवियों ने काव्य द्वारा जन सामान्य को सम्बोधित किया, उनमें राष्ट्रीय भावना का प्रचार किया और साम्राज्यवादी शासन के खिलाफ जनता के मन में तीव्र प्रतिक्रिया उत्पन्न करने में सहयोग दिया। इस तरह स्वतन्त्रता संग्राम में जिस निष्ठा से इन कवियों ने अपनी महत्त्वपूर्ण भूमिका निभायी, उसका अपना एक गौरवपूर्ण इतिहास है।

1943 में 'तार सप्तक' के प्रकाशन से काव्य जगत् में व्यक्तिवाद की वापसी हुई लेकिन इस व्यक्तिवाद को छायावादी वैयक्तिकता के समान देखना उचित न होगा। छायावाद में फिर भी राष्ट्रीयता की धारा प्रवाहमान रही, प्राचीन सांस्कृतिक गौरव का गुणगान किया गया। हालाँकि यह सब कुछ छायावादी रहस्य भावना, प्रणय भावना, अध्यात्म और उसकी वैयक्तिकता के रहते हुआ। प्रयोगवाद ने रचना और समाज के सम्बन्धों को झुठलाने की कोशिश की, राष्ट्रीयता की भावना को कुचलने की कोशिश की और व्यक्ति-स्वातन्त्र्य का नारा लगाया। लेकिन कम-से-कम

1947 तक प्रयोगवाद राष्ट्रीय भावना को कुचलने में सफल नहीं हुआ। उसकी वैयक्तिकता के बावजूद ऐसा काव्य भारी परिमाण में निरन्तर रचा जाता रहा जिसमें राष्ट्रवादी विचारों की बाढ़-सी आ गयी। भारतेन्दु युग से लेकर प्रगतिवाद तक और उसके बाद भी आजादी के साथ सामाजिक परिवर्तन और नयी रचना के बारे में निरन्तर सोचा गया।

कुछ ऐसी परिस्थितियों में 15 अगस्त, 1947 को भारत स्वतन्त्र हुआ। देश की स्वाधीनता प्राप्ति के साथ ही राष्ट्रीय कविता के इतिहास का एक नया अध्याय प्रारम्भ हुआ। स्वतन्त्रता के पश्चात् राष्ट्रीय कविता का रुझान बदला, उद्देश्य बदले। उसके केन्द्र में अब नया भारत कैसा हो? नया समाज कैसा हो तथा नयी संस्कृति कैसी हो? जैसे सवाल मँडराने लगे। राष्ट्रीय कविता अब भारत—जो अब स्वतन्त्र तो था लेकिन बरसों की परतन्त्रता के बाद बुरी तरह उखड़ा-बिख़रा था—की नयी रचना के लिए चिंतित दिखाई देने लगी। हालाँकि राष्ट्रीय धारा के बहुत कम कवि ही इस मुद्दे को लेकर परेशान हुए। अधिकांश राष्ट्रीय कवियों में सन् '47 के बाद एक भटकाव दिखाई देता है।

'स्वतन्त्रता' या 'मुक्ति' शब्द भारत के लिए नया नहीं था। बौद्धिक वर्ग और रचनाकारों की दृष्टि में स्वतन्त्रता केवल वर्तमान परिस्थितियों से सम्बद्ध नहीं थी। बल्कि भारतीय संस्कृति के गहनतम स्तर पर वह मानवीय मूल्यों की उपलब्धि थी। इसका स्वप्न भारतीय जनता ने लगभग एक शताब्दी तक देखा था। कवियों और लेखकों के लिए सन् '47 की स्वतन्त्रता तो केवल आरंभिक वस्तु थी। वे उसे संस्कृति के उत्तराधिकारी के रूप में और आगे ले जाना चाहते थे। स्वातन्त्र्योत्तर राष्ट्रीय काव्यधारा में अब चिन्तन का धरातल सर्वथा नया था। वह नवनिर्माण के लिए चिंतित थी।

नन्ददुलारे वाजपेयी ने लिखा है—"राष्ट्रीयता से आशय केवल जातीय बाह्य गुणों और विशेषताओं से नहीं है, केवल उन लक्षणों से नहीं है, जिन्हें हम परम्परा के नाम पर दोहराते चले आते हैं, प्रत्यक्ष राष्ट्र या जाति के उस वास्तविक, सक्रिय और गम्भीर जीवन से है जो एक साथ मानवीय और विशिष्ट ऐतिहासिक अनुभवों तथा जातीय दृष्टि से युक्त होने के कारण ही राष्ट्रीय है।"[6] राष्ट्रीय धारा के कवियों ने स्थूल नहीं, बल्कि राष्ट्रीयता का अर्थ इसी सूक्ष्म रूप में देखा, परखा और ग्रहण किया था। राष्ट्रीय काव्यधारा के उन कवियों—जिन्होंने स्वतन्त्रता से पूर्व निराशा, पराजय, राष्ट्रीय भावना, साम्राज्यवाद विरोध और सामूहिक बलिदान की भावना को व्यक्त किया था—ने अब राष्ट्रीय आन्दोलन में अपनी बलि देने

वाले सेनानियों को श्रद्धांजलि अर्पित करते हुए आशा, आस्था तथा देश के मंगलमय भविष्य की नींव रखने वाले नए स्वरों का सन्धान किया।

भारतीय स्वतन्त्रता कितनी अमानुषिक तथा बर्बरतापूर्ण घटनाओं, कितने व्यापक रक्तपात और कितने लोगों के बलिदानों के बाद प्राप्त हुई, यह सर्वविदित है और इसका घाव इतिहास के पन्नों पर हमेशा हरा रहेगा। लेकिन अब वह अध्याय समाप्त हो चुका था और नए निर्माण के प्रयत्न प्रारम्भ हो गए थे। अपनी कविताओं के माध्यम से राष्ट्रीय कवियों ने नए भारत के निर्माण कार्य में अपना योगदान दिया। सरकार के अनेक कार्यों की आलोचना-प्रशंसा की। राष्ट्रीय काव्य का महत्त्वपूर्ण अंश ऐसी ही कविताओं से निर्मित हुआ। स्वातन्त्र्योत्तर राष्ट्रीय काव्य में कहीं गाँधी और नेहरू का प्रभाव दीख पड़ता है तो कहीं लोहिया और मार्क्स का। दरअसल स्वातन्त्र्योत्तर काव्य परिदृश्य में इन चिन्तकों का व्यापक प्रभाव दृष्टिगोचर होता है। गाँधीवादी और मार्क्सवादी खेमे तो स्वतन्त्रता से पूर्व ही दिखाई पड़ने लगे थे। अब इधर नेहरू सरकार और उसकी नीतियों का प्रभाव भी काव्य में उभरकर सामने आया और राममनोहर लोहिया के विचारों की छाप भी रचना में दिखाई पड़ने लगी। इसी समय गाँधी, नेहरू, लोहिया और मार्क्सवाद के भीतर से नयी काव्य-संस्कृति का जन्म हो रहा था, साम्राज्यवाद का छिपा आक्रमण शीतयुद्ध के रूप में हुआ। यह इतिहास-विरोधी व्यक्ति-धर्मी विचारधारा का आक्रमण था जिसने राष्ट्रीय चेतना को धूमिल करने की कोशिश की।

स्वतन्त्रता मिलने के पश्चात् देश की परिस्थिति में बड़े-बड़े परिवर्तन हुए। नयी समस्याएँ तथा प्रश्न भी उठ खड़े हुए। रचनाकार के एक वर्ग ने तो नयी रचनात्मक दृष्टि से नए भारत के निर्माण का स्वप्न देखा। स्वातन्त्र्योत्तर भारतीय परिवेश में एक ओर जहाँ एक नए और मूल्यवान युग की सम्भावना नजर आ रही थी, वहीं लेखक कवियों का एक ऐसा वर्ग सामने आया जिसने अपनी व्यक्तिगत प्रतिक्रियाओं, कुंठाओं और उद्गारों को व्यक्त करने में ही अपनी रुचि दिखाई। इस नए वर्ग के लेखक मध्यवर्ग से आए थे, आर्थिक दृष्टि से कुछ निश्चित हो चले थे और अब स्वतन्त्र हो जाने के बाद राष्ट्र की चिन्ता करना व्यर्थ समझते थे। फलतः प्रयोगवाद का खेमा नयी कविता और अकविता तक पसरता गया और अज्ञेयवादी रचनाकारों की संख्या बढ़ने लगी। जिनकी रचना के केन्द्र में प्रकृतिवाद और यौन कुंठाओं को प्रश्रय मिला।

स्वाधीनता प्राप्ति की घटना के बाद एक ओर हम विदेशी साम्राज्यवाद से

स्वतन्त्र हुए तथा दूसरी ओर हमने राजतन्त्र से प्रजातन्त्र में प्रवेश किया। लेकिन देश विभाजन की घटना से सम्बद्ध रक्तपात, उत्पीड़न, अत्याचार तथा अमानुषिक व्यवहार ने हमारी सारी संवेदनाओं को कुंठित और विजड़ित कर दिया था, इसलिए हम अपनी स्वाधीनता का स्वागत मुक्त मन से नहीं कर सके। डॉ. रघुवंश के अनुसार—"लेकिन किसी भी रूप में क्यों न हो, राष्ट्र के लिए स्वाधीनता अत्यन्त महत्त्व की घटना थी और इसकी प्रतिक्रिया हिन्दी की विस्तृत काव्यधारा पर होनी अनिवार्य थी। अनेक मनोवृत्तियों तथा परम्पराओं के कवियों पर उसका प्रभाव विभिन्न प्रकार से पड़ा।"[7] राष्ट्रीय काव्यधारा के बहुत-से कवियों ने इसका स्वागत इस रूप में किया कि भारत के गत वैभव का युग वापस आने वाला है और वे अपने-अपने आशीष वचनों के साथ विजय का आलिंगन करने वाले सेनानियों का विजय घोष करने के लिए प्रस्तुत हो गए। इन कवियों के रामराज्य में राजा और प्रजा की स्थिति इस प्रकार निश्चित थी कि वे राजा पर सारे रामराज्य की व्यवस्था का भार सौंपकर निश्चिन्त हो गए। उनसे इससे अधिक की आशा करना व्यर्थ भी था। वे कवि कवि-कर्म में संलग्न रहकर भी युग जीवन की धारा से कट चुके थे।

लेकिन राष्ट्रीय काव्यधारा में कुछ ऐसे कवि भी थे जिन्होंने राष्ट्र के सन्दर्भ में परिवर्तन और विकास को ध्यान में रखकर रचनाएँ कीं। इनके काव्य में नए चिन्तन का विकास दृष्टिगोचर होता है। इस तरह नयी विधाओं और शैलियों का विकास भी होने लगा। राष्ट्रीयता और अन्तर्राष्ट्रीयता में एकता होने लगी। औद्योगिक तथा आधुनिक संस्कृति का विकास दिखाई पड़ने लगा। इन एक-दो राष्ट्रीय कवियों का काव्य दरअसल परिवर्तन, विकास और नए चिन्तन का काव्य था। युगीन परिस्थितियों ने सामाजिक, आर्थिक तथा राजनीतिक परिप्रेक्ष्य की रचना में सहायता दी। डॉ. नगेन्द्र ने लिखा है—"राष्ट्रीय कवियों ने देश के अतीत गौरव के प्रति अटूट श्रद्धा व्यक्त की और एक नयी, विराट और भव्य सामाजिक व्यवस्था की रचना का स्वप्न देखा।"[8]

स्वातन्त्र्योत्तर भारत अनेक रूढ़ियों, विसंगतियों और प्राचीन परम्पराओं से ग्रस्त था। स्वतन्त्रता संग्राम में वह एकजुट तो हो गया था लेकिन उसमें जो अनेक सामाजिक बुराइयाँ थीं, उनसे उसे मुक्ति न मिल सकी थी। यही कारण है कि स्वातन्त्र्योत्तर राष्ट्रीय काव्यधारा के कुछ कवियों का काव्य सुधारवादी भावना से प्रेरित दिखाई देता है। उसमें अनेक सामाजिक समस्याओं का चित्रण हुआ तथा उन्हें दूर करने के लिए जन-जीवन में जागृति लाने की चेष्टा की गयी। अस्पृश्यता, हिन्दू-मुस्लिम ऐक्य तथा नारी-जागरण जैसे विषयों को लेकर लिखी गयी कविताओं

में इस सुधारवादी प्रवृत्ति के दर्शन किये जा सकते हैं।

स्वतन्त्रता के बाद राष्ट्रीयता पूँजीवादी और मार्क्सवादी के संघर्ष का विषय बन गयी और कविता की संस्कृति में भी दो स्पष्ट खेमे दिखाई देने लगे। कवियों के एक वर्ग ने स्वतन्त्रता सेनानियों का जय-जयकार किया, श्रद्धा-सुमन चढ़ाये और काव्य में विभिन्न सामाजिक बुराइयों का चित्रण किया। हालाँकि समाज के प्रति इन कवियों की सजगता बहुत कम स्थलों पर दिखाई पड़ती है। इन कवियों ने नेहरू सरकार में अपनी आस्था प्रकट की और उसके गुण गाये। राष्ट्रीय काव्यधारा के कवि भी इसी वर्ग का प्रतिनिधित्व करते हैं। अधिकांश कवि 'क्या लिखें?' की समस्या से ग्रस्त होकर विभिन्न भटकावों के शिकार हो जाते हैं। इनमें माखनलाल चतुर्वेदी का काव्य ही युग जीवन से लगातार सम्पृक्त दिखाई देता है।

कवियों का दूसरा वर्ग प्रगतिशील कवियों का था। इन कवियों ने आजादी को भिन्न अर्थ में ग्रहण किया। थोड़े-से वर्ष बीतते-बीतते उन्हें यह लगने लगा कि यह वह स्वतन्त्रता नहीं है जिसका उन्होंने स्वप्न देखा था। इसके पीछे बहुत-से तत्कालीन कारण थे। नेहरू सरकार ने उद्योगों को बढ़ावा दिया। जमींदार वर्ग टूटे और उनका नया मध्यवर्ग तैयार हो गया जिसने उद्योगपतियों और पूँजीपतियों का साथ दिया। देश में विदेशी पूँजी की घुसपैठ हुई। ग्रामीण जीवन को महानगरीय औद्योगिक जीवन ने अस्त-व्यस्त कर दिया। इन कवियों ने स्वातन्त्र्योत्तर भारत में घट रही इन घटनाओं को देखा, समझा और स्वतन्त्रता को अधूरा माना। यह समय इन कवियों के लिए मोहभंग का था। विचारधारा के अन्तर के कारण दोनों वर्गों के काव्य में चिन्तन का धरातल सर्वथा अलग-अलग है। वैचारिक भिन्नता और युगीन परिस्थितियों के कारण भी स्वातन्त्र्योत्तर काव्य में राष्ट्रवाद एक जटिल और वृहत विचारधारा के रूप में उपस्थित होता है। स्वतन्त्रता पूर्व की राष्ट्रीय कविता में जहाँ स्वतन्त्रता प्राप्ति का लक्ष्य प्रधान रहा, वहीं स्वातन्त्र्योत्तर काव्य में राष्ट्रीय भावना युग की परिस्थितियों के अनुसार विभिन्न सन्दर्भों में उभरकर सामने आयी।

राष्ट्रीय काव्यधारा के कवि और उनका परवर्ती (आजादी के बाद) काव्य

स्वतन्त्रता से पूर्व राष्ट्रीय कवियों की चिन्ता के केन्द्र में स्वतन्त्रता प्राप्ति का लक्ष्य काम कर रहा था लेकिन स्वतन्त्रता मिलने के बाद इन कवियों में से अधिकांश के सामने यह समस्या उठ खड़ी हुई कि क्या लिखें।

देश एक विचित्र संक्रमण काल से गुजर रहा था। कहा जा चुका है कि विचारधारा की भिन्नता के कारण आजादी से पहले कुछ राष्ट्रीय कवियों की आस्था अहिंसात्मक साधनों को अपनाने में थी और कुछ केवल अहिंसात्मक साधनों तक ही सीमित नहीं रहना चाहते थे पर इन सबके बावजूद सब कवियों ने कष्ट सहा था। बहुत-से राष्ट्रीय कवियों ने न सिर्फ लिखा बल्कि स्वतन्त्रता आन्दोलन में भाग भी लिया और जेल गए। वे एक प्रकार की तपस्या से गुजरे थे। उस समय इन कवियों के दिमाग में एक तस्वीर थी कि आजादी के बाद राष्ट्र का स्वरूप क्या हो। यह तस्वीर कतिपय मूल्यों पर आधारित थी और ये कवि उन मूल आदर्शों पर दृढ़ थे। जिस समय स्वतन्त्रता मिली उस समय देश को एक बड़ा मानसिक आघात भी लगा। बकौल धर्मवीर भारती–"एक तो यह कि देश दो टुकड़ों में बाँट दिया गया, जिसकी किसी ने कल्पना नहीं की थी। इसके अलावा आजादी पाने के कुछ ही महीनों के अन्दर महात्मा गाँधी की हत्या हो गयी। यह हमारे देश को दूसरा बड़ा मानसिक धक्का था। तीसरे, दुर्भाग्यवश आजादी जैसे मिली थी उसमें हम संघर्ष के सच्चे वारिस न बनकर ब्रिटिश राजशक्ति के वारिस बन गए थे। जिस तरह से अंग्रेजों ने इस देश पर शासन किया था, उन्हीं तौर-तरीकों को, उसी अफसरशाही को हमने ज्यों का त्यों कबूल कर लिया। न सिर्फ कबूल कर लिया था बल्कि दुर्भाग्य से नेहरू युग में एक और छलना आयी कि हम विश्व बन्धुत्व की ओर बढ़ें और हम संसार में जो कुछ हो रहा है, उसके यथासम्भव अंग बन जाएँ।

संसार में उस समय क्या हो रहा था। दूसरा महायुद्ध समाप्त हुआ था। एक विचित्र विडम्बना व्याप्त थी, सारे यूरोपीय देशों में, उनकी सल्तनतें उपनिवेशों से उखड़ चुकी थीं लेकिन दूसरे माध्यमों से चाहे वह ब्रिटिश कॉमनवेल्थ हो, चाहे मार्शल प्लान हो, वे चाहते थे कि जो भूतपूर्व उपनिवेश हैं; उन पर उनका आर्थिक और सांस्कृतिक प्रभुत्व बना रहे। दुर्भाग्य से नेहरू जी इन खतरों को समझ नहीं पाए। परिणामस्वरूप उनके समय में अंग्रेजी, अंग्रेजियत और विदेश की ओर देखने वाली संस्कृति और शासन पद्धति का बोलबाला कुछ ज़्यादा ही रहा।"[9]

यही कारण है कि राष्ट्रीय संघर्ष के दौरान जो मूल स्वप्न थे, ये धूमिल पड़ गए। स्वातन्त्र्योत्तर परिवेश की विसंगतियों को देखते हुए प्रगतिशील कवियों ने स्वतन्त्रता को अधूरा माना और व्यवस्था विरोधी काव्य की रचना की। शेष कवियों ने यह मान लिया कि अब स्वतन्त्रता मिल चुकी है और किसी तरह की कोई चिन्ता करना व्यर्थ है। दुर्भाग्य से इनमें राष्ट्रीय धारा के कवि भी सम्मिलित थे।

इन कवियों ने स्वतन्त्रता सेनानियों पर श्रद्धा सुमन चढ़ाये और नेहरू सरकार की नीतियों की प्रशंसा के पुल बाँधे। इनमें माखनलाल चतुर्वेदी जैसे एक-दो कवि ही अपवाद रहे। जिन्होंने स्वतन्त्रता के बाद भी सामाजिक विसंगतियों को देखा, परखा, समझा और पूर्ण ईमानदारी से उनका चित्रण किया और उनसे मुक्ति की कोशिश की। इस तरह सामाजिक चेतना के विकास में अपना योगदान दिया।

दरअसल 1947 के बाद राष्ट्रीय काव्यधारा में एक व्यापक परिवर्तन होना लाजिमी ही था क्योंकि उसका एक मूल लक्ष्य स्वतन्त्रता प्राप्ति अब पूरा हो चुका था। यह ठीक है कि राष्ट्रीय काव्यधारा स्वातन्त्र्योत्तर काव्य साहित्य में भी कुछ दूर तक सतत प्रवाहित रही और समय के साथ उसमें व्यापकता, संकोच, संयम, उग्रता अथवा इसी प्रकार के अन्य आरोह-अवरोह अवश्य आते रहे परन्तु उसकी गति अवरुद्ध नहीं हुई। राष्ट्र तथा जन-मन की आशाओं और आकांक्षाओं का प्रतिनिधित्व करते हुए उसने अपना स्वरूप सुरक्षित रखा। लेकिन यदि हम स्वातन्त्र्योत्तर राष्ट्रीय कविता पर सूक्ष्मता से दृष्टि डालें तो देखेंगे कि—"अपने मूल लक्ष्य देश की स्वाधीनता प्राप्ति तक उसमें जो संश्लिष्टता थी, उस लक्ष्य की पूर्ति हो जाने के पश्चात् उसके स्थान पर एक विशृंखलता अथवा विघटन दिख पड़ता है। उसके सर्जक दिग्भ्रमित हो उठते हैं, नयी राह और नए विषयों की खोज में भटकने लगते हैं।"[10]

यह भटकाव उन राष्ट्रीय कवियों में विशेष रूप से देखा जा सकता है जो मूलतः सामाजिक विषयों से ही सम्बन्धित रहे थे। युगीन परिस्थितियों के अनुसार राष्ट्रीय काव्य की सामयिकता के महत्त्व को नकारा नहीं जा सकता लेकिन सामयिकता और स्थायित्व में अन्तर तो करना ही होगा। स्थायित्व ही तो रचना को कालजयी बनाता है। स्वतन्त्रता-प्राप्ति के पश्चात् बहुत-से राष्ट्रीय कवियों के सम्मुख दो मार्ग रह गए—या तो वे स्थायित्व प्राप्त करने के लिए नयी राह खोजें या स्थायित्व का मोह छोड़कर मात्र सामयिकता को वाणी दें। या फिर दोनों में असमर्थ हो इधर-उधर भटका करें। परवर्ती राष्ट्रीय काव्यधारा के बहुत-से कवि इस भटकाव से नहीं बच सके। दरअसल बरसों तक सामयिक काव्य लिखते-लिखते ये कवि स्थायित्व को भूल से गए और नवीन सामयिकता से संगति नहीं बिठा पाए। संगति बिठाने की कोशिश यदि की भी तो उसकी सफल और सजीव अभिव्यक्ति नहीं कर पाए।

उसके पीछे कारण यह था कि नवीन सामयिकता के चित्रण में न उनकी मनोवृत्ति ही रमती थी और न उसमें इस तरह के भावावेश, उद्बोधन अथवा आक्रोश

को ही स्थान मिल सकता था, जैसा कि स्वतन्त्रतां से पूर्व स्वतन्त्रता प्राप्ति को लेकर था। अतः ऐसे कवि दोनों ही प्रकार से असमर्थ अपने कृतित्त्व की स्थायित्वहीनता से पीड़ित किसी भी प्रकार के नए विकास को प्रदर्शित करने में असमर्थ-से दिखाई पड़ने लगे। बालकृष्ण शर्मा 'नवीन', भगवतीचरण वर्मा जैसे कवियों की राष्ट्रीय वाणी तो बहुत पहले ही शान्त होकर रहस्य, आध्यात्मिकता तथा स्थूल प्रणय में लीन हो चुकी थी। इसी तरह—"दिनकर की नयी राह खोजने के प्रयत्न में प्रयोगवादी बनने का उपक्रम करना, हरिकृष्ण 'प्रेमी' का 'अग्निगान' गा चुकने के पश्चात् 'रूप-दर्शन' के सस्ते गीत गाना, सोहनलाल द्विवेदी तथा श्यामनारायण पांडे का पुराने विषयों को ही नए रूपों में प्रस्तुत करना—क्रमागत राष्ट्रीय कविता के विघटन का ही प्रमाण प्रस्तुत करता है।"[11]

अब हम यहाँ इस बात की चर्चा थोड़े विस्तार के साथ करेंगे कि सन् '47 के बाद मैथिलीशरण गुप्त, माखनलाल चतुर्वेदी, बालकृष्ण शर्मा 'नवीन', सुभद्राकुमारी चौहान, रामधारी सिंह दिनकर तथा सोहनलाल द्विवेदी आदि प्रमुख राष्ट्रीय कवियों का काव्य किस तरह का था। इन कवियों के कौन-कौन-से संकलन आए? उन संकलनों में काव्य विषय क्या रहा? इनमें भावगत और विचारगत परिवर्तन क्या आया? इस बदलाव को बल देने वाली घटनाएँ कौन-कौन-सी थीं? कुल मिलाकर यह कि भारतीय आजादी की कौन-सी तस्वीर इनके काव्य में उभरी? साथ ही यह भी देखना होगा कि इस तस्वीर के उभरने के पीछे इनकी दृष्टि क्या थी और उस दृष्टि के चलते कौन-कौन-से अनुभवों ने इन्हें कवि-रूप में सक्रिय रखा और कौन-कौन-से जरूरी अनुभव इन्हें नहीं हो सके।

स्वातन्त्र्य पूर्व भारत में राष्ट्रीय कविता के चरम उत्कर्ष के काल में मैथिलीशरण गुप्त एक प्रमुख और महत्त्वपूर्ण राष्ट्रीय कवि के रूप में उभरकर सामने आते हैं। स्वातन्त्र्य पूर्व भारत में गुप्त जी 'रंग में भंग', 'भारत-भारती', 'जयद्रथ वध', 'पंचवटी', 'स्वदेश-संगीत', 'साकेत', 'यशोधरा', 'सिद्धराज', 'नहुष' तथा 'कुणाल गीत' जैसे काव्यकृतियों से पर्याप्त ख्याति अर्जित कर चुके थे। 'भारत-भारती' उग्र राष्ट्रीय चेतना की दृष्टि से इनका सर्वाधिक चर्चित व श्रेष्ठ ग्रन्थ माना जा सकता है। लम्बी परतन्त्रता के बाद जब भारत स्वाधीन हुआ, मैथिलीशरण जी का प्रसन्न होना स्वाभाविक था। उन्होंने 15 अगस्त, 1947 को एक कविता लिखी—'ध्वज वन्दना।' इस कविता में भारत की राष्ट्रीय चेतना का अत्यन्त गहनता के साथ चित्रण किया गया था। मैथिलीशरण जी ने इस कविता के द्वारा यह घोषणा की थी कि हमें अपनी स्वतन्त्रता के द्वारा सबको स्वतन्त्र कराना है और शांति

के मार्ग पर चलना है—

"यह पुण्य पताका फहरे
मुक्त वायु मंडल में अपनी मानस लहरी लहरे
जय मैत्री करुणा कारामय यह ध्वज चक्र हमारा
कभी क्रांति का सूर्य यही है, कभी शांति, शशितारा
हमें विजय का सूत्र मिला है इसी चक्र के द्वारा
रक्षक यही सुदर्शन अपना किरण-कुसुम-सा प्यारा
कालचक्र यह हाथ हमारे, लक्ष्य क्यों न थक थहरे
यह पुण्य पताका फहरे
कर्म क्षेत्र हरा है अपना, ज्ञान शुभ्र मन माना
बलि बलवती विनीत भक्ति का, फल केसरिया बाना
इस त्रियोग के तीर्थराज में हमें स्वधर्म निभाना
अपनी स्वतन्त्रता से सबका, मुक्ति मन्त्र है पाना
सब समान भागी जीवन के, यही घोषणा घहरे
यह पुण्य पताका फहरे
त्याग हमारा धर्म किन्तु हम हरण कभी न सहेंगे
दानवत्व से मानवता का वरण कभी न सहेंगे
किसी आततायी का तुष्टिकरण कभी न सहेंगे
और कहीं भी व्यर्थ किसी का मरण कभी न सहेंगे
वह नरता ही क्या, बर्बरता जिसके आगे ठहरे
यह पुण्य पताका फहरे
इस ध्वज जूझे स्वजनों पर ध्यान जहाँ जाता है।
मस्तक ऊँचा होने पर भी मन भर-भर आता है
निर्भय मृत्यु वरण कर ही नर अमर कीर्ति पाता है
ऐसे पुत्रों की ही आशा रखती भूमाता है।
भूमाता का वह अंचल पर छाया करके छहरे
यह पुण्य पताका फहरे।"[12]

मैथिलीशरण जी का लेखन उनकी अभिव्यक्ति के साथ-साथ परिवार के भरण-पोषण के लिए भी जरूरी था। लेखन के बल पर ही उन्होंने न सिर्फ पूर्वजों का ऋण अदा किया बल्कि एक बड़े परिवार का पालन-पोषण भी किया। फलस्वरूप इसका जो दुष्परिणाम हो सकता था, इससे वे बच न सके। पुरानी पुस्तकों के ही न सिर्फ नए-नए संस्करण निकालने पड़े, नए-नए विषयों पर किताबें लिखनी पड़ीं

बल्कि जो नए विचार आए, उनको लेकर पुरानी पुस्तकों को ही नया रूप भी दिया गया। उन्होंने 'लीला', 'पंचवटी' और 'साकेत' से रामकथा के कुछ हिस्सों को मिलाकर एक और पुस्तक लिख डाली 'प्रदक्षिणा'। यह 1950 की कृति है जो मात्र पुरानी सामग्री का ही नया प्रस्तुतीकरण था। इस ग्रन्थ में रामराज्य के आदर्श पर जोर दिया गया था जो स्वराज्य के बाद गाँधी जी का प्रधान लक्ष्य था। इसी क्रम में आगे अनेक कृतियाँ आयीं—'पृथ्वीपुत्र', 'अंजलि और अर्घ्य', 'भूमि-भाग' और 'राजा-प्रजा'। पौराणिक आख्यान भी साथ-साथ चलते रहे। 1950 में ही 'हिडिम्बा' का प्रकाशन हुआ जिसकी परिणति 'जय भारत' में हुई। 'जय भारत' का प्रकाशन 1952 में हुआ और महाभारत के अनेक कथानक इसमें समा गए। यह मैथिलीशरण गुप्त का दूसरा महाकाव्य था।

स्वातन्त्र्योत्तर भारत में अब वे राज्यसभा के सदस्य मनोनीत हो गए थे। हालाँकि साहित्य-लेखन उनका अब भी जारी रहा लेकिन पहले की तरह जनता से सीधा सम्पर्क अब टूट गया था फलस्वरूप इतिहास और पुराणों की तरफ उनकी वापसी हुई। 'पृथ्वीपुत्र' 1950 में प्रकाशित हुई जिसमें तीन काव्य हैं—एक 'पृथ्वीपुत्र', दूसरा 'दिवोदास' और तीसरा 'जयनी'। 'पृथ्वीपुत्र' में पारस्परिक सद्भावना और युद्ध के विरोध का सन्देश है। 'दिवोदास' वैदिक राजा दिवोदास की कहानी है, उस राजा की जो देवताओं की परवाह नहीं करता था। 'जयनी' प्रसिद्ध साम्यवादी विचारक कार्लमार्क्स की पत्नी जयनी का जीवन-चरित्र है। यद्यपि गुप्त जी की साम्यवादी विचारधारा से बिलकुल सहमत नहीं थे। परन्तु उन्होंने जयनी के चरित्र को एक आदर्श महिला का चरित्र मानकर अंकित किया। दूसरी ओर उन्होंने उसी वर्ष 'हिडिम्बा' लिखी। यद्यपि हिडिम्बा दैत्यकन्या है परन्तु वह एक गर्वीली स्त्री है। वह भी मैथिलीशरण गुप्त की अन्य विशिष्ट नायिकाओं—यशोधरा, उर्मिला, विष्णुप्रिया आदि की तरह ही परित्यक्ता है। वह पांडवों के साथ वापस नहीं लौटती लेकिन वह यह घोषणा करती है कि मैं तुम्हें एक ऐसा पुत्र दिये जा रही हूँ जो आड़े वक्त में तुम्हारे काम आएगा। महाभारत की कथानुसार अगर घटोत्कच ने कौरवों को बहुत तंग न किया होता तो कर्ण अपनी उस अभेद्य शक्ति का इस्तेमाल नहीं करता और फिर वह न केवल अर्जुन के जीवन के लिए बल्कि पांडवों की विजय के लिए भी कंटक हो सकता था। 'हिडिम्बा' काव्य भी बाद में 'जय भारत' में सम्मिलित हो गया।

सन् 1952 में 'जय भारत' का प्रकाशन हुआ। कवि के कथनानुसार यह उनके 42 वर्षों के प्रयत्नों का परिणाम था। इसमें कुछ नए प्रसंगों के साथ 'जयद्रथ

वध' तथा 'नहुष' जैसी पुरानी काव्यकृतियों को भी समाहित कर लिया गया। 'जय भारत' के द्वारा कवि ने समस्त मानव के एक होने का सन्देश देने का प्रयत्न किया—

"सुनो तात, हम सभी एक हैं, भवसागर के तीर
हो शरीर-यात्रा में आगे-पीछे का व्यवधान
परमात्मा के अंश रूप हैं, आत्मा सभी समान।"[13]

'जय भारत' महाभारत का संक्षिप्त संस्करण है। डॉ. जगदीश प्रसाद चतुर्वेदी ने लिखा—"राष्ट्रकवि के कृतित्त्व का समग्र रूप में यदि एक ही रचना में परिचय पाना हो तो 'जय भारत' को ही प्रतिनिधि रचना के रूप में उपस्थित किया जा सकता है।"[14]

'जय भारत' लिखने के बाद मैथिलीशरण जी के जो दो बड़े काव्य थे, वे दो अन्य महान नारियों के बारे में थे। 1957 में उन्होंने चैतन्य महाप्रभु की पत्नी विष्णुप्रिया पर काव्य लिखा—'विष्णुप्रिया'। 1960 में महाकवि तुलसीदास की पत्नी पर उनकी 'रत्नावली' नामक काव्यकृति प्रकाशित हुई। दो और काव्यकृतियाँ उन्होंने लिखीं—एक तो बहुत छोटी-सी 'भूमिभाग' और दूसरी है—'राजा-प्रजा'। 'विष्णुप्रिया' और 'रत्नावली' दोनों में परित्यक्ता नारी की पीड़ा और छटपटाहट को वाणी देने का प्रयास कवि ने किया है—

"स्वामी रहो, मेरा यह स्वत्व भी न छीन लो
क्या अनुचरी के भी अयोग्य हूँ तुम्हारी मैं?
हाय नाथ, मेरे लिए शेष था क्या यह भी?
जीने की नहीं, यह आज्ञा मरने की है।

....

....

देव यह क्या कह चले तुम
और भी कुछ दिन रहूँ मैं?
जब तुम्हीं सुनते नहीं तब
और किससे क्या कहूँ मैं?
चिर विरह था प्रथम ही अब
इस दहन से भी दहूँ मैं।
मृत्यु-मान न पा सकी
अपमान जीवन का सहूँ मैं।"[15]

'भूमि-भाग' तब लिखी गयी थी जब आचार्य विनोबा भावे 'भूदान' आन्दोलन के सिलसिले में पदयात्रा कर रहे थे। इसमें मूलतः भूमिवन्दना तथा श्रमजीवियों के बारे में कुछ संवेदनात्मक पंक्तियाँ हैं–

''अप्राप्य नहीं लेते हैं हम
कहते हैं यद्यपि तुम्हें दाता
क्या इस पृथ्वी के पुत्र तुम्हीं
यह भूमि हमारी भी माता।''[16]

'राजा-प्रजा' एक तरह से राजनीतिक विचार-ग्रन्थ है जिसमें कवि ने एक ओर राजतन्त्र के खतरों से जनता को आगाह किया तो दूसरी ओर लोकतन्त्र की कुछ खामियों का भी उल्लेख किया–

''चिर सावधान इन वणिग् जनों से रहना
ये कभी तुम्हीं को बेच न दें तो कहना
धन जहाँ, वहीं जन और देश इनका है
सब कहीं सुभायामय प्रवेश इनका है
बहती गंगा में हाथ सभी धोते हैं
पर सबके मन क्या कहीं शुद्ध होते हैं।''[17]

इस तरह मैथिलीशरण गुप्त स्वातन्त्र्योत्तर कृतियों में भी अपनी पूर्वागत काव्य प्रवृत्तियों से उबरकर आगे न जा सके। राष्ट्रीय भावना की दृष्टि से उनका स्वातन्त्र्य पूर्व काव्य जहाँ अपनी पूर्ण विकसित अवस्था में दिखलाई देता है, वहीं उनकी स्वातन्त्र्योत्तर कृतियाँ क्रमशः उनके ह्रास की ही परिचायक बन जाती हैं। उनकी काव्य-दृष्टि के सम्बन्ध में डॉ. जनार्दन पांडेय ने लिखा है–''गुप्त जी हिन्दू धर्म को ही भारतीय संस्कृति का पर्याय मानते थे। इसलिए उन्होंने प्राचीन एवं मध्यकालीन भारत के महान पुरुषों के जीवन-वृत्त से संबंधित घटनाओं और रामायण, महाभारत की विभिन्न कथाओं को लेकर अनेक लघु प्रबन्ध काव्यों की रचना की जिसमें हिन्दुओं के अवतारों और पुराण-पुरुषों को कथा का आलम्बन बनाया गया है। इससे हिन्दू धर्म के प्रति उनकी निष्ठा का पता तो जरूर चलता है लेकिन समग्र दृष्टि से देखने पर हिन्दू राष्ट्रीयता की भावना संकीर्ण दृष्टिकोण का ही परिचायक है।''[18]

स्वातन्त्र्योत्तर काव्य परिदृश्य में माखनलाल चतुर्वेदी राष्ट्रीय धारा के कवियों में अकेले कवि थे जिन्होंने अपने काव्य में निरन्तर युग-जीवन की पीड़ा और

विसंगतियों को वाणी दी। जनता से इनका सम्पर्क टूटा नहीं था और अपने समय के सामाजिक-राजनीतिक परिवेश से इनकी गहरी सम्पृक्तता सहज ही लक्ष्य की जा सकती है। माखनलाल चतुर्वेदी की स्वातन्त्र्य पूर्व की राष्ट्रीय भावना के महत्त्व को स्वातन्त्र्योत्तर भारत में कम करके नहीं आँका जा सकता। उनकी परवर्ती कृतियों में भी राष्ट्रीयता की भावना का ह्रास नहीं हुआ। सन् '47 से पहले ही एक राष्ट्रीय कवि के रूप में वे पर्याप्त ख्याति अर्जित कर चुके थे। उन्होंने न सिर्फ स्वतन्त्रता आन्दोलन में भाग लिया था बल्कि जेल भी गए थे। ब्रिटिश-साम्राज्य के प्रति उस समय के जन-आक्रोश और विरोध को चतुर्वेदी जी ने 'कैदी और कोकिला' तथा 'पुष्प की अभिलाषा' जैसी बहुचर्चित कविताओं में व्यक्त भी किया–

"चाह नहीं मैं सुरबाला के
गहनों मे गूँथा जाऊँ
चाह नहीं प्रेमी माला में
बिंध-प्यारी को ललचाऊँ
चाह नहीं सम्राटों के शव पर
हे हरि डाला जाऊँ
चाह नहीं देवों के सिर पर
चढ़ूँ भाग्य पर इठलाऊँ
मुझे तोड़ लेना वनमाली
उस पथ पर देना तुम फेंक
मातृभूमि पर शीश चढ़ाने
जिस पथ जावें वीर अनेक।"[19]

15 अगस्त, 1947 की स्वतन्त्रता-प्राप्ति के साथ ही मुक्ति-संघर्ष का एक अध्याय समाप्त हुआ और देश ने एक नए दौर में प्रवेश किया।

स्वतन्त्रता के स्वागत में माखनलाल चतुर्वेदी जी ने भी 'मुक्त गगन है मुक्त पवन है' शीर्षक से एक कविता लिखी। तब भारत स्वतन्त्र तो हो गया था, गणतन्त्र नहीं हुआ था। कविता में यह आकांक्षा प्रकट है कि एशिया के पराधीन देश मुक्त हों। भारत स्वावलम्बन के मार्ग पर प्रशस्त हो तथा सभी देशों से उनके स्वतन्त्र सम्बन्ध हों–

"मुक्त गगन है, मुक्त पवन है, मुक्त साँस गरबीली।
लाँघ सात लम्बी सदियों को हुई शृंखला ढीली।

टूटी नहीं, कि लगा अभी तक उपनिवेश का दाग?
बोल तिरंगे, तुझे उठाऊँ या कि जगाऊँ आग?
उठ रणराते, ओ बलखाते—विजयी भारत वर्ष
नक्षत्रों पर बैठे पूर्वज माप रहे उत्कर्ष
ओ पूरब के प्रलय पन्थी ओ जग के सेनानी
होने दे भूकम्प की तूने आज भृकुटियाँ तानी
सागर की बाँहें लाँघे हैं, तट-चुम्बित भू-सीमा
तू भी सीमा लाँघ, जगा एशिया, उठा भुज-भीमा।''[20]

माखनलाल चतुर्वेदी के काव्य-जीवन के पूर्वार्द्ध का समय निश्चित रूप में स्वाधीनता संग्राम का समय था। वे इस संग्राम में न सिर्फ कई बार लड़े और जेल गए बल्कि 'कर्मवीर' साप्ताहिक द्वारा राष्ट्रीय जागृति में भी अपना योग दिया। वह छायावाद का आरंभिक युग था पर वे छायावादी नहीं थे। समय की माँग के अनुसार उन्होंने राष्ट्रीय संघर्ष की कविताएँ लिखीं जो ओज और बलिदान से पूर्ण थीं। आज हम उसे सिर्फ ऐतिहासिक महत्त्व का काव्य कह सकते हैं लेकिन स्वाधीनता के बाद भारतीय शासक वर्ग का जो लगातार पतन होता गया, उस पर भी उन्होंने कविताएँ कीं। इसके अतिरिक्त उन्होंने प्रेम और प्रकृति सम्बन्धी कविताएँ भी लिखीं। उनके काव्य संसार का यह दूसरा रूप है। इन कविताओं में प्रेम, माधुर्य, सौन्दर्य तथा सूक्ष्म मानवीय भावनाएँ हैं। किसी भी कसौटी पर ये कविताएँ बहुत उत्तम हैं। ये वक्ती नहीं हैं। शाश्वत मानवीय भावना और सौन्दर्य की कविताएँ हैं—

''गगन पर दो सितारे : एक तुम हो
धरा पर दो चरण हैं : एक तुम हो
त्रिवेणी दो नदी हैं : एक तुम हो
हिमालय दो शिखर हैं : एक तुम हो।''[21]

'हिमकिरीटिनी' (1941) तथा 'हिमतरंगिनी' (1949) में माखनलाल चतुर्वेदी की स्वातन्त्र्य पूर्व और मूलतः राष्ट्रीय भावना की कविताएँ संग्रहीत हैं। 'माता' (1952), 'समर्पण' (1957) तथा 'युगचरण' (1957) उनकी प्रमुख परवर्ती कृतियाँ हैं। इसके बाद 'धूम्र वलय', 'वेणु लो, गूँजे धरा' तथा 'बिजुरी काजल आँज रही' नामक काव्यकृतियाँ प्रकाशित हुईं।

माखनलाल चतुर्वेदी की सम्पूर्ण काव्य-यात्रा में उनकी काव्यवस्तु के मूलतः दो धरातल दिखाई देते हैं। एक तो वह जहाँ उन्होंने प्रेम और प्रकृति से संबंधित

सूक्ष्म मानवीय भावनाओं को अभिव्यक्त किया। यथा–

"कैसे छन्द बना देती हैं
बरसातें बौछारों वाली
निगल-निगल जाती हैं बैरिन
नभ की छवियाँ तारों वाली।"[22]

और दूसरा वह जहाँ उन्होंने अपने व्यापक राष्ट्रबोध के अन्तर्गत युग की पीड़ा और सामाजिक-राजनीतिक विसंगतियों को वाणी देने का प्रयत्न किया। आजादी के बाद के आरम्भिक कुछ वर्षों में तो यही भ्रम बना रहा कि अब लक्ष्य-प्राप्ति हो चुकी है, किसी तरह की कोई चिन्ता करने की जरूरत नहीं है और राष्ट्र का दायित्व चुने हुए जन-प्रतिनिधियों के कन्धों पर है। थोड़े समय तक माखनलाल चतुर्वेदी भी इस भ्रम के शिकार रहे। फलस्वरूप उन्हें भी 'मजबूरियाँ बड़भागिनी' और 'झोंपड़ियाँ अनन्त सुहागिनी' लग रही थीं–

"जबकि प्रश्न बने स्वयं अगणित कहानी
जब उत्तर हो उठे असहाय वाणी
धूलि में श्रमकर थका इतिहास खेले
और मुट्ठी में बँधा विश्वास खेले
आज वे मजबूरियाँ बड़भागिनी हैं
आज झोंपड़ियाँ अनन्त सुहागिनी हैं।"[23]

लेकिन यह भ्रम बहुत ज्यादा दिनों तक बना न रह सका। भारत को विश्वबैंक से उधारी के रूप में धन मिला। देश में विदेशी पूँजी की घुसपैठ हुई। जमींदार वर्ग टूटा और नए मध्यवर्ग का उदय हुआ। जिसकी साठ-गाँठ पूँजीपति तथा उद्योगपतियों से हुई। ग्रामीण उद्योग टूटे, फलस्वरूप गाँवों की आत्मनिर्भरता में कमी आयी। नेहरू सरकार की उदारवादी नीतियों के फलस्वरूप स्वतन्त्र देश के खुले आसमान में पूँजीवाद की काली छाया मँडराने लगी। देश भूख, गरीबी, बेरोजगारी, अशिक्षा जैसी भयावह समस्याओं की लपटों में झुलसने लगा। फलस्वरूप राष्ट्र के प्रति जागरूक कवियों का मोहभंग हुआ। माखनलाल चतुर्वेदी जैसे कवि यह सोचने को विवश हुए कि "किस तरह अधिकार ने यह दुर्दशा कर दी विनय की"–

"गाँव के चौपाल पर बैठे हुए कृषि बन्धु प्यारे
कृषक के ढाँचे रहे जो जोहते मेरे इशारे

और उनकी घरनियाँ, वे तरनियाँ दारिद्र्य-नद की
निस्सहाय शिकार मेरे विफल से नेतृत्व मद की
खेत के मोती हमें देकर जिलाते प्राण देकर
हम उन्हें लौटा रहे क्या? कौन-सा सम्मान देकर
माँगते दुर्भाग्य-क्षय थे, निधि मिली सौभाग्य-क्षय की
किस तरह अधिकार ने यह
दुर्दशा कर दी विनय की
आ गयी है पूछने फिर यह स्मरण बेला विजय की।''[24]

''जिनने श्रमकण सौंप भारती
भारत नन्दन को लहराया
क्यों तेरी रगों में रंगिणी
उनका रक्त नहीं भर आता?
क्यों तेरी वीणा पर मानिनी
उनके राग न कोई गाता?''[25]

आप बीती के साथ-साथ युग बीती की सार्थक और सजीव अभिव्यक्ति माखनलाल चतुर्वेदी की प्रत्येक काव्यकृति में दिखाई देती है। व्यक्तिवादी कवियों की तरह चतुर्वेदी जी ने केवल अपने दुःखों का राग नहीं अलापा बल्कि उस औसत आदमी के रोजमर्रा के जीवन-संसार को अपने काव्य में रूपायित करने की कोशिश की जो स्वातन्त्र्योत्तर भारतीय परिवेश में दिनोंदिन भयावह होती राजनीतिक-सामाजिक विसंगतियों के बीच शोषण की मार चुपचाप सह रहा था। यह युग की पुकार थी जिसे वे अनसुनी नहीं कर सकते थे—

''मैंने मारा, हाँ मैंने ही मारा है, मारा है
पथ से जरा बहकते युग को ललकारा है मैंने
तुम क्या जानो, मेरे युग पर क्या-क्या बीत रही है।
सब इल्जाम मुझे स्वीकृत हैं
किन्तु न ठहरूँगा मैं
मुझको स्वांग बनाने का अवकाश नहीं है साथी
क्या साजूँ श्रृंगार कि उसमें अब कुछ स्वाद नहीं है
परम् सभ्य-सा

सिर्फ़ सभ्य-सा
यह असभ्य-सा जो हूँ
मैं न खड़ा रह पाऊँगा पथ जोते आँसू बोते
मेरा ही युग है, वह कब से मुझे पुकार रहा है।''[26]

माखनलाल जी के काव्य में ग्रामीण जनता के प्रति उत्कट संवेदना दिखलाई पड़ती है। 'समय के अश्व' को सिर्फ़ महानगरीय कोलाहल से बाहर निकालकर गाँव की ओर हाँकने का साहस सिर्फ़ माखनलाल जी ही कर सकते थे–

''समय के समर्थ अश्व मान लो
आज बन्धु ! चार पाँव ही चलो
छोड़ दो पहाड़ियाँ, उजाड़ियाँ
तुम उठो कि गाँव-गाँव ही चलो''[27]

'माता' से लेकर 'बिजुरी काजल आँज रही' तक चतुर्वेदी की समस्त परवर्ती कृतियों में भी युग जीवन से यह गहन सम्पृक्ति देखकर ही डॉ. शिवकुमार मिश्र ने कहा है–''माखनलाल जी के स्वर अपना युगानुरूप संस्कार करते चले हैं, यही कारण है कि उनकी राष्ट्रीयता इस युग में भी उतनी ही सक्रिय रह सकी।''[28]

राष्ट्रीय काव्यधारा के कवियों में बालकृष्ण शर्मा 'नवीन' का नाम अत्यन्त महत्त्वपूर्ण है। आप उन थोड़े-से कवियों में से एक थे जिन्होंने राष्ट्रबोध की कविताएँ तो लिखीं ही, साथ में प्रेम और मस्ती की कविताएँ भी व्यापक परिमाण में लिखीं। लेकिन दुर्भाग्य से स्वातन्त्र्योत्तर भारत में नवीन जी का राष्ट्रबोध बहुत पीछे छूट गया और वे प्रेम तथा रहस्य की ओर मुड़ गए।

स्वतन्त्रता-आन्दोलन में नवीन जी ने न सिर्फ रचनात्मक योगदान दिया बल्कि अपने लम्बे राजनीतिक जीवन में कई बार जेल भी गए। 'कुंकुम' इनका पहला कविता-संग्रह है, जो 1939 में प्रकाशित हुआ। 'उर्मिला' इनका महाकाव्य है जिसकी रचना तो 1934 में ही हो गयी थी लेकिन उसका प्रकाशन 1975 में हुआ। इनकी परवर्ती काव्यकृतियों का प्रकाशन स्वाधीन भारत में हुआ। ये कृतियाँ हैं–'रश्मि रेखा' (1951), 'अपलक' (1951), 'क्वासि' (1952), 'विनोबा स्तवन' (1953), 'प्राणार्पण' तथा 'हम विषपायी जनम के' भी उनके परवर्ती काव्य-संग्रह हैं जो उनके निधन (1960) के बाद प्रकाशित हुए।

माखनलाल जी की ही तरह नवीन के काव्य-संसार का एक हिस्सा राष्ट्रीय अनुभूति से ओत-प्रोत है तो दूसरा प्रेम, रहस्य और अध्यात्म से। लेकिन इस समानता

के बावजूद दोनों में एक महत्त्वपूर्ण अन्तर भी है। सन् '47 के बाद भी माखनलाल चतुर्वेदी की परवर्ती कृतियों में युग की धड़कनें सुनाई देती हैं, भूख, बेकारी, अशिक्षा तथा राजनीतिक, आर्थिक विसंगतियों को झेलता समाज प्रतिबिम्बित होता है, वहीं नवीन की परवर्ती कृतियाँ अपने समय की चुनौतियों से बचने की कोशिश करती हुई केवल प्रेम और रहस्य के धुँधलके में गुम हो जाती हैं। शिवकुमार मिश्र के अनुसार–"इसका कारण सम्भवतः पिछले राजनीतिक जीवन के कठोर संघर्षों से ऊबे और थके हुए कवि की विश्राम और शांति प्राप्ति करने की आकांक्षा ही है, जिसे उसकी इस युग में प्रकाशित कृतियों में सहज ही देखा जा सकता है।"[29]

इन कृतियों में नवीन जी ने प्रिय के वियोग में प्रेमी की विरहंवेदना को अपने काव्य-विषय के रूप में प्रधानता दी–

"विधा या हिय की बरनि न जात
छिन-छिन गिनत कल्प-शत बीते
अजहूँ न होत प्रभात।"[30]

साथ ही स्थल-स्थल पर थकान, उदासी तथा जीवन-संघर्ष में मिलने वाली पराजय की अभिव्यक्ति भी देखने को मिलती है–

"पाँव थके, हिय थका, जिय थका
लोचन थके, थके अंग-अंग
आशा थकी, प्रतीक्षा हारी, थकी कल्पना, थकी उड़ान
हम तो बहुत थक गए प्राण!"[31]

इस थकान और निराशा के अन्धकार में कवि के पास अपने आराध्य का सहारा लेने के अलावा अब और कोई चारा नहीं रह जाता। फलस्वरूप वह उसके निराकार से साकार बन जाने की प्रार्थना करता है–

"ओ मेरे निराकार
आओ साकार बनो
निरवलम्ब जीवन में
तुम चिर आधार बनो।"[32]

इन कृतियों में छायावादी प्रवृत्तियों की पुनरावृत्ति दिखाई देती है और आत्मा-परमात्मा के मिलन की आकांक्षा के दर्शन भी होते हैं–

"प्रिय त्वममय कर दो मम तन-मन
ऐसा कर दो मुझे कि मैं अब
बिसरूँ अलग-अलग अपनापन।"[33]

कहने का आशय यह है कि बालकृष्ण शर्मा 'नवीन' का परवर्ती काव्य राष्ट्रीयता की भावना से शून्य दिखलाई पड़ता है। 'विनोबा स्तवन' ही एक ऐसी कृति है जिसमें नवीन जी ने विनोबा के माध्यम से गाँधीवादी आदर्शों का बखान किया है और इस तरह देशप्रेम का थोड़ा-बहुत परिचय दिया है। लेकिन ऐसी रचनाएँ अपवादस्वरूप हैं। नवीन जी ज़्यादातर 'जल से लोचन धो लेने दो' की गुहार लगाते दिखाई देते हैं—

"छेड़ो न, —रंच रो लेने दो
मेरे मन की हो लेने दो
हिचकियाँ उठें रोको न इन्हें
जल से लोचन धो लेने दो।"[34]

इस रोने के पीछे कोई सामाजिक-राजनीतिक उद्देश्य नहीं है। यह रोना सिर्फ अपने दुःखों का राग अलापना ही है—

"कोई न कभी सुन पाएगा
बैठा हूँ कोने में छुप के।"[35]

आश्चर्य होता है कि स्वातन्त्र्योत्तर भारतीय परिवेश जब घोर विषम परिस्थितियों में था, भूख, गरीबी, शोषण, पूँजीवादी व्यवस्था में मनुष्य की दैनंदिन चुनौतियाँ थीं, तब नवीन की चिन्ता सिर्फ 'यौवन के बीत जाने' को लेकर ही थी—

"यौवन यों बीत जाता है
हिय पल-पल में अकुलाता है
मुझको रह-रहकर इधर-उधर
उन्मत्त भाव भटकाता है।"[36]

डॉ. रामविलास शर्मा ने व्याज स्तुति की शैली में बालकृष्ण शर्मा 'नवीन' के बारे में यह ठीक ही लिखा है कि—"साहित्य-सृष्टा के दसों गुण नवीन जी में विद्यमान हैं। अब मार्क्स और लेनिन का बताया हुआ एक गुण—जनता का पक्ष लेना—न हुआ तो क्या। साहित्य-सृष्टा को पक्षपात से परे ही रहना चाहिए।"[37]

'हम विषपायी जनम के' में भी कवि की चिन्ता प्रेम और अध्यात्म के संकीर्ण दायरे का अतिक्रमण कम ही कर पाती है। यथा--

"सखी, सँजोती हूँ जब दीपक
तब होती गुदगुदी हिये में
बाँह झटक देते हैं वे जब
भरती हूँ मैं तेल दिये में
'हटो दूर' जब कहती हूँ तो
और पास वे आ जाते हैं
मुझे खीझते देख, हुलसते
वे नयनों से मुस्काते हैं।"[38]

आश्चर्य नहीं होता, जब नवीन अपनी काव्य-यात्रा के सन्दर्भ में इसी संग्रह की एक कविता में परास्त भाव के साथ यह स्वीकारते हैं--

"ढचर-ढचर करती जाती है मेरी टूटी गाड़ी
जर्जर हुई आज मेरी सब नस-नस नाड़ी-नाड़ी
दौड़े चले जा रहे हैं सब अपने-अपने रथ पे
भागम-भाग मची है, स्पर्धा-मिश्रित जीवन-पथ पे
....
....
अब इस जग-मग में आन फँसा हूँ मैं भी एक अनाड़ी
ढचर-ढचर करती जाती है मेरी टूटी गाड़ी।"[39]

कहना न होगा कि जनता से कटकर काव्य का यही हश्र हो सकता था। डॉ. शिवकुमार मिश्र ने इसका समर्थन करते हुए लिखा है--"सच पूछा जाए तो नवीन की परवर्ती कृतियों में उपलब्धियों की सत्ता बहुत कम है। कतिपय कविताएँ ही ऐसी हैं जो अपनी अकृत्रिम अनुभूति और अभिव्यक्ति के बल पर नए रूप में भी कवि के गौरव को स्थिर रखती हैं, उसके काव्य को पूर्णतया विघटित नहीं होने देती अन्यथा परवर्ती संग्रहों में कवि विशेष सक्षम नहीं बन सका है।"[40]

सुभद्राकुमारी चौहान राष्ट्रीय काव्यधारा की एक महत्त्वपूर्ण कवयित्री के रूप में जानी जाती हैं। महात्मा गाँधी की विचारधारा और उनके द्वारा चलाये जा रहे आन्दोलनों का सुभद्रा जी पर अत्यन्त गहरा प्रभाव पड़ा था। राष्ट्रीय भावना से ओत-प्रोत

इनके काव्य में यह प्रभाव सहज ही लक्ष्य किया जा सकता है। सन् 1921 में असहयोग आन्दोलन के प्रभाव से इन्होंने शिक्षा अधूरी ही छोड़ दी और राजनीति में सक्रिय भाग लने लगीं। फलस्वरूप कई बार इन्हें जेल भी जाना पड़ा। 'त्रिधारा' और 'मुकुल' इनके कविता-संग्रह हैं। सुभद्राकुमारी चौहान की काव्य-साधना के पीछे उत्कट देशप्रेम, साहस, विरोध और बलिदान की भावना है। देश के लिए चल रहे स्वतन्त्रता-आन्दोलन में भाग लेकर जेल जाने में इन्हें जितना सुख मिलता था सम्भवतः उतना ही सुख स्वतन्त्रता-प्राप्ति की आकांक्षा और मुक्ति-संघर्ष को वाणी देने में भी मिलता था। भाव की दृष्टि से इनकी कविताओं के भी दो वर्ग किये जा सकते हैं—प्रथम वर्ग में राष्ट्रप्रेम की कविताएँ आती हैं जिनमें स्वतन्त्रता संघर्ष में भाग लेने वाले वीरों को काव्य विषय बनाया गया है और मुक्ति की आकांक्षा प्रकट की गयी है। 'झाँसी की रानी' एक ऐसी ही कविता है जो अपने समय में अत्यन्त लोकप्रिय रही। दूसरे वर्ग में वे कविताएँ आती हैं जिनमें इनके पारिवारिक जीवन के अनेक चित्र देखने को मिलते हैं। इस वर्ग की कविताओं में पति-प्रेम तथा सन्तान के प्रति वात्सल्य की भावना को प्रमुखता के साथ वाणी दी गयी। दुर्भाग्य से स्वतन्त्रता-प्राप्ति के एक वर्ष बाद सन् 1948 ई. में ही एक मोटर दुर्घटना में इस होनहार कवयित्री की असामयिक मृत्यु हो गयी।

राष्ट्रीय काव्यधारा के प्रमुख कवियों में रामधारी सिंह दिनकर का नाम भी अत्यन्त महत्त्वपूर्ण है। स्वातन्त्र्य पूर्व काव्य-परिदृश्य में ही 'प्रणभंग' (1929), 'रेणुका' (1935), 'हुंकार' (1939), 'रसवन्ती' (1940), 'द्वंद्वगीत' (1940), 'कुरुक्षेत्र' (1946), 'सामधेनी' (1946) आदि विभिन्न काव्यकृतियों से दिनकर पर्याप्त ख्याति अर्जित कर चुके थे। 'प्रणभंग' मैथिलीशरणगुप्त के 'जयद्रथ वध' से प्रभावित होकर तैयार किया गया एक छोटा-सा खण्डकाव्य है। 'रेणुका' में राष्ट्रीय और प्रेम कविताएँ संग्रहीत हैं। 'हुंकार' राष्ट्रीय कविताओं की दृष्टि से कवि का सर्वाधिक चर्चित काव्य है। इसमें दिनकर का क्रांतिकारी व्यक्तित्व अत्यन्त उग्र रूप में सामने आता है—

"सुनूँ क्या सिन्धु! मैं गर्जन तुम्हारा?
स्वयं युगधर्म का हुंकार हूँ मैं
कठिन निर्घोष भीषण अशनि का
प्रलय-गाण्डीव की टंकार हूँ मैं।
दबी-सी आग हूँ भीषण क्षुधा की
दलित का मौन हाहाकार हूँ मैं

सजग संसार हूँ निज को सँभाले
प्रलय का क्षुब्ध पारावार हूँ मैं
बँधा तूफान हूँ, चलना मना है
बँधी उद्दाम निर्झर-धार हूँ मैं
कहूँ क्या, कौन हूँ, क्या आग मेरी?
बँधी है लेखनी लाचार हूँ मैं।''[41]

'रसवन्ती' में कवि की वैयक्तिक सौन्दर्य भावना की अभिव्यंजना हुई तो 'द्वंद्वगीत' में मानव-हृदय में उद्भूत अन्तर्द्वन्द्वों का काव्यमय चित्रण। 'सामधेनी' में पुनः कवि का सजग राष्ट्रबोध दिखाई देता है। 'कुरुक्षेत्र' दिनकर का प्रबन्ध काव्य है जिसमें आधुनिक युग की ज्वलन्त समस्या, युद्ध के प्रश्न पर कवि का काव्य-चिन्तन, सामने आता है।

'बापू' नामक काव्यकृति से कवि का प्रवेश स्वातन्त्र्योत्तर काव्य-परिदृश्य में होता है। यह चार खण्डों में लिखित एक लम्बी कविता है, जिसे मूलतः शोक काव्य कहा जाना चाहिए। इसमें पहला खण्ड गाँधी जी की मृत्यु से पहले का है और शेष तीन खण्ड उनकी मृत्यु के बाद के हैं। इस कृति में कवि ने गाँधी जी की समाधि पर अपनी श्रद्धा के फूल चढ़ाये हैं और उनके आदर्शों का बखान किया है।

इसके बाद स्वातन्त्र्योत्तर परिवेश में दिनकर की दूसरी काव्यकृति 'इतिहास के आँसू' है जो 1957 में प्रकाशित हुई। यह समय-समय पर रचित ऐतिहासिक कविताओं का संकलन है जिसमें कुल दस कविताएँ संग्रहीत हैं। 'मगध महिमा', 'वैशाली' तथा 'बसन्त के नाम पर' आदि रचनाओं में भारत के गौरवशाली अतीत तथा बुद्ध, चन्द्रगुप्त तथा अशोक आदि का गौरवगान है। इस संग्रह में 'वैशाली' तथा 'मगध महिमा' को छोड़कर शेष आठ कविताएँ पुरानी हैं जो अन्य काव्य-संग्रहों से लेकर पुनर्प्रकाशित की गयी हैं। 'कलिंग विजय' जो 'सामधेनी' से ली गयी है, का एक अंश दृष्टव्य है—

''युद्ध की इति हो गयी, रण भू श्रमित, सुनसान
गिरि शिखर पर थम गया है, डूबता दिनमान
देखता यम का भयावह कृत्य
अन्ध मानव की नियति का नृत्य
सोचता इस बन्धु वध का क्या हुआ परिणाम
विश्व को क्या दे गया इतना बड़ा संग्राम?''[42]

कहना न होगा कि कवि का सम्पर्क जब जनता से टूट जाता है तब वह काव्य विषय की तलाश में इतिहास और पुराण की तरफ भागता है। स्वतन्त्रता प्राप्ति के बाद जिन राष्ट्रीय कवियों के काव्य में भटकाव दिखाई देता है, दुर्भाग्य से दिनकर भी उनमें से एक हैं। हम उनके परवर्ती संग्रहों में यह भटकाव लक्ष्य कर सकते हैं। यदि कवि का राष्ट्रबोध सजग है तो पुरानी कविताओं को लेकर नया संग्रह प्रकाशित करने का कोई औचित्य समझ में नहीं आता।

1951 में ही 'धूप और धुआँ' नामक काव्य-संग्रह का प्रकाशन भी हुआ जिसमें स्वराज्य से फूटने वाली आशा की धूप तथा परिवेश में व्याप्त निराशा के धुएँ–दोनों को एक साथ कवि ने वाणी देने की कोशिश की। इस संकलन में मूलतः स्वतन्त्रता की जय-जयकार, राष्ट्रहित तथा राष्ट्र कल्याण की कामना और बापू एवं अन्य शहीदों के प्रति श्रद्धांजलि के भाव मुखरित हुए हैं। कुछ ऐसी कविताएँ भी हैं जिनमें जीवन-मृत्यु की आँख-मिचौली जैसे घिसे-पिटे विषय को एक खोखले आशावाद के साथ कवि ने प्रस्तुत कर दिया है। यथा–

"लोहे के पेड़ हरे होंगे तू गान प्रेम के गाता चल
नम होगी यह मिट्टी जरूर आँसू के कण बरसाता चल
काया की कितनी धूमधाम! दो रोज चमक बुझ जाती है।
छाया पीती पीयूष, मृत्यु के ऊपर ध्वजा उड़ाती है
लेने दे जग को उसे, ताल पर जो कलहंस मचलता है
तेरा मराल जल के दर्पण में, नीचे-नीचे चलता है
कनकाभ धूल झर जाएगी, ये रंग कभी उड़ जायेंगे
सौरभ है केवल सार, उसे तू सबके लिए जुगाता चल।"[43]

1952 में दिनकर का एक प्रबन्धकाव्य प्रकाशित हुआ–'रश्मि रथी'। इसकी भूमिका में दिनकर ने लिखा–"कुरुक्षेत्र की रचना कर चुकने के बाद मुझमें यह भाव जगा कि मैं कोई ऐसा काव्य भी लिखूँ जिसमें केवल विचारोत्तेजकता ही नहीं, कुछ कथा संवाद और वर्णन का भी माहात्म्य हो।"[44] इस कृति का नामकरण कर्ण के पौरुष पूर्ण प्रताप को केन्द्रस्थान में रखकर किया है। कर्ण ही काव्य का नायक है। कुल मिलाकर यह ऐतिहासिक काव्य है जिसमें जातिगत वैषम्य की समस्या का चित्रण है। 'दिल्ली' 1954 में प्रकाशित काव्य-संग्रह है जिसमें मात्र चार कविताएँ हैं–'नयी दिल्ली के प्रति', 'दिल्ली और मास्को', 'हक की पुकार' तथा 'भारत का यह रेशमी नगर'। प्रथम दो कविताएँ क्रमशः 'हुंकार' और 'सामधेनी'

से उद्धृत हैं जो पुनर्प्रकाशित की गयीं। शेष दो कविताएँ ही नयी हैं। उल्लेखनीय है कि कवि दिनकर स्वातन्त्र्योत्तर भारत में बारह वर्ष संसद सदस्य तथा सात वर्ष हिन्दी सलाहकार अधिकारी रहे। यही कारण भी है कि परवर्ती कविताओं में एक संयम दिखाई देता है, पहले की तरह उग्र आक्रोश नहीं। कवि स्वयं सत्ताधारी दल की राजनीति से जुड़ चुके थे। फलस्वरूप सत्ता उनके आक्रोश का केन्द्र नहीं है, बल्कि कवि नेताओं से यह हास्यास्पद आग्रह करता है कि वे ग्रामीण भारत के दुःख-दैन्य की ओर देखें। कवि का विश्वास है कि ऐसा करने पर सारे नेताओं की भोगवादी दृष्टि समाप्त हो जाएगी, जबकि वे स्वयं एक नेता हैं जो 'भारत के रेशमी नगर' में रहता है–

"हो गया एक नेता मैं भी, तो बन्धु सुनो
मैं भारत के रेशमी नगर में रहता हूँ
जनता तो चट्टानों का बोझ सहा करती
मैं चाँदनियों का बोझ किसी विध सहता हूँ।"[45]

'नीम के पत्ते' का प्रकाशन भी 1954 में ही हुआ। इसमें कुल पन्द्रह कविताएँ संकलित हैं। इन कविताओं में कवि ने दीन-उपेक्षित देशवासियों के प्रति आत्मीयता प्रकट करने का प्रयास किया है। इसी वर्ष 'नीलकुसुम' नामक एक और संग्रह आया। इसमें प्रेम और वैयक्तिक सुख-दुःखों को कवि ने अभिव्यक्त किया है। छोटी-छोटी दो सौ कविताओं का संकलन 'नए सुभाषित' 1957 में प्रकाशित हुआ जिसमें व्यंग्य-विनोद के पुट के साथ जीवन के विभिन्न पहलुओं का चित्रण किया गया है। कहने की ज़रूरत नहीं कि आम जनता और उसका दर्द इस संकलन में भी नदारद है।

सन् 1961 में 'उर्वसी' नामक काव्यकृति प्रकाशित हुई। स्वातन्त्र्योत्तर भारत में यह कवि का दूसरा बड़ा प्रबन्ध काव्य है। 'उर्वसी' में नर और नारी के उस द्वंद्व का चित्रण है जो सृष्टि के आदिकाल से अब तक निरन्तर चलता आ रहा है। इस द्वंद्व का केन्द्र बिन्दु है–नर-नारी सम्बन्ध। फ्रायड तथा उनके समकालीन मनोविश्लेषण-वेत्ताओं के प्रभाव से दिनकर ने स्त्री-पुरुष सम्बन्ध तथा उनकी काम-भावना को काफी बड़े परिवेश में और धूमधाम के साथ प्रस्तुत किया है। इस गीति नाट्य की नायिका है उर्वसी तथा नायक है पुरुरवा। स्पष्ट है इस काव्य के बहाने दिनकर को स्त्री के स्थूल, मांसल और वासनालु प्रेम के चित्रण की खुली छूट मिल गयी–

"साँस में सौरभ तुम्हारे वर्ण में गायन भरा है
और अंगों की विभा की वीथियों से एक होकर
मैं तुम्हारे रंग का संगीत सुनता हूँ।
....
....
....
कितनी गौरवमयी घड़ी वह भी नारी जीवन की
जब अजेय केसरी भूल सुध-बुध समस्त तन-मन की
पद पर रहता पड़ा, देखता अनिमिष नारी-मुख को
क्षण-क्षण हो आकुलित, भोगता गूढ़ अनिर्वच सुख को।"[46]

दिनकर की काव्य-यात्रा के उत्तरार्द्ध में निश्चित रूप में 'परशुराम की प्रतीक्षा' का प्रकाशन एक महत्त्वपूर्ण घटना मानी जानी चाहिए। यह संग्रह 1962 के चीनी आक्रमण के पश्चात् '63 में प्रकाशित हुआ। इसमें राष्ट्रबोध की कविताएँ संकलित हैं। कुल अठारह कविताओं के इस संकलन में एक बार फिर हम दिनकर के सोये हुए राष्ट्रबोध को पूर्ण जाग्रत अवस्था में देखते हैं। कविता का स्वर क्रांति की आराधना का है। इनमें 'हुंकार' से भी अधिक ओज और तेज है। 'परशुराम की प्रतीक्षा' सबसे बड़ी कविता है जो पाँच खण्डों में विभाजित है। इसमें कवि ने भारत के सोते सिंहों को जगाने के लिए शंखनाद किया है। स्वतन्त्रता के पश्चात् शांति सन्देश देने वाला कवि फिर क्रांतिदूत बना। यह कृति कवि के राष्ट्रबोध का पुनर्जागरण है। कवि ने इसमें युग-जागरण का आह्वान करते हुए कहा है—

"निर्जर पिनाक हर का टंकार उठा है।
हिमवन्त हाथ में ले अंगार उठा है।
ताण्डवी तेज फिर से हुंकार उठा है।
लोहित में था जो गिरा, कुठार उठा है।"[47]

लेकिन क्षणिक आवेश की तरह दिनकर का यह राष्ट्रबोध मात्र एक वर्ष बाद प्रकाशित 'कोयल और कवित्व' (1969) तथा 'मूर्ति तिलक' (1964) दोनों संग्रहों में दूर-दूर तक दिखाई नहीं देता। एक बार फिर अवसाद और नैराश्य के अन्धकार में दिनकर का राष्ट्रबोध तिरोहित हो जाता है तथा एक लाचार मनुष्य का दर्द, पारिवारिक व्यथा-कथा और जीवन का ढलता सूर्य कविता के विषय बन जाते हैं।

'हारे को हरि नाम' (1970) तक आते-आते स्थिति इतनी बदतर हो जाती है कि कवि के पास हरिनाम जपने के अलावा अब कोई रास्ता शेष नहीं रह जाता। डॉ. शिवकान्त गोस्वामी के शब्दों में—"इस संग्रह को देखकर इस विश्वास को धक्का-सा पहुँचता है कि दिनकर पौरुष के कवि हैं।"[48]

इन कवियों की तरह राष्ट्रीयधारा के कुछ अन्य महत्त्वपूर्ण कवि सियाराम शरण गुप्त, सोहनलाल द्विवेदी, केदारनाथ मिश्र 'प्रभात', जगन्नाथ प्रसाद 'मिलिन्द', हरिकृष्ण 'प्रेमी', श्यामनारायण पांडे, रामनरेश त्रिपाठी, उदयशंकर भट्ट आदि की परवर्ती कृतियाँ भी भटकाव से बच न सकीं। केदारनाथ मिश्र 'प्रभात' की 'कैकेयी' (1951), 'तप्त गृह' (1954), 'ऋतम्बरा' (1957), जगन्नाथ प्रसाद 'मिलिन्द' की 'बलिपथ के गीत' (1950), 'भूमि की अनुभूति' (1952), हरिकृष्ण 'प्रेमी' की 'रूप दर्शन', श्यामनारायण पांडे की 'जौहर' (1950) तथा 'गोराबध' (1950) आदि काव्यकृतियों को प्रमाण के तौर पर देखा जा सकता है।

प्रेरणा भूमियाँ और रचना-मानस तथा काव्यानुभवों की खोज

स्वातन्त्र्योत्तर राष्ट्रीय काव्यधारा के कवियों की प्रेरणा भूमियाँ क्या थीं और उनके कारण किस तरह के रचना मानस का निर्माण हुआ था, अब यहाँ यह देखना जरूरी हो जाता है। प्रेरणा भूमियाँ हमेशा युगीन जीवन की परिस्थितियों तथा उनके परिवर्तनों के द्वारा क्रमशः निर्मित और विकसित होती रहती हैं। क्योंकि प्रेरणास्रोतों से जो अनुभव काव्य में आता है, वही काव्यानुभव है, अतः काव्यानुभवों की खोज भी दरअसल प्रेरणा भूमियों या स्रोतों की ही खोज है।

यूँ तो कवि की सहायता लिये बिना प्रेरणा भूमि की तलाश हमेशा अप्रामाणिक ही होगी। इसलिए यहाँ यह स्पष्टीकरण जरूरी है कि प्रेरणास्रोत की खोज का अर्थ उन मूलभूत विचारधाराओं की खोज है जो युगीन परिस्थितियों और प्रभावशाली सिद्धान्तों से जन्मी हैं। कोई भी कृति प्रायः अपने समय की रचना ही होती है इसलिए यह सहज ही स्वाभाविक है कि उस समय की युगीन परिस्थितियों, घटनाओं, मनःस्थितियों तथा विचारों से प्रेरणा ग्रहण करके उसकी रचना हुई हो। कवि मूलतः दो स्रोतों से प्रेरणा ग्रहण करता है—एक तो वह अपने अंतर्जगत् और उसके संस्कारों से प्रेरणा ग्रहण करता है और दूसरे, अपने बाह्यजगत्, उसकी परिस्थितियों और विचारों से प्रेरणा ग्रहण करता है। वैसे यह पहले ही कहा जा चुका है कि मनुष्य का अन्तर्जगत् मूलतः बाह्यजगत् की प्रभाव सत्ता का ही द्योतक है। इस तरह कुछ युग-विचार और कुछ कवि के अपने विचार—दोनों ही विचारों की मिली-जुली

प्रेरणा से कविता और उसकी वस्तु का स्वरूप निर्धारित होता है।

यहाँ यह स्पष्ट करने की आवश्यकता नहीं है कि युगीन परिस्थितियों में, केवल देश की परिस्थितियाँ ही सम्मिलित नहीं हैं, वरन् इसके अन्तर्गत सम्पूर्ण विश्व और उसकी घटनाएँ सम्मिलित हैं। विभिन्न आधुनिक तथा वैज्ञानिक खोजों के कारण संसार उस स्थिति में पहुँच चुका है, जहाँ एक देश की घटना का प्रभाव दूसरे देश में पड़ना स्वाभाविक ही है। राजनीति और विज्ञान के क्षेत्र में आज कोई भी देश पूरे विश्व सन्दर्भ का प्रभाव ग्रहण कर रहा है। इसी तरह साहित्य में भी कोई देश विश्व साहित्य और उसकी विचारधाराओं के प्रभाव से अछूता रहने का दावा नहीं कर सकता। आज संस्कृतियों के विश्वव्यापी आदान-प्रदान और वैचारिक क्रांति के इस युग में विभिन्न परिस्थितियों, अवधारणाओं और मनःस्थितियों का प्रभाव काव्य पर पड़ रहा है। यही कारण है कि हिन्दी साहित्य के वे दिन लद चुके जब कविता केवल कवि के निजी परिवेश से सरोकार रखती थी।

अनन्त मिश्र ने लिखा भी है कि—"विश्वव्यापी घटनाओं और जीवन्त मानवीय चिन्तन-प्रणालियों से प्रेरित और प्रभावित होकर ही किसी देश का साहित्य पल्लवित और पुष्पित होता है क्योंकि विज्ञान ने सारे संसार को निकट ला दिया है।"[49] देश-विदेश के इन प्रेरक तत्त्वों से ही कवि की प्रेरणा-भूमि या प्रेरणास्रोत तैयार होते हैं। लेकिन—"किसी विचार, दर्शन, परिस्थिति या साहित्यिक गतिविधि से प्रेरणा लेकर काव्य-सृजन करने का यह तात्पर्य नहीं है कि कवि उस विचार, दर्शन या परिस्थिति पर कविता लिखता है या फिर उसे ही केवल अपनी कविता की सम्पूर्ण सामग्री मानता है, बल्कि सिर्फ यह है कि वह उनका संस्पर्श स्वीकार करता है तथा उनकी जीवन्तता की दीप्ति में अपने अनुभव की पहचान को रंगने की कोशिश करता है। कोई भी प्रभावशाली सिद्धान्त समय की एक संगत पहचान होता है। अतः उससे प्रभावित या किंचित, भी विचलित हुए बिना नहीं रहा जा सकता है। यह सच है कि व्यक्ति पहले अपनी चेतना का हक़दार है और फिर किसी और की चेतना का, लेकिन जैसे कमरे में रहकर वायु से निरपेक्ष नहीं रहा जा सकता है, वैसे ही युग की विचारधारा या मनःस्थितियों से बगैर प्रभावित हुए या टकराए नहीं रहा जा सकता।"[50]

व्यवस्था दो प्रकार की है—एक प्रकृति की और दूसरी मनुष्य की। इन दोनों व्यवस्थाओं के बीच मनुष्य के अनुभव का संसार है। समय और उसकी परिस्थितियों के साथ मनुष्य और उसका जीवन बदलता है, मनुष्य का अनुभव-संसार बदलता

है और इस अनुभव-संसार के बदलने से कवि का रचना-मानस बदलता है। फलतः नए तरह का सृजन, जो अपने युग के अनुरूप है, सामने आता है। व्यवस्था से विचारों और विचारों से व्यवस्था जन्म लेती है। जाहिर है–"व्यवस्था और विचारधारा का अटूट रिश्ता, युगों के कालप्रवाह से होता हुआ, समय को प्रभावित करते हुए समय से प्रभावित भी होता है। प्रेरणा का दर्शन इसी सत्य से सम्बन्धित है।"[51]

दुर्भाग्य से स्वातन्त्र्योत्तर राष्ट्रीय काव्यधारा के कवियों का काव्य युग-सम्पृक्त नहीं रह सका। फलस्वरूप उनकी प्रेरणा भूमियों में स्वातन्त्र्योत्तर भारत की युगीन परिस्थितियों के स्थान पर स्थूल प्रेम, रहस्य भावना, आध्यात्मिकता तथा वैयक्तिकता जैसी प्रवृत्तियों के दर्शन होते हैं। जन-जीवन से न जुड़े रहने के कारण ही उन्हें इतिहास और पुराणों की तरफ प्रेरणा के लिए भागना पड़ा। उनकी प्रेरणा भूमियों के अनुसार उनका रचना मानस भी तैयार हुआ और परिणामतः काव्य में निषेधवादी काव्यानुभवों को प्रश्रय मिला। सन् '47 से पहले इन्हीं कवियों ने स्वाधीनता आन्दोलनों से प्रेरणा लेकर युग की गहरी पीड़ा को वाणी दी थी और राष्ट्रीय भावना को अभिव्यक्त किया था। लेकिन स्वतन्त्रता प्राप्ति के बाद इन कवियों का राष्ट्रबोध एक सिरे से दूसरे सिरे तक नदारद दिखाई देता है। इसके पीछे कारण भी कम महत्त्वपूर्ण नहीं हैं। इन कवियों में से कुछ संसद सदस्य बन गए थे, कुछ ऊँचे अफसर हो गए थे और कुछ लगातार संघर्ष की कविता लिखते-लिखते थककर निढाल हो गए थे। मैथिलीशरण गुप्त ने रामायण, महाभारत तथा श्रीमद्भागवत आदि से प्रेरणा ली और उनके विभिन्न आख्यानों को अपनी कविता का विषय बनाया। मैथिलीशरण मूलतः भक्ति-प्रवण कवि थे। राम में उनकी भक्ति, अनुरक्ति और श्रद्धा थी। उनके संस्कार एक वैष्णव के संस्कार थे। स्वातन्त्र्योत्तर परिवेश में मैथिलीशरण गुप्त के प्रेरणास्रोतों को देखें तो उनकी धार्मिक प्रेरणा के मूल में गहरी वैष्णव भावना थी और राजनीतिक प्रेरणा के मूल में गाँधीवादी विचार-दर्शन का प्रभाव था। उनकी सामाजिक प्रेरणा के केन्द्र में राष्ट्र था लेकिन वह स्वातन्त्र्य-पूर्व की स्थिति है। कहा जा चुका है कि उनका राष्ट्र-बोध स्वातन्त्र्योत्तर कृतियों में कहीं दिखाई नहीं देता। डॉ. नगेन्द्र के अनुसार–"मैथिलीशरण गुप्त परम्परागत अर्थ में आस्तिक हैं–वैष्णव हैं। राम के रूप में ईश्वर के प्रति उनकी अविचल आस्था है। उनका मानववाद वैष्णव मानववाद ही है और वे गाँधी की तरह ईश्वरैक्य रूप में ही मनवैक्य की भावना को सार्थक मानते हैं।"[52]

महात्मा गाँधी की हत्या ने गुप्त जी को बुरी तरह झकझोरकर रख दिया था। गाँधी जी की मृत्यु पर उन्होंने एक कविता लिखी थी जिससे उन पर गाँधीवादी

विचारधारा की गहरी और स्पष्ट छाप का पता चलता है—

''सतियों सही प्रसव की पीड़ा
जब तूने अयि मातृ मही
तब यह एक लाल पाया था
हाँ, अपना-सा आप यही
किन पुण्यों से हमें मिला था
अन्धकार में यह आलोक
हा! बुझाकर आप हमीं ने
किया अँधेरा अपना लोक
चला गया लो, चला गया वो
चला गया सो पुण्य श्लोक
ओ विक्षिप्त मनुज अब तुम
सब हर्ष मनाओ चाहे शोक।''[53]

मैथिलीशरण गुप्त की वैष्णव भावना को भी हम किसी भी काव्यकृति में देख सकते हैं। इनका काव्य वैष्णव संस्कारों से अनुशासित है और वैष्णव की गहरी धार्मिक भावना से ओत-प्रोत है। गुप्त जी की तमाम नारी-प्रधान काव्यकृतियों—'शकुन्तला', 'साकेत', 'यशोधरा', 'रत्नावली' तथा 'विष्णु प्रिया' आदि में नारी की दीन-हीन और विरोधहीन दयनीय स्थिति के कारणों की खोज जब हम करते हैं तो वहाँ भी उत्तर हमें वैष्णव जीवन-दर्शन में ही मिलता है। डॉ. मधुबाला रोहतगी ने लिखा भी है—''गुप्त जी की नारी करुणा विगलित मन लिये हुए जीवन व्यतीत करती है और विद्रोह नहीं करती।''[54] 'विष्णुप्रिया' को ही लें, 'अबला जीवन हाय! तुम्हारी यही कहानी' की अन्तर्ध्वनि यहाँ भी विद्यमान है—

''तो क्या करूँ, कर ही क्या सकती हूँ और मैं
रो-रोकर मरना ही नारी लिखा लायी है।
तुम-सा अलभ्य धन पाकर धरित्री में
अपना-सा धन्य नहीं जानती भी अन्य में
किन्तु वह क्रूर उपहास ही था भाग्य का।
दैव ने दिखाया सुख, फिर भी दिया नहीं
देने को बढ़ाया फिर खींच लिया हाथ हा!
किससे करूँ मैं अब अनुयोग इसका?

सच कहती हूँ कुछ और नहीं चाहती।
देख सकूँ दूर से प्रतिदिन मैं तुम्हें।
तुम मत त्यागो घर, मैं ही इसे त्याग दूँ।
मायके रहूँगी सदा, और कहाँ ठौर है।
गंगा-स्नान करने को जब तुम जाओगे
नित्य जाते-आते तुम्हें देख लूँगी दूर से
मेरे त्याग में ही तो तुम्हारा त्याग पूरा है।
यद्यपि तुम्हारे देव ऐसा नहीं करते।
नारायण लक्ष्मी को, यतीन्द्र हर गौरी को
इन्द्र, इन्द्राणी को, यों वरुण वरुणानी को
संग रखते हैं, वे असंग नहीं तुमसे!
छल सकते हैं क्रूर कृष्ण भोली राधा को
किन्तु रुक्मिणी को एक बाद छल देखें वे।
गाँठ वह खोल सकता नहीं विधाता भी।
वेदी के समक्ष, साक्षी कर सब देवों को
ग्रहण किया था यह पाणि क्या इसलिए?
कौन यज्ञ पूर्ण होगा त्याग कर मुझको?
धर्म के विरुद्ध ही तुम्हारा यह कर्म है।
....
....
....
....
कृपया बता दो तुम्हीं, रोकूँ तुम्हें कैसे मैं
मेरी मति और गति केवल तुम्हीं-तुम्हीं
किसके शरण जाऊँ आज मैं अभागिनी?
मेरे प्राण माँग लो, प्रयाण ही न माँगो यों।"[55]

गुप्त जी की इन प्रेरणा भूमियों के कारण उनकी काव्यानुभूति का स्वरूप परवर्ती कृतियों में अत्यन्त वैयक्तिक है, वह सामाजिक नहीं हो पाती। जनजीवन से कट जाने के कारण ही गुप्त जी को रामायण, महाभारत और पुराण की तरफ विषय की तलाश में जाना पड़ा। फलस्वरूप युग के राजनीतिक और सामाजिक यथार्थ को अभिव्यक्त करने में वे असफल रहे। कहना न होगा कि स्वातन्त्र्य पूर्व

काव्य परिदृश्य में उग्र राष्ट्रीय भावना की दृष्टि से अपने समय के अत्यन्त महत्त्वपूर्ण कवि मैथिलीशरण गुप्त स्वातन्त्र्योत्तर काव्य परिदृश्य में अपनी परवर्ती काव्यकृतियों तक आते-आते जनता के भाव-संवेदनों में इतिहास बनकर रह गए।

"मानव जीवन और साहित्य का सम्बन्ध अत्यन्त घनिष्ठ है। यह सम्बन्ध कभी-कभी प्रत्यक्ष सामाजिक परिस्थितियों की स्थूल अभिव्यक्ति में प्रकट होता है तो कभी मानव-चेतना बाह्य स्थूल परिस्थितियों की पीड़ा से अन्तर्मुख होकर तत्कालीन निराशा, उदासीनता एवं वेदना की सूक्ष्म अभिव्यक्ति करती है। साहित्यकार की लेखनी की गति एवं कृति संसार की विभिन्न परिस्थितियों पर ही निर्भर होती है। परिस्थिति में जितनी अधिक गम्भीरता, जीवन में जितनी अधिक संघर्षात्मकता होगी, उतनी ही अधिक तीव्रता से कवि में काव्यानुभूति कार्य करती है। इसी काव्यानुभूति एवं संवेदनशीलता के कारण साहित्यकार अपने युग के सुख-दुःखों को वाणी देता है।"[56]

देखना होगा कि स्वातन्त्र्योत्तर भारत के सुख-दुःख क्या थे और राष्ट्रीय काव्यधारा के किस कवि के काव्यानुभवों में इन सुख-दुखों को स्थान मिला। कहा जा चुका है कि माखनलाल चतुर्वेदी ही ऐसे अकेले कवि थे। उनके रचना मानस का अध्ययन तथा काव्यानुभवों की खोज प्रेरणास्रोतों से ही सम्बन्धित है। अतः इन प्रेरणास्रोतों के स्वरूप विश्लेषण के लिए हमें स्वातन्त्र्योत्तर भारत की युगीन परिस्थितयों तथा उन घटनाओं पर अपनी दृष्टि केन्द्रित करनी होगी, जो काव्य में प्रेरणा का काम कर रही थीं। आजादी के बाद का भारत विभिन्न राजनीतिक-सामाजिक उथल-पुथलों से भरा पड़ा है जिसका आरम्भ 15 अगस्त, 1947 के एक दिन पूर्व अर्थात् 14 अगस्त के भारत-पाक विभाजन की घटना से ही हो जाता है।

आजादी जिस समय मिली, उस समय देश की जनता को एक बड़ा मानसिक धक्का लगा। देश दो टुकड़ों में बाँट दिया गया। जिसकी किसी ने कल्पना भी नहीं की थी। भारत के बुद्धिजीवी, चिन्तक निराश थे और पाकिस्तान में भी जो सही सोचने वाले लोग थे, वे भी निराश और हतप्रभ थे। फैज अहमद फैज जैसे शायरों-कवियों ने अपनी कविता में लिखा कि–

"ये सहर
वो सहर तो नहीं
जिसका इन्तज़ार था
ये अज़ीब अँधेरा छाया हुआ सबेरा है।

जिसमें कि हमारा देश
बाँट दिया गया।"[57]

दूसरा बड़ा मानसिक धक्का महात्मा गाँधी की हत्या से लगा। आगे परिस्थितियाँ विपरीत होती चली गयीं। हम स्वतन्त्रता के सच्चे वारिस न हो सके, बल्कि जिस तौर-तरीके से अंग्रेज़ों ने इस देश पर शासन किया, उसी अफसरशाही को हमने ज्यों-का-त्यों कबूल कर लिया। भारतीय संस्कृति पर पाश्चात्य संस्कृति का प्रभाव बढ़ा। गाँवों की आत्मनिर्भरता में कमी आने लगी। विदेशी पूँजी की घुसपैठ देश में हुई, नया मध्यवर्ग आया, जो पूँजीपतियों और उद्योगपतियों की तरफ ही होता गया।

1954 में भारत के प्रधानमन्त्री नेहरू तथा चीन के प्रधानमन्त्री ने इतिहास प्रसिद्ध पंचशील समझौते पर हस्ताक्षर किये और हिन्दी-चीनी भाई-भाई का नारा बुलन्द किया जिससे सम्पूर्ण भारत का आकाश गूँजने लगा। विश्व एकता की दृष्टि से, शांति की दृष्टि से, पंचशील सिद्धान्तों की दृष्टि निश्चित रूप से अत्यन्त मानवीय थी। इन सिद्धान्तों की चर्चा सर्वत्र हुई। 1955 में वाण्डुंग सम्मेलन में भी इन सिद्धान्तों को प्रस्तुत किया गया। भारत में राष्ट्रीय स्तर पर पंचशील सिद्धान्त का प्रभाव रचना पर दिखाई देता है। इसी दौरान नेहरू युग में पंचवर्षीय योजनाओं का आरम्भ होता है और इन योजनाओं के द्वारा आर्थिक, सामाजिक, सांस्कृतिक, विचार की नयी पृष्ठभूमि तैयार की जाती है। हिन्दी रचना संस्कृति पर इसका प्रभाव भी लक्षित होने लगता है। इस तरह आजादी के बाद संस्कृति के क्षेत्र में विचारधारात्मक संघर्ष तेज हो जाता है। इस संघर्ष में विदेशी साहित्यिक प्रवृत्तियों का दबाव भी पड़ने लगता है। सही बात तो यह है कि मार्क्सवाद की पक्षधरता और विरोध के द्वारा ही विचारधारात्मक संस्कृति का रूप प्रकट होने लगता है।

इसी दौरान पंचशील सिद्धान्त के परखचे उड़ जाते हैं। भारत पर चीन का आक्रमण होता है। कालक्रम की दृष्टि से इसे हम 1962 और उसके बाद का समय कहकर पुकारते हैं। यह समय था जब मार्क्सवाद विरोध की लहर जनव्यापी बनने लगी थी। यहाँ तक कि कुछ मार्क्सवादी रचनाकारों ने भी मार्क्सवाद के विरोध में अपनी भावुकतापूर्ण प्रतिक्रियाओं को व्यक्त किया। भावात्मक एकता का उन्मादी रूप ऐसे समय में अक्सर दिखाई देता है, नेहरू की मृत्यु के बाद शास्त्री की सरकार बनती है। इसी दौरान 1965 में भारत-पाक युद्ध होता है। 1967 में तेजी से कांग्रेस विरोधी सरकारें बनने लगती हैं और आर्थिक संकट तथा जनता के राजनीतिक संघर्ष

में उभार दिखाई देता है और 1971 में एक बार फिर सारा देश युद्ध की आग में झुलसने लगता है।

सच तो यह है कि हमारी सरकार ने सन् '47 के बाद से ही गलत रास्ता चुन लिया था। देखा जाए तो स्वतन्त्रता के बाद ही भारतीय जनमानस में यह प्रश्न उठा था कि रास्ता कौन-सा है? जिन बुद्धिजीवियों की हमदर्दी देश और उसकी जनता के साथ थी, उन लोगों ने सुझाया कि रास्ता वह ठीक होगा जो इज़ारेदारी, सामन्तवाद और साम्राज्यवाद के खिलाफ हो तथा देश में जनवादी लोकतन्त्र की स्थापना करके हमें समाजवाद की ओर पहुँचाए लेकिन दुर्भाग्य से कांग्रेस ने वह रास्ता नहीं चुना। फलतः देखते-देखते भारतीय व्यवस्था इज़ारेदारों के हाथों की कठपुतली बन गयी।

चंचल चौहान ने स्वातन्त्र्योत्तर भारत की राजनीतिक, सामाजिक घटनाओं और परिस्थितियों का चित्रण करते हुए लिखा है—"इज़ारेदारों के हाथ की कठपुतली बनने के बाद भारतीय व्यवस्था ने देश में पाशविक सामन्तों तथा विदेश में बर्बर साम्राज्यवादियों से समझौता किया। जाहिर है, जब शोषण की मात्रा तिहरी कर दी गयी तो भारतीय जनता की हालत बद से बदतर हुई। 26 जनवरी, 1950 का झुनझुना अधिक दिन नहीं बजा। समता का अधिकार अर्थहीन हो गया। अमीर-गरीब की खाई बढ़ी, महँगाई बढ़ी, बेरोजगारी बढ़ी, भुखमरी बढ़ी। भारत की शोषित जनता को इस बुर्जुआ प्रजातन्त्र में झोल नजर आने लगा। उसने जिस तन्त्र को, अपने हितों की रक्षा के लिए संघर्ष द्वारा बनाया था वह उन्हीं के खिलाफ इस्तेमाल हुआ। अतः आन्दोलनों की शुरुआत भी हुई। सन् 1960 के बाद की भारतीय व्यवस्था अपनी अधोगति के चरम निम्न बिन्दु पर थी। अमेरिका का सड़ा हुआ गेहूँ और सूअर-भक्ष्य मक्का राशन में बँट रहा था। जनता का ध्यान बँटाने के लिए शासकवर्ग छिटपुट युद्ध भी कर लेते थे और उसका बहाना करके महँगाई बढ़ा देते थे। वियतनाम अमेरिका से 30 वर्ष युद्ध करके भी महँगाई जैसे दुर्गुण का शिकार नहीं हुआ। यहाँ चार-छह दिन गोली चलने से ही महँगाई आसमान छूने लगती थी। भारत-चीन संघर्ष में कम्यूनिस्टों को जेल में ठूँस दिया गया था, मार्क्सवादी विचारधारा पर प्रहार किया जा रहा था और देशभक्ति की आड़ में भुखमरी को बढ़ाया जा रहा था। सामन्तों और अमेरिका आदि साम्राज्यवादियों की कृपा हासिल करके भारत का इज़ारेदार पूँजीवाद पूरे समाज को खोखला बनाये दे रहा था। इस क्रमिक ह्रास का असर सांस्कृतिक स्तर पर पड़े बिना नहीं रह सकता था।"[58]

माखनलाल चतुर्वेदी के काव्य को इन युगीन परिस्थितियों ने प्रभावित किया।

वे मार्क्सवादी चाहे नहीं रहे लेकिन उन जनवादी कवियों में से एक जरूर रहे जिनके काव्य ने जनपक्षधरता का निर्वहन अन्त तक किया। स्वातन्त्र्योत्तर भारत में उनकी परवर्ती कृतियों की प्रेरणा भूमियाँ युग की गहरी पीड़ा ने तैयार किया। फलस्वरूप उनका जो रचना मानस तैयार हुआ, वह सकारात्मक जीवनदृष्टि का परिचायक बना। यही कारण है कि उनके काव्यानुभवों का स्वरूप वैयक्तिक न होकर सामाजिक है। उनके काव्य के केन्द्र में औसत मनुष्य के लिए उत्कट चिन्ता भी दिखाई देती है और उस मनुष्य के अच्छे दिनों के लौट आने की कामना भी–

"तेरी एक मुस्कुराहट पर
वीर पीढ़ियाँ फूलें
ये अनाज की पूलें
तेरे काँधे झूलें।"[59]
"चुक-चुक जाते वर्ष महीने, घिस-घिस जाते आह
मिटा न पाए हम गरीब के जी की आर्त्त कराह
खेत हरे होते हैं, वैभव क्षेत्र भरे होते हैं
रोज रिपोर्टें निकल रही हैं, स्वप्न खरे होते हैं
पर साहस पर, श्रम, बलि पथ पर
लगे हुए हैं पहरे
चाहें हुईं स्वतन्त्र
प्राप्ति के घाव हो गए गहरे।"[60]

1962 में चीन के आक्रमण ने उन्हें उद्वेलित कर दिया और एक बार फिर प्रखर राष्ट्रबोध की कविताएँ सामने आयीं। इन कविताओं में सैन्य सजाने तथा प्राण दे देने के लिए कवि की ओजपूर्ण वाणी सुनाई पड़ी–

"चलो सजाओ सैन्य
समय की भरपाई के दिन आए हैं
आज प्राण देने को युग की
तरुणाई के दिन आए हैं
चलो उठो अब प्रलय रागिनी
गा दें, सागर को दहला दें
आज चीन को भारत से
भिड़ने का जरा मजा चखा दें।"[61]

ऐसा नहीं है कि माखनलाल जी के काव्य में वैविध्य नहीं है। प्रमुख युगीन समस्याओं के साथ-साथ प्रेम, सूक्ष्म मानवीय भावनाएँ, सौन्दर्य तथा प्रकृति भी उनके काव्यानुभवों के आधार बने–

"गगन की रानी के छुप-छुपकर
बिजुरी काजल आँज रही
बादलों के घिर आने से
प्रात भी अच्छी साँझ रही।"[62]

यह भी नहीं कि प्रकृति का केवल शुद्ध चित्रण ही उनके यहाँ मिलता हो। वे प्रकृति को युग सन्दर्भ से जोड़कर भी प्रस्तुत कर देते हैं–

"सभी इरादे आज हमारे
धूल हुए जाते हैं
कैसे करुण विवश यमुना के
फूल हुए जाते हैं।"[63]

"मगन गगन से भूमि तलक यह
आज चाँदनी कहाँ गयी
चलो बुला लायें, उसको अब
मिल जाएगी जहाँ गयी।"[64]

लेकिन माखनलाल चतुर्वेदी के प्रेरणास्रोत जो रहे, वही बालकृष्ण शर्मा 'नवीन' के नहीं रहे। यह ठीक है कि स्वतन्त्रता-पूर्व परिदृश्य में चतुर्वेदी जी की तरह नवीन ने भी राष्ट्रीय काव्य के साथ सूक्ष्म मानवीय अनुभूतियों का काव्य लिखा लेकिन परवर्ती कृतियों में ये दोनों कवि अलग-अलग धरातल पर खड़े हो जाते हैं। नवीन के राष्ट्र-बोध का सर्वथा लोप हो जाता है। पिछले जीवन-संघर्ष में वे इतने थक जाते हैं कि '47 के बाद स्थूल प्रेम, रहस्य, अध्यात्म तथा ईश्वर-भक्ति उनके काव्यानुभवों में स्थान पाते हैं। इस पलायनवादी जीवनदृष्टि से नवीन का रचना-मानस भी तैयार होता है। "रश्मिरेखा' की भूमिका से नवीन का रचना मानस भी तैयार होता है। 'रश्मिरेखा' की भूमिका में यदि हम एक दृष्टि डालें तो नवीन जी का रचना-मानस स्पष्ट हो जाएगा–"आज के इस आस्था शून्य युग में अनदेखे की टोह मृतप्राय हो गयी है। जीवन के क्षेत्र को हम केवल प्रत्यक्ष की परिखा से सीमित

कर बैठे हैं। अप्रत्यक्ष की हमारी प्यास बुझ गयी है। यदि अप्रत्यक्ष पिपासा लगी रहती, तो जग-जीवन इतना विशृंखल, इतना उन्मत्त, इतना स्वनाशोन्मुख न होता। मनुष्य धन से तृप्त नहीं होता, धन मात्र से ही, वैभव से, वित्त से ही उसकी तृप्ति नहीं होती, तृप्ति के लिए तो अप्रत्यक्ष की पिपासा लगानी चाहिए और उसकी पूर्ति होनी चाहिए। जनजीवन में वह प्यास लगे—ऐसी मेरी इच्छा है यदि वह तृषा जगी तो धन की भूख अर्थात् समाज को, मानव को अपने आपको चबाकर निगल जाने की यह राक्षसी भूख मिट जाएगी और इस प्रकार जीवन में सन्तुलन का आविर्भाव होगा।''[65]

प्रत्यक्ष जीवन में दुःख क्यों है? उत्तर में नवीन कहते हैं क्योंकि अप्रत्यक्ष की चाह मिट गयी है। इस प्रत्यक्ष जीवन के दुःखों को दूर करने के लिए क्या करना चाहिए? इसका उत्तर भी वैसा ही है कि प्रत्यक्ष जीवन में दुःख के कारण खोजकर उन्हें निर्मूल करने के बजाय अप्रत्यक्ष से आस लगाना चाहिए। क्या प्रत्यक्ष जीवन के दुःखों के कारण प्रत्यक्ष जीवन में नहीं हैं? धन की भूख, मनुष्य में अपने आपको चबाकर निगल जाने की भूख क्या देश की तमाम शोषित, गरीब और मजबूर जनता में भी है? कौन, किसको निगल जाना चाहता है? जाहिर है शोषक और शोषित में फर्क किये बिना दुःखों को समझने की कोशिश प्रत्यक्ष जीवन के यथार्थ पर, शोषण और उसके विरुद्ध संघर्ष पर पर्दा डालना है। दुर्भाग्य से प्रगतिशील और जनवादी दृष्टि के अभाव में नवीन ने यही किया। फिर जनता और उसके संघर्ष से कटकर अप्रत्यक्ष के प्रति यह कैसी आध्यात्मिक साधना थी जो नवीन कर रहे थे—

''चाहे बीते दिन-दिन
चाहे हो युग-युगान्त
पर मम साधना का
न फिर भी होगा दिनान्त।''[66]

इस साधना से उन्हें समय मिलता तो वे 'विरह के गान' लिखने लगते—

''लिख विरह के गान, रे कवि
खूब खिलने दे अधर पर
दुःखभरी मुस्कान, रे कवि
लिख विरह के गान!''[67]

जन सम्पृक्ति का अभाव ही क्या वह कारण नहीं है जिससे नवीन का परवर्ती लेखन 'मरु में सनेह वर्षण' के समान हो गया। इसकी स्वीकृति उन्हीं की एक कविता में–

"हमने भी पाया अजब हृदय
हम जग को करने प्यार चले
पर अजब तमाशा हुआ यहाँ
हम सबके हो हिय-भार चले!
जिस-जिस को हमने अपनाया
वह बेगाना हो गया यहाँ
मरु में स्नेह वर्षण करते
इस जग में हम बेकार चले।"[68]

यही हश्र दिनकर के परवर्ती काव्य का भी हुआ। हालाँकि नवीन की थकान और निराशा परिमाण में दिनकर के यहाँ अपेक्षाकृत कम है। दिनकर का सोया हुआ राष्ट्रबोध 1962 में चीन के आक्रमण के समय जरूर जागता है–'परशुराम की प्रतीक्षा' में। लेकिन उसके पश्चात् की कृतियों में वह पुनः लोप हो जाता है। नवीन की तरह दिनकर के काव्य के प्रेरणास्रोत भी युगीन परिस्थितियाँ और घटनाएँ नहीं रहीं। दिनकर का रचना मानस भी जिन प्रवृत्तियों से तैयार हुआ, वे रहस्य, आध्यात्मिकता, आध्यात्मिक और स्थूल प्रेम, अवसाद तथा नैराश्य की ही हैं। नवीन की तरह दिनकर भी संसद सदस्य रहे, औसत आदमी से इनका सम्पर्क टूट गया। फलतः स्वाभाविक ही था कि जीवन-शैली के अनुकूल रचना-शैली भी विकसित हो। दिनकर को काव्य विषयों के लिए इतिहास और पुराण की शरण में जाना पड़ा–'रश्मि रथी' तथा 'उर्वशी' आदि कृतियों को प्रमाण के तौर पर देखा जा सकता है।

डॉ. शिवकान्त गोस्वामी के शब्दों में–"आरम्भ में दिनकर के काव्य में सर्वत्र क्रांतिकारी भावनाओं का प्राधान्य दृष्टिगोचर होता है लेकिन द्वितीय विश्वयुद्ध की दारुण विनाशलीला तथा गाँधीवादी नीति की अपेक्षाकृत सफलता से दिनकर स्वयं अपनी क्रांति भावनाओं के प्रति आशंकित हो गए। आरम्भ में दिनकर गाँधीवाद के समर्थक नहीं थे लेकिन उनके प्रभाव में आने के पश्चात् वे अपनी पूर्ववर्ती मान्यताओं पर पुनर्विचार करने के लिए बाध्य हो गए।"[69] इस पुनर्विचार ने उन्हें 'हारे को हरिनाम' की स्थिति तक ला दिया। वे जीवनबोध से ज़्यादा मृत्युबोध को प्राथमिकता

देने लगते हैं या प्रेम की आध्यात्मिक अभिव्यक्ति करने लगते हैं—

"अन्तः कपाट आप से आप
खुलने लगा है
देवता शायद दरवाजे पर आ गए हैं।"[70]

"जीने का मूल्य
थोड़ा होता है
कीमती वे बन जाते हैं
जो मरते हैं।"[71]

"तुम्हें देखते ही मुझमें
कुछ अजब भाव जागता है
भीतर कोई सन्त
खुशी में भर, रोने लगता है।"[72]

या

"तन से मुझको कसे हुए अपने दृढ़ आलिंगन में
मन से किन्तु, विषण्ण दूर तुम कहाँ चले जाते हो?
बरसा कर पीयूष प्रेम का, आँखों से आँखों में
मुझे देखते हुए कहाँ तुम जाकर खो जाते हो?"[73]

इस तरह दुःख और उससे मुक्ति के बारे में सोचना छोड़कर स्वातन्त्र्योत्तर कृतियों में कवि दिनकर का राष्ट्रबोध 'खूब गहरी नींद में' सो जाता है—

"व्योम में बाकी अब नहीं अब बदलियाँ हैं
मोह अब बाकी नहीं उम्मीद में
आह भरना भूलकर सोने लगा हूँ
बन्धु, कल से खूब गहरी नींद में"[74]

दुखद तो यह है कि केवल दिनकर ही नहीं, माखनलाल चतुर्वेदी को छोड़कर, राष्ट्रीय काव्यधारा के सभी कवियों के साथ यह हुआ। सन् '47 के बाद वे सब 'क्या लिखें' की समस्या से ग्रस्त होकर एक भटकाव के शिकार हो गए। फलतः उनकी प्रेरणा-भूमियों में युगीन सन्दर्भ कहीं दिखाई नहीं देते। उनका रचना मानस

भी निहायत वैयक्तिक, आध्यात्मिक तथा स्थूल प्रेम जैसी प्रवृत्तियों से मिलकर तैयार होता है। यही कारण है कि स्वातन्त्र्योत्तर राजनीतिक-सामाजिक यथार्थ इन कवियों का काव्यानुभव नहीं बन पाता।

इस तरह जनता से सम्पर्क टूट जाने के कारण इन राष्ट्रीय कवियों का काव्य रस्मी हो गया। ये राष्ट्र की धड़कन से कट गए। जनता के भाव-संवेदनों में ये कवि इतिहास बन गए। इन कवियों की परवर्ती तथा अंतिम काव्यकृतियों के साथ राष्ट्रीय काव्यधारा का लोप हो जाता है। सच तो यह है कि स्वातन्त्र्योत्तर भारत में राष्ट्र का दायित्व प्रगतिवादी कवियों के कन्धों पर आ जाता है। जिस समय मैथिलीशरण गुप्त, नवीन, दिनकर, सियारामशरण गुप्त, सोहनलाल द्विवेदी, हरिकृष्ण 'प्रेमी', श्यामनारायण पांडे, केदारनाथ मिश्र 'प्रभात' तथा जगन्नाथ प्रसाद 'मिलिन्द' का काव्य ह्रास की ओर बढ़ रहा था, उस समय प्रगतिशील-जनवादी कवि लगातार सामाजिक सन्दर्भों से जुड़कर काव्य-रचना कर रहे थे। स्वतन्त्रता के पश्चात् राष्ट्रीयता सर्वथा नए रूप और नए सन्दर्भ में कहें कि अधिकतर नए कवियों के काव्य में उभरकर सामने आयी। नागार्जुन, केदारनाथ अग्रवाल, त्रिलोचन, शमशेर, मुक्तिबोध, केदारनाथ सिंह, जगूड़ी, सोमदत्त, अरुण कमल, उदय प्रकाश, राजेश जोशी आदि तीन पीढ़ियों के कवियों ने जनवादी दृष्टि से युगीन सच्चाइयों को समझने की चेष्टा की, सामाजिक-राजनीतिक विघटन का चित्रण किया तथा मुक्ति-मार्ग ढूँढ़ने की कोशिश भी की। इन कवियों के काव्य में राष्ट्रीयता का अर्थ पहले की तरह सिर्फ स्वतन्त्रता-प्राप्ति तक सीमित न होकर समाजवादी समाज की रचना में निहित है।

सन्दर्भ

1. शिवकुमार मिश्र 'नया हिन्दी काव्य', पृ. 43
2. वही, पृ. 44-45
3. वही, पृ. 45
4. प्रेमचन्द : 'जागरण' : सम्पादकीय : 27 फरवरी, 1933
5. वही, 7 अगस्त, 1933
6. नन्ददुलारे वाजपेयी : 'राष्ट्रीय साहित्य तथा अन्य निबन्ध', पृ. 1
7. डॉ. रघुवंश : 'स्वातन्त्र्योत्तर काव्य की दिशा' : 'साहित्य का नया परिप्रेक्ष्य', पृ. 134
8. डॉ. नगेन्द्र : 'राष्ट्रीय-सांस्कृतिक कविता' : 'हिन्दी साहित्य का नया इतिहास' पृ. 545
9. धर्मवीर भारती : साक्षात्कार : 'रविवार' 28 अगस्त, 3 सितम्बर '88
10. शिवकुमार मिश्र : 'नया हिन्दी काव्य', पृ. 48-49
11. वही, पृ. 49

12. मैथिलीशरण गुप्त : 'मैथिलीशरण गुप्त की काव्ययात्रा', (जगदीश प्रसाद चतुर्वेदी) से उद्धृत, पृ. 152-53
13. मैथिलीशरण गुप्त : 'जयभारत' से उद्धृत।
14. जगदीश प्रसाद चतुर्वेदी : 'मैथिलीशरण गुप्त की काव्ययात्रा', पृ. 157
15. मैथिलीशरण गुप्त : 'विष्णु प्रिया', पृ. 126-127
16. मैथिलीशरण गुप्त : 'भूमि भाग' से उद्धृत।
17. मैथिलीशरण गुप्त : 'राजा प्रजा' से उदधृत।
18. डॉ. जनार्दन पांडेय : 'मैथिलीशरण गुप्त के काव्य में भारतीय संस्कृति की अभिव्यक्ति', पृ. 229
19. माखनलाल चतुर्वेदी : 'रचनावली'-6, पृ. 80
20. वही, पृ. 251-52
21. वही, पृ. 260
22. माखनलाल चतुर्वेदी : 'रचनावली'-7, पृ. 251
23. वही, 'रचनावली'-6, पृ. 257
24. वही, पृ. 264
25. वही, 'भारती'–शीर्षक कविता, पृ. 269
26. माखनलाल चतुर्वेदी : 'क्या-क्या बीत रही है' शीर्षक कविता, पृ. 290-91
27. वही, 'रचनावली'-7, पृ. 27
28. डॉ. शिवकुमार मिश्र : 'नया हिन्दी काव्य', पृ. 63
29. वही, पृ. 98
30. बालकृष्ण शर्मा 'नवीन' : 'रश्मि रेखा', पृ. 106
31. वही, 'अपलक', पृ. 28
32. वही, ''क्वासि'', पृ. 34
33. वही, ''अपलक'', पृ. 74
34. वही, क्वासि से उद्धृत।
35. वही।
36. वही।
37. डॉ. रामविलास शर्मा : 'मार्क्सवाद और प्रगतिशील साहित्य', पृ. 154
38. बालकृष्ण शर्मा 'नवीन' : 'हम विषपायी जनम के' से उद्धृत।
39. वही, पृ. 98
40. डॉ. शिवकुमार मिश्र : 'नया हिन्दी काव्य', पृ. 99
41. रामधारी सिंह 'दिनकर' : 'हुंकार', पृ. 86-87
42. वही, 'इतिहास के आँसू' से उद्धृत।
43. वही, 'धूप और धुआँ' नामक संग्रह से उद्धृत।
44. वही, 'रश्मिरथी' की भूमिका।
45. वही, 'भारत का रेशमी नगर' शीर्षक कविता 'दिल्ली' से उद्धृत।
46. वही, 'उर्वशी' से उद्धृत।

47. रामधारी सिंह 'दिनकर', 'परशुराम की प्रतीक्षा' से उद्धृत।
48. डॉ. शिवकान्त गोस्वामी : 'दिनकर के काव्य में राष्ट्रीय चेतना', पृ. 150
49. अनन्त मिश्र : 'स्वातन्त्र्योत्तर हिन्दी कविता', पृ. 283-84
50. वही, पृ. 284
51. वही, पृ. 284
52. डॉ. नगेन्द्र : 'मैथिलीशरण गुप्त : पुनर्मूल्यांकन', पृ. 109
53. 'मैथिलीशरण गुप्त की काव्ययात्रा' (जगदीश प्रसाद चतुर्वेदी), पृ. 155
54. डॉ. मधुबाला रोहतगी : 'मैथिलीशरण गुप्त के काव्य में नारी भावना' 'दो शब्द' से उद्धृत।
55. मैथिलीशरण गुप्त : 'विष्णुप्रिया', पृ. 33-34-35
56. डॉ. रामकुलकर्णी : 'मैथिलीशरण गुप्त के पात्रों का मनोविश्लेषणात्मक अध्ययन', पृ. 47
57. फैज अहमद फैज : रविवार : 28 अगस्त-3 सितम्बर, 88, पृ. 61
58. चंचल चौहान : 'जनवादी समीक्षा : नया चिन्तन, नए प्रयोग', पृ. 176-177
59. माखनलाल चतुर्वेदी : 'रचनावली'- 7, पृ. 21
60. वही, पृ. 178
61. वही, पृ. 210
62. वही, पृ. 53
63. वही, पृ. 229
64. वही, पृ. 262
65. बालकृष्ण शर्मा 'नवीन' : 'रश्मि रेखा' की भूमिका से उद्धृत।
66. वही, 'क्वासि', पृ. 32
67. वही, 'हम विषपायी जनम के' से उद्धृत।
68. वही।
69. डॉ. शिवकान्त गोस्वामी : 'दिनकर के काव्य में राष्ट्रीय भावना', पृ. 230
70. रामधारी सिंह दिनकर : 'हारे को हरिनाम' से उद्धृत।
71. वही।
72. वही, 'कोयला और कवित्व' से उद्धृत।
73. वही, 'उर्वशी' से उद्धृत।
74. वही, 'नए सुभाषित' से उद्धृत।

पंचम अध्याय

स्वातन्त्र्योत्तर स्वच्छन्दतावादी धारा और उसके काव्यानुभव

हिन्दी कविता में स्वच्छन्दतावाद शब्द 'रोमाण्टि-सिज़्म' के लिए प्रयुक्त होता है जिसका छायावाद नाम सर्वाधिक प्रचलित है। इस नाम के पक्ष में आलोचकों के अपने-अपने तर्क हैं। डॉ. प्रेमशंकर के अनुसार तो "मनुष्य की निजी आजादी, व्यक्तित्व की छूट, सौन्दर्य की अपनी दुनिया आदि की ध्वनि तथा रोमानी प्रवृत्तियों के शिरकत की दृष्टि से छायावादी काव्य का स्वच्छन्दतावादी काव्य ही अधिक मौजूँ नाम मालूम होता है।"[1] हिन्दी स्वच्छन्दतावादी काव्य की तुलना अंग्रेजी की रोमांटिक कविता से की जाती है लेकिन प्रत्येक आन्दोलन के विकास में उसके अपने देश-काल की भूमिका होती है और उसकी अपनी जातीयता होती है। हिन्दी स्वच्छन्दतावादी काव्य भी इसका अपवाद नहीं है। हालाँकि अंग्रेजी की रोमानी कविता का सीधा और गहरा असर स्वच्छन्दतावादी काव्य पर पड़ा लेकिन इसके बावजूद दोनों आन्दोलनों में पर्याप्त अन्तर भी है। एक हद तक पश्चिम के अनुकरण व प्रभाव के बाद भी हिन्दी स्वच्छन्द कविता का अपना स्वतन्त्र व्यक्तित्व और इतिहास है।

वैयक्तिक स्वतन्त्रता के बिन्दु पर दोनों काव्य-आन्दोलन मनुष्य को श्रेष्ठ मानते हैं। अध्यात्म भी दोनों में झलकता है किन्तु तुलनात्मक दृष्टि से देखें तो मनुष्य को ज़्यादा महत्त्व मिलता है। व्यक्तित्व की यह स्वतन्त्रता स्वच्छन्दतावाद को व्यक्तिवाद से जोड़ देती है। यूरोप के स्वच्छन्दतावादी आन्दोलन के मूल में फ्रांसीसी क्रांति के कारण उत्पन्न होने वाली मानवतावादी भावनाएँ काम कर रही थीं। हिन्दी स्वच्छन्द कविता में विद्रोह को हम मूल प्रवृत्ति के रूप में देखते हैं। हालाँकि आगे वह वैयक्तिक दायरे का अतिक्रमण नहीं कर पाती। प्रसाद, निराला, पन्त और महादेवी को सभी आलोचकों ने एक मत से इस आन्दोलन के आधार-स्तम्भ कवियों के रूप में स्वीकार किया है। निराला में स्वच्छन्दतावाद की सर्वाधिक प्रवृत्तियाँ

दृष्टिगोचर होती हैं। रामविलास शर्मा ने लिखा है कि–"निराला जी छायावादी काव्य में सबसे अधिक प्रगतिशील रहे हैं।"[2] इस तरह वे प्रकारान्तर से स्वीकारते हैं कि इस आन्दोलन में प्रगतिशील तत्त्व भी एक हद तक सक्रिय रहे हैं। एक हद तक इसलिए कि इस आन्दोलन की मूल प्रवृत्ति विद्रोह ने बहुत कम स्थलों पर वैयक्तिक दायरे पर अतिक्रमण किया। शम्भुनाथ सिंह के अनुसार–"यद्यपि छायावादी कविता विद्रोह की कविता है पर सामाजिक परिस्थितियों के कारण वह अहं-परिचालित है।"[3]

प्रेरणास्रोतों पर दृष्टि डालने से यह स्पष्ट होता है कि यह एक अनुभूति-प्रधान काव्य-आन्दोलन था जो आध्यात्मिक भूमि पर विकसित हुआ। हालाँकि भक्तिकालीन आध्यात्मिकता की तरह यह किसी विशिष्ट धार्मिक और दार्शनिक मान्यता के अन्तर्गत विकसित नहीं हुआ। नरेन्द्र देव वर्मा का मत है कि –"इसकी आध्यात्मिकता वेदान्तीय मानववाद की भूमिका पर पल्लवित होती है, जो मनुष्य को तो क्या, चराचर ब्रह्माण्ड को देवत्व से परिपूर्ण मानती है।"[4] इस आन्दोलन पर भारतीय नवजागरण युग के नेताओं तथा बाद के विचारकों–महर्षि देवेन्द्रनाथ ठाकुर, रामकृष्ण परमहंस, स्वामी विवेकानन्द, स्वामी दयानन्द, राजा राममोहन राय, रवीन्द्रनाथ ठाकुर, योगिराज अरविन्द तथा महात्मा गाँधी आदि का गहरा प्रभाव लक्षित होता है।

बीसवीं शताब्दी के दूसरे दशक के लगभग अन्त से आरम्भ यह काव्यान्दोलन चौथे दशक तक पहुँचते-पहुँचते एक रूढ़ि का निर्माण कर लेता है और पारम्परिक होने लगता है। भावपक्ष की प्रधानता के नाम पर निरर्थक और कोरी भावनाओं की प्रधानता होने लगती है और सौन्दर्यचित्रण के बहाने कुंठित भावनाएँ सामने आने लगती हैं। कलागत नियम भी रूढ़ होने लगते हैं। वस्तु और रूप की पुनरावृत्ति स्वच्छन्दतावादी धारा को क्षीण कर देती है। 1947 के कुछ वर्षों पहले तक यह धारा पूर्णतः लुप्त दिखाई देती है। कुछ आलोचक इसे "अभिव्यक्ति के लिए उचित समय की प्रतीक्षा करते हुए अन्तःसलिला की भाँति प्रवाहित मानते हैं।"[5] कालान्तर में यह स्वच्छन्दतावादी धारा काव्य-परिदृश्य में पुनः प्रकट होती है लेकिन अब इसका स्वरूप भिन्न है, संस्कार परिवर्तित हो गए हैं, वस्तु और रूप सम्बन्धी धारणा में अन्तर आ गया है। इसी अन्तर के कारण हिन्दी कविता के इतिहास में स्वातन्त्र्योत्तर स्वच्छन्दतावादी धारा को हम नव-स्वच्छन्दतावाद के नाम से पुकारते हैं।

स्वातन्त्र्योत्तर स्वच्छन्दतावादी धारा और उसके काव्यानुभव

हिन्दी कविता का इतिहास साक्षी है कि कोई भी काव्यधारा जब कुछ निश्चित

काव्य-प्रतिमानों के बन्धन में बँध जाती है तो उसका पतन आरम्भ हो जाता है। जीवन बहती हुई नदी का होता है, पोखर के ठहरे हुए जल का नहीं। स्थिरता हमेशा अन्त का द्योतक रही है। किसी भी काव्यान्दोलन को हम तीन स्थितियों में देखते हैं। एक स्थिति प्रारंभिक होती है, दूसरी उसके विकास की तथा अंतिम स्थिति प्रतिष्ठा की होती है। प्रत्येक काव्यान्दोलन विरोध और आलोचना को सहते हुए आगे बढ़ता है लेकिन किसी भी काव्यधारा की प्रतिष्ठा धीरे-धीरे उसे पतन की ओर ले जाने लगती है। क्योंकि यहाँ तक आते-आते उसके निश्चित प्रतिमान बन जाते हैं, रूढ़ियों का निर्माण हो जाता है और उसमें पुनरावृत्ति दिखलाई पड़ने लगती है। यहीं से एक नए काव्यवाद की भूमिका तैयार होने लगती है। एक नयी काव्यचेतना और वस्तु, भाषा, शिल्प के प्रति सर्वथा एक नए दृष्टिकोण का विकास होता है।

उपर्युक्त दोषों के रहते हिन्दी का स्वच्छन्दतावादी काव्यान्दोलन लगभग समाप्त ही हो जाता है और सर्वथा नए रूप में, नयी भाषा, वस्तु और शैली के साथ '47 के बाद उभरकर सामने आता है। यह नव स्वच्छन्दतावाद है। स्वातन्त्र्योत्तर काव्य परिदृश्य में चाहे वह राष्ट्रीय सांस्कृतिक कविता की धारा हो, प्रगतिवाद हो, प्रयोगवाद हो या नयी कविता हो, यदि सूक्ष्म दृष्टि से देखें तो ये निर्विवाद रूप से नव स्वच्छन्दतावादी काव्यधारा के विकास की विविध परिणतियाँ हैं। आगे जब हम नव स्वच्छन्दतावादी काव्य की दो मूल धाराओं की चर्चा करेंगे तो यह स्पष्ट हो जाएगा। नव स्वच्छन्दतावाद के जन्म के पीछे एक नवीन भावबोध था जिसका गहरा सम्बन्ध युगबोध के साथ था। यूँ तो स्वतन्त्रता के पूर्व छायावादी काव्य का भावबोध भी युगबोध से सम्पृक्त था। इस युगबोध का स्वरूप आध्यात्मिक और सांस्कृतिक था लेकिन युगीन परिस्थितियों में तेजी से हो रहे परिवर्तनों से कवियों की भावनात्मक तीव्रता खंडित होने लगती है। स्वातन्त्र्योत्तर स्वच्छन्दतावादी काव्य में युगबोध का एक दूसरा रूप सामने आता है जो अनास्था, अभाव और संशय से मिलकर बना है।

स्वातन्त्र्योत्तर आन्दोलन में रोमानी रुझान के बावजूद एक सन्तुलित व्यवस्था की तलाश है। उसमें बौद्धिकता और यथार्थवाद के प्रति आग्रह भी है क्योंकि इसी के द्वारा सामयिकता से जुड़ पाना सम्भव था। काव्यजगत् में अभिजात और मध्यवर्ग का प्रवेश भी हुआ। इन कारणों से भावना के क्षेत्र में परिवर्तन होना स्वाभाविक ही था। स्वतन्त्रता-पूर्व की रोमानी प्रवृत्तियाँ अब भी मौजूद थीं लेकिन अब उनका स्वरूप बदल गया था। स्वातन्त्र्य-पूर्व स्वच्छन्दतावादी प्रवृत्तियाँ युग के विभिन्न दबावों के बावजूद जीवित रहीं और इस नए आन्दोलन के रूप में उभरकर सामने आयीं।

नव स्वच्छन्दतावाद में बुद्धि और भावना दोनों को साथ लेकर चलने का प्रयास दृष्टिगोचर होता है। पहले जहाँ अनुभूति को प्रधानता दी गयी, वहाँ अब अनुभूति और आत्माभिव्यक्ति से ही कवि सन्तुष्ट नहीं होता, बल्कि वह रूप को सँवारने की सजग चेष्टा करता है। एक तरफ कवि यदि व्यक्तिगत दुःख-तकलीफों का ही राग अलापता है तो दूसरी तरफ युग के सामाजिक यथार्थ का सामना भी करता है।

स्वतन्त्रता के पश्चात् औद्योगिक विकास के अनुरूप जीवन का शहरीकरण हुआ। मध्ययुग का बहुमुखी विकास हुआ। पश्चिमी साहित्य से गहरा परिचय हुआ। फलस्वरूप साहित्य में भी मध्यवर्गीय महत्त्वाकांक्षाओं की तुष्टि के निमित्त तथा नव प्रबुद्धवादी उदात्त दृष्टिकोण के अनुकूल मुख्य रूप से नव स्वच्छन्दतावादी दृष्टिकोण का विकास हुआ। पूर्ववर्ती स्वच्छन्दतावाद से इस नव स्वच्छन्दतावाद की भिन्नता यह थी कि यह उसकी तरह कल्पना और अनुभूति का नया आन्दोलन नहीं था। इसमें नए युग की बौद्धिक श्रेष्ठता का और प्रबुद्धता का स्पष्ट प्रभाव था। इस आन्दोलन के निर्माण में प्रथम विश्वयुद्ध के बाद की पश्चिमी काव्य मान्यताओं का, मुख्य रूप से टी. एस. इलियट की मान्यताओं का खास प्रभाव था।

लेकिन कवियों का प्रयास समन्वित और एकान्वित नहीं था। यह विभेदों का युग था और हर कवि अपनी प्रवृत्ति के अनुसार प्रतिक्रिया कर रहा था। मोटे तौर पर इन्हें दो वर्गों में बाँटा जा सकता है। कवियों का एक बहुत बड़ा वर्ग युग के सामाजिक यथार्थ से कटकर मन की आन्तरिक परतों में झाँक रहा था और वैयक्तिक भावनाओं के सागर में गोते लगा रहा था। ये व्यक्तिवादी कवि अपने गीतों में स्थूल और मांसल दैहिक चित्रों की झाँकियाँ दिखाने में मशगूल थे। आधुनिक संक्रान्ति के दौर में वे स्वयं को अत्यन्त त्रस्त और दो पाटों के बीच पिसता हुआ महसूस कर रहे थे। इनके काव्य में आस्था और साहसिकता का दूर तक नामोनिशान नहीं मिलता। ये स्वयं को वैयक्तिकता और सामाजिकता के दो पाटों के बीच के घुन स्वीकार करने में नहीं हिचकते। ये यौन वर्जनाओं से त्रस्त हैं–"इन कवियों में कोई एकता नहीं है और ये अपने आपको पथिक नहीं, वरन् पथ को खोजने वाला कहते हैं। असल में चलने के स्थान पर ये चौराहे पर बैठे रहने वाले और सोचते रहने वाले कवि हैं, जो चारों ओर आँखें फाड़-फाड़कर देखते हैं और मार्ग की उपयुक्तता-अनुपयुक्तता पर बहस करते हैं।"[6]

ऐसा आखिर क्यों हो रहा था? क्या ये कवि सचमुच इतने संत्रस्त और परेशान

थे कि इन्हें कुछ सूझ नहीं रहा था या यह एक सोचा-समझा षड्यंत्र था। कर्णसिंह चौहान इसकी व्यापक पड़ताल करते हुए लिखते हैं–"प्रगतिवाद के विरुद्ध पाँचवें दशक में राजनीति विरोध की एक विशेष राजनीतिक दृष्टि के तहत कविता को राजनीति से अलग और ऊपर रखने की जबर्दस्त मुहिम चलायी गयी। इसमें सन्देह नहीं कि राजनीति मात्र के प्रति दिखाई पड़ने वाला विरोध सारतः वामपन्थी और कम्यूनिस्ट राजनीति का ही विरोध था। आपत्ति कांग्रेस के सदस्य या उससे सहानुभूति रखने वाले लेखकों पर नहीं थी बल्कि वामपन्थी दलों के साथ जुड़े लेखकों और लेखन पर थी। ऐसी स्थिति में शीतयुद्ध के एक केन्द्र को यह चिन्ता सता रही थी कि कहीं यह जनता समाजवादी विचारों की गिरफ्त में न आ जाए, इसलिए उससे प्रत्यक्ष-अप्रत्यक्ष रूप में जुड़ें, लेखकों ने राजनीति मात्र को ही साहित्य के सन्दर्भ में अप्रासंगिक करार देकर अकेलेपन, निराशा, रुग्णता, पस्त हिम्मती और विकल्पहीनता का प्रचार किया। मकसद चाहे जो रहा हो लेकिन इस बीच जो साहित्य सामने आया उससे इतना तो स्पष्ट हो ही गया कि सामाजिक संघर्ष के समानान्तर विकसित हिन्दी कविता को व्यापक जीवन और दृष्टि से काटकर नितान्त आत्मग्रस्त मोड़ दे दिया गया। प्रयास की शुरुआत चाहे जिस बड़ी, लुभावनी घोषणा से की गयी हो किन्तु अन्ततः यह कविता आत्मरति और आत्ममोह और अधिकांश में रुग्ण मनःस्थितियों की पुनरावृत्ति की कविता है।"[7]

हालाँकि मुक्तिबोध जैसे प्रगतिशील जीवनदृष्टि के कवियों ने लिखा कि–

"अब अभिव्यक्ति के सारे खतरे
उठाने ही होंगे
तोड़ने ही होंगे मठ और गढ़ सब
पहुँचना होगा दुर्गम पहाड़ों के उस पार
तब कहीं देखने को मिलेंगी बाँहें
जिनमें कि प्रतिपल काँपता रहता
अरुण कमल एक"[8]

लेकिन वे इस स्थिति को तोड़ नहीं पाए। हिन्दी कविता के इतिहास में यह एक ऐसा दौर था जब इन कवियों को नव स्वच्छन्दतावादी प्रवृत्तियों से या तो समझौता करना पड़ा या लगभग गुमनाम बने रहना पड़ा। यह दूसरा वर्ग उन कवियों का था जो काव्य को व्यापक जीवन, राजनीति और स्वस्थ जीवनदृष्टि से काटने का पक्षधर नहीं था।

इस वर्ग के कवियों की यह मान्यता थी कि अपने युग और उसके मनुष्य को सार्थक ढंग से परिभाषित करने के लिए राजनीति से साहित्य को जोड़ना होगा। कविता को जीवन से दूर ले जाने की कोशिश न सिर्फ उसे जीवन और उसकी अनेक चुनौतियों से दूर ले जाने की कोशिश साबित होगी बल्कि इस तरह के प्रयास से रचा गया साहित्य अमानवीय होगा और मनुष्य के विरोध में खड़ा होगा। लेकिन इस दौर के काव्य का अधिकांश आत्मग्रंथियों और उलझनों में उलझता चला गया। मुक्तिबोध की तरह 'अभिव्यक्ति के खतरे उठाने' का साहस बहुत कम कवि दिखा पाये। इस तरह स्वातन्त्र्योत्तर स्वच्छन्दतावादी काव्यधारा को हम दो रंगों में रंगा पाते हैं। कहीं कुंठा, संत्रास, यौन वर्जना, संशय, अकेलापन और आत्मवृत्ति का घना कोहरा दिखाई देता है तो कहीं खिली हुई धूप में यथार्थ की ठोस और उर्वर भूमि दिखाई देती है।

इस पूरे आन्दोलन में अहम् और अहम् के विसर्जन, व्यक्तित्व और व्यक्तित्व के पलायन का तथा आत्मगत और वस्तुगत के सहज सम्बन्धों का चिन्तन और मनन हुआ। कहीं कवियों के मन में यह संशय कुलबुलाता रहा–

"जो मिट गया क्या असत् था
अवशेष ही क्या सत्य है
क्या सही वह जो जीतता
जो हार जाता अशिव है?"[9]

कहीं उसने स्वयं को घोर अकेलेपन में पाया जहाँ चीखें भी भोथरी छुरियों-सी बेअसर हो जाती हैं–

"नींद के एकान्त सड़कों पर भागते हुए आवारा सपने
सेकेण्ड-शो से लौटती हुई बीमार टैक्सियाँ
भोथरी छुरी जैसी चीखें
बेहोश औरत की ठहरी हुई आँखों की तरह रात
बिजली के लगातार खम्भे पीछा करते हैं।
साये बहुत दूर छूट जाते हैं
साये टूट जाते हैं
मैं अकेला हूँ।"[10]

इसके अतिरिक्त एक ओर जहाँ अतिबौद्धिकता का प्रभाव दिखाई देता है–

"हमारी परिणति
न आत्महत्या है
न जंग लगी हुई आरती
मुर्दा इतिहास की पोली मीनार में
हम दो चुम्बकों के बीच
स्थिर हैं।"[11]

वहीं दूसरी ओर इसमें लोकध्वनियों का भी नए ढंग से वरण किया गया—

"पीके फूटे आज प्यार के, पानी बरसा री
हरियाली छा गयी, हमारे सावन सरसा री"[12]

साथ ही साथ गद्य की काव्यात्मक टोन का विकास भी हुआ और एक तरीके से नए जीवन की यथार्थ-अभिव्यक्ति के अनुरूप नए शिल्प का निर्माण हुआ—

"नगर के बीचोबीच
आधी रात अँधेरे की काली स्याह
शिलाओं से बनी हुई
भीतों और अहातों के, काँच टुकड़े जमे हुए
ऊँचे-ऊँचे कन्धों पर
चाँदनी की फैली हुई सँवलायी झालरें।
कारखाना-अहाते के उस पार
धूम्रमुख चिमनियों के ऊँचे-ऊँचे
उद्गार-चिह्नाकार-मीनार,
मीनारों के बीचोबीच
चाँद का है टेढ़ा मुँह!!
भयानक स्याह सन् तिरपन का चाँद वह!!
गगन में करफ्यू है
धरती पर चुपचाप ज़हरीली छिः थूः है!!
पीपल के खाली पड़े घोंसलों में पक्षियों के
पैठे हैं ख़ाली हुए कारतूस।
गंजे-सिर चाँद की सँवलायी किरनों के जासूस

साम-सूम नगर में धीरे-धीरे धूम-धाम
नगर के कोनों के तिकोनों में छिपे हैं!!
चाँद की कनखियों की कोण-गामी किरनें
पीली-पीली रोशनी की, बिछाती हैं
अँधेरे में, पट्टियाँ।
देखती हैं नगर की ज़िन्दगी का टूटा-फूटा
उदास प्रसार वह।"[13]

राजनीति में उदारवादियों ने तथा सामाजिक प्रजातन्त्रवादियों ने जो दृष्टिकोण अपनाया—अर्थात् जिसमें व्यक्ति स्वातन्त्र्य के साथ समाजीकरण के सन्तुलन की बात की गयी, जिसमें बुद्धि की अद्वितीयता के साथ सामाजिक वैशिष्ट्य की बात की गयी तथा जिसमें परम्परा और नवीनता की व्याख्या हुई—वह इस नव स्वच्छन्दतावाद की विचारधारा में दिखाई देता है।

नव स्वच्छन्दतावादी कवि स्वच्छन्दतावादी प्रगीतात्मकता, मुक्तछन्द की धारणा लयविधान और शिल्प योजना को तो स्वीकार करता है लेकिन काव्यवस्तु के सम्बन्ध में उसका दृष्टिकोण विद्रोही है। दरअसल नव स्वच्छन्दतावादी कवियों ने काव्य विषय को स्वच्छन्दतावादी आध्यात्मिकता की पीठिका से उतारकर इंद्रिय-संवेदनों की भूमिका पर प्रतिष्ठित किया और केवल भावना की जगह उसे विचार और बुद्धि के पथ पर प्रशस्त किया। स्वच्छन्दतावाद में जहाँ अतीत-गौरव देखने को मिलता है वहाँ इस नए आन्दोलन में अतीत के प्रति तीव्र असन्तोष और वर्तमान के प्रति जागरूकता की भावना देखने को मिलती है। स्वातन्त्र्य पूर्व इस काव्यधारा में पूर्ण भारतीयता के दर्शन होते हैं लेकिन स्वातन्त्र्योत्तर काव्य में पश्चिम का गहरा प्रभाव लक्षित होता है। कवियों ने देखा कि महायुद्ध के दुष्प्रभावों के कारण पश्चिम की रचना त्रस्त और युगीन असन्तोष से विकल है। पश्चिम की देखा-देखी तथा कुछ अपने भारतीय परिवेश की विसंगतियों की वजह से भी इन संवेदनशील कवियों ने भी उन्हीं कुंठाओं की अनुभूति शुरू कर दी जिसका अनुभव पश्चिम के कवि कर रहे थे। यही कारण है कि ये कवि स्वयं को टूटा हुआ, कुंठित, खंडित व्यक्तित्व का समझते हैं।

नव स्वच्छन्दतावादी साहित्य को संक्रान्ति कालीन साहित्य माना जाता है। राष्ट्रीय और सामाजिक जीवन के सन्दर्भ में यह संक्रमण काल था। यह वह युग था जब नए मध्यवर्ग का उदय हो चुका था, गाँव, नगरों-महानगरों पर निर्भर होकर

अपनी आत्मनिर्भरता खो चुके थे। विदेशी पूँजी की घुसपैठ तथा पूँजीपति और नवधनाढ्य वर्ग के प्रति नेहरू सरकार के उदारवादी दृष्टिकोण के कारण भारत की जनता की आँखों में समाजवाद का सुनहरा सपना आखिरी साँसें ले रहा था। घोषणाएँ तो समाजवादी व्यवस्था के लिए की जा रही थीं। लेकिन दिनोंदिन कथनी और करनी के बीच की बढ़ती खाई ने बुद्धिजीवियों को देश की मौजूदा हालत के बारे में नए सिरे से सोचने के लिए मजबूर कर दिया था। भारतीय अन्तरिक्ष में घोर निराशा के बादल मँडरा रहे थे।

ऐसे में बहुत-से कवि अपनी अतिशय भाव-प्रवणता के रहते अन्तर्जगत् के अन्वेषण में व्यस्त थे और दिनोंदिन अन्तर्मुखी होते जा रहे थे। लेकिन सभी कवि ऐसे नहीं थे। बहुत-से कवि युग की विभीषिका के आघात-प्रत्याघातों को अपने सीने पर झेलते हैं और युग की चिन्ताएँ इनके लिए घरेलू और व्यक्तिगत परेशानियों से कहीं ज़्यादा महत्त्व रखती हैं। अन्तर्मुखी कवियों की तरह ये अन्तर्जगत् में नहीं भटकते। बल्कि बाह्यजगत् की चिन्ता भी करते हैं। इनके लिए सत्य मानसिक चिन्तन-मनन की कोई चीज नहीं बल्कि सामाजिक, राजनीतिक जीवन का ठोस यथार्थ है।

नव स्वच्छन्दतावादी साहित्य का निर्माण इन्हीं दो कोटियों के साहित्यकार करते हैं।

स्वातन्त्र्योत्तर स्वच्छन्दतावाद और उसके कवि

इस वाद की दो प्रमुख प्रवृत्तियों में एक ओर व्यक्तिवादी स्वच्छन्दतावाद है जिसमें व्यक्ति पक्ष और उसकी निजता का प्रतिपादन होता है तथा दूसरी ओर क्रांतिकारी स्वच्छन्दतावाद है जिसमें सामाजिक परिवर्तन की आक्रोशभरी अभिव्यक्ति दिखाई देती है। सच पूछा जाए तो आजादी के बाद क्रांतिकारी और गैरक्रांतिकारी स्वच्छन्दतावाद की नूतन प्रवृत्ति हिन्दी कविता को सजाती-सँवारती रही है। क्रांतिकारी स्वच्छन्दतावाद आगे दशकों में अर्थात् 1965 के बाद मार्क्सवाद से जुड़ने लगता है और स्वतः स्फूर्त की जगह चेतना, सम्पन्न दृष्टिकोण तक पहुँचने लगता है। गैरक्रांतिकारी स्वच्छन्दतावाद आगे के दशकों में अस्तित्ववादी प्रभाव ग्रहण करने लगता है और उसमें एक आत्मविचलित मनुष्य की नियति पर सोचा जाने लगता है। हिन्दी कविता के इतिहास को देखकर यह नतीजा निकाला जा सकता है कि मार्क्सवादी कविता की पृष्ठभूमि भी क्रांतिकारी स्वच्छन्दतावाद से सम्बद्ध है और अस्तित्ववादी कविता का सम्बन्ध भी उस नव स्वच्छन्दता से रहा है जिस पर इलियट,

डी. एच. लारेन्स तथा एजरापाउंड आदि का प्रभाव था। इन दोनों धाराओं के कवियों को ही नव स्वच्छन्दतावादी कवि कहा जा सकता है। इनके अनुभव और चिन्ताओं में वह नया परिवेश था जो आजादी के बाद नए उत्पादन सम्बन्धों से निर्मित हुआ था। शिवकुमार मिश्र ने छायावाद से उत्तर छायावादी काव्य की भिन्नता स्पष्ट करते हुए महत्त्वपूर्ण विशेषताओं की ओर संकेत भी किया है—"छायावाद का कवि अपनी बातों को बहुधा ही एक आवरण में प्रस्तुत करता था, अधिकतर लक्षणा का आश्रय ग्रहण कर उनका संकेत मात्र कर देता था, वहाँ इन कवियों ने अपनी आप-बीती को साफ-साफ, बिना किसी आवरण के, बिना किसी संकोच के, मात्र अभिधा के आधार पर व्यक्त किया—फलतः उनके कथन में सुख और दुःख की उनकी अनुभूतियों में छायावाद के कवियों की अपेक्षा अधिक स्पष्टता, प्रगाढ़ता, ईमानदारी व तात्कालिक प्रभाव क्षमता दिखाई देती है।"[14]

व्यक्तिवादी नव स्वच्छन्दतावाद

इस धारा के प्रमुख कवियों में अज्ञेय, धर्मवीर भारती, गिरिजाकुमार माथुर, जगदीश गुप्त, लक्ष्मीकान्त वर्मा, कुँवर नारायण, नरेश मेहता, मलयज, श्रीराम वर्मा, विपिन कुमार अग्रवाल, सौमित्र मोहन, बच्चन, नरेन्द्र शर्मा, आरसी प्रसाद सिंह, शकुन्त माथुर, कीर्ति चौधरी तथा मदन वात्स्यायन आदि कवियों के नाम उल्लेखनीय हैं। नव स्वच्छन्दतावाद का लगभग आधा हिस्सा इन कवियों की व्यक्तिपरक रचनाओं से अँटा पड़ा है। स्वच्छन्दतावाद की तरह इन कवियों ने अपनी रचनाओं को आध्यात्मिकता और दार्शनिकता का जामा नहीं पहनाया। इन कवियों ने अपने हाड़-मांस की अनुभूतियों को प्रकृत रूप में व्यक्त किया। इसे एक स्वाभाविक प्रयास तो खैर माना ही जा सकता है। इस धारा के काव्य में यौवनजन्य उच्छवासों, अभावों और आकांक्षाओं का चित्रण हुआ। कवियों में लौकिक प्रेम व्यापारों के प्रति एक गहन अनुरक्ति का भाव दिखाई देता है जो उनकी काव्य चेतना को दिवास्वप्न तक ले जाती है। विचार से कटकर केवल अनुभूति का गायक होने से एक रचनाकार और उसकी सम्पूर्ण छवि को जो हानि होती है, उससे ये बच नहीं सकते। यह काव्य तीखे देहबोध तथा मांसल और स्थूल प्रेम का काव्य है। इस काव्य में सम्पूर्ण जातीय जीवन का कोई अखंड स्वरूप उभरकर सामने नहीं आता—कुछेक रचनाओं को यदि अपवाद मानें। यहाँ तक कि यह काव्य उस उदान्त मानवीय दृष्टिकोण से भी स्थल-स्थल पर वंचित रह जाता है जो उसे स्वच्छन्दतावादी कवियों—पन्त, प्रसाद, निराला में दिखाई देता है।

इन कवियों में दैहिक भूख इतनी प्रबल है कि जगह-जगह इनकी साँसें 'उत्तप्त' हैं, धमनियों में लहू की धार उमड़ने लगती है और ये 'तुम कहाँ हो नारि'? की चीत्कार के लिए विवश हो उठते हैं। उचित ही है जो आलोचक चंचल चौहान ने इसे 'पशु-पुकार' कहा है।[15] अधिकतर कवियों ने मनुष्य को इस हद तक स्वच्छन्द माना है कि उनकी स्वच्छन्दता आदि मानव की स्वच्छन्दता की याद दिला देती है। कहना ही होगा कि इस काव्य में मनुष्य का सामाजिक रूप कम तथा स्वच्छन्द और अराजक रूप कुछ ज़्यादा ही उभरकर सामने आता है।

छायावाद के बाद व्यक्तिगत सुख-दुःख और हर्ष-विषादों की पृष्ठभूमि पर निर्मित यह काव्य स्थूल-शृंगार-चित्रण ज़्यादा करता है। शिवकुमार मिश्र के अनुसार यह काव्य छायावाद के ध्वंस से उत्पन्न है—"अन्य समकालीन काव्य-प्रवृत्तियों की भाँति यह कविता भी पूर्वयुगीन छायावादी काव्य के ध्वंस से ही उत्पन्न है, उसी के अनेकानेक तत्त्वों से युक्त है, अन्तर केवल इतना है कि जहाँ संश्लिष्ट प्रवृत्तियों का काव्य होने के कारण छायावाद कतिपय दुर्बल तत्त्वों के होते हुए भी आस्था, विश्वास, सौन्दर्य और आस्तिकता का काव्य बना रहा—वहाँ उसके ध्वंस से—उसके विघटन से ही उद्भूत होने के कारण इस काव्य ने उसके वे ही तत्त्व ग्रहण किये जो कुछ तो युगीन परिस्थितियों और कुछ उसके निर्माताओं की अपनी वैयक्तिक रुचियों के कारण एकरसता का ही वेदना, पराजय, प्रेम अथवा यौवन के उद्यम स्वरूप का ही परिचय दे सके। छायावाद के इन तत्त्वों को ग्रहण करते हुए भी इस काव्य के रचयिताओं ने उन्हें यथावत् अपने काव्य में अभिव्यक्त नहीं किया वरन् छायावादी काल्पनिकता, आध्यात्मिकता, वायवीयता तथा आवरणप्रियता के प्रति युगानुकूल तीव्र और बहुत कुछ स्वाभाविक प्रतिक्रिया के वश में अपनी प्रगाढ़ अनुभूतियों के रंग में रंगकर बहुत कुछ बदले हुए रूप में प्रस्तुत किया।"[16]

इस तरह हम देखते हैं कि छायावाद से एक हद तक समानता के बावजूद इस काव्य की वैयक्तिकता उसकी तुलना में भिन्न है। प्रेम-कविताओं में भी क्योंकि आध्यात्मिकता का पुट नहीं है, इसलिए इस काव्य का भी अपना अलग व्यक्तित्व है। लेकिन इतना तय है कि अज्ञेय जैसे कवि अपने काव्य-प्रवेश के समय और बाद भी जिन सवालों से लगातार परेशान हो रहे थे, वे कुछ इसी तरह के थे कि नारी के नेत्रों में वह कौन-सी सुरा है जिसको पीने का मोह पुरुष को उसके समीप खींच लाता है, उसके हृदय में कौन-सा गुप्त धन है जिसके लोभ में मन रूपी मृग भटकता है और उसके शरीर में ऐसा क्या है जो प्रतिपल उसे आकर्षित करता

रहता है और अपने रूप के सामने पुरुष को नतमस्तक होने के लिए विवश कर देता है–

> *"तेरी आँखों में क्या मद है जिसको पीने आता हूँ*
> *जिसको पीकर प्रणयपाश में तेरे मैं बँध जाता हूँ*
> *तेरे उर में क्या सुवर्ण है जिसको लेने आता हूँ*
> *जिसको लेते हृदय द्वार की राह भूल मैं जाता हूँ*
> *तेरी काया में क्या गुण है जिसको लखने आता हूँ*
> *जिनको लखकर तेरे आगे हाथ जोड़ रह जाता हूँ।"*[17]

अज्ञेय में पश्चिम के रूपवादियों का गहरा प्रभाव दिखाई देता है। उनकी काव्य-प्रेरणा शब्दाश्रित है, भावाश्रित नहीं। अनुभूति का प्रत्यक्ष चित्रण करने के स्थान पर वे शब्द को, पहले पकड़ते हैं और बाद में अर्थ का अनुशीलन करते हैं। यही कारण है कि उनके काव्य में भाषा और शिल्प का सब्जबाग एकबारगी आकर्षित भले कर ले लेकिन व्यापक जीवन की धड़कन बहुत कम सुनाई पड़ती है।

एक गहरी निराशा, एक गहरी थकान और एक पराजय-बोध अज्ञेय में बार-बार उभरकर सामने आता है। वे 'जीवन-पट की धुँधली लिपि को व्यथा नीर से' धो डालना चाहते हैं और थककर चिरनिद्रा में सो जाना चाहते हैं। ठीक भी है, प्रतिबद्ध जीवनदृष्टि तथा किसी बड़े सामाजिक लक्ष्य के अभाव में प्रायः हर कवि का यही हश्र हो सकता है–

> *"चलो चलें*
> *जीवन-पट की धुँधली लिपि को*
> *व्यथा-नीर से धो चलें*
> *विश्वसमर में लुटकर आए यह ममत्व भी क्यों रह जाए*
> *हो ही चुके पराजित तो अब अपनापन भी खो चलें!*
> *आँख दिये की काजल काली, चिर सागर से है अरुणाली*
> *स्नेही हम भी थके हुए हैं चिरनिद्रा में सो चलें।"*[18]

इस धारा के काव्य में आरम्भ में ही अस्तित्ववादी प्रवृत्तियों के बीज छुपे मिलते हैं जो बाद में अंकुर, फिर पौधे और पेड़ बनकर एक वाद का ही रूप ले लेते हैं। अस्तित्ववादी चिन्तन दरअसल व्यक्तियों को जीवित मुर्दों के रूप में देखता है और संसार को जीवित लोगों की कब्र मानता है। अन्त में यह चिन्तन पूँजीवादी

दृष्टिकोण के पक्ष में ही जाने-अनजाने जा खड़ा होता है। धर्मवीर भारती की कविता 'एक फैंटेसी' में आधुनिककालीन विघटन के चित्रण के बहाने कुंठित भावनाओं और विकृत मनःस्थितियों को ही अभिव्यक्ति मिली है। निराशावादी दृष्टिकोण के रहते कवि को जीवन में कोई सार नहीं दिखाई देता। प्रेम जैसी मन की मधुर और कोमल भावना भी उसे एक विडम्बना लगती है। फलस्वरूप 'प्यार की तस्वीर' भी वह कितने बीभत्स रूप में खींचता है, दृष्टव्य है कविता का एक अंश—

"साँझ के झुटपुटे में
जबकि दूर आसमाँ पर एक धुआँ-सा छा रहा था
तारे अकुला रहे थे, चाँद थर्रा रहा था
चोट इतनी गहरी थी
कि बादलों के सीने से, खून उबला आ रहा था
पास की पगडंडी से
एक राही कन्धों पर
अपनी ही लाश लादे धीमे-धीमे जा रहा था
गीतों के कंकाल झूठे प्यार के मसान में
धधकती चिताओं के पास बैठे गा रहे थे
अपने सूखे हाथों से
अपनी पसलियों को तोड़-तोड़
दूर-दूर तक चिताओं पर बिखरा रहे थे
एक जलते मुर्दे ने
अपनी जलती उँगलियों से
ऊँची-नीची बालू पर एक खींच दी लकीर
और हँसकर बोला—
यह है प्यार की तस्वीर।"[19]

'मंजीर' तथा 'नाश और निर्माण' के साथ गिरिजाकुमार माथुर का काव्य प्रवेश भी रुग्ण शृंगार की प्रवृत्तियों के साथ होता है हालाँकि 'धूप के धान' (1955) में सामाजिकता का स्वर भी उभरा है और उसने पूर्ववर्ती काव्य-प्रवृत्तियों—निराशा, कटुता-घुटन, पराजय और पस्ती के कोहरे को चीरने की कोशिश की लेकिन स्थल-स्थल पर इन पूर्व प्रवृत्तियों की छाप, फिर भी दिखाई देती रही। मूलतः कवि की अनुभूति प्रेम, सौन्दर्य, रंग, रस और रोमान के प्रति आसक्त रही है। हालाँकि उसकी भावनाएँ

जन-जन की वाणी बनने की आकांक्षा से भी कहीं-कहीं ओत-प्रोत हो उठती हैं—

"जन-जन का जीवन गीत बने, उठते स्वर का यह गीत नया"[20]

लेकिन न कवि गोरी बाँहों, रेशमी चूड़ी के टुकड़ों को भूल पाता है और न 'रेडियम के अंकों की लघु छाया में दो छाँहों के चुपचाप मिलन को'[21] और इसलिए 'धूप के धान' जैसे परवर्ती कृतियों में भी कवि ऐसी रचनाओं से परहेज नहीं कर पाता—

"नयन लालिम स्नेह दीपित, भुज-मिलन तन-गन्ध-सुरभित
उस नुकीले वक्ष की, वह छुवन, उकसन, चुभन, अलसित
इस अगरु सुधि से सलोनी हो गयी है, रात यह हेमन्त की"[22]

इस भ्रम में जगदीश गुप्त भी अपवाद नहीं हैं। एक तरफ वे अपने व्यक्तित्व के अधूरेपन से कुंठित हैं—

"पर जो मिटे थे—अमिट हैं
मेरे इन सब बिखरे-बिखरे अंशों को
कौन सँजोये
मुझे कौन पूरा करे"[23]

तो दूसरी तरफ उन्हें इस बात का दुःख है कि सम्पर्कों की सारी सीमाओं को पार करने के बाद भी हिया अतृप्त ही रह गया—

"तन ने सम्पर्कों की सारी सीमाओं को पार किया
पर न हुआ तृप्त हिया
फूलों की बाँहों में
पलकों की छाँहों में
सपने की तरह जिया
पर न हुआ तृप्त हिया।"[24]

इस व्यक्तिवादी स्वच्छन्दतावाद में वैयक्तिक जीवनदर्शन के कारण काव्य संशय, दुविधा-पीड़ा और अनास्था से ग्रस्त है। यह संशय है यानी अन्धकार से भरे जीवन में मूल्य अथवा मर्यादा की किरण नहीं। कवि हर जगह इन्हीं निराशावादी प्रवृत्तियों के दर्शन करता है। द्रष्टव्य हैं लक्ष्मीकान्त वर्मा की पंक्तियाँ—

"चिंतित मस्तक, व्यथित हृदय में
थके चरण में, घायल मन में
पथ में, श्रम में, जीवन-क्षण में
कितनी शंका?
कितनी दुविधा?
कितनी पीड़ा"[25]

इस धारा के काव्य में व्यक्तिबोध इतना प्रबल है कि अपने युग के चक्रव्यूह में घिरकर व्यक्ति अपनी स्वतन्त्रता के लिये अन्त तक युद्ध करना चाहता है। और 'मृत्यु निष्पक्ष, समयातीत घेरे में घिरे अस्तित्व का हर पक्ष' पहचानने की कोशिश करता है। युगीन यथार्थ से जूझने के लिये कवि स्वयं को नया अभिमन्यु महसूस करता है जो मानव व्यक्तित्व के पैतृक युद्ध को सहने के लिये उत्सुक भी है—

"कौन कब तक बन सकेगा कवच मेरा
युद्ध मेरा, मुझे लड़ना
इस महाजीवन समर में अन्त तक कटिबद्ध"[26]

लेकिन जल्द ही उसका दृढ़ संकल्प और साहस इतिहास के व्यापक प्रवाह में अपने व्यक्तित्व के अकिंचनता-बोध की चपेट में आ जाता है और उसकी मनःस्थिति पुनः संशय के धूल-गुबार से भर जाती है—

"हम, तुम और वे
सभी भूगर्भ में छिप जायेंगे
कहीं गति में दबे
हम बस चिह्न ही रह जायेंगे।"[27]

नव स्वच्छन्दतावाद में प्रणय और प्रकृति की पर्याप्त रचनाएँ लिखी गयीं। ये दोनों कवियों के प्रिय विषय भी रहे लेकिन समाज और जीवन से गहरी सम्पृक्ति के अभाव में प्रकृति को भी हम केवल एक वासनालु दृष्टि से ही देख सकते हैं। कल्पना-विलास के नमूने के तौर पर नरेश मेहता की ये पंक्तियाँ देखी जा सकती हैं—

"गोमती तट
दूर पेन्सिल-रेख-सा वह बाँस का झुरमुट

शरद-दुपहर के कपोलों पर उड़ी वह धूप की लट
जल के नग्न ठंडे बदन पर कुहरा झुका
लहर पीना चाहता है।''[28]

अपनी वैयक्तिकता या कमियों के रहते यह सच है कि किसी भी आन्दोलन की किसी न किसी क्षेत्र में कोई उपलब्धि तो होती ही है जिसे नकारा नहीं जा सकता। प्रकृति के प्रभावशाली बिम्बों को इस धारा में विशेष रूप से रेखांकित किया जा सकता है। प्रकृति हमेशा मनुष्य के दुःख में उसकी भागीदार रही है। मलयज की ये पंक्तियाँ कुछ ऐसा ही कहने का प्रयास करती हैं–

''अब पेड़ सुबक रहे थे
आसमान का हृदय फट रहा था
शबनम को हथेलियों पर रक्खे
फूल सिसकियाँ ले रहे थे
पपीहे और कोयलें
गाँठ में गाँठ जोड़
रो रहे थे
मेरे देखते ही देखते मेरा दुःख
वे ले उड़े थे
और अपनी औक़ात भर दुःख से
उसे माँज-धो रहे थे...''[29]

इस धारा में नव स्वच्छन्दतावादी गीतकारों की रचनाएँ भी आती हैं–बच्चन, नरेन्द्र शर्मा, अंचल, आरसी प्रसाद सिंह, शम्भूनाथ सिंह, वीरेन्द्र मिश्र, नीरज, रमानाथ अवस्थी आदि का नामोल्लेख भी आवश्यक है। नव स्वच्छन्दतावादी गीति रचना के सामयिक सन्दर्भ का हवाला देते हुए नरेन्द्र देव वर्मा ने लिखा है–''नव स्वच्छन्दतावादी गीति रचना का आरम्भ आत्मा के विघटन की रागनियों से होता है। जब उस जीवन के सामंजस्य सूत्र छिन्न-भिन्न हो जाते हैं तब कविता के क्षेत्र में भी विशृंखलता आने लगती है। नव स्वच्छन्दतावादी गीतिरचना सर्वप्रथम इस विशृंखलता की अभिव्यंजना करती है। नव स्वच्छन्दतावादी गीतकारों को जीवन से अरुचि है। ये समाजद्रोही कहे गए हैं क्योंकि समाज ने इन्हें बन्धनों के अलावा और कुछ भी नहीं दिया है।''[30] सूक्ष्म दृष्टि से देखें तो उपर्युक्त कथन कमोबेश

नव स्वच्छन्दतावादी काव्य की समूची व्यक्तिवादी धारा के बारे में भी उतना ही सच है।

गीतकारों ने मूलतः रूसो से प्रभाव ग्रहण किया क्योंकि उसने व्यक्ति की महत्ता का उद्‌घोष किया कि मनुष्य स्वाधीन होकर पैदा होता है लेकिन उसे सर्वत्र बन्धनों से जकड़ दिया जाता है। इसके अतिरिक्त इन कवियों ने पश्चिम के उन कवियों का अनुसरण किया जो भौतिक संघर्ष का मुकाबला करने के स्थान पर अपने मनोलोक में विचरण किया करते थे। यही कारण है कि इस धारा के कवियों में घोर नियतिवाद के दर्शन होते हैं। जीवन के सम्बन्ध में उनके विचार अत्यन्त भावुक हैं जिनका कोई ठोस आधार नहीं है। बच्चन जैसे गीतकारों ने मधुकाव्य के अतिरिक्त अपने अन्य संग्रहों में भी अस्तित्व की क्षुद्रता, अनस्तित्त्व की आशंका और निराशावादी विचारणा को अभिव्यक्ति दी। आश्चर्य है कि जीने की अपार तरलता और ऊष्मा से भरे जीवन को छोड़कर इन कवियों ने मृत्यु के बाद की स्थितियों की कल्पना की और जीवन का एक विषादमय चित्र प्रस्तुत किया–

"इस पार प्रिये, मधु है, तुम हो,
उस पार न जाने क्या होगा?

प्याला है पर पी पायेंगे
है ज्ञात नहीं इतना हमको
इस पार नियति ने भेजा है
असमर्थ बना कितना हमको

अब तो हम अपने जीवन भर
उस क्रूर कठिन को कोस चुके
उस पार नियति का मानव से
व्यवहार न जाने क्या होगा?"[31]

लेकिन जब सिर्फ प्रणय, अकेलापन, निराशा, नियति की रचनाएँ लिखते-लिखते ये कवि भीतर-भीतर रिक्त होने लगे तो अपने परवर्ती काव्य में इस रिक्तता को छिपाने के लिये बाह्य घटनाओं और ऐतिहासिक सन्दर्भों की खोज करते भी दिखाई देते हैं लेकिन तब तक बहुत देर हो चुकी होती है। इनकी वृत्ति और कलम पूर्णतः एक निश्चित रचनालोक की आदी हो जाने के बाद जीवन जगत् से जुड़ने में सर्वथा

असमर्थ हो जाती है और जहाँ जुड़ती है वहाँ कवि का जीवन जगत से रिश्ता छिछला और ऊपर-ऊपर ही रहता है। फलस्वरूप अनुभूति, भाषा और शिल्प की दृष्टि से ये कवि वस्तु और रूप दोनों क्षेत्र में धराशायी दिखाई देते हैं। एक उदाहरण ही काफी होगा–

"होंठों-अधरों के बीच
शुरू हो गयी है बात
शुरू हो गया है नाच
आर्केस्टा के साज़
ट्रपैंट, क्लैरिनेट, कारनेट-पर साथ
बज उठा है जाज़
निकलती है आवाज़ :
मदयं शरणं गच्छामि
मासं शरणं गच्छामि
डांसं शरणं गच्छामि।"[132]

यह 'बुद्ध और नाचघर' नामक कविता है जिसमें कवि ने आधुनिक मानव के अनाचार के चित्रण का प्रयास किया है। कहीं-कहीं तो स्थिति इतनी हास्यास्पद और दयनीय हो जाती है कि आश्चर्य होता है–

जहाँ घृणा करती है वास
जहाँ शक्ति की अनबुझ प्यास
जहाँ न मानव पर विश्वास
उसी हृदय में, उसी हृदय में, उसी हृदय में, वहीं, वहीं
जग की व्याकुलता का केन्द्र।"[133]

इस पर क्या टिप्पणी की जाए? इस सन्दर्भ में क्या यह क्रोंचे का वह कथन याद नहीं आता कि जिसके पास अभिव्यक्त करने के लिए जब कुछ भी निश्चित वस्तु नहीं होती, वह अपनी आन्तरिक क्षयग्रस्तता को छिपाने के लिये सिर्फ शब्दों का नद-प्रवाह ही बहा सकता है जिसका कोई अर्थ नहीं होता।

कहने का आशय यह है कि इस व्यक्तिवादी नव स्वच्छन्दतावाद के कवि गीतकार लगभग सभी रचनाकारों ने सिर्फ व्यक्ति स्वातन्त्र्य का नारा लगाया और कुंठा, संशय, अकेलापन, निराशा आदि प्रवृत्तियों से भरे काव्य की रचना की। ये अपने लेखन की अराजकता और असामाजिकता की हद तक जा पहुँचे। हालाँकि

परवर्ती काव्यों में इन कवियों ने जीवन-जगत् से जुड़ने की असफल कोशिशें भी की। कहा जा चुका है कि अपनी कमियों के रहते हर कवि की या वाद की एक उपलब्धि होती है, इस दृष्टि से यह काव्यधारा भी अपनी भाषा, शिल्प, गेयता, प्रकृति-बोध व प्रणयमूलक रचनाओं के कारण हिन्दी कविता में महत्त्वपूर्ण योग देती है, लेकिन वस्तु के धरातल पर वैचारिक प्रतिबद्धता तथा एक समग्र व आशावादी जीवन दृष्टि के अभाव में इसे स्वीकारना कठिन हो जाता है। यही कारण भी है कि आगे के दशकों में यह धारा अस्तित्ववादी जीवन-दर्शन से जुड़ने लगती है।

क्रांतिकारी नव स्वच्छन्दतावाद

"कविता नहीं है कोई नारा
जिसे चुपचाप इस शहर की
सड़कों पर लिखकर घोषित कर दूँ
कि क्रांति हो गयी
न ही बचपना
कि किसी चिड़िया पर रंग फेंककर
चिल्लाने लगूँ—
अब यह मेरी है

× × ×

मुझे एक चाकू दो
मैं अपनी रगें काटकर दिखा सकता हूँ
कि कविता कहाँ है।"[134]

हमें उन परिस्थितियों की तह में जाना होगा जिनके कारण 'कविता क्या है या कहाँ है?' जैसे सवालों के जवाब में कवि अपनी रगें काटकर दिखाने के लिए तैयार हो जाता है। कविता कवि की अनुभूतियों की प्रभावशाली अभिव्यक्ति होती है। कवि समाज का ही अंग होता है। और समाज में ही वह पहली बार अपनी आँखें खोलता है और जीवन से भरी उस धरती को देखता है जो कालान्तर में उसे और उसके काव्य को रस-गन्ध से भर देती है। यह ठीक है कि काव्यानुभूति का जन्म कवि के अन्तर्मन की एक प्रक्रिया है लेकिन इस मन की रचना में उस धरती और समाज का भी उतना ही योगदान है जितना उसके व्यक्तित्व और उसकी जन्मजात प्रवृत्तियों का।

यह धरती की महक ही है जो कवि की रगो में रंग और रक्त बनकर प्रवाहित है और कविता का कच्चा माल भी है, ज़रूरत पड़ने पर 'कविता कहाँ है?' जैसे सवाल के जवाब में कवि जिसे अपनी रगें काटकर दिखाने का साहस रखता है लेकिन अब यहाँ यह देखना होगा कि ये किस तरह के कवि हैं, किस धारा का प्रतिनिधित्व करते हैं और उनके काव्य का लक्ष्य क्या है?

कहना न होगा कि यह कविता व्यक्तिवादी नव स्वच्छन्दतावादी काव्य के विरोध में खड़ी होने वाली कविता है। व्यक्तिवादी धारा ने जहाँ काव्य को व्यापक जीवन और राजनीति से काटकर अकेलेपन के अन्धकार से भर दिया, व्यक्ति स्वातन्त्र्य का नारा लगाया, व्यक्ति की अराजक तथा असामाजिक प्रवृत्तियों को उकेरने की कोशिश की, वहीं ठीक इसके विपरीत प्रगतिशील-जनवादी दृष्टि की इस क्रांतिकारी कविता ने आम आदमी के उन घावों पर मरहम रखने की कोशिश की थी जो दबाते-दबाते अब नासूर का रूप लेने लगे थे। इस धारा में शमशेर बहादुर सिंह, मुक्तिबोध, केदारनाथ सिंह, रघुवीर सहाय, धूमिल, चन्द्रकान्त देवताले, कुमारेन्द्र पारसनाथ सिंह, दुष्यन्त कुमार, सर्वेश्वर दयाल सक्सेना, शलभ श्री राम सिंह, लीलाधर जगूड़ी, ज्ञानेन्द्रपति, भारतभूषण अग्रवाल, रामेश्वर शुक्ल अंचल, 'गोपालसिंह नेपाली' आदि कवियों के नाम महत्त्वपूर्ण हैं।

कहा जा चुका है कि इस काव्य का मूल स्वर व्यवस्था विरोधी है। कवियों ने सामाजिक परिवर्तन के लिए अपने आक्रोश को अभिव्यक्ति दी और युग की विसंगतियों का चित्रण किया। स्वतन्त्रता के पश्चात् का यह क्रांतिकारी स्वच्छन्दतावाद आगे के दशकों में अर्थात् 1965 के बाद मार्क्सवाद से जुड़ जाता है और स्वच्छन्दतावादी प्रवृत्तियों से मुक्त होने लगता है। हिन्दी कविता का इतिहास साक्षी है कि मार्क्सवादी जीवनदृष्टि की समकालीन जनवादी, प्रगतिशील कविता की पृष्ठभूमि में इसी क्रांतिकारी स्वच्छन्दतावाद के बीज मौजूद हैं।

अब तक के अध्यायों में स्थल-स्थल पर उन युगीन परिस्थितियों की चर्चा की जाती रही है जिनके कारण कविता को व्यवस्था के विरोध में जाना पड़ा और जन-आक्रोश को व्यक्त करना पड़ा। देखा जाए तो आजादी ही हमें जिस रूप में मिली, भारतीय जनता ने उसकी कल्पना तक नहीं की थी। आजादी मिलने के एक दिन पूर्व ही देश के विभाजन से जनता हतप्रभ थी। थोड़े समय बाद गाँधी की हत्या ने जनता को अन्यमनस्क कर दिया। नेहरू सरकार के हाथों अपनी आजादी सौंपकर लोग निश्चिन्त हो गए। लेकिन जमींदारी प्रथा के अन्त के बाद उसके ध्वंस से उत्पन्न नवमध्यमवर्ग का उदय तथा उसका पूँजीपतियों व उद्योगपतियों

से साँठगाँठ, भारत में विदेशी पूँजी की घुसपैठ, औद्योगीकरण, सरकार की नीतियों का पूँजीपतियों व उद्योगपतियों के लिए उदारवादी होना, गाँवों की आत्मनिर्भरता में कमी, बढ़ती हुई गरीबी, भुखमरी और बेरोजगारी ने भारत के बुद्धिजीवियों को लगातार परेशान किया और उन्हें सोचने तथा नया पथ ढूँढ़ने के लिए विवश किया। दरअसल 1960 और 65 के बीच का समय हिन्दी कविता में नहीं बल्कि समूचे साहित्य में मोहभंग का समय था।

कवियों ने अपने समय की इन चुनौतियों को देखा, समझा और अपनी कविता में शोषण को केन्द्रीय समस्या मानकर उसके विरुद्ध आवाज़ उठायी। इन कवियों में मुक्तिबोध अपनी समर्थ पहचान के साथ मौजूद रहे–

"मुझ पर क्षुब्ध बारूदी धुएँ की झार आती है
व उन पर प्यार आता है
कि जिनका तप्त मुख सँवला रहा है
धूम्र लहरों में
कि जो मानव भविष्य-युद्ध में रत हैं
जगत् की स्याह सड़कों पर
कि मैं अपनी अधूरी दीर्घ कविता में
सभी प्रश्नोत्तरी की तुंग प्रतिमाएँ
गिराकर तोड़ देता हूँ हथौड़े से
कि वे सब प्रश्न कृत्रिम और
उत्तर और भी छलमय
समस्या एक
मेरे सभ्य नगरों और ग्रामों में
सभी मानव
सुखी, सुन्दर व शोषण मुक्त
कब होंगे?"[135]

मुक्तिबोध पुराने सामन्तवादी रवैये को बिलकुल खत्म कर देना चाहते थे। उनकी लगभग हर कविता की आँखों में एक नए जनवादी समाज का सपना पलता दिखाई देता है। सामन्तवाद उनके लिए मात्र पुरानी व्यवस्था नहीं बल्कि उस प्रवृत्ति का द्योतक है जो आम आदमी का इस्तेमाल अपनी घृणित महत्त्वाकांक्षाओं की पूर्ति के लिए करता है। शमशेर बहादुर सिंह ने ठीक ही लिखा है कि–"मुक्तिबो ध

युग के उस चेहरे की तलाश करते हैं जो आज के इतिहास के मलबे के नीचे दब गया है। मगर मर नहीं गया है।"[36] बकौल श्रीकांत वर्मा, यह निर्विवाद है कि—''मुक्तिबोध इतिहास के प्रश्नों को केवल इतिहास के प्रश्न कहकर नहीं छोड़ देते बल्कि उन्हें कविता के प्रश्नों में बदल देते हैं।''[37] और शायद इसलिए वे युग के मसीहों की असलियत बहुत जल्द पहचान जाते हैं। जिन्होंने बरसों से विरासत के नाम पर जनता को अपने पापों के भार के सिवा और कुछ नहीं दिया—

''ओ मसीहा
तुमने अपने पापों का भार
हमारी ही पीठ पर उतारा है
यही विरासत है।''[38]

मुक्तिबोध 'अभिव्यक्ति के खतरे' उठाने वाले कवि हैं। मुक्तिबोध 'हृदय की तगारी में जीवन की गीली और महकती हुई मिट्टी' ढोने वाले कवि हैं। मुक्तिबोध कविता के संघर्ष को जीवन के संघर्ष में बदल देने वाले कवि हैं और इसके लिए एक सैनिक की तरह अपने खून की अंतिम बूँद तक सहर्ष न्योछावर कर देने वाले कवि हैं। सम्भवतः तभी वे ऐसी पंक्तियाँ लिख पाते हैं—

''कदाचित् मेरी भी अस्थि
कभी किसी के काम आ जाए
जनों के हाथों में खिलाफ जानवरों के।''[39]

शमशेर बहादुर सिंह इस धारा के दूसरे महत्त्वपूर्ण कवि माने जा सकते हैं। उन्होंने बार-बार अपने वक्तव्यों में स्पष्ट किया कि उनकी कविताओं का उद्देश्य आम आदमी की पीड़ा और मनःस्थिति को अभिव्यक्ति देना है और अपने काव्य में विशेष रूप से परवर्ती काव्य में उन्होंने यह प्रमाणित भी कर दिखाया। फिर भी यह स्वीकारना होगा कि उनकी अधिकांश कविताएँ एक रूमानी भावुकता की डोर से बँधी प्रतीत होती हैं जिनकी पृष्ठभूमि में नव स्वच्छन्दतावादी प्रवृत्तियाँ ही काम कर रही होती हैं। उनकी कविताओं में वामपन्थी चेतना तथा रूमानी भावुकता—दोनों स्वर साफ-साफ सुने और महसूस किये जा सकते हैं। शिवकुमार मिश्र ने लिखा है कि—''शमशेर बहादुर सिंह उन कवियों में से हैं जो एक साथ ही व्यष्टि और समष्टि तथा वैयक्तिकता और सामाजिकता के प्रति अनुरक्ति रखते हैं। उनमें इन भावनाओं का न तो विशेष द्वंद्व हो सका है और न कोई खास कशमकश

ही। उनका कृतित्त्व उनके दोनों ही प्रकार के व्यक्तियों को साथ-साथ बिना किसी विरोध के, स्पष्टतः अलग-अलग बँटे हुए रूप में लेकर चला है।''[40]

यही कारण है कि वे कहीं एक आदर्श प्रगतिशील कवि के रूप में दिखाई देते हैं–

''नया इक संघर्ष, नयी दुनिया का
नए मूल्यों का, नए मानवों का
एशिया का नया मानव उठ रहा है
एक नया युग ला रहा है।''[41]

और कहीं एक रूमानी भावुकता में रचा-पगा व्यक्तिवाद उभरकर सामने आता है–

''खत्म हमदर्दी, खत्म साथियों का साथ
रात आएगी मूँदने सबको।''[42]

या

''जर्द आहें हैं, जर्द है यह शाम
सभी राहें हैं नाकाम''[43]

या

''पर सुबह-सुबह
फैला जो मन का विषाद
वह कहाँ ढका गया?''[44]

उनके परवर्ती काव्यों में भी उनके भीतर के इस भावुक व्यक्ति को बराबर अभिव्यक्ति मिलती रही। हालाँकि साथ-साथ प्रगतिशीलता का स्वर भी निरन्तर तीव्र हुआ।

धूमिल वामपन्थी चेतना के सबसे शक्तिशाली कवियों में से एक रहे हैं। उनके पास न सिर्फ एक उत्तेजक मुहावरा था बल्कि कहने के लिए अपने समय की जबर्दस्त दो टूक बातें भी थीं। विश्वनाथ प्रसाद तिवारी का मत है–''उनकी कविता की सारी शब्दावली सामाजिक और राजनीतिक संसार की शब्दावली है। वे सही अर्थों में सामाजिक और राजनीतिक चेतना के कवि हैं।''[45] यह वह समय था जब परिवर्तन के नाम पर रूढ़ि और जनता को राहत देने के नाम पर शोषण की जटिल स्थिति पैदा हो गयी थी। सारी व्यवस्था को बदलकर रख देने की कोशिश

के बावजूद चारों ओर एक घना अन्धकार छाने लगा था और लघुता के प्रति सहानुभूति का तरीका बेअसर साबित हो चुका था। फलस्वरूप उग्र आक्रमण और करुण विडम्बना के चित्र कविता में उभरने लगे। धूमिल ने लिखा–

"लोहे का स्वाद
लोहार से मत पूछ
उस घोड़े से पूछ
जिसके मुँह में लगाम है।"[46]

धूमिल ने अपने समय के कटु और क्रूर यथार्थ को बहुत निकट से देखा और पहचाना था। उन्हें मालूम था कि–

"....शब्दों के पीछे
कितने चेहरे नंगे हो चुके हैं
और हत्या अब लोगों की रुचि नहीं
आदत बन चुकी है
वह किसी गँवार आदमी की ऊब से
पैदा हुई थी और
एक पढ़े-लिखे आदमी के साथ
शहर में चली गयी है।"[47]

ऐसी पंक्तियाँ तब लिखी जाती हैं जब कवि जानता हो कि अब इस लोमड़ी दुनिया में बहुत दिनों तक खरगोश नहीं रहा जा सकता। ऐसे में धूमिल ने सामाजिक आक्रोश को पहचाना और लिखा–

"अपनी आदतों में
फूलों की जगह पत्थर भरो
मासूमियत के हर तकाजे को
ठोकर मार दो
अब वक्त आ गया है कि तुम उठो
और अपनी ऊब को आकार दो।"[48]

दुष्यन्त कुमार इस धारा के एक और महत्त्वपूर्ण कवि हैं। व्यवस्था की दिनोंदिन बढ़ती सड़ाँध के विरुद्ध आवाज़ उठाने के लिए दुष्यन्त ने कविता के साथ ग़ज़लों

को भी माध्यम बनाया–

"अब तो इस तालाब का पानी बदल दो
ये कमल के फूल मुरझाने लगे हैं।"

"सिर से सीने तक कभी, पेट से पाँवों तक कभी
एक जगह हो तो कहें दर्द इधर होता है।"[49]

उन सपनों की कसक दुष्यन्त की ग़ज़लों में बार-बार उभरी जिन्हें भारतीय जनता ने आज़ादी से पहले आज़ादी के बाद के भारत के लिए देखे थे–

"कहाँ तो तय था चिरागाँ हरेक घर के लिए
कहाँ चिराग मयस्सर नहीं शहर के लिए
यहाँ दरख़्तों के साये में धूप लगती है
चलो यहाँ से चलें और उम्र भर के लिए
वे मुतमईन हैं कि पत्थर पिघल नहीं सकता
मैं बेकरार हूँ आवाज़ में असर के लिए।"[50]

पूँजीवादी व्यवस्था की विसंगतियों ने ज़िन्दगी को एक निश्चित ढर्रे में बाँध दिया, पूरी तरह यांत्रिक बना दिया। दुष्यन्त के काव्य में 'मैं' के माध्यम से सर्वहारा और मध्यवर्ग के दुःखी और त्रस्त उस आदमी को अभिव्यक्ति मिली जिसका अस्तित्व एक गढ़े-गढ़ाये तर्क के दायरे में घिर गया था और जो मशीनी-ज़िंदगी की विद्रूपता को झेल रहा था–

"मैंने बच्चों को युवा बनाने के लिए
एक दफ्तर में नौकरी कर ली
फोटो खिंचवाने के लिए
थोड़ी-सी हँसी माँग लाया
अखबार में चेहरा छिपाकर एक सत्य पढ़ लिया
धीरे-धीरे मैंने अस्तित्व का तर्क गढ़ लिया।"[51]

लेकिन पानी जब सिर से गुजरने लगता है तब हर आदमी हाथ-पाँव मारने के लिए विवश हो उठता है। बढ़ती हुई सामाजिक चेतना और विरोध की लहर इस बात की द्योतक थी जिसे दुष्यन्त ने कुछ इस तरह से लिखा–

"होने लगी है जिस्म में जुंबिश तो देखिये
इस परकटे परिन्दे की कोशिश तो देखिये
गूँगे निकल पड़े हैं जुबाँ की तलाश में
सरकार के खिलाफ यह साजिश तो देखिये।"[52]

सर्वेश्वर दयाल सक्सेना का काव्य-संसार भी जीवन और जगत् के विविध अनुभवों का काव्य-संसार है। प्रगतिशील चेतना की पर्याप्त कविताओं के बावजूद उनके यहाँ भी शमशेर की तरह रूमानी भावुकता की रचनाएँ मिलती हैं। यह जरूर है कि शमशेर की तरह अतिशय भावुकता सर्वेश्वर में नहीं है और न ही उस तरह की रूमानी रचनाएँ परिमाण में ही अधिक हैं। कुछ उदाहरण देखे जा सकते हैं—

"अक्सर एक खामोशी
मुझे कपड़े पहनाती है
मैं जहाँ होता हूँ
वहाँ से चल पड़ता हूँ
अक्सर एक व्यथा
यात्रा बन जाती है"[53]

"मैं उसे अक्सर याद क़रता हूँ
जैसे शाम अकेले
घूमने निकल गया हूँ
राह बे पहचान
उजाले-अँधेरे की
एक विचित्र आत्मीयता में
आधा जागा, आधा खोया
स्वयं में अन्तरध्यान।"[54]

'गर्म हवाएँ' तक आते-आते तथा उसके बाद के संग्रहों में भी कवि की सामाजिक-राजनीतिक चेतना उत्तरोत्तर तीव्र होती जाती है। सर्वेश्वर ने मनुष्य के चारों तरफ धीरे-धीरे बढ़ते व्यवस्था के शिकंजे को देखा और समझा कि मौत सिर्फ साँसों के खत्म हो जाने से नहीं होती, स्वाभिमान के मर जाने से भी होती है, सिर उठाकर चलने के हक के छिन जाने से भी होती है—

"मेरे दोस्तो!
तुम मौत को नहीं पहचानते
चाहे वह आदमी की हो
या किसी देश की
....
....
सब कुछ धीरे-धीरे ही होता है।"[55]

सर्वेश्वर जन-जीवन में व्याप्त असन्तोष, विद्रोह, आक्रामकता को एक खास वामपन्थी विचार-दर्शन की दिशा देते हैं और मनुष्य को वैयक्तिकता के दायरे से बाहर निकालकर उस चौराहे तक ले जाते हैं, जहाँ व्यवस्था की मार से त्रस्त वह मनुष्य अपने जैसे और लोगों के साथ भीड़ नहीं रह जाता बल्कि समूह हो जाता है, समूह का एक हिस्सा हो जाता है–

"अब उनका और मेरा चेहरा
एक हो गया है
हम सब एक अंगार हैं, एक लपट, एक आग
एक शब्द, एक अर्थ, एक राग
एक चरण, एक यात्रा, एक राह
एक संकल्प, एक नारा, एक चाह
समर्पित
एक क्रांति को।"[56]

स्वच्छन्दतावादी तथा मार्क्सवादी–दोनों धाराओं की कविताएँ लिखने वाले कवियों में भारतभूषण अग्रवाल का नाम भी अत्यन्त महत्त्वपूर्ण है। कवि के आरंभिक काव्य में तो विरहजनित प्रणय के उद्‌गार ही ज़्यादा सुनाई पड़े–

"आज प्राण उदास
घिर रहा है क्षितिज का
वह तिमिर मेरे पास
बुझ गयी जलती चिता की आग
एक मौन विषाद और विराग
हो उठे हैं भार मुझको आज मेरे श्वास।"[57]

लेकिन उनके परवर्ती काव्य में कविता और समाज का सम्बन्ध निरन्तर गहरा हुआ। भारतभूषण अग्रवाल की कविताओं में मूल्य-संकट की चिन्ता का आभास विशेष रूप से प्राप्त होता है। उनके काव्य में यह आकांक्षा बार-बार उभरकर सामने आती है कि व्यक्ति अपने अन्धकार को समझे। वे चाहते हैं कि मोहभंग बुद्धिजीवियों के बाद अब आम जनता का भी हो। शायद इसलिए ये युग के कड़ुवे यथार्थ को अपने काव्य के माध्यम से सामने लाने की कोशिश करते हैं—

"ड्राइवर ने जिस बोतल से शराब पी थी
वह अब भी साबूत है
और सड़क पर कुचली पड़ी है एक बुढ़िया

क्या करोगे समझकर कि रात के दो बजे
मोहल्ले में किसकी कार आती है।"[58]

इस तरह कवि की दृष्टि में कविता का लक्ष्य सामाजिक न्याय की प्राप्ति है। उनका कविता-संसार शोषित और पीड़ित मनुष्य की छटपटाहट का संसार है।

इस क्रम में सामाजिक जागरूकता व एक रागात्मक दुनिया की दृष्टि से केदारनाथ सिंह की कविता सहज ही याद की जा सकती है। उनकी कविता की रूमानियत एक सन्तुलित रूमानियत है जो कभी इतनी बेतरतीब नहीं होती कि कवि की विचारधारा और सामाजिक प्रतिबद्धता को ढँक ले—

"तुम आयीं, जैसे छीमियों में धीरे-धीरे,
आता है रस,
तुम हँसीं,
जैसे तट पर बजता हो पानी"[59]

"मैं इस दुनिया को
एक पुरुष की सारी वासना के साथ
इसलिए प्यार करता हूँ
कि मैं प्यार करता हूँ
एक स्त्री को"[60]

लेकिन 'अभी बिलकुल अभी' के बाद अपने परवर्ती संग्रहों में केदारनाथ

सिंह ने अपने गहरे प्रकृति-बोध और बिम्ब-चेतना का इस्तेमाल भारतीय जन-जीवन के भीतर संघर्ष की अभिव्यक्ति के लिए किया। उनके काव्य में किसान, मजदूर, और गरीब तबके की जनता के दुःख-तकलीफों की मार्मिक अभिव्यक्ति देखने को मिलती है और उस आग की भी जिन्हें वे, चाहे पानी में घिरे हुए लोग ही क्यों न हों, "अपनी चिलम के छेद में कहीं न कहीं बचा रखते हैं"—

"फिर डूब जाता है सूरज
कहीं से आती हैं
पानी पर तैरती हुई
लोगों के बोलने की तेज आवाज़ें
कहीं से उठता है धुआँ
पेड़ों पर मँडराता हुआ
और पानी में घिरे हुए लोग
हो जाते हैं बेचैन
वे जला देते हैं
एक टुटही लालटेन
टाँग देते हैं किसी ऊँचे बाँस पर
ताकि उनके होने की खबर
पानी के पार तक पहुँचती रहे
फिर उस मद्धिम रोशनी में
पानी की आँखों में
आँखें डाले हुए
वे रात-भर खड़े रहते हैं
पानी के सामने
पानी की तरफ
पानी के खिलाफ़।"[61]

लीलाधर जगूड़ी और ज्ञानेन्द्रपति की काव्य-यात्रा भी क्रांतिकारी नव स्वच्छन्दतावाद से आरम्भ होती है। लीलाधर जगूड़ी के काव्य में निरन्तर परिवर्तन की भूख तीव्र हुई और व्यवस्था के विरुद्ध पनपे मुहावरों में गुस्से के साथ एक तल्खी और चिड़चिड़ापन भी आया। कैसी विसंगति है कि एक मनुष्य अपने मनुष्यबोध से वंचित होने लगता है। युग के निरन्तर हमलों में आदमी की चुप्पी क्या उसके

आदमी होने के प्रति सन्देह पैदा नहीं करती?—

"आदमी का गौरव
बीवी का पर्स
गधे की मजदूरी
सारे शहर में एक है
जहाँ सब कुछ उजड़ चुका हो
उन सुरक्षित जगहों पर
क्या यह बहुत ज़्यादा लगने लगा है
कि मैं आदमी नहीं हूँ।"[62]

प्रेमिका, फूल-पत्ती, यौन चिन्ताएँ, प्रकृति को ईश्वर तक खींचने की प्रवृत्ति, आदर्शों की दुहाई तथा अतिकल्पना के विरोध में ज्ञानेन्द्रपति की कविता वस्तुगत जीवन-दर्शन को प्रधानता देती है। वे बहुत सहजता से आग के प्रतीक से मनुष्य के आदिम विरोध और संघर्ष की शक्ति की तरफ इशारा करते हैं जो आदमी की बगल में रक्त-पुष्प की तरह जाने कब से खिली है—

"कब से जल रही है यह आग
कितने हज़ारों वर्षों से
आदमी के पास अनबुझ जल रही है यह आग
आसमानी भार झेलते
जंगल को ठेलते
आदमी की बगल में कब से खिला है
अग्नि का रक्त-पुष्प"[63]

इन कवियों के अतिरिक्त चन्द्रकान्त देवताले, शलभ श्रीरामसिंह, कुमारेन्द्र पारसनाथ सिंह, रामेश्वर शुक्ल अंचल तथा गोपालसिंह नेपाली आदि कवियों का काव्य भी इस काव्यधारा का प्रतिनिधित्व करता है। जिस तरह नव स्वच्छन्दतावाद की व्यक्तिवादी धारा आगे चलकर अस्तित्ववाद से जुड़ जाती है, उसी तरह नव स्वच्छन्दतावाद की क्रांतिकारी काव्यधारा भी आगे के दशकों में विशेष रूप से सन् '65 के बाद मार्क्सवाद से जुड़ जाती है और स्वतः स्फूर्त की जगह चेतना सम्पन्न दृष्टिकोण तक पहुँचने लगती है।

कवियों की प्रमुख चिन्ताएँ और उनका काव्य

स्वातन्त्र्योत्तर स्वच्छन्दतावादी काव्य के केन्द्र में काव्यानुभूति के दो रूप काम करते दिखाई देते हैं। कहना न होगा कि काव्य में अनुभूतिगत यह अन्तर दरअसल दो जीवन-दृष्टियों का ही अन्तर है। इस जीवन-दृष्टि के अनुसार ही कविता में न सिर्फ वस्तु का बल्कि भाषा-शिल्प का भी स्वरूप निर्धारित होता है। आज़ादी के बाद ऐसी कविता भी लिखी गयी जिसने यह अनुभव किया कि अब लेखक को चिन्ता करने की ज़्यादा जरूरत नहीं। चुने हुए जन प्रतिनिधि भारतीय जनता के ईमानदार पहरुए हैं। अतः सामाजिक विकास व प्रगति का काम सिर्फ उनका है और इन रचनाकारों का काम कला के तथाकथित गम्भीर मुद्दों पर बहस करते रहना ही है। कहा जा चुका है कि ऐसी कविता मध्यवर्ग के उन लेखकों के द्वारा आयी जो आर्थिक तौर पर थोड़े-बहुत निश्चिन्त हो चले थे। नेहरू की विकास योजनाओं में इनकी परम आस्था थी। ऐसों ने जो कविता लिखी, वह शुद्ध कविता या कलावादी कविता ही थी जिसमें निचाट सूनापन, अहंकार, कुंठा, व्यक्तिवाद, निष्क्रियता व गहन निराशा आदि प्रवृत्तियाँ उभरकर सामने आयीं। जाने-अनजाने यह कविता जनता को उसके समस्याग्रस्त समाज से काटने का काम कर रही थी।

लेकिन ऐसे रचनाकार भी थे जो समूचे भारतीय समाज की आशाओं, आकांक्षाओं, तकलीफों व संघर्षों को ध्यान में रखते हुए कविता लिख रहे थे। इनके काव्य में व्यक्तिवाद व निराशा के बदले सामाजिक जीवन के यथार्थ को समझने की प्रवृत्ति और संघर्ष की चेतना प्रमुख थी। दरअसल ये दो जीवन-दृष्टियाँ ही स्वातन्त्र्योत्तर स्वच्छन्दतावादी काव्य की भावभूमि तैयार करती हैं और यही जीवन-दृष्टियाँ अलग-अलग तरह से कवियों की प्रमुख चिन्ताएँ बनकर हमारे सामने आती हैं। कवियों की ये चिन्ताएँ समाज-प्रतिबद्ध और गैरप्रतिबद्ध लेखन के अन्तर को स्पष्ट करती हैं। हिन्दी नव स्वच्छन्दतावाद में क्रांतिकारी और व्यक्तिवादी काव्यधारा के माध्यम से यह अन्तर हमारे सामने आता है।

व्यक्तिवादी नव स्वच्छन्दतावाद के कवियों की चिन्ताएँ दरअसल सामाजिक कम और वैयक्तिक ज्यादा थीं। उनकी पहली चिन्ता व्यक्ति स्वातन्त्र्य की चिन्ता थी। पश्चिम के कवियों से प्रभावित होकर इन कवियों का भी यह विचार था कि मनुष्य स्वाधीन पैदा होता है पर समाज उसे बन्धनों में जकड़ देता है। राजनीतिक और सामाजिक परिवर्तनों के समय में सरकार की उदारवादी नीतियों के तहत जो

औद्योगीकरण का चक्र चलाया जा रहा था, उससे पारम्परिक अर्थव्यवस्था चरमरा रही थी और आधुनिकता की वृष्टि-छाया में सामाजिक और नैतिक मानदंड टूट रहे थे। ऐसे में इन कवियों को लगने लगा कि न सिर्फ मनुष्य की आत्मा का विघटन हो रहा है बल्कि उसकी स्वतन्त्रता के लिए भी खतरा पैदा हो गया है। फलस्वरूप इस धारा के काव्य में हमें घोर व्यक्तिवादिता के दर्शन होते हैं जिसमें समाज से कटकर व्यक्ति-स्वातन्त्र्य की चिन्ता में कविगण सिर धुनते नजर आते हैं।

प्रणय के प्रति जो दृष्टिकोण इन कवियों का था, वह थोड़ा-बहुत हेर-फेर के बाद रीतिकाल का ही परिष्कृत दृष्टिकोण था। लेकिन ये कवि क्योंकि समाज में ही रह रहे थे और सामाजिक मर्यादाओं तथा नैतिकता से घिरे भी थे अतः इनकी दूसरी प्रमुख चिन्ता निर्बन्ध शृंगार केलि की चिन्ता थी और फलस्वरूप ये कवि सामाजिक मर्यादाओं और नैतिकताओं को जर्जर मानते थे और उनका तीव्र विरोध करते थे। परम्परा विरोध के अनेक आयाम इस धारा के काव्य में देखे जा सकते हैं। कवि को परम्परा तक्षक की तरह लगती है–

"उस पुष्प से
गन्ध से बचो
जो अपने पराग में तक्षक लिये फिरता है।"[64]

प्रेम यहाँ आध्यात्मिक नहीं बल्कि दैहिक धरातल पर प्रतिष्ठित है। ये कवि आत्मिक प्रेम की बात नहीं करते बल्कि इनका प्रेम पूरी तरह शरीरी है। इन्हें प्रेम-प्रतीति दैहिक आकर्षणों के माध्यम से होती है। इनके लिए प्रेम जीवन की पूर्णता का साधन नहीं बल्कि जैविक आवश्यकता का एक रूप है। स्त्री-पुरुष सम्बन्ध उनके समक्ष कोई गोपनीय विषय नहीं है। इसलिए ये मुक्त स्वर में स्त्री-पुरुष प्रेम के विविध पक्षों का आख्यान करते हैं। इस प्रेमाख्यान में जहाँ नारी-संसर्ग के लिए व्याकुल कामातुर पुरुष की तीव्र पिपासा का चित्रण है, उन्मत्त प्रणय-निवेदन है, वहाँ निर्बन्ध शृंगार-केलि भी है, अनावृत मिलन भी है। बच्चन 'मधुशाला', 'मधुबाला' और 'मधुकलश' के प्रतीकों को आध्यात्मिक रंग देने की कोशिश भले करें लेकिन ये सारे प्रतीक काम और उसकी विविध प्रतिक्रियाओं की उपज हैं। डॉ. नरेन्द्रदेव वर्मा की दृष्टि में–"इन कवियों ने अपनी प्रेम विषयक भावनाओं को असंस्कृत रूप में प्रकट करना चाहा। लेकिन जिस समाज में ये रहते थे वह समाज नाना प्रकार की मर्यादाओं में जकड़ा हुआ था। यही कारण है कि वे अपने

प्रणय-राग का संधान करने के पूर्व समस्त नैतिकता और सामाजिकता का विरोध करते हैं। यह विरोध कामनाओं की मुक्त अभिव्यक्ति का आग्रह लेकर उपस्थित होता है।"[65]

कवियों के रंगीन स्वप्न जब युगीन यथार्थ से टकराकर चूर-चूर हो जाते हैं तब उनका मोहभंग होता है और उनकी चिन्ता अपने खंडित और टूटे हुए सपनों को लेकर भी जागती है। उनके स्वप्नों का महल सांसारिक परिस्थितियों के द्वारा जब ध्वस्त हो जाता है तो उनके काव्य में निराशा, क्रन्दन और हीनता की अनुभूतियों की अभिव्यक्ति होने लगती है। समाज के भाव मूल्य जब इनके काव्य को उचित-अनुचित, श्लीलता-अश्लीलता की तुला पर तौलने लगते हैं तो ये आत्म-विश्लेषण करके अपनी कुप्रवृत्तियों से बचने की जगह अन्तर्मन के किवाड़ बन्द कर उसमें कैद हो जाते हैं।

आत्महीनता के कारण अवसाद का गहन अन्धकार इस धारा के अधिकतर कवियों के काव्य में दिखाई देता है। कवि मृत्यु को ही जीवन का सत्य समझने लगता है और निराशा को एक दृष्टिकोण के रूप में ग्रहण करता है। गीतकारों के गीतों में तो विशेष रूप से एक गहरी विरहानुभूति और फलस्वरूप निराशा का संचार दिख पड़ता है। वे अपना जीवन स्मृति-शेष प्रेयसी के चिन्तन में व्यतीत कर देना चाहते हैं। कुछ कवि अन्धकार में भी उजाले की तलाश का प्रयास करते हैं और सोचते हैं कि उनकी वेदना का कारण समाज-निरपेक्षता ही है। तब वे 'नीड़ का निर्माण फिर-फिर' जैसी रचनाएँ लिखने लगते हैं। कुछ कवि इस निष्कर्ष पर पहुँचते हैं कि जीवन एक अनिवार्य पाप है और जीने का अर्थ ही दुःख भोगना है। अतः दुःखों से मुक्ति की चिन्ता उनके काव्य में सिर उठाती है और मृत्यु की ओर पलायन का भाव जगाती है। जीवन के सम्बन्ध में किसी सारगर्भित निष्कर्ष तक न पहुँच पाने के कारण ये कवि स्वयं को क्षयग्रस्त और अर्थहीन समझने लगते हैं।

वैयक्तिक अनुभूति और लोकानुभूति की चिन्ता भी काव्य के परवर्ती दौर में इन कवियों को सताने लगती है और वे जन-सम्पृक्ति का प्रयास भी करते हैं। कहा जा चुका है कि अपने वैयक्तिक सुख-दुःखों की कविताएँ लिखते-लिखते ये कवि भीतर-भीतर रिक्त होने लगे। अतः अपने परवर्ती काव्य में इस रिक्तता को छिपाने के लिए इन कवियों ने अन्तर्मन का अतिक्रमण करते हुए बाह्यजगत् के यथार्थ से जुड़ने की कोशिश की लेकिन तब तक ये कवि एक निश्चित रचना-संसार के आदी हो चुके थे। अतः इस तरह की कविताओं में ये रचनाकार असफल कवि

साबित होते हैं। इस तरह न ये कवि रूप-योजना में सफल हो पाते हैं और न वस्तुपक्ष का ही सही निर्वहन कर पाते हैं। दुनिया से इनका नाता ऊपर-ऊपर और छिछला ही रह जाता है।

जहाँ ये कवि कुछ इसी तरह की चिन्ताओं से परेशान थे, ठीक इसके विपरीत क्रांतिकारी नव स्वच्छन्दतावाद के कवियों की चिन्ताएँ न सिर्फ दूसरी थीं बल्कि रचना और जीवन में फैलती घोर व्यक्तिवादिता के विरुद्ध भी थीं। मैं पुनः मुक्तिबोध की उन पंक्तियों की याद दिलाना चाहूँगा जो इस धारा के काव्य की केन्द्रीय समस्या व चिन्ता को स्पष्ट करती हैं—

''समस्या एक
मेरे सभ्य नगरों और ग्रामों में
सभी मानव
सुखी, सुन्दर व शोषण मुक्त
कब होंगे?''[66]

इस काव्यधारा के विश्लेषण के बाद सहज ही इस निष्कर्ष पर पहुँचा जा सकता है कि इन कवियों की कविता की केन्द्रीय चिन्ता मानव-मुक्ति की चिन्ता थी, मनुष्य के भविष्य की रूपरेखा को स्वप्न से यथार्थ तक ले जाने की चिन्ता थी तथा निरन्तर बढ़ रहे शोषण के विरुद्ध मानव-संघर्षों को तीव्र करने की चिन्ता थी। यही कारण है कि इस काव्य में क्रांति के प्रति एक स्पष्ट प्रतिबद्धता देखी जा सकती है।

बीसवीं शताब्दी के जो मूल्य सामन्ती और पूँजीवादी व्यवस्था प्रदत्त हैं, इस प्रगतिशील कविता ने उनका खंडन किया। सामन्तवाद और पूँजीवादी व्यवस्था का निषेध इस काव्यधारा के रचनात्मक पक्ष की केन्द्रीय धुरी है। एक ओर वह सामन्तवाद विरोधी है, वहीं दूसरी ओर पूँजीवादी शासन-व्यवस्था का निषेध कर तथाकथित आधुनिकतावादियों से एक कदम आगे भी है। यह अनवरत संघर्ष की कविता नहीं है। यह संघर्ष समाजवादी क्रांति के विकल्प से लगातार प्रेरित है। दरअसल इन कवियों की चिन्ताएँ अपने समय की कविता में प्रवाहित रुग्ण व्यक्ति केन्द्रित प्रवृत्तियों को लेकर भी थीं। पाँचवें दशक से ही आरम्भ प्रगतिवाद के विरुद्ध एक विशेष राजनीतिक दृष्टि के तहत कविता को राजनीति और इस बहाने जनता की मूल समस्या से काट देने की जो कोशिशें शुरू हुईं, निश्चित रूप से वे तमाम कोशिशें वामपन्थी राजनीति के विरोध में ही थीं।

स्वतन्त्रता के पश्चात् जब सही मार्ग चुनने का समय आया तो मार्क्सवादी राजनीतिज्ञों ने सुझाया कि सही रास्ता वही है जो इज़ारेदारी, सामन्तवाद और साम्राज्यवाद के विरुद्ध हो तथा जिस पर चलकर जनवादी लोकतन्त्र की स्थापना की जा सके लेकिन कांग्रेस ने वह रास्ता नहीं चुना। गड़बड़ी दरअसल वहीं से शुरू हुई थी। देखते-देखते भारतीय व्यवस्था इज़ारेदारों के पक्ष में खड़ी हो गयी और उसने पूँजीवादी शक्तियों से समझौता किया। शोषण दिनोंदिन तीव्र हुआ। समता का स्वप्न चूर-चूर हो गया। चंचल चौहान ने लिखा है—"26 जनवरी, 1950 का झुनझुना अधिक दिन नहीं बजा। अमीर-गरीब की खाई बढ़ी, बेरोजगारी बढ़ी, भुखमरी बढ़ी। भारत की शोषित जनता को इस बुर्जुआ प्रजातन्त्र में झोल नजर आने लगा। उसने जिस तन्त्र को अपने हितों की रक्षा के लिए, संघर्ष द्वारा बनाया था, वह उन्हीं के खिलाफ इस्तेमाल हुआ।"[67]

इन तमाम कारणों से भारतीय समाज के विभिन्न हिस्सों में आन्दोलनों की शुरुआत भी हुई जिनके मूल में भारतीय जनता का यह मोहभंग काम कर रहा था। भारत का इजारेदार पूँजीवाद, सामन्तों और अमेरिका जैसे साम्राज्यवादियों की कृपा हासिल करके पूरे समाज को खोखला बनाये दे रहा था। हिन्दी कविता पर इन परिस्थितियों का असर पड़े बिना नहीं रह सकता था। एक खेमा अज्ञेय, धर्मवीर भारती तथा जगदीश गुप्त जैसे कवियों का था जो जाने-अनजाने सांस्कृतिक ह्रास की रचनाएँ लिखकर शोषक वर्ग के पक्ष में ही खड़ा हो रहा था और घोर व्यक्तिवादिता को व्यक्ति स्वातन्त्र्य के नाम पर काव्य में प्रश्रय दे रहा था, वहीं दूसरी ओर एक वर्ग इन कवियों का भी था जो शोषक वर्गों की संस्कृति से संघर्ष कर रहा था। दरअसल इन कवियों की चिन्ताएँ व्यक्तिवादी धारा के कवियों की तरह व्यक्ति स्वातन्त्र्य, मुक्त प्रणय व यौन सम्बन्धों को लेकर छिटपुट चिन्ताएँ नहीं थीं और न ही वे कवि अन्तर्मन की भूल-भुलैया में रास्ता ढूँढने के लिए ही चिंतित थे। इन कवियों के काव्य के मूल में वह चिन्ता काम कर रही थी जो भारत के व्यापक जनसमुदाय को लगातार परेशान कर रही थी। इसी केन्द्रीय चिन्ता ने इस धारा की कविता में वस्तु का ठोस धरातल तैयार किया।

सातवें दशक के उत्तरार्द्ध में शोषक-व्यवस्था के द्वारा उत्पन्न किये गए विविध संकटों का एहसास तेजी पकड़ने लगा था। इसकी अभिव्यक्ति भी व्यापक स्तर पर हो रही थी। इस धारा के काव्य में असन्तोष की लहर साफ देखी और महसूस की जा सकती है। डॉ. शिवकुमार मिश्र ने उन दिनों लिखा था—"कदाचित् ही किसी युग की युवा पीढ़ी को इतने गहरे मानसिक त्रास का सामना करना पड़ा

हो कि ठीक उसकी आँखों के सामने उसके अपने प्राप्य, उसके अपने भविष्य, उसके देश को उसके पूर्ववर्ती न केवल डकार रहे हों, आँखें भी दिखा रहे हों, उसे यह कहकर अपमानित भी कर रहे हों कि उन्होंने कुर्बानी देकर इस नयी पीढ़ी के लिए ही देश को स्वतन्त्र कराया। विक्षोभ, असन्तोष, अनिश्चय, गतिरोध, तनाव एवं संत्रास की यह समष्टि ही है जो अनेक शुभ और अशुभ रूपों में आज की युवा पीढ़ी के सामने व्याप्त है और उनकी कविताओं में भी उन्हीं रूपों के दर्शन होते हैं।''[68]

1970 के बाद विकल्पहीन विद्रोह और सर्वनिषेधवादी दृष्टिकोण इस काव्य से पूरी तरह खत्म हो जाता है। कवियों की संवेदना सर्वहारा की विचार परम्परा और व्यापक संघर्ष के साथ आ खड़ी होती है। चिन्ताएँ अभी भी कम नहीं थीं लेकिन आशा और आस्था के नए रास्ते खुलने लगे थे। अँधेरा उतना गहरा नहीं रह गया था। साहित्य को राजनीति से जोड़ने की चर्चा अब होने लगी थी। 1968-70 के बीच की लगभग सभी साहित्यिक पत्रिकाओं में बहस की यह स्थिति देखी जा सकती है। केरल व बंगाल में वामपन्थी जनवादी मोर्चे की सरकारों के बनने से रचना में एक नया उत्साह लक्ष्य किया जा सकता है। हिन्दी कविता के आठवें दशक में मार्क्सवादी नव स्वच्छन्दतावादी काव्य मार्क्सवाद से जुड़ जाता है। स्वच्छन्दतावादी प्रवृत्तियों का लगभग ह्रास हो जाता है। कवियों के समक्ष युग की चिन्ताएँ वही हैं, थोड़े-बहुत हेर-फेर के साथ लेकिन अब वे उस जीवन-दृष्टि से प्रतिबद्ध हैं जिसमें सर्वहारा की विजय का विश्वास ठाठें मार रहा है। नव स्वच्छन्दतावाद का व्यक्तिवादी काव्य अब तक अस्तित्ववाद का अंग बन चुका है और कलावाद-रूपवाद के छद्म नामों से समय-समय पर सिर उठाता रहा है। यह स्वीकारना ही होगा कि अस्तित्ववादी कविता का आन्दोलन इधर दिनोंदिन ठंडा पड़ता गया है और जनवादी प्रगतिशील कविता की यात्रा एक सतर्क जीवन दृष्टि के साथ निरन्तर जारी है।

यह समय है जब युवा कवियों की एक बड़ी संख्या प्रेम और रोमांस के दायरे से बाहर आकर शोषण के विरुद्ध कविताएँ लिखकर व्यापक जनसमुदाय के उत्पीड़न को अभिव्यक्त कर रही है। उनकी कविता में क्रोध आज भी है—एक अभूतपूर्व और समझदार क्रोध जो पहले के सर्व निषेधवादी और विकल्पहीन क्रोध से भिन्न है। ज्ञानेन्द्रपति की एक कविता ने आज की कविता के क्रोध को पहले की कविता के क्रोध से अलग किया—

''अपने क्रोध को
शक्ल देने की कोशिश

हम आज भी कर रहे हैं
पर यह कोशिश वही नहीं है
जो कल थी
इसलिए हम भी वही नहीं हैं जो कल थे।''[69]

स्वच्छन्दतावादी काव्य के परवर्ती काव्यानुभव

एक तरफ स्वच्छन्दतावादी काव्यान्दोलन जहाँ स्वतन्त्रता पूर्व के साहित्यिक परिदृश्य में सामने आया, वहीं दूसरी तरफ नव स्वच्छन्दतावादी आन्दोलन स्वातन्त्र्योत्तर हिन्दी कविता का आन्दोलन था। कहना न होगा कि नव स्वच्छन्दतावाद कोई स्वतन्त्र आन्दोलन नहीं था बल्कि वह स्वच्छन्दतावाद का ही विकास था—लेकिन लगभग नए रूपों में। कवियों के नए वर्ग के साथ उसमें वस्तु, भाषा व शिल्प के प्रति सर्वथा एक नया दृष्टिकोण देखने को मिला। अब यहाँ यह देखना जरूरी हो जाता है कि नव स्वच्छन्दतावाद में वे कौन-सी स्वच्छन्दतावादी प्रवृत्तियाँ थीं जिनके कारण उसे स्वच्छन्दतावाद का विकास ही माना गया और स्वच्छन्दतावाद को भी स्वातन्त्र्य-पूर्व समाप्त नहीं माना गया, या स्वतन्त्रता के पश्चात् स्वच्छन्दतावादी धारा में कौन-सी नयी दृष्टि या नयी प्रवृत्तियाँ दिखाई देने लगीं जिनके कारण उसे स्वातन्त्र्योत्तर स्वच्छन्दतावाद, उत्तर छायावाद या नव स्वच्छन्दतावाद जैसे अलग से नाम देने की जरूरत महसूस की गयी। देखना यह होगा कि दोनों काव्यान्दोलनों में कितनी समानताएँ और कितना अन्तर था, जिसकी विवेचना इस उपशीर्षक के अन्तर्गत हमारा मूल उद्देश्य भी है।

किसी भी युग का साहित्य अपनी युगीन परिस्थितियों के प्रभाव से बचकर नहीं लिखा जा सकता। युग ही साहित्य में प्रेरणास्रोत का काम करता है। इस प्रेरणास्रोत से ही जो अनुभव काव्य में आता है निश्चित रूप से वही काव्यानुभव है। सच तो यह है कि सच्चे काव्य में वस्तु और भाषा के निर्धारण के मूल में उस युग की परिस्थितियाँ काम कर रही होती हैं जिस युग में वह रचा जाता है। स्वच्छन्दतावाद और नव स्वच्छन्दतावाद भी इस सन्दर्भ में अपवाद नहीं है। महत्त्वपूर्ण यह है कि दोनों काव्यान्दोलनों के युग में उत्तर और दक्षिण का अन्तर नोट किया जा सकता है। यह अन्तर भारतीय परतन्त्रता और स्वतन्त्रता का है। मोटे तौर पर सन् '47 को हम एक सीमारेखा मान सकते हैं। हिन्दी स्वच्छन्दतावाद का पल्लवन आशंका और उत्साह, विद्रोह और क्रांति के थपेड़ों के बीच हुआ। यह वैचारिक संघर्ष का युग था। डॉ. नरेन्द्रदेव वर्मा ने लिखा है—''हिन्दी स्वच्छन्दतावाद का इतिहास,

राजनीतिक विद्रोह, विरोध और क्रांतिकारी विचारों के साथ जुड़ा हुआ है। यह परम्परागत मान्यताओं के पतन का और तज्जन्य निराशा का युग है। यदि हम इस काल के साहित्य की ओर दृष्टिपात करें तो हमें ज्ञात होगा कि प्रत्यक्षीकरण, विचार-प्रक्रिया , संवेदना और साहित्यिक कथ्य एवं शैली में आमूल परिवर्तन हो गया है। विद्रोह और क्रांति की यह राष्ट्रव्यापी चेतना राजनीति के स्तर पर स्वाधीनता आन्दोलन के रूप में अपना प्रकाशन करती है, सामाजिक स्तर पर यह वेदान्तवादी मानववाद और सेवाभाव के रूप में अपनी तीव्र और तलस्पर्शी अभिव्यक्ति करती है। अर्थव्यवस्था के क्षेत्र में इसका आरम्भ औद्योगिक क्रांति के रूप में होता है और दर्शन के क्षेत्र में यह नव्यवेदान्तवाद के रूप में स्वयं को प्रकट करती है। यही चेतना साहित्य के धरातल पर स्वच्छन्दतावाद के रूप में दिखाई देती है।''[70]

नव स्वच्छन्दतावाद की युगीन स्थिति ठीक इसके विपरीत थी। नेहरू सरकार की उदारवादी नीतियों के कारण जाने-अनजाने पूँजीवाद को प्रश्रय मिल रहा था। देखते-देखते जनता द्वारा देखा गया प्रजातन्त्र का सपना टूटकर धूल में मिल गया था। समूचा राष्ट्र भुखमरी, गरीबी, बेरोजगारी और महँगाई की आग में झोंक दिया गया। नए मध्यवर्ग का उदय और पूँजीपतियों से उसकी साँठ-गाँठ से वह वर्ग और मजबूत हो गया था। भारतीय कृषि और गाँवों की हालत बद से बदतर हो गयी थी। ऐसे में भारतीय रचनाकार और समूचा बुद्धिजीवी वर्ग ही यह सोचने के लिए विवश होने लगा था कि जिस स्वतन्त्रता-प्राप्ति के संघर्ष का रक्तरंजित इतिहास लगभग एक शताब्दी में फैला हुआ है, वह स्वतन्त्रता क्या यही है? धीरे-धीरे नव स्वच्छन्दतावाद के कुछ कवियों को भी असंगत व्यवस्था एक दूसरी गुलामी की तरह महसूस होने लगी।

प्रवृत्तिगत वर्गीकरण की दृष्टि से स्वच्छन्दतावाद की एक ही मूल काव्यधारा थी जिसमें प्रेम और प्रकृति की आध्यात्मिक और रहस्यात्मक अभिव्यक्ति हो रही थी और जिसमें राष्ट्रीय चेतना प्रधान न होकर गौण थी, वहीं नव स्वच्छन्दतावादी काव्य को दो भागों में बाँटा जा सकता है—एक व्यक्तिवादी काव्यधारा और दूसरी मार्क्सवादी।

दोनों ही काव्यान्दोलनों में व्यक्तिवाद का स्वर प्रबल है। लेकिन इस समानता के बावजूद दोनों के व्यक्तिवाद में अन्तर है। स्वच्छन्दतावादी काव्य में यह वैयक्तिकता आध्यात्मिक रूप में सामने आती है। यह ईश्वर प्रेम की विरहजन्य वैयक्तिकता है। यह राग से विराग की ओर तथा स्थूल से सूक्ष्म व उच्चतर प्रेम की तरफ ले जाने वाली वैयक्तिकता है। यूँ तो वैयक्तिकता किसी भी तरह के काव्य की सकारात्मक

प्रवृत्ति नहीं कही जा सकती, लेकिन तुलनात्मक दृष्टि से स्वच्छन्दतावादी काव्य की वैयक्तिकता नव स्वच्छन्दतावाद की तरह कुंठित, यौन पीड़ित और संत्रस्त वैयक्तिकता नहीं है। नव स्वच्छन्दतावाद के व्यक्तिपरक कवि अपने अहं की निर्वासित मुद्रा में कुछ ज़्यादा ही क़ैद रहे और बाहरी संसार से उतने ही अलग भी। इनकी अनुभूति आध्यात्मिकता से पूर्णतः रहित स्थूल दैहिक धरातल पर पल्लवित होती है। इन कवियों के अकेलेपन में कुंठा, अहं संत्रास तथा संशय का गहन अन्धकार फैला हुआ है और कम से कम इस दृष्टि से स्वच्छन्दतावाद का व्यक्तिवाद एक कुंठित समाजवाद नहीं है।

राष्ट्रवाद भी दोनों काव्यान्दोलनों की अपनी-अपनी विशेषता रही है। यह जरूर है कि यहाँ भी दोनों की राष्ट्रीय भावना के रूप में पर्याप्त अन्तर है। रोमानी प्रवृत्तियों के स्वच्छन्दतावादी काव्य में राष्ट्रीय चेतना की सम्भावना बहुत-से लोगों को असंगत लग सकती है। लेकिन स्वच्छन्दतावादी काव्यान्दोलन के दिन भारतीय राजनीति के सबसे संघर्षभरे दिन थे। डॉ. प्रेमशंकर ने उस समय की राष्ट्रीयता पर प्रकाश डालते हुए लिखा है–"जिस समय स्वच्छन्दतावादी काव्य रचा जा रहा था, उस समय ब्रिटिश सत्ता का दमन-चक्र चल रहा था और भारतीय नेतृत्व क्रांति को निर्णायक भूमिका पर नहीं पहुँचा पा रहा था। 1931 ई. तक स्वयं कांग्रेस ने कराची अधिवेशन में गाँधी-इरविन समझौते को स्वीकार कर लिया था, यद्यपि समाजवाद की चर्चा भी की गयी थी। पर ब्रिटिश सत्ता इतनी आसानी से देश छोड़ने के लिए तैयार न थी और 1932 से 1942 ई. तक वह राष्ट्रीय स्वतन्त्रता आन्दोलन को कुचलती रही। उसे भारत में उन लोगों का समर्थन मिल रहा था जो अपनी सामन्ती स्थिति को बनाये रखने की चेष्टा में थे। इसके अलावा उभरती हुई देशी पूँजीवादी ताकतें थीं जो 'डबल रोल' में थीं। इन्हीं के साथ नौकरशाही भी थी। दूसरे वर्ग विद्रोह को पूरी शक्ति के साथ नहीं अपना पा रहे थे। ऐसे में राष्ट्रीय-चेतना उतार-चढ़ाव के बीच चलती रही।"[71]

हालाँकि राष्ट्रीय काव्यधारा स्वच्छन्दतावाद की प्रधान धारा न होकर गौण धारा थी लेकिन परिमाण में कम होने के बावजूद कवियों ने युग सम्पृक्ति का परिचय दिया। प्रसाद के काव्य व नाटकों के गीतों में स्थल-स्थल पर यह राष्ट्रीय चेतना विद्यमान है। पन्त का परवर्ती काव्य तथा निराला का काव्य विशेष रूप से इसका उदाहरण है।

नव स्वच्छन्दतावाद की दो मूल काव्यधाराओं में से एक मार्क्सवादी काव्यधारा में इसी राष्ट्रीयता को अभिनव स्वरूप में देखा जा सकता है जो युग की परिस्थितियों

के अनुसार मार्क्सवादी जीवन-दृष्टि से जुड़ जाता है। इस काव्य ने व्यवस्था की आलोचना की, शोषक वर्गों का विरोध किया और एक दूसरे प्रजातन्त्र के लिए संघर्ष किया।

प्रेम दोनों काव्यान्दोलनों की मूल प्रवृत्ति रही है लेकिन दोनों आन्दोलनों में इसका स्वरूप भी भिन्न-भिन्न है। स्वच्छन्दतावादी काव्य में प्रेम का आध्यात्मिक स्वरूप सामने आया जिसकी अभिव्यक्ति कवियों ने रहस्यसंकुल प्रतीक योजना के द्वारा की। नव स्वच्छन्दतावाद के कवियों ने इसका बहिष्कार किया। इन रचनाकारों ने अपेक्षाकृत अधिक यथार्थोन्मुखता तथा अनावरणप्रियता का परिचय देने की कोशिश की। इसलिए उन्होंने दैहिक भावनाओं को अपने काव्य में उजागर किया और प्रेम को दैहिक धरातल पर प्रतिष्ठित किया। दैहिक संवेदनाओं और इन्द्रियानुभूति और युवामन की भावनाओं की प्रतीकात्मक और निर्बन्ध अभिव्यक्ति के कारण इस प्रेम-काव्य ने सस्ती लोकप्रियता भले ही प्राप्त कर ली लेकिन स्वस्थ्य और नैतिक दृष्टि की कसौटी पर इसे स्वीकारना कठिन ही है। दरअसल वैचारिक प्रतिबद्धता की धुरीहीनता ने अज्ञेय, भारती जैसे कवियों को आत्मलीन और आत्मरति प्रिय बना दिया। जीवन के प्रति इन कवियों का दृष्टिकोण आस्थामय नहीं था इसलिए उनके समक्ष जीवन एक प्रयोजनहीन वस्तु के रूप में उपस्थित हुआ। हालाँकि मार्क्सवादी धारा के कवियों ने स्वस्थ प्रेम कविताएँ लिखीं, लेकिन उनकी मूल चिन्ता दूसरी होने के कारण ऐसी रचनाएँ परिमाण में कम ही हैं। फलस्वरूप यह जिम्मेदारी व्यक्तिवादी कवियों ने अपने सिर पर ले ली जो अपनी प्रेमिकाओं की सुघड़ काया पर मुग्ध थे। इन कवियों ने यथार्थ के नाम पर भौंडा चित्रण प्रस्तुत किया। यही कारण है कि स्थूल और मांसल प्रेम की अश्लील अभिव्यक्ति 'तुम कहाँ हो नारि'? तथा 'इन फीरोज़ी होंठों पर बरबाद मेरी ज़िन्दगी' के रूप में सामने आयी।

प्रकृति को भी दोनों काव्यान्दोलनों के कवियों ने अपनी-अपनी जीवन-दृष्टि के अनुसार अपनी अनुभूतियों के प्रकाशन का माध्यम बनाया है। डॉ. धनंजय वर्मा की दृष्टि में—"विश्वकाव्य की कोई भी बड़ी प्रतिभा प्रकृति के सौन्दर्य से संवेदित हुए बिना न तो मानवीय सार्थकता पा सकी और न रचनात्मक। हम समझते हैं कि प्रकृति की गोचर सत्ता से संवेदित होने की क्षमता का अनुपात ही उसके मानवीयता का भी अनुपात है।"[72] स्वच्छन्दतावाद ने प्रकृति के माध्यम से अपनी प्रेमानुभूतियों को आध्यात्मिकता व रहस्यात्मकता के आवरण में प्रस्तुत किया। 'मुस्काता संकेतभरा नभ' तथा 'न जाने नक्षत्रों से कौन, निमन्त्रण देता मुझको मौन' जैसी रचनाएँ भारी परिमाण में लिखी गयीं। नव स्वच्छन्दतावाद के व्यक्तिपरक कवियों ने अपनी रुग्ण

भावनाओं की अभिव्यक्ति में प्रकृति के खूबसूरत प्रतीकों का दुरुपयोग किया–

> *"दो पंखुरियाँ*
> *झरी लाल गुलाब की, तकती पियासी*
> *पिया से ऊपर उठे उस फूल को*
> *होंठ ज्यों होंठों तले।"*[173]

लेकिन वामपंथी धारा के कवियों ने प्रकृति के प्रतीकों के द्वारा न सिर्फ प्रेम बल्कि व्यापक मानव-संघर्ष को व्यक्त किया–

> *"तुम्हारी मुस्कान*
> *कोहरे से छनकर नहीं*
> *सीधी धूप-सी आती है*
> *जैसे सुबह-सुबह चिड़ियों का गान।"*[174]

× × ×

> *"नित नयी चट्टान तोड़कर*
> *उगते पेड़-सा यह हाथ*
> *सख्त धरती की परतें फोड़कर*
> *निकली घास की पत्ती-सा यह हाथ*
> *निरन्तर मेरे साथ...'*[175]

इस तरह के रचनाकारों ने यह प्रमाणित कर दिया कि प्रकृति से जीवन-बोध कम नहीं होता, बल्कि बढ़ता ही है।

रहस्यानुभूति और आध्यात्मिकता स्वच्छन्दतावाद की प्रधान प्रवृत्तियाँ रही हैं। इसका सारा काव्य ही रहस्य और अध्यात्म के रंग में रंगा हुआ है। लेकिन स्वच्छन्दतावाद में नव प्रवृत्तियों का सर्वथा अभाव दिखाई देता है। हालाँकि अज्ञेय की 'अरी ओ करुणा प्रभामय' जैसी कृतियाँ आध्यात्मिकता और रहस्यात्मकता का पुट लिये हुए हैं लेकिन ऐसी रचनाएँ बहुत कम हैं। बच्चन ने भी 'मधुशाला', 'मधुबाला', 'मधुकलश' के प्रतीकों को आध्यात्मिक रंग देने की कोशिश की है लेकिन उनके सारे प्रतीक दरअसल काम और उसकी विविध प्रतिक्रियाओं की ही उपज हैं।

इस तरह विभिन्न समानताओं और असमानताओं के रहते यह स्वीकारना होगा कि नव स्वच्छन्दतावाद स्वच्छन्दतावाद के विकास की एक परिवर्तित स्थिति है। स्वातन्त्र्योत्तर स्वच्छन्दतावादी काव्यधारा का भावबोध सर्वथा नवीन था और उसका

सीधा सम्बन्ध अपने युगबोध के साथ था। अपने रूमानी रुझान के बावजूद स्वातन्त्र्योत्तर स्वच्छन्द कविता एक सन्तुलित व्यवस्था की तलाश करने की कोशिश करती है और उसके लिए संघर्ष भी करती है। व्यक्तिवादी धारा निश्चित रूप से नकारात्मक जीवन दृष्टि की काव्यधारा है लेकिन प्रगतिवादी विचारधारा से लैस कविता, कविता और जन के रिश्ते को अपनी संवेदना के अटूट बन्धन से जोड़ने का सार्थक प्रयास करती है और इस उद्देश्य में सफल भी होती है। जीवन को रचनात्मक दृष्टि से देखने वाली इस सार्थक काव्यधारा में दरअसल युग का यथार्थ ही वस्तु बनकर सामने आया। यही नहीं, स्वातन्त्र्योत्तर स्वच्छन्दतावादी कविता में नवीन वस्तु के अनुरूप भाषा व शिल्प के प्रति भी सर्वथा नया दृष्टिकोण देखने को मिलता है।

यह भी सच है कि सन् '65 के बाद व्यक्तिवादी और मार्क्सवादी-स्वातन्त्र्योत्तर स्वच्छन्दतावाद की दोनों काव्यधाराएँ दूसरी काव्यधाराओं में परिणत हो जाती हैं। व्यक्तिवादी काव्यधारा अस्तित्ववादी प्रभाव ग्रहण करने लगती है और एक आत्मविचलित मनुष्य की नियति के बारे में विचार करने लगती है। वहीं मार्क्सवादी काव्यधारा अपनी स्वच्छन्द प्रवृत्तियों को धीरे-धीरे त्यागकर पूर्णतः मार्क्सवाद से जुड़ जाती है और स्वतः स्फूर्त की जगह चेतना सम्पन्न दृष्टिकोण तक पहुँचने लगती है। सातवें दशक के बाद हिन्दी कविता के परिदृश्य में प्रगतिशील जनवादी कविता के रूप में दरअसल हम इसी काव्यधारा का विकास देखते हैं।

नव स्वच्छन्दतावादी गीतकार और उनके काव्यानुभव

गीत साहित्य की अत्यन्त पुरानी तथा लोकप्रिय विधा है। गीत को काव्य के अन्तर्गत ही माना जाता रहा है। गीत राग के आधार पर लिखे जाते हैं जिसका सीधा सम्बन्ध छन्द और संगीत से है। प्राचीन काव्य में छन्द और संगीत—दोनों को काव्य-रचना का आधार माना जाता रहा लेकिन जहाँ संगीत की प्रधानता होती थी वहाँ काव्य को काव्य न कहकर गीत कहा गया। इस तरह संगीत गीत का अनिवार्य तत्त्व माना गया। इसलिए गीतों में लय की रक्षा पहली शर्त है। जवरीमल्ल पारख ने इस विषय में लिखा है—"गीतों में संगीत तत्त्व दो तरह से उपादेय होता है—एक तो वह गीतों को कलात्मक रूप प्रदान कर उसके सौन्दर्य की वृद्धि करता है, दूसरे गीत के अर्थ को या तो और अधिक स्पष्ट करता है या नए अर्थों की परतें खोलता है। जहाँ गीत पर संगीत हावी हो जाए और उसका भाव-तत्त्व अप्रधान रह जाए, वहाँ संगीत का सौन्दर्य अर्थहीन है।"[76]

यहाँ भी हमें स्वातन्त्र्योत्तर हिन्दी गीतों का मूल्यांकन करने से पहले गीतकारों को दो वर्गों में बाँटना है। प्रथम वर्ग व्यक्तिवादी गीतकारों का है और द्वितीय वर्ग क्रांतिकारी नव स्वच्छन्दतावादी गीतकारों का।

व्यक्तिवादी गीतकार

आरम्भ से ही गीत को रोमांटिक विधा माना जाता है। छायावाद में कवियों ने प्रेम व प्रकृति को विषय बनाकर सफल गीतों की रचना की। इन गीतों पर अध्यात्म का रंग भी था। प्रसाद, निराला, पन्त तथा महादेवी के गीत न सिर्फ पुरानी लीक से हटकर थे बल्कि बेहद प्रभावशाली भी थे। यही कारण भी है कि एक लम्बे समय तक हिन्दी गीत छायावादी प्रभाव से मुक्त न हो सके। कविता के क्षेत्र में जब प्रगतिशील आन्दोलन जोर पकड़ रहा था तब भी गीत रोमांटिक बने रहे। हालाँकि नागार्जुन, केदार, त्रिलोचन, शील ने प्रगतिशील गीत लिखे लेकिन वैयक्तिक अनुभूति के गीतकारों पर इनका ज़्यादा प्रभाव नहीं पड़ा। इन व्यक्तिवादी गीतकारों का भी अपना एक बड़ा वर्ग है जिसमें शुद्ध गीतकारों के अलावा कई कवि भी शामिल हैं। छायावाद के समय के गीतकारों में जानकीवल्लभ शास्त्री, सुमित्रा कुमारी सिन्हा तथा विद्यावती 'कोकिल' के नाम महत्त्वपूर्ण हैं। इनके बाद गीतकारों की लम्बी सूची है जिसमें अज्ञेय, धर्मवीर भारती, गिरिजाकुमार माथुर, बच्चन, नरेन्द्र शर्मा, आरसी प्रसाद सिंह, भगवतीचरण वर्मा, रामेश्वर शुक्ल 'अंचल', शम्भूनाथ सिंह, वीरेन्द्र मिश्र, नीरज, श्रीपाल सिंह 'क्षेम', रमानाथ अवस्थी, हंसकुमार तिवारी, बुद्धिनाथ मिश्र, रवीन्द्र भ्रमर, सोमनाथ ठाकुर, बालस्वरूप 'राही', उमाकान्त मालवीय तथा नरेश सक्सेना के नाम उल्लेखनीय हैं। नवगीत का यह आन्दोलन नयी कविता के समानान्तर ही शुरू हुआ और नयी कविता की वैचारिक पृष्ठभूमि पर ही फला-फूला।

लोकप्रियता की दृष्टि से इन गीतकारों के गीत चाहे जितने सफल रहे हों लेकिन मूल्यवत्ता की दृष्टि से इस श्रेणी के गीत उच्च नहीं कहे जा सकते। जीवन का वास्तविक दर्द इन गीतकारों के गीतों में न उभर सका। यह धारा दरअसल रूपवादी-भाववादी नवगीत की है। हिन्दी के रूपवादी नवगीतकार तथा जनवादी गीतकार—दोनों ही अपने को निराला से जोड़ते हैं। दरअसल निराला के गीतों में दोनों के ही बीज थे। रूपवादी-व्यक्तिवादी गीतकार पूँजीवादी विचार-सम्पदा से जुड़े हुए हैं। वे इस समाज के पतन की शिकायत तो जरूर करते हैं लेकिन इसकी उद्धारक शक्ति के प्रति शत्रुतापूर्ण रवैया अख्तियार करते हैं। वे शोषक पूँजीवादी सामन्ती वर्गों को नहीं पहचानते और उनके उन्मूलन की दिशा में संघर्षरत जनों

का साथ नहीं देते। ऐसे में शोषित वर्गों के प्रति उनकी संवेदना एक कोरी और औपचारिक संवेदना बनकर रह जाती है। नयी कविता की तरह नवगीत के कलावादी रुझानों के पीछे भी गीतकारों में वर्ग दृष्टि का अभाव मुख्य कारण रहा। फलस्वरूप गीतों में प्रणय, प्रकृति और अकेलेपन का राग अलापा जाने लगा और उदासी, निराशा, कुंठा, थकान, संशय, टूटन जैसे शब्दों की भरमार इन गीतों में हमें दिखाई पड़ने लगी।

कुछ उद्धरणों से ही यह बात साफ हो जाएगी–

"संघर्ष में टूटा हुआ, दुर्भाग्य से लूटा हुआ
परिवार से छूटा हुआ, कितना अकेला आज मैं।"[77]

× × ×

"द्विविधाहत साहस है, दिखता है पन्थ नहीं,
देह सुखी हो पर मन के दुःख का अन्त नहीं।
दुःख है न चाँद खिला, शरत् रात आने पर
क्या हुआ जो खिला फूल, रस-बसन्त जाने पर।"[78]

× × ×

"पास आओ मुस्कुराओ
गीत गाओ झूम जाओ
रूप-यौवन की डगर पर आज मैं भी और तुम भी।"[79]

× × ×

"मैं हूँ एक प्रवासी सुख की नगरी में
कच्चे धागे से सब रिश्ते टूट गए
निराकार छायाओं ने यों भटकाया
मेरे सब संकल्प अधूरे छूट गए।"[80]

यहाँ उद्धरण-दर-उद्धरण देकर अनावश्यक विस्तार देना मेरा लक्ष्य नहीं है। उपर्युक्त उद्धरणों से ही यह बात स्पष्ट हो जाती है कि नव स्वच्छन्दतावाद के व्यक्तिवादी कवियों से इन व्यक्तिवादी गीतकारों को सिर्फ विधा–कविता और गीत–की दृष्टि से अलगाया जा सकता है, वैचारिक धरातल पर ये एक समान हैं। दोनों ने ही समाज से कटकर अपनी वैयक्तिक अनुभूति को अभिव्यक्त किया तथा निराशावादी दृष्टिकोण से वैयक्तिक सुख-दुःख और स्थूल प्रणय की रचनाएँ लिखीं। कहना न होगा कि नयी कविता के कवियों की तरह ही नवगीत के गीतकारों ने भी संगठन

व सामूहिकता में अपना विश्वास प्रकट करने के बजाय अपनी निरर्थकता और अकेलेपन का राग अलापा। इनमें नरेन्द्र शर्मा, भगवतीचरण वर्मा, अंचल ने अपवादस्वरूप सामाजिक चिन्ता की कुछ रचनाएँ ज़रूर लिखीं लेकिन अन्य गीतकार अपनी सीमाओं का अतिक्रमण नहीं कर पाये।

क्रांतिकारी नव स्वच्छन्दतावाद और उसके गीतकार

व्यक्तिवादी गीत लगभग ह्रास की स्थिति तक पहुँचकर कवि सम्मेलनीय विधा बनकर रह गए। उसे नवजीवन प्रदान करने और जीवन की वास्तविकता से सम्पृक्त करने का कार्य नव स्वच्छन्दतावाद के क्रांतिकारी गीतकारों ने किया जिन्हें हम जनवादी गीतकार भी कह सकते हैं। यहाँ यह स्पष्ट कर देना आवश्यक है कि एक प्रगतिवादी या प्रगतिशील रचनाकार के लिए मार्क्सवाद की वैचारिक प्रतिबद्धता अनिवार्य है लेकिन जनवादी रचनाकार अपनी जनपक्षधरता और युगजीवन की सम्पृक्ति के आधार पर ही जनवादी है। उसके लिए मार्क्सवादी होना अनिवार्य नहीं है, वह चाहे तो इस वैचारिक प्रतिबद्धता को स्वीकार भी सकता है लेकिन यह जनवादी रचनाकार की अनिवार्य शर्त नहीं। इस तरह एक प्रगतिशील रचनाकार तो जनवादी होगा ही लेकिन एक जनवादी रचनाकार वैचारिक प्रतिबद्धता के बिना प्रगतिशील नहीं कहा जाएगा। कहना न होगा कि इस अर्थ में भवानी प्रसाद मिश्र और सर्वेश्वर दयाल सक्सेना के गीत भी जनवादी गीत ही हैं जो अपनी जन-पक्षधरता के रहते नव स्वच्छन्दतावाद की इस क्रांतिकारी धारा का प्रतिनिधित्व भी करते हैं। इस वर्ग के अन्य गीतकारों में शलभ श्रीराम सिंह, नईम, माहेश्वर तिवारी, पुरुषोत्तम प्रतीक, ओम प्रभाकर, महेश उपाध्याय, रामकुमार कृषक, विनय श्रीकर, गुलाब सिंह, जयकान्त, अनूप अशेष आदि के नाम महत्त्वपूर्ण हैं।

हिन्दी में जनवादी गीतों की रचना के पीछे ठोस राजनीतिक, सामाजिक और साहित्यिक कारण हैं। जवरीमल्ल पारख की दृष्टि में—"बूर्ज्वा राजनीतिक पार्टियों की असफलता और उभरते जन-आन्दोलनों ने केवल राजनीतिक क्षेत्र में ही उत्तेजना व्याप्त नहीं की थी, उसने साहित्य के क्षेत्र में भी हलचल पैदा की। नयी कविता जिस तरीके से अकविता, विचार कविता, संचेतन कविता, नंगी कविता, ठोस कविता के नाम पर अराजकता की स्थिति में पहुँच गयी थी, वहाँ से मुक्ति आवश्यक थी। इन आन्दोलनों के कारण नवीन जनचेतना का विकास हुआ जिसका साहित्यिक क्षेत्र में सीधा प्रभाव पड़ा। इसी काल में कई जनवादी लघु पत्रिकाओं का प्रकाशन भी प्रारम्भ हुआ, जिनके माध्यम से जनवादी लेखक सामने आए। इन लेखकों में

एक बहुत बड़ी संख्या उन लेखकों की थी जिनका सीधा सम्बन्ध राजनीतिक आन्दोलनों से था। फलस्वरूप इसी दौरान यह महसूस किया गया कि साहित्य को सर्वहारा तक पहुँचाने के लिए उन्हीं के माध्यमों का उपयोग किया जाए। गीत विधा एक ऐसा माध्यम है जिसे सर्वहारा तक सम्प्रेषित किया जा सकता है। अतः हिन्दी में जनवादी गीतों का सर्जन तीव्र होने लगा।"[81]

अपने समय के बहुचर्चित कवि-गीतकार शलभ श्रीराम सिंह ने अपनी नज़्मों, गीत-ग़ज़लों से यह प्रमाणित करके दिखा दिया कि नारों को भी किस खूबसूरती से जिया जा सकता है—

"जहाँ अवाम के खिलाफ़ साजिशें हों शान से
जहाँ पे बेगुनाह हाथ धो रहे हों जान से
जहाँ पे लफ्जे-अम्न एक खौफ़नाक राज़ हो
जहाँ कबूतरों का सरपरस्त एक बाज हो
वहाँ न चुप रहेंगे हम
कहेंगे हाँ, कहेंगे हम
हमारा हक़—हमारा हक़ हमें जनाब चाहिए!
घिरे हैं हम सवाल से हमें जवाब चाहिए!
जवाब दर-सवाल हैं कि इन्क़लाब चाहिए!
इन्क़लाब! ज़िन्दाबाद!
ज़िंदाबाद! इन्क़लाब!"[82]

पुरुषोत्तम प्रतीक ने शब्दों की शक्ति पर विश्वास किया और लिखा—

"शब्द है जब ब्रह्म तेरे पास
शब्द से आकाश मथ।"[83]

शब्दों की इसी शक्ति के सहारे गीतकार अपने को शासक-शोषक वर्ग के चाटुकार गीतकारों से अलगाता है—

"बाज़ार होकर
कौड़ियों के दाम
खुद को लिख नहीं पाए
यार! हम तो बिक नहीं पाए।"[84]

गीतकारों की महत्त्वपूर्ण उपलब्धि यह रही कि न सिर्फ कला की शर्तों पर ही बल्कि मूल्यवत्ता की दृष्टि से भी इनके गीत स्तरहीन नहीं हो पाए। इनके गीतों में निराशा, उदासी और कुंठा नहीं बल्कि व्यवस्था के तिलस्म को समझने के प्रयास में एक सवाल बार-बार उभरकर सामने आया—

"कहाँ गयी माँ!
वह चाँदी की थाली कहाँ गयी?
कहाँ गयी
सोने की चिड़िया
दूध भरी नदियाँ
जिनकी चर्चाओं से
उलझी हैं
पिछली सदियाँ
बंजर आज पड़े मन की
हरियाली कहाँ गयी?"[185]

गीतकारों ने संघर्षरत जनता के आत्मविश्वास को अभिव्यक्त किया—

"लूट का बाज़ार ज़्यादा दिन नहीं
जुल्म-अत्याचार ज़्यादा दिन नहीं
खून का व्यापार ज़्यादा दिन नहीं
अब ये कारोबार ज़्यादा दिन नहीं
कह रही है शक्ति जनता की
अब ये वातावरण बदलेगा।"[186]

कहीं-कहीं थोड़े-से नव रोमानियत के प्रभाव के बावजूद जनवादी गीतकारों का यह रचना-संसार महत्त्वपूर्ण है। यदि उद्धरणों के मोह में न पड़ें तो अनेक जनवादी गीतकारों ने, जिनका नामोल्लेख किया जा चुका है, गीत को वैयक्तिक सुख-दुःख की सीमाओं से बाहर निकाला और उसे जनचेतना से सम्पृक्त किया। आप देखेंगे कि ऐसा करते हुए इन गीतकारों ने अपने गीतों को बराबर अकलात्मक होने से बचाए रखा। यही इन गीतों की सफलता है और इनकी सार्थकता भी।

सन्दर्भ

1. डॉ. प्रेमशंकर : 'हिन्दी स्वच्छन्दतावादी काव्य' भूमिका, पृ. 9
2. रामविलास शर्मा : 'संस्कृति और साहित्य', पृ. 5
3. शम्भूनाथ सिंह : 'छायावाद युग', पृ. 58
4. नरेन्द्रदेव वर्मा : 'हिन्दी नव स्वच्छन्दतावाद', पृ. 13
5. वही, पृ. 28
6. वही, पृ. 32
7. कर्णसिंह चौहान : 'आलोचना के नए मान', पृ. 214
8. मुक्तिबोध : 'चाँद का मुँह टेढ़ा है', पृ. 261
9. गिरिजाकुमार माथुर : नयी कविता : संयुक्तांक 5-6, पृ. 228
10. राजकमल चौधरी : वही, पृ. 224
11. कैलाश वाजपेयी : परास्त बुद्धिजीवी का वक्तव्य : नयी कविता-7, पृ. 93
12. भवानी प्रसाद मिश्र : दूसरा सप्तक : 'मंगल वर्षा', पृ. 14
13. मुक्तिबोध : 'चाँद का मुँह टेढ़ा है', पृ. 23
14. शिवकुमार मिश्र : 'नया हिन्दी काव्य', पृ. 102
15. चंचल चौहान : 'जनवादी समीक्षा : नया चिन्तन : नए प्रयोग', पृ. 177
16. शिवकुमार मिश्र : 'नया हिन्दी काव्य', 'उत्तर-छायावादी व्यक्तिपरक काव्य', पृ. 102
17. अज्ञेय : 'चिन्ता', पृ. 21-22
18. अज्ञेय : 'इत्यलम्', पृ. 73
19. धर्मवीर भारती : 'एक-फैंटेसी' नामक कविता : 'हिन्दी नव स्वच्छन्दतावाद' (नरेन्द्र देव वर्मा) से उद्धृत, पृ. 289
20. गिरिजाकुमार माथुर : 'नाश और निर्माण' से उद्धृत।
21. वही, 'तार सप्तक', पृ. 174
22. वही, 'धूप के धान', पृ. 54
23. जगदीश गुप्त : 'नाव के पाँव' से उद्धृत।
24. वही।
25. लक्ष्मीकान्त वर्मा : 'गीता और गटर' से उद्धृत।
26. कुँवर नारायण : 'विरासत' नामक कविता : 'चक्रव्यूह' से उद्धृत।
27. वही, 'उस' नामक कविता : 'चक्रव्यूह' से उद्धृत।
28. नरेश मेहता : 'दूसरा सप्तक', पृ. 123
29. मलयज : नयी कविता-7, पृ. 121
30. नरेन्द्र देव वर्मा : 'हिन्दी नव स्वच्छन्दतावाद', पृ. 40
31. हरिवंशराय बच्चन : 'हिन्दी नव स्वच्छन्दतावाद' से उद्धृत, पृ. 69
32. वही, पृ. 85
33. वही, पृ. 79
34. सर्वेश्वर दयाल सक्सेना : 'पथराव' : कुआनो नदी :, पृ. 89-90

35. मुक्तिबोध : 'चाँद का मुँह टेढ़ा है', पृ. 154-155
36. शमशेर बहादुर सिंह : स्वातन्त्र्योत्तर हिन्दी कविता (अनन्त मिश्र), पृ. 228
37. श्रीकान्त वर्मा : वही, पृ. 226-27
38. मुक्ति बोध : 'भूरी-भूरी खाक धूल', पृ. 23
39. वही, पृ. 196-97
40. शिवकुमार मिश्र : 'नया हिन्दी काव्य', पृ. 273
41. शमशेर बहादुर सिंह : वही, पृ. 273
42. वही, पृ. 274
43. वही, पृ. 274
44. वही, पृ. 274
45. विश्वनाथ प्रसाद तिवारी : 'समकालीन हिन्दी कविता', पृ. 197
46. धूमिल : 'कल सुनना मुझे', पृ. 80
47. धूमिल : 'संसद से सड़क तक', पृ. 9
48. वही, पृ. 124
49. दुष्यन्त कुमार : 'साये में धूप' से उद्धृत।
50. वही।
51. दुष्यन्त कुमार : 'अस्तित्व बोध' : धर्मयुग : 19 मई, 1971, पृ. 11
52. दुष्यन्त : 'साये में धूप'।
53. सर्वेश्वर दयाल सक्सेना : एक सूनी नाव (कविताएँ-दो), पृ. 10
54. सर्वेश्वर दयाल सक्सेना : प्रतिनिधि कविताएँ, पृ. 33
55. सर्वेश्वर : 'गर्म हवाएँ' (कविताएँ-दो), पृ. 87
56. सर्वेश्वर : 'जंगल का दर्द'।
57. भारतभूषण अग्रवाल : नया हिन्दी काव्य (शिवकुमार मिश्र) से उद्धृत, पृ. 280
58. भारतभूषण अग्रवाल : 'परिदृश्य' : एक उठा हुआ हाथ , पृ. 47-49
59. केदारनाथ सिंह : प्रतिनिधि कविताएँ, पृ. 40
60. वही, पृ. 45
61. वही, पृ. 67
62. लीलाधर जगूड़ी : 'नाटक जारी है', पृ. 68
63. ज्ञानेन्द्र पति : 'शब्द लिखने के लिए ही यह कागज बना है'
64. लक्ष्मीकान्त वर्मा : 'तक्षक की परम्परा' : 'नयी कविता, नयी आलोचना और कला' : कुमार विमल, पृ. 3
65. डॉ. नरेन्द्र देव वर्मा : 'हिन्दी स्वच्छन्दतावाद', पृ. 43
66. मुक्तिबोध : 'चाँद का मुँह टेढ़ा है', पृ. 155
67. चंचल चौहान : 'जनवादी समीक्षा : नया चिन्तन-नए प्रयोग', पृ. 176
68. शिवकुमार मिश्र : वही, पृ. 181
69. ज्ञानेन्द्र पति : 'क्यों', पृ. 6-7
70. नरेन्द्र देव वर्मा : 'हिन्दी नव स्वच्छन्दतावाद', पृ. 19-20

71. डॉ. प्रेमशंकर : 'हिन्दी नव स्वच्छन्दतावादी काव्य', पृ. 130-31
72. धनंजय वर्मा : वसुधा, अंक-6 अप्रैल-जून-'86, पृ. 23
73. अज्ञेय : 'हरी घास में क्षण भर' से उद्धृत।
74. सर्वेश्वर दयाल सक्सेना : प्रतिनिधि कविताएँ, पृ. 32
75. वही, पृ. 46
76. जवरीमल्ल पारख : उत्तर गाथा-3, पृ. 101
77. बच्चन : 'एकान्त संगीत', पृ. 112
78. गिरिजाकुमार माथुर : धूप के धान', पृ. 102
79. वीरेन्द्र मिश्र : 'गीतम', पृ. 46
80. बालस्वरूप 'राही' : 'जनवादी समीक्षा नया चिन्तन : नए प्रयोग', (चंचल चौहान) से उद्धृत, पृ. 200
81. जवरीमल्ल पारख : उत्तरगाथा-3, पृ. 102-103
82. शलभ श्रीराम सिंह : 'निगाह-दर-निगाह', पृ. 13
83. पुरुषोत्तम प्रतीक : 'गीत आदमी है', पृ. 9
84. वही, पृ. 17
85. माहेश्वर तिवारी : उत्तरगाथा-4, पृ. 94
86. विनय श्रीकर : उत्तरगाथा-3, पृ. 85

षष्ठ अध्याय

स्वातन्त्र्योत्तर प्रगतिवादी काव्यधारा और उसके काव्यानुभव

समाज रचनाकार के भीतर उसकी रगों में दौड़ते हुए रक्त की तरह है, उसकी कसी हुई मुट्ठियों में संकल्प की तरह है, उस आग और आँसू की तरह है जिससे मिलकर बकौल रामविलास शर्मा उसका हृदय बना है।[1] यह घूमती हुई पृथ्वी रचनाकार के भीतर है और रचनाकार भी एक सामाजिक मनुष्य होने के नाते इस पृथ्वी के भीतर ही साँस लेता है। हिन्दी कविता के इतिहास में जब-जब और जहाँ-जहाँ यथार्थ की माँग की गयी है दरअसल वहीं प्रगतिवाद अपने स्थूल और सूक्ष्म दोनों रूपों में मौजूद है। जनशक्ति प्रगतिवादी साहित्य की आधारशिला है क्योंकि "जनशक्ति का सहयोग न लेने वाला लेखक जल्द ही टूट जाता है। संघर्ष से छिटकी चिनगारी भी जलने के लिए तिनके का सहारा चाहती है और सहारा न मिलने पर बुझ जाती है। अकेला लेखक दियासलाई की उस सलाई की तरह है जो टकराकर थोड़ी देर तो जलती है लेकिन आधार के अभाव में बुझ जाती है।"[2]

स्वातंत्र्यपूर्व भारत में न सिर्फ काव्य बल्कि सम्पूर्ण प्रगतिवादी साहित्य का जन्म और विकास दरअसल इसी जीवन-दृष्टि से सम्बद्ध है।

स्वातन्त्र्यपूर्व प्रगतिवादी काव्यान्दोलन

1930-35 का समय हिन्दी कविता से छायावादी अतिशय कल्पना, कोरी भावना तथा रूमानियत के प्रस्थान का समय है। सन् '30 के बाद काव्य में सामाजिक यथार्थ की अभिव्यक्ति को बल मिलने लगता है। दरअसल इस समय देश की आंतरिक परिस्थितियाँ ही इस तरह की थीं कि राजनीति में मार्क्सवादी-लेनिनवादी विचारधारा जोर पकड़ रही थी और साहित्य में क्रांति, स्वाधीनता, वर्गसंघर्ष, जमींदारों, पूँजीपतियों तथा साम्राज्यवादियों के प्रति आक्रोश तथा घृणा, किसानों

और मजदूरों के प्रति संवेदना के द्वारा यथार्थवादी जीवन-दृष्टि का आलोक दिखाई देने लगा था। काव्य में भी इस यथार्थवादी दृष्टिकोण के जन्म व विकास के पीछे हिन्दुस्तान की तत्कालीन परिस्थितियाँ हीं थीं। 1935-36 तक हर तरफ इस नयी चेतना का जादू छा गया। 1936 के आते-आते छायावाद की आखिरी साँसें भी चूकने लगती हैं और राष्ट्रीय तथा अंतर्राष्ट्रीय परिस्थितियाँ रचनाकारों को नए परिप्रेक्ष्य में सोचने के लिए विवश कर देती हैं।

इन परिवर्तनों के मूल में 1917 की रूसी क्रांति थी जिसके कारण समाजवाद की विचारधारा धीरे-धीरे सारी दुनिया में फैल रही थी और परतन्त्रता के दुर्गम जंगलों में मुक्ति के नए मार्ग खोल रही थी। भारत में नेहरू आदि नेताओं ने समाजवादी विचारधारा के द्वारा ही देश की समस्याओं को समझने की कोशिश की। फलस्वरूप राष्ट्रीय आंदोलन में राजनीतिक स्वाधीनता के लक्ष्य के साथ-साथ आर्थिक स्वतन्त्रता की माँग की संगति भी दिखाई देने लगी। इसी विचारधारा से लैस विभिन्न पत्र-पत्रिकाएँ निकलने लगीं। न सिर्फ बुद्धिजीवी वर्ग में नए संगठन बने बल्कि किसानों तथा मजदूरों के संगठन भी सामने आए। इन सभी संगठनों ने राष्ट्रीय आन्दोलन में अपना महत्त्वपूर्ण योग दिया। परिणाम यह हुआ कि राष्ट्रीय आंदोलन के जबर्दस्त धक्कों में ब्रिटिश साम्राज्य की जड़ें हिलने लगीं।

यह समय था जब सारे देश में इस नयी चेतना की लहर दौड़ती दिखाई देती है। कवियों का काव्य भी इस नवीन जीवन-चेतना से सम्पन्न होकर सामने आने लगा। राष्ट्रीय-अंतर्राष्ट्रीय परिस्थितियों के कारण प्रगतिवादी काव्य समय की माँग था और एक जिम्मेदार रचनाकार के लिए परिस्थितियों से मुँह मोड़कर लिखना संभव भी नहीं था। साहित्य में रचनाकारों के लिए जहाँ एक होकर कलम चलाना अनिवार्य हो गया था, वहीं आम जनता में भी एकजुटता की ज़रूरत महसूस की जाने लगी थी। ताकि स्वाधीनता आंदोलन अपने लक्ष्य-प्राप्ति की दिशा में आगे बढ़ सके। भारतीय जनजीवन में फासिज्म, पूँजीवाद, साम्राज्यवाद का संकट दिनोंदिन गहरा रहा था। इन संकटों से मुक्ति का उद्देश्य लेकर ही प्रगतिशील विचारधारा से लैस रचनाकारों ने मिलकर प्रगतिशील लेखक संघ की स्थापना की।

सन् 1936 ई. में प्रेमचंद की अध्यक्षता में इस संगठन का प्रथम अधिवेशन लखनऊ में सम्पन्न हुआ। अध्यक्षीय भाषण में प्रेमचन्द ने युग के अनुरूप साहित्य के उद्‌देश्यों पर प्रकाश डाला और व्यक्तिवादी साहित्य का पक्ष लेने वाले लेखकों की भर्त्सना की—"हमारे लिए कविता के वे भाव निरर्थक हैं, जिनसे हमारे हृदयों पर नैराश्य छा जाए। हमें उस कला की आवश्यकता है, जिसमें कर्म का संदेश

हो। हमारे पथ में अहंवाद अथवा अपने व्यक्तिगत दृष्टिकोण को प्रधानता देना वह वस्तु है जो हमें जड़ता-पतन और लापरवाही की ओर ले जाती है और ऐसी कला की आवश्यकता हमारे लिए न व्यक्ति रूप में उपयोगी है, न समुदाय रूप में। हमारी कसौटी पर केवल वही साहित्य खरा उतरेगा जिसमें उच्च चिंतन हो, स्वाधीनता का भाव हो, सौंदर्य का सार हो, सृजन की आत्मा हो, जीवन की सच्चाइयों का प्रकाश हो, जो हममें गति, संघर्ष और बेचैनी पैदा करे, सुलाए नहीं, क्योंकि अब और ज्यादा सोना मृत्यु का लक्षण है।''[3]

उल्लेखनीय है कि हिन्दुस्तान में इस प्रगतिशील लेखक संघ की स्थापना के पीछे देश की तत्कालीन परिस्थितियाँ तो थीं ही, लेकिन इसके प्रेरणास्रोतों की कहानी सोवियत संघ में मैक्सिम गोर्की के नेतृत्व में सन् 1934 में 'सोवियत लेखक संघ' के गठन से आरंभ होती है। इस संघ के पश्चात् एक और प्रयास 1935 में हेनरी बारबूज के नेतृत्व में पेरिस में हुआ। इस वर्ष जुलाई में 'संस्कृति की रक्षा के लिए विश्व लेखक अधिवेशन' (वर्ल्ड कॉन्फ्रेंस ऑफ राइटर्स फॉर दि डिफेंस ऑफ कल्चर) पेरिस में बुलाया गया। इसके संयोजक मैक्सिम गोर्की, रोमां रोलां, आन्द्रे मालरो, टामस यान, वाल्डे फ्रेंक जैसे विश्वविख्यात साहित्यकार थे। इस अधिवेशन का उद्‌देश्य फासिज़्म के खिलाफ तथा उत्पीड़ित राष्ट्र की शोषित जनता के समर्थन में स्वतन्त्रता की रक्षा के लिए लेखकों की आवाज़ बुलन्द करना था। सबसे महत्त्वपूर्ण कार्य, जो इस अधिवेशन में किया गया, वह यह कि दुनिया भर के प्रगतिशील लेखकों की एक स्थायी समिति चुन ली गयी। इसके अध्यक्ष अंग्रेजी कथाकार ई. एम. फोर्स्टर बनाए गए और इसका केन्द्रीय कार्यालय पेरिस में स्थापित किया गया।

1935 में ही लंदन प्रवासी भारतीयों में से कुछ समाजवादी विचारधारा के बुद्धिजीवियों ने लंदन में एक चीनी रेस्त्राँ के तहखाने में अपनी बैठक की और भारतीय प्रगतिशील लेखक संघ की स्थापना करने तथा उसे ''संस्कृति की रक्षा करने के लिए विश्व लेखक अधिवेशन'' से अंगीभूत कराने का निश्चय किया। इस निर्णय को कार्यान्वित करने का दायित्व सज्जाद जहीर और मुल्कराज आनंद जो क्रमशः अध्यक्ष और सचिव चुने गये थे, को सौंपा गया। इस बैठक के घोषणा-पत्र की प्रतियाँ भारत के सभी प्रमुख लेखकों व संपादकों के पास भेजी गयीं। प्रेमचंद इस कोशिश में एक सक्रिय कार्यकर्ता के रूप में दिखाई देते हैं। दरअसल पेरिस, मास्को व लंदन में जो सरगर्मियाँ और हलचलें थीं, उनसे सज्जाद जहीर, और मुल्कराज आनन्द सम्पृक्त थे और हिन्दुस्तान के अन्दर संगठन बनाने के तमाम प्रयासों के

सूत्रधार प्रेमचंद ही थे। अंततः प्रेमचंद और उनके साथी रचनाकार अपनी कोशिशों में सफल हुए, लखनऊ में प्रगतिशील लेखक संघ की स्थापना हुई तथा प्रथम अधिवेशन सम्पन्न हुआ।

डॉ. शिवकुमार मिश्र ने लिखा है—"इस नवीन साहित्यिक पुनर्जागरण ने देश के साहित्य को अपनी दिशा परिवर्तित करने की महती प्रेरणा प्रदान की। हिन्दी कविता में इस दिशा में परिवर्तन का स्पष्ट आभास छायावाद की रोमानियत और अतिशय कल्पनाप्रियता के स्थान पर यथार्थ की प्रतिष्ठा से मिला। कल्पना के आकाश में उड़ने वाले कवि ने ही धरती की कटु वास्तविकताओं की ओर देखने की आवाज़ उठायी और एक समय जिस कवि ने 'पल्लव' की भूमिका के रूप में छायावाद की कोमल कल्पना का घोषणा-पत्र प्रस्तुत किया था, उसे ही अपने द्वारा संपादित 'रूपाभ' पत्र में यथार्थ संदेश प्रसारित करते हुए सुना गया।"[4] ये पंत थे और इनके साथ निराला भी थे जो छायावाद के धुँधलके से बाहर आकर अपने परवर्ती काव्य में प्रगतिशील कवि के रूप में सामने आते हैं। कवियों ने महसूस किया कि इस युग की कविता केवल सपनों की दुनिया में नहीं पल सकती। उसे कठोर धरती का आश्रय लेना ही होगा और एक नयी सामाजिक, राजनीतिक व्यवस्था के निर्माण में सहायक होना होगा। हिन्दी की प्रगतिशील कविता इसी जीवन-दृष्टि से आलोकित है और छायावाद के बाद यथार्थवादी चेतना का सीधा सम्बन्ध इसी जीवन-दृष्टि से है।

युगीन संदर्भों के साथ-साथ मार्क्सवादी विचारधारा ही प्रगतिशील कविता की प्रेरणास्रोत थी। फलतः कविता में मनुष्य के जीवन के यथार्थ का ठोस धरातल उभरकर सामने आया। कल्पना और रहस्य के कोहरे छँटे और जीवन की गुनगुनी धूप में कविता नहा उठी। सामान्य मनुष्य को कविता में स्थान मिला। उसके सुख-दुःख, हर्ष-विषाद, संघर्ष तथा आशा-आकांक्षा को विषय-वस्तु के रूप में स्वीकार किया जाने लगा। हिन्दी कविता को न सिर्फ नया संस्कार मिला बल्कि लोक जीवन की अत्यन्त सजीव और मार्मिक अभिव्यक्ति काव्य में होने लगी। व्यंग्य की विधा का भरपूर इस्तेमाल किया जाने लगा। निराला की 'कुकुरमुत्ता' जैसी कविता नमूने के तौर पर याद की जा सकती है। मार्क्सवादी विचारधारा के आलोक में इस कविता ने एक नए काव्य-युग की सृष्टि की जो प्रगतिवाद के नाम से विख्यात हुआ जिसमें न सिर्फ वस्तु नवीन है बल्कि वस्तु के अनुरूप ही जीवन के ऊबड़-खाबड़ धरातल से चुने गये भाषा व छंद भी नये हैं।

पंत और निराला के अतिरिक्त नागार्जुन, शील, त्रिलोचन, केदारनाथ अग्रवाल,

रांगेय राघव, रामविलास शर्मा तथा शिवमंगल सिंह सुमन जैसे अन्यान्य कवियों ने इस काव्यधारा में अपना महत्त्वपूर्ण योग दिया। इस काव्य में राष्ट्रीयता एवं देशप्रेम वह प्रमुख प्रवृत्ति है, जिसकी अभिव्यक्ति विविध रूपों में हुई। इस काव्य ने स्वतन्त्रता-प्राप्ति तक लगातार विदेशी दासता का विरोध किया। कवियों ने स्वाधीनता के लिए संघर्षरत भारतीय जनता का अभिनंदन किया, शहीदों के प्रति श्रद्धांजलि व्यक्त की और बलिदान-भावना को पर्याप्त महत्त्व देते हुए कविताएँ लिखकर लोगों को बलिदान की प्रेरणा दी। प्रगतिवादी काव्य में सिर्फ साम्राज्यवादी अत्याचारों के मार्मिक चित्र ही नहीं मिलते बल्कि उनके विरुद्ध प्रबल आक्रोश की अभिव्यक्ति भी दिखाई देती है। इसके साथ ही प्रगतिवादी कवियों ने पूँजीवाद व सामंतवाद का भी जमकर विरोध किया क्योंकि ये भी साम्राज्यवाद की तरह ही घातक थे। कवियों ने वर्गविषमता का विरोध किया, समानता के लिए आवाज़ उठायी और एक नये समाज की स्थापना का स्वप्न देखा।

इसके अतिरिक्त अनेक सामाजिक बुराइयों का विरोध करते हुए इस काव्य ने लगातार अपने प्रगतिवादी स्वरूप को स्पष्ट किया। कवियों ने साम्प्रदायिकता का विरोध किया, विभाजन के खतरे से देश को बचाने की कोशिश की और हिन्दू-मुस्लिम एकता के नारे लगाये। नारी जाति की स्वाधीनता का समर्थन, अस्पृश्यता की भावना का विरोध, समाज में व्याप्त शोषण के प्रति अपनी घृणा प्रदर्शित करते हुए इस काव्य ने अपनी जिस जागरूक दृष्टि का परिचय दिया, हिन्दी कविता के इतिहास में वह सर्वथा नयी थी। कहना न होगा इसी जागरूक दृष्टि के रहते कवियों ने बहुसंख्यक भारतीय जनता से प्रेम किया तथा अंग्रेजों और उन मुट्ठीभर धनिकों का विरोध किया जो लगातार आम आदमी का रक्त निचोड़ रहे थे।

स्वातन्त्र्योत्तर प्रगतिवादी काव्यधारा और उसके काव्यानुभव

सन् 1947 से प्रगतिवाद का जुझारू दौर आरंभ होता है जो 'दूसरा सप्तक' के प्रकाशन अर्थात् 1951 के आसपास तक चलता है। यूँ तो प्रगतिवादी काव्यधारा समकालीन कविता तक निरंतर प्रवाहमान है और प्रगतिवादी कविता की जगह प्रगतिशील जनवादी कविता के रूप में ज़्यादा लोकप्रिय है, यह भी निर्विवाद है कि यह प्रगतिवाद का ही विकास है लेकिन सूक्ष्म दृष्टि से देखें तो सन् '47 से लेकर '51-'52 तक का समय न सिर्फ रचनात्मक बल्कि विभिन्न सामाजिक-राजनीतिक चुनौतियों से भरा पड़ा है। 1947 के बाद स्थिति बदल जाती है, संघर्ष साम्राज्यवाद

के स्थान पर अब पूँजीवाद से आरम्भ हो जाता है। लेकिन इस बिंदु तक आते-आते रचनाकार विभिन्न वैचारिक भटकाव के शिकार होने लगते हैं। 14 अगस्त को देश दो हिस्सों में बँट जाता है और 15 अगस्त, 1947 के दिन जघन्य हत्याकांड के बीच स्वतन्त्र भारत की शासन-व्यवस्था की स्थापना होती है। स्वतन्त्रता के बाद के इन कुछ वर्षों का समय प्रगतिशील लेखक संघ के लिए भयंकर विचार-मंथन का समय था। फलस्वरूप कवियों के लिए यह अनुभूतियों के द्वंद्व का समय भी था।

प्रकृति समाज और स्वयं कवि काव्यानुभूति के तीन मूल तत्त्व हैं। इन तीनों से टकराकर ही अनुभूति पैदा होती है और इन तीनों के सामंजस्यपूर्ण सम्बन्धों द्वारा ही निरंतर निर्मित होती है। सच्ची काव्यानुभूति द्वारा लिखी गयी कविता में कवि अकेला नहीं होता, वह अपने समाज के साथ होता है। काव्यानुभूति के तीनों तत्त्वों में निश्चित रूप से समाज का सर्वाधिक महत्त्व है क्योंकि मनुष्य एक सामाजिक प्राणी है और उसका पहला दायित्व समाज के प्रति ही है। रचना को समाज के बहुसंख्यक लोगों का प्रतिनिधित्व करना चाहिए तथा रचना को स्वस्थ समाज के निर्माण में कटिबद्ध होना चाहिए, ऐसा तभी होगा जब रचनाकार की अनुभूति जन सामान्य से जुड़ी हो। यह सच है कि प्रत्येक कवि अपने अनुभव में अकेला होता है और उसकी अनुभूति भी व्यक्तिगत होती है तथा प्रत्येक कविता की अनुभूति कवि के जीवन की विषय-वस्तु द्वारा निर्मित और निर्धारित होती है लेकिन कवि का काव्य-व्यक्तित्व स्वयं समय के तकाजों, चुनौतियों, संघर्षों और निर्णयों से बना है, इसलिए स्वाभाविक रूप से कवि के व्यक्तिगत जीवन से उठकर अनुभूति एक सामूहिक चेतना से जुड़ जाती है।

स्वातन्त्र्योत्तर काव्य-परिदृश्य के प्रगतिशील कवियों में अनुभूति की यह ईमानदारी साफ-साफ दृष्टिगोचर होती है। हालाँकि कुछ कवि भ्रम और भटकावों के शिकार भी थे क्योंकि स्वतन्त्रता के बाद प्रगतिशील कवियों के सामने प्रश्न था कि व्यवस्था का ढाँचा कैसा हो? कवियों का यह वर्ग शुद्ध समाजवादी व्यवस्था के पक्ष में था। बातें तो नेहरू सरकार ने भी इसी व्यवस्था के पक्ष में कीं लेकिन अपनी उदारवादी मान्यताओं के रहते बहुत दिनों तक वह समाजवादी झुनझुने के सहारे अपने मूल स्वरूप को छिपाये न रख सकी। स्वतन्त्रता के बाद औपनिवेशिक नौकरशाही और उत्पादन के साधनों पर निजी स्वामित्व का यथावत रूप देखकर 'अंदर की आग' नामक रचना में शंकर शैलेन्द्र ने आम जनता की भावनात्मक प्रतिक्रिया को वाणी दी–''नाम बदल डाले हैं, पर हर काम वही है। ढोल-पोल कंट्रोल

वही, गोदाम वही है।'' प्रगतिशील बुद्धिजीवियों को यह समझते देर नहीं लगी कि आज भी साम्राज्यवादियों की अर्थ नीति से भारत बँधा हुआ है। नागार्जुन जैसे कवि 'स्वदेशी शासक' जैसी कविता में व्यवस्था की पोल खोलने के लिए विवश हो गए—

''चाँदी का मुँह, कंचन की है जीभ तुम्हारी
चरण तुम्हारे गगन बिहारी
राजाओं के राजा हो तुम
हीरा-मोती, मणि-माणिक का भस्म तुम्हारी शक्ति बढ़ाता
चाटुकार है आसमान पर तुम्हें चढ़ाता
जा-जाकर दिल्ली-लंदन
बुर्जुआ शिष्टता सीख-सीखकर
अपनी सामंती संस्कृति में
पश्चिम के विज्ञानवाद की छौंक मारकर
वायुयान से वापस आओ
हमें सीख दो शांति और संयत जीवन की।''[5]

स्वातन्त्र्योत्तर काव्य-परिदृश्य में प्रगतिशील कविता का मूल्यांकन करते हुए रेखा अवस्थी ने लिखा है—''सन् '46 से सन् '51 के बीच प्रगतिशील कविता में दो प्रकार की प्रवृत्तियाँ स्पष्ट तौर पर मिलती हैं। एक प्रकार के कृतिकार वे थे जो आज़ादी का स्वागत कर रहे थे और दूसरे प्रकार के कृतिकार वे थे जो राष्ट्रव्यापी किसान-मजदूर संघर्ष तथा तेलंगाना-मलाबार आदि क्षेत्रों में हथियारबंद किसान क्रांति का समर्थन कर रहे थे। प्रगतिशील काव्यांदोलन के इस दौर में इन दोनों प्रवृत्तियों की रचनाएँ मिलती हैं।''[6] यही कारण है कि प्रगतिशील रचनाकार एक तरह के आत्मसंघर्ष के दौर से गुजर रहा था। गजानन माधव मुक्तिबोध जैसे यथार्थ दृष्टा कवि ने अपनी यथार्थगर्भा फंतासियों के माध्यम से, जिसे वे रोमानी फंतासी के विपरीत अनुभव की कन्या कहते हैं, प्रगतिशील रचनाकार के इसी आत्मसंघर्ष को व्यक्त किया—

''स्वप्न के भीतर एक स्वप्न
विचारधारा के भीतर और
एक अन्य
सघन विचारधारा प्रच्छन्न!!
कथ्य के भीतर एक अनुरोधी

विरुद्ध विपरीत
नेपथ्य...संगीत!!
मस्तिष्क के भीतर एक मस्तिष्क
उसके भी अंदर एक और कक्ष
कक्ष के भीतर
एक गुप्त प्रकोष्ठ और
कोठे के साँवले गुहांधकार में
मजबूत...संदूक
दृढ़, भारी भरकम
और उस संदूक के भीतर कोई बंद है
यक्ष
या कि ओराँग-उटाँग हाय।'"[7]

फ्रायडवादी मनोवैज्ञानिक खोजों के सहारे उपर्युक्त पंक्तियों को भले ही सेक्स का प्रतीक मान बैठें लेकिन मुक्तिबोध का आशय यहाँ यह दिखाना है कि स्वातन्त्र्योत्तर भारत में वर्ग समाज में व्यक्ति किस प्रकार अनेक प्रकार की परस्पर विरोधी टकराहटों का केन्द्र हो गया था और उसका समूचा व्यक्तित्व गुत्थियों की एक अनंत शृंखला बन गया था।

सन् '51 के बाद 'दूसरा सप्तक' के प्रकाशन के साथ प्रयोगवादी आंदोलन का शोर तेज होने लगता है। व्यक्तिवादी कवियों का खेमा बड़ा होने लगता है और उनकी गैर मार्क्सवादी पत्रिकाएँ 'कल्पना', 'प्रतीक', 'नयी कविता' आदि तेजी से निकलने लगती हैं। दूसरी तरफ आज़ादी का स्वागत करने वाले प्रगतिशील कवि भी अपने दिग्भ्रमों के शिकार थे। ऐसे में स्वस्थ जीवन दृष्टि के प्रगतिशील कवियों की संख्या कम हो गयी और प्रगतिवाद में एक बिखराव-सा दिखाई देने लगा। छठे दशक में प्रयोगवाद और नयी कविता का शोरगुल ज़्यादा सुनाई पड़ता है। नयी कविता भी क्योंकि प्रयोगवाद के लगभग समानांतर का काव्यान्दोलन ही थी और इसमें अधिकांश प्रयोगवादी कवि भी लिख रहे थे, फलस्वरूप उसमें भी घोर व्यक्तिवादिता को प्रश्रय मिला। बावजूद इसके प्रगतिशील कवियों का एक वर्ग अपनी स्वस्थ जीवनदृष्टि से युगीन परिस्थितियों को देखता-समझता रहा तथा अपनी व्यक्तिगत प्रतिबद्धता के आधार पर कविताएँ लिखता रहा। बहुत-से प्रगतिवादी कवि नयी कविता जैसी पत्रिकाओं में छपने को विवश हो गए किंतु अपनी वैचारिक प्रतिबद्धता के रहते उनमें और व्यक्तिवादी कवियों में अंतर बराबर बना रहा। यही

अंतर इन कवियों के प्रगतिशील और गैर प्रगतिशील स्वरूप को स्पष्ट करता है।

मुक्तिबोध की स्वातन्त्र्योत्तर हिन्दी कविता में जो केन्द्रीय स्थिति है और जिनसे प्रेरित होकर कविता की अनेक शाखाएँ फूटती हैं, वे कविता के प्रगतिशील दृष्टिकोण को ही पुष्ट करती हैं। नयी कविता में प्रगति के तत्त्वों को खोजते हुए मुक्तिबोध ने प्रगतिवाद की सीमाओं को भी स्पष्ट किया। वे ऐसा इसलिए करते हैं क्योंकि स्वातन्त्र्योत्तर रचना परिदृश्य इतना जटिल हो गया था, संघर्ष इतना गहरा हो गया था कि प्रगतिशील कविता के ढेर सारे जाने-माने प्रतिमान भोथरे साबित हो गये थे। ऐसी हालत में यह पता लगाना जरूरी हो गया था कि नयी कविता में कौन-से तत्त्व हैं जो नये जीवन की प्रगति की सूचना देते हैं। '47 के बाद राष्ट्रीय सरकार ने प्रगतिशील लेखकों समेत तमाम कलाकारों को आकाशवाणी, समाचार-पत्र, साहित्य अकादमी, संगीत कला अकादमी, नाटक अकादमी, विश्वविद्यालय आदि में मोटी तनख्वाह वाली नौकरियाँ देकर उन्हें गद्‌दी से चिपकाना आरंभ कर दिया।

लेकिन प्रगतिशील रचनाकारों के एक वर्ग ने सत्ता की इस चालाक नीति को समझा और सरकार द्वारा रचनाकार को जनता से काटने का जो षड्यन्त्र रचा जा रहा था, वे उसके शिकार नहीं हुए। मुक्तिबोध, नागार्जुन, केदारनाथ अग्रवाल, त्रिलोचन, शील, शमशेर, रामविलास शर्मा आदि कवियों ने इसी वर्ग का प्रतिनिधित्व किया। सन् '60 के बाद इन कवियों के बचे-खुचे सपने भी व्यवस्था की निर्मम और कठोर भूमि पर गिरकर टूट गए। सन् '60 और '65 के बीच का समय हिन्दी साहित्य के इतिहास में ही नहीं बल्कि भारतीय जनता के राजनीतिक-सामाजिक जीवन में भी मोहभंग का समय था। शोषण दिनोंदिन तीव्र होता जा रहा है। जनता गरीबी, भुखमरी और बेरोजगारी से त्रस्त थी।

लेकिन सातवें दशक के उत्तरार्द्ध में प्रगतिशील काव्यधारा जो नयी कविता तथा अकविता के धुँधलके के भीतर भी प्रवाहमान थी और बाहर भी—एक नयी आस्था और विश्वास के साथ सामने आती है। कहा जा चुका है कि नयी कविता के युग में उसकी एक सकारात्मक धारा के रूप में मुक्तिबोध, केदारनाथ सिंह, सर्वेश्वर, विजेन्द्र तथा वरिष्ठ लोगों में नागार्जुन, शील आदि कवि काव्यलेखन में सक्रिय थे ही, साथ ही अकविता में भी उसकी देहवादी राजनीति की प्रकृतिवादी नकारात्मक धारा के अलावा—जगदीश चतुर्वेदी, श्याम परमार, सौमित्र मोहन, मोना गुलाटी आदि जिसमें लिख रहे थे—एक दूसरी धारा भी थी जो अपने नकारात्मक तेवर के बावजूद अपने समय की अमानवीयता के खिलाफ आक्रोश और विद्रोह के साथ वर्तमान विसंगतियों का चित्रण कर रही थी। राजकमल चौधरी की मृत्यु

के साथ ही अकविता का दौर समाप्त हो जाता है। अकविता की पहली उपधारा क्रमशः मौन और निस्तेज होती जाती है और दूसरी उपधारा उत्तरोत्तर अकवितावादी सीमाओं से उबरकर एक जनवादी चेतना को आत्मसात् करने लगती है।

सातवें दशक के उत्तरार्द्ध में साहित्यिक अंतरिक्ष से निराशा के बादल धीरे-धीरे छँटते हैं और आशा और आस्था का नया सूर्य नयी आभा के साथ चमकता दिखाई देता है। इसका कारण राजनीतिक परिवर्तनों में निहित था। यहाँ विजयकुमार का यह कथन उद्धरणीय है कि—"नेहरू के निधन से जो मोहभंग की एक प्रक्रिया आरंभ हुई थी वह चौथे आम चुनाव तक आते-आते एक तार्किक परिणति की ओर जाने लगी। चौथे आम चुनाव में नौ राज्यों में कांग्रेस सरकार के पतन से जनता के मन में एक नयी आशा का संचार हुआ। अब तक सत्ता के प्रति मात्र असंतोष और आक्रोश था पर कहीं यह भी मान लिया गया था कि स्थिति अपरिवर्तनीय है। चौथे आम चुनाव के परिणामों ने जनमानस में एक वैकल्पिक सत्ता के बारे में उम्मीद बनायी। परिवर्तनकामी शक्तियों को बल मिला। यूँ गुणात्मक रूप से सत्ता की राजनीति में कोई मूलभूत परिवर्तन नहीं आया क्योंकि कांग्रेस के स्थान पर राज्यों में जो वैकल्पिक संविद सरकारें बनीं वे असंगति और समझौतापरस्त थीं पर कांग्रेस के पतन से विरोध की राजनीति पहले से कहीं अधिक उग्र हो गयी। वर्गीय ढाँचे में श्रमिकों और मजदूरों की शक्ति का अंदाजा एक नये सिरे से महसूस हुआ। इसका परिणाम यह हुआ कि वामपंथी ताकतों में एक नयी स्फूर्ति आयी।"[8]

फलस्वरूप जीवन का आतंक, शोषण-गरीबी का संदर्भ कवि के मन में घुटने टेक देने वाला भाव नहीं रचता। सातवें दशक के उत्तरार्द्ध और आठवें दशक की प्रगतिवादी जनवादी कविता में आक्रोश और विरोध के साथ परिवर्तन की जबर्दस्त आकांक्षा उभरकर सामने आती है—

"और सुनो—
नफरत और रोशनी
सिर्फ उसके हिस्से की चीज है
जिसे जंगल के हाशिए पर
जीने की तमीज है
इसलिए उठो और अपने भीतर
खोये हुए जंगल को
आवाज़ दो
उसे जगाओ और देखो—

कि तुम अकेले नहीं हो
और न किसी के मोहताज को
लाखों हैं जो तुम्हारे इंतज़ार में खड़े हैं
वहाँ चलो
उनका साथ दो
और इस तिलस्म का जादू उतारने में
उनकी मदद करो और साबित करो
कि वे सारी चीजें अंधी हो गयी हैं
जिनमें तुम शरीक नहीं हो।''[9]

उपर्युक्त पंक्तियों में आदमी को अकेला बनाने वाली शक्तियों के षड्यंत्र को समझते हुए ऊब, घुटन, निराशा और पराजय के अंधकार से बाहर निकलकर जनशक्ति द्वारा कुछ कर गुजरने का साहस है। यही नहीं, यह साहस अतिवाद के उस बिंदु तक पहुँच जाता है जहाँ कवि सामूहिक हिंसा के द्वारा बहुसंख्यक वर्ग के कल्याण के बारे में सोचने लगता है—

''तुम्हें दो-चार की खुशी के लिए प्यारा है
हज़ारों की मौत का कानून
और हमें लाखों-करोड़ों की खुशी के लिए
प्यारा है दो-चार का खून
मैं हत्यारा हूँ
कबूल है मुझे यह इल्जाम
हिम्मत हो तो मिलाओ विशाल जनता से
अपनी पवित्र गंगा-जमुनी आँखें
तुम्हारे अस्पष्ट हस्ताक्षर के बदले
कर रहा हूँ साफ-साफ दस्तखत
हरिहर द्विवेदी बकलम खुद
पहली जनवरी 1970''[10]

आठवें दशक और उसके बाद के प्रगतिशील और जनवादी काव्यानुभवों में निरंतर यह संघर्ष अपने तीव्र रूप में दिखाई देता है। दरअसल समकालीन कविता के प्रेरणास्रोतों में न सिर्फ चौथे आम चुनाव के आशाजनक राजनीतिक परिवर्तन हैं, न सिर्फ मुक्तिबोध का व्यक्तित्व और रचनाकर्म है बल्कि 1967 का

सशस्त्र नक्सलबाड़ी आंदोलन भी है। कुल मिलाकर बदलते परिवेश की अनेक छोटी-बड़ी घटनाओं ने लगातार समकालीन कविता के जनवादी और प्रगतिशील रूप को पुष्ट किया। यही कारण भी है कि समकालीन कविता में अपनी यातना और पीड़ा से गुस्से, घृणा और प्रतिहिंसा तक पहुँचने की मानसिक यात्रा 'गोली दागने की सही समझ' के साथ उभरकर सामने आती रही है–

"आदमियत को जीवित रखने के लिए अगर
एक दरोगा को गोली दागने का अधिकार है
तो मुझे क्यों नहीं?
जिस ज़मीन पर मैं अभी बैठकर लिख रहा हूँ
जिस ज़मीन पर मैं चलता हूँ
जिस ज़मीन को मैं जोतता हूँ
जिस ज़मीन में बीज बोता हूँ और
जिस ज़मीन से अन्न निकालकर मैं
गोदामों तक ढोता हूँ
उस ज़मीन के लिए गोली दागने की समझ मुझे है या
उन दोगले ज़मींदारों को जो इस पूरे
देश को सूदखोर का कुत्ता बना चुके हैं
यह कविता नहीं है
यह गोली दागने की समझ है
जो तमाम कलम चलाने वालों को
तमाम हल चलाने वालों से मिला रही है।"[11]

स्वातन्त्र्योत्तर प्रगतिवाद की ऐतिहासिक स्थिति और उसकी गतिविधियाँ

कलावादियों ने रचना और परिवेश के सम्बन्ध को स्वीकारने से हमेशा इनकार किया है जबकि रचनाकार और परिवेश का घनिष्ठ सम्बन्ध है। लेखक और परिवेश परस्पर एक-दूसरे से प्रभावित होते चलते हैं। लेखक अपनी रचना के लिए पूर्णतः परिवेश पर निर्भर है। सिर्फ वस्तु और भाषा ही नहीं, रूप भी वह अपने परिवेश से प्राप्त करता है। डॉ. नंदकिशोर नवल के शब्दों में–"रचना लेखक के परिवेश से अनेक सरल और जटिल स्तरों पर सम्बद्ध होती है और अनेक सरल और जटिल रूपों में उसे प्रतिफलित करती है। ईमानदारी और अनुभूति का असंदिग्ध रूप से रचना में महत्त्व है लेकिन रचना को प्रामाणिक बनाने वाली चीज ईमानदारी और अनुभूति नहीं,

बल्कि लेखक के परिवेश के साथ उसकी सम्बद्धता है।"[12] स्वातन्त्र्योत्तर प्रगतिवादी कविता का महत्त्व भी परिवेश के साथ इसकी सम्बद्धता के कारण है। कविता से जब भी यथार्थ की माँग की जाती है उसमें एक समाज आ जाता है–वह समाज जिसकी बात कवि करता है और वह समाज जिस तक अपनी बात वह पहुँचाता है। कवि का काम इसी समाज के सहारे चलता है। स्वातन्त्र्योत्तर प्रगतिवाद छायावादी संस्कारों के कारण नहीं जाना जाता बल्कि उस काव्यदृष्टि के कारण जाना जाता है जिसके सहारे युग की वास्तविकता को देखा गया। यहाँ नामवर सिंह का यह कथन उद्धरणीय है कि–"छायावादोत्तर कविता के मूल्यांकन की दिशा में यह निश्चयपूर्वक कहा जा सकता है कि इस काल में जो भी मूल्यवान काव्य आया है उसका श्रेय किन्हीं छायावादी संस्कारों को नहीं है। रागात्मक समृद्धि वहाँ है जहाँ वास्तविक स्थितियों के बीच से गुज़रते हुए जागरूक मानव-मन की अधिक से अधिक जीवंतता मूर्तिमान हुई है और जहाँ आज की वास्तविकता को देखने के लिए कोई विज़न मिलता है। इस प्रकार रागात्मक व्यापकता पंत के 'लोकायतन' में नहीं, मुक्तिबोध के 'अँधेरे में' है। उदात्तता अतिचेतनावादी दिव्य अनुभूतियों में नहीं, इतिहास से जूझते हुए मानव के चेतन प्रयासों में है।"[13] कहने की जरूरत नहीं है कि नामवर सिंह ने स्वतन्त्रता के पश्चात् जिस मूल्यवान काव्य की ओर संकेत किया है वह काव्य की प्रगतिशील-जनवादी धारा ही है जिसके अंतर्गत व्यापक जन-आकांक्षाओं को वाणी दी जा रही थी।

स्वातन्त्र्योत्तर प्रगतिवाद की ऐतिहासिक स्थिति और उसकी गतिविधियों के आकलन के लिए उसकी राजनीतिक-सामाजिक चुनौतियों के सूक्ष्म विश्लेषण के लिए हमें शुरुआत स्वतन्त्रता से एक दिन पूर्व 14 अगस्त के उस विभाजन से करनी होगी जब देश दो हिस्सों में बाँट दिया जाता है और उसके बाद जघन्य हत्याकांड के बीच 15 अगस्त को भारत की स्वतन्त्रता की घोषणा की जाती है। प्रगतिशील रचनाकारों के लिए यह भयंकर विचार मंथन का समय था–"एक हिस्सा कहता था देश आज़ाद हो गया, दूसरा कहता था औपनिवेशिक स्वराज्य हुआ है।"[14] सितम्बर 1947 में इलाहाबाद में प्रगतिशील लेखक संघ का एक विशाल अधिवेशन सम्पन्न हुआ जिसमें राहुल सांकृत्यायन, हजारी प्रसाद द्विवेदी, सुमित्रानंदन पंत, शिवदान सिंह चौहान, रामविलास शर्मा, यशपाल, नेमिचंद्र जैन, भदंत आनंद, कौसल्यायन, बच्चन आदि प्रसिद्ध रचनाकारों ने हिस्सा लिया। इस अधिवेशन में अनेक प्रस्तावों के साथ राष्ट्रीय सरकार का स्वागत तथा हिन्दुस्तानी कम्युनिस्ट पार्टी का राष्ट्रीय सरकार के साथ सहयोग जैसे लचीले प्रस्ताव भी स्वीकृत किये गये। इसके बावजूद राष्ट्रीय सरकार द्वारा प्रगतिशील साहित्य के प्रचार-प्रसार का दमन

और तेज हो गया।

प्रगतिशील रचनाकारों ने इस दमन का विरोध किया और देश के कोने-कोने से प्रस्ताव पास कर सरकार से अभिव्यक्ति की स्वतन्त्रता की माँग की लेकिन–"नेहरू और पटेल के नेतृत्व में कांग्रेस पार्टी की यह राष्ट्रीय सरकार इन प्रस्तावों के आगे झुकने वाली नहीं थी। यह आर्थिक-राजनीतिक क्षेत्र में तेजी से अँगरेज-अमरीकी बैंक-पूँजी के नागपाश में फँसने की तरफ कदम बढ़ा रही थी और जिस वर्ग ने शासन-सत्ता सम्हालते ही साम्प्रदायिक दंगे की लपेट में महात्मा गाँधी सहित तमाम बेकसूरों की हत्याएँ करवायी थी, उसी वर्ग का हित-साधन करते हुए वामपंथी कार्यकर्ताओं, किसान सभा और ट्रेड यूनियन के नेताओं का पैशाचिक ढंग से विशाल पैमाने पर दमन शुरू कर दिया था।"[15] 'विप्लव' के सम्पादक यशपाल ने भी अपने पत्र के 'स्वराज्य मीमांसा' अंक में विचार-नियंत्रण के विरुद्ध लिखा–"हमें यह जानकर विस्मित नहीं होना चाहिए कि भारत सरकार जब से जनता से नाता तोड़कर देशी और विदेशी पूँजीपतियों के स्वार्थों का प्रतिनिधित्व करने लगी है, विचार-नियंत्रण की दिशा में बड़ी तेजी से अमेरिकन तरीकों का अनुसरण कर रही है। अब देश के बाहर से आए हुए प्रगतिशील साहित्य को भी भारत सरकार ने गैरकानूनी करार कर दिया और उसे जनता तक न पहुँचने देने का संकल्प कर लिया है। पिछले कई महीनों से बम्बई के बंदरगाह पर जन प्रकाशन गृह लिमिटेड, बम्बई का सात हजार रुपये का पुस्तकों और पत्रों का स्टॉक पुलिस के कब्जे में पड़ा हुआ है। गोर्की की पुस्तकों, लेबर मंथली, कामिन फार्म आदि से भारतीय जनता को वंचित करने का कलंक भारत सरकार के सिर पर है।"[16]

यह था राष्ट्रीय सरकार का असली चरित्र जो देश को प्रगति और स्वाधीनता के नाम पर दमन और शोषण की तरफ ले जा रहा था।

सच तो यह है कि भारतीय बुद्धिजीवियों के समाजवाद की परख सन् '47 के बाद ही होनी थी क्योंकि उससे पहले मुख्य लड़ाई अंग्रेजों से थी और अब भारतीय पूँजपतियों से। लेकिन हिन्दी के अनेक प्रगतिशील कवि सन् '47 से पहले तो उग्र समाजवादी थे, सन् '47 के बाद जब समाजवाद के लिए संघर्ष करने का समय आया तब वे भारत सरकार या पूँजीपतियों के संस्थानों से चिपक गए। पंत तथा दिनकर ऐसे ही रचनाकार थे। नामवरसिंह ने इस सम्बन्ध में लिखा कि–"सन् '47 अनेक अर्थों में भारत के लिए एक गहरी विभाजक रेखा है। इस दिन इतिहास इस अर्थ में विभक्त हुआ कि स्वाधीनता आंदोलन की एक क्रांतिकारी परम्परा खंडित हुई। उस दौर की अनेक जनवादी प्रतिज्ञाएँ तोड़कर राजनीतिक नेतृत्व

ने भारत के लिए पूँजीवादी विकास का रास्ता चुना। इस प्रकार समझौता और सुविधा का वह रास्ता खुला जिसने अनेक टुटपुँजिया राजनीतिक नेताओं की तरह टुटपुँजिया मध्यवर्ग के लेखकों और बुद्धिजीवियों को भी पूँजीवादी सुविधा के सोपानों का आरोही बना दिया। स्वाधीनता आंदोलन के दौरान 'गरीब हिन्दी' के 'गरीब लेखकों' की जो छोटी-मोटी जनवादी परम्परा बनी थी, वह भी देखते-देखते खंडित हो गयी। आज़ादी क्या मिली कि संचित तप के भोग का खुला अवसर उमड़ पड़ा। औरों की तो बात ही क्या, पिछले दौर के अनेक जनवादी लेखक भी देर-सवेर एक-एक करके सुविधा की इसी 'क्यू' में जा खड़े हुए। इस प्रकार इन लेखकों ने अपनी ही गौरवशाली परम्परा से नाता तोड़ लिया। विडम्बना यह कि यह सब राष्ट्र निर्माण के नाम पर हुआ। मसलन नाम समाजवाद का लिया गया और काम पूँजीवादी रास्ते के लिए हुआ। कथनी और करनी के इस भेद ने उस राष्ट्रीय पाखंड को जन्म दिया जिससे लफ्फाजी पैदा होती है और जिसका असर राजनीति में ही नहीं बल्कि साहित्य में भी देखा जा सकता है।''[17]

इल ढुलमुल रचनाकारों के बावजूद प्रतिबद्ध प्रगतिशील कवियों का एक वर्ग निरंतर अपनी युगीन समस्याओं से जूझता रहा। इस वर्ग के विरोध में राष्ट्रीय सरकार तो थी ही, साथ में पुनरुत्थानवादी, अराजकतावादी, गाँधीवादी, व्यक्तिवादी तथा फ्रायडवादी वे लेखक भी थे जो लगातार प्रगतिवाद और प्रगतिशील लेखक संघ का विरोध कर रहे थे। इस विरोध के बावजूद साधारण जनता अच्छी जिंदगी, जनतन्त्र और समाजवाद के लिए जो लड़ाई लड़ रही थी, उसकी छाया प्रगतिशील कविता में आने लगी। नागार्जुन, केदार, शील तथा शंकर शैलेन्द्र जैसे कवियों के काव्य ने लोकप्रिय और व्यंग्यात्मक ढंग से वर्तमान व्यवस्था का पर्दाफाश किया। अखिल भारतीय प्रगतिशील लेखक सम्मेलन (भिवंडी 1949) का घोषणा-पत्र अनेक दृष्टियों से ऐतिहासिक महत्त्व का है। इसमें कहा गया है कि–''इस दौर में लेखक भी दो खेमों में बँट गए हैं। एक खेमे में वे हैं जो जनवाद, समाजवाद, शोषणमुक्त व्यवस्था के लिए जनता के संघर्ष तथा पुरानी साम्राज्यवाद विरोधी संस्कृति की विरासत के पक्ष में हैं। दूसरे खेमे में वे हैं जो हिन्दुस्तान को साम्राज्यवाद का पिछलगू बनाने के पक्ष में हैं और पुराने देशभक्तिपूर्ण साहित्य की सर्वश्रेष्ठ परम्पराओं पर थूकते हैं। इन दो ध्रुवों के बीच तटस्थ कोई नहीं है और जो तटस्थता की बात करते हैं, वे दूसरे खेमे को ही मदद पहुँचाते हैं।''[18]

स्वतन्त्रताप्राप्ति के बाद जितने वर्ष गुजरते जाते हैं, भारतीय जनता की स्थिति बद से बदतर होती जाती है। इसके मूल में भारतीय समाज का आर्थिक, राजनीतिक

और सामाजिक परिवेश था। सूक्ष्म विश्लेषण को ध्यान में रखते हुए अब यहाँ स्वातन्त्र्योत्तर भारतीय समाज के विभिन्न परिवेशों का अध्ययन अलग-अलग उपशीर्षकों में समीचीन प्रतीत होता है।

आर्थिक परिवेश

स्वातन्त्र्योत्तर भारत भीषण आर्थिक संकटों में घिरा हुआ था। राष्ट्र का नेतृत्व कर रही नेहरू सरकार के संस्कार आभिजात्य और उच्चवर्गीय थे। नेहरू सरकार ने भारत के लिए विकास का वह रास्ता चुना जो पश्चिमी पूँजीवादी देशों के विकास का रास्ता था। नेहरू के लिए समाजवाद से आशय दरअसल सम्पत्ति के राष्ट्रीयकरण से ज्यादा और कुछ नहीं था। फिर सम्पत्ति का चाहे जैसा प्रबंध हो। प्रशासन में पनपती एक नयी जाति-अफसर वर्ग की जीवन-शैली और मूल्य चेतना को समाजवादी बहस में अप्रासंगिक माना गया। लम्बे समय तक तो यही माना जाता रहा कि भारत की समस्याएँ प्रशासनिक नहीं बल्कि आर्थिक हैं। कहना न होगा कि यह प्रचार पूँजीवादी देशों का था। भारत सरकार ने इस प्रचार का सहारा लिया और जनता को भुलावे में रखने की कोशिश की। होना यह चाहिए था कि आर्थिक विकास की अवधारणा में सबसे पहले समाज में व्याप्त अंतर्विरोधों से लड़ा जाता। पूँजीवादी देशों के नक्श-ए-कदम पर चलकर भारत की नेहरू सरकार ने भी श्रम की जगह पूँजी पर जोर दिया।

विजय कुमार के अनुसार --"एशियायी-अफ्रीकी देशों के औपनिवेशिक शोषण से संचित पूँजी को खपाने के उद्देश्य से पश्चिमी देशों में भारी पूँजी विनियोजन पर निर्भर विशिष्ट प्रौद्योगिकी विकसित थी। भारत जैसे पूँजीविहीन श्रमबहुल देश में इस प्रौद्योगिकी का ज्यों का त्यों आयात और आरोपित करने से दो परस्पर विरोधी परन्तु आर्थिक दृष्टि से समान घातक प्रवृत्तियाँ पनपीं। एक ओर तो आर्थिक तकनीकी सहयोग के बहाने भारत के शासक वर्ग के तीनों अंगों—पूँजीपतियों, नौकरशाहों और नेताओं का सम्पन्न विकसित देशों और वहाँ की चमक-दमक की दुनिया से सम्पर्क बढ़ा और दूसरी ओर पूँजीबहुल-श्रम विरल प्रौद्योगिकी के माध्यम से देश का औद्योगिकीकरण करने की इस कोशिश की वजह से रोजगार के साधनों में पर्याप्त वृद्धि नहीं हुई। परिणामस्वरूप आबादी में वृद्धि के साथ बेरोजगारों और अर्ध बेरोजगारों की फौज भी बढ़ती चली गयी।"[19] आजादी के इतने वर्षों बाद भी आज राष्ट्रीय आय तथा कृषि की विकास-दर में कोई संतोषजनक वृद्धि नहीं है।

इसी तरह—"दिखावे के लिए पारित भूमि सुधार कानून बड़े किसानों के दबाव

के कारण लागू नहीं किया गया। एक जानकारी के अनुसार जून 1983 को समाप्त पिछले 36 वर्षों में केवल 20 लाख एकड़ भूमि अर्थात् देश की कुल 3470 लाख एकड़ सिंचित भूमि का केवल 0.58 प्रतिशत भाग ही भूमिहीन किसानों के बीच वितरित किया गया है। गाँवों में कितनी अधिक विषमता रही है, यह बात इस तथ्य से जानी जा सकती है कि 1984 में भी गाँवों में 60 प्रतिशत से अधिक आबादी के पास ग्रामीण क्षेत्रों की कुल भूमि का केवल 10 प्रतिशत हिस्सा है। ग्रामीण जनता में 2 प्रतिशत धनी किसानों के कब्जे में कुल कृषि योग्य भूमि का 25 प्रतिशत से अधिक हिस्सा है।''[20]

सम्पत्ति के वितरण की इस असमानता की दृष्टि से शहर भी अपवाद नहीं है। थोड़े से धनिकों के पास शहरी सम्पत्ति का अधिकांश हिस्सा है, बाकी मध्यवर्ग अपने न्यूनतम जीवन स्तर पर जीवन जीने को विवश है और निम्न वर्ग तो गरीबी रेखा के नीचे अत्यन्त त्रस्त व अभावग्रस्त जीवन जी रहा है। दरअसल सामाजिक ढाँचे की आधारभूत विसंगतियों से न जूझने के कारण ही गरीबों और अमीरों के बीच की खाई दिनोंदिन बढ़ती चली गयी। इस असलियत के बावजूद शासक वर्ग बराबर यह तर्क देता रहा कि जब उत्पादन ही नहीं होगा तो वितरण किसका होगा। समान वितरण के लिए भरपूर उत्पादन जरूरी है। फलस्वरूप अपनी लम्बी योजनाओं को कार्यान्वित करने के लिए विदेशों से भारी कर्ज लेना आरंभ हुआ। इन कर्जों का अधिकांश शहरों में खर्च हुआ और उन गाँवों की उपेक्षा की गयी जहाँ भारत की आबादी का 80 प्रतिशत हिस्सा है।

पश्चिम की जीवन-पद्धति को आदर्श मान लेने के कारण समाज के उच्च वर्गों—पूँजीपति, नेता और अफसर द्वारा वहाँ की संस्कृति भी थोक के भाव में आयात की गयी। एक ओर गाँव की अर्थव्यवस्था छिन्न-भिन्न हो रही थी, दूसरी ओर यह वर्ग अपनी पूँजी विभिन्न उपभोक्ता सामग्रियों—फ्रिज, टेलीविजन, कार, कृत्रिम नायलॉन के निर्माण में लगाने लगा। शहरों और महानगरों का उच्च वर्ग एक ओर अपनी विलासिता में डूबा हुआ था, वहीं—''दूसरी ओर इन्हीं शहरों में दो-तीन रुपये कमाने और चार-पाँच जनों का परिवार लेकर गंदी बस्तियों, जीण-शीर्ण चालों और अँधेरे दमघोंटू कमरों में जीवन गुजारने वाले एक ऐसे बाबू वर्ग का विस्तार हुआ जिसके लिए भोजन में आलू के अलावा अन्य कोई सब्जी खाना एक 'लक्जरी' बन गया। शहरों में जहाँ भी खाली जमीन के प्लॉट या मैदान थे, वहाँ झुग्गी-झोंपड़ियों और गंदे अनधिकृत आवास बनते चले गये। फुटपाथों पर भूखे-बीमार, फटेहाल लोगों की संख्या बढ़ती चली गयी। बम्बई जैसे महानगर में गगनचुम्बी आलीशान

इमारतों और उन्हीं के नीचे झोंपड़पट्टियों का फैलता हुआ नरक हमारी अर्थव्यवस्था की भीषण विसंगतियों और बेमेल विकास की कुत्सित सच्चाई को उजागर कर रहा था।''[21]

इस तरह भारत की सम्पूर्ण आर्थिक प्रणाली ही भूमिपतियों, व्यापारियों, साहूकारों और राजनीतिक सूबेदारों का पक्षपात करती है जिसके कारण समाज में घोर आर्थिक विषमता के भयावह चित्र देखने को मिलते हैं।

राजनीतिक परिवेश

भारतीय राजनीति में स्वतन्त्रता के पहले और उसके बाद भी राष्ट्रीय कांग्रेस का वर्चस्व चला आ रहा है। आरंभ से ही बड़े किसानों से लेकर पूँजीपतियों तक सभी सामाजिक वर्गों ने कांग्रेस का समर्थन किया क्योंकि परतन्त्र भारत में तमाम धनिकों तथा उच्चवर्गीय लोगों के निजी हितों पर दबाव पड़ रहा था। कांग्रेस किसी निश्चित विचारधारा पर आधारित दल न होकर अनेक वर्गों का मिलाजुला संगठन था। स्वतन्त्रता के पश्चात् वह एक राजनीतिक दल बन गया। हालाँकि तब भी उसके सदस्यों के उद्देश्य और विचारधारा को लेकर अनेक मतभेद थे। चार्ल्स बीतल हाइम का यह कथन उद्धरणीय है कि–''कांग्रेस एक ऐसा बरगद का पेड़ था जिसके नीचे धूप से बचने के लिए कोई भी राजनीतिक मुसाफिर शरण ले सकता था।''[22]

सिद्धांत में कांग्रेस ने समाजवाद को अपना लक्ष्य माना लेकिन व्यवहार में कोई ऐसी बात उसकी कार्य-प्रणाली में दिखाई नहीं पड़ी। इसका कारण उसकी उदारवादी नीतियाँ तथा स्पष्ट चिंतनधारा का अभाव था। सन् '47 से लेकर अब तक स्वातन्त्र्योत्तर भारत में कांग्रेस के इतिहास को देखते हुए यह निश्चित तौर पर कहा जा सकता है कि कांग्रेस को उसके राष्ट्रवादी अतीत के कारण जनता का समर्थन जरूर मिलता रहा लेकिन दरअसल वह भारतीय बुर्जुआ वर्ग का दल रहा है। यह सर्वविदित ही है कि कांग्रेस दल के कोष का एक अंश पूँजीपतियों से आता है। किसान-मजदूर तथा साधारण सदस्यों के चंदे से कांग्रेस का चुनाव कोष चलना मुश्किल है। दरअसल यही कांग्रेस की नब्ज भी है जिसके कारण कांग्रेस का समाजवाद ज़्यादातर सिर्फ कथनी तक सीमित रहता है, करनी के धरातल पर नहीं उतर पाता। पूँजीपति वर्ग पर अपनी आर्थिक निर्भरता के कारण कांग्रेस दल व्यावहारिक तौर पर समाजवाद का रास्ता नहीं अपना सकता।

विजयकुमार के अनुसार–''सिद्धांत और व्यवहार की इस खाई ने देश में

नेता वर्ग का एक ऐसा चरित्र तैयार किया जिसने सार्वजनिक क्षेत्र में नैतिकता के लिए एक अभूतपूर्व संकट पैदा किया। एक ऐसा तदर्थवाद इस दल की पूरी कार्य-प्रणाली में विकसित हुआ जो अपने समय और जगत् की किसी भी बड़ी चुनौती का हल किसी बुनियादी समाधान में नहीं बल्कि एक तात्कालिक राहत में खोजता है। दरअसल, इसके बीज तो हमारे स्वतन्त्रता संग्राम के ही मूल चरित्र में थे। पर आजादी के बाद जबकि कांग्रेस दल को एक नये सिरे से समाज में गतिशील शक्तियों को संगठित करना था, उसका लक्ष्य सभी वर्गों के परस्पर विरोधी हितों में समझौता कराकर उन्हें संतुष्ट करना भर रह गया। उसकी शर्त यह थी कि प्रतिक्रियावादी वर्ग देश के आर्थिक और समाजवादी ढाँचे में मामूली सुधारों को मंजूर कर ले और शोषित तथा उत्पीड़ित वर्ग क्रांतिकारी परिवर्तनों को लाने की कोशिश न करें।''[23]

संसदीय व्यवस्था के स्वस्थ विकास के लिए यह आवश्यक था कि सत्ताधारी कांग्रेस विरोधी दलों को राजनीतिक महत्त्व के प्रश्नों में साझीदार बनाती ताकि सही राष्ट्रीय नेतृत्व हो सके लेकिन ऐसा कोई प्रयास नहीं किया गया। 1949 में तेलंगाना में किसान आंदोलनों को किस प्रकार कुचला गया और 1952 में जनमत के आधार पर केरल में बनी कम्युनिस्ट सरकार को जिस तरह से बर्खास्त किया गया, उससे कांग्रेस के तथाकथित जनतांत्रिक चरित्र पर पर्याप्त प्रकाश पड़ता है। कांग्रेस सरकार में सबसे बड़ा अंतर्विरोध यह था कि वह जिन सामंतवादी ताकतों का विरोध करती थी, उन्हीं से समझौते के लिए हाथ भी बढ़ाती थी। रामविलास शर्मा की यह टिप्पणी महत्त्वपूर्ण है कि—"कांग्रेस से शिकायत यह नहीं कि उसने देश में समाजवाद कायम नहीं किया, शिकायत यह है कि भारतीय पूँजीवाद के रास्ते में जो साम्राज्यवादी सामन्तवादी रुकावटें हैं, उन्हें उसने दूर नहीं किया।'[24]

भारत के विरोधी दलों में जनसंघ और स्वतन्त्र पार्टी को पूँजीवादी ताकतों से ही शक्ति प्राप्त होती रही है। भारतीय कम्युनिस्ट पार्टी और मार्क्सवादी कम्युनिस्ट पार्टी लगातार एक-दूसरे की नीतियों की आलोचना करती रही। वामपंथी दलों के इस बिखराव का ही यह परिणाम था कि हमारी किसान और मजदूर जनता कभी संगठित नहीं हो पायी। स्वतन्त्रता के पहले कांग्रेस में जो समाजवादी थे, जिन्होंने जगह-जगह जमींदारी प्रथा के विरोध में आंदोलन चलाए, गिरफ्तारियाँ दीं, स्वतन्त्रता के पश्चात् उन्होंने शोषित और पिछड़ी हुई जनता को संगठित नहीं किया। कांग्रेस सरकार की गलत नीतियों के विरोध में वामपंथी दल कोई शक्तिशाली मोर्चा नहीं बना पाए। इसके पीछे उनकी राजनीति में प्रादेशिकता और क्षेत्रीयता के तत्त्वों का

बुरी तरह हावी होना भी था—"लगभग प्रत्येक वामपंथी दल ने बहुजातीय राष्ट्रीयता के सिद्धांत की उपेक्षा की और अवसर आने पर क्षेत्रीय, संकीर्ण और साम्प्रदायिक तत्त्वों से भी दोस्ती का हाथ बढ़ाया। चौथे आम चुनाव के बाद केरल में कम्युनिस्टों का मुस्लिम लीग से मिलना, पंजाब में सिखों की माँग का समर्थन करना और संयुक्त महाराष्ट्र आंदोलन में भारतीय कम्युनिस्ट पार्टी का जनसंघ के साथ संयुक्त मोर्चा बनाना इसके उदाहरण हैं।"[25]

चौथे आम चुनाव के बाद यह स्पष्ट हो गया कि विभिन्न राज्यों के वामपंथी दल भी उतने ही समझौतापरस्त हैं जितना समझौतापरस्त सत्तारूढ़ दल है। बुनियादी कार्यक्रमों के ठीक-ठीक कार्यान्वित होने में यह एक बड़ी अड़चन थी। यही कारण है कि आम जनता कभी संगठित नहीं हो पायी। सत्ता और व्यक्ति के बीच की खाई दिनोंदिन बढ़ती गयी। चारों ओर अव्यवस्था और अराजकता का अंधकार पुनः फैलने लगा। आज़ादी के बाद यह एक दूसरा मोहभंग था।

सामाजिक-सांस्कृतिक परिवेश

राजनीतिक-आर्थिक विषमताओं का प्रभाव सामाजिक, सांस्कृतिक स्तर पर भी हम देखते हैं। समाज स्वतन्त्रता के पश्चात् भी उसके मूल अंतर्विरोधों से न लड़ने के कारण वर्गों में विभक्त था। समानता और सामाजिक न्याय केवल सैद्धांतिक बातें रह गयीं, व्यवहार में इनका कहीं नाम तक नहीं था। स्वातन्त्र्योत्तर भारत की विभिन्न लोकतन्त्रीय संस्थाओं का निर्माण, शहरी, अभिजात तथा उच्च वर्ग के लोगों ने किया। सत्ता का मुख्य लक्ष्य समाज के भीतरी ढाँचे में परिवर्तन करना न होकर देश को अंग्रेज़ों के अनुरूप प्रशासन देना था।

उच्च वर्ग और मध्यवर्ग पर पश्चिम का गहरा रंग चढ़ चुका था फलस्वरूप ऊपरी चमक-दमक और दिखावे की प्रवृत्ति ज़ोर पकड़ रही थी। आज़ादी के इतने वर्षों बाद भी जातिवाद के प्रति लोगों की बुनियादी धारणाओं में कोई खास अंतर नहीं दिखाई देता। तमाम सुविधाओं की घोषणाओं के बावजूद ग्रामीण जनता शिक्षा और सुविधा सम्पन्न ज़िन्दगी से दूर शोषण और अज्ञान के अंधकार में साँस लेती रही है। भारतीय समाज समय-समय पर प्रांतीयतावाद के नाम पर साम्प्रदायिक दंगों की आग में झुलसता रहा है। एक बड़े अनियोजित ढंग से आबादी के शहरीकरण की प्रवृत्ति बढ़ी। फलस्वरूप गाँव से शहरों की ओर पलायन की प्रवृत्ति भी बढ़ी और ग्रामीण आत्मनिर्भरता में कमी आयी।

गाँव का युवावर्ग रोजी-रोटी की विवशता में शहर आया और उसने अजीब

तनाव में स्वयं को पाया। हर तरफ एक मूल्यहीनता की स्थिति थी–"एक ओर जहाँ शहरों में आकर उसे महसूस हुआ कि विश्वविद्यालयीन शिक्षा की इतनी-सी महत्ता नहीं रह गयी है कि बिना भीषण संघर्ष के उसे दो जून की रोटी नसीब हो जाए, वहीं उसने पाया कि स्वतन्त्र भारत में शिक्षा और सामाजिक प्रतिष्ठा के बीच भयावह अंतराल पैदा हो गया है। शहरों में पूँजीवाद संरचना ने काले धन पर आधारित जिन नौदौलतिया संस्कृति को जन्म दिया है उसमें ईमानदारी, श्रम, मानवीयता, सादगी और सच्चरित्रता की कोई अहमियत नहीं रह गयी है। उल्टे-सीधे तरीकों से चोरी, बेईमानी और तस्करी से लोग रातोंरात लखपति बन रहे हैं। चमक-दमक व दिखावे की जो संस्कृति पनप रही है उसमें संघर्ष का मूल्य ही निरर्थक हो गया है। झूठ, फरेब, चोरी, भ्रष्टाचार और बेईमानी की एक ऐसी 'शॉर्टकट' संस्कृति से इस युवावर्ग का सामना हो रहा था जहाँ उसे यह लगा कि व्यक्तित्व के परिष्कार की अब इस समाज में कोई आवश्यकता नहीं रह गयी है। मानव-मूल्य तेजी से विघटित हो गए हैं। चारों तरफ लूट-खसोट, आपाधापी और छीना-झपटी का राज है। गाँवों के एक बिलकुल ही अलग परिवेश से आयी युवा पीढ़ी के लिए अनुभव के स्तर पर यह एक भयंकर 'शॉक' था।"[26]

शहरों में जनसंख्या का भीषण दबाव था। फलस्वरूप आवास और भोजन की संतोषप्रद व्यवस्था कर पाना आम जनता के लिए कठिन हो गया। शहरी और महानगरीय जीवन ने ग्रामीण जीवन की परम्परागत मान्यताओं तथा विश्वासों को झकझोरकर रख दिया। ग्रामीण संवेदना शहरों में आकर कुंठित होने लगी। हिंसा, हत्या, बलात्कार, उन्मुक्त सेक्स, यौन विकारों, नशीले द्रव्यों, पॉप संगीत, कामुक-पत्रिकाओं, फिल्मों और विज्ञापनों पर आधारित नवधनिक वर्ग की इस संस्कृति का जहर समाज में हर तरफ फैलता चला गया। सामाजिक-सांस्कृतिक मूल्यों के पतन से जनता में कुंठा, घुटन, आक्रोश तथा आत्मदया जैसी प्रवृत्तियाँ जन्म लेती गयीं।

स्वतन्त्रता के इतने वर्षों बाद जहाँ आज भी तमाम विकास के बावजूद ग्रामीण जनता शोषणमुक्त नहीं हो पायी है, वहाँ–"महानगरों और शहरों की पूँजीवादी शक्तियाँ भी एक अलग तरह से अकेले और विस्थापित आदमी का शोषण कर रही हैं। वे इस सामान्य व्यक्ति के चारों ओर सस्ती फिल्मों, बाजारू और लोकप्रिय पत्रकारिता तथा सनसनीखेज साहित्य की ऐसी मायावी दुनिया रचती हैं, जहाँ संवेदनशील व्यक्ति को उसके मनुष्य होने के गौरव से वंचित कर, उसकी भीतरी आवश्यकताओं को तहस-नहस कर उसे एक 'पैसिव' भीड़ में बदल देती हैं, और उसकी रुचियों, स्वभाव और संस्कारों पर भी अपना शिकंजा कस लेती हैं।'[27]

फलस्वरूप युवावर्ग में विद्रोह, अनास्था और आक्रामकता का जन्म होता है। जगह-जगह छात्र-आन्दोलन होते हैं, तोड़-फोड़ और हिंसा की वारदातें होती हैं। दरअसल वह युवकों को अपने सामाजिक-सांस्कृतिक परिवेश के प्रति असंतुष्टि का एक आक्रामक रवैया है। कहने की ज़रूरत नहीं कि इन विद्रोहों के मूल में परिवर्तन की एक अदम्य आकांक्षा ही है।

कवि की राजनीति और काव्य-प्रेरणाएँ

आमतौर पर यह धारणा बन गयी है कि प्रगतिशील-जनवादी कविता में एक ही विषय होता है—राजनीति और कविता एक ही तरह की होती है—राजनीतिक। सच तो यह है कि कवि और राजनीति के सम्बन्धों तक आने से पहले हमें स्वातन्त्र्योत्तर प्रगतिवादी काव्य के प्रेरणास्रोतों की खोज करनी होगी।

यहाँ यह स्पष्टीकरण आवश्यक है कि कविता में या रचना में प्रेरणास्रोत की खोज का अर्थ दरअसल उसमें निहित बुनियादी विचारधाराओं की खोज ही है। रचना अपने युग की सृष्टि होती है, इसलिए उस युग में घटने वाली घटनाएँ और विभिन्न परिस्थितियाँ—जिन्होंने संवेदनात्मक स्तर पर मनुष्य के जीवन को छुआ हो, झकझोरा हो या बदल दिया हो—रचनाकार के अंतर्मन में कहीं-न-कहीं प्रेरणास्रोतों के रूप में ज़रूर होती है। रचना में इनके बीज ढूँढ़े और देखे जा सकते हैं।

स्वातंत्र्योत्तर प्रगतिवादी काव्य या कहें कि प्रगतिशील जनवादी काव्यधारा का प्रमुख प्रेरणास्रोत मार्क्सवाद है। कवियों ने द्वंद्वात्मक भौतिकवाद की काव्यात्मक दृष्टि को अपनी कविता की प्रेरणा के रूप में स्वीकार किया। स्वातन्त्र्यपूर्व प्रगतिवादी साहित्य के जन्म व विकास के पीछे भी मार्क्सवाद ही प्रेरणास्रोत के रूप में था और युगीन परिस्थितियों में प्रमुख भी—स्वतन्त्रता-प्राप्ति के लिए व्यापक जनसमूह की संगठित लड़ाई। स्वातन्त्र्योत्तर भारत में नेहरू सरकार का जनतन्त्र-विरोधी रवैया और फलस्वरूप मोहभंग, नक्सलवादी आंदोलन, चौथे आम चुनाव में वामपंथी दलों की सफलता तथा मार्क्सवादी कवि मुक्तिबोध का व्यक्तित्व और कृतित्त्व आदि विभिन्न बातें प्रगतिशील कवियों के प्रेरणास्रोतों में शामिल हुईं। अपनी युगीन समस्याओं को सुलझाने का काम कवियों ने मार्क्सवादी दर्शन के आलोक में किया क्योंकि मार्क्सवाद को ही इन कवियों ने व्यापक जन-हितों को देखते हुए मुक्ति का एकमात्र और सही रास्ता महसूस किया।

अर्थ की प्रधानता के युग में, जहाँ श्रम की निरंतर उपेक्षा हो रही है, मार्क्स

के चिंतन ने सम्पूर्ण मानवता को अत्यधिक प्रभावित किया है। मार्क्स के अनुसार समाज के दो वर्गों का संघर्ष सनातन है, कम से कम तब तक, जब तक कि वर्ग सापेक्ष राजसत्ता वर्तमान है–वे जो उत्पादन के साधनों और सत्ता पर कब्जा जमाए रहते हैं उनका और वे जो इनके शिकार होकर शोषित होते हैं। इस वर्ग संघर्ष को रोकने की साजिश में ही चिरकाल से पूँजीवादी शक्तियाँ अपनी सत्ता कायम किये रहती हैं। इस सत्ता पर शोषक वर्ग का नियंत्रण रहता है और यह शोषक वर्ग इसके माध्यम से साधारण जन का शोषण करता है। सर्वहारा के इस शोषण को समाप्त करने के लिए क्रांति की आवश्यकता होती है और यह क्रांति संघर्ष-पथ पर चलकर ही की जा सकती है। दरअसल यह विचारधारा आज के शोषित-पीड़ित और दलित मनुष्य की मुक्ति के लिए हल खोजने वाली विचारधारा है।

मार्क्स द्वारा दी गयी मनुष्य की सारगर्भित परिभाषा कि वह सामाजिक संबंधों का समुच्चय है, हर व्यक्ति पर लागू हो सकती है क्योंकि कोई भी सामाजिक संबंधों से अलग होकर वर्गों में विभाजित समाज में इस या उस वर्ग के व्यक्तियों से अलग होकर नहीं रह सकता। सम्बन्धों में इन्हीं अंतरों की वजह से व्यक्तित्व की विशिष्ट किस्में बनती हैं। पूँजीपति सबसे पहले उत्पादन के साधनों का मालिक होता है और जिनका दूसरों के श्रम के शोषण के लिए उपयोग करता है। सच तो यह है कि पूँजीवाद में हर चीज का उद्देश्य मनुष्य की बुद्धि को पंगु करना और उसे अपने लिए सोचने और सृजन करने में अक्षम बना देना है। जनता के बेरोक-टोक शोषण की यह एक मुख्य शर्त है। ऐसे में संघर्ष उसके बाद क्रांति और समाजवादी व्यवस्था की स्थापना ही जनता के सामने अंतिम विकल्प रह जाता है।

जब पूँजीवाद के स्थान पर समाजवाद आता है केवल तभी सच्ची स्वतन्त्रता में समन्वित और बहुमुखी विकास की गारंटी होती है। महत्त्वपूर्ण बात यह है कि समाजवाद एक नये ढंग के मानव का सृजन करता है जिसमें ऐसे गुण होते हैं जिनकी कल्पना पूँजीवाद में नहीं की जा सकती। समाजवाद के अंतर्गत मनुष्य केवल शोषण से ही मुक्त नहीं होता, बल्कि उसे इस बात की भी आजादी होती है कि वह अपने शरीर और समाज के हित में रचनात्मक दृष्टि से काम करे। मनुष्य केवल समूह में सामूहिकता तथा समाज के साथ सम्बन्धों के जरिए ही स्वतन्त्र हो सकता है।

ऐसे तो प्रतिबद्धता रचनाकार के आंतरिक दायित्व से सम्बन्धित है और वह किसी भी विचार, दर्शन, धर्म और सम्प्रदाय से हो सकती है लेकिन साहित्य में प्रतिबद्धता का अर्थ मार्क्सवादी विचारधारा से जुड़े होने के अर्थ में रूढ़ हो गया

है। विजय कुमार के अनुसार–"प्रतिबद्धता के प्रतिमान ने रचनाकार को मार्क्सवादी राजनीति से जोड़ा और कविता और राजनीति का अनिवार्य रिश्ता माना जाने लगा। प्रतिबद्धता का अर्थ पक्षधरता से लगाया गया और रचनाकर्म सोद्देश्य बनाने पर जोर दिया गया। बदलती हुई परिस्थितियों में साहित्यकार के लिए यह अनिवार्य हो गया कि वह अपने भावजगत् को देश के किसान और श्रमिक वर्ग की व्यथा से जोड़े और कला को किसी सुख-दुःख या रूपवादी आग्रहों से मुक्त कर व्यवस्था विरोध की वामपंथी राजनीति से सम्पृक्त करे। इतिहास, संस्कृति, विचार और मनुष्य सभी के बारे में कवि के मन में एक दायित्व-बोध जगा और सबसे महत्त्वपूर्ण मुद्दा यह कि प्रतिबद्धता की इस धारणा ने वाम कविता को अपने संसार के बारे में ऐसी वस्तुगत समझ दी जिसमें कवि अन्याय के विरोध में स्वयं को अकेला और असहाय न पाकर एक समूचे शोषित वर्ग के एक प्रतिनिधि के रूप में देखने लगा। कविता में आक्रोश अब मात्र स्थितियों का मूक दर्शक बने रहने तक नहीं, बल्कि आगे बढ़कर अन्यायपूर्ण स्थिति का सक्रिय विरोध करने में बदलने लगा।"[28]

स्वातन्त्र्योत्तर प्रगतिवादी काव्य की प्रेरणा भूमि पर हम इसी प्रतिबद्धता को पाते हैं जो मार्क्सवादी जीवन-दर्शन से उत्पन्न हुई है। प्रतिबद्धता को कविता का नया प्रतिमान स्वीकारा गया जिससे रचना के भावजगत् में आधारभूत अंतर पैदा हुआ। रचनाकारों ने अपने वैयक्तिक दुःखों का राग अलापने के स्थान पर बाहरी दुनिया के दुःख-दर्दों को वाणी देना ज़्यादा पसंद किया। स्वातन्त्र्योत्तर युवा कवियों को प्रगतिशील परम्परा से भी बड़ा सशक्त आधार प्राप्त हुआ। केदारनाथ अग्रवाल, नागार्जुन, त्रिलोचन, शमशेर, शील, मुक्तिबोध आदि कवि जो नयी कविता के व्यक्तिवादी युग में उपेक्षित-से रहे, राजनीतिक चेतना से सम्पन्न युवा कवियों के लिए अत्यन्त महत्त्वपूर्ण हो उठे। अपनी जन-सम्पृक्ति तथा बौद्धिक व्यक्तित्व के कारण ये कवि युवा कवियों के प्रेरणास्रोत बन गए। मुक्तिबोध की इनमें हम एक केन्द्रीय स्थिति पाते हैं। कहना न होगा कि मार्क्सवादी जीवन-दर्शन के आलोक से आलोकित इसी प्रतिबद्धता ने कविता और राजनीति के सम्बन्ध को पुख्ता किया।

राजनीति और कविता बनाम राजनीतिक कविता

सन् साठ के बाद कविता और राजनीति के रिश्तों पर व्यापक चर्चा हुई है। रचनाकारों का एक पक्ष ऐसा रहा है जो कविता और राजनीति के किसी भी प्रकार के सम्बन्ध का निषेध करता रहा है और दूसरा पक्ष कविता और राजनीति के सम्बन्धों को जरूरी मानता रहा है। कवियों का यह दूसरा वर्ग ही प्रगतिशील कवियों का है

जो यह मानता रहा है कि—"राजनीति का रिश्ता एक प्रासंगिक सवाल है।"[29] फलस्वरूप कविता में राजनीतिक यथार्थ का स्वरूप उभरकर सामने आया।

प्रगतिशील कवियों ने राजनीति और कविता के घनिष्ठतम सम्बन्धों का समर्थन किया और नयी कविता के अज्ञेय, गिरिजा माथुर, लक्ष्मीकांत वर्मा जैसे व्यक्तिवादी कवियों की चिंतन-पद्धति का विरोध किया। यहाँ यह कथन उद्धरणीय है कि—"राजनीति का अर्थ मात्र वह क्रिया नहीं है जो एक समाज के राजनीतिक परिवेश (संसद, पालिका की सामान्य शासकीय गतिविधियाँ आदि) में नेताओं के नीति सम्बन्धी निर्णय, स्थानीय, राष्ट्रीय अथवा अंतर्राष्ट्रीय स्तर पर होने वाले राजकीय कार्यों आदि के इर्द-गिर्द घूमती नजर आती है, बल्कि वह सम्पूर्ण क्रिया है जिसके मध्य विभिन्न दल लगातार आम जनता से निरंतर संवाद करते हुए उसे कुछ-कुछ अलग तरह के विचारों, जीवन-मूल्यों, आदर्शों तथा सीमित संघर्षों आदि के लिए प्रेरित करते रहते हैं जो इस तरह उपर्युक्त विचारों और आदर्शों में निहित मूल वर्गहितों को ही पुष्ट करते हैं। असल में राजनीतिक क्रिया इतनी व्यापक है कि जीवन का कोई भी महत्त्वपूर्ण हिस्सा इससे अछूता नहीं रह पाता, वह भी नहीं, जिसे हम आमतौर पर अपने निजी संदर्भों में नितांत व्यक्तिगत कहते हैं। कारण यह है कि व्यक्ति और समूह रूप में हमारी सम्पूर्ण व्यवहार-क्रिया जिस नैतिकता, विचार-प्रणाली और मूल्य व्यवस्था के अधीन चलती है, उन सबके बीच केन्द्रीय तत्त्व तत्कालीन विशिष्ट समाज के उत्पादक साधनों के स्वामियों की व्यापक राजनीतिक-दृष्टि का होता है।"[30]

सच है कि राजनीतिक कविता के मूल में विचार होता है लेकिन इसका यह आशय कदापि नहीं है कि वहाँ अनुभूति के लिए कोई स्थान नहीं होता। दरअसल राजनीतिक कविता की अनुभूति विचार के ठोस धरातल पर ही पैदा होती है। राजनीति युगीन कार्यकलापों को व्यापक स्तर पर प्रभावित करती है इसलिए युगीन यथार्थ से अपनी सम्पृक्ति का दावा करने वाली कविता राजनीति से बचकर नहीं लिखी जा सकती। कविता व्यक्तिगत व्यापार नहीं है और सामाजिक-राजनीतिक परिवर्तनों में उसकी भी महत्त्वपूर्ण भूमिका होती है। स्वातन्त्र्योत्तर परिदृश्य में राजनीति का दबाव निरंतर इतना आक्रामक और तीव्र होता गया है कि उससे बचना कविता के लिए मुमकिन नहीं रह गया। नयी कविता के व्यक्तिवादी कवियों ने बिना राजनीति के जो युग का साक्षात्कार अपने काव्य में करने की कोशिश की, निश्चित रूप से वह अधूरा और अप्रामाणिक माना जाना चाहिए।

प्रगतिवादी कविता के संबंध में यह भ्रम अभी तक बना हुआ है कि इस कविता का एक ही विषय होता है—राजनीति। लेकिन स्वातन्त्र्य पूर्व प्रगतिवाद

में तथा स्वातन्त्र्योत्तर प्रगतिवाद में भी जिस तरह का काव्य सामने आया और आ रहा है, उससे इस बात की पुष्टि नहीं होती। स्वातन्त्र्योत्तर प्रगतिशील-जनवादी काव्यधारा में जीवन के अन्य विषयों पर भी विपुल मात्रा में ऐसी कविताएँ लिखी गयीं, जिन्हें हम किसी तरह राजनीतिक कविताएँ नहीं कह सकते। दरअसल प्रगतिवादी काव्य दैनंदिन जीवन के सत्य को पकड़ने का प्रयत्न करता है फिर चाहे वह राजनीति से सम्बद्ध हो, चाहे व्यक्ति के नितांत वैयक्तिक जीवन से। प्रगतिवादी कवियों व आलोचकों के अनुसार कविता का विषय केवल राजनीति नहीं है, वह हमारे जीवन और समाज की तरह विविध और व्यापक है।

डॉ. नंदकिशोर नवल के अनुसार—"राजनीतिक कविता सामाजिक प्रगति के एक खास दौर में लिखी जाती है। इस दौर में कवि राजनीति को विषय बनाता है, लेकिन वह उसका सतही चित्रण नहीं करता। वह मार्क्सवादी दृष्टिकोण से राजनीति को समझता है, उसकी परस्पर विरोधी धाराओं को पहचानता है और सही राजनीतिक धारा से अपना सम्बन्ध स्थापित कर उसे आगे बढ़ाने में योग देता है।"[31] कहने की ज़रूरत नहीं कि यह 'खास दौर' पूँजीवादी समाज और समाजवादी समाज के बीच का वह संक्रमणकालीन रास्ता ही है जो निरंतर क्रांतिकारी प्रक्रिया से निर्मित होता रहता है।

व्यक्तिवादी रचनाकारों का खेमा अक्सर यह आलोचना करता रहा है कि राजनीति को कविता का विषय बनाने पर कविता प्रचारात्मक हो जाती है और वह प्रचार बन जाती है। कहा जा चुका है कि राजनीतिक कविता का विचारों से गहरा सम्बन्ध है लेकिन इसका यह अर्थ कदापि नहीं कि इसमें विचार अनुभव विरोधी होता है। अन्य प्रकार की कविताओं की तरह राजनीतिक कविता में भी विचार और अनुभूति का उत्कृष्ट मिश्रण हो सकता है। उदाहरण के लिए नागार्जुन की 'काली माई' शीर्षक कविता को लें। इसमें न सिर्फ शोषित जनता की व्यथा है बल्कि व्यवस्था के प्रति एक गहरी वितृष्णा भी है—

"हमको क्या है, हम तो यों ही पिसते आए हैं
भारी कल के पुर्जे हैं, घिसते आए हैं
धनपतियों की खुशियों में खुश तुम भी रहना
उनके ही हित की हुगली में तुम भी बहना
अस्सी प्रतिशत जनता की खातिर कृपाण है
बाकी लोगों की खातिर बस पुष्प-बाण है।"[32]

जहाँ तक प्रचारात्मकता का प्रश्न है, ऐसा तभी होता है जब कविता में कलात्मकता का अभाव होता है। ऐसा नहीं है कि स्वातन्त्र्योत्तर प्रगतिवादी काव्य की सीमाएँ नहीं हैं और उसमें शुद्ध विचारात्मक तथा प्रचारात्मक काव्य नहीं लिखा गया। लेकिन विपुल मात्रा में ऐसा काव्य भी रचा गया जिसमें कलात्मकता का पूर्ण निर्वहन मिलता है क्योंकि यह कलात्मकता ही कला की प्रथम और अंतिम शर्त भी है। कवि शील ने अपनी एक कविता 'लोहा बजेगा' में लोहे के प्रतीक से सर्वहारा की विजय के प्रति अदम्य आस्था को अत्यन्त कलात्मक अभिव्यक्ति दी है—

"लोहा बजेगा
चला धौंकनी
कुन्द कुदालों को गरमाकर
पैना कर दूँ
पानी धर दूँ
लोहे में भी आत्मा भर दूँ
जन-जीवन उत्साहित कर दूँ
श्रम सार्थक हो सृजन पर्व का
श्रम सार्थक हो नये वर्ष का
लोहा खनकेगा
ठनकेगा
बोलेगा, बजेगा।"[133]

इस अदम्य आस्था के मूल में 'नए विश्व की रचना' का वह महती संकल्प ही है जो स्वातन्त्र्योत्तर भारतीय परिदृश्य की विभिन्न चुनौतियों और संकटों के बीच भी प्रगतिवादी कविता में एक नयी शक्ति भर देता है—

"नए विश्व की रचना हमको ही करनी है
इस पुराने विश्व के पुराने पाप
जीवन के पुण्य खाए जा रहे हैं
जीवन का त्रास हटे ऐसी जुगत करनी है
फिर अपने भारत की खोज में
अपना बेड़ा लेकर पहुँचेंगे, किसी जगह नए लोग
कोलम्बस वही है।"[134]

प्रगतिवादी कवियों के लिए राजनीति से कविता की सम्पृक्ति का आशय सिर्फ व्यवस्था-विरोधी काव्य लिखना ही कभी नहीं रहा, बल्कि उनकी संवेदना सर्वहारा के श्रम और संघर्ष में बराबर उसके साथ रही। केदारनाथ अग्रवाल ने धान कटाई के समय का श्रम-गीत लिखकर किसानों के कर्म-सौंदर्य की ही स्तुति की है—

"काटो काटो काटो करबी
मारो मारो मारो हँसिया
हिंसा और अहिंसा क्या है
जीवन से बढ़ हिंसा क्या है
मारो मारो मारो हँसिया
पाटो पाटो पाटो धरती।"[135]

वरिष्ठ कवियों में शमशेर बहादुर सिंह, शंकर शैलेन्द्र, रामविलास शर्मा, रांगेय राघव आदि कवियों ने भी इसी अर्थ में राजनीतिक चेतना की कविताएँ लिखीं।

नयी कविता के दौर में जो व्यक्तिवादी काव्य-दृष्टि का विकास हुआ था, क्या वह एकदम प्रतिक्रियावादी थी? व्यक्तिवाद का विकास क्या मध्यवर्ग के विकास से सीधा नहीं जुड़ा है और मध्यवर्ग का बड़ी तेजी से उभरना क्या राष्ट्रीय पूँजी की समृद्धि से नहीं जुड़ा है? क्या व्यक्तिवाद की भारतीय लोकतांत्रिक दृष्टि तथा जीवन-शैली की कोई प्रगतिशील भूमिका नहीं है? यदि इस दृष्टिकोण से नयी कविता के व्यक्तिवाद को देखें तो मालूम होगा कि वह पुनरुत्थानवाद के विरुद्ध था। वह सामंतवादी धार्मिकता और नैतिकता के विरुद्ध था। उसमें जीवन की बौद्धिक व्याख्याओं की भरपूर क्षमता थी। उसमें नए जीवन की वस्तुपरकता को पकड़ने की समझ थी। निश्चित रूप से उसने हिन्दी कविता में यथार्थवाद के विकास में भी योगदान किया किंतु छठे दशक के बाद नयी कविता आंदोलन टुकड़ों-टुकड़ों में बिखर जाता है और मूल्यहीनता तथा निषेधकारी दृष्टियों का विषय बन जाता है, वैसी हालत में इस व्यक्तिवाद की प्रतिक्रियावादी दृष्टि बनने लगती है।

यदि ऐतिहासिक परिदृश्य को देखें तो मालूम होगा कि छठे दशक के बीच में ही भारत में पूँजीवाद का संकट गहरा हो गया था। लोकतांत्रिक राजनीति लड़खड़ाने लगी थी। अनेक प्रकार की फासिस्टवादी विचारधाराएँ अपना सिर उठाने लगी थीं। इसी के अनुरूप रचना में भी व्यक्तिवाद का पतन हो चुका था। अतः सातवें दशक से रचना का परिदृश्य बदलने लगता है। एक तरफ अज्ञेय, भारती, जगदीश गुप्त, लक्ष्मीकांत वर्मा, विपिनचंद्र अग्रवाल, गिरिजाकुमार माथुर, श्रीराम वर्मा आदि व्यक्तिवादी

कवियों का दल सक्रिय दिखाई देता है तो दूसरी तरफ प्रगतिवादी जनवादी चेतना अपने जातीय चरित्र के साथ उभरने लगती है। सच पूछा जाए तो सातवें-आठवें दशक की प्रगतिशील-जनवादी रचना-धारा पतित और प्रतिक्रियावादी व्यक्तिवाद से अपने को बाहर करने लगती है। रचना में मार्क्सवादी दृष्टि के सजातीय रूप को स्पष्ट करने में मुक्तिबोध ने अपना अत्यन्त महत्त्वपूर्ण योग दिया।

मुक्तिबोध के काव्य ने इतिहास के इस सत्य को अभिव्यक्त किया कि उत्पीड़ित जनगण ही सर्वहारा चेतना से लैस होकर इतिहास बदलते हैं—

"इसलिए कि उनके किरण-सूत्र से होता था
पट-परिवर्तन, यवनिका-पतन
मन में जग में
ओ काव्यात्मन् फणिधर, अपना फन फैलाओ!"[136]

मुक्तिबोध की कविता ने व्यवस्था के तिलस्म को पहचाना और उसका पर्दाफाश किया—

"मेरी आँखें उन बहस करने वालों के
कपड़ों में छिपी हुई
सघन रहस्यमय लम्बी पूँछ देखतीं!!
और मैं सोचता हूँ...
कैसे सत्य हैं—
ढाँक रखना चाहते हैं बड़े-बड़े नाखून!!
किसके लिए हैं वे बाघनख!!
कौन अभागा वह!!"[137]

स्वातन्त्र्योत्तर प्रगतिशील-जनवादी काव्यधारा में जिस आमूल परिवर्तन की बात की जाती रही है, उसकी दिशा सामाजिक यथार्थ की ओर यह कहें कि वामपंथी रही। फलस्वरूप कविता में व्यवस्था-विरोध और सामाजिक संघर्ष का स्वर तीव्र हुआ। कहने की ज़रूरत नहीं कि इस काव्यधारा की केन्द्रीय समस्या एक है कि—

"समस्या एक
मेरे सभ्य नगरों और ग्रामों में
सभी मानव

सुखी, सुन्दर व शोषण-मुक्त
कब होंगे?"[38]

स्वातन्त्र्योत्तर भारतीय राजनीति के सम्बन्ध में 'संसद से सड़क तक' की एक कविता में धूमिल ने लिखा–

"सुनसान गलियों से चोरों की तरह गुज़रते हुए
अपने आप से सवाल करता हूँ
क्या आजादी सिर्फ तीन थके हुए रंगों का नाम है
जिन्हें एक पहिया ढोता है
या इसका कोई खास मतलब होता है?"[39]

और यह कि–

"सिर कटे मुर्ग की तरह फड़कते हुए जनतन्त्र में
सुबह
सिर्फ़ चमकते हुए रंगों की चालबाज़ी है।"[40]

और यह भी कि–

"रात में
संविधान की धाराएँ
नाराज़ आदमी की परछाईं को
देश के नक्शे में
बदल देती हैं।"[41]

युगीन परिस्थितियों के इस भयावह अँधेरे में सर्वेश्वर जैसे कवियों में 'सिर्फ कवि' होने का एहसास खत्म हो जाता है और उन्हें लगता है कि–

"अब मैं कवि नहीं रहा
एक काला झंडा हूँ
तिरपन करोड़ भौंहों के बीच मातम में
खड़ी है मेरी कविता।"[42]

ऐसे में लीलाधर जगूड़ी जैसे अनेक कवियों ने अपनी कविता को वर्तमान परिवेश के अनुसार नए सिरे से परिभाषित करने की ज़रूरत महसूस की–

"मेरी कविता हर उस इंसान का बयान है
जो बंदूकों के गोदामों से
अनाज़ की ख़्वाहिश रखता है।
मेरी कविता
हर उस आँख की दरख़्वास्त है
जिसमें आँसू हैं।"[143]

आठवें दशक की कविता में राजनीति का जो स्वरूप उभरता है, उसे देखते हुए इस सुखद निष्कर्ष पर पहुँचा जा सकता है कि कविता में राजनीति एक धारणा नहीं, बल्कि अनुभव है। आठवें दशक की कविता हमें भी इस अनुभव में शामिल करना चाहती है, सचेत करना चाहती है और कहना चाहती है कि–

"सुनो
सुनो,
वे झंकारें
जो
रात को आती हैं तैरतीं
भीगे पक्षियों की तरह
स्तब्ध
और भारी।"[144]

वह हमें अंधकार से भरी शोषित, पीड़ित और विवश ज़िंदगियों के बीच ले जाना चाहती है–

"अंदर काल कोठरियों में
धरती लगती है बाहर
जहाँ अधसिंकी रोटी का महकता छिलका।"[145]

इस तरह समकालीन कविता का स्वरूप मूलतः राजनीतिक है। वह मनुष्य के अंतर्विरोधी संसार की बुनियादी त्रासदी को प्रस्तुत करती है। वह मानवीय स्वतन्त्रता के प्रश्न को उठाती है तथा वर्तमान परिवेश में मनुष्य की असहायता, लाचारी, आक्रोश तथा विरोध आदि विभिन्न मनःस्थितियों से हमारा साक्षात्कार कराती है और सम्पूर्ण व्यवस्था के संदर्भ में अपने इस निष्कर्ष पर अडिग रहती है कि–

"यहाँ बहुत अर्से से
शोषक और कंगालों के बीच
पानी में डूबा लकड़ी का पुल है
पानी की दीवार में
दोनों का साझा है।"[46]

समकालीन कविता में राजनीतिक यथार्थ का जो स्वरूप उभरकर आया है, वह सिर्फ विचार की ज़मीन से उठी हुई अनुभूति नहीं है बल्कि एक अनुभव भी है। अब राजनीति के वस्तुबोध और काव्यबोध के बीच कवि की अपनी संवेदना यात्रा भी हमें दिखाई देती है। विजयकुमार का मत है कि—"कविता के बाहर के जीवन में राजनीति को हम एक अवधारणा के स्तर पर ग्रहण करने की सुविधा में हैं। पर यही अवधारणा जीवन में हिस्सेदारी से मिलकर काव्यबोध बनती है। तब वह एक ऐसा अनुभव बनती है जिसमें जिया गया जीवन शामिल है। यहीं पर आकर हम देखते हैं कि समकालीन कविता का राजनीति से जो रिश्ता बना है वह राजनीति की संस्कृति के उन संग्रथित तत्त्वों से बना है, जो मनुष्य की ज़िन्दगी को उसका वर्तमान आकार दे रहे हैं। औसत मनुष्य के जीवन में जो संघर्ष है, जो प्रतिकूलता है, वह एक बड़े फलक में दूसरी चीजों के साथ किस प्रकार के अंतर्सम्बंध रखती है, किन रूपाकारों में वह एक वर्ग के अनुभव के रूप में व्यक्त होती है, इसकी खोज ही समकालीन कविता में एक राजनीतिक यथार्थ का ढाँचा गढ़ती है।"[47]

समकालीन कविता औसत और कमजोर मनुष्य की तकलीफ तथा उस पर हो रहे अत्याचार का मार्मिक चित्रण करती है और उस पर अत्याचार के आसपास फैली हुई चुप्पी से विचलित भी होती है—

"कैसा समय है कि छुट्टा साँड़
गौवों की नाँद में सींग मार रहा है
और कोई बोल नहीं सकता
कैसा समय है कि खून के छींटों से भरा सफेद घोड़ा
गाँवों को रौंदता जा रहा है
और कोई रोक नहीं सकता
चुप क्यों है सारा मोहल्ला
चुप क्यों है सारी दुनिया
तुम चुप क्यों हो?"[48]

समकालीन कविता में जो पैना व्यंग्य है उसमें सत्ता पर प्रत्यक्ष आक्रमण का सतहीपन नहीं है बल्कि भीतर पैठकर सत्ता और व्यक्ति के सम्बन्धों की विडम्बना को उजागर करने का प्रयास है। यह व्यंग्य राजनीतिक पाखंड और ढकोसले का पर्दाफाश करता है। मंगलेश डबराल की 'तानाशाह कहता है' नामक कविता अपने समय के एक राजनीतिक प्रतिनिधि के सम्बन्ध में इस कटु अनुभव को सामने रखती है जो आज के हर औसत मनुष्य का अनुभव भी है–

"देखो तुम्हारी झोंपड़ियों के छप्पर
उड़ गये हैं
और कई रोज से तुमने कुछ नहीं खाया
तुम्हारी फसल कोई लूट ले गया है
तुम्हारे बच्चे रो रहे हैं।
आसमान की ओर मुँह किए

फिर भी तुम खुश रह सकते हो
अगर हमारे होकर रहो
हम तुम्हारे लिए ही आए हैं
कहते हुए तानाशाह नेपथ्य से आता है
जो हमारा नहीं उसकी खैर नहीं
कहकर मुस्कुराता है।"[49]

वास्तव में आज की कविता में राजनीतिक अभिप्रायों के स्वरूप इतने संश्लिष्ट हैं कि किसी सिद्धान्त, विचार या नारे के रूप में इनका विश्लेषण कर पाना मुश्किल है। उसके केन्द्र में मूलतः एक मनुष्य है, उसकी पीड़ा है। वह मनुष्य हमारा मनुष्य है–हमारे आसपास का मनुष्य। उसकी पीड़ा के कारणों को जानने के बाद ही हम कवि के राजनीतिक आशय को समझ सकते हैं–

"जब लोग मर जाते हैं
तब उनकी कब्रों के चारों ओर
सिर झुकाकर
खड़े हो जाते हैं लामा
वे मंत्र नहीं पढ़ते

वे फुसफुसाते हैं—तिब्बत
तिब्बत—तिब्बत
तिब्बत—तिब्बत
तिब्बत—तिब्बत
और रोते रहते हैं
रात भर
क्या लामा
हमारी तरह ही
रोते हैं पापा?''[50]

इस कविता की अंतर्निहित करुणा अपने समय, अपनी भूमि और अपने परिवेश से विस्थापित कर दिये गये आदमी की विडम्बना और त्रासदी को उकेरती है। 'तिब्बत' कविता को भारतभूषण अग्रवाल पुरस्कार देते समय प्रसिद्ध कवि केदारनाथ सिंह ने कहा था कि—"राजनीतिक आशयों से गर्भित विषय पर नितांत गैर राजनीतिक ढंग से लिखी गयी इस कविता में जो विचलित करने वाला भोलापन और कलात्मक संयम है, वह विशेष रूप से हमारा ध्यान आकृष्ट करता है।''[51]

इस तरह 1947 से लेकर अब तक प्रगतिशील-जनवादी काव्यधारा राजनीति और साधारण व्यक्ति के जीवन के त्रासद अनुभवों को अपनी कलात्मक संवेदना के साथ सामने रखती है। आठवें दशक और उसके बाद के वर्षों में यह काव्यधारा राजनीति के स्थूल वैचारिक रूप से हटकर जनजीवन के त्रासद और विडम्बनात्मक अनुभवों की ओर बढ़ी है। ये अनुभव बयानधर्मी कम और बिम्बात्मक अधिक हैं। इसलिए अधिक ठोस, मानवीय और गहरे भी हैं। कवियों की काव्य-प्रेरणाएँ उनकी युगीन परिस्थितियाँ हैं। जिनका आकलन वे मार्क्सवादी जीवन-दर्शन के आलोक में करते हैं। प्रगतिशील-जनवादी कवियों की यह प्रतिबद्ध काव्य-यात्रा न सिर्फ जनता के बीच होने का एहसास दिलाती है बल्कि अपने और गैर प्रतिबद्ध रचनाकारों के बीच के अंतर को रेखांकित भी करती है।

कवि का अनुभव-संसार और उसका विश्लेषण

प्रश्न उठता है कि क्या आठवें दशक और उसके बाद की प्रगतिशील-जनवादी कविता की धारा नयी कविता से अलग है? क्या उसे हम नयी कविता के विकास की

अग्रिम मंजिल नहीं कह सकते? मुक्तिबोध के विचार साक्षी हैं कि हिन्दी की प्रगतिशील काव्यधारा को अपने परिवेश और परम्परा से रस लेना होगा, तभी वह जनजीवन की संभावनाओं का विषय बन पाएगी। दरअसल स्वातन्त्र्योत्तर प्रगतिवादी काव्य की विकास-यात्रा ही नयी कविता के आंदोलन को पार करने के बाद समकालीन कविता तक निरंतर जारी है। यहाँ यह भी उल्लेखनीय है कि नयी कविता में प्रगतिशील जीवन-दृष्टि के कवि उसके वैयक्तिक और नकारात्मक स्वर से अलग हटकर और उसके विरोध में उसकी सकारात्मक धारा के रूप में ही सक्रिय थे। हालाँकि कुछ अंतर्विरोध उनमें भी थे।

स्वातन्त्र्योत्तर प्रगतिवादी कवियों का अनुभव-संसार न सिर्फ वैविध्यपूर्ण है अपितु अत्यन्त व्यापक भी है। इस संसार का एक छोर उन नये कवियों के अनुभवों से शुरू होता है जो भारतीय जनता से जुड़कर पाँचवें और छठे दशक में कविता लिख रहे थे और दूसरा छोर उन समकालीन युवा कवियों के अनुभवों से जुड़ा हुआ है जो अकविता आंदोलन के समाप्त होते-होते सातवें दशक के लगभग अंत में और मूलतः आठवें दशक और अब नौवें दशक की रचना में प्रवेश करते हैं। अनुभव-संसार का यह व्यापक फलक न सिर्फ वस्तु और रूप दोनों ही धरातल पर पहले से भिन्न है बल्कि अपनी विकसित स्थिति में भी है। इस काव्यधारा का मूल स्वर व्यवस्था-विरोधी हैं। व्यापक स्तर पर ऐसी राजनीतिक कविताएँ लिखी गयीं जिनमें जनसंघर्ष को वाणी देने का प्रयास किया गया। इस तरह की कविताओं पर हम विस्तार से चर्चा कर चुके हैं। अतः अब यहाँ इस काव्यधारा के अन्य पक्षों की चर्चा समीचीन प्रतीत होती है।

आत्मीय रिश्तों की मिठास

अपने राजनीतिक तेवर के बावजूद प्रगतिवादी कविता का एक महत्त्वपूर्ण हिस्सा आत्मीय रिश्तों से भरी उन कविताओं का है जो माँ, पिता, बहन, भाई, बिटिया तथा दोस्त आदि को आधार बनाकर लिखी गयीं। अब यह अतिरिक्त विशेषता है कि शुद्ध माँ और पिता पर लिखी गयी कविताएँ भी इस तरह से लिखी गयी हैं कि उनके द्वारा एक औसत आदमी का संघर्ष और उसका दैनंदिन संसार उभरकर सामने आ जाता है। माँ पर लिखी केदारनाथ सिंह की कविता 'सुई और तागे के बीच में' हमारे रोजमर्रा के परिचित संसार को अत्यन्त प्रभावशाली ढंग से रूपायित करती है—

"जब वह बहुत ज़्यादा थक जाती है
तो उठा लेती है सुई और तागा
मैंने देखा है कि जब सब सो जाते हैं
तो सुई चलाने वाले उसके हाथ
देर रात तक
समय को धीरे-धीरे सिलते हैं
जैसे वह मेरा फटा हुआ कुर्ता हो
पिछले साठ बरसों से
एक सुई और तागे के बीच
दबी हुई है माँ
हालाँकि वह खुद एक करघा है
जिस पर साठ बरस बुने गये हैं
धीरे-धीरे तह पर तह
खूब मोटे और गझिन और खुरदुरे
साठ बरस!"[52]

पिता जैसे चरित्र से जुड़कर प्रगतिशील कविता न सिर्फ कवि के आत्मीय रिश्तों को पारदर्शी बना देती है बल्कि अपनी ऐन्द्रिकता से रोमांटिक कवियों की तरह चीजों को अमूर्त करने के बजाय उनको उनके पूरे अनुभव संदर्भ में मूर्त कर देती है–

"पिता
झाड़-झंखाड़, घाटियों और पत्थरों से भरे
चटियल मैदान थे
पिता
सागौन, शीशम, बबूल, तेंदुओं और हिरनों से भरे
बीहड़ थे
बचपन में अक्सर
किसी ऊँचे टीले पर चढ़कर
मैं आस-पास के गाँवों में
ललकार दिया करता था
नाके के पार
शहर तक में

पिता का रोब था
एक-एक इमारत पर
उसकी कन्नियाँ सरकी थीं
एक-एक दीवार पर
उनकी उँगलियों के निशान थे
हर दरवाजे के काठ पर
उनका रन्दा चला था।"[53]

अपने अनुभवों को छूने की कोशिश इस धारा के काव्य में इतने नजदीक के ब्योरों से होती है कि कवि के लिए संदर्भ से बाहर आकर अपनी ओर से कुछ कहने की ज़रूरत ही नहीं रह जाती–

"भाई ने लिखी चिट्ठी
लिखा आना
आना कि इस बार
बहिन भी आ रही है
आना तो खूब मजा रहेगा
गाँव से भाई कहे आना
तो मैं क्यों न जाऊँ?
मैं आऊँगा भाई
सोचना मत कि कैसे आऊँगा
800 मील की दूरी भी
बीड़ी पीते पार हो जाएगी
बीड़ी फिर भी न होगी खत्म।"[54]

ज्ञानेन्द्रपति की कविता 'बिटिया' भी इसी तरह से घरेलू आत्मीय ऊष्मा के माध्यम से एक ठोस दुनिया के जीवित संदर्भों को सामने लाती है और एक गहरी करुणा हमारे भीतर रचती है। एक ऐसी करुणा जो न सिर्फ मध्यवर्गीय समाज से हमारा साक्षात्कार कराती है बल्कि दैनंदिन जीवनयात्रा में एक अदम्य उत्साह और विश्वास भी जगाती है–

"बिटिया तुम्हारे जूते
इस काँपते मकान में

निश्चिंत
भीत को फोड़कर उगी कोंपल की तरह
इस पृथ्वी पर
आये हुए दो पाँव!
हमारी अंतिम इच्छा तक पहुँचने
आये हुए दो पाँव!''[55]

अभी कुछ वर्षों पहले तक शोषित की पक्षधरता और जनवाद के नाम पर राजनीति के चालू मुहावरों, अति व्यापक कथनों तथा बड़बोलेपन के कारण कविता में जो सपाटबयानी आने लगी थी आठवें दशक की कविता उसे तोड़कर पारिवारिक जीवन की दूसरी जटिल सच्चाइयों और आत्मीय रिश्तों से स्वयं को जोड़ती है—

''चट्टान थीं दीदी तुम
सालों पुरानी
तुम्हारे भीतर के ठोस पत्थर में
जहाँ कोई सोता नहीं निझरता
हमीं पैदा करते थे हलचल
हमीं उड़ाते थे पतंग
चट्टान थीं तुम और
तुम्हारी चढ़ती उम्र के ठोस सन्नाटे में
हमीं थे छोटे-छोटे पक्षी
उड़ते तुम्हारे भीतर।''[56]

प्रगतिशील-जनवादी काव्यधारा का वह हिस्सा जो माँ, पिता, भाई, बहन, बिटिया, दोस्त आदि को आधार बनाकर लिखी गयी और आत्मीय रिश्तों की मिठास से भरी कविताओं से भरा है, हमें आश्वस्त करता है कि बिना किसी वक्तव्यपरकता और बड़बोलेपन के भी कविता में न सिर्फ पारिवारिक जीवन के चित्रों को उभारा जा सकता है बल्कि उनके माध्यम से अनेक सामाजिक विसंगतियों को भी सामने लाया जा सकता है।

प्रेम का जनवादी स्वरूप

''हे मेरी तुम
कल कमीज में बटन नहीं थे

कुर्ता देखा तो आगे से फटा हुआ था
धोती में कुछ दाग पड़े थे
बक्स और अलमारी देखी
नहीं एक भी मिला तौलिया
मैंने एक रूमाल निकाला
वह था मैला
सोपकेस में सोप नहीं था
एक बूँद भी तेल नहीं था
कंघा परसों टूट चुका था
मेजपोश पर धूल जमी थी
पुस्तक पर प्याला बैठा था
कॉपी पर औंधा गिलास था
पैसों की डिबिया में पैसा एक नहीं था
आलू और अनाज खतम था
लालटेन अंधी जलती थी
हाय राम! मेरी आफत थी
अब बोलो तुम कब आओगी
घर सँवारने।''[57]

अत्यन्त आत्मीय और पारिवारिक संदर्भों में इस 'हे मेरी तुम' की याद, आलू, अनाज और अंधी जलती लालटेन के साथ दरअसल हिन्दी कविता के प्रेम के उस रूपवादी और वासनालु ढाँचे को तोड़कर सामने आती है जिसके भीतर अज्ञेय, गिरिजा माथुर और धर्मवीर भारती जैसे कवि कविता लिख रहे थे। इस धारा के नये-पुराने कवियों ने प्रेम को सर्वथा नया स्वरूप प्रदान किया तथा उसे 'जाँघ के भूगोल में' नष्ट होने से बचा लिया। अब प्रेम कवि के लिए सम्पूर्ण जीवन नहीं बल्कि जीवन का एक हिस्सा है जो जीवन के अन्य सामाजिक-पारिवारिक संदर्भों के साथ उभरकर सामने आता है। वरिष्ठ कवियों में नागार्जुन ने 'कर गयी चाक/तिमिर का सीना' तथा 'सिंदूर तिलकित भाल', त्रिलोचन ने 'अपरिचित पास आओ', 'तुम बहुत याद आये', 'परिचय की गाँठ' तथा अनेक सॉनेट और शमशेर ने अनेक ग़ज़लें तथा कविताएँ लिखकर प्रेम के जनवादी स्वरूप को पुख़्ता किया। विस्तार भय से यहाँ सबका उद्धरण दे पाना संभव नहीं है।

प्रेम को जीवन के व्यापक संदर्भों के बीच रखकर कविता लिखने वाले कवियों में उन कवियों का योग भी महत्त्वपूर्ण है जो कुछ दूर तक तो प्रयोगवादी हो-हल्ले के बीच रहे फिर नयी कविता आंदोलन को पार करते हुए वर्तमान में समकालीन रचना में भी सक्रिय हैं। केदारनाथ सिंह की एक छोटी-सी प्रेम कविता 'हाथ' प्रगतिशील जीवनदृष्टि की कविता है जिसमें प्रेम की अनुभूति में दुनिया को भी सुंदर देखने की आकांक्षा शामिल हो जाती है–

"उसका हाथ
अपने हाथ में लेते हुए मैंने सोचा
दुनिया को
हाथ की तरह गर्म और सुंदर होना चाहिए।"[58]

कहना न होगा कि इस काव्यधारा के कवियों और अज्ञेय जैसे कवियों की प्रेम कविताओं में जो बुनियादी अंतर है, वह दो जीवनदृष्टियों और दो विचारधाराओं का अंतर भी है। डॉ. धनंजय वर्मा के अनुसार–"मानवीय संबंधों का कदाचित् सबसे आदिम प्रसंग और उत्तेजक संदर्भ है–प्रेम। प्रेम और प्रणय सिर्फ रूमानी संसार की काल्पनिक उड़ानों और काम केन्द्रित व्यक्तिवादी अराजकता की स्वेच्छाचारी स्वर कल्पनाओं या मनोरतियों का संसार नहीं है। वह मनुष्य-सभ्यता और संस्कृति की विकास मात्रा का मानवीय बिम्ब भी है।"[59] दृष्टव्य है इसी जीवनदृष्टि से कविता लिखने वाले 'चैत की लाल टहनी' के कवि विजेन्द्र की एक कविता जिसमें प्रेम के मानवीय रूप का अत्यन्त जीवंत अंकन हुआ है–

"तुम्हारा प्यार
मेरे लिए पका फल है
यह फल बहुत मीठा है
यह फल बहुत कड़ुवा है
यह कच्चे अमरूद-सा सख्त
और चिड़िया के पंख जैसा नरम है
यह इस पेड़ का सिरमौर है
यह जड़ का धरती पूत है
मेरे लिए यह एक पका फल है

यह पत्तियों का सगा भाई है
यह माँ का भरा स्तन है
यह मेरे लिए रोशनी है अँधेरे में
यह जल है
आकाश है
यह साँस है
यह साँस में बसा ताप है
मेरे लिए।"[60]

स्वातन्त्र्योत्तर प्रगतिवादी कवियों ने प्रेम को कोरी भावुकता से मुक्त किया और उसे ज़िन्दगी की अनिवार्य प्रेरक अनुभूति के रूप में चित्रित किया। देह और रूप के वासनालु रुझानों से मुक्त प्रेम इन कवियों के यहाँ सामाजिक और मानवीय रस से सिक्त है। यही कारण भी है कि यह व्यक्तिवादी मानसिकता का काम केन्द्रित प्रेम नहीं है, यह पेटीकोट, ब्रेसरी, ब्लाउज और टूटी हुई चूड़ियों के टुकड़ों से बेचैन हो जाने वाला प्रेम नहीं है, यह प्रेम तो दैनंदिन जीवन के संघर्ष से जूझती या घर-आँगन तथा चूल्हे-चौके में व्यस्त प्रिया की स्मृतियों में डूबा हुआ प्रेम है। सूर्योदय के समय जैसे धूप का टुकड़ा आपके चेहरे को आलोकित करता हुआ आपके कंधों पर आकर गिरता है, क्या प्रेम की अनुभूति भी इसी धूप की तरह गुनगुनी और भावविभोर कर देने वाली नहीं है? और क्या समकालीन कविता की इस अनुभूति के मूल में प्रेम को जीवन के व्यापक संदर्भों सहित सम्पूर्ण जी लेने की तड़प नहीं है? विजयबहादुर सिंह की 'प्यार' शीर्षक की यह छोटी कविता संभवतः इसी अनुभूति को बाँधने का प्रयास करती है–

"रोशनी
झुक गयी है
मेरे कंधों पर
मैं
इसके भीतर
उतरता हूँ।"[61]

दीन-दुनिया को भुलाए रखने वाली मदहोशी के स्थान पर अपने समय और युग के प्रति एक जागरूकता ही इस काव्यधारा में प्रेम कविताओं के प्रति सर्वथा एक नए दृष्टिकोण का निर्माण करती है।

स्त्री और बच्चों की वापसी

पिछले कुछ बरसों में प्रगतिशील-जनवादी कविता ने अपने काव्य-संसार में स्त्री और बच्चों की सहज और मानवीय उपस्थिति का भी एहसास दिलाया है। महत्त्वपूर्ण बात यह है कि समकालीन कविता ने स्त्री को माँ, बहन, प्रेमिका, पत्नी, पुत्री आदि रिश्तों से बाहर एक स्त्री के रूप में भी देखने की कोशिश शुरू की है। कहने की ज़रूरत नहीं कि इस कोशिश के मूल में स्त्री को उसके सम्पूर्ण वजूद के साथ देखने की आकांक्षा निहित है। इसी तरह बच्चों के प्रति भी कवियों का दृष्टिकोण बदला और उन्हें समाज की एक महत्त्वपूर्ण इकाई और आने वाली युवा पीढ़ी के रूप में देखा गया। विजयकुमार ने लिखा है कि–''आठवें दशक की कविता में हम स्त्री की जीवन्त, संवेदनशील मानवीय सत्ता को रूपायित होता देखते हैं। स्त्री के समानांतर ही बच्चों की समकालीन कविता में इस प्रकार से वापसी हुई है कि वे सामाजिक सम्बन्धों की बन रही जटिल प्रक्रियाओं और उन पर पड़ रहे नानाविध दबावों की अभिव्यक्ति करने लगते हैं। दरअसल स्त्री और बच्चे आधुनिक समाज के ऐसे सबसे कमजोर वर्ग हैं जो अमानवीयकरण की शक्तियों की चपेट में सबसे पहले आते हैं।''[62]

मंगलेश डबराल ने 'अगले दिन' नामक अपनी कविता में बलात्कार का शिकार हुई एक विवश ग्रामीण स्त्री के जीवन की भयावहता को अत्यन्त कलात्मक अभिव्यक्ति दी है–

''अगले दिन उसके भीतर
मिलेंगे झड़े हुए कितने पत्ते
अगले दिन मिलेगी खुरों की छाप
अगले दिन अपनी देह लगेगी बेकार
आत्मा हो जाएगी असमर्थ
कितने कीचड़ कितने खून से भरी
रात होगी उसके भीतर अगले दिन।''[63]

यह कविता दरअसल उस पूरी सामाजिक प्रक्रिया को जानने का प्रयास करती है जिसमें औरत एक मानवीय इकाई न होकर सिर्फ जिन्स रह जाती है। रघुवीर सहाय की कविता 'स्त्री', 'उसका निर्जन', विष्णु खरे की कविता 'लड़की', चंद्रकांत देवताले की 'औरत', केदारनाथ सिंह की 'टमाटर बेचने वाली बुढ़िया' आदि असंख्य ऐसी कविताएँ हैं जिनमें भारतीय समाज में औरत के जीवन के सभी पक्षों के रंग

को अत्यन्त मार्मिकता के साथ समेटने की कोशिश की गयी है। भगवत रावत की कविता 'थक चुकी है वह' रोजमर्रा के कामों में खटती हुई स्त्री के जीवन का अत्यन्त संवेदनात्मक अंकन करती है–

"इतनी थक चुकी है वह
प्यार उसके बस का नहीं रहा
पैंतीस बरस के
उसके शरीर की तरह
जो पैंतीस बरस-सा नहीं रहा
घर के अंदर
रोज़ सुबह से वह
लड़ती-झगड़ती है बाज़ार से
और बाज़ार में रोज़ शाम
घर ढूँढ़ते-ढूँढ़ते खो जाती है
रोटी बेलते वक्त अक्सर वह
बटन टाँक रही होती है
और कपड़े फींचते वक्त
सुखा रही होती है धूप में
अधपके बाल।"[64]

समकालीन कविता का सारा प्रयास यही है कि स्त्री तमाम रिश्तों के साथ और उनसे बाहर भी अपने स्वतन्त्र अस्तित्व को पहचाने। कविता की एक कोशिश यह भी है कि उसे रोजमर्रा के थका देने वाले जीवन से बाहर एक दिन के लिए कहीं घुमाने भी ले जाए–

"दूर
घर से बाज़ार से
खाने से कपड़ों से
उसकी असमय उम्र से।"[65]

बच्चों पर भी 'एक दिन उसका बेटा बोला' (अजीत चौधरी) 'बढ़ई की लड़की', 'कुछ बन जाते हैं' (उदय प्रकाश), 'बच्चा हँसता क्यों है' (अरुण कमल), 'बच्चा', 'कटोरदान' (भगवत रावत), 'पतंग उड़ाते हुए बच्चे' (स्वप्निल श्रीवास्तव), 'थोड़े

से बच्चे और बाकी बच्चे' (चंद्रकान्त देवताले) जैसी अनेक कविताएँ लिखी गयी हैं जिनमें सामाजिक क्रूरताओं के बीच असमय ही अस्तित्व के सवाल को झेलने के लिए विवश कर दिये गये अबोध बच्चे के अनेक मार्मिक चित्र उभरकर सामने आए हैं । समकालीन कविता में बच्चों के प्रति एक मार्मिक जागरूकता देखने को मिलती है क्योंकि—''बच्चों का मस्तिष्क है हमारी पृथ्वी का सबसे अधिक उर्वर टुकड़ा/ बच्चों का मस्तिष्क है हमारी पृथ्वी का भविष्य।'' शायद इसीलिए कविता ने हमें बार-बार सचेत किया कि—

''सामंतों के गढ़े हुए ईश्वर को
पूँजीपतियों के पोसे हुए ईश्वर को
अत्याचारियों के अत्याचारों को ढँकने वाले ईश्वर को
अत्याचारों के ख़िलाफ़ जब जंग हुई है तेज़
इस विप्लव-बेला में भाग रहे ईश्वर को
बच्चों के मस्तिष्क में मत टिकाने दो पैर।''[66]

बच्चे, जो कल की युवा पीढ़ी हैं, को कवि एक नयी उम्मीद से देखता है कि वे आज के संघर्ष को कल और आगे ले जायेंगे—

''टेलीफोन के तारों के बीच
फँसी हुई है पतंग
बच्चे डोर का आखिरी सिरा
खोज रहे हैं
वे इसे उड़ायेंगे नए आकाश में
पतंग बच्चों के हाथ में है
जिससे वे छुएँगे आकाश
और विद्युत की कम्पन
महसूस करेंगे अपने शरीर में
पतंग उड़ाते हुए बच्चे
आकाश को भेजते हैं संदेश
कि वे आकाश को
जीतने आ रहे हैं।''[67]

बच्चों के माध्यम से भी कवियों ने यथार्थ को उसके कठोरतम और कोमलतम—

दोनों रूपों में पाने का प्रयास किया। स्त्री और बच्चों के मांध्यम से समकालीन कविता में वस्तुजगत् के बारे में पाया गया यह एक ऐसा काव्यबोध है जो जनवादी-प्रगतिशील कविता को निश्चय ही विकास की ओर ले जाता है।

प्रकृति और प्रगतिशील कविता

"यह उदास दिन
पेंशन पाये चपरासी-सा
और जुए में हारे जन-सा
आपे में खोये गदहे-सा,
मौन खड़ा है।
रवि रोता है
माँ से बिछुड़े हुए पुत्र-सा
धूप पड़ी है
परित्यक्ता पत्नी-सी कातर।"[68]

प्रकृति के साथ मनुष्य का संबंध आदिकाल से कला और साहित्य के क्षेत्र में भी एक महत्त्वपूर्ण मुद्दा रहा है। संस्कृत में वाल्मीकि, कालिदास और भवभूति के काव्य में प्रकृति को महत्त्वपूर्ण स्थान मिला लेकिन हिन्दी के मध्यकालीन काव्य-रीति और भक्तिकाल में उनकी सामाजिक परिस्थितियों के कारण प्रकृति को गौण स्थान मिला। आधुनिक काल में छायावाद में भी प्रकृति को अत्यन्त महत्त्वपूर्ण स्थान मिला लेकिन प्रयोगवादी कविता में प्रकृति को स्वतन्त्र महत्त्व नहीं दिया गया। पूँजीवाद ने मनुष्य को प्रकृति से अलग कर खंडित कर दिया है। प्रयोगवादी कवि भी दरअसल उसी वर्ग के प्रतिनिधि रहे, जिस पर पूँजीवाद का गहरा प्रभाव पड़ा था। इन परिस्थितियों के विरुद्ध स्वातन्त्र्योत्तर प्रगतिवादी काव्यधारा में प्रकृति को अत्यन्त महत्त्वपूर्ण स्थान दिया गया और प्रकृति-सौंदर्य को एक नयी दृष्टि से देखा गया जिसमें प्रकृति और मनुष्य के सहज तथा रागात्मक सम्बन्धों के आकलन का आग्रह था। ऊपर उद्धृत कविता इसका उदाहरण है। शमशेर बहादुर सिंह की एक कविता है–'पूर्णिमा का चाँद' प्रकृति के पल छिन परिवर्तित होते सौंदर्य की अनुभूति का अत्यन्त चिन्ताकर्षक अंकन इसमें हुआ है–

"चाँद निकला बादलों से पूर्णिमा का
गल रहा है आसमान

एक दरिया उमड़कर पीले गुलाबों का
चूमता है बादलों के झिलमिलाते
स्वप्न जैसे पाँव।''[69]

डॉ. नंदकिशोर नवल के अनुसार–''हिन्दी में ऐसे कवि भी हैं जो पूँजीवाद के अमानवीय रूप से परिचित हैं और उससे दृढ़ता के साथ संघर्ष कर रहे हैं। ऐसे कवि जो खंडित व्यक्तित्व वाले कवि नहीं हैं। इनका व्यक्तित्व अखंड और सामंजस्यपूर्ण है क्योंकि इन्होंने प्रकृति से अपने को विच्छिन्न नहीं किया है। ये प्राकृतिक प्राणी भी हैं और सामाजिक प्राणी भी। इनकी कविताओं में हमें इसी कारण प्रकृति का स्वतन्त्र चित्रण देखने को मिलता है। उनमें मनुष्य प्रकृति पर हावी नहीं हुआ है, बल्कि वह उसके साथ एक रागात्मक सूत्र में बँधा हुआ है। प्रकृति को स्वतन्त्र रूप में चित्रित करने वाले ये कवि हिन्दी के प्रगतिशील कवि हैं।''[70] नागार्जुन ने भी प्रकृति-चित्रण के माध्यम से हिन्दी कविता में यथार्थवाद की प्रतिष्ठा में महत्त्वपूर्ण योग दिया। 'बादल को घिरते देखा है', 'बसंत की अगवानी', 'नीम की दो टहनियाँ' तथा 'झुक आए कजरारे मेघ' जैसी कविताओं को उदाहरण के तौर पर देखा जा सकता है। शरदपूर्णिमा के सौंदर्य को नागार्जुन अपनी कविता में कुछ इस तरह बाँधते हैं–

''पके धान की कनक मंजरी एक नहीं, सौ बनीं झालरें
उड़द-मूँग की कलियों वाली बेलों की बिछ गयीं चादरें
कुमुद मुदित है कहीं, कहीं पर मुकुलित हैं कमलों के कानन
श्वेत घनों से प्रतिबिम्बित हैं श्याम सलित झीलों के आनन
लाख-लाख नक्षत्र टँक गये, नीली चादर बनी अनूठी
शरद-जुन्हाई के आगे दुनिया की सुषमा लगती झूठी।''[71]

त्रिलोचन शास्त्री ने अपने एक प्रसिद्ध सॉनेट में प्रकृति-सौंदर्य का स्वतन्त्र रूप में सजीव अंकन किया है–

''वर्षा-सीकर-भरी हवा, मेहँदी की महँ-महँ
जी करता है, मैं अंजलि भर-भर पी जाऊँ।
जैसे फूलसुँघनी गाती है वैसे गाऊँ
वृक्ष लताएँ, पौधे, तृण धरती पर डह-डह

करप रहे हैं। मेघ-नगर में ज्योत्स्ना टह-टह
उग आयी अब। आँखें सहस कहाँ से लाऊँ।''[172]

कहने की जरूरत नहीं कि प्रगतिशील-जनवादी काव्यधारा के न सिर्फ वरिष्ठ कवियों ने बल्कि अनेक युवा कवियों—केदारनाथ सिंह, जगूड़ी, ज्ञानेन्द्रपति, विजेन्द्र, अरुण कमल, उदयप्रकाश, सोमदत्त, राजेश जोशी, मंगलेश डबराल, असद जैदी, प्रयाग शुक्ल, ऋतुराज आदि ने भी प्रकृति और मनुष्य के चिरंतन सम्बन्धों की परम्परा को स्वीकार करते हुए उसे यथार्थवादी दृष्टिकोण के अनुकूल आगे बढ़ाया। इन कवियों ने प्रकृति के सौंदर्य को उसकी पूर्णता में देखने का प्रयास किया। वर्तमान व्यवस्था में जब मनुष्य का सिर्फ भौतिक शोषण ही नहीं हो रहा बल्कि निरंतर मानसिक शोषण भी हो रहा है और जिसके कारण वह मानवीय और प्राकृतिक सौंदर्य से कट रहा है, इन कवियों की कविताएँ हमें आश्वस्त करती हैं, प्रकृति और मनुष्य के सम्बन्धों को जीवित रखने का प्रयास करती हैं और इस तरह वरिष्ठ कवियों की परम्परा को आगे भी बढ़ाती हैं। उदयप्रकाश की एक कविता है—'वसंत' जिसमें वसंत का अत्यन्त मानवीय रूप मूर्त हुआ है—

''रेलगाड़ी आती है
और बिना रुके
चली जाती है
जंगल में
पलाश का एक गार्ड
लाल झंडियाँ
दिखाता रह जाता है।''[173]

अब इधर समकालीन कविता में वक्तव्यबाजी और बड़बोलेपन में जो कमी आयी है, उसका एक कारण प्रकृति के प्रति कवियों का गहरा रुझान भी रहा है। प्रकृति ने कवियों के स्वर को संयत और धारदार बनाने में योग दिया तथा कवियों ने प्रकृति के सुपरिचित उपादानों के माध्यम से गहरे अर्थों की व्यंजना का प्रयास किया। समकालीन कविता के एक समीक्षक चारूमित्र ने लिखा है—''समकालीन कविता में अगर भेड़िया, तेंदुआ, कुत्ते, शेर, चीता, सूअर गरज कि जंगली व्यवस्था की तमाम सामग्री मौजूद है तो दूसरी तरफ चिड़िया, पेड़-पौधे, नदी-झरने, आसमान, बादल, हवा, पेड़ और पहाड़ हैं। यह हरेक वस्तु को काव्य का विषय बनाने की कोशिश भर नहीं है। चीजों की महज वापसी भी नहीं, वरन् चीजों को उसके सही

नाम से पुकारने की कोशिश है। जीवन के सुंदर और कुरूप, मानवीय और अमानवीय पक्ष समकालीन कविता में विरुद्धों के कलात्मक सामंजस्य के साथ मौजूद हैं। दूसरी बात यह प्रकृति के सहज और परिचित उपादानों के प्रति कवियों का जो आग्रह बढ़ा है, वह उसके स्वस्थ सौंदर्य-दृष्टि का परिचायक है। यह अकविता के विकृत, कुरूप और अप्राकृतिक चित्रों का निषेध है तथा जीवन में जो कुछ सहज, सुंदर, मानवीय एवं प्राकृतिक है, उसकी स्वीकृति है।''[74]

मध्य एवं निम्नवर्गीय दुःख-तकलीफों का बेबाक बयान

स्वातन्त्र्योत्तर प्रगतिवादी काव्य में औसत आदमी का दैनंदिन संसार उसके छोटे-बड़े दुःखों और तकलीफों सहित उभरकर सामने आया। निश्चित रूप से इस काव्य का मनुष्य निम्न तथा मध्यवर्ग का प्रतिनिधित्व करने वाला हमारा मनुष्य है जिसके साथ हम एक आत्मीयता अनुभव करते हैं। सातवें दशक के बाद तो आम आदमी के जीवन की छोटी-सी-छोटी और साधारण घटनाओं को काव्यानुभव में स्थान पाता देखते हैं। हमें कविता और मनुष्य के रिश्तों में एक सघनता देखने को मिलती है। समकालीन कविता के केन्द्र में वह मनुष्य है जिसकी चिंता, भूख, रोटी, नौकरी, आर्थिक तंगी, अकेलेपन, रिश्ते, प्रेम, घृणा, आतंक तथा साहस को लेकर है। अकेलेपन पर भी कविता लिखते हुए कवि प्रयोगवादियों तथा अकवियों की तरह भटकाव का शिकार नहीं होता बल्कि वह अकेलेपन को भी रोजमर्रा के घर-संसार से जोड़कर सार्थक बना देता है–

''अकेला आदमी उस समय लौटता है जब नल जा चुका होता है
रसोई की बत्ती जलाकर व्यस्त तिलचट्टों को व्यग्र करता है
पीतल की बाल्टी में परसों के पानी पर
चींटे के पंख जैसी इंद्रधनुषी धूल है
उसे निखारता है, वह होती सोचता हुआ
बर्तनों पर उसके ही न होने की गर्द है
मनी-प्लांट की शीशियों में उसी की अनुपस्थिति की बू''[75]

बकौल विजयकुमार–''समकालीन कविता में रोजमर्रा का एक संसार, एक देशी आदमी के जातीय संस्कारों वाला संसार है जिसमें प्रेम, कोमलता, उछाह, उदात्तता, ललक, खुशी, संघर्ष और दैन्य के असंख्य चित्र हैं। समकालीन कविता ने यह एहसास बड़े साहस के साथ कराया है कि कवि को अद्वितीय अनुभूतियों के लिए

परेशान होने की अब आवश्यकता नहीं है। बात कुल मिलाकर संवेदना के पैरामीटर को इतना लचीला बनाने की है कि यह साधारण और जाना-पहचाना ही हमारे लिए विशिष्ट और अद्वितीय और नाटकीय हो जाए।''[76] उदय प्रकाश की कविता 'हालचाल' दैनिक संघर्ष में खटते व आर्थिक तंगी तथा अभाव झेलते मनुष्य का हालचाल पूछकर उसकी पीड़ा तथा तकलीफ को अपनी कलात्मक संवेदना के साथ व्यक्त करती है–

''कैसे हो भाई तुम,
जीवनदास?
आते-जाते यहाँ-वहाँ
रोज दिख जाते हो
कैसे हो, कुशल-मंगल
राजी-खुशी तो है?
कैसी है राजी की खाँसी?
मंगल के लकवे में
क्या तरक्की है?
सब ठीक-ठाक तो है?
कैसी है तुम्हारी धुआँ देती
आग उगलती बीवी
कितना आँसू ढरकाती है
कितने दिन से बीमार है चूल्हा
राख कहाँ नहीं है
जीवनदास
किसकी साँस में मोर्चा खायी
करछुल नहीं बजती
किसकी नींद में रोटी
बिना बेले नहीं रह जाती
भाई जीवनदास
जीवन ही ऐसा है घर-गृहस्थी का।''[77]

इस काव्यधारा में मनुष्य के भीतर बनते-बिगड़ते संसार की छवियाँ हम पा सकते हैं। प्रगतिशील-जनवादी कविता अपनी इसी उपलब्धि के रहते विभिन्न रूपों

में हमारे सामने आती है। एक ओर वह शहरी और महानगरीय जीवन के भयावह अंधकार में प्रवेश करती है तो दूसरी ओर ग्रामीण जीवन को भी उसकी तमाम असंगतियों सहित अपने काव्यानुभवों में स्थान देती है। अनेक कवियों के यहाँ नागार्जुन के कविता संसार की तरह एक उत्कृष्ट ग्रामीण संवेदना देखने को मिलती है। केदारनाथ सिंह की एक अत्यन्त महत्त्वपूर्ण कविता 'पानी में घिरे हुए लोग' बाढ़ग्रस्त गाँव के लोगों का मार्मिक चित्रण करती है। यह कविता न सिर्फ पानी में घिरे हुए लोगों की दीनता, असहायता और टूटन को अभिव्यक्त करती है बल्कि उनके साहस, विश्वास और संघर्ष को भी रूपायित करती है–

"फिर बह जाते हैं उनके मवेशी
उनकी पूजा की घंटी बह जाती है
बह जाती है महावीर जी की आदमकद मूर्ति
घरों की कच्ची दीवारें
दीवारों पर बने हुए हाथी-घोड़े
फूल-पत्ते
पाट-पटोरे
सब बह जाते हैं
मगर पानी में घिरे हुए लोग
शिकायत नहीं करते
वे जला देते हैं
एक टुटही लालटेन
टाँग देते हैं किसी ऊँचे बाँस पर
ताकि उनके होने की खबर
पानी के पार तक पहुँचती रहे
फिर उस मद्धिम रोशनी में
पानी की आँखों में
आँखें डाले हुए
वे रात भर खड़े रहते हैं
पानी के सामने
पानी की तरफ
पानी के खिलाफ़

सिर्फ उनके अंदर
अरार की तरह
हर बार कुछ टूटता है
हर बार पानी में कुछ गिरता है
छपाक्...छपाक्...''[178]

यह ग्रामीण और शहरी मनुष्य स्वातन्त्र्योत्तर प्रगतिवादी कविता के केन्द्र में है। कवियों ने उसकी दुःख-तकलीफों का चित्रण इस तरह से किया है कि युग का यथार्थ अपने राजनीतिक और सामाजिक ढाँचे सहित मूर्त हो उठा है।

प्रगतिशील-जनवादी गीत और उनका अनुभव-संसार

गीत को व्यक्तिगत अनुभूति की अभिव्यक्ति के रूप में देखा जाता रहा है। फलस्वरूप लम्बे समय तक प्रणय, प्रकृति और मनुष्य के व्यक्तिगत सुख-दुःख उसके विषय रहे। गीत को एकांत क्षणों का साथी समझा गया लेकिन प्रगतिशील-जनवादी गीतकारों ने गीतों की सामाजिक भूमिका पर जोर दिया। इन गीतकारों ने ऐसे गीत लिखे जिनका सामाजिक जीवन के संघर्ष में अत्यन्त महत्त्वपूर्ण योगदान रहा। नागार्जुन, केदारनाथ अग्रवाल, त्रिलोचन, शिवमंगल सिंह सुमन, शैलेन्द्र, शील, रमेश रंजक, अश्वघोष, नचिकेता, कांतिमोहन, गोरख पांडेय आदि कवियों के गीतों को इस परिप्रेक्ष्य में देखा जा सकता है। पिछले अध्याय में बहुत-से महत्त्वपूर्ण गीतकारों की चर्चा व्यक्तिवादी तथा क्रांतिकारी नव स्वच्छंदतावाद के अंतर्गत की जा चुकी है। यहाँ मूलतः प्रगतिशील तथा कुछ जनवादी गीतकारों के अनुभव संसार का विवेचन ही हमारा प्रतिपाद्य है।

किसी भी देश का वह साहित्य उत्तम कोटि का नहीं माना जा सकता जिसमें मनुष्य सिर्फ अपनी वैयक्तिक पीड़ा को ही अभिव्यक्त करता है। हिन्दी साहित्य में गीत की दो धाराएँ बहुत पहले से चली आ रही हैं—एक है व्यक्तिवादी धारा और दूसरी है प्रगतिशील-जनवादी धारा। चंचल चौहान ने लिखा है—''व्यक्तिवादी विचारधारा समाज के इतिहास के उस दौर में अधिक प्रबल हो उठती है, जब एक शोषक-व्यवस्था ह्रासोन्मुख हो रही होती है। शासक विचारों के प्रभाव में कुछ संवेदनशील कलाकारों को मिथ्या चेतनावश अपना परिवेश, अपना जन-समुदाय, पतनशील मूल्यों से घिरा दिखाई देता है, वे इसका सारा दोष आम जनता या गँवारों में देखते हैं, शोषक-शासक वर्ग में नहीं। जब एक व्यवस्था पतनशील होती है,

तो एक नयी प्रगतिशील व्यवस्था उसी समाज में गर्भस्थ होती है। संघर्षों की तेज़ी में सामूहिकता व संगठन की शक्ति का एहसास भी होता है। इस एहसास का प्रतिफलन भी साहित्य में होता है। समाज में चल रहा ऐंटीथीसिस का संघर्ष साहित्य में भी दिखाई पड़ने लगता है। इस संघर्ष को प्रतिबद्ध गीतों में भी देखा जा सकता है।''[79]

प्रतिबद्ध जनवादी-प्रगतिशील गीत हिन्दी साहित्य में निरंतर अपनी सकारात्मक भूमिका निभाते चले आ रहे हैं। अन्य प्रतिबद्ध विधाओं के रचनाकारों की तरह गीतकार भी शोषण के विरुद्ध अपनी कलम चला रहे हैं और जनसंघर्ष का साथ दे रहे हैं। उनके गीतों में शोषण-विहीन समाज का स्वप्न पल रहा है। वरिष्ठ कवियों की पीढ़ी के साथ ही नयी पीढ़ी के अनेक गीतकार इस दिशा में प्रयत्नशील हैं। इस संदर्भ में नागार्जुन के अनेक गीतों को याद किया जा सकता है। 'शासन की बंदूक', 'तीनों बंदर बापू के', 'अकाल और उसके बाद', 'नया तरीका', 'आओ रानी', 'काली माई' जैसे अनेक जनगीतों से नागार्जुन ने व्यवस्था के शोषक रूप का पर्दाफाश किया और देश की दुर्दशा का चित्रण किया। केदारनाथ अग्रवाल ने भी अपने गीतों से इस परम्परा को समृद्ध किया। उनका प्रसिद्ध गीत 'मजदूर का जन्म' यहाँ याद किया जा सकता है—

''एक हथौड़े वाला घर में और हुआ!
हाथी-सा बलवान
जहाज़ी हाथों वाला और हुआ!
सूरज-सा इंसान
लरेटी आँखों वाला और हुआ!!
एक तथौड़े वाला घर में और हुआ!!

माता रही विचार :
अँधेरा हरने वाला और हुआ!
दादा रहे निहार :
सवेरा करने वाला और हुआ!!
एक हथौड़े वाला घर में और हुआ!!

जनता रही पुकार :
सलामत लाने वाला और हुआ!

सुन ले री सरकार!
कयामत ढाने वाला और हुआ!!
एक हथौड़े वाला घर में और हुआ!''[80]

त्रिलोचन, शिवमंगल सिंह सुमन, शंकर शैलेन्द्र, शील ने भी इसी भावबोध के पर्याप्त गीत लिखे और समकालीन जनजीवन की विषमता, कटु यथार्थ, यांत्रिकता, युग की जटिल बौद्धिकता तथा व्यक्ति के आंतरिक और नैतिक संकट को अभिव्यक्त करने की कोशिश की। इन गीतकारों का यथार्थ भोगा हुआ प्रामाणिक यथार्थ है, नकली और ओढ़ा हुआ नहीं। परिवर्तित मूल्यबोध और बदलते हुए संदर्भों की संगति से सम्पृक्त होने के कारण ही इन गीतकारों के गीतों में व्यक्तिवादी गीतों की तरह, ऊब, घुटन, संत्रास, कुंठा और अकेलापन उभरकर सामने नहीं आता बल्कि उस आदमी का आत्मविश्वास उभरकर सामने आता है जो नया संसार बसाने के लिए कृतसंकल्पित है–

''देश हमारा धरती अपनी हम धरती के लाल
नया संसार बसायेंगे, नया इंसान बनायेंगे
सुख सपनों के सुर गूँजेंगे, मानव की मेहनत पूजेंगे,
नयी चेतना, नए विचारों की हम लिये मशाल
समय को राह दिखायेंगे।''[81]

'हर जोर-जुल्म की टक्कर में हड़ताल हमारा नारा है' जैसे अनेक गीत लिखने वाले अपने समय के बहुचर्चित गीतकार स्व. शंकर शैलेन्द्र ने भी अपने गीतों से जनता की ज़िंदगी की जीत पर यक़ीन करने को कहा–

''तू ज़िंदा है तो ज़िंदगी की जीत पर यक़ीन कर
अगर कहीं है स्वर्ग तो उतार ला ज़मीन पर।

ये गम के और चार दिन, सितम के और चार दिन
ये दिन भी जायेंगे गुजर, गुजर गये हज़ार दिन
सुबह औ' शाम के रँगे हुए गगन को चूमकर
तू सुन ज़मीन गा रही है कब से झूम-झूमकर
तू आ मेरा सिंगार कर, तू आ मुझे हसीन कर!

टिके न टिक सकेंगे भूख रोग के स्वराज ये
ज़मी के पेट में पली अगन, पले हैं ज़लज़ले
बुरी है आग पेट की, बुरे हैं दिल के दाग ये
न दब सकेंगे, एक दिन बनेंगे इन्क़लाब ये
गिरेंगे जुल्म के महल, बनेंगे फिर नवीन घर।'[182]

वर्तमान समय में नयी पीढ़ी के गीतकारों में रमेश रंजक, अश्वघोष, नचिकेता, कांति मोहन जैसे अनेक महत्त्वपूर्ण गीतकार निरंतर गीत लिखकर इस विधा की गौरवशाली परम्परा को आगे बढ़ा रहे हैं। जनवादी नवगीतों की दृष्टि से रमेश रंजक के परवर्ती संग्रह 'मिट्टी बोलती है' तथा 'इतिहास दुबारा लिखो' अत्यन्त महत्त्व के हैं। यहाँ तक आते-आते वे अपने पूर्ववर्ती संकलनों–'किरन के पाँव', 'गीत विहग उतरा' तथा 'हरापन नहीं टूटेगा' के रोमानियत से मुक्त हो जाते हैं और व्यवस्था विरोध का स्वर अत्यन्त तीखा हो जाता है–

"दूर देश का दाना-पानी नहिं चइये
नहिं चइये सरकार सयानी नहिं चइये
इतना सारा गल्ला आया कहाँ गया
हल्ले पर जो हल्ला आया कहाँ गया
खत्ती खाली गोदामों में ताले हैं
ताले पर चौकीदारों के भाले हैं
इधर भुखमरी, उधर जवानी नहिं चइये'[183]

नचिकेता ने किसान-मजदूरों के प्रति अपनी संवेदना व्यक्त की और शोषित मन की भावनाओं को अपने गीतों में उभारने की कोशिश की–

"चलो कटाई करें फसल
है तैयारी पर
चमक रहे हर बाली में
मिहनत के आखर
हम न सहेंगे जुल्म और
अब क्रूर बँटाई के
फिर आए दिन
फसल कटाई के।'[184]

सर्वहारा के प्रति रचनाकार की पक्षधरता और प्रतिबद्धता अश्वघोष के गीतों में भी दिखलाई पड़ी। उनके गीत चुनौतियों और युद्ध की ललकार से भरे हैं–

"आ! अँधेरे
हम लड़ेंगे हम।

अब तलक रोते रहे
सहते रहे अपमान
पथ दिखाने आ गए अब
अनगिनत दिनमान

अब न होंगी फिर
हमारी आस्तीनें नम
आ! अँधेरे
हम लड़ेंगे, हम।"[85]

इस तरह सत्तरोत्तर वर्षों में प्रतिबद्धता की माँग अपने पूरे वेग से प्रस्फुटित दिखलाई पड़ती है। अब यह भी स्पष्ट हो चुका है कि शासक-शोषक वर्गों के चालाकीभरे नारे भारत की गरीब जनता को कुछ भी नहीं दे सके और न कुछ दे सकेंगे। चंचल चौहान ने लिखा है–"तानाशाही द्वारा इज़ारेदार पूँजीपतियों के खजाने भरने तथा उनसे संघर्ष करने वाले शोषित सर्वहारा वर्गों के ऊपर दमन की चक्की चलाने वाले अभी खत्म नहीं हुए हैं। ऐसी हालत में साहित्यकारों का दायित्व दोहरा हो गया है। एक ओर वे जनमानस को सर्वहारा वर्ग की संघर्षी चेतना से लैस करेंगे तो दूसरी ओर विचारधारात्मक लड़ाई में एकजुट होकर धनपतियों के चाकर कवि-गीतकारों को भी अपनी कलात्मक क्षमता द्वारा परास्त करेंगे।"[86] सन्तोष की बात यह है कि न सिर्फ पुरानी पीढ़ी के गीतकार ही बल्कि पिछले दिनों प्रकाश में आये अनेक नयी पीढ़ी के गीतकार भी प्रतिबद्ध भूमिका निभाने की दिशा में सतत प्रयत्नशील हैं। समकालीन रचना परिदृश्य में प्रगतिशील-जनवादी गीत अपनी महत्त्वपूर्ण भूमिका निभा रहे हैं।

अब यहाँ यह कहा जा सकता है कि स्वातन्त्र्योत्तर प्रगतिवादी काव्य का अनुभव-संसार अत्यन्त मानवीय और समृद्ध संसार है। दरअसल यह औसत मनुष्य के दैनंदिन जीवन का बनता-बिगड़ता संसार ही है। फलस्वरूप इसमें जीवन के

कोमल और कठोर, संगत और असंगत—दोनों रूपों का चित्रण हुआ है। एक ओर यह काव्य युग के राजनीतिक यथार्थ का पर्दाफाश करता है तो दूसरी ओर मनुष्य के आत्मीय पारिवारिक और रागात्मक सम्बन्धों को छूने का प्रयास भी करता है। यह काव्य स्त्री और बच्चों को उनके सामाजिक-राजनीतिक परिवेश में अपनी कलात्मक संवेदना के साथ प्रस्तुत करता है, प्रकृति और मनुष्य के संबंधों को पुख्ता करता है तथा मनुष्य के दुःख-तकलीफों का इस तरह चित्रण करता है कि युग का चेहरा अपने संगत, असंगत रंगों सहित उभरकर सामने आ जाता है। स्वातन्त्र्योत्तर प्रगतिवादी काव्य ने समकालीन रचना परिदृश्य में प्रगतिशील-जनवादी कविता के रूप में उपलब्धियों का एक नया कीर्तिमान बनाया है। इसमें योग देने वाले कवियों में नागार्जुन आदि तथा अपने समय में नयी कविता के कवि कहे जाने वाले रघुवीर सहाय, केदारनाथ सिंह जैसे कवियों के अतिरिक्त एक और पीढ़ी सम्मिलित हो गई है। अरुण कमल, मंगलेश, अजीत चौधरी, भगवत रावत, राजेश जोशी, उदय प्रकाश, असद जैदी, सोमदत्त, ज्ञानेन्द्रपति, विजेन्द्र, ऋतुराज, वेणुगोपाल, विनय दुबे, विष्णु खरे, विष्णु नागर, नीलाभ, कुमार विकल, हेमन्त शेष, आलोक धन्वा, नरेन्द्र जैन, विजय गुप्त आदि अनेक महत्त्वपूर्ण नाम लिये जा सकते हैं। समकालीन काव्य परिदृश्य में ये कवि अत्यन्त महत्त्वपूर्ण स्थान बनाये हुए हैं। क्योंकि यहाँ उद्देश्य स्वातन्त्र्योत्तर प्रगतिशील-जनवादी काव्य की सभी विशेषताओं का रेखांकन रहा है, इसलिए बहुत-से महत्त्वपूर्ण नाम यदि छूट गए हैं तो केवल विस्तार-भय के कारण। समकालीन कविता के इन महत्त्वपूर्ण कवियों के काव्यानुभवों का तनाव दरअसल इस संसार की विडम्बनाओं में जीने और संघर्ष करने की मानसिक स्थितियों का तनाव है। वस्तुजगत् के बारे में इन कवियों के नये काव्य-बोध तथा जनता की मनोभूमि की सही पकड़ ने स्वातन्त्र्योत्तर प्रगतिवादी काव्य-यात्रा को निश्चित रूप से काफी आगे बढ़ाया।

सन्दर्भ

1. 'रेत और पानी से बन जाते हैं पत्थर
   हृदय बना है आग और आँसू से मिलकर;'
   रामविलास शर्मा 'तार सप्तक' 252
2. नामवर सिंह : 'इतिहास और आलोचना', पृ. 52
3. प्रेमचंद : 'यथार्थवाद' (शिवकुमार मिश्र) से उद्धृत, पृ. 179-80
4. शिवकुमार मिश्र : 'यथार्थवाद', पृ. 180
5. नागार्जुन : 'युगधारा', पृ. 103

6. रेखा अवस्थी : 'प्रगतिवाद और समानांतर साहित्य', पृ. 123-24
7. मुक्तिबोध : 'चाँद का मुँह टेढ़ा है', पृ. 14
8. विजयकुमार : साठोत्तरी हिन्दी कविता : परिवर्तित दिशाएँ', पृ. 77
9. धूमिल : 'संसद से सड़क तक' : 'पटकथा', पृ. 125-26
10. हरिहर द्विवेदी : 'शुरूआत', पृ. 40
11. आलोक धन्वा : 'गोली दागो पोस्टर' : वाम-2
12. नंदकिशोर नवल 'कविता की मुक्ति' 10
13. नामवर सिंह : कविता के नए प्रतिमान, पृ. 67-68
14. रेखा अवस्थी : 'प्रगतिवाद और समानांतर साहित्य', पृ. 56
15. वही, पृ. 59
16. वही, पृ. 60
17. नामवर सिंह : 'आलोचना' अप्रैल-जून, 1970
18. रेखा अवस्थी : 'प्रगतिवाद और समानांतर साहित्य', पृ. 68
19. विजय कुमार : 'साठोत्तरी हिन्दी कविता : परिवर्तित दिशाएँ', पृ. 12
20. वही, पृ. 12
21. वही, पृ. 15
22. विजयकुमार : 'साठोत्तरी हिन्दी कविता : परिवर्तित दिशाएँ, पृ. 17
23. वही, पृ. 18
24. रामविलास शर्मा : आलोचना : अप्रैल-जून, पृ. 1967
25. विजयकुमार : 'साठोत्तरी हिन्दी कविता : परिवर्तित दिशाएँ', पृ. 21
26. वही, पृ. 24
27. वही, पृ. 25
28. वही, पृ. 83
29. आलोचना : जुलाई-सितम्बर, 1968
30. आनंद प्रकाश : 'मार्क्सवादी सौन्दर्यशास्त्र' अंक-10-11, 'पहल', पृ. 90
31. डॉ. नंदकिशोर नवल : 'कविता की मुक्ति', पृ. 50
32. नागार्जुन : 'प्यासी पथरायी आँखें', पृ. 37
33. शील : 'अवाम के लिए' जनवादी लेखक संघ म. प्र., तृतीय राज्य सम्मेलन भिलाई, सितम्बर, 1988 के आयोजन पर प्रकाशित शील की कुछ प्रतिनिधि रचनाओं का संकलन, पृ. 13
34. त्रिलोचन : 'यह चिंता वह चिंता' शीर्षक कविता 'तुम्हें सौंपता हूँ', पृ. 42
35. केदारनाथ अग्रवाल : 'फूल नहीं रंग बोलते हैं', पृ. 75
36. मुक्तिबोध : 'चाँद का मुँह टेढ़ा है', पृ. 114
37. वही, पृ. 17
38. वही, पृ. 115
39. धूमिल : 'बीस साल बाद' : 'संसद से सड़क तक', पृ. 12
40. वही, 'जनतन्त्र के सूर्योदय में' नामक कविता, पृ. 15

41. धूमिल : 'बीस साल बाद' : 'संसद से सड़क तक', पृ. 13
42. सर्वेश्वर : 'कविताएँ-दो' : 'गर्म हवाएँ', पृ. 86
43. लीलाधर जगूड़ी : 'घबराए हुए शब्द', पृ. 36
44. विजेन्द्र : 'चैत की लाल टहनी', पृ. 110
45. वही।
46. ऋतुराज : 'पुल पर पानी', पृ. 94
47. विजयकुमार : 'साठोत्तरी हिन्दी कविता : परिवर्तित दिशाएँ', पृ. 123-24
48. अरुण कुमार : 'कंक' समकालीन जनवादी कविता, पृ. 144
49. मंगलेश डबराल : 'पहाड़ पर लालटेन', पृ. 63
50. उदयप्रकाश : 'सुनो कारीगर', पृ. 85
51. केदारनाथ सिंह : 'कला वार्ता' सितम्बर 1981 से उद्धृत।
52. केदारनाथ सिंह : 'सुई और तागे के बीच में'': प्रतिनिधि कविताएँ, पृ. 100
53. उदयप्रकाश : 'पिता' : 'सुनो कारीगर', पृ. 17
54. विष्णु नागर : 'भाई की चिट्ठी' : 'तालाब में डूबी छह लड़कियाँ', पृ. 88
55. ज्ञानेन्द्रपति : कंक : समकालीन जनवादी कविता, पृ. 130
56. उदयप्रकाश : 'अबूतर-कबूतर' : 'नींव की ईंट हो तुम दीदी', पृ. 14
57. केदारनाथ अग्रवाल : 'वसुधा' : अंक-6, पृ. 28
58. केदारनाथ सिंह : 'हाथ' : प्रतिनिधि कविताएँ, पृ. 41
59. धनंजय वर्मा : 'वसुधा' : अंक-6, पृ. 25
60. विजेन्द्र : 'चैत की लाल टहनी' : ऊषा को', पृ. 1
61. विजयबहादुर सिंह : 'प्यार' : 'मौसम की चिट्ठी', पृ. 11
62. विजयकुमार : 'साठोत्तरी हिन्दी कविता : परिवर्तित दिशाएँ', पृ. 143
63. मंगलेश डबराल : 'अगले दिन' : 'पहाड़ पर लालटेन' से उद्धृत।
64. भगवत रावत : 'थक चुकी है वह' : 'समुद्र के बारे में', पृ. 57
65. वही, पृ. 58
66. ज्ञानेन्द्रपति : 'प्रार्थनाएँ बंद करो' : पहल 13, समकालीन कविता, पृ. 100
67. स्वप्निल श्रीवास्तव : 'पतंग उड़ाते हुए बच्चे' : कंक : समकालीन ...जनवादी कविता, पृ. 197
68. केदारनाथ अग्रवाल : 'उदास दिन' : 'जनकवि' विजयबहादुर सिंह, पृ. 66
69. शमशेर बहादुर सिंह : 'नया विकल्प' : अंक-7, पृ. 6
70. नंदकिशोर नवल : 'कविता की मुक्ति', पृ. 46
71. नागार्जुन : प्यासी-पथरायी आँखें, पृ. 42
72. त्रिलोचन शास्त्री : 'मेहँदी और चाँदनी' : 'कविता की मुक्ति' नंदकिशोर नवल से उद्धृत, पृ. 46
73. उदयप्रकाश : 'सुनो कारीगर', पृ. 88
74. चारूमित्र : 'समकालीन कविता : जनवादी संदर्भ' : उत्तरार्द्ध जनवादी साहित्य विशेषांक, अंक-20, अक्टूबर, 1982, पृ. 138

75. विष्णु खरे : 'अकेला आदमी' : 'खुद अपनी आँख से', पृ. 25
76. विजयकुमार : 'साठोत्तरी हिन्दी कविता : परिवर्तित दिशाएँ', पृ. 133
77. उदयप्रकाश : 'हालचाल' : 'सुनो कारीगर', पृ. 26
78. केदारनाथ सिंह : 'पानी में घिरे हुए लोग' शीर्षक कविता, पृ. 66-67
79. चंचल चौहान : 'जनवादी समीक्षा नया चिंतन : नये प्रयोग', पृ. 196
80. केदारनाथ अग्रवाल : 'मजदूर का जन्म' नामक गीत : 'जनकवि' (विजय बहादुर सिंह) से उद्धृत, पृ. 61
81. शील : 'आदमी का गीत' : 'एक हथौड़े वाला घर में और हुआ' (जनगीतों का संग्रह), पृ. 7
82. शंकर शैलेन्द्र : वही, पृ. 8
83. रमेश रंजक : उत्तरार्द्ध-7 से उद्धृत।
84. नचिकेता : 'कटाई का गीत' उत्तरार्द्ध-20, पृ. 26
85. अश्वघोष : उत्तर गाथा-2, पृ. 67
86. चंचल चौहान : 'जनवादी समीक्षा नया चिंतन : नये प्रयोग', पृ. 208

सप्तम अध्याय

प्रयोगवादी काव्य के प्रारंभिक चरण

स्वातन्त्र्य-पूर्व और स्वातन्त्र्योत्तर हिन्दी कविता में काव्यधाराएँ चाहे जितनी हों, एक बात निर्विवाद है कि इन विभिन्न काव्यधाराओं में काव्यानुभूति के मूलतः दो स्वरूप देखने को मिलते हैं, जो उसके वैयक्तिक और सामाजिक स्वरूप ही हैं—"कोई भी अनुभूति हमारे जीवन को गहराई तक जाकर आंदोलित करती है। यह हमें दबोचती है, अवसन्न करती है, निष्क्रिय बनाती है या हमें अपने सम्पूर्ण जीवन पर फिर से विचार करके नये सिरे से जीने के लिए प्रेरित करती है।"[1]

प्रयोगवाद और नयी कविता हिन्दी काव्य परिदृश्य में अपने समय के अत्यन्त चर्चित और विवादास्पद काव्यान्दोलन रहे हैं। देखना यह है कि इन दोनों काव्यान्दोलनों में काव्यानुभवों (काव्यानुभूति) का स्वरूप कैसा है? कहने की ज़रूरत नहीं कि इसके लिए केवल इतिहास चर्चा ही पर्याप्त नहीं है बल्कि इनकी वैचारिक पृष्ठभूमि का मूल्यांकन भी आवश्यक है ताकि न सिर्फ काव्यानुभवों का स्वरूप बल्कि कविदृष्टि और कविकर्म की नयी भूमियाँ भी उद्घाटित हो सकें।

प्रयोगवादी काव्य के प्रारंभिक चरण

सन् 1943 में 'तारसप्तक' के प्रकाशन से हिन्दी काव्य-जगत् में प्रयोगवाद नामक एक नये काव्यान्दोलन का सूत्रपात होता है। इसका संपादन अज्ञेय ने किया और इसमें अज्ञेय सहित सात कवि—मुक्तिबोध, नेमिचंद जैन, भारतभूषण अग्रवाल, प्रभाकर माचवे, गिरिजाकुमार माथुर, रामविलास शर्मा तथा अज्ञेय संकलित थे। 'तारसप्तक' की भूमिका में अज्ञेय तथा संकलित कवियों ने अपने वक्तव्यों में काव्यगत प्रयोगों की विस्तृत चर्चा की, फलस्वरूप इस नयी काव्य प्रवृत्ति को प्रयोगवाद के नाम से पुकारा गया। 'तारसप्तक' की भूमिका 'विवृत्ति और पुनरावृत्ति' में अज्ञेय ने लिखा—"कवियों के चुनाव में दूसरा मूल सिद्धांत यह था कि इसमें

संग्रहीत सभी कवि ऐसे होंगे जो कविता को प्रयोग का विषय मानते हैं—जो यह दावा नहीं करते कि काव्य का सत्य उन्होंने पा लिया है, केवल अन्वेषी ही अपने को मानते हैं। तारसप्तक के कवि किसी एक स्कूल के नहीं हैं, किसी मंजिल पर पहँचे हुए नहीं हैं—अभी राही हैं—राही नहीं, राहों के अन्वेषी। काव्य के प्रति एक अन्वेषी का दृष्टिकोण उन्हें समानता के सूत्र में बाँधता है।''[2]

वैसे तो इस नयी काव्यदृष्टि का प्रस्फुटन सन् 1938 से ही विभिन्न पत्र-पत्रिकाओं में दिखाई देने लगा था लेकिन नयी काव्य-प्रवृत्ति के रूप में प्रतिष्ठा इसे 'तारसप्तक' के प्रकाशन से ही मिली। इसमें संकलित सभी कवियों ने काव्य-विषयक प्रयोगों की आवश्यकता पर बल देकर इस नूतन काव्यप्रवृत्ति को एक संगठित आंदोलन के रूप में उभारने में सहायता प्रदान की। प्रयोगवादी काव्यान्दोलन के उद्भव के मूलवर्ती कारणों की खोज जब हम करते हैं तो पश्चिम के प्रभाव के साथ देश के आर्थिक, राजनीतिक, सामाजिक तथा साहित्यिक परिस्थितियों की भूमिका को नजरअंदाज नहीं कर सकते। शिवकुमार मिश्र के अनुसार भी—''तारसप्तक के प्रकाशन (1943) के कुछ वर्ष पूर्व 1939-40 के आसपास की परिस्थितियाँ भी ऐसी थीं जिनमें इस आंदोलन को प्रेरणा देने वाले तत्त्व पर्याप्त मात्रा में निहित थे।''[3]

यह समय भारतीय राजनीति में समझौते, निराशा, गतिरोध, संघर्ष, दमन तथा समाज में युद्ध के परिणामस्वरूप आर्थिक अस्त-व्यस्तता, महँगाई, बेकारी, अकाल तथा हड़तालों का समय था। इन विषम परिस्थितियों से समाज के निम्न तथा मध्यवर्ग पीड़ित थे। परिस्थितियाँ निश्चित रूप से विषम थीं लेकिन युगीन वातावरण एकदम ऐसा भी न था कि सामूहिक अनास्था जैसी परिस्थिति निर्मित होती।

ऐसे में देश के बुद्धिजीवियों के एक वर्ग ने यदि इन विषमताओं से जूझने का निर्णय लिया और मुक्ति-मार्ग तलाशने की कोशिश की तो दूसरे वर्ग ने समाज में व्याप्त निराशा, पराजय, खिन्नता तथा अवसाद को अभिव्यक्त करने में अपने दायित्व को पूर्ण समझा। सामाजिक विषमता, अनैतिकता तथा भ्रष्टाचार के कारण इन कवियों में एक असंतुष्टि की भावना दिखाई तो देती है लेकिन इस विषम परिस्थिति के निवारण के प्रति ये सजग न थे। इन कवियों ने वस्तुस्थिति को ही सत्य मान लिया था। इस प्रकार इनकी स्थिति अत्यन्त उलझी हुई थी—''इन्हें ऐसा प्रतीत हुआ, जैसे ये सारे समाज से कटकर बिलकुल एकाकी-से हो गये हों। समाज में उनकी कोई उपयोगिता ही न रह गयी हो। सामाजिक अनुपयोगिता की अनुभूति इन कवियों के लिए विशेष व्याकुलता का कारण बनी।''[4] इस दृष्टिकोण

के कारण ये कवि स्वयं अपने मध्यवर्ग और उसकी मूल समस्याओं से तो कट ही गए, साथ ही निम्नवर्ग से भी अपना नाता न जोड़ सके। वस्तुतः यही वे कवि हैं जिन्होंने प्रयोगवादी काव्यान्दोलन को जन्म दिया।

जहाँ तक साहित्यिक परिस्थिति का प्रश्न है, प्रयोगवाद छायावाद और प्रगतिवाद की प्रतिक्रिया में सामने आया। इन कवियों ने छायावादी अभिव्यंजना-प्रणाली तथा सौन्दर्य दृष्टि का विरोध किया। छायावादी कवियों की तरह इन्होंने जीवन को उदात्त रूप में न देखकर उसका नग्न, कुरूप और बीभत्स चित्रण किया। छायावाद की कोमल और मधुर भाषा के स्थान पर इन्होंने सूखी भाषा का प्रयोग किया। इसी तरह प्रयोगवाद प्रगतिवाद के दृढ़ विरोध में भी सामने आया। प्रयोगवादी कवियों ने समाज के स्थान पर व्यक्ति को महत्त्व दिया और व्यक्ति-स्वातंत्र्य का नारा लगाया। प्रगतिवाद में रूप की अपेक्षा वस्तु को ज़्यादा महत्त्व मिला, प्रयोगवाद ने इसका भी विरोध किया और शैली और शिल्प के नवीन प्रयोगों पर ही अपनी सारी शक्ति लगा दी।

'तारसप्तक' की भूमिका तथा अपने वक्तव्य में अज्ञेय ने यह दावा किया कि वैज्ञानिक युग के जटिल यथार्थ को किसी सिद्धान्त द्वारा नहीं बल्कि अन्वेषण के द्वारा ही जाना जा सकता है। यथार्थबोध की स्वानुभूति के द्वारा ही पाया जा सकता है। नए मानवीय सम्बन्धों को अभिव्यक्त करने के लिए अज्ञेय ने अनुभूति और अभिव्यक्ति के नए आयाम तलाशने पर जोर दिया। लेकिन प्रयोगवाद की पहली समस्या क्या थी? अज्ञेय के अनुसार व्यक्ति की अनुभूति को समष्टि तक उसकी सम्पूर्णता में पहुँचाने की समस्या ही प्रयोग की पहली समस्या है—"जो व्यक्ति का अनुभूत है, उसे समष्टि तक कैसे उसकी सम्पूर्णता में पहुँचाया जाए—यह पहली समस्या है जो प्रयोगशीलता को ललकारती है। इसके बाद इतर समस्याएँ हैं कि वह अनुभूत ही कितना बड़ा या छोटा, घटिया या बढ़िया, सामाजिक या असामाजिक, अनंत या अंत, या बहिर्मुखी है इत्यादि।"[5] दरअसल यह अनुभूति और अभिव्यक्ति—दोनों के सामने उपस्थित समस्या ही थी। अज्ञेय के अनुसार यदि अनुभूति पारम्परिक या सैद्धांतिक होती तो उसकी अभिव्यक्ति में कोई संकट उपस्थित नहीं होता। परन्तु नयी अनुभूति जो स्वअर्जित थी—उसे नये शिल्प और नयी भाषा की ज़रूरत थी—जो उसे खुद ही बनानी थी लेकिन यहाँ भी एक समस्या थी कि व्यक्ति माध्यम से जो नवीन यथार्थ-बोध आया है, उसके लिए ऐसे अभिव्यक्ति माध्यम कैसे खोजे जाएँ जो कवि के बोध को ज्यों-का-त्यों पाठक के भीतर तक ले जाएँ। कहने की ज़रूरत नहीं कि यह साधारणीकरण की रक्षा की समस्या ही थी।

उस समय 'तारसप्तक' में संकलित कवियों ने भी अपने वक्तव्यों में एक स्वर में यह स्वीकार किया कि—"प्रयोगवाद अभिव्यक्ति के लिए नए मार्गों की खोज है।"[6] लेकिन वस्तु की उपेक्षा करते-करते प्रयोगवादी कवि दुर्भाग्य से वस्तु से इतनी दूर चले गए जहाँ काव्य सिर्फ शब्द रह जाता है—"काव्य सबसे पहले शब्द है और अंत में यही बात बच जाती है कि काव्य शब्द है।"[7] सन् 1947 में अज्ञेय के संपादकत्व में ही 'प्रतीक' नामक एक मासिक पत्रिका का प्रकाशन प्रारंभ हुआ। इसमें प्रकाशित अधिकांश कवियों तथा इनकी कविताओं ने प्रयोगवादी सम्बन्धी धारणा को बल प्रदान किया। फलस्वरूप प्रयोगवादी काव्यान्दोलन की चर्चा तीव्रता के साथ की जाने लगी लेकिन अपनी उपलब्धियों के साथ-साथ प्रयोगवाद ने अपनी सीमाओं का निर्धारण भी कर लिया।

समाज में व्याप्त विषमताओं से लड़ने के स्थान पर उनसे भागने और केवल निराशा, कुंठा, पराजय, संत्रास जैसी प्रवृत्तियों को प्रमुखता के साथ अभिव्यक्त करने के कारण प्रयोगवादी काव्य ने अपने असंतुलन और एकांगीदृष्टि का ही परिचय दिया। फ्रायडवादी प्रभाव के कारण अज्ञेय तथा उनकी दृष्टि के कवियों ने मनुष्य को यौन-वर्जनाओं का पुंज माना। इन कवियों ने यह माना कि मनुष्य का मन यौन परिकल्पनाओं से लदा हुआ है और ये कल्पनाएँ दमित और कुंठित हैं। यही नहीं, इसका प्रभाव (दुष्प्रभाव) उसकी सौंदर्य-चेतना पर भी पड़ता है—"आधुनिक युग का साधारण व्यक्ति यौन-वर्जनाओं का पुंज है। उसके जीवन का एक पक्ष है, उसकी सामाजिक रूढ़ि की लम्बी परम्परा, जो परिस्थितियों के परिवर्तन के साथ-साथ विकसित नहीं हुई, और दूसरा पक्ष है स्थिति परिवर्तन की असाधारण तीव्र गति जिसके साथ रूढ़ि का विकास असंभव है। इस विपर्यास का परिणाम है कि आज के मानव का मन यौन परिकल्पनाओं से लदा हुआ है और वे कल्पनाएँ सब दमित और कुंठित हैं। उसकी सौंदर्य-चेतना भी इससे आक्रान्त है। उसके उपमान सब यौन प्रतीकार्थ रखते हैं।"[8] एक-दो उद्धरण देखे जा सकते हैं—

"घिर गया नभ, उमड़ आए मेघ काले
भूमि के कम्पित उरोजों पर झुका-सा
विशद, श्वासाहत, चिरातुर
छा गया इंद्र का नील वक्ष
वज्र-सा, यदि तड़ित से झुलसा हुआ-सा।

आह, मेरा श्वास है उत्तप्त—
धमनियों में उमड़ आयी है लहू की धार
प्यार है अभिशप्त
तुम कहाँ हो नारि?"[9]

"एक सिल्क के कुर्ते की सिलवट में लिपटा
गिरा रेशमी चूड़ी का छोटा-सा टुकड़ा
उन गोरी कलाइयों में जो तुम पहने थीं।
रंग भरी उस मिलन रात में

....

दूज-कोर से उस टुकड़े पर
तिरने लगी तुम्हारी सब लज्जित तस्वीरें..."[10]

(प्रथम) 'तारसप्तक' के प्रकाशन से लेकर 1947 में 'प्रतीक' के प्रकाशन तक प्रयोगवाद ने भाषा और शिल्प के क्षेत्र में यदि नूतन प्रयोगों की उपलब्धि के तथाकथित झंडे गाड़े तो अपनी जीवन-दृष्टि की संकीर्णता और सीमाओं को भी स्पष्ट किया।

स्वातन्त्र्योत्तर विकास

सन् 1947 के बाद स्वातन्त्र्योत्तर काव्य-परिदृश्य में 'दूसरा सप्तक', 'तीसरा सप्तक' तथा 'चौथा सप्तक' का प्रकाशन हुआ। इस सप्तक-परम्परा में हम प्रयोगवादी काव्यधारा का स्वातन्त्र्योत्तर विकास देखते हैं।

'दूसरा सप्तक' 1951 में प्रकाशित हुआ। इसमें भी सात कवि संकलित थे—भवानी प्रसाद मिश्र, शकुन्त माथुर, हरिनारायण व्यास, शमशेर बहादुर सिंह, नरेश मेहता, रघुवीर सहाय तथा धर्मवीर भारती। इस सप्तक के प्रकाशन ने प्रयोगवाद की स्थिति को हिन्दी कविता में निश्चित कर दिया। इस संग्रह के संकलित कवियों ने भी न सिर्फ शैली और शिल्पगत प्रयोगों की आवश्यकता को बल प्रदान किया बल्कि कविताओं में इसके उदाहरण भी प्रस्तुत किये। इसकी भूमिका में अज्ञेय ने 'तारसप्तक' के प्रकाशन से उठी प्रयोगवाद की विस्तृत चर्चा तथा विवाद का जिक्र करते हुए अनेक बातों के सम्बन्ध में अपनी तथा अपने सहयोगियों की स्थिति पर प्रकाश डाला। उन्होंने प्रयोगवाद के सम्बन्ध में फैली कई भ्रांत धारणाओं का खंडन किया तथा प्रयोगवाद के संदर्भ में कुछ नयी और महत्त्वपूर्ण बातों की चर्चा

की। अज्ञेय ने 'तारसप्तक' तथा 'दूसरा सप्तक' के प्रकाशन के पीछे किसी वाद की योजना होने से इनकार किया–"प्रयोग कोई वाद नहीं है, हम वादी नहीं रहे, नहीं हैं। न प्रयोग अपने आप में इष्ट या साध्य है। ठीक इसी तरह कविता का भी कोई वाद नहीं है। कविता भी अपने आप में इष्ट या साध्य नहीं है। अतः हमें प्रयोगवादी कहना उतना ही सार्थक या निरर्थक है जितना हमें कवितावादी कहना।"[11] लेकिन इस विरोध और खंडन के बाद भी 'प्रयोगवाद' शब्द इस काव्यधारा के लिए रूढ़ हो गया।

यही नहीं, 'दूसरा सप्तक' की भूमिका में अज्ञेय ने एक व्यापक उद्देश्य की प्राप्ति के लिए प्रयोग की आवश्यकता सिद्ध की। यह व्यापक उद्देश्य क्या था? यह उद्देश्य था–काव्य के नए सत्य की खोज–"केवल प्रयोगशीलता ही किसी रचना को काव्य नहीं बना देती। हमारे प्रयोग का, पाठक या सहृदय के लिए कोई महत्त्व नहीं है, महत्त्व उस सत्य का है जो प्रयोग द्वारा हमें प्राप्त हो। हमने सैकड़ों प्रयोग किये हैं, यह दावा लेकर हम पाठक के सामने नहीं जा सकते, जब तक हम यह न कह सकते हों कि–'देखिये, हमने प्रयोग द्वारा यह पाया है।' प्रयोगों का महत्त्व कर्त्ता के लिए चाहे जितना हो, सत्य की खोज, लगन, उसमें चाहे जितनी उत्कट हो, सहृदय के निकट वह सब अप्रासंगिक है। पारखी मोती परखता है, गोताखोर के असफल उद्योग नहीं। गोताखोर का परिश्रम या प्रयोग अगर प्रासंगिक हो सकता है तो मोती को सामने रखकर ही कि–'इस मोती को पाने में इतना परिश्रम लगा।' बिना मोती पाये उस श्रम का कोई महत्त्व नहीं है।"[12]

'तीसरा सप्तक' 1959 में प्रकाशित हुआ जिसमें प्रयागनारायण त्रिपाठी, कीर्ति चौधरी, मदन वात्स्यायन, केदारनाथ सिंह, कुँवर नारायण, विजयदेव नारायण साही तथा सर्वेश्वरदयाल सक्सेना संकल्पित थे। कुँवर नारायण ने प्रयोगवादी कविता में जीवन से सम्पर्क का अर्थ स्पष्ट करते हुए लिखा–"जीवन से सम्पर्क का अर्थ केवल अनुभव मात्र नहीं, बल्कि वह अनुभूति और मनन शक्ति भी है जो अनुभव के प्रति तीव्र और विचारपूर्ण प्रतिक्रिया कर सके। कोई अनुभव सार्थक तब माना जाएगा जब वह किसी महत्त्वपूर्ण परिणाम में प्रतिफलित हो, और यह बिना एक वैज्ञानिक दृष्टि रखकर चले संभव नहीं। वैज्ञानिक दृष्टिकोण से मेरा अभिप्राय उस सहिष्णु और उदार मनोवृत्ति से है, जो जीवन को किसी पूर्वग्रह से पंगु करके नहीं देखती बल्कि उसके प्रति एक बहुमुखी सतर्कता बरतती है।"[13]

इस क्रम में 'चौथा सप्तक' का प्रकाशन काफी देर में हुआ। संभव है, यह देरी दो सप्तकों के बीच सात साल के अंतर की परम्परा के निर्वहन के कारण

हुई हो, लेकिन इसके प्रकाशन तक न सिर्फ प्रयोगवाद की चर्चा ठंडी पड़ चुकी थी बल्कि नयी कविता भी अपने उतार पर छोटे-छोटे विभिन्न काव्यान्दोलनों में बँटकर आखिरी साँसें ले रही थी। शायद यही कारण भी है कि 'चौथा सप्तक' ने आलोचकों और कवियों का ज़्यादा ध्यान आकर्षित नहीं किया। इसमें भी सात कवि सवक्तव्य संकलित हैं–अवधेश कुमार, राजकुमार कुंभज, स्वदेश भारती, नंदकिशोर आचार्य, सुमन राजे, श्रीराम वर्मा तथा राजेन्द्र किशोर। अन्य सप्तकों और इस सप्तक में एक महत्त्वपूर्ण अंतर यह है कि जहाँ प्रथम तीन सप्तकों के कवि एक ही स्कूल के नहीं हैं, वहीं 'चौथा सप्तक' में संकलित कवि सम्पादक अज्ञेय के विचारों से सहमत हैं और एक ही वैचारिक धरातल पर खड़े हैं। इस सप्तक के अध्ययन के बाद एक बात, जो बहुत स्पष्ट तौर पर सामने आती है, वह है समकालीन कविता को अज्ञेय द्वारा अपनी ही कविता का विकास दिखाने का प्रयास। कहना न होगा कि ऐसा ही एक असफल प्रयास वे नयी कविता आंदोलन के प्रारंभिक दिनों में भी कर चुके थे।

आरंभिक तीन सप्तकों–जो प्रयोगवाद के प्रमुख आधार स्तंभ हैं–को देखने से यह स्पष्ट ज्ञात हो जाता है कि इनमें प्रकाशित कवियों के काव्यानुभव तथा दृष्टिकोण एक ही प्रकार के नहीं हैं। कुछ ऐसे हैं जो विचारों से जनवादी हैं जैसे मुक्तिबोध, रामविलास शर्मा, भारतभूषण अग्रवाल, शमशेर बहादुर सिंह, हरिनारायण व्यास, भवानी प्रसाद मिश्र, रघुवीर सहाय, केदारनाथ सिंह, विजयदेव नारायण साही, सर्वेश्वरदयाल सक्सेना आदि। इनमें मुक्तिबोध तथा रामविलास शर्मा जैसे प्रतिबद्ध मार्क्सवादी कवि भी सम्मिलित हैं। दूसरा वर्ग उन कवियों का है जो प्रगतिशील कविता द्वारा व्यक्त जीवन-मूल्यों तथा सामाजिक प्रश्नों को असत्य मानकर अपने व्यक्तिगत जीवन की अनुभूतियों को व्यक्त करने में ही मन-प्राण से समर्पित थे। प्रायः ये सभी कवि मध्यवर्ग के थे। दूसरे वर्ग के ये कवि समाजवादी विश्वासों और संस्कारों से अलग हटकर अपने व्यक्तिगत सुख-दुखों की संवेदनाओं को ही अपने काव्य का सत्य मानकर उन्हें नये-नये माध्यमों द्वारा व्यक्त कर रहे थे। इनका लेखन न जनपक्षधर था, न समाज-सम्पृक्त। कुंठा, ह्रास, संत्रास, पराजय, थकान, नैराश्य, अहं जैसी घोर व्यक्तिवादी प्रवृत्तियों को इन कवियों ने व्यक्त किया। इन पर पश्चिमी प्रभाव था। ये फ्रायडवाद से प्रभावित थे और मानते थे कि आधुनिक युग का साधारण व्यक्ति यौन. वर्जनाओं का पुंज है। मूलतः ये कवि ही प्रयोगवादी हैं। इनमें ऊपर उल्लेखित जनवादी कवियों को छोड़कर अज्ञेय सहित शेष सभी कवि सम्मिलित हैं।

यहाँ यह स्पष्ट कर देना भी आवश्यक है कि मुक्तिबोध आदि जनपक्षधर कवि सप्तकों में संकलित जरूर रहे लेकिन ये मूलतः प्रगतिशील-जनवादी कवि हैं जिसकी चर्चा पिछले अध्याय में की गयी है। आलोचकों ने भी प्रयोगवाद की चर्चा करते समय मूलतः व्यक्तिवादी कवियों—अज्ञेय आदि को ही ध्यान में रखकर इस काव्यधारा का विवेचन किया है। यह उचित ही है क्योंकि शेष कवि प्रगतिशील-जनवादी काव्यधारा के अंतर्गत आ ही जाते हैं। अतः हम देखते हैं कि प्रयोगवादी कविता ह्रासोन्मुख मध्यवर्गीय समाज की वैयक्तिक पीड़ा को ही प्रधानता के साथ व्यक्त करती है।

डॉ. नगेन्द्र के अनुसार—"प्रयोगवादी कवि ने जिस नए सत्य के शोध और प्रेषण के नये माध्यम की खोज की घोषणा की थी, वह सत्य इसी मध्यवर्गीय समाज के व्यक्ति का सत्य था। अतः प्रश्न यह उठाया गया कि क्यों न हम उसी यथार्थ को अभिव्यक्ति दें जिसे हम भोगते हैं, अनुभव करते हैं अर्थात् जिसे हम आत्मसात् कर लेते हैं। व्यापक जीवन की बड़ी-बड़ी सैद्धान्तिक बातें और नैतिकता के बड़े-बड़े फ़लसफे ज्ञान-विज्ञान के क्षेत्र में भले ही उपादेय हों, वे कला के क्षेत्र में कलाकार के 'स्व' की आँच में तपे बिना न तो खप सकते हैं और न उपादेय ही हैं। प्रश्न यह नहीं कि हमने कला में जीवन के कितने व्यापक अंश को समेटा है, प्रश्न यह है कि हमने लिये हुए अंश को कितना जिया है, कितना भोगा है और कितनी ईमानदारी तथा सच्चाई के साथ व्यक्त किया है। प्रयोगवादी कवि इसीलिए व्यापक जन-जीवन के अंकन के फेर में न पड़कर अपने जिये हुए जीवन के ही विभिन्न दर्दों को अंकित करना पसंद करते हैं।"[14]

अपने उपर्युक्त जीवन-दर्शन के कारण प्रयोगवादी काव्य युग की पीड़ा का प्रतिनिधित्व न कर सका। वह मूलतः कलावादी और रूपवादी आंदोलन ही था। फलतः यथार्थ-चित्रण की दिशा में इस काव्यधारा ने कोई महत्त्वपूर्ण योग न दिया। शिवकुमार मिश्र ने इसका समर्थन करते हुए लिखा है—"प्रयोगवादी कविता का संवेदना-जगत् भी सीमित रहा, कारण उसने व्यापक सामाजिक सत्य के स्थान पर व्यक्ति सत्य को ही महत्त्व प्रदान किया। व्यक्ति मन की कतिपय यथार्थ छवियाँ इस कविता में अवश्य उभरीं, किंतु ठोस वस्तुजगत् से जिस यथार्थ का नाता है, उसे इस काव्य में उपेक्षा ही प्राप्त हुई।"[15]

कवि-दृष्टि और कविकर्म की नयी भूमियाँ

काव्यानुभूति कवि की अपनी अनुभूति है। एक अर्थ में अनुभूति अनुभव से गहरी

और सूक्ष्म है। कवि की अनुभूति कल्पना के सहारे अनुभव के सत्य को आत्मसात् कर लेती है—उस अनुभव-सत्य को जो कवि के साथ घटित नहीं हुआ। केवल अनुभूति ही वह शक्ति है जो रचनाकार को उस अनुभव से जोड़ देती है, जो उसका नहीं है। इस तरह रचनाकार अपनी वैयक्तिक सीमाओं से ऊपर उठकर सुख और वेदना के सार्वजनीन संसार में प्रवेश करता है।

लेकिन जब रचनाकार सिर्फ भोगे गए अनुभव की अभिव्यक्ति पर जोर देते हैं तो यथार्थ के प्रति आग्रह के साथ-साथ वे अपने रचना-संसार को छोटा भी कर लेते हैं। वे एक निश्चित वर्ग या विषयों से बँध जाते हैं और अपनी निर्धारित सीमाओं से बाहर नहीं निकल पाते। इस तरह न कवि-दृष्टि ही व्यापक हो पाती है और न उनका कवि-कर्म ही व्यापक जनसमुदाय से जुड़ पाता है।

इस तथ्य को अनदेखा नहीं किया जा सकता कि प्रयोगवाद में कवि-दृष्टि और कवि-कर्म की नयी भूमियाँ उद्घाटित होती हैं। लेकिन ये नयी भूमियाँ युग से कितनी सम्पृक्त या असम्पृक्त है? यहाँ पर यह देखना होगा।

प्रयोगवाद के प्रवर्तक अज्ञेय के अनुसार प्रयोगवादी कवि का दृष्टिकोण एक अन्वेषी का दृष्टिकोण है—उस अन्वेषी का जो काव्य-सत्य पा लेने का दावा नहीं करता। ये कवि वैचारिक स्तर पर भिन्न हैं, एक नहीं हैं लेकिन यह अन्वेषी का दृष्टिकोण उन्हें समानता के सूत्र में बाँधता है। ये कवि भोगे हुए सत्य की अभिव्यक्ति पर जोर देते हैं। जो सत्य अनुभव में नहीं आया वह काव्य का विषय नहीं बन सकता। व्यापक दुनिया की बड़ी-बड़ी बातों तथा ज्ञान-विज्ञान और दर्शन को कला में नहीं खपाया जा सकता और यदि ऐसा कोई प्रयास किया गया तो उसमें अनुभूति की सच्चाई नहीं होगी। इसलिए जीवन के वे हिस्से ही कविता या कला में अभिव्यक्त हो सकते हैं जो हमारे अनुभवों के आलोक से आलोकित हों। फलस्वरूप प्रयोगवादी कवियों ने अपने मध्यवर्ग के व्यक्ति-मन के सत्यों को उद्घाटित करने में ही अपने कर्त्तव्य की इतिश्री समझी। उस समय का मध्यवर्ग ह्रासोन्मुख था तथा उसमें कुंठा, नैराश्य, अकेलापन जैसी व्यक्तिवादी प्रवृत्तियों का बोलबाला था। प्रयोगवादी कवियों ने इन्हीं पतनग्रस्त मूल्यों को व्यक्त करने में अपनी रचनाशक्ति दाँव पर लगा दी।

इन कवियों के लिए कवि-कर्म की प्रधान और मौलिक समस्या थी—साधारणीकरण और सम्प्रेषण की समस्या। अज्ञेय के अनुसार—"एक समय था जबकि काव्य एक छोटे-से समाज की थाती था। उस समाज के सभी सदस्यों का जीवन एक रूप होता था। अतः उनकी विचार-संयोजनाओं के सूत्र भी बहुत कुछ मिलते-जुलते

थे–कोई एक शब्द उनके मन में प्रायः समान चित्र या विचार या भाव उत्पन्न करता था। आज यह बात सच नहीं रही। आज काव्य के पाठकों की जीवन परिपाटियों में घोर वैषम्य हो सकता है, एक ही सामाजिक स्तर के दो पाठकों की जीवन-परिपाटियाँ उतनी भिन्न हो सकती हैं कि उनकी विचार-संयोजनाओं में समानता हो ही नहीं, ऐसे शब्द बहुत कम हों जिनसे दोनों के मन में एक ही प्रकार के चित्र या भाव उदित हों। यह आज के कवि की सबसे बड़ी समस्या है। यों समस्याएँ अनेक हैं किंतु उन सबका स्थान इसके पीछे है क्योंकि यह कवि-कर्म की ही मौलिक समस्या है, साधारणीकरण और सम्प्रेषण की समस्या है और कवि को प्रयोगशीलता की ओर प्रेरित करने वाली सबसे बड़ी शक्ति यही है। सभी प्रकार के इतर साधनों से आज कवि उद्योग करने लगा है कि अपनी उलझी हुई संवेदना की सृष्टि को पाठकों तक अक्षुण्ण पहुँचा सके। पूरी सफलता उसे नहीं मिली–जहाँ वह पाठक के विचार-संयोजक सूत्रों को नहीं छू सका, वहाँ उसे पागल-प्रलापी समझा गया या अर्थ का अनर्थ पा लिया गया। बहुत-से लोग इस बात को भूल गए कि कवि आधुनिक जीवन की एक बहुत बड़ी समस्या का सामना कर रहा है। साधारणीकरण की पुरानी प्रणालियाँ जीवन की ज्वालामुखी से बहकर आते हुए लावा से ही भरकर और जमकर रुद्ध हो गयी हैं, प्राण-संचार का मार्ग उनमें नहीं है।"[16]

सम्प्रेषण के संकट की दुहाई देते हुए ही इन कवियों ने काव्य में नयी भाषा, शैली और शिल्प की प्रधानता पर जोर दिया और वस्तु की उपेक्षा की। प्रयोगवाद छायावाद और प्रगतिवाद की प्रतिक्रिया में सामने आया था। अतः उसने इन दोनों काव्यान्दोलनों का विरोध किया। यह विरोध न सिर्फ विषय-वस्तु के धरातल पर था बल्कि भाषा, शैली और शिल्प को लेकर भी था। इन कवियों ने छायावाद की कोमल और मधुर भाषा के स्थान पर रूखी तथा अपनी विशिष्ट भाषा का प्रयोग किया। छंद के क्षेत्र में भी प्रयोगवादियों ने मुक्त छंद को अपनाते हुए उससे आगे बढ़कर कोरे गद्य, लयविहीन कविता की रचना की। प्रगतिवाद में वस्तु को प्रधानता दी गयी। इन कवियों ने रूप को प्रधानता दी और कलात्मकता का पक्ष लिया। मतलब यह कि बिम्ब तथा प्रतीक आदि सभी क्षेत्रों में इन कवियों ने क्रांतिकारी परिवर्तन का प्रयास किया और यह भी सच है कि इस प्रयास में कई बार इनका काव्य सिर्फ़ शाब्दिक इंद्रजाल बनकर रह गया–

"वंचना है चाँदनी सित
मूत्र संचित मृत्तिका के वृत्त में

तीन टाँगों पर खड़ा, नत, ग्रीव,
धैर्य धन गदहा।''[17]

शब्दों की फिजूलखर्ची के भी एक-दो नमूने देखे जा सकते हैं। मदन वात्स्यायन की कविता 'असुरपुरी में दस से छह' में मशीनों की आवाज़ के लिए किया गया यह प्रयोग दृष्टव्य है–

''धक-धक खच-खच धक-धक खच-खच
धक-धक धक-धक खच-खच खच-खच
धक-धक खच-खच धक-धक खच-खच
धक-धक खच-खच धक-धक धा-धा
धक-धक खच-खच धक-धक धा-धा
खच-खच खच-खच धक-धक खच-खच
धक-धक खच-खच धक-धक धा-धा-धा
धा-धा-धा-धा-धा...''[18]

कहने की ज़रूरत नहीं कि प्रयोगवादियों ने अज्ञेय के इस कथन–''काव्य सबसे पहले शब्द है और सबसे अंत में भी यही बात बच जाती है कि काव्य शब्द है'' को किस हद तक चरितार्थ किया।

इस काव्यधारा में फ्रायडवाद का भी गहरा प्रभाव लक्ष्य किया जा सकता है। यों तो मध्यवर्गीय व्यक्ति के जीवन की पीड़ा के कई स्तर इस काव्य में उभरे लेकिन प्राधान्य दमित कामवासना का ही रहा। कवियों की कामभावना जितनी तीव्र थी, समाज के बंधन उतने ही कठोर थे। सामाजिक नैतिकता और मर्यादा इन कवियों के मार्ग में रोड़ा बन गयी। कवियों की यौनवासना उभर-उभरकर कुंठित होती गयी। छायावादियों की तरह कल्पना के आश्रय में न जाकर इन कवियो ने दमित कामवासना को नग्न रूप में प्रकट किया। कवियों की इस प्रवृत्ति के मूल में प्रेरणा का कार्य किया फ्रायड के काम सिद्धान्त ने। कवियों ने कहीं स्पष्ट और कहीं प्रतीक तथा बिम्बों के माध्यम से दमित कामवासनाओं को व्यक्त किया। अज्ञेय, गिरिजाकुमार माथुर तथा धर्मवीर भारती आदि का काव्य इस संदर्भ में देखा जा सकता है–

''इन फ़ीरोज़ी होठों पर बरबाद
मेरी ज़िंदगी।

तुम्हारे स्पर्श की बादल घुली कचनार नरमाई!
तुम्हारे वक्ष की जादूभरी मदहोश गरमाई...''[19]

''तन ने सम्पर्कों की सारी सीमाओं को पार किया
पर न हुआ तृप्त हिया
तप्त वासनाओं की भूखी-नंगी कायाएँ देखीं
सब कुछ रसहीन लगा।''[20]

फ्रायड के अतिरिक्त पश्चिम के प्रकृतवादियों तथा अस्तित्ववादियों के प्रत्यक्ष तथा अप्रत्यक्ष प्रभाव के कारण इस काव्य-धारा का काव्य अश्लीलता की सीमा का अतिक्रमण कर नग्न यथार्थ की कोटि तक पहुँच गया। कवियों ने मनुष्य को बर्बर प्राणी के रूप में कविता में प्रस्तुत किया जो अपनी सारी पाशविक प्रवृत्तियों के साथ अनैतिक से अनैतिक काम करता है।

कवियों की आस्था क्षणवाद में है—उस क्षण में जो समय की एक कड़ी नहीं है जो अतीत और भविष्य से असम्पृक्त सिर्फ क्षण है। यह क्षण सारे जीवन से अधिक श्रेयस्कर है क्योंकि जीवन को भविष्य और भूतकाल से शृंखलित करके देखना जीवन में विषमता, अनास्था और निराशा को भरना है। वर्तमान के लिए जिये जानेवाला क्षण शाश्वत है, सनातन है और उसी का मूल महत्त्व है। इन कवियों का तर्क था कि क्षणों की अनुभूतियाँ सम्पूर्ण जीवनानुभूति में बाधक नहीं हैं। हालाँकि सच्चाई इनके तर्कों में ही शेष थी, काव्य में नहीं—

''यह दुःसह सुख-क्षण
मिला अचानक हमें
अतर्कित।
तभी गया तो छोड़ गया।
यह दर्द अकथ्य, अकल्पित।

रंग-बिरंगी मेघ-पताकाओं से
घिर आया नभ सारा :
नीरव टूट गिर गया जलता
एक अकेला तारा।''[21]

इस तरह 'क्षण' को इतिहास और भविष्य से काटकर उसी में डूबे रहने की निश्चिंतता उस शुतुरमुर्ग की निश्चिंतता है जो रेत में सिर गड़ाकर स्वयं को सुरक्षित समझता है।

अब देखना होगा कि रस तथा बौद्धिकता के प्रति कवि-दृष्टि क्या थी अथवा कवि-कर्म में इनमें से किसे ज़्यादा प्राथमिकता दी गयी। इस प्रश्न पर अज्ञेय ने अपने सप्तकों की भूमिका में प्रत्यक्षतः कहीं विचार नहीं किया है लेकिन परम्परागत रस सिद्धांत के प्रति उपेक्षा-दृष्टि तथा बौद्धिकता का विशेष महत्त्व हम प्रयोगवादी काव्य में लक्ष्य कर सकते हैं। आगे चलकर प्रयोगवादियों ने प्राचीन आचार्यों से लेकर शुक्ल जी तक की रस सिद्धांत सम्बन्धी धारणा का खंडन किया और स्पष्ट किया कि आज की कविता का उद्देश्य रसानुभूति नहीं है। कवियों ने रस के स्थान पर बौद्धिकता की स्थापना की और उसे ही काव्य की सबसे महत्त्वपूर्ण विशेषता बताया। यही कारण है कि इस काव्य में भावुकता, तुकान्तता तथा गेयता के प्रति एक उपेक्षा का भाव दिखाई देता है और कविता गद्य के अत्यन्त निकट अथवा गद्यवत दृष्टिगोचर होती है। कविता का प्राण अनुभूति है और इसे नकार कर सिर्फ बौद्धिकता को प्राथमिकता देने से यह काव्य अत्यन्त शुष्क और नीरस हो गया। मुक्तिबोध ने जिसे ज्ञानात्मक संवेदना या संवेदनात्मक ज्ञान कहा है, उसका निर्वहन इस काव्य में दिखाई नहीं देता।

परम्परा के प्रति भी प्रयोगवादी कवि सहिष्णु नहीं रह सके। हालाँकि कम से कम कथनी में अज्ञेय ने इसका खंडन किया—"जो लोग प्रयोग की निंदा करने के लिए परम्परा की दुहाई देते हैं, वे यह भूल जाते हैं कि परम्परा, कम से कम कवि के लिए कोई ऐसी पोटली बाँधकर अलग रखी हुई चीज नहीं है, जिसे वह उठाकर सिर पर लाद ले और चल निकले। परम्परा का कवि के लिए कोई अर्थ नहीं है। जब तक वह उसे ठोक-बजाकर, तोड़-मरोड़कर आत्मसात् नहीं कर लेता, जब तक वह एक इतना गहरा संस्कार नहीं बन जाती कि उसका चेष्टापूर्वक ध्यान रखकर उसका निर्वाह करना अनावश्यक न हो जाए।"[22] लेकिन यथार्थ में इस काव्यधारा के कवि इस दावे पर खरे नहीं उतर सके। इनके पूर्ववर्ती तथा परवर्ती काव्य ने यह स्पष्ट कर दिया कि इनके पास न भविष्य के लिए कोई तर्कसंगत योजना है और न इतिहास और परम्परा के सकारात्मक, ग्राह्य और गौरवशाली पक्ष के प्रति कोई उदार और सहिष्णु दृष्टि ही है।

प्रयोगवादी कवि की दृष्टि दरअसल एकांगी दृष्टि है जो वैयक्तिकता पर जोर देती है, व्यक्तित्व की स्वाधीनता की माँग करती है और सामाजिक उत्तरदायित्व

की अवहेलना करती है। इस काव्य में प्रधान माँग अहं की स्वीकृति तथा व्यक्तित्व की खोज और प्रतिष्ठा को लेकर रही है। कवियों का यह मानना है कि पिछले युगों से अब तक सर्वाधिक विघटन मानव-व्यक्तित्व का हुआ है और व्यक्ति को वैज्ञानिक भौतिकवाद ने पग-पग पर कुंठित और अपमानित किया है अतः कवियों ने व्यक्ति स्वातंत्र्य का नारा लगाया। प्रयोगवाद में घोर व्यक्तिवाद फलता-फूलता दिखाई देता है क्योंकि कवियों में अपने युग-जीवन की कटुताओं और विषमताओं से संघर्ष करने का सामर्थ्य ही न था। वे समाज के प्रत्येक वर्ग से कटकर एकाकी हो गए थे। प्रयोगवादी कवियों ने काव्य की जनपक्षधरता की अवहेलना की और 'कला कला के लिए' सिद्धांत पर अपना विश्वास प्रकट किया। इन कवियों की दृष्टि में शोषक और शोषित वर्ग में कोई फर्क न था। ये सिर्फ दुःख का राग अलापना पसंद करते थे, उससे जूझकर मुक्त होना नहीं। इनके अनुसार दुःख सर्वव्यापी है अर्थात् समाज का वह कुटिल और शोषक वर्ग भी, जो व्यापक जन समुदाय के दुःख का कारण है, इस दुःख के सर्वव्यापी दायरे के भीतर है। यह एकांगी, पलायनवादी तथा गैरजनवादी दृष्टि है—"दुःख, अपूर्णता, पीड़ा—ये सर्वव्यापी हैं। गरीबों ने इनका ठेका नहीं लिया है। क्यों न हम दोनों वर्गों के ऊपर उठकर सम्पूर्ण मानवता के गान गाएँ।"[23]

प्रयोगवादी कवि का लक्ष्य मात्र अपने अहं को संतुष्ट करना ही रहा इसलिए कविता की प्रगतिशीलता या उसके सामाजिक सरोकारों का कोई मूल्य उसकी दृष्टि में न था। प्रयोगवादी काव्य में मूल सत्ता व्यक्तिवाद और अहंवाद की ही रही। समाज की स्रोतस्विनी के सम्मुख व्यक्ति का द्वीप नहीं टिक सकता लेकिन फिर भी कवि व्यक्ति की अलग और स्वतन्त्र सत्ता पर बल देता है—

"किंतु हम हैं द्वीप
हम धारा नहीं हैं
स्थित समर्पण है हमारा/ हम सदा से द्वीप हैं स्रोतस्विनी के
किंतु हम बहते नहीं हैं/ क्योंकि बहना रेत होना है
हम बहेंगे तो रहेंगे ही नहीं
पैर उखड़ेंगे/ प्लवन होगा/ ढहेंगे/ सहेंगे/ बह जायेंगे।
और फिर हम कभी चूर्ण होकर भी कभी क्या धार बन सकते?
रेत बनकर हम सलिल को तनिक गंदला ही करेंगे।
अनुपयोगी ही बनायेंगे।"[24]

आखिर क्यों प्रयोगवादी कवियों ने रचना और समाज के रिश्ते को झुठलाने की कोशिश की? क्यों जनवाद-विरोध को प्रमुखता दी? क्यों साहित्य तथा संस्कृति के सवालों को एक नयी व्याख्या देने का प्रयास किया। इसका उत्तर सीधा है कि ये कवि वस्तुवाद के समर्थक न होकर भाववाद के समर्थक थे और दुनिया को अपने विशेष भाववादी दृष्टिकोण से देखते-परखते थे। सुधीश पचौरी के शब्दों में—"सामान्यतया, मनुष्य के ज्ञान-संज्ञान प्रक्रिया के द्वंद्वात्मक ध्रुवांतों में 'विषयी और विषय' (सब्जेक्ट-ऑब्जेक्ट) ऐसे अवधारणा-पद हैं जो प्रत्येक प्रकार की विचारधारा के लिए बुनियादी समस्या रहे हैं। इन विचारधाराओं की वैज्ञानिकता की पहचान इसी बात से निर्धारित होती है कि विषयी-विषय के अंतर्सम्बन्धों के बारे में उनकी क्या व्यवस्था है। भाववाद इसी बुनियादी बिंदु पर वस्तुवाद से अलग एवं विपरीत है क्योंकि उसके अनुसार विषयी (सब्जेक्ट—भाववादी दर्शन में भाव, आइडिया या विचार) प्राथमिक इकाई है और विषय (ऑब्जेक्ट) उसका परिणाम ! जबकि वस्तुवाद के अनुसार विषय प्राथमिक रहता है और विषयी उसका परिणाम। विज्ञान ने भी विषय की प्राथमिकता सिद्ध की है।"[25]

भाववाद का स्वाभाविक परिणाम यह है कि वह शुद्ध व्यक्ति-अनुभव की सत्यता पर जोर दे और इस अनुभव-प्रक्रिया का कारण, क्योंकि वस्तुतत्त्व की यहाँ कोई जगह नहीं, किसी अतींद्रिय सत्ता को मान ले। इसी दृष्टि से प्रयोगवादियों ने अहं की रक्षा का आग्रह ही सर्वत्र किया और व्यक्ति के अंतर्मन की भूल-भुलैयों में भटकते रहे।

काव्यानुभवों की खोज और विवेचन

अनुभव सदा वैयक्तिक ही होते हैं लेकिन जब ये अनुभव युग की पीड़ा के साथ काव्य में आते हैं तब इनका स्वरूप सामाजिक हो जाता है और जब ऐसा नहीं हो पाता तो कवि के निजी अनुभव काव्य में भी अपने वैयक्तिक स्वरूप से मुक्त नहीं हो पाते।

प्रयोगवाद में काव्यानुभवों की खोज का आशय सिर्फ कविता की नयी वस्तु की खोज नहीं है बल्कि कवियों के उन अनेक जीवनानुभवों की खोज भी है जिनसे वे लगातार प्रताड़ित रहे हैं। प्रयोगवाद अपने पूर्ववर्ती या समानांतर काव्यान्दोलनों से सिर्फ शैली और शिल्प की दृष्टि से भिन्न नहीं हैं बल्कि उसकी भिन्नता उसके काव्यानुभवों की दृष्टि से भी है। प्रगतिवादी काव्य में आनेवाला अनुभव यदि उत्कट

सामाजिक चिंता से सम्पृक्त था तो प्रयोगवाद के काव्यानुभव व्यक्ति के निहायत निजी जीवन और अंतर्मन से सम्बन्धित दिखाई देते हैं।

वैयक्तिकता और अहं—प्रयोगवादी काव्य के प्रधान काव्यानुभव कहे जा सकते हैं। इस काव्य की युगीन परिस्थितियों की विवेचना करते हुए यह कहा जा चुका है कि युग की समस्याओं से संघर्ष करने में असमर्थ प्रयोगवादी कवि समाज के सभी वर्गों से कटकर एकाकी हो गए। देखा जाए तो वैयक्तिकता और अहं कवियों की एकाकी और असमर्थ स्थिति का ही स्वाभाविक परिणाम है। डॉ. रघुवंश ने लिखा भी है कि—''प्रयोग युग का कवि अपने व्यक्तित्व के प्रति ही आस्थावान है।''[26] इसी तरह जब व्यक्ति के लिए उसका अहं ही सर्वप्रधान हो उठता है तो बाह्यजगत् से उसका कोई संबंध नहीं रह जाता और यदि रहता भी है तो उतना ही जितने में उसके अहं को कोई बाधा नहीं पहुँचती। अहं की प्रधानता के कारण ही व्यक्ति जनता की मान्यताओं और संस्कृति का विरोध करता है—''वस्तुतः कोई भी विचार जब बाह्य यथार्थ से कटकर वास्तविक सक्रियता से रहित हो उठता है, तब बीमारियों का ही जन्मदाता बनता है, जो कला के क्षेत्र में भाँति-भाँति के गूढ़ और अस्पष्ट आवरणों को ओढ़कर प्रकट होती है। पश्चिम के प्रतीकवाद, अस्तित्ववाद, अतिवस्तुवाद—सब इन्हीं बीमारियों के प्रतिरूप हैं। इनके मूल में व्यक्ति की अहंवादिता की, अपनी व्यक्तिगत इच्छापूर्ति की ही स्थिति है और हिन्दी का प्रयोगवाद अपनी चिंतन में इन वादों की ही प्रेरणा को आत्मसात् किये हुए उनकी एक कड़ी के रूप में ही अपना परिचय देता है।''[27]

वैयक्तिकता और अहं द्वारा परिचालित किसी भी काव्य का लक्ष्य समाजपरक न होकर व्यक्तिपरक ही होगा। उपर्युक्त विवेचना के आधार पर जब हम प्रयोगवादी काव्य का अवलोकन करते हैं तो कवि की वैयक्तिकता और अहं को ही प्रमुख काव्य-वस्तु के रूप में पाते हैं। प्रयोगवादी काव्य में स्थल-स्थल पर 'अहं', 'अंतर्गुहावास' तथा 'स्वरति' के प्रति स्वीकार भाव देखा जा सकता है—

''अहं, अंतर्गुहावासी, स्वरति क्या मैं चीन्हता
कोई न दूजी राह?
जानता क्या नहीं निज में बद्ध होकर है नहीं निर्वाह?
जानता हूँ...
बना हूँ करता, इसी से कहूँ,
मेरी चाह, मेरा दाह, मेरा खेद''[28]

"हम नदी के द्वीप हैं
...उसी में रेत होकर
फिर छनेंगे हम/जगेंगे हम/ कहीं फिर पैर टेकेंगे।
कहीं फिर भी खड़ा होगा नये व्यक्तित्व का आकार।"[29]

"विश्व के इस रेतवन पर
मैं अहं का मेघ हूँ।"[30]

अनास्था तथा संशय को भी प्रयोगवाद के कवियों ने अपने काव्यानुभवों में प्रमुखता के साथ स्थान दिया। जिन परिस्थितियों तथा प्रेरणाओं से ये कवि व्यक्तिवादी और अहंवादी बने, उन्हीं ने इन्हें एक अनास्थामय दृष्टिकोण भी दिया। इस दृष्टिकोण के कारण ही हर तरफ एक अभाव दिखाई देता है और ये कवि जीवन तथा समाज के परम्परागत मूल्यों पर भी अविश्वास करने लगते हैं। इन कवियों ने पश्चिम की परिस्थितियों तथा मनोदशाओं को जबर्दस्ती भारतीय समाज पर थोपने की कोशिश की जिनके कारण संशय तथा अनास्था जैसी प्रवृत्तियों का जन्म होता है। इस अनास्था को कवियों ने कुछ भारतीय परिवेश तथा कुछ पाश्चात्य प्रभाव से ग्रहण तो कर लिया किंतु उनसे मुक्ति का कोई प्रयत्न करने के स्थान पर ये केवल उसका राग ही अलापते रहे।

इस दृष्टिकोण ने इन कवियों के मन में अनेक शंकाओं को जन्म दिया। यह संशय उनके सामाजिक या रचनात्मक कार्य के मार्ग में सबसे बड़ा बाधक बना रहा—

"लेकिन इन दोनों के बीच
मेरे तीखे पर एकाकी स्वर
केवल सच्चाई का आश्रय लेकर
गूँजेंगे या रव में खो जायेंगे
या ये स्वर पहुँचेंगे जन-जन के द्वार
लज्जित माथे पर काँटों का सिंगार
या मंगलवादन, जयध्वनि वंदनवार
क्या पायेंगे
प्रभु
हम क्या पायेंगे?"[31]

इस संशय बोध के कारण क़वियों को बार-बार यह लगता रहा कि इतिहास उन्हें "तट के पास कूड़े-सा तज कर" आगे बढ़ जाएगा–

"...कूड़े-सा हमको तज कर तट के पास
मंथर गति से बढ़ जाएगा इतिहास
सामूहिकता भी केवल
साबित होगी जिस दिन छल
अपनी वैयक्तिकता हार
क्या पायेंगे
प्रभु
हम क्या पायेंगे?"[132]

कवि को उन अदृश्य चरणों की तलाश है, उसकी आस्था के टूट जाने पर जिनमें उसे शरण मिल सके–

"जिस दिन अपनी हर आस्था तिनके-सी टूटे
जिस दिन अपने अंतरतम के विश्वास सभी निकलें झूठे
उस दिन होंगे वे कौन चरण
जिसमें इस लक्ष्य भ्रष्ट मन को मिल पायेगी अंत में शरण।"[133]

नैराश्य, कुंठा तथा घुटन को भी कवियों ने जीवन का वास्तविक यथार्थ मानकर काव्य में प्रस्तुत किया। इन प्रवृत्तियों का स्रोत भी उनके एकाकी तथा असामाजिक जीवन-दर्शन में निहित है। कवियों ने व्यक्ति-मन की इस मनःस्थिति के माध्यम से समान मनोदशाओं वाले मध्यवर्ग को भी एक विशेष हिस्से की मनःस्थिति का चित्रण किया। इस तरह इन कवियों का काव्य एक सीमित वर्ग के सीमित यथार्थ से बाहर न निकल पाया। ऐसा नहीं कि इनके काव्य में कहीं आशा और उल्लास का स्वर सुनाई नहीं देता लेकिन ये अपवाद-स्वरूप ही हैं और सर्वत्र निराशा, कुंठा, घुटन का ही प्राधान्य है–

"छू सकी न कोई ज्योति
हृदय की धड़कन को
एक भी किरण दे सके नहीं दीपक सौ-सौ"[134]

"ऐसा लगता आज कि मेरा सारा जीवन नष्ट
ऐसा लगता आज कि मेरी सभी साधना भ्रष्ट
मैंने हरदम घोटा
अपने सपनों का दम।"[35]

आश्चर्य है कि इन कवियों ने उपर्युक्त ह्रासशील प्रवृत्तियों को भी अपनी कमजोरी स्वीकार करने के बजाय उनका औचित्य प्रमाणित करने का ही प्रयास किया।

पराजय और पलायन की भावना को भी कवियों ने प्रमुखता के साथ वाणी दी। स्पष्ट है, समाज से कटकर किसी भी रचनाकार का दृष्टिकोण पलायनवादी ही बन सकता है। इस पराजय भावना के मूल में भी कवियों की वैयक्तिकता और उनका अहं ही था। इन कवियों ने समाज की प्रतिकूल और अनुकूल परिस्थितियों में कोई भेद नहीं किया और समूह की अवहेलना करते हुए ये एकाकी ही समूची परिस्थितियो के विरुद्ध संघर्ष के लिए तैयार हो गए। परिणाम पराजय ही होना था। इस पराजय ने कवियों को एक गहरे अवसाद से भर दिया–

"प्रलय स्वर है वह
या है बस मेरी लज्जाजनक पराजय"[36]

"हम सबके मन में गहरा उतर गया है युग, अँधियारा है
अश्वत्थामा है, संजय है
है दास वृत्ति उन दोनों वृद्ध प्रहरियों की
अंधा संशय है, लज्जाजनक पराजय है।"[37]

फलस्वरूप कवियों के मन में सामाजिक यथार्थ के प्रति एक उदासीनता के भाव का जन्म होता है और वे पलायनवादी बन जाते हैं। कवियों ने अपने इस पलायनवाद को भी हेय रूप में नहीं लिया बल्कि इसके पक्ष में तर्क दिये। यही कारण है कि डॉ. देवराज ने प्रयोगवादी काव्य पर व्यक्तित्व विहीनता का आरोप लगाया क्योंकि एक-सी मनोभावनाओं तथा स्थितियों का ही चित्रण करने के कारण कवियों में भेद करना कठिन हो गया–"जहाँ प्रयोगवादी कविता पूर्व युग से पूरी तरह अलग दिखने लगी, और इस प्रकार उसका आंदोलन एक निचले व्यक्तित्व से सम्पन्न हो गया, वहाँ प्रयोगवाद के समर्थक प्रचारक कवियों को एक-दूसरे से भिन्न करना कठिन दिखाई पड़ने लगा। प्रयोगवादी, रचनाकार के निराले व्यक्तित्व

की खोज में निकले थे, पर धीरे-धीरे रचनाकार और उनकी रचनाएँ व्यक्तित्व-विहीन दिखाई पड़ने लगीं।"[38]

प्रयोगवादी काव्यानुभवों को स्वरूप देने में क्षणवाद, भोगवाद तथा नियतिवाद की भूमिका भी कम महत्त्वपूर्ण नहीं है। प्रयोगवादी कवियों ने क्षण को ही सत्य माना। क्षणवादी धारणा के अनुसार ज़िंदगी का एक क्षण जो व्यक्ति को सुख और तृप्ति प्रदान करता है, सम्पूर्ण जीवन से श्रेष्ठ और महत्त्वपूर्ण है। यह क्षण ही पूर्ण और समग्र है, इसे भोग लेने के पश्चात् और कोई आकांक्षा शेष नहीं रह जाती। क्षण पर जोर देना गलत नहीं, यदि हम उसे समय की एक कड़ी मानें तो। दुर्भाग्य से प्रयोगवादी कवियों ने इस क्षण को अतीत और भविष्य से काटकर स्वीकार किया—

"एक क्षण-क्षण में प्रवाहमान व्याप्त सम्पूर्णता
इससे कदापि बड़ा नहीं था महाम्बुधि जो पिया था अगस्त्य ने
एक क्षण। होने का अस्तित्व का अजस्र अद्वितीय क्षण
होने के सत्य का, सत्य के साक्षात् का, साक्षात् के क्षण का
आज हम आचमन करते हैं।"[39]

इस क्षणवाद के मूल में डी. एच. लारेन्स, वर्ग सांज्याँ, पाल सार्त्र एवं फ्रेंच प्रतीकवादियों के विचार हैं जिनसे प्रयोगवादी कवि प्रभावित हुए। यह क्षणवाद ही कवियों को भोगवाद की ओर अग्रसर करता है किंतु इच्छित क्षण के अभाव में उद्वेलित और अशांत कवि नियतिवाद की शरण में चले जाते हैं—

"द्वीप हैं हम
यह नहीं है शाप
यह अपनी नियति है।"[40]

"दास मैं भी हूँ नियति का
क्या भला विश्वास मेरा।"[41]

कहना ही होगा कि यह काव्य का क्षयशील रूप है। प्रगतिशील कवियों की तरह जागरूक चेतना इन कवियों के यहाँ दूर-दूर तक दृष्टिगोचर नहीं होती। व्यक्ति जब समाज से कटकर अपने कर्म के प्रति भी शंकित हो उठता है तो उसे नियति की शरण में जाना ही पड़ता है। नियति की ओर प्रयोगवादी कवियों के प्रस्थान का कारण भी उनके वैयक्तिक जीवनदर्शन में ही निहित है।

प्रयोगवादी कवियों ने अनेक स्थलों पर लघुता तथा निरीहता की भावना को भी व्यक्त किया—"इसी प्रकार अनेक स्थल ऐसे हैं, जहाँ यह भावना ही अपराधों एवं पापों की स्वीकृति बनकर प्रकट हुई। अपनी दीनता-हीनता, अपराधों एवं पापों की स्वीकृति हिन्दी साहित्य में नयी नहीं है, इसे मध्यकालीन संत एवं भक्त कवियों की रचनाओं में स्पष्टतः देखा जा सकता है—अंतर केवल इतना है कि हृदय से निश्छल एवं अकलुष होते हुए भी जहाँ मध्यकालीन भक्त एवं संत कवि अपनी भक्ति की प्रगाढ़ अनुभूतियों के वश एक गहन लोकोपकारी भावना से प्रेरित होकर युग के सारे कलुष को अपने सिर पर थोपकर अपने पतित पावन प्रभु से अपने व प्राणिमात्र से उद्धार की प्रार्थना करते थे, वहाँ प्रयोगवादी कवियों की इस प्रवृत्ति के मूल में और कुछ नहीं, वस्तुतः उनके पराजित और पददलित अहं का हाहाकार ही निहित है, अथवा यह उनकी अभिव्यक्ति की एक ऐसी टेकनिक विशेष है जिसके द्वारा कवि अपने मूल मंतव्य को अधिक प्रभावोत्पादक ढंग से सामने लाता है।"[42] लघुता और निरीहता के एक-दो उदाहरण दृष्टव्य हैं—

"कछुए-सी मेरी आत्मा
पंजे फैला
असली स्वरूप जो तुम्हें दिखाने को
उत्सुक हो बैठी है
क्या जाने
अगले क्षण को ही आहट को पा
सब कुछ अपने में फिर समेट ले झट अंदर।"[43]

"यह महाकाल के जबड़े जैसा अँधियारा
मैं इसमें घुटकर मर जाऊँगा
कोई मुझको छुटकारा दो, कोई मुझको..."[44]

अपराधों एवं पापों की स्वीकृति भी अनेक कविताओं में देखी जा सकती है—

"माना हमने अपनी आत्मा को ऐब दिया
जीवन पापों से, शापों से बाँध लिया।"[45]

"तुम न मुझे कोसो, लज्जा से मस्तक मेरा झुका हुआ है
उर में वह अपराध व्यक्त, होंठों पर जो रुका हुआ है।"[46]

दर्द की अभिव्यक्ति भी प्रयोगवाद की कविताओं में अनेक स्थलों पर प्रधानता के साथ दिखाई पड़ती है। हालाँकि यह दर्द भी आधारहीन, असामाजिक और व्यक्तिमुखी है। यह दर्द किसी व्यापक अनुभूति को लेकर नहीं, प्रायः प्रेम की पीड़ा को लेकर सामने आता है–

"ओस में भीगी हुई अमराइयों को चूमता
झूमता आता मलय का एक झोंका सर्द
काँपती मन की मुँदी मासूम कलियाँ, काँपतीं,
और खुशबू-सा बिखर जाता हृदय का दर्द।"[47]

डॉ. नामवर सिंह ने ठीक ही कहा है कि–"व्यापक पीड़ा और व्यापक दर्द का प्यार के दर्द में यह संकोच प्रयोगवादियों की एक महत्त्वपूर्ण विशेषता है।"[48]

हालाँकि इस दर्द का दार्शनिक स्वरूप भी कहीं-कहीं दिख पड़ता है। अज्ञेय ने दुःख को आत्म-परिष्कार के एक माध्यम के रूप में प्रस्तुत किया–

"दुःख सबको माँजता है
और चाहे स्वयं सबको मुक्ति देना वह न जाने, किंतु
जिनको माँजता है
उन्हें यह सीख देता है कि सबको मुक्त रखें।"[49]

इस पीड़ा बोध को अधिकांश प्रयोगवादी कवि दार्शनिक धरातल पर एक चिरन्तन सत्य के रूप में प्रतिष्ठित करने का प्रयास करते दिखाई देते हैं।

नग्न यथार्थ के रूप में अभिव्यक्त यौन भावना भी प्रयोगवाद में एक प्रमुख काव्यानुभव रही। इसके मूल में फ्रायड तथा पश्चिम के प्रकृतवादियों और अस्तित्व वादियों का प्रत्यक्ष तथा अप्रत्यक्ष प्रभाव देखा जा सकता है। इन कवियों की प्रेरणा फ्रायड की यह मान्यता थी कि प्रत्येक कला के उद्भव के मूल में कलाकार की दमित कामवासनाएँ ही कार्य करती हैं तथा कलाकार सामाजिक दृष्टि से अनुपयोगी होने के कारण अपनी कला द्वारा समाज में अपनी उपयोगिता को प्रमाणित करने का प्रयत्न करता है। पश्चिम के डी. एच. लारेन्स जैसे फ्रायडवादी लेखकों से भी इन कवियों ने प्रेरणा ली। अज्ञेय ने तो स्पष्ट कहा–"आधुनिक युग का साधारण व्यक्ति यौन वर्जनाओं का पुंज है।"[50] स्वयं अज्ञेय की कविता 'सावन मेघ' इस संदर्भ में देखी जा सकती है–

"आह, मेरा श्वास है उत्तप्त
धमनियों में उमड़ आयी है लहू की धार
प्यार है अभिशप्त
तुम कहाँ हो नारि?"

इस तरह पश्चिम की विकृत कला-दृष्टि के प्रभाव में कवियों की यौन-भावना स्थल-स्थल पर श्लीलता का अतिक्रमण कर उठती है–

"मुझे तो वासना का विष
हमेशा बन गया अमृत
बशर्ते वासना भी हो तुम्हारे रूप से आबाद"[52]

"तुम्हारे स्पर्श की बादल-धुली कचनार नरमाई!
तुम्हारे वक्ष की जादूभरी मदहोश गरमाई!"[53]

"तन ने सम्पर्कों की सारी सीमाओं को पार किया
पर न हुआ तृप्त हिया।"[54]

आश्चर्य है कि पश्चिम के अधिकांश मान्य आलोचकों ने जिन आंदोलनों–अति वस्तुवाद, दादावाद, प्रकृतवाद तथा अस्तित्ववाद–की नग्न यथार्थ, कुरूपता और एकांगी तथा संकीर्ण जीवनदृष्टि के कारण कड़ी आलोचना की, उन्हें ही प्रयोगवादी कवियों ने प्रेरणास्रोत बनाया।

इस तरह युग-जीवन से सम्पृक्त न होने के कारण प्रयोगवाद के काव्यानुभव अपने वैयक्तिक स्वरूप से मुक्त नहीं हो पाते। प्रयोगवादी काव्य व्यक्ति की निहायत निजी जिंदगी तथा अंतर्मन से सम्बन्धित रहा और उसके कवि अहं, अनास्था, संशय, संत्रास, यौन भावना जैसी प्रवृत्तियों से प्रताड़ित रहे।

प्रयोगवाद और नयी कविता

नयी कविता भारतीय स्वतन्त्रता के बाद लिखी गयी उन कविताओं को कहा जाता है जिसमें नए भाव-बोधों की अभिव्यक्ति के साथ ही नये शिल्प विधान की ओर भी ध्यान दिया गया। डॉ. नगेन्द्र के अनुसार–"नयी कविता नाम स्वतन्त्रता के बाद लिखी गयी उन कविताओं के लिए रूढ़ को गया, जो वस्तु-छवि और रूप-छवि दोनों में प्रयोगवाद का विकास होकर भी विशिष्ट हैं।"[55] यह बरसों से विवाद का

विषय रहा है कि प्रयोगवाद और नयी कविता दो भिन्न काव्यान्दोलन हैं। या प्रयोगवादी कविता ही अंततः नयी कविता में रूपांतरित हो गयी है। सन् '43 में प्रकाशित 'तारसप्तक' में संकलित कवियों की कविताओं को आलोचकों ने प्रयोगवादी कविता की संज्ञा दी। हालाँकि 'तारसप्तक' के सम्पादक अज्ञेय तथा अन्य कवियों ने प्रयोग को वाद मानने से इनकार किया लेकिन काफी वाद-विवाद के बाद यह नाम भी रूढ़ हो गया।

सन् 1954 में डॉ. जगदीश गुप्त के संपादन में 'नयी कविता' नामक अर्द्धवार्षिक पत्रिका का प्रकाशन प्रारंभ हुआ। 'नयी कविता' शीर्षक से कुछ काव्य-संग्रह भी प्रकाशित हुए जिनकी कविताएँ वस्तु और भाषा-शिल्प आदि की दृष्टि से प्रयोगवादी कविताओं से पर्याप्त साम्य रखती थीं। इस तरह यह निष्कर्ष भी निकाला जा सकता है कि प्रयोगवादी कविता ही स्वातन्त्र्योत्तर परिवेश में धीरे-धीरे नयी कविता कही जाने लगी। देखा जाए तो प्रयोगवादी कविता और नयी कविता—दोनों एक ही काव्यधारा के विकास की दो अवस्थाएँ हैं। सन् 1943 से सन् 1954 में 'नयी कविता' नामक पत्रिका के प्रकाशन तक कविता में जो नये-नये प्रयोग हुए, नयी कविता उन्हीं के स्वाभाविक परिणाम के रूप में सामने आयी। प्रयोगवाद एक ही काव्यधारा का यदि पूर्वार्द्ध है तो नयी कविता उसका उत्तरार्द्ध। प्रयोगवाद के जो कवि हैं, वे नयी कविता के कवि भी हैं तथा दोनों की काव्यगत प्रवृत्तियाँ भी प्रायः समान हैं। फलस्वरूप अधिकांश आलोचकों ने नयी कविता नाम को प्रयोगवाद का ही पर्याय माना।

यह जरूर है कि नयी कविता, प्रयोगवादी कविता की अपेक्षा कुछ नवीन थी। यह भी सत्य है कि प्रयोगवादी कविता और नयी कविता में आंशिक अंतर अवश्य देखने को मिलता है किंतु यह अंतर इतना नगण्य है कि नयी कविता में ही प्रयोगवाद को भी समाहित समझना अनुचित न होगा और अधिकांश आलोचकों का भी प्रायः यही मत रहा है। कहा जा सकता है कि यूँ तो 'दूसरा सप्तक' 1951 की कविताओं को ही प्रयोगवादी काव्यधारा का प्रस्थान मानते हुए उसे नयी कविता के भिन्न नाम से पुकारा गया, लेकिन 1954 में 'नयी कविता' नामक पत्रिका के प्रकाशन के बाद से ही नयी कविता का नाम जोर-शोर से सुनाई पड़ता है।

इस तरह नयी कविता सन् 1954 से सन् 1961 के बीच का काव्यान्दोलन है जो अपनी कुछ भिन्न विशेषताओं के बावजूद प्रयोगवादी काव्यान्दोलन से पर्याप्त सादृश्य रखता है।

रिश्तों की खोज

एक समय था जब कविता और जीवन का रिश्ता दरबारी कवियों द्वारा सिर्फ राजाओं के शौर्यवर्णन तक सीमित था। इतने में ही इन कवियों ने अपने कर्तव्य की इतिश्री समझी। इसके बाद स्थिति और बदतर हो गयी। कविता नख-शिख वर्णन और भोग-विलास की अभिव्यक्ति का पर्याय बनकर रह गयी। भक्तिकाल में संत कवियों ने इस सीमित घेरे को तोड़ा और कविता को जीवन की खुली धूप-छाँव में लाने का प्रयास किया और इसमें वे सफल भी रहे। आधुनिक काल के विभिन्न काव्य-युगों में कविता का जीवन से यह रिश्ता क्रमशः मजबूत और गहरा होता चला गया। लेकिन कुछ काव्यान्दोलन ऐसे भी हुए जिन्होंने कविता और जीवन के रिश्तों को झुठलाने की कोशिश की। यदि किसी काव्यान्दोलन से ऐसा कोई कटिबद्ध प्रयास नहीं किया तो भी उस युग में कविता रहस्योन्मुख रही और युग की प्रधान समस्याओं के प्रति उसने प्रायः पलायनवादी रवैया अपनाया।

इन विभिन्न उतार-चढ़ावों के बाद अब यहाँ नयी कविता में जीवन और समाज से उसके रिश्तों की खोज करनी होगी और देखना होगा कि इस काव्यान्दोलन के कवि युग की पीड़ा के प्रति किस हद तक उन्मुख रहे।

नयी कविता आंदोलन के समय नामवर सिंह ने यह लिखा था कि—"नयी कविता यदि आज द्वंद्व और तनाव को काव्य के प्रतिमान के रूप में प्रतिष्ठित करना चाहती है तो वह हिन्दी आलोचना की गौरवशाली परम्परा को ही आगे बढ़ा रही है। ऐतिहासिक संदर्भ को देखते हुए भी कविता में आज द्वंद्व और संघर्ष के मूल्य पर ज़ोर देना अप्रासंगिक नहीं है। आज संघर्ष से घबराने वाले वही होंगे, जो सत्ताधारी वर्ग के साथ यह सोचते हैं कि स्वाधीनता प्राप्ति के बाद जीवन में सारे संघर्षों का अंत हो गया। ऐसे लोग पदोन्नति के लिए अथवा सत्ता की रक्षा के लिए स्वयं चाहे जितना संघर्ष करें, किंतु दूसरों के लिए संघर्ष को वर्जित मानते हैं—चाहे वह जीवन में हो या या कविता में।"[56] नयी कविता के संदर्भ में मुक्तिबोध का यह महत्त्वपूर्ण कथन भी याद किया जा सकता है कि—"काव्य या तो बाह्य जीवन-जगत् के साथ सामंजस्य में या उसके अनुकूल उपस्थित होता है अथवा उसके साथ द्वंद्व रूप में प्रस्तुत होता है अथवा काव्य-प्रवृत्ति एक स्तर या क्षेत्र में सामंजस्य और दूसरे स्तर या क्षेत्र में द्वंद्व को लेकर प्रस्तुत होती है। संक्षेप में आभ्यंतर या बाह्यीकरण, विश्वव्यापी सामंजस्य या द्वंद्व अथवा दोनों के भिन्न रूप में उपस्थित होता है। आज की कविता में उक्त सामंजस्य से अधिक द्वंद्व ही है। इसलिए उसके भीतर तनाव या घिराव का वातावरण है।"[57]

यहाँ तक कि अज्ञेय जैसे घोर व्यक्ति केन्द्रित कवि भी इस तनाव के महत्त्व को स्वीकार करते हैं—"मानसिक तनाव से धनुष की प्रत्यंचा-सी तनी हुई, अंतर्जीवन की तीखी चेतना के स्वर-सी संयत, लेकिन जीवन के विविधता के बोध से विशृंखल होती हुई भी—आज की कविता का सौन्दर्य इसी कोटि का है।"[58] लेकिन अज्ञेय और मुक्तिबोध के तनाव में अंतर है। अज्ञेय के लिए मानसिक तनाव प्रमुख है जिसे जीवन की विविधता का बोध विशृंखल करता है जबकि मुक्तिबोध का तनाव दोहरा है—यह तनाव युगीन परिवेश के साथ भी है और अपने भीतर अपने आप से भी। इन दोनों दृष्टियों की परिणति ही नयी कविता में हुई। स्पष्ट है कि इन दो जीवन-दृष्टियों ने नयी कविता आन्दोलन में कवियों को दो खेमों में बाँट दिया। इनमें एक खेमा अज्ञेय का था और दूसरा मुक्तिबोध का। इन दोनों व्यक्तिवादी और मार्क्सवादी कवियों के अतिरिक्त और भी कुछ महत्त्वपूर्ण कवि थे जो मार्क्सवादी चाहे नहीं थे लेकिन अपनी जनपक्षधरता के रहते जनवादी जरूर थे जैसे—सर्वेश्वर, रघुवीर सहाय, धूमिल आदि। अतः इन कवियों ने भी अपनी वैचारिक भिन्नताओं के बावजूद जनपक्षधरता के बिंदु पर मुक्तिबोध के खेमे का ही प्रतिनिधित्व किया। वे सारे कवि नयी कविता आंदोलन के अंतर्गत स्वीकृत थे और उस समय इनका मूल्यांकन भी नयी कविता के प्रतिमानों के आधार पर किया गया।

लेकिन आज इस आंदोलन के लगभग ढाई दशक बाद मुक्तिबोध और सर्वेश्वर जैसे कवियों को नयी कविता का कवि कहना उचित न होगा। यह आकस्मिक नहीं है कि मुक्तिबोध नयी कविता के दौर में अपनी विचारधारा के कारण सर्वाधिक उपेक्षित रहे थे। इसके पहले भी एकाधिक बार यह कहा जा चुका है कि नयी कविता मूलतः व्यक्तिवादी कविता थी जो शीतयुद्ध का ही एक मुहिम थी। द्वितीय विश्वयुद्ध के बाद साम्राज्यवादी पूँजीवादी शक्तियों द्वारा सम्पूर्ण विश्व में प्रगतिशील-जनवादी विचारधारा के खिलाफ जो शीत युद्ध छेड़ा गया था, नयी कविता उसी साजिश का एक नमूना थी। वह प्रयोगवादी काव्य का विकास थी इसलिए उसमें भी वे सारे सड़े-गले और विकृत जीवन-मूल्य देखने को मिलते हैं जो प्रयोगवादी काव्य के आधार थे। अतः कहना न होगा कि मुक्तिबोध और सर्वेश्वर जैसे कवि प्रगतिशील और जनवादी कवि थे और इनका मूल्यांकन पिछले अध्यायों में—प्रगतिशील जनवादी काव्यधारा के अंतर्गत किया जा चुका है।

प्रयोगवाद के कवि नयी कविता के अंतर्गत भी काव्य-रचना में सक्रिय दिखाई देते हैं, साथ ही कुछ नये और महत्त्वपूर्ण नाम और जुड़ जाते हैं। यदि कुछ महत्त्वपूर्ण नामों की फेहरिस्त ही तैयार करना चाहें तो वह यों होगी—अज्ञेय, गिरिजाकुमार

माथुर, नरेश मेहता, धर्मवीर भारती, कुँवर नारायण, श्रीकांत वर्मा, कमलेश, जगदीश गुप्त, लक्ष्मीकांत वर्मा, अजित कुमार, विपिन कुमार अग्रवाल, श्रीराम वर्मा, वीरेन्द्र कुमार जैन, प्रभाकर माचवे, रमेशचंद्र शाह, सौमित्र मोहन, अशोक वाजपेयी, कैलाश वाजपेयी आदि। और भी अनेक महत्त्वपूर्ण नाम हैं, यहाँ इन कवियों के प्रतिनिधि होने का ही दावा नहीं है। कहने की ज़रूरत नहीं कि कवि की जीवन-दृष्टि ही जीवन और समाज से उसकी कविता के रिश्तों को निर्धारित करती है। इस संदर्भ में नयी कविता के कवि भी अपवाद नहीं हैं।

नयी कविता के कवियों ने प्रयोगवाद की व्यक्तिमुखी काव्य परम्परा को ही आगे बढ़ाया। इन कवियों की प्रधान समस्या अभी भी अपने अहं के विस्तार को लेकर थी। यह अहं उनका दायित्व और दर्द दोनों है–

"अहं का विस्तार
है दायित्व भी
दर्द भी।"[59]

नयी कविता का कवि दूसरे के दुःख को अपना मानने की कोशिश में सफल नहीं होता और अपनी निषेधवादी जीवन-दृष्टि के रहते किसी महत्त्वपूर्ण कथ्य के अभाव में कविता को इस हद तक ले जाता है वहाँ वह केवल शाब्दिक खिलवाड़ बनकर रह जाती है। कवि जानता है कि वह युग के यथार्थ से जुड़ नहीं पा रहा है और 'गलत समय की कविताएँ' लिखता हुआ वह 'अदृश्य दुनिया में' जी रहा है। फिर भी वह इससे उबर नहीं पाता–

"मैं एक अदृश्य दुनिया में
न जाने क्या कुछ कर रहा हूँ
मेरे पास कुछ भी नहीं है–
न मेरी कविताएँ हैं न मेरे पाठक हैं
न मेरा अधिकार है
यहाँ तक कि मेरी सिगरेटें भी नहीं हैं
मैं ग़लत समय की कविताएँ लिखता हुआ
नकली सिगरेट पी रहा हूँ
मैं एक अदृश्य दुनिया में जी रहा हूँ
और अपने को टटोल कह सकता हूँ
दावे के साथ

मैं एक साथ ही मुर्दा भी हूँ और ऊदबिलाव भी
मैं एक बासी दुनिया की मिट्टी में
दबा हुआ
अपने को खोद रहा हूँ।''[60]

''मैं गौर से सुन सकता हूँ
औरों के रोने को
मगर दूसरे के दुःख को
अपना मानने की बहुत
कोशिश की, नहीं हुआ।''[61]

ऐसे में आश्चर्य नहीं जो कविता कवि के अनर्गल प्रलाप में बदल जाती है—

''मैं हरेक नदी के साथ
सो रहा हूँ
मैं हरेक पहाड़
ढो रहा हूँ
मैं सुखी
हो रहा हूँ
मैं दुःखी
हो रहा हूँ
मैं सुखी-दुःखी होकर
दुःखी-सुखी
हो रहा हूँ
मैं न जाने किस कंदरा में
जाकर चिल्लाता हूँ :
मैं हो रहा हूँ।
मैं हो रहा हूँ।
मगर खबरदार! मुझे कवि मत कहो।
मैं बकता नहीं हूँ कविताएँ
ईजाद करता हूँ

गाली
फिर उसे बुदबुदाता हूँ।'[62]

नयी कविता ने आधुनिकतावादी आत्मविचलित मनुष्य की गुत्थियों को ही समग्र मानकर व्यक्त किया। नया कवि (नयी कविता का कवि) परम्परा-द्रोही है। परम्परा की ग्राह्य-अग्राह्यय प्रवृत्तियों में भेद किये बिना यह उसके प्रति विद्रोह का भाव रखता है। यहाँ लक्ष्मीकांत वर्मा रचित 'तक्षक की परम्परा' शीर्षक कविता देखी जा सकती है—

उस पुष्प से, गंध से बचो
जो अपने पराग में तक्षक लिये फिरता है
भागवत के पृष्ठों पर अर्पित होने के बाद भी
जो हँसता है
खा लेता है सारे जीवन की संचित मूल शक्ति
क्योंकि उसे या उसके विष को
फूल की गंध, सौरभ, पराग बाँध नहीं पाता
वह हर परीक्षित को संशय की जड़ता बन
डँसता है।'[63]

नयी कविता के कवि ने भी संशय, कुंठा, नैराश्य, थकान, अकेलापन, अहं, आत्मरति जैसी व्यक्तिवादी प्रवृत्तियों को अभिव्यक्ति दी। वह कविता में ऐसा प्रयोग करता है जो अपना कोई असर नहीं छोड़ पाता—

''मैं कवि हूँ—
स्टेनलेस स्टील के बर्तन जैसा कीमती
चमकदार, सदाबहार
जिसमें कि हर केमिकल—
हर आब, शराब, तेजाब, पेशाब या गुलाब
अपना प्रयोग कर उड़ जाता है,
बर्तन को बेअसर छोड़कर।
मैं भी वैसा ही करता हूँ प्रयोग
बे मतलब, बे प्रयास, बिना ध्यान-ध्येय के,

मुझे कुछ मतलब नहीं
अपने से, अक्ल से, जनता से, कविता से!"[64]

जनता से कुछ मतलब न होने के कारण समाज और जीवन से नयी कविता का जो रिश्ता रह गया, वह प्रभाकर माचवे की इन पंक्तियों में स्पष्ट है—

"मैं माइक के सम्मुख हूँ
माइक मेरे सम्मुख है
कोई सुनता भी होगा, इसी का दुःख है।"[65]

सामाजिक और राजनीतिक इतिहास

प्रत्येक युग का अपना सामाजिक-राजनीतिक इतिहास होता है, जिसका प्रभाव निश्चित रूप से साहित्य पर पड़ता है। यह प्रभाव दो तरह का होता है—या तो रचनाकार अपने समय की सामाजिक-राजनीतिक चुनौतियों को स्वीकार करते हुए उनसे जूझने को तैयार होता है और व्यापक मानव-समाज की आशाओं-आकांक्षाओं तथा दुःख-तकलीफों से एकाकार होकर कलम चलाता है या वह इन चुनौतियों से बचने की कोशिश करता हुआ पलायनवादी हो जाता है और व्यक्ति मन की अँधेरी गुफाओं में भटकने लगता है।

कहना न होगा कि नयी कविता के कवियों ने यह दूसरा रास्ता ही अख़्तियार किया।

स्वतन्त्रता के बाद भारतीय शासन ने उस मार्ग को नहीं चुना जो इज़ारेदारी, सामंतवाद और साम्राज्यवाद के खिलाफ जाकर देश में जनवादी लोकतन्त्र की स्थापना करके हमें समाजवाद तक पहुँचाता है। वह पूँजीवादी मार्ग पर अग्रसर हुआ। देखते-देखते—"भारतीय व्यवस्था इज़ारेदारों के हाथों की कठपुतली बन गयी। उसने देश में पाशविक सामंतों तथा विदेश में बर्बर साम्राज्यवादियों से समझौता किया। जब शोषण की मार तिहरी कर दी गयी तो भारतीय जनता की हालत बद से बदतर हुई। समता का अधिकार अर्थहीन हो गया। अमीर-ग़रीब की खाई बढ़ी, महँगाई, बेरोजगारी और भुखमरी बढ़ी। जनता ने जिस तन्त्र को अपने हितों की रक्षा के लिए संघर्ष द्वारा बनाया था, वह उन्हीं के खिलाफ इस्तेमाल हुआ। ऐसे समय में कविता का एक भाग, जो अज्ञेय, धर्मवीर भारती, जगदीश गुप्त की कृतियों के द्वारा सामने आ रहा था, सांस्कृतिक ह्रास का ही एक कदम था।"[66] आर्थिक संकटों से घिरे स्वातन्त्र्योत्तर भारत का नेतृत्व करने वाली नेहरू सरकार ने अपने आभिजात्य

और उच्चवर्गीय संस्कारों के कारण समाजवाद को सिर्फ कथनी तक सीमित रखा।

नेहरू सरकार ने इस बात पर जोर दिया कि भारत की समस्याएँ आर्थिक हैं, प्रशासनिक नहीं। इस तरह उसने भारतीय जनता को भुलावे में रखने का प्रयास किया। समाज में व्याप्त अंतर्विरोधों से लड़ना छोड़कर इस सरकार ने समाजवाद में अपनी आस्था प्रकट की जिसका अर्थ सम्पत्ति के राष्ट्रीयकरण से ज्यादा और कुछ नहीं था। साथ ही, उसने श्रम की उपेक्षा की और पूँजी की महत्ता पर जोर दिया। फलतः देश में विदेशी पूँजी की घुसपैठ भी हुई। पश्चिमी देशों से सम्पर्क बढ़ने के कारण वहाँ की चमक-दमक का दुष्प्रभाव भारतीय मध्यवर्ग व उच्चवर्ग पर पड़ा। पूँजीबहुल तथा श्रम विरल औद्योगिकीकरण के कारण रोजगार के साधनों में पर्याप्त वृद्धि नहीं हुई, फलस्वरूप बेरोजगारों की भीड़ हर तरफ दिखाई देने लगी। इस तरह सिद्धांत में समाजवाद को लक्ष्य मानने के बावजूद नेहरू सरकार के व्यवहार में ऐसी कोई बात दिखाई नहीं पड़ी, उसकी नीतियाँ न सिर्फ उदारवादी थीं बल्कि उसके पास किसी स्पष्ट चिंतनधारा का अभाव भी था। इसके अतिरिक्त जो महत्त्वपूर्ण कारण रहा, वह यह कि कांग्रेस के कोष का एक बड़ा अंश पूँजीपतियों से आता है (तब भी और अब भी) इसके बिना उसका चुनाव कोष चलना ही मुश्किल है। फलतः कांग्रेस का समाजवाद व्यवहार के धरातल पर नहीं उतर पाता।

इस अंतर्विरोध ने नेतावर्ग के चरित्र को भी तैयार किया और भारतीय राजनीति में झूठे वादों तथा कोरे आश्वासनों को अस्त्र की तरह इस्तेमाल किया जाने लगा। सर्वत्र भ्रष्टाचार बढ़ा। कांग्रेस ने समझौतावादी मार्ग अपनाया और परस्पर विरोधी वर्गों के बीच समझौते कराकर उन्हें संतुष्ट करने का प्रयास किया। इन समझौतों की शर्त यह थी कि—"प्रतिक्रियावादी वर्ग देश के आर्थिक और समाजवादी ढाँचे में मामूली सुधारों को मंजूर कर ले और शोषित तथा उत्पीड़ित वर्ग क्रांतिकारी परिवर्तनों को लाने की कोशिश न करे।"[67] जहाँ तक कांग्रेस के जनतांत्रिक चरित्र का सवाल है, वह, उसके द्वारा 1949 में तेलंगाना में किसान आंदोलन के दमन तथा 1952 में जनमत के आधार पर केरल में बनी कम्युनिस्ट सरकार के बर्खास्त किए जाने से ही समझा जा सकता है लेकिन एक दुःखद स्थिति जो स्पष्ट रूप से सामने आयी, वह यह कि विभिन्न राज्यों के वामपंथी दल भी उतने ही समझौतापरस्त हैं, जितना समझौतापरस्त सत्तारूढ़ दल है। इस तरह आम जनता के संगठित होने की बात तो दूर रही, यहाँ सत्ता और व्यक्ति के बीच की खाई कम होने के बजाय दिनोंदिन बढ़ती गयी। हर तरफ अव्यवस्था और अराजकता का बोलबाला हो गया। भारतीय राजनीति तथा सामाजिक जीवन

को जो लोग ठीक-ठाक समझ रहे थे, उन बुद्धिजीवियों के लिए दरअसल यह मोहभंग का समय था।

प्रश्न यह है कि नयी कविता में प्रखर सामाजिक-राजनीतिक चेतना के स्थान पर कुण्ठा, निराशा, अवसाद, अस्पष्टता, विशृंखलता, नियतिवाद, क्षणवाद, भोगवाद, अहं, अनास्था, शंका तथा घुटन आदि का कारण क्या है? डॉ. रघुवंश की दृष्टि में—"इस स्थिति से दो प्रकार के निष्कर्ष सामान्यतः निकाले जाते हैं। कुछ आलोचकों का कहना है कि यह सब पश्चिम की नकल है, आरोपित भावशीलता मात्र है। इन आलोचकों की सबसे बड़ी कठिनाई यह है कि ये जितने पश्चिम की रचनाओं से अपरिचित हैं, उतने ही नयी भावशीलता की परख में कच्चे भी हैं। दूसरे आलोचकों का कहना है कि यह घोर वैयक्तिक दृष्टिकोण का परिणाम है, पलायनवादी मनोवृत्ति है। इन मतवादियों के विचार में सत्य का आभास अधिक है।"[68] यह नहीं कि इन कवियों ने सिर्फ राजनीतिक परिवेश से पलायन किया। सामाजिक दशा भी स्वातन्त्र्योत्तर भारत में कुछ कम शोचनीय न थी।

शताब्दियों से देश का सामाजिक जीवन रूढ़ियों और संकीर्ण परम्पराओं में जकड़ गया था। इनसे मुक्ति तो दूर, उलटे देश में जिस तरह की राजनीति चल रही थी, उसके रहते यह स्थिति और भी गंभीर होती गई। असंगत राजनीति ने सामाजिक जीवन के समस्त आदर्शों को खोखला बना दिया था। व्यक्तिगत स्वार्थ, बेईमानी, घूसखोरी, चोर बाज़ारी, अकर्मण्यता जैसी प्रवृत्तियाँ समाज में फल-फूल रही थीं। सामाजिक जड़ता ने नगर के साथ गाँवों को भी अपनी चपेट में ले लिया था। समाज वर्गों में विभक्त था। सामाजिक न्याय और समानता जैसे शब्द व्यावहारिक जीवन में असंगत हो गए थे। उच्चवर्ग और मध्यवर्ग पर पश्चिम का गहरा रंग चढ़ चुका था। फलस्वरूप दिखावे व चमक-दमक की प्रवृत्ति जोर पकड़ रही थी। ग्रामीण जनता तमाम सुख-सुविधाओं से दूर थी। अशिक्षा के कारण जातिवाद जैसी प्रवृत्तियों से अभी तक मुक्ति नहीं मिल सकी थी। प्रांतीयतावाद और संकीर्णतावाद को बढ़ावा मिल रहा था। नगरों में औद्योगिक विकास के फलस्वरूप ग्रामीण उद्योग चरमराकर टूटने लगे। उनकी आत्मनिर्भरता में कमी आयी। फलस्वरूप शहरों की ओर पलायन की प्रवृत्ति भी बढ़ी।

गाँव की जनता रोजी-रोटी की तलाश में शहर आयी। महानगरों की ऊपरी चमक-दमक के ठीक विपरीत जो यथार्थ था, वह इस जनता की झुग्गी-झोंपड़ियों का फैलता संसार था जो बेरोजगारी, बीमारी, भूख और अभावों से भरा था। गाँव और शहरों के युवावर्ग ने महसूस किया कि विश्वविद्यालयीन डिग्री दो जून की

रोटी भी नहीं दे सकती। झूठ, फरेब, चोरी, भ्रष्टाचार और बेईमानी के संसार में उसे लगा कि अब—"व्यक्तित्व के परिष्कार की इस समाज में कोई आवश्यकता नहीं रह गयी है।"[69] शहरों में जनसंख्या के भीषण दबाव के कारण आम आदमी के लिए आवास और भोजन की संतोषप्रद व्यवस्था कर पाना मुश्किल हो गया। ऐसे में हिंसा, हत्या, बलात्कार, उन्मुक्त सेक्स, यौन विकारों, नशीले द्रव्यों, कामुक पत्र-पत्रिकाओं, फिल्मों तथा विज्ञापनों पर आधारित नवधनिक वर्ग की इस संस्कृति के नागपाश में लगभग सारा समाज फँसता चला गया। जनता में कुंठा, घुटन तथा आत्मदया जैसी प्रवृत्तियों के जन्म लेने के पीछे यह कारण कम महत्त्वपूर्ण नहीं था। ऐसे में अपने सामाजिक-राजनीतिक परिवेश के प्रति गाँव और नगरों के युवावर्ग में एक घोर असंतुष्टि की भावना सिर उठाने लगी।

इस दौर में लेखक भी दो खेमों में बँट गए। एक वर्ग जो प्रगतिशील जनवादी कवियों का था, ने शोषणमुक्त व्यवस्था के लिए जनता के संघर्ष में उनका साथ दिया। वे नागार्जुन, मुक्तिबोध तथा केदारनाथ सिंह जैसे कवि थे। दूसरा वर्ग उन कवियों का था जो देश को साम्राज्यवादियों का पिछलग्गू बनाने के फेर में था, जो इन जन-संघर्षों तथा युग के वास्तविक यथार्थ से बचकर व्यक्ति-स्वातन्त्र्य का नारा लगा रहा था। इस पलायनवादी जीवन-दृष्टि के कारण ही यथार्थ के चित्रण में ये कवि असमर्थ रहे। स्वाभाविक ही था कि ऐसे में इन्हें अपने काव्य विषयों के लिए अहं, नैराश्य, थकान, कुंठा, घुटन जैसी घोर वैयक्तिक प्रवृत्तियों का आश्रय लेना पड़ा। यह नयी कविता थी जिनमें अज्ञेय, जगदीश गुप्त, गिरिजाकुमार माथुर, लक्ष्मीकांत वर्मा आदि कवि सम्मिलित थे। इन कवियों के काव्य ने नामवर सिंह के इस कथन को ही प्रमाणित किया कि—"जनशक्ति का सहयोग न लेने वाला लेखक जल्द ही टूट जाता है। संघर्ष से छिटकी चिनगारी भी जलने के लिए तिनके का सहारा चाहती है और सहारा न मिलने पर बुझ जाती है। अकेला लेखक दियासलाई की उस सलाई की तरह है, जो टकराकर थोड़ी देर तक तो जलती है लेकिन आधार के अभाव में बुझ जाती है।"[70]

नयी कविता के सौन्दर्यशास्त्रीय आग्रह

रूप और वस्तु की नयी मीमांसा में नयी कविता की पहलकारी भूमिका दिखाई देती है। भावयोग जो शास्त्र की याद दिलाता है, अनुभूति योग जो छायावाद की याद दिलाता है—इससे हटकर वस्तु और अर्थ की विविधता में एकता, संगति और लयात्मकता का जो रूपगत प्रयास नयी कविता में हुआ, उससे हिन्दी कविता को नया प्रस्थान

मिला। नामवर सिंह ने इस संदर्भ में लिखा—"नयी कविता को कविता के रूप में जाँचना-परखना है तो काव्यानुभूति की बदली हुई बनावट को ध्यान में रखना होगा। समूची नयी कविता को ठीक-ठाक देखने के लिए नयी कविता के प्रतिमान की ज़रूरत नहीं है, बल्कि कविता के नए प्रतिमान की ज़रूरत है।"[71]

नयी कविता के संदर्भ में छायावाद की तरह सिर्फ अनुभूति को ही काव्य का प्रधानतत्त्व मानना काफी नहीं है। छायावाद के बाद प्रयोगवादी कवियों ने तथा आगे चलकर नयी कविता के कवियों ने अनुभूति को भिन्न अर्थ में ग्रहण किया क्योंकि—"सभ्यता के विकास के साथ-साथ हमारी अनुभूतियों का क्षेत्र भी विकसित होता गया है और अनुभूतियों को व्यक्त करने के हमारे उपकरण भी विकसित होते गए हैं। यह कहा जा सकता है कि हमारे मूल राग-विराग नहीं बदले, प्रेम अब भी प्रेम है और घृणा अब भी घृणा, यह साधारणतया स्वीकार किया जा सकता है पर यह भी ध्यान में रखना होगा कि राग वही रहने पर भी रागात्मक संबंधों की प्रणालियाँ बदल गयी हैं। और कवि का क्षेत्र रागात्मक सम्बन्धों का क्षेत्र होने के कारण इस परिवर्तन का कविकर्म पर बहुत गहरा असर पड़ा है। जैसे-जैसे बाहय वास्तविकता बदलती है—वैसे-वैसे हमारे उससे रागात्मक सम्बन्ध जोड़ने की प्रणालियाँ भी बदलती हैं—और अगर नहीं बदलतीं तो उस बाहय वास्तविकता से हमारा सम्बन्ध टूट जाता है। जो आलोचक इस परिवर्तन को नहीं समझ पा रहे हैं, वे उस वास्तविकता से टूट गए हैं जो आज की वास्तविकता है। उससे रागात्मक संबंध जोड़ने में असमर्थ वे उसे केवल बाहय वास्तविकता मानते हैं जबकि पीछे हम उससे वैसा सम्बन्ध स्थापित करके उसे आंतरिक सत्य बना लेते हैं। इस विपर्यय से नयी समस्याएँ आरंभ होती हैं।"[72]

नयी कविता की चेष्टा छायावादियों की तरह 'भाव के रूप ग्रहण की चेष्टा' नहीं बल्कि 'रूप के भाव ग्रहण की चेष्टा' है। यह तथ्य का सहसा अर्थ से आलोकित हो जाने की प्रक्रिया है। इस तरह छायावादी काव्य की रचना-प्रक्रिया भीतर से बाहर की ओर है तो नयी कविता की रचना-प्रक्रिया बाहर से भीतर की ओर—"एक में रूप पर भाव का आरोपण है तो दूसरी में रूप का भाव में रूपांतरण है। ये विपरीत प्रक्रियाएँ अनुभूति और विचार के सम्बन्ध में भी दृष्टिगोचर होती हैं।"[73] स्पष्ट है कि नयी कविता में कविता संबंधी धारणा में गहन परिवर्तन हुआ। हालाँकि यह सच है कि नयी कविता का कवि भी छायावाद के समान ही अनुभूति पर जोर देता है। लेकिन अब उसकी दिलचस्पी अनुभूति से अधिक अनुभूतियों के परिवर्तित संदर्भों में है।

अनुभूति को स्थायी भाव का पर्याय समझकर हम नयी कविता का ठीक-ठीक मूल्यांकन नहीं कर सकते। इस तरह हम ज्यादा से ज्यादा नये वस्तुविधान और रूप-विधान की उम्मीद ही कर सकते हैं। बदली हुई परिस्थिति में तथा कविता के प्रति इस सर्वथा नए दृष्टिकोण को समझे बगैर नयी कविता के नए बिम्बों में चिरपरिचित स्थायी भाव ढूँढ़ने का प्रयास ही किया जा सकता है और इस चिरपरिचित स्थायी भाव के न मिलने पर नयी कविता को ही दोषी मान लेने का खतरा है। हमें ध्यान रखना होगा कि—"कवि कर्म शास्त्र निरूपित कुछ गिने-चुने स्थायी या संचारी भावों को उदाहृत करना नहीं, बल्कि नयी वास्तविकता से उत्पन्न होने वाली वृत्तियों को उजागर करना है। नए कवि (नयी कविता के कवि) की समस्या रूप को ही भाव में रूपान्तरित करने की है, प्राप्त भाव को रूप देने की नहीं।"[74] छायावादी कविता की तरह भाव के रूप को ग्रहण करने के बजाय नयी कविता में रूप भाव ग्रहण करता है और इस तरह कविता की संरचना में एक गहरा परिवर्तन आ जाता है। इस परिवर्तन को ध्यान में रखे बगैर नयी कविता का कोई भी मूल्यांकन अधूरा होगा।

नयी कविता ने अपनी नयी सौन्दर्यशास्त्रीय दृष्टि के आधार पर गीत और प्रगीत की आत्मवादी पद्धति को तोड़ा और नयी बौद्धिकता अथवा विवेकशीलता के रूप को निर्मित किया किंतु इस स्वरूप रचना में नये कवियों ने दो मार्गों पर चलना शुरू कर दिया। एक वह—जिसमें मनुष्य को एक बौद्धिक प्राणी के रूप में प्रमाणित किया गया, बुद्धि की सत्ता को प्राथमिक माना गया और बौद्धिकता के बल पर आदर्शवाद और भौतिकवाद दोनों की आलोचना की गयी। परिणति यह हुई कि कविता अतिबौद्धिक हो गयी, बौद्धिक चमत्कारों से भर गयी। उसमें घटनाओं की, स्थिति की, संदर्भों की, दृष्टांतों की अनुभवगत और यथार्थगत भूमिका को नकारा जाने लगा। इस तरह कविता व्यक्ति-वैशिष्ट्य का ब्योरा बनकर रह गयी। इस अतिबौद्धिकता के एक-दो नमूने देखे जा सकते हैं। इस संदर्भ में कुँवर नारायण की एक कविता 'स्रष्टा' को ही लें जिसमें इतिहास के नाशवान तत्त्वों की अपेक्षा मनुष्य की सृजनात्मक शक्तियों में आस्था दिखाई गयी है लेकिन कविता अत्यधिक बौद्धिक चमत्कारों के कारण भानुमती का पिटारा बनकर रह गयी है—

"संक्रमित विश्वास की नाजुक गुलाबी बेल-सी
मेरे सहारे अनाहत जीवन किरण बढ़ती रहे :
इतिहास कहता—
'अँधेरे में साँप है—इस किरण को डँस जाएगा!'

ओ किरण, तू मेरे हृदय में वास कर
वह साँप मुझको डँसे
तू बच जाएगी।
मैं दो कलों के बीच अंधी दिशाओं में बंद हूँ
मैं कुचलने से बच नहीं सकता
पर तू सूक्ष्म है—
शायद हमारी साधनाओं के
ललित-नैवेद्यों में ही बची रह जाए।

हे प्रजापति
अंधे-जर्जर इस पुरातन सृष्टि को
हम जी चुके हर दृष्टि से परलोक तक
उस प्यास की अति-स्पृहा तो आत्मा को सोख
जाती है।
मोक्ष के अधिकार से वंचित
हमारे वस्तुवादी शब्द वे पाषाण हैं, जो पिघल सकते
यदि तुम्हारा विश्व-लीला रूप सुंदर हो।

सच कहूँ तो—
आत्मा तक हम अजीवित पात्र खाली हो गए
लाखों बरस संसार को
हर अहं की निष्पत्ति तक जीते हुए
हम जन्म से बीते हुए
हर बार केवल वही शिल्पी हाथ-टूटी सृष्टि
अमृत बाँटते
शिव के उपासक हलाहल पीते हुए।"[75]

दूसरी धारा वह थी (जिसके कवियों के मूल्यांकन आज हम प्रगतिवादी-जनवादी काव्य के अंतर्गत करते हैं लेकिन उस काव्य के कवि उस समय नयी कविता के अंतर्गत भी स्वीकृत थे) जिसमें बाह्य वस्तु अथवा वातावरण के साथ बुद्धि अथवा विवेक के क्रियात्मक-प्रतिक्रियात्मक सम्बन्धों की भूमिका निर्मित हुई। इस दृष्टि में बाह्य परिवेश की मानसिक प्रतिक्रिया के आधार पर 'ज्ञानात्मक संवेदना'

की एक सृजनशील भूमिका बनी। इसमें परिवेश और वस्तु के चरित्र और गुणों की अवहेलना नहीं हुई। इस धारा में परिवेश और वस्तु के प्रति एक तार्किक दृष्टि का निर्माण हुआ। इस वर्ग के कवियों का यह मानना था कि मनुष्य अंततः एक भौतिक-जैविक संगति है—ऐसी संगति जिसमें बाह्य वातावरण का सर्जनात्मक योगदान रहता है। इसकी परख दो-तीन बिंदुओं पर हो सकती है—अनुभववाद के स्तर पर, ऐन्द्रिक स्तर पर तथा तर्क के स्तर पर। इस दृष्टिकोण से मुक्तिबोध ने नयी कविता को सघनता प्रदान की। मुक्तिबोध का रचना-प्रयास बुद्धि वैचित्र्यवाद के विरोध में जीवन की भौतिक क्रियाओं के विशिष्ट पक्षों के उद्घाटन का रहा है—

"तुम्हारे पास, हमारे पास
सिर्फ़ एक चीज़ है
ईमान का डण्डा है
बुद्धि का बल्लम है
अभय की गैंती है
हृदय की तगारी है—तसला है
नए-नए बनाने के लिए भवन
आत्मा के
मनुष्य के
हृदय की तगारी में ढोते हैं हमीं लोग
जीवन की गीली और
महकती हुई मिट्टी को।"[76]

जहाँ नयी कविता के बुद्धिवादियों ने फॉर्म (रूप) की यांत्रिकता को बढ़ावा दिया, कार्य को टेकनालॉजिकल बना दिया, वहाँ मुक्तिबोध जैसे कवियों ने उसके जैविक पक्ष की रक्षा की और उसे आगे बढ़ाया। इस तरह तर्क-बुद्धिवाद बनाम द्वंद्वात्मक भौतिकवाद का संघर्ष नयी कविता के इतिहास में दिखाई देता है। नयी कविता में इन तर्क-बुद्धिवादियों की संख्या कम नहीं है बल्कि नयी कविता मूलतः इन व्यक्तिवादी कवियों के जीवन-दर्शन की ही कविता है। नयी कविता की सकारात्मक धारा मूलतः जनवादी कविता थी—पहले भी अनेक स्थलों पर यह कहा जा चुका है। "नयी कविता के नये वैचारिक आधार का पहला निर्णायक बिंदु आजादी और विकास का रास्ता है। दूसरा महत्त्वपूर्ण बिंदु शीतयुद्धीय मुहिम की शुरूआत और

उसका सांस्कृतिक वैचारिक हस्तक्षेप है। भारत में 'कांग्रेस फॉर कल्चरल फ्रीडम' (सांस्कृतिक स्वातन्त्र्य कांग्रेस) इसी शीतयुद्ध की औजार थी, अज्ञेय जिसके प्रमुख थे। नयी कविता आंदोलन का सबसे मज़बूत तथा संगठनात्मक आधार 'परिमल' रहा है।"[77]

'परिमल' नामक संस्था 1944 से ही बुर्जुआ जनतांत्रिक विचारधारा की सीमाओं में बँधी थी। यह संस्था 1958 तक सक्रिय रही। इसके विकास के दो चरण रहे—प्रथम 1944 से '52 तक और द्वितीय 1952 से '58 तक। प्रथम दौर में परिमल ने नयी रचना-प्रक्रिया को मंच दिया एवं उसे केन्द्र में लाने की कोशिश की—"नयी कविता के विभिन्न हस्ताक्षरों को इस संस्था ने मंच दिया और कहा जा सकता है कि नयी कविता आंदोलन और 'परिमल' एक-दूसरे के काफ़ी हद तक समानार्थक बन गए। नयी कविता के विकास में इस संस्था की महत्त्वपूर्ण भूमिका से इनकार नहीं किया जा सकता। किंतु यह सब 'परिमल' के विकास के पहले चरण में हुआ। दूसरे चरण में 'परिमल' के अंतर्गत शीतयुद्धीय दबाव बढ़ने लगे और उसकी गतिविधियों में उसके चिह्न स्पष्ट होने लगे। नयी कविता को एक नये प्रकार की विचारधारा दी जाने लगी जो मूलतः शीतयुद्धीय प्रगतिवाद-विरोध के लक्ष्य से परिचालित थी, जो विचारधारा एवं राजनीति से लेखक को मुक्त रखकर चलना चाहती थी।"[78]

इसी दृष्टिकोण के रहते नयी कविता ने अपना सौन्दर्यशास्त्र भी तैयार किया। मुक्तिबोध आदि कवियों को छोड़कर रूपवादी-कलावादी कवियों ने वस्तु तत्त्व की लगभग उपेक्षा की और काव्य के रूप पक्ष पर बल दिया। यदि हम नयी कविता में मुक्तिबोध वाली धारा को भी ध्यान में रखें तो वहाँ तर्क-बुद्धिवाद और द्वंद्वात्मक भौतिकवाद का संघर्ष दिखाई देता है। इस तरह नयी कविता की सौन्दर्यशास्त्रीय दृष्टि भी दो भिन्न रूपों में सामने आती है। यहाँ नयी कविता की दोनों धाराओं को ध्यान में रखकर किसी कठोर निष्कर्ष को खोजने के बजाय हमें उदार होकर इस सच्चाई को स्वीकार कर लेना चाहिए कि अपनी सारी यांत्रिकता के बावजूद नयी कविता में स्वातन्त्र्योत्तर भारत के बदलते हुए जीवन को अपनी-अपनी दृष्टि से अभिव्यक्त करने की कोशिश की गयी। कवियों ने नयी वस्तु को व्यवस्थित तथा समृद्ध करने की कोशिश की और अपनी इस कोशिश में उन्होंने परम्परा, आदर्शवाद, रहस्यवाद तथा पुनरुत्थानवाद के विरुद्ध एक क्रांतिकारी संघर्ष भी किया। हालाँकि अज्ञेय और मुक्तिबोध जैसे दो भिन्न धरातलों के कवियों के इस संघर्ष का स्वरूप भी अलग-अलग था। अपनी ग्राह्य-अग्राह्य प्रवृत्तियों के बावजूद नयी

कविता-रूप और वस्तु दोनों ही दृष्टियों से एकदम भिन्न और नवीन रूप में सामने आयी।

भावुकता बनाम बौद्धिकता

नयी कविता में भावुकता की तुलना में बौद्धिकता को विशेष महत्त्व दिया गया। इसी बौद्धिकता को आधार बनाकर नयी कवितावादियों ने प्राचीन आचार्यों से लेकर शुक्ल जी तक की रस सिद्धांत सम्बन्धी समस्त मान्यताओं को अमान्य ठहराया और घोषणा की कि—"उनकी कविता का लक्ष्य रसानुभूति नहीं है।"[79] रस-सिद्धांत का विरोध करते हुए उन्होंने स्पष्ट कहा कि रस के स्थान पर बौद्धिकता ही उनका प्रधान लक्ष्य है। नये कवियों ने अलंकार, ध्वनि, रीति, वक्रोक्ति तथा रस सम्बन्धी मान्यताओं का खंडन किया और इनमें से किसी को भी काव्य की आत्मा मानने से इनकार किया। इन सबके विरुद्ध इन कवियों ने बौद्धिकता को अपने काव्य की सबसे महत्त्वपूर्ण विशेषता बताया। बौद्धिकता को काव्य का सर्वमान्य और प्रधान तत्त्व मानने तथा उस पर जोर देने के पीछे इन कवियों का यह तर्क था कि आज के बदले हुए समय और परिवेश में तथा जीवन की बढ़ती हुई जटिलता मे बौद्धिकता द्वारा ही कविता, कविता प्रमाणित हो सकती है।

इस बौद्धिकता का पूरी तरह प्रतिपादन तथा समर्थन करते हुए नयी कविता के कवियों ने भावुकता के साथ ही तुकान्तता तथा गेयता के प्रति भी उपेक्षा का भाव अपनाया। इस बुद्धि वैशिष्ट्य के कारण ही नयी कविता गद्य के इतने करीब हो गयी कि पद्य और गद्य का अंतर प्रायः समाप्त हो गया। आश्चर्य यह है कि इस संदर्भ में कवियों ने कोई चिंता प्रकट नहीं की। इस प्रकार—"काव्य के क्षेत्र में जिस बौद्धिकता को अभी तक कतिपय सीमाओं के साथ स्वीकार किया जाता था, उसे ही उसका वास्तविक गुण मानकर नयी कविता के कवियों ने अपनी कविता को एक अभिनव विशिष्टता प्रदान करने की कोशिश की।"[80] हालाँकि यह सच है कि इस कोशिश में वे बहुत दूर तक सफल नहीं हुए। कविता अंततः भावना का व्यापार है और इस बात की उपेक्षा करके अतिबुद्धिवाद को ही प्रश्रय दिया जा सकता है। देखा जाए तो भावुकता और बौद्धिकता दोनों में किसी की उपेक्षा नहीं की जा सकती। काव्य में दोनों का सम्मिलन आवश्यक है। इस तरह कविता सिर्फ भावना का व्यापार भी नहीं है।

अगर यहाँ सुविधा के लिए काव्य की कोई परिभाषा देनी ही है तो इसके लिए हमें मुक्तिबोध से उनके दो प्रिय शब्द उधार लेने होंगे। और वे हैं—'संवेदनात्मक

ज्ञान' या 'ज्ञानात्मक संवेदना'। मौटे तौर पर कहा जा सकता है कि कविता युग-जीवन से सम्पृक्त तथा अर्थ की लय में बँधी हुई ज्ञानात्मक संवेदना की ही कलात्मक अभिव्यक्ति है। दुर्भाग्य से नये कवियों (नयी कविता के कवियों) ने इस परिभाषा की अवहेलना की और सिर्फ बुद्धिवैशिष्ट्य पर जोर दिया। यहाँ यह कदापि नहीं कहा जा रहा है कि इन कवियों ने अनुभूति की सत्ता ही स्वीकार नहीं की, वह तो की और इस बात की चर्चा भी की जा चुकी है कि अनुभूति को भी इन्होंने एक नये अर्थ में स्वीकारा। लेकिन यह मानना ही होगा कि उसकी सत्ता को गौण महत्त्व ही मिला। इस तरह नयी कविता अति बौद्धिक हो गयी और इसके अनेक नमूने देखे जा सकते हैं–

"जो मिट गया क्या असत् था
अवशेष ही क्या सत्य है
क्या सही वह जो जीतता
जो हार जाता अशिव है
यह जय-पराजय का नियम
है दाय आदिम न्याय का
इतिहास है लेखा
जयी के मन रचे अध्याय का
विस्मृत हुआ
अन्याय–छीना कर्ण का कुंडल-कवच
इतिहास केवल काल-कुंजर
युधिष्ठिर का आज तक।"[81]

"रिहर्सल के लिए खतरे की घंटी बजी थी
अब कोई डर नहीं रहा
दिन यूँ ही गुजर जाता है
पर रात को सब खतरे खत्म हो जाते हैं
जो कुछ ढँका था सब दीखने लगता है
जो कुछ दीख रहा था सब ढँक जाता है
लोगों के नये नाम और चेहरे हो जाते हैं
सब एक-दूसरे से पूछते हैं

कहाँ हो तुम—कहाँ हूँ मैं, और हँसते हैं
इतनी अदा से कि दिमाग़ से काम लेना बुरा लगे
इतने धीमे से कि मौत भी लजा जाये...
काम चल जाता है क्योंकि अब
दिन सुनने के लिए हैं और रातें
बोलने के लिए और दोनों में
कोई साम्य जरूरी नहीं है, बल्कि जितना अलग हो
उतना ही अधिक हमारे कवियों के हित में है
हम लोग तो यहाँ तक कोशिश कर रहे हैं
कि शाम को
कान मुरझा जाया करें
और सुबह को मुँह
पहले के लोग
कल्पना करते थे न
कि चेहरे फूल हैं।"[82]

इस तरह नयी कविता बौद्धिक चमत्कारों से भरकर गद्य की अत्यधिक निकटता के कारण सिर्फ वक्तव्य बनकर रह गयी। दुःख तो यह है कि अज्ञेयवादी जीवन-दर्शन के कारण यह वक्तव्य भी एक संघर्षशील बुद्धिजीवी का वक्तव्य न होकर एक थके हुए निराश तथा परास्त बुद्धिजीवी का वक्तव्य था—

"न हमारी आँखें हैं आत्मरत
न हमारे होंठों पर शोकगीत
जितना कुछ ऊब सके ऊब लिये
हमें अब किसी भी व्यवस्था में डाल दो, जी जायेंगे।
ऊर्ध्व संगमर्मर पर लगे हुए छत्ते-सी
यह सारी दुनिया
जिसे हम न पा सके
हमारी डंक छिदी देह को
नहीं पता
वहाँ कहीं शहद भी होता है!
कटे हुए पैरों में

अपनी हर यात्रा लपेटकर
हम रेगिस्तानों से फैले पड़े हैं
बस इतना याद है!
बर्फ के चाकू की तरह प्यार
एक बहुत भद्दा मज़ाक था
जो भीतर घाव कर
भीतर पिघल गया।
अब हमारे लिए जीवन न रविवार है
न बूढ़ी माँ की मृत्यु का समाचार है
डोरी से खींचकर
लटका दो बाँस पर
(यदि हमें चाहो तो)
गौरवान्वित नहीं होंगे
पढ़े गए रद्दी अखबार-सा
छितरा दो नंगे फुटपाथ पर
अपमानित न होंगे
चिलचिलाती धूप में
बदहवास रात में
कहीं किसी गटर पर
हम खुली पलकों सो जायेंगे
हमें अब किसी भी व्यवस्था में डाल दो
जी जायेंगे।
क्योंकि निराध्यात्म की
सब जगह सड़ाँध है
हमारी परिणति
न आत्महत्या है
न जंग लगी हुई आरती
मुर्दा इतिहास की पोली मीनार में
हम दो चुम्बकों के बीच
स्थिर हैं।"[83]

सम्प्रेषण की समस्याएँ

प्रयोगवाद तथा नयी कविता के कवियों ने सम्प्रेषण अथवा साधारणीकरण की समस्या को अपने कवि कर्म की एक प्रधान समस्या माना। यह ठीक भी था क्योंकि प्रत्येक युग की कविता का अपना एक सत्य होता है और एक समय के बाद वह पुराना हो जाता है। फिर नये युग के कवियों को नये काव्य-सत्य की खोज करने की ज़रूरत महसूस होती है। ऐसे काव्य-सत्य के लिए, यदि वह नया है, साधारणीकरण के अब तक के चले आ रहे प्रतिमान भी पुराने पड़ जाते हैं और कवि को सर्वप्रथम इस समस्या से जूझना पड़ता है क्योंकि इस समस्या को नकार देने से उनका कवि-कर्म ही निरर्थक हो जाएगा और उनका काव्य एक पागल के प्रलाप से ज़्यादा और कुछ न समझा जाएगा।

यही कारण है कि अज्ञेय ने लिखा—''एक समय था जबकि काव्य एक छोटे-से समाज की थाती था। उस समाज के सभी सदस्यों का जीवन एक रूप होता था, अतः उनकी विचार-संयोजनाओं के सूत्र भी बहुत कुछ मिलते-जुलते थे—कोई एक शब्द उनके मन में प्रायः समान चित्र या विचार या भाव उत्पन्न करता था। आज यह बात सच नहीं रही। आज काव्य के पाठकों की जीवन-परिपाटियों में घोर वैषम्य हो सकता है, एक ही सामाजिक स्तर के दो पाठकों की जीवन-परिपाटियाँ इतनी भिन्न हो सकती हैं कि उनकी विचार संयोजनाओं में समानता हो ही नहीं, ऐसे शब्द बहुत कम हों जिनसे दोनों के मन में एक ही प्रकार के चित्र या भाव उदित हों। यह आज के कवि की सबसे बड़ी समस्या है। यों समस्याएँ अनेक हैं—काव्य विषय की, सामाजिक उत्तरदायित्व की, संवेदना के पुनः संस्कार की आदि—किंतु उन सबका स्थान इसके पीछे है क्योंकि यह कवि-कर्म की ही मौलिक समस्या है, साधारणीकरण और सम्प्रेषण की समस्या है।''[84]

इस तरह कवि ने अनुभव किया कि उसके काव्य-सत्य के व्यापकत्व को आज की भाषा अभिव्यक्त करने में असमर्थ है। शब्दों में, उनका जो साधारण अर्थ है, उनकी जगह कवि बड़ा अर्थ उनमें भरना चाहता है लेकिन इस बड़े अर्थ को वह पाठक या श्रोता तक पहुँचाए कैसे? सम्प्रेषण के साधन अपर्याप्त हैं। इस तरह पाठक तक यह अर्थ या तो भिन्न रूप में पहुँचता है या कम पहुँचता है। इस तरह विभिन्न साधनों से कवि ने यह प्रयास आरंभ किया है कि वह—"अपनी उलझी हुई संवेदना की सृष्टि को पाठकों तक अक्षुण्ण पहुँचा सके।''[85] वह व्यक्ति के अनुभूत को 'समष्टि तक उसकी सम्पूर्णता में' पहुँचाना चाहता है लेकिन उसके सामने यह प्रधान और विकराल समस्या मुँह बाये खड़ी है कि—"साधारणीकरण की

पुरानी प्रणालियाँ, जीवन के ज्वालामुखी से बहकर आते हुए लावा से ही भरकर और जमकर रूढ़ हो गयी हैं, प्राण-संचार का मार्ग उनमें नहीं है।"[86]

फलतः पुरानी भाषा की अपर्याप्तता को देखते हुए कवियों ने नयी भाषा की खोज की। इस उद्देश्य की प्राप्ति के लिए उन्होंने विभिन्न उपायों का आश्रय लिया। एक तो अपनी उलझी हुई संवेदना को पाठकों तक अक्षुण्ण पहुँचाने की कवि की कोशिश तथा दूसरी ओर इस उद्देश्य की पूर्ति के लिए अनेक जटिल उपायों का आश्रय लेने का परिणाम जो हुआ, उससे हम परिचित हैं, उसे अधिकांशतः असफलता प्राप्त हुई। उसकी भाषा गूढ़, शुष्क तथा अतिबौद्धिक हो गयी और प्रायः उसे 'पागल प्रलापी' ही समझा गया। अपने इच्छित अर्थ की अभिव्यक्ति के लिये कवि ने भाषा को तोड़-मरोड़कर प्रस्तुत किया तथा इसके पक्ष में यह तर्क दिया कि जीवन की जटिलता को अभिव्यक्त करने के लिए यह स्वाभाविक तथा अनिवार्य है। यहाँ नयी कविता के व्यक्तिवादी व जनवादी–दोनों ही कवियों के कितने ही काव्यांश इस दृष्टि से देखे जा सकते हैं–

"एक बार
भीड़ में
जानबूझकर
चीख़ना
होगा
ज़िंदा रहने के लिए।"[87]

"मैं घोर उजाले में खोजता हूँ
आग
जबकि हर अभिव्यक्ति
व्यक्ति नहीं
अभिव्यक्ति
जली हुई लकड़ी है न कोयला न राख।"[88]

"मलबे के तले से एक हाथ छुड़ाकर
उसे टोता हूँ। ढ नहीं ट"[89]–

"या

ता
या
त

को
रास्ता
देती हुई जलती रहेंगी।
चौरस्तों की बत्तियाँ।'[90]

''बढ़िया उपमा है
अच्छा प्रतीक है
हें हें हें! हें हें हें!!
तीक है—तीक है।'[91]

''मैं सुखी
हो रहा हूँ
मैं दुःखी
हो रहा हूँ
मैं सुखी-दुःखी होकर
दुःखी-सुखी
हो रहा हूँ।'[92]

''धुंध
में
डूबी
हुई
है
जय-
पा-ता-का
सी-ना
फुलाकर

क-ह-ता
है
वह
अ-प-ने
आप
से—
मैंने
उसे
मा-रा
स-ड़-क
के
कि-ना-रे
बैठी
बू-ढ़ी
औ-र-त
क-ह-ती
है
हत्यारा।''[93]

यह कहना उचित न होगा कि भाषा को तोड़-मरोड़कर अपने काव्य-सत्य के सम्प्रेषण में कवि सर्वत्र असफल ही हुआ। उपर्युक्त उद्धरणों से स्पष्ट है कि अनेक स्थलों पर वह अपनी उलझी हुई संवेदना को प्रभावपूर्ण ढंग से व्यक्त करने में सफल भी हुआ है। अपने गहन कार्य से पाठकों को परिचित कराते हुए कवियों ने यह बताया कि कवि आधुनिक जीवन की एक बहुत बड़ी समस्या का सामना कर रहा है। वह—''भाषा की क्रमशः संकुचित होती यथार्थता की केंचुल फाड़कर उसमें नया, अधिक व्यापक, अधिक सारगर्भित अर्थ भरना चाहता है।''[94] सभ्यता के विकास के साथ-साथ हमारी अनूभूतियों का क्षेत्र तथा उन अनुभूतियों को व्यक्त करने वाले उपकरणों का भी विकास हुआ। ऐसे में—''हमारे मूल राग-विराग नहीं बदले, लेकिन राग वही रहने पर भी रागात्मक संबंधों की प्रणालियाँ बदल गयीं।[95]

''कवि का क्षेत्र रागात्मक सम्बन्धों का क्षेत्र होने के कारण इस परिवर्तन का कवि-कर्म पर बहुत गहरा असर पड़ा।''[96] इस तरह इस विशेषीकरण तथा विशेष ज्ञान के युग में साधारणीकरण तथा सम्प्रेषण की समस्या अधिक जटिल होकर कवि

के सम्मुख उपस्थित हुई। आज जो भी कवि एक क्षेत्र के सीमित सत्य को दूसरे क्षेत्र में अभिव्यक्त करने का प्रयत्न करता है, उसे बड़ी कठिनाई का सामना करना पड़ता है। उसके सम्मुख दो ही मार्ग बचते हैं—या तो वह ये प्रयत्न छोड़कर सीमित सत्य को, सीमित क्षेत्र में, सीमित मुहावरे द्वारा व्यक्त करें और इस प्रकार साधारणीकरण करते हुए साधारण के क्षेत्र को संकुचित कर एक अंतर्विरोध का आश्रय ले या बृहत्तर क्षेत्र तक पहुँचने के आग्रह को न छोड़े और नयी राहों को खोजने का जोखिम उठाये। सवाल यह उठता है कि कौन-सा पथ अधिक ग्राह्य है? वकौल अज्ञेय—"जो दूसरा पथ चुनता है, उसे कम से कम एक अधिक उदार, अधिक व्यापक दृष्टि से देखने या देखना चाहने का श्रेय तो मिलना ही चाहिए। उसके साहस को आप साहसिकता कह लीजिये, पर उसकी नीयत को बुरा आप कैसे कह सकते हैं?"[97] प्रयोगवादी कवियों के बाद नयी कविता के अनेक कवियों ने भी इस सम्बन्ध में अपनी मान्यताएँ व्यक्त कीं और कवि-कर्म में सम्प्रेषण की समस्याओं का सामना किया। जहाँ वे इनसे जूझ पाने में असफल हुए, वहाँ उनकी कविता क्लिष्ट तथा अतिबौद्धिक हो गयी। लेकिन अनेक स्थलों पर वे अपने काव्य-सत्य को प्रभावपूर्ण ढंग से व्यक्त कर पाने में सफल भी रहे।

कवि-व्यक्तित्व और अहं

इस कथन में अब किसी तरह के संदेह की गुंजाइश नहीं रही कि नयी कविता में कवि-व्यक्तित्व अहं द्वारा परिचालित था। निश्चित रूप से जब ऐसा कहा जा रहा है तो यहाँ आशय अज्ञेय, जगदीश गुप्त, लक्ष्मीकांत वर्मा जैसे कवियों से ही है क्योंकि कोई भी प्रगतिशील या जनवादी कवि अपने अहं को इतनी छूट कभी नहीं देता कि वह उसकी कविता की केन्द्रीय धुरी बन जाए और उसका सम्पूर्ण कवि-व्यक्तित्व उस धुरी पर परिक्रमा में ही अपनी सार्थकता समझे। एक जनवादी और व्यक्तिवादी कवि के बीच जो आधारभूत अंतर है वह यह कि जनवादी कवि अपने अहं से बाह्य यथार्थ की ओर प्रस्थान करता है तो व्यक्तिवादी कवि बाह्य यथार्थ से अहं की ओर लौटता है। यही वह अंतर है जो किसी कवि के सम्पूर्ण काव्य-व्यक्तित्व पर निर्णय देते समय हमें एक सामाजिक दृष्टि देता है और मार्ग से भटकने नहीं देता। इस अंतर से दोनों कवियों की न सिर्फ जीवन-दृष्टि अलग-अलग हो जाती है बल्कि समाज का अर्थ भी भिन्न-भिन्न हो जाता है।

इसके पूर्व नयी कविता की चर्चा में हम यह स्पष्ट कर चुके हैं कि प्रयोगवादी कवियों की तरह नयी कविता के कवि भी युगजीवन की कटुताओं और विषमताओं

से संघर्ष करने में असमर्थ समाज के हर वर्ग से कटकर एकाकी हो गए। व्यक्तिवाद इनकी इस एकाकी और असमर्थ स्थिति का ही स्वाभाविक परिणाम है। इस व्यक्तिवाद की चरम परिणति ही अहंवाद के रूप में हुई। इसे ही नयी कविता का केन्द्र बिन्दु कहें तो अतिशयोक्ति न होगी। यदि नयी कविता की सीमाओं की तलाश हम करें तो एक छोर पर व्यक्तिवाद मिलेगा और दूसरे छोर पर अहंवाद। नयी कविता की तथाकथित उपलब्धियाँ इन सीमाओं के भीतर ही हैं। नयी कविता के कवियों पर प्रायः जिस असामाजिकता का आरोप लगाया जाता है, वह इसी अहंवाद का परिणाम है एवं उनके काव्य में अनास्था, निराशा, नियति, पीड़ा, घुटन संत्रास तथा संशय जैसी प्रवृत्तियों के मूल में भी यही अहंवाद है। 'अहं का विस्तार' ही इन कवियों के लिए प्रधान दायित्व तथा प्रधान दर्द–दोनों था–

"अहं का विस्तार
है दायित्व भी
दर्द भी।"[98]

शिवकुमार मिश्र ने प्लेखानोव के एक कथन के संदर्भ में यह लिखा है कि–"जब व्यक्ति अपने अहं को ही एकमात्र सत्य स्वीकार कर लेता है तब बाह्यजगत् या तो उसके लिए एकदम अयथार्थ हो उठता है, अथवा यदि यथार्थ भी, तो केवल उस सीमा तक जहाँ तक वह उसके अहं पर आधारित हो, उसके अहं को संतुष्ट करता हो। व्यक्ति ऐसी ही स्थिति में भाँति-भाँति के अस्पष्ट वादों और विचारधाराओं को जन्म देता है क्योंकि विचारों की समृद्धि बाह्य वास्तविकताओं के साथ व्यक्ति मानस के सम्पर्क से भी होती है। जब व्यक्ति के लिए उसका अहं ही सर्वप्रधान हो उठता है तो उसके विचारों को उचित खाद्य भी नहीं मिल पाता और फलतः उनका विस्फोट अस्पष्ट, धुँधली और अनपेक्षित दिशाओं का ही सूचक बन जाता है। इस तरह व्यक्ति पहले से ही स्थिर और जनता द्वारा पोषित मान्यताओं का विरोध करता है–उस स्वाभाविक इच्छा से प्रेरित होकर नहीं, जो पुराने से असंतुष्ट व्यक्ति को नये की ओर प्रेरित करती है, वरन् अपने अहं की अभिव्यक्ति के उद्देश्य से, किसी नये विचार अथवा वस्तु की प्रतिष्ठा की सदिच्छा से नहीं, अपनी अप्रकाशित प्रतिभा के सामने लाने की आकुल मनोवृत्ति से।"[99] दुर्भाग्य से नयी कविता के कवियों ने भी अपने अहं को ही एकमात्र सत्य स्वीकार किया और फलतः उनके कवि-व्यक्तित्व की परिणति भी वही हुई जो प्रयोगवादी कवियों की हुई थी। कहा जा चुका है कि नयी कविता प्रयोगवादी कविता का ही विकसित रूप थी और

उसके अन्तर्गत अनेक नये कवियों के साथ-साथ प्रयोगवादी कवि भी काव्य-लेखन में सक्रिय थे।

नयी कविता के कवि ने अपने अहं की उपलब्धि पर विश्वास किया और उसी के बल पर अडिग रहने की कोशिश की—

"किंतु हमारे मन का
संशय, दर्प और विद्रोह वही है
कैसे हम तब झुकते
ओ मेरी गति!
कैसे अब झुक पायें!!"[100]

यह अहं कवि के लिए उसकी तथाकथित अपराजेय शक्ति है जो रह-रहकर उसके थके-हारे मन में अकेले शुक्र तारे की तरह चमक उठती है—

"उगा तारा—
मैंने देखा नहीं कि कब
बुझ गया
लाल आलोक सूर्य का। पर जब देखा
देखा यही—
कि पेड़ों-चट्टानों में उलझी
हारी हुई
लालिमा में द्योतित है शुक्र
अकेला तारा।"[101]

कवि की चिंता अब यह है कि उसके बिखरे हुए अहं को 'कौन सँजोये'? उसे 'कौन पूरा करे'?—

"पर जो मिटे थे—अमिट हैं
मेरे इन सब बिखरे-बिखरे अंशों को
कौन सँजोये
मुझे कौन पूरा करे!"[102]

अपने व्यक्ति-चेतना को सम्बोधित करते हुए कवि ने बार-बार अपने अहं का ही उद्घोष किया—

"भगवान!
तुम सबसे बड़े हो
मैं तुमसे छोटा हूँ
बाक़ी लोग मुझसे छोटे हैं।"[103]

इस अहं के कारण ही कवि को लगता है कि उसे—

"अपने अंदर के संगीत में
ढूँढ़ना पड़ेगा
मुक्ति का क्षण!"[104]

नयी कविता के कवियों के यहाँ 'मैं' बहुत प्रबल है क्योंकि उनका जीवन-दर्शन ही वैयक्तिक है इसलिए वहाँ 'हम' जैसे समूहवाचक शब्द की गुंजाइश नहीं है—

'मेरे घोड़े की टाप
चौखटा जड़ती जाती है
आगे के नदी-व्योम, घाटी-पर्वत के आसपास
मैं एक चित्र में
लिखा गया-सा आगे बढ़ता जाता हूँ।"[105]

"मैं देख रहा हूँ
झरी फूल से पंखुरी
मैं देख रहा हूँ अपने को ही झरते।"[106]

"रात भर जलता रहा हूँ
मौत-सी भयानक निस्तब्धता में
मोम बन गलता रहा हूँ
मेज़ की उजली सतह पर।"[107]

"कई बार लगता है
मैं ही रह गया हूँ अबीता पृष्ठ
बाकी पृष्ठों पर
जम गयी है धूल

धूल के बिखरे कणों में
रह गए हैं नाम
कई बार लगता है
एक मैं ही रह गया हूँ
अपरिचित नाम
इतने परिचय हैं
और इतने सम्बन्ध
इतनी आँखें हैं
और इतना फैलाव
पर बार-बार लगता है
मैं ही रह गया हूँ
सिकुड़ा हुआ दिन।''[108]

वस्तुतः कोई भी विचार जब युगीन यथार्थ से कटकर वास्तविक सक्रियता से वंचित हो जाता है तब बीमारियों का ही जन्मदाता बनता है। पश्चिम के प्रतीकवाद, अस्तित्ववाद, अतिवस्तुवाद—सब इन्हीं बीमारियों के प्रतिरूप कहे जा सकते हैं। इनके मूल में व्यक्ति की अहंवादिता तथा उसकी वैयक्तिक इच्छा-पूर्ति की ही स्थिति है। नयी कविता भी इस स्थिति से उबर न सकी—

''मद्धिम चंद्रमा
छिपती, दिपती, मद्धिम पड़ती
धुँधली, पूरी, फिर कटी फाँक
यह मैं
मेरा व्यक्तित्व बोध।''[109]

कवियों ने अनेक स्थलों पर अपने 'अंतर्गुहावास' तथा 'स्वरति' को स्वीकार किया है—

''अहं, अंतर्गुहावास, स्वरति, क्या मैं चीन्हता कोई न दूजी राह?
जानता क्या नहीं निज में बद्ध होकर है नहीं निर्वाह?
जानता हूँ...
बना हूँ करता, इसी से कहूँ, मेरी चाह, मेरा दाह, मेरा खेद...''[110]

कवि जानता है कि समाज के सम्मुख व्यक्ति टिक नहीं सकता मगर फिर

भी वह अपने व्यक्तित्व के नये आकार के प्रति ही आशावान् रहता है–

''हम नदी के द्वीप हैं
...उसी में रेत होकर
फिर छनेंगे हम। जमेंगे हम। कहीं फिर पैर टेकेंगे
कहीं फिर भी खड़ा होगा नए व्यक्तित्व का आकार।''[111]

कहने की ज़रूरत नहीं कि वैयक्तिकता की गली में ही बंद रहने का जो दुष्परिणाम होता है, उससे ये कवि बच नहीं सके–

''जैसे बंद गली में
अंधे चमगादड़
दीवारों से टकराकर चीखा करते
वैसे ही मैं इस अँधियारे में चीख रहा।''[112]

स्पष्ट है कि जो साहित्य व्यक्ति के अहं से इस प्रकार नियंत्रित व अनुशासित होगा, उसका उद्देश्य भी समाजपरक न होकर व्यक्तिपरक ही होगा। यही कारण भी है कि नयी कविता के कवियों के लिए युग-सम्पृक्ति अथवा जनपक्षधरता जैसे प्रश्नों का कोई मूल्य नहीं रह जाता।

काव्य-अनुभवों की बिरादरी

काव्यानुभव (और काव्यानुभव ही क्यों, अपने व्यापक अर्थ में कालानुभव) रचना में अलग से प्राप्त कोई अनोखी वस्तु नहीं है बल्कि वह जीवन की भट्ठी में पककर निकले हमारे अनुभवों का ही कलात्मक रूप है। कविता के हक़ में सबसे पहली बात यह है कि कवि के अनुभव उसके सामाजिक और रचनात्मक व्यक्तित्व से एकमेक होकर सामने आएँ–''कवि में यदि एक वयस्क चिंता और सार्थक कर पाने का धीरज मौजूद है तो गहरी से गहरी काव्यानुभूति को अकथनीय जैसे फतवे से बचाया जा सकता है।''[113]

क्या नयी कविता में यह 'वयस्क चिंता' कहीं दिखाई देती है? निश्चित रूप से हाँ, लेकिन स्पष्ट करने की ज़रूरत नहीं कि यह चिंता समाजोन्मुख न होकर व्यक्ति-मुखी है। नयी कविता प्रायः सत्ता-समर्थन के करीब थी। यह लाजिमी भी था क्योंकि वह शीतयुद्ध की साजिश से अलग नहीं थी लेकिन अनेक स्थलों पर वह कांग्रेस समर्थन से काफी दूर भी थी। वह अंतर्विरोधों का शिकार थी। उसके कवि अनेक बिंदुओं पर एक-दूसरे से अलग थे। हालाँकि मोटे तौर पर वे एक

ही वैचारिक धरातल पर खड़े थे। (यहाँ आशय मुक्तिबोध जैसे कवियों से नहीं है जिनके काव्य में जनपक्षधरता का निर्वहन अंत तक किया गया) बहुत से कवियों में अज्ञेय की तरह घोर व्यक्तिवाद न था लेकिन उनका कवि-व्यक्तित्व पूर्णतः समाजोन्मुख भी न हो सका था।

ऐसे में यह प्रश्न स्वाभाविक रूप से उठ खड़ा होता है कि क्या नयी कविता के कवियों के काव्यानुभव एक-दूसरे से भिन्न थे? या उनका कोई बिरादराना सम्बन्ध था?

नयी कविता के विस्तार से विवेचन के बाद इस निष्कर्ष तक सहज ही पहुँचा जा सकता है कि कुछ अंतर्विरोधों तथा अंतरों के बावजूद नयी कविता का वैचारिक आधार व्यक्तिवाद तथा अहंवाद ही था। नयी कविता व्यक्तिवादी और अहंवादी ही क्यों थी, इसके कारणों का विवेचन करते हुए हम देख चुके हैं कि वह शीतयुद्ध के प्रचार-प्रसार की साजिश का ही एक नमूना थी और यह साजिश देश की प्रगतिवादी शक्तियों के खिलाफ थी। जाहिर है, ऐसे में कवियों ने व्यक्ति-स्वातन्त्र्य का नारा लगाया तथा जन संघर्ष व युगीन यथार्थ से कट कर सर्वथा एकाकी हो गए। फ्रायडवाद के प्रभाव के कारण इन कवियों ने व्यक्ति को यौन वर्जनाओं का पुंज माना और इसका उसी रूप में चित्रण भी किया। व्यापक जन-समाज से कटकर एक एकाकी कवि जिन अनुभवों को अभिव्यक्त कर सकता था, इन कवियों ने उन्हें अभिव्यक्त किया। ये अनुभव जीवन के पतनग्रस्त मूल्यों के ही सूचक थे। नयी कविता के प्रायः सभी कवियों के यहाँ अनास्था, शंका, नैराश्य, कुंठा, घुटन, पराजय, पलायन, क्षणवाद, भोगवाद, नियतिवाद, लघुता, निरीहता, पीड़ा तथा यौन भावना जैसी प्रवृत्तियाँ मिलती हैं। इस बिंदु पर नयी कविता के कवियों में काव्यानुभवों की बिरादरी देखी जा सकती है।

नयी कविता के कवियों ने प्रयोगवादी कवियों की तरह ही अपनी वैयक्तिकता और अकेलेपन के पक्ष में तर्क देते हुए इसके लिए वैज्ञानिक आविष्कारों के कारण जीवन की बढ़ती हुई जटिलता को जिम्मेदार ठहराया। इनके अनुसार इन जटिल परिस्थितियों के कारण मनुष्य के व्यक्तित्व का घोर पतन हुआ है इसलिए आज व्यक्तित्व के प्रति उन्मुखता आवश्यक हो गयी है। लेकिन ये भूल गये कि इस बढ़ती हुई जटिलता का अर्थ है कि—"हमारे सामाजिक संबंधों के सूत्र और भी व्यापक और घने हो रहे हैं। ज़रूरत इससे घबड़ाने की नहीं, बल्कि समझने की है। इन जटिल सम्बन्ध-सूत्रों को समझने और सुलझाने से ही हमारे व्यक्तित्व में

समृद्धि आ सकती है और ऐसे ही व्यक्तित्व की अभिव्यक्ति साहित्य में श्रेष्ठता ला सकती है। मतलब यह कि किसी अनुभूति की गहराई व्यापक परिवेश पर निर्भर है।"[114]

नयी कविता के कवियों ने नियतिवाद व भोगवाद के साथ क्षणवाद का भी प्रबलता के साथ समर्थन किया कि मनुष्य क्षणों में जीता है। सुख व शांति से समृद्ध एक क्षण सम्पूर्ण जीवन की तुलना में कहीं ज़्यादा महत्त्वपूर्ण है। यह क्षण अतीत और भविष्य से सम्पृक्त नहीं है अर्थात् समय की एक कड़ी नहीं है बल्कि अपने आप में सम्पूर्ण तथा स्वतन्त्र है। इसका जो दुष्परिणाम हुआ वह आज स्पष्ट है। नामवर सिंह ने भी लिखा है कि–"क्षणजीवी लेखक ऐन्द्रिय सुख के क्षण से आगे बढ़ते ही नहीं और बढ़ते भी हैं तो मन ही मन उसी क्षण को जीते रहते हैं। इसी तरह कालप्रवाह में बहने से इनकार करके ये लेखक अपनी अनुभूति का सहज आवेग और विकास-क्रम भी खत्म कर देते हैं। बँधे हुए क्षणों की बँधी हुई उन अनुभूतियों में इसलिए स्वास्थ्य और उल्लास का अभाव मिलता है।"[115]

नयी कविता में काव्य अनुभवों का जो बिरादराना संबंध है, कोई कवि उसे तोड़ नहीं पाता अर्थात् वह अपने व्यक्तित्व के घोंघे में बंद रहकर अपने अहं का ही राग अलापता रहता है, समाज या युग-जीवन की ओर प्रस्थान नहीं कर पाता। लेकिन यह आश्चर्य का विषय नहीं होना चाहिए! क्योंकि विचार जिस तरह प्राप्त होते हैं, उसी प्रकार उसकी अभिव्यक्ति भी होती है। ये विचार यदि 'एकान्त कमरे में आराम कुर्सी के चिंतन से' प्राप्त होते हैं तो कविता में भी एकान्त और वैयक्तिक चिंतन का रूप ले लेते हैं–"व्यापक समाज से कटे हुए विचार उदास और निरंग होते हैं और इन अमूर्त विचारों को वहन करने वाली रचना भी एकांतिकता से अभिशप्त दिखाई पड़ती है। ऐसी रचनाएँ फल के उस रस की तरह होती हैं जिसे सजीव फल में से निचोड़कर बोतल में बंद कर दिया जाता है। उस निचुड़े हुए रस में भी मिठास होती है लेकिन पल्लवों से सुशोभित छिलका, रेशा, गुठली वाले सजीव फल की शोभा तथा सरसता और ही है। साहित्य में ऐसी सुषमा तथा ऐसे ही रस की महिमा है। यह तभी संभव है जब साहित्यकार जीवन का समग्र और सक्रिय उपभोग करें।"[116]

सन्दर्भ

1. नामवर सिंह : 'इतिहास और आलोचना', पृ. 13
2. अज्ञेय : 'तारसप्तक' : 'विवृत्ति और पुनरावृत्ति', पृ. 10-12

3. शिवकुमार मिश्र : 'नया हिन्दी काव्य', पृ. 206
4. वही, पृ. 207
5. अज्ञेय : वक्तव्य : 'तारसप्तक', पृ. 271
6. गिरिजाकुमार माथुर : वक्तव्य : 'तारसप्तक', पृ. 195
7. अज्ञेय : वक्तव्य : 'तारसप्तक', पृ. 301
8. वही, पृ. 272
9. अज्ञेय : 'सावन मेघ' शीर्षक कविता : 'तारसप्तक', पृ. 276
10. गिरिजाकुमार माथुर : 'चूड़ी का टुकड़ा' : 'तारसप्तक', पृ. 173
11. अज्ञेय : 'दूसरा सप्तक' की भूमिका, पृ. 7
12. वही, पृ. 8
13. कुँवर नारायण : 'तीसरा सप्तक', पृ. 147
14. डॉ. नगेन्द्र : 'हिन्दी-साहित्य का इतिहास', पृ. 636
15. शिवकुमार मिश्र : 'यथार्थवाद', पृ. 181
16. अज्ञेय : 'तारसप्तक', पृ. 269-71
17. अज्ञेय : 'इत्यलम्' : 'शिशिर की राका-निशा', पृ. 166
18. मदन वात्स्यायन 'असुरपुरी में दस से छह' : 'तीसरा सप्तक', पृ. 90
19. धर्मवीर भारती : 'दूसरा सप्तक', पृ. 172
20. जगदीश गुप्त : 'नाव के पाँव', पृ. 9
21. अज्ञेय : 'सुख-क्षण' : 'अरी ओ करुणा प्रभामय', पृ. 80
22. अज्ञेय : 'दूसरा सप्तक' : भूमिका, पृ. 6-7
23. अज्ञेय : 'त्रिशंकु', पृ. 68
24. अज्ञेय : 'नदी के द्वीप' शीर्षक कविता : 'हरी घास पर क्षण भर'।
25. सुधीश पचौरी : 'नयी कविता का वैचारिक आधार', पृ. 13
26. डॉ. रघुवंश : 'साहित्य का नया परिप्रेक्ष्य', पृ. 161
27. शिवकुमार मिश्र : 'प्रयोगवादी काव्य' : 'नया हिन्दी काव्य', पृ. 223
28. अज्ञेय : 'इत्यलम्' से उद्धृत।
29. अज्ञेय : 'नदी के द्वीप' : हरी घास पर क्षण भर'।
30. नरेश मेहता : 'अहं' शीर्षक कविता : 'दूसरा सप्तक', पृ. 111
31. डॉ. रघुवंश : 'साहित्य का नया परिप्रेक्ष्य', पृ. 161
32. शिवकुमार मिश्र : 'नया हिन्दी काव्य', पृ. 226
33. जगदीश गुप्त : नाव के पाँव' से उद्धृत।
34. धर्मवीर भारती : ठण्डा लोहा', पृ. 63
35. अज्ञेय : हरी घास पर क्षण भर', पृ. 17
36. अज्ञेय : 'इत्यलम्', पृ. 84
37. धर्मवीर भारती : 'अंधा युग', पृ. 130
38. डॉ. देवराज : 'प्रयोगवाद और नयी कविता' : (प्रतिक्रियाएँ), पृ. 156

39. शिवकुमार मिश्र : 'नया हिन्दी काव्य' से उद्धृत, पृ. 230
40. अज्ञेय : 'नदी के द्वीप' : हरी घास पर क्षण भर'।
41. अज्ञेय : 'इत्यलम्', पृ. 117
42. शिवकुमार मिश्र : 'नया हिन्दी काव्य' : 'प्रयोगवादी काव्य', पृ. 230
43. कीर्ति चौधरी : 'तीसरा सप्तक', पृ. 47
44. धर्मवीर भारती : 'ठण्डा लोहा', पृ. 64
45. जगदीश गुप्त : 'नाव के पाँव', पृ. 4
46. अज्ञेय : 'इत्यलम्', पृ. 133
47. भारती : 'ठण्डा लोहा', पृ. 23
48. डॉ. नामवर सिंह : 'आधुनिक हिन्दी साहित्य की प्रवृत्तियाँ' : 'प्रयोगवाद' शीर्षक निबंध।
49. अज्ञेय : 'हरी घास पर क्षण भर' : 'पहला दौंगरा', पृ. 55
50. अज्ञेय : 'तारसप्तक', पृ. 301
51. अज्ञेय : 'इत्यलम्' : 'सावन-मेघ' शीर्षक कविता, पृ. 55
52. भारती : 'ठंडा लोहा' से उद्धृत।
53. भारती : 'गुनाह का गीत' : 'दूसरा सप्तक', पृ. 172
54. जगदीश गुप्त : 'नाव के पाँव', पृ. 9
55. डॉ. नगेन्द्र : 'हिन्दी साहित्य का इतिहास' : 'नयी कविता', पृ. 637
56. नामवर सिंह : 'कविता के नए प्रतिमान', पृ. 192
57. मुक्तिबोध : 'नयी कविता का आत्मसंघर्ष', पृ. 8
58. अज्ञेय : 'आत्मनेपद', पृ. 28-29
59. जगदीश गुप्त : शब्ददंश', पृ. 31
60. श्रीकांत वर्मा : 'दिनारंभ' से उद्धृत।
61. श्रीकांत वर्मा : 'मार्यादर्पण' से उद्धृत।
62. वही।
63. लक्ष्मीकांत वर्मा : 'तक्षक की परम्परा' : 'नयी कविता, नयी आलोचना और कला' (कुमार विमल), पृ. 3
64. मेघराज इंद्र : नयी कविता-1
65. प्रभाकर माचवे : 'नयी कविता, नयी आलोचना और कला' से उद्धृत, पृ. 17
66. चंचल चौहान : 'जनवादी समीक्षा : नया चिंतन : नये प्रयोग', पृ. 176
67. विजय कुमार : 'साठोत्तरी हिन्दी कविता : परिवर्तित दिशाएँ', पृ. 18
68. डॉ. रघुवंश : 'साहित्य का नया परिप्रेक्ष्य' : 'नयी कविता का सामाजिक परिवेश' नामक निबंध, पृ. 214
69. विजय कुमार : 'साठोत्तरी हिन्दी कविता : परिवर्तित दिशाएँ', पृ. 24
70. नामवर सिंह : 'इतिहास और आलोचना', पृ. 52
71. नामवर सिंह : 'कविता के नए प्रतिमान', पृ. 28
72. अज्ञेय : 'दूसरा सप्तक' की भूमिका, पृ. 9-10

73. नागवर सिंह : 'कविता के नए प्रतिमान', पृ. 25
74. वही, पृ. 26
75. कुँवरनारायण : 'स्रष्टा' शीर्षक कविता नयी कविता 1960-61, संयुक्तांक 5-6, पृ. 183-84
76. मुक्तिबोध : 'भूरी-भूरी खाक धूल', पृ. 125
77. सुधीश पचौरी : 'नयी कविता का वैचारिक आधार' : प्राक्कथन।
78. वही : 'परिमल, नयी कविता और शीतयुद्ध' नामक निबंध, पृ. 178
79. जगदीश गुप्त : 'नयी कविता, रस और बौद्धिकता' शीर्षक निबंध : आलोचना-7, अप्रैल 1953
80. शिवकुमार मिश्र : 'नया हिन्दी काव्य', पृ. 214
81. गिरिजाकुमार माथुर : 'नयी कविता' : संयुक्तांक 5-6, पृ. 228
82. विपिनकुमार अग्रवाल : 'नयी कविता' : अंक-7, पृ. 130-31
83. कैलाश वाजपेयी : 'परास्त बुद्धिजीवी का वक्तव्य' शीर्षक कविता : 'नयी कविता : अंक-7, पृ. 91-93
84. अज्ञेय : 'तारसप्तक' : वक्तव्य, पृ. 269
85. वही, पृ. 270
86. वही, पृ. 271
87. रघुवीर सहाय : 'आत्महत्या के विरुद्ध', पृ. 26
88. वही, पृ. 27
89. रघुवीर सहाय : 'शराब के बाद का सवेरा' शीर्षक कविता।
90. धूमिल : 'संसद से सड़क तक', पृ. 14
91. वही, पृ. 28
92. वही, पृ. 70
93. श्रीकांत वर्मा : 'माया दर्पण' नामक संग्रह से उद्धृत।
94. श्रीकांत वर्मा : 'धुंध' शीर्षक कविता : 'दिनारंभ' संग्रह से उद्धृत।
95. अज्ञेय : 'तारसप्तक' : वक्तव्य, पृ. 270
96. अज्ञेय : 'दूसरा सप्तक' : भूमिका, पृ. 9
97. वही, पृ. 10
98. जगदीश गुप्त : 'शब्ददंश', पृ. 31
99. शिवकुमार मिश्र : 'नया हिन्दी काव्य', पृ. 222-23
100. नरेश मेहता : 'बनपाँखी सुनो' से उद्धृत।
101. अज्ञेय : 'बावरा अहेरी' से उद्धृत।
102. जगदीश गुप्त : 'नाव के पाँव' से उद्धृत।
103. विपिनकुमार अग्रवाल : 'धुएँ की लकीरें' से उद्धृत।
104. वही : 'आत्मबोध' शीर्षक कविता : नयी कविता संयुक्तांक 5-6, पृ. 153
105. अज्ञेय : 'अरी ओ करुणा प्रभामय', पृ. 66
106. वही, पृ. 90

107. वीरेन्द्र कुमार जैन : 'नयी कविता' : अंक-7, पृ. 133
108. गंगाप्रसाद विमल : वही, पृ. 95
109. गिरिजाकुमार माथुर : नयी कविता : संयुक्तांक 5-6, पृ. 214
110. अज्ञेय : 'इत्यलम्' से उद्धृत।
111. अज्ञेय : 'नदी के द्वीप' : 'हरी घास पर क्षण-भर'।
112. धर्मवीर भारती : 'ठण्डा लोहा' से उद्धृत।
113. ''पुल पर पानी' ऋतुराज के कविता-संग्रह से फ्लैप पर प्रकाशित टिप्पणी का एक अंश।
114. नामवर सिंह : 'इतिहास और आलोचना', पृ. 14-15
115. वही, पृ. 15
116. वही, पृ. 28

अष्टम अध्याय

स्वातन्त्र्योत्तर इतर काव्यान्दोलन और उनका अनुभव जगत्

युग की राजनीतिक, सामाजिक और आर्थिक परिस्थितियों में परिवर्तन के फलस्वरूप कवि की अनुभूति में भी परिवर्तन स्वाभाविक है। युगीन यथार्थ ही काव्यानुभूति के स्वरूप को निरंतर निर्धारित करता रहता है। काव्यानुभूति में देश और काल के अनुसार न सिर्फ गतिशीलता देखने को मिलती है बल्कि विकास के अनुरूप उसमें व्यापकता व गहराई भी होती है। कोई भी अनुभूति अपने परिवेश से कटकर गहरी नहीं हो सकती। बकौल नामवर सिंह–"अनुभूति की गहराई व्यापक परिवेश पर ही निर्भर है।"[1] किसी भी युग की रचना में उसके समय के विरोधाभासों, द्वंद्वों और अंतर्विरोधों के प्रभाव को देखा जा सकता है। कविता के संबंध में यह धारणा अधिक सही इसलिए होती है क्योंकि–"उसमें सीधे-सीधे संवेदनशील मानस की अभिव्यक्ति होती है जो अपने गत्यात्मक दौर के हल्के से हल्के कम्पन को भी ग्रहण करने में सक्षम होती है।"[2] सन् साठ के बाद की हिन्दी कविता के आरंभिक सोपान में अबौद्धिकता, उग्रता, जुगुप्सा तथा तर्कहीनता आदि का जो वर्चस्व दिखाई देता है, वह भी अपने युगीन दौर का ही परिणाम है।

स्वातन्त्र्योत्तर इतर काव्यान्दोलन और उनका अनुभव जगत्

सातवें दशक में विभिन्न काव्यान्दोलनों अकविता, युयुत्सावादी कविता, सनातन सूर्योदयी कविता, अस्वीकृत कविता, नूतन कविता, एण्टी कविता, अपरम्परावादी कविता आदि के नामों का तीव्र शोर सुनाई पड़ता है। यहाँ से वहाँ तक नये-नये साइनबोर्ड दिखाई पड़ते हैं। सन् साठ के बाद नयी कविता की धारा में परिवर्तन दिखाई देता है। यह और कुछ नहीं, विभिन्न छोटे-छोटे नकारात्मक जीवन-दृष्टि के काव्यान्दोलनों में नयी कविता का ही विघटन है। साठ के बाद हिन्दी कविता

के ये मोड़ नयी कविता से अलग और सर्वथा नए मोड़ नहीं हैं। हालाँकि इन काव्यान्दोलनों ने जोर-शोर से यह घोषणा की कि—वे नयी कविता से असहमत हैं और उससे सर्वथा अलग हैं लेकिन किसी मौलिक अधिकार पर वे अपने को नयी कविता से अलग नहीं कर पाए। इन विभिन्न काव्यान्दोलनों की कविता मूलतः और सिर्फ नयी कविता ही है, ऐसा कठोर आग्रह हमारा नहीं है लेकिन कुछ भिन्न रूप के बावजूद इन विभिन्न काव्यान्दोलनों की कविता से सर्वथा विच्छिन्न और विरोधी भी नहीं है। मानना चाहिए कि सातवें दशक में नयी कविता ही कुछ भिन्न रूपों में खंड-खंड में बँटकर अपनी विघटित स्थिति में सामने आती है।

सातवें दशक की कविता में असंतोष, अस्वीकृति और विद्रोह के स्वर बहुत साफ-साफ सुनाई पड़ते हैं। यों असंतोष और अस्वीकृति का यह स्वर हिन्दी कविता में पहले भी विद्यमान था लेकिन साठ के बाद यही स्वर तीखे व्यंग्य और विद्रोह का रूप धारण कर लेता है। यहाँ हम तल्खी, व्यथा और अस्वीकृति की उग्रता को प्रधानता के साथ अभिव्यक्त होते देखते हैं। संत्रास, यातना, टूटन और द्विविधा का कोहरा यहाँ भी है और कम होने के बजाय और ज़्यादा घना है। सन् '60 और '65 के बीच का समय मोहभंग का समय है। स्वराज्य की प्राप्ति के साथ ही हिन्दी कविता में भविष्य के प्रति जो आशा और विश्वास का स्वर सुनाई पड़ रहा था, वह धीरे-धीरे वास्तविकता के सामने आने से नैराश्य की घाटियों में खो गया। सन् साठ से पहले मोहभंग पूरी तरह नहीं हुआ था इसलिए उस समय की कविता में एक यातनाबोध और अस्वीकृति का स्वर तो है लेकिन विद्रोह का उभार नहीं है। यहाँ तक आते-आते पूर्ण मोहभंग हो गया। जनता द्वारा देखे गये भविष्य के सपने टूटते गए और युग की सामाजिक-राजनीतिक स्थिति बद से बदतर होती चली गयी।

लेकिन सातवें दशक के सम्पूर्ण काव्य को हम एक ही वर्ग में नहीं रख सकते। काव्यानुभावों की खोज के लिए कवियों में उनकी जीवन-दृष्टि को ध्यान में रखते हुए हमें अंतर करना होगा। ऐसा करने पर हम स्वातंत्र्योत्तर इतर काव्यान्दोलनों और उनके अनुभव जगत् का ठीक-ठीक आकलन कर सकते हैं। काव्यानुभूति के भिन्न-भिन्न स्वरूप को स्पष्ट करने के लिए यह आवश्यक भी है। जीवन-दृष्टि के अंतर के कारण युगीन स्थितियों का प्रभाव भी कवियों पर भिन्न-भिन्न पड़ा। स्वातन्त्र्योत्तर कुछ वर्षों में नेहरू-सरकार की दिशाहीनता देखी जा चुकी थी। छठे दशक की कुंठा और हताशा पराकाष्ठा पर पहुँच चुकी थी। नकारात्मक और अस्तित्ववादी विचारधारा समाज में अपनी जड़ें जमाने की कोशिश

कर रही थी। समाज के भीतर के वैचारिक टकराव को शीतयुद्ध अपने पक्ष में करने को प्रयासरत था। समकालीन कविता का प्रस्थान बिंदु भी सातवें दशक के आरंभ को माना जाना चाहिए जहाँ मोहभंग, संदेह, विसंगतिबोध, कुण्ठा, थकान, नैराश्य आदि का घटाटोप दिखाई देता है। इन सबकी काव्यात्मक परिणति अकविता जैसे दर्जनों छोटे-बड़े काव्यान्दोलनों में होती है। इन काव्यान्दोलनों के अंतर्गत व्यक्तिवादी कवियों का वर्ग अपने अस्तित्ववादी, नकारात्मक बोध से एक निषेधात्मक परिदृश्य तैयार करता है तो कवियों का एक दूसरा वर्ग राजनीतिक-सामाजिक संदर्भों से जुड़कर युग की पीड़ा को वाणी देता है और अपने असंतोष, अस्वीकृति तथा विद्रोह को उग्रता के साथ व्यक्त करता है।

ऐसा नहीं है कि असंतोष, अस्वीकृति तथा विद्रोह का उभार व्यक्तिवादी कवियों के यहाँ दिखाई नहीं देता किंतु कहने की ज़रूरत नहीं कि विरोध के मूल में भी एक सकारात्मक और नकारात्मक दृष्टि काम करती है। किसी भी काव्यान्दोलन की जड़ें सिर्फ वर्तमान में नहीं बल्कि अतीत की गहराई में भी होती हैं। सन् साठ के बाद हिन्दी कविता में अबौद्धिकता का उभार आकस्मिक नहीं है। यहाँ नामवर सिंह का यह कथन स्मरण किया जा सकता है कि–"किसी विशिष्ट व्यक्तित्व या रचना का उत्थान आकस्मिक नहीं है। आकस्मिक है उसका हमारी दृष्टि में आना।"[3] सूक्ष्मता से देखें तो इस अबौद्धिकता की जड़ें सन् 1930 के अबौद्धिक युग में ढूँढी जा सकती हैं जब बच्चन हाला और प्याला में सब कुछ भूलने की बात कर रहे थे। लेकिन इस समय प्रगतिशील लेखक संघ के गठन तथा दिनकर व माखनलाल चतुर्वेदी की राष्ट्रीय चेतना ने इस व्यक्तिवाद को बढ़ने नहीं दिया। हालाँकि बाद में यही व्यक्तिवाद नयी कविता और उसके कवियों की आधार-भूमि बना। नयी कविता की घोर पतनशील तथा व्यक्तिवादी नकारात्मकता ही सन् साठ के बाद काव्य का प्रमुख कथ्य बनकर हमारे सामने आती है। रोहिताश्व का यह कथन भी इस बात की पुष्टि करता है–"साहित्य में भी युग की ही तरह दो प्रवृत्तियों में संघर्ष चला करता है। इसे विडम्बना ही कहा जाएगा कि सन् '50 के बाद के शीतयुद्धीय प्रभाव ने अंततः प्रतिक्रियावादी शक्तियों को ही सम्मुख लाने में अपनी भूमिका निभायी। सन् '50 से ही अनास्था, हताशा, कुण्ठा, विसंगति आदि की जो दुहाई कोमल-कोमल शब्दों में ही दी जा रही थी, सन् साठ के बाद कवियों ने उस कोमलता के मुखौटे को उतार फेंका और दो टूक भाषा में वही सब कहा जो भारती, लक्ष्मीकांत वर्मा आदि एक-दूसरे से कह रहे थे।"[4]

सातवें दशक में अकविता जैसे नकारात्मक जीवन-दृष्टि के आंदोलन शीतयुद्ध की ही परिणति हैं। फलस्वरूप इस दृष्टिकोण के आंदोलनों ने प्रगतिशील कवियों की उपेक्षा की तथा नागार्जुन, केदार, त्रिलोचन, शमशेर, शील जैसे अनेक महत्त्वपूर्ण कवियों को काव्य-चर्चा के दायरे से बाहर रखने की कोशिश की और उसमें काफी हद तक सफल भी रहे। इन आंदोलनों की विचारहीनता आज किसी से छुपी नहीं है—"कलात्मकता की महीन बुनावट बहुत दिनों तक किसी षड्यन्त्र को छुपाए नहीं रख सकती। यदि नयी कविता के स्वघोषित नेता जगदीश गुप्त को 'किसिम-किसिम के आंदोलनों' से एतराज है तो उन्हें यह भी देखना चाहिए कि कथ्य से रूप को काटने की शुरुआत उन्होंने ही अपने साथियों के साथ की थी।"[5] स्पष्ट है कि सातवें दशक का अराजक परिदृश्य वर्षों से चली आ रही नकारात्मकता और वैयक्तिकता का ही फल था। यहाँ आकर नयी कविता की भाषा छद्म रूप से बाहर आ गयी और जगदीश चतुर्वेदी, मोना गुलाटी तथा सौमित्र मोहन जैसे कवियों के हाथों गाली-गलौज में रूपान्तरित हो गयी।

इस दशक में प्रगतिवादी और प्रतिक्रियावादी-समाज की दोनों शक्तियाँ बराबर सक्रिय दिखाई देती हैं। फलस्वरूप मोटे तौर पर किए गये इस विभाजन से एक काव्यधारा में बीभत्स उद्‌गार देखने को मिलते हैं तो दूसरी में वह यथार्थवादी दृष्टि मिलती है जो आगे चलकर आठवें दशक की कविता में वामपंथी-जनवादी काव्य-दृष्टि में परिणत हो जाती है। सन् साठ के बाद के विभिन्न आंदोलनों में एक ओर यदि नकारात्मक परम्परा का गलत रूप दिखाई देता है तो दूसरी ओर प्रगतिशील-जनवादी संभावनाएँ भी उजागर होती हैं। यह एक निर्विवाद सत्य है कि सन् '64 में मुक्तिबोध की बीमारी और मृत्यु के आस-पास उनके कृतित्व के मूल्यांकन तथा उनकी प्रतिष्ठा ने इस दूसरी काव्यधारा के कवियों पर व्यापक प्रभाव डाला। ये कवि मुक्तिबोध के इस विचार से पूर्णतः सहमत थे कि—"एक कला सिद्धांत के पीछे एक जीवन-दर्शन होता है और उस जीवन-दर्शन के पीछे आजकल के जमाने की एक राजनीतिक दृष्टि भी रहती है।"[6]

मुक्तिबोध और अज्ञेय-स्वातन्त्र्योत्तर कविता के दोआब हैं। एक ने प्रगतिशील-जनवादी काव्यधारा का प्रतिनिधित्व किया तो दूसरे ने व्यक्तिवादी-अस्तित्ववाद-निषेधवादी काव्यधारा का। यदि अज्ञेय की परम्परा नयी कविता के लक्ष्मीकान्त वर्मा, जगदीश गुप्त, गिरिजाकुमार माथुर से होती हुई सातवें दशक में सौमित्र मोहन, मोना गुलाटी तथा जगदीश चतुर्वेदी तक निरंतर समृद्ध दिखाई देती है तो मुक्तिबोध की परम्परा ने भी दुर्दिन नहीं देखे। स्वातन्त्र्य पूर्व के वरिष्ठ

प्रगतिवादी कवि नागार्जुन-केदार की काव्य परम्परा स्वातन्त्र्योत्तर परिदृश्य में मुक्तिबोध से लेकर सन् साठ के बाद धूमिल, सर्वेश्वर, रघुवीर सहाय, जगूड़ी, विजेन्द्र, ज्ञानेन्द्रपति तक निरंतर दिखाई देती है। सातवें दशक के काव्यजगत् के प्रगतिशील-जनवादी कवियों में तीनों पीढ़ियों के अनेक महत्त्वपूर्ण कवि एक साथ सक्रिय दिखाई देते हैं। इनमें नागार्जुन, केदार, त्रिलोचन, शील, शमशेर, मुक्तिबोध, केदारनाथ सिंह, सर्वेश्वर, भवानी प्रसाद मिश्र, रघुवीर सहाय, धूमिल, शलभ श्रीरामसिंह, विजेन्द्र, चंद्रकांत देवताले, कुमारेन्द्र पारसनाथ सिंह, लीलाधर जगूड़ी, कुमार विकल, वेणु गोपाल, सोमदत्त, ऋतुराज, ज्ञानेन्द्रपति, आलोक धन्वा, प्रमोद वर्मा, मंगलेश डबराल, उदयप्रकाश, राजेश जोशी, असद जैदी, अरुण कमल, अक्षय उपाध्याय, विनय दुबे, भगवत रावत जैसे अनेक महत्त्वपूर्ण नामों को याद किया जा सकता है। इसी तरह दूसरे परिदृश्य के कवियों में अज्ञेय, धर्मवीर भारती, गिरिजा माथुर, जगदीश गुप्त, लक्ष्मीकांत वर्मा, विपिन कुमार अग्रवाल, नरेश मेहता, श्रीकांत वर्मा, जगदीश चतुर्वेदी, सौमित्र मोहन, मोना गुलाटी, कुँवर नारायण, श्रीराम वर्मा, नकेनवादियों में नलिन विलोचन शर्मा, केसरी कुमार तथा नरेश आदि अनेक नाम लिये जा सकते हैं। इस फेहरिस्त को राजा दुबे तथा कैलाश बाजपेयी जैसे अनेक नामों के जरिये, चाहें तो बढ़ाया भी जा सकता है। यह निषेधात्मक परिदृश्य राजकमल चौधरी जैसे विवादास्पद नाम के बिना भी अधूरा रह जायेगा। हालाँकि—"वैयक्तिकता के दर्शन की हिमायत करते हुए भी राजकमल चौधरी 'मुक्तिप्रसंग' में जिंदगी की विसंगतियों और अमानुषिकताओं पर तीखा आक्रमण करते हैं।"[7] लेकिन सारांशतः—"अज्ञेय और एलेन गीन्सबर्ग की कविता की परिणति ही राजकमल चौधरी की परिणति है।"[8]

एक सुविचारित जीवनदृष्टि के कारण प्रगतिशील, जनवादी और युयुत्सावादी कविता सातवें दशक की राजनीतिक, सामाजिक सच्चाइयों को व्यक्त कर रही थी तो अन्य काव्यान्दोलनों में तुच्छ महत्त्वाकांक्षाएँ ही पनप रही थीं—"यह नहीं कि ऐसा मात्र साहित्य में हो रहा था बल्कि राजनीतिक, सामाजिक, आर्थिक, सांस्कृतिक क्षेत्रों में भी सामान्यतः यही परिदृश्य परिलक्षित हो रहा था। एक अंतर्विरोध जीवन के हर क्षेत्र में सक्रिय था और वह बढ़ते-बढ़ते विस्फोटक कगार तक आ पहुँचा। अन्य क्षेत्रों में तो पंचवर्षीय योजनाएँ, समाजवाद, उन्नति के आँकड़े आदि से उस विस्फोटकता को कुछ काल के लिए स्थगित कर दिया गया किन्तु साहित्य के संवेदनशील मानस में विस्फोटकता की यह स्थिति दब न सकी।"[9] क्योंकि सन् साठ के बाद का सामाजिक-राजनीतिक परिदृश्य ही द्वंद्वात्मक है अतः साठोत्तरी कविता भी अपने समय के मुख्य अंतर्विरोधों और द्वंद्वों की कविता है।

समकालीन कविता में भी प्रगतिशील-जनवादी और प्रतिक्रियावादी-प्रगतिविरोधी कवियों के बीच चल रहे दीर्घ संघर्ष से इनकार नहीं किया जा सकता। नामों के शोर तथा विभिन्न काव्यान्दोलनों की भीड़ के कारण सातवें दशक का काव्य ऊपर-ऊपर चाहे एक-सा दिखाई दे लेकिन वस्तुतः वहाँ दो जीवन-दृष्टियों का द्वंद्व सक्रिय है। जीवन-दृष्टियों के इस अंतर के कारण इन विभिन्न काव्यान्दोलनों का अनुभव-जगत् भी भिन्न-भिन्न रहा। संक्षेप में, सातवें दशक के काव्य-जगत् की यह पृष्ठभूमि है। आगे हम इसकी विस्तार से चर्चा करेंगे और देखेंगे कि किस तरह अलग-अलग वैचारिक धरातल के कारण कवियों के काव्यानुभव भी बदल जाते हैं। इस भिन्नता के कारण एक ओर यदि नकारात्मक परम्परा का गलित रूप दिखाई देता है, वहीं दूसरी ओर जनपक्षधर कवियों का युग की सामाजिक-राजनीतिक विसंगतियों के विरुद्ध एक व्यापक और जुझारू संघर्ष भी दिखाई देता है।

नेहरू युग के बाद का भारतीय समाज

"वस्तु और चेतना में घनिष्ठ संबंध है। ऐसा ही संबंध लेखक के परिवेश और उसकी रचना में है। लेखक अनिवार्य रूप से अपने परिवेश से प्रभावित होता है। वह अपनी रचना के लिए विषय-वस्तु और भाषा ही नहीं, रूप भी अपने परिवेश से ही प्राप्त करता है। लेकिन यहाँ प्रस्तुत मान्यता में सरलीकरण का जो खतरा है, उसको समझ लेना चाहिए। जिस तरह वस्तु और चेतना का सम्बन्ध एक सरल सम्बन्ध न होकर अत्यन्त जटिल सम्बन्ध होता है, उसी तरह लेखक के परिवेश और रचना का सम्बन्ध भी सरल न होकर अत्यन्त जटिल होता है।"[10] देखना होगा कि सातवें दशक में नेहरू युग और उसके बाद का भारतीय समाज कैसा था और इस परिवेश तथा रचना के जटिल सम्बन्ध का स्वरूप क्या था।

कहा जा चुका है कि सन् '60 और '65 के बीच का समय भारतीय जनमानस के मोहभंग का समय था। युद्ध की त्रासदियों से भी यह दशक बच न सका था। सन् '62 में चीन और '65 में पाकिस्तान के आक्रमणों की कीमत भी भारतीय जनता को ही चुकानी पड़ी। हालाँकि चौथे आम चुनाव के बाद तथा नक्सलवादी आंदोलन से स्थिति ने आशाजनक मोड़ भी लिया लेकिन इनसे पहले भारतीय समाज की हालत बद से बदतर होती चली गयी थी। "स्वतन्त्रता के बाद सत्याग्रही वृत्ति सत्ता से चिपक जाने को आतुर हो उठी। कुछ लोग इस आपाधापी में सफल भी हो गए किंतु अधिकांश को निराशा हाथ लगी। निराश व्यक्तियों का नैराश्य

द्वेषाग्नि बनकर सामाजिक परिवेश पर छाता गया। देश आक्रमणों, अकालों, दंगा-फसादों और उपद्रवों से बिंध-बिंध जाता रहा। भीतरी-बाहरी आक्रमणों के आघात से विदेशी हुकूमत द्वारा परित्यक्त आर्थिक ढाँचा चरमराने लगा। ऐतिहासिक कारणों से देशवासी और देश का मनोवैज्ञानिक व्यक्तित्व, देश की अर्थव्यवस्था के चरमराते हुए ढाँचे को आमूल-चूल परिवर्तित करने में असमर्थ रहा। कुछेक ने करना भी चाहा तो भीतर-बाहर से विरोध-अवरोध का झंझावात उठ खड़ा होता रहा। इसका कुफल आम जनता को भोगना पड़ा।''[11]

ऐसे में समाज की एक इकाई होने के नाते रचनाकार का व्यक्तित्व भी निष्क्रियता, अनास्था और निराशा का पुंज बनकर रह गया। फलस्वरूप सांस्कृतिक संकट, आस्थाहीनता, मूल्यों की अस्वीकृति आदि पर जोर-शोर से चर्चा चल पड़ी। सारा दोष परिवेश को ही दिया जाकर यह कहा जाने लगा कि निष्क्रियता, दायित्वहीनता और अनास्था के इस युग में अस्वीकृति की अभिव्यक्ति के अतिरिक्त रचनाकार और कुछ नहीं कर सकता। यही कारण भी है कि सातवें दशक की रचना में थकान, कुंठा, संशय, अस्वीकृति, अनास्था आदि की अभिव्यक्ति प्रधानता के साथ देखने को मिलती है। कहा जा चुका है कि इन सबके बावजूद कवियों के एक वर्ग ने समाज के इसी स्वरूप को अथ-इति न मानकर मूल्यों को प्राप्त करने के लिए जन-जन में कर्म चेतना के संचार का प्रयास भी किया। लेकिन कहना ही होगा कि सन् '65-'66 तक प्रगतिशील-जनवादी कवि भी भारतीय समाज में व्याप्त इस सर्वव्यापी जड़ता से बच नहीं सके जिसके बारे में डॉ. रघुवंश लिखते हैं—''यह समाजव्यापी कुंठा, निराशा, अवसाद तथा अंध आस्था का परिणाम है कि हम इन सबके बावजूद व्यक्तिगत स्वार्थों, बेईमानी, घूसखोरी, चोरबाज़ारी, अकर्मण्यता से अपने को बचाने में असमर्थ हैं। इस सामाजिक जड़ता से न नगर बचे हैं, न गाँव, न शिक्षित और न अशिक्षित, न उच्च वर्ग और न निम्न वर्ग ही।''[12]

स्वतन्त्रता के पश्चात् कांग्रेस ने समाजवाद का रास्ता नहीं चुना। उसने देश के पाशविक सामंतों तथा विदेश में बर्बर साम्राज्यवादियों के साथ समझौता किया। भारतीय व्यवस्था देखते-देखते इजारेदारों के हाथों की कठपुतली बन गयी। समता का अधिकार अर्थहीन हो गया। अमीर-ग़रीब की खाई दिनोंदिन बढ़ती चली गयी। महँगाई, बेरोजगारी तथा भुखमरी से चारों तरफ हाहाकार मच गया। भारतीय जनता इस तथाकथित प्रजातन्त्र को संदेह की दृष्टि से देखने लगी। उसने जिस व्यवस्था को अपने हितों की रक्षा के लिए बनाया था, उन्हीं के विरुद्ध इस्तेमाल

हुई। चंचल चौहान ने लिखा है—"सन् 1960 के बाद की भारतीय व्यवस्था अपनी अधोगति के चरम निम्न बिंदु पर थी। अमेरिका का सड़ा हुआ गेहूँ और सूअर भक्ष्य मक्का राशन में बँट रहा था। जनता का ध्यान बाँटने के लिए शासक वर्ग छिटपुट युद्ध भी कर लिया करते थे और बहाना करके महँगाई बढ़ा देते थे। वियतनाम अमेरिका से 30 वर्ष युद्ध करके भी महँगाई जैसे दुर्गुण का शिकार नहीं हुआ, यहाँ चार-छह दिन गोली चलने से ही महँगाई आसमान छूने लगती थी। भारत-चीन संघर्ष में कम्युनिस्टों को जेल में ठूँस दिया गया था। मार्क्सवादी विचारधारा पर प्रहार किया जा रहा था और देशभक्ति की आड़ में भुखमरी को बढ़ाया जा रहा था। सामंतों और अमेरिका आदि साम्राज्यवादियों की कृपा हासिल करके भारत का इजारेदार पूँजीवाद पूरे भारत को खोखला बनाये दे रहा था। इस क्रमिक ह्रास का असर सांस्कृतिक स्तर पर पड़े बिना नहीं रह सकता था।

साठोत्तरी वर्षों में लिखी गयी कविता का एक भाग उस सांस्कृतिक ह्रास का ही एक कदम था जो अज्ञेय, धर्मवीर भारती, जगदीश गुप्त की कृतियों के द्वारा सामने आ रहा था, इसी के साथ-साथ एक अंश शोषित वर्गों की संस्कृति से संघर्ष भी कर रहा था। चूँकि मार्क्सवादी वैज्ञानिक विश्वदृष्टि विभिन्न कारणों से बिखरावग्रस्त थी अतः लेखकों में वह अपवाद रूप में जहाँ-तहाँ ही थी। प्रारम्भिक वर्षों में बुद्धिजीवी एक अजीब तरह के सांस्कृतिक पतन का शिकार हो रहा था। नयी कविता में जिस तरह ऐंटीथीसिस का संघर्ष था उसी तरह साठोत्तरी कविता में भी था। कई विचारशील युवा कवि विकल्पहीन विद्रोह के और सर्वनिषेधवाद के शिकार नहीं भी थे किन्तु वे अपनी मात्रा में कम होने की वजह से गुणात्मक भूमिका अदा नहीं कर सके, फिर भी, अपनी सीमित क्षमता में वे संघर्षरत थे।"[13]

अनेक कवि व आलोचक आज यह स्वीकारते हैं कि इस दशक की कविता की मुख्य अंतर्वस्तु निषेध या अस्वीकृति ही थी। साठोत्तरी वर्षों में बाहरी और भीतरी घातों-प्रतिघातों के कारण व्यापक जन-आंदोलन छिन्न-भिन्न थे। सही विद्रोह की कमी के कारण सारा युवावर्ग पतनशील सांस्कृतिक आंदोलनों की गिरफ्त में आ गया था। अकवियों का काव्य-विद्रोह दरअसल राजनीति के सही विकल्प के अभाव में जन्मा था। इसलिए ऐसे काव्य-आंदोलन शोषक-शासक वर्गों के हित साधक ही हुए। पतनशील संस्कृति के प्रचारक विभिन्न नामधारी काव्य-आंदोलनों की कथ्य या शिल्पगत विशेषताओं में अंतर नहीं था। यह स्थिति 1965 के बाद बदली—"1967 में भारतीय शोषित जनता ने कांग्रेस का एक छत्र अधिकार छिन्न-भिन्न कर दिया। कई राज्यों में संविद सरकारें बनीं। कवियों और बुद्धिजीवियों के भावबोध में भी

इस व्यवस्था के विकल्प की चिंता सुगबुगाने लगी। 1968 में प्रकाशित लगभग सभी पत्र-पत्रिकाओं में राजनीति और साहित्य के अंतःसम्बन्ध को जरूरी माना जाने लगा। इसी दौर में अर्थात् 1964 से 1968 तक सर्वहारा की विचारधारा व राजनीति भी सही दिशा में अग्रसर हुई। उसमें चला आ रहा दो अतिवादी भटकावों—दक्षिणपंथी और उग्र वामपंथी का संघर्ष छँट गया। इससे सर्वहारा वर्ग की राजनीति को सही रूप में आगे बढ़ने का मौका मिला। केरल व बंगाल में वामपंथी मोर्चे की सरकारें बनीं। अब सर्वहारा वर्ग की राजनीति व विचारधारा राजनीति के पटल पर अपनी सही भूमिका निभाने लगी।''[14]

इन राजनीतिक बदलावों का असर रचनाकारों पर पड़ा। उनकी चेतना अब सन् साठ के बाद के आरंभिक वर्षों में जैसी थी, वैसी नहीं रही। सर्वनिषेधवाद और विकल्पहीन विद्रोह की स्थिति खत्म हुई। सन् '68 से '72 तक की अवधि दरअसल संक्रमण की अवधि है। जनवादी चेतना की जो कविता तमाम धुँधलकों-कुहासों से बाहर आकर अपने स्वस्थ रूप में आठवें दशक तथा उसके बाद नौवें दशक में दिखाई देती है, इसकी पृष्ठभूमि सातवें दशक के उत्तरार्द्ध में ही तैयार हुई है। सातवें दशक की हिन्दी कविता में नेहरू युग और उसके बाद का भारतीय समाज तमाम संगतियों और असंगतियों सहित अपने नकारात्मक और सकारात्मक दोनों रूपों में उभरकर सामने आता है।

सातवें दशक का हिन्दी काव्य-जगत् और उसका मानस

जब हम आचार्य शुक्ल की इस मान्यता का समर्थन करते हैं कि—''कलागत अनुभूति वास्तविक या प्रत्यक्ष अनुभूति से पृथक् नहीं है।''[15] तो निश्चित रूप से कला और समाज के गहरे सम्बन्धों की अनिवार्यता का ही समर्थन करते हैं। काव्यानुभूति के मूल में उत्कट सामाजिक चिंता का अभाव उसे व्यक्तिमुखी बना देता है। यह अभाव ही उसके सामाजिक स्वरूप की रचना में सबसे बड़ा व्यवधान बनकर उपस्थित होता है। आज हम कविता को सिर्फ अनुभूति का व्यापार कहकर उसके अवधारणात्मक पक्ष की अवहेलना नहीं कर सकते। यह रचना के प्रति कलावादी रवैया होगा। काव्य की रचना-प्रक्रिया का प्रधानसूत्र क्या है? अगर सरलीकरण की हद तक उतरकर ऐसा कोई आग्रह है ही, तो मुक्तिबोध के 'संवेदनात्मक ज्ञान' या 'ज्ञानात्मक संवेदना' को ही प्रधान सूत्र माना जा सकता है। स्पष्ट है कि इस सूत्र की अवहेलना कला और समाज के सम्बन्धों को ही नकारना है। ऐसा करके कविता ही क्या, साहित्य की किसी भी विधा में घोर वैयक्तिक प्रवृत्तियों को ही प्रश्रय दिया जा सकता है।

एक स्वस्थ विचारधारा के अभाव में रचना भोंड़ेपन और फूहड़ता की हद तक अराजक हो सकती है और एक स्वस्थ विचारधारा से सम्पन्न रचना व्यक्ति को उसके दुःखों को देखने के लिए एक सामाजिक दृष्टि देती है और उनसे मुक्ति के लिए संघर्ष भी करती है। सातवें दशक के काव्य-जगत् में ये दोनों धाराएँ देखने को मिलती हैं।

सबसे पहले यदि हम काव्य के नकारात्मक निषेधात्मक और प्रगति विरोधी परिदृश्य पर दृष्टिपात करें तो वहाँ दर्जनों छोटे-छोटे काव्यान्दोलन दिखाई पड़ते हैं। जगदीश गुप्त ने इनकी चर्चा 'किसिम-किसिम की कविता' शीर्षक के अपने लेख में काफी विस्तार से की है। इसमें उन्होंने विभिन्न काव्यान्दोलन तथा नामों में मुखौटे बदल-बदलकर आने वाले साहित्यिक मसीहाओं का जिक्र किया है। इन काव्यान्दोलनों में युयुत्सावादी जैसे एक-दो प्रगतिशील जनवादी काव्यान्दोलन भी रहे हैं, जिनकी चर्चा हम आगे करेंगे। अपनी सीमाओं के कारण जगदीश गुप्त इन विभिन्न काव्यान्दोलनों को नकारात्मक और सकारात्मक प्रवृत्तियों में विभाजित नहीं कर सके हैं। जहाँ तक नकारात्मक-निषेधात्मक प्रवृत्तियों का सवाल है, यह सर्वविदित है कि ये अपने आक्रमण व बचाव के लिए अपने रूप-नामों को बदलती रहती हैं। सकारात्मक और नकारात्मक प्रवृत्तियों का विभाजन न करते हुए भी जगदीश गुप्त ने इन विभिन्न छोटे-छोटे काव्यान्दोलनों के प्रति अपनी असहमति और नाराजगी व्यक्त की है। उनके अनुसार नयी कविता सातवें दशक के इन आंदोलनों के कारण 'काहिल' हो गयी है। उनके इस मत से तो सहमत हुआ ही जा सकता है कि—"नये नामों की फ़िराक में रहने वाले चाहें तो मेरी इस स्वीकारोक्ति से लाभ उठाकर 'काहिल कविता' की नयी ईजाद कर सकते हैं। आखिर नये नाम के साथ नयी चीज़ भी हो, ऐसी शर्त तो अनिवार्य मानी नहीं जा रही है, हर नाम सार्थक ही हो, ऐसा भी आग्रह दिखाई नहीं देता और न यही जरूरी समझा जा रहा है कि एक चीज़ का एक ही नाम हो। अनेकत्व जब बहुत बढ़ जाता है, जब ख़्वामख़्वाह, बहुसंख्यक देवता पूजे जाने लगते हैं तो अनेकता में एकता की खोज वाली वृत्ति अपने आप जाग उठती है।"[16]

'किसिम-किसिम की कविता' के अंतर्गत कविता के लगभग चार दर्जन नये-नये नामों को सूचीबद्ध करने का प्रयास जगदीश गुप्त ने किया है। ये हैं—सनातन सूर्योदयी कविता, अपरम्परावादी कविता, सीमान्त कविता, युयुत्सावादी कविता, अस्वीकृत कविता, अकविता, सकविता, अ-अकविता, अभिनव कविता, अधुनातन कविता, नूतन कविता, ऐण्टी कविता, निर्दिशामयी कविता, ऐब्सर्ड कविता,

गीत कविता, नवप्रगतिवादी कविता, साम्प्रतिक कविता, बीट कविता, ठोस कविता (कांक्रीट कविता), कोलाज कविता, अन्यथावादी कविता, विद्रोही कविता, क्षुत्कातर कविता, कबीरपंथी कविता, समाहारात्मक कविता, उत्कविता, विकविता, लिंग्वादल-मोतवादी कविता, बौध कविता, मुहूर्त की कविता, द्वीपान्तर कविता, अति कविता, टटकी कविता, ताज़ी कविता, अगली कविता, प्रतिबद्ध कविता, शुद्ध कविता, स्वस्थ कविता, नंगी कविता, ग़लत कविता, सही कविता, प्राप्त कविता, सहज कविता, आँख कविता, नाटकीय कविता आदि। इनमें से युयुत्सावादी कविता तथा नवप्रगतिवादी कविता की चर्चा हम आगे प्रगतिशील-जनवादी धारा के अंतर्गत करेंगे। शेष नकारात्मक तथा निषेधात्मक काव्य प्रवृत्तियों की विस्तार से चर्चा करना उन्हें अनावश्यक महत्त्व देना है। कहा जा चुका है कि ये विभिन्न छोटे-छोटे काव्यान्दोलन नयी कविता के ही विघटित रूप हैं। किसी मौलिक आधार पर ये काव्य प्रवृत्तियाँ स्वयं को नयी कविता से क्या, प्रायः एक दूसरे से भी अलग नहीं रख पायीं। फिर भी इनमें से कुछ की चर्चा यहाँ की जा रही है।

सनातन सूर्योदयी कविता : इसके प्रवर्तक वीरेन्द्र कुमार जैन थे। इसके समर्थक कवियों ने उच्छृंखल अहंवाद का विरोध किया। 'भारती' नामक पत्रिका के सन् 1962 के मार्च अंक में इस कविता के घोषणा-पत्र में कहा गया—"पतन-पराजय, कुण्ठा, आत्मपीड़ना और जीवित आत्मघात के असूझ अंधकार में आत्महारा, दिशाहारा होकर भटक रही आज की अनाथ काव्य चेतना के सम्मुख हम अल्प से महत् में ले जाने वाली, अंधकार से प्रकाश में ले जाने वाली, मृत्यु से अमृत में ले जाने वाली और सीमा से असीम की लीला को उतार लाने वाली आगामी कल की अनिवार्य सनातन सूर्योदयी नूतन कविता धारा का द्वार मुक्त करते हैं।"[17]

गंगा प्रसाद विमल जैसे कवियों ने इसका समर्थन किया लेकिन कविता के स्वरूप परिवर्तन और दिशा-बोध में अंतर लाने की दृष्टि से ऐसा कोई रचनात्मक प्रयास नहीं किया गया। यहाँ कविताओं के उद्धरण देकर अनावश्यक विस्तार से बचते हुए इतना ही कहना पर्याप्त होगा कि दो-तीन वर्षों में ही सारा सनातन सूर्योदयी आंदोलन अस्त-व्यस्त हो गया और देखते-देखते इतिहास की वस्तु बन गया।

अभिनव कविता : सन् 1963 में जगदीश चतुर्वेदी के सम्पादन में चौदह कवियों की कविताओं का संग्रह 'प्रारंभ' नाम से छपा। इसके संपादकीय में 'अभिनव कविता' की घोषणा की गयी—"ये कवि उस अभिनव काव्य के नियन्ता कहे जा सकते हैं जो सहज रूप से विकसित हो रहा है और जिसमें अनेक संभावनाएँ दिखाई देती हैं। यह संकलन उस कमी को पूरा करता है जो कि नयी कविता की उपलब्धियों

से अवगत होने के लिए आवश्यक प्रतीत हो रही थीं। इन कविताओं को हिन्दी-काव्य की अत्याधुनिक उपलब्धियों के रूप में मान्यता दी जा सकती है।''[18] इस संग्रह में कैलाश वाजपेयी, श्याम परमार, राजकमल तथा गंगाप्रसाद विमल आदि कवि संकलित हैं। ये कवि अकविता आदि अन्य आन्दोलनों में भी दिखाई पड़ते हैं। गंगाप्रसाद विमल तो सनातन सूर्योदयी कविता के कवि रह ही चुके थे। इससे इनके ढुलमुल दृष्टिकोण का भी पता चलता है और इन काव्यान्दोलनों की सार्थकता का भी। इन कवियों ने लघुता, अहं तथा क्षण की अनुभूति का विरोध करते हुए सामूहिक आक्रोश पर जोर दिया। आगे चलकर अभिनव कविता का भी क्या हश्र हुआ, इससे हम अपरिचित नहीं हैं।

बीट कविता : इसके प्रवक्ता प्रभाकर माचवे थे। यह अमेरिका से आयातित काव्य-प्रवृत्ति थी। माचवे जी लिखते हैं—''अमेरिका में सैनफ्रान्सिस्को के बीच एरिया में और न्यूयार्क में मेरा सम्पर्क 'बीट' कवियों, चित्रकारों, आलोचकों, अभिनेताओं, शिल्पकारों में हुआ। वहाँ अति लक्ष्मी, अति विज्ञान, अति विलास, अति यौन-स्वातंत्र्य से एक तरह की ऊब है, क्लान्ति है, जैसे चूहेदानी में विवश चूहे हों, वैसे मनुष्य—रैट रेस। उसके विरुद्ध उनका आक्रोश है।''[19] दुर्भाग्य से ऐसा माहौल हिन्दुस्तान का नहीं था और न ही यौन वर्जनाएँ ही अत्यन्त कठोर थीं। जगदीश गुप्त ने लिखा भी है—''जिस देश के साहित्य में सेक्स चित्रण वर्जित रहा हो, वहाँ यौन-शब्दावली के सीधे-टेढ़े प्रयोग और रति-दृश्यों की बाढ़ लाकर दकियानूसी मनोवृत्ति को चौंकाने या सुधारने की कोई सार्थकता मानी जा सकती है किन्तु 'कामसूत्र', 'कुट्टनीयतम्', 'कुमार संभव' और खजुराहो के देश में यह सब प्रयास बचकाना, असंतुलित, रुग्णता सूचक, अनुकरणमूलक और अनावश्यक लगता है।''[20]

कुछ किताबों पर विदेशों में मुकदमा चला तो यहाँ भी बीटनिक कवियों द्वारा मुकदमे लायक किताबें लिखने का शौक चर्राया। यह सब तो ठीक था लेकिन सिर्फ दो देशों के माहौल की भिन्नता ही समस्या बन रही थी—''बीटनिक कविता में सामाजिक तत्त्व नहीं हैं, ऐसा कहना अन्याय होगा परन्तु साधन और साध्य के बीच अंतर्विरोध और गहरी खाई होने के कारण इस देश के सामान्य मानस से उसका मेल नहीं हो पाता है।''[21] बीट कविता के प्रमुख कवियों में माचवे तथा राजकमल चौधरी के अतिरिक्त कुछ अकविता के तत्त्व भी सम्मिलित रहे जिन्होंने बाद में अपने को बीट कविता से अलगा लिया। थोड़ी-सी सनसनी फैलाने के बाद यह काव्यान्दोलन भी प्रभावहीन हो गया।

निर्दिशायामी कविता : 'लय' नामक पत्रिका का प्रथम अंक सन् 1965

में प्रकाशित हुआ। सम्पादक सत्यदेव राजहंस के अनुसार इसमें प्रकाशित कविताओं का मूलाधार आधुनिकता की निर्दिशायामी दृष्टि है। भूमिका में संपादक ने लिखा—"कई दर्जन कवियों ने कवि-कर्म को अपने ही अनुरूप मोड़ा, तोड़ा और अपना उल्लू सीधा किया। ऐसे कवियों ने अस्तित्व की जरूरी शर्तों को भी पश्चिम से उधार लिया। यही उनका कच्चा माल था जिसे पकाते-पकाते वे अपना मूल भी गँवा बैठे। सभी ने राजनीति के वाद्यों की संगत करने में कविता का इस्तेमाल तबले की तरह किया है। हमारे कवियों को दिक्-काल की सम्पूर्णता की परिधि से परे जाना है, वहाँ से लौटकर एक क्षण पहले की अनुभूतियों को समेटना है और उनका उदात्तीकरण करना है। औद्योगिक सभ्यता और वैज्ञानिक संस्कृति की व्यापकता का पुनरावलोकन आदमी के अस्तित्व को कायम रखने की दृष्टि से करके उसका सम्बन्ध आध्यात्मिक आधार पर यांत्रिक दर्शन से जोड़ना है। तभी कविता का प्रयोजन सिद्ध हो सकेगा।"[22] सम्पादक महोदय की इस भूमिका का समर्थन किया भी जाए, तो भी, जगदीश गुप्त की यह आपत्ति यहाँ उचित ही लगती है कि इसके लिए निर्दिशायामी होना क्यों आवश्यक है। कहने की ज़रूरत नहीं कि इस काव्यान्दोलन को भी दूर तक कोई दिशा न मिल सकी।

ताजी कविता बनाम टटकी कविता (फ्रेश पोएट्री)

यह काव्यान्दोलन इलाहाबाद में आरंभ हुआ और इसके प्रवक्ता बने नयी कविता के ही एक प्रमुख कवि लक्ष्मीकांत वर्मा। 'क ख ग' नामक पत्रिका के कुछ अंकों ने 'ताजी कविता' का समर्थन किया। लक्ष्मीकांत वर्मा के अनुसार नयी कविता का आंदोलन आज किसी भी प्रकार नयेपन का आंदोलन नहीं रह गया है। क्योंकि नयी कविता प्रतिष्ठित हो चुकी है और नयी प्रवृत्ति की अपेक्षा पुनरावृत्ति की ओर बढ़ रही है। अतः ताजी कविता नयी कविता से आगे की स्थिति है। यह उन समस्त प्रयोगों की असफलता को स्वीकार करती है जो नयी कविता को पिछले पंद्रह वर्षों के दौरान मिली है। ताजी कविता का समर्थन करते हुए 'क ख ग' में प्रकाशित लेखों में कहा गया—"ताजी कविता आज के यथार्थ और क्षण-भक्त सत्यों के प्रति प्रतिक्रिया रूप में नहीं चलती। वह उन्हें वहन करके तटस्थ अभिव्यक्ति देती है और उनकी समस्त महिमामण्डित रागात्मकता के ऐश्वर्य में निहित ऐब्सर्डिटी, अर्थहीनता, लस्टम-पस्टमपन और ऊल-जलूलपन को आभिजात्य 'कोरिलेशन' के साथ व्यक्त करती चलती है। ताजी कविता अव्यवस्थित व्यवस्था से जिस ऐब्सर्डिटी और अर्थहीनता के साथ नस्टम-पस्टम और ऊल-जलूल को व्यक्त करती है, उसे

मृत व्यवस्था में अव्यवस्था के माध्यम से नयी व्यवस्था को उसके ऐब्सर्ड से सम्बद्ध करने की माँग है। वस्तुतः हम ऐब्सर्डिटी में ही जी रहे हैं। यही हमारा भाग्य है।"[23]

इस तथाकथित नयी किस्म को भी ज्यादा समर्थन नहीं मिला। 'क, ख, ग' के अंकों ने ही बाद में कविताओं के साथ ताजे विशेषण छापना बंद कर दिया। स्वयं लक्ष्मीकांत वर्मा पुरानी रंजिशें भुलाकर 'नयी कविता' के अंकों में छपने लगे।

अस्वीकृत कविता : 'अस्वीकृत कविता' के मुद्दे को प्रमुखता के साथ 'उत्कर्ष' के जुलाई '66 के अंक में श्रीराम शुक्ल ने उठाया। इस अंक में उन्होंने अस्वीकृत कविता पर टिप्पणी लिखी और एक लम्बी अस्वीकृत कविता 'मरी हुई औरत के साथ संभोग' शीर्षक से प्रकाशित की जिसे 'कविता की खोज में एक कविता' कहा। उनकी यह टिप्पणी कुछ अजीब-सी बातों के साथ आरंभ होती है, जैसे—'मैं तीन और पाँच-सात के साथ खो गया हूँ' या 'संभोग का अनुभव ही पर्याप्त है सात महाकाव्य लिख ले जाने के लिए' आदि। आगे चलकर उसमें कुछ गंभीरता आती है—'सत्य को सत्य न कह पाने की विषमता कभी न कभी अवरोध तोड़कर बह निकलती है और तभी जन्म होता है अस्वीकृत कविता का। वह किसी नए शिल्प प्रयोग या अहं को संतुष्ट करने के लिए सामान्य से कुछ हटकर अपने को विशिष्ट प्रदर्शित करने वाला कोई नया नारा नहीं, अपितु प्रस्तुत युग में व्याप्त यथार्थ होते हुए अस्वीकृत विशिष्ट प्रवृत्तियों, संवेगों, स्थितियों, मूल्यों, असंगतियों और मूड की सम्प्रेषक कविता है। अस्वीकृत रहने के बावजूद तथ्य तो तथ्य ही है। अस्वीकृत कविता उसी को प्रस्तुत करती है।"[24] इस पूरे वक्तव्य का हम यह निष्कर्ष निकाल सकते हैं कि अस्वीकृत कविता अस्वीकृत तथ्यों या सत्यों की कविता है। प्रमुख अस्वीकृत कवियों में श्रीराम शुक्ल के अतिरिक्त विमल पांडेय, शरद तथा मुद्रा राक्षस के नाम प्रमुख हैं। श्रीराम शुक्ल ने एक जगह यह लिखकर कि—"मैं और मेरे समकालीन कवि कविता नहीं लिखते, कविता का धोखा खड़ा करते हैं।" स्वयं ही अपने काव्यान्दोलन की सार्थकता स्पष्ट कर दी है।

अकविता

सातवें दशक के विभिन्न काव्यान्दोलनों में निश्चित रूप से अकविता सर्वाधिक बड़ा व चर्चित काव्यान्दोलन रहा है जिसमें नकारात्मक, निषेधात्मक और विकृत जीवन-दृष्टि की चरम परिणति देखने को मिलती है। डॉ. विश्वम्भरनाथ उपाध्याय के अनुसार—"अकविता उस कविता को कह सकते हैं जो कविता प्रतीत न हो। कविता हो लेकिन कविता की तरह न लगे।"[25] यों अकविता के प्रवर्तक डॉ. श्याम

परमार के अनुसार—''हिन्दी कविता में उभरते हुए नये अंदाज को अकविता कहा जाना चाहिए।''[26] इस आंदोलन ने अनेक महत्त्वपूर्ण कवियों को भी अपने व्यक्तिवादी और नकारात्मक जीवन-मूल्यों की चपेट में ले लिया जबकि हिन्दी में पहले से ही ऐसे कवियों की संख्या कम नहीं थी। प्रमुख अकवियों में श्याम परमार, जगदीश चतुर्वेदी, मोना गुलाटी, राजकमल चौधरी, सौमित्र मोहन, कैलाश वाजपेयी, सतीश जमाली, गंगा प्रसाद विमल, अतुल भारद्वाज, चंद्रकांत देवताले आदि अनेक कवियों के नाम याद किये जा सकते हैं। अकविता में काव्यानुभूति अपने अत्यन्त रुग्ण, विकृत और वैयक्तिक रूप में सामने आती है। 'दिनमान' के अनुसार—''पिछले बीस वर्षों के इतिहास में कभी इतना विकृत, उच्छृंखल, अर्थहीन और जघन्य शब्द-विस्फोट घटित नहीं हुआ।''[27] दृष्टिकोण की अस्थिरता, प्रदर्शनवादिता और कुंठित तथा संशयग्रस्त मनःस्थिति के कारण अकविता आंदोलन हिन्दी कविता को कुछ सार्थक न दे सका। कहने की ज़रूरत नहीं कि एक स्वस्थ विचार-दर्शन और जीवनदृष्टि के अभाव में कोई भी काव्यान्दोलन सार्थक नहीं हो सकता। हालाँकि इस निषेधवादी काव्यान्दोलन का विरोध भी जल्द आरंभ हो गया।

''भूखे-प्यासों से अपने को अलग करने वाले श्याम परमार भी 'अकविता' के पहले अंक में 'औरतों के कटे निचुड़े ध्वस्त अंगों पर शिश्न की परछाइयाँ' देखते नजर आते हैं, औरों की तो बात ही क्या है। जिन सतीश जामाली ने 'अकवि' का सम्पादन किया और अकविता में सहयोग दिया, उन्होंने ही अपने कविता-संग्रह 'एक और नंगा आदमी' में शब्दों की लिंग-माल पहनना, टट्टी खाना, पेशाब पीना, 'बूढ़ी औरत की सड़ी योनि पर से मक्खियाँ चुनकर चबाना' आदि क्रियाओं का प्रभावोत्पादन में विशेषता लाने के लिए प्रयत्नपूर्वक समावेश किया है। 'लहर' के कवितांक उत्तरार्द्ध में जगदीश चतुर्वेदी ने गैंडे से लेकर मगरमच्छ तक लगभग आधे दर्जन प्रतीकों के नाम गिनाये, जिनमें सभी जीव-जन्तु हैं। लगता है, अकविता का इनसे विशेष सम्बन्ध है। इसी तरह अकविता में यौन शब्द अपना प्रभाव पूर्व प्रयोग की परम्परा के कारण ही इतना अधिक रखते हैं कि बहुधा गाली बन जाते हैं।''[28]

श्याम परमार ने अकविता को 'अंतर्विरोधों की कविता' कहा लेकिन यह सच है कि सारी सतर्कता और विश्लेषण शक्ति के बावजूद अकवि अंतर्विरोधों के सकारात्मक पक्ष को विवेचित नहीं कर पाए। यद्यपि उनके अनुसार तो—''अकविता पके हुए निश्चय की निर्वैयक्तिकता है। बँटे हुए व्यक्तित्व का शोधन है। अनिर्णय का व्यक्ति-निरपेक्ष एवं अनास्थापरक बोध है। अकविता 'वेस्टलैण्ड' की त्रासदी का आगामी चरण है, उसका अंतिम समाधान नहीं। इलियट की भाँति आत्मसंघर्ष

कर शांति-बिंदु की तलाश करना अकविता के लिए अब संभव नहीं लगता। वन्ध्या आत्मा के फलवती होने का अब प्रश्न ही नहीं उठता क्योंकि समूची व्यवस्था एक ऊबभरी अनिवार्यता बन गयी है।''[29] लेकिन सारी संवेदना, समझदारी तथा कला-संदर्भों की विवेचना के बावजूद, बकौल रोहिताश्व के, श्याम परमार की 'नसों में उबलता समय का इरादा' एण्टीएप्रोच बनकर आता है।''[30]—

''सड़क है सामने, न लेटी है, न बैठी
उठाकर मोड़ दूँ, हंटर की तरह आसमान की
पीठ पर सड़ाक से फटकार दूँ।''[31]

जगदीश चतुर्वेदी जैसे कवि अकविता को घृणा और विकृति की इस हद तक ले जाते हैं कि अकवियों का दिमागी दिवालियापन तथा पतनशील रुग्ण जीवन-दृष्टि के बारे में कोई संदेह शेष नहीं रह जाता—

''कल रात मुझे एक नयी रतिक्रिया में आनंद आया
मैं बिस्तर पर उकड़ूँ बैठकर
एक मुर्गी से व्यभिचार की कल्पना करता रहा।''[32]

''धर्म के नाम पर जीवित है चंद्र-स्तन
और उनकी सेवा में निमग्न है
पूरी की पूरी शताब्दी।''[33]

''हर एक रास्ते से गुजरती औरत को
सतीत्व की रक्षा में निबद्ध पाता हूँ
और बलात्कार का एक तीक्ष्ण आवेग
मुझमें बिजली-सा कौंध जाता है।''[34]

''जब कोई स्त्री
मुझे देखकर मुस्कुराती है
तो मुझे लगता है कि मेरे अवयव गल गए हैं
और मैं नपुंसक होता जा रहा हूँ।''[35]

मोना गुलाटी के यहाँ भी वर्ग संघर्ष की चेतनता का लोप अन्य अकवितावादियों

की भाँति ही है–

> *"मुझे कम्युनिस्टों के वक्तव्यों और*
> *नीरो के नंगेपन में कोई अंतर नहीं दिखाई देता।"*[136]

राजकमल चौधरी अकविता के सर्वाधिक चर्चित कवि रहे हैं। वैयक्तिकता के दर्शन की हिमायत करते हुए भी उनके यहाँ जिंदगी की विसंगतियों पर तीखा आक्रमण दिखाई देता है। हालाँकि अंतर्विरोधों से वे भी बच नहीं पाते। देशी-विदेशी साम्राज्यवादी शक्तियों के षड्यन्त्रों की समझ उन्हें है लेकिन उनके विश्वबोध की सही राजनीतिक दृष्टि का मुक्तिबोध जैसा निर्वाह हम नहीं पाते। शाब्दिक व्यायाम भी उनके यहाँ दूसरे अकवियों जैसा ही है–

> *"मेरे फेफड़ों के अंदर*
> *मलत्याग की वैष्णवी मुद्राओं में बैठा हुआ*
> *नकाबपोश नकली ईश्वर..."*[137]

> *"क्यों एक ही युद्ध मेरी कमर की हड्डियों में*
> *और कभी वियतनाम में*
> *मेरे देश और मेरे मनुष्य का भविष्य*
> *निर्धारित करने के लिए*
> *अतीत निर्धारित करने के लिए*
> *मैं इतिहास पुस्तक की तरह खुला पड़ा हुआ हूँ*
> *लेकिन मेरा देश–*
> *मेरा पेट मेरा ब्लाडर*
> *मेरी अँतड़ियाँ खुलने से पहले*
> *सर्जकों को जान लेना होगा।"*[138]

एक और अकवि सौमित्र मोहन के यहाँ भी विकल्प का कोई संकेत नहीं मिलता। अनेक अकवियों की तरह वे भी विद्रोह की रूमानियत के शिकार हो जाते हैं और निषेध की अभिव्यक्ति करने लगते हैं। समस्या का समाधान इनकी दृष्टि में विदूषक हो जाने में है–

> *"तैमूरलंग हो या कनुप्रिया या कोई खलनायक*
> *हमारे लिए पुनर्जन्म लेता रहेगा*

विरासत और विद्रोह के बीच
जब तक हम विदूषक नहीं हो जाते।''[39]

सारांश रूप में कहा जा सकता है कि अकविता असंतोष, वर्जना, गुस्सा, विरोध, आक्रमण, सहवास, विघटन तथा मध्यवर्गीय यौन-कुंठाओं का निषेधात्मक परिदृश्य रचती है। अकवियों के दिमागी व्यभिचारों में युग की कोई सच्चाई उभरकर सामने नहीं आती। अकवि दरअसल युगीन विसंगतियों से चिंतित नहीं होता बल्कि वह इन विसंगतियों को एक फैशन की तरह स्वीकार करता है इसलिए अकविता की जड़ें युग की गहरी पीड़ा में नहीं हैं। जगदीश नारायण श्रीवास्तव के अनुसार भी—''अकवियों का सारा आक्रोश, निषेध और आक्रमण सामंतवाद और पूँजीवाद की सघन मानसिकता को तोड़ नहीं पाता और अंततः पिट-पिटाकर सत्ता व पूँजीवादी समाज के लिए 'शैडोबॉक्सिंग' की तरह का एक मनोरंजनपूर्ण, विदूषकीय काव्यान्दोलन बनकर रह जाता है।''[40] सिर्फ अकविता ही नहीं, सातवें दशक के सभी नकारात्मक निषेधात्मक काव्यान्दोलनों के लिए यह एक कड़वा सच है। बकौल रोहिताश्व के—''ये निषेधात्मक प्रवृत्तियाँ और भी समय रह सकती थीं अपने अभिशप्त रूप में, अगर 1967 के आसपास 'नक्सलबाड़ी' जनक्रांति जैसी सकारात्मक-रचनात्मक सक्रियता न आयी होती।''[41]

इस निषेधात्मक परिदृश्य के ठीक विपरीत युयुत्सावादी, प्रगतिशील तथा जनवादी काव्य-परिदृश्य दिखाई देता है, जिसमें काव्यानुभूति अपने स्वस्थ व सकारात्मक रूप में सामने आती है।

युयुत्सावादी कविता

युयुत्सावादी कविता को हिन्दी काव्य परिदृश्य में स्थापित करने में केन्द्रीय भूमिका कवि-गीतकार तथा शायर शलभ श्रीरामसिंह ने निभायी। इस उद्देश्य से उन्होंने 'युयुत्सा' नामक एक पत्रिका भी निकाली जिसके हर अंक के युयुत्सु पृष्ठ का मोटो रहा—युयुत्सा : अब तक के होने वाले प्रत्येक परिवर्तन, क्रांति अथवा विघटन की आधारशिला लेखन की मूल बिंदु-भूमि : युयुत्सा है। अनेक आलोचकों की दृष्टि में युयुत्सावादी वामपंथी सृजन दरअसल अकविता के निषेध का निषेध है। इसमें कोई संदेह नहीं किया जा सकता है कि युयुत्सावाद ने तमाम नकारात्मक व निषेधात्मक प्रवृत्तियों के बीच अपनी महत्त्वपूर्ण भूमिका निभायी है। अप्रैल 1965 की 'रूपाम्बरा' में प्रारंभ के अंतर्गत स्वदेश भारती द्वारा शलभ का उद्धरण छपा था—''मैं साहित्यसृजन

की मूल प्रेरणा के रूप में उसी आदिम युयुत्सा को स्वीकारता हूँ जो कहीं-न-कहीं प्रत्येक क्रांति, परिवर्तन अथवा विघटन के मूल में प्रमुख रही है। वह युयुत्सा जिजीविषावादी, मुमूर्षावादी, विद्रोहात्मक अथवा प्लेटोनिक कुछ भी हो सकती है।''[42]

शलभ की जनवादी दृष्टि के कारण ही उनकी यह युयुत्सा व्यक्ति केन्द्रित, अहंवादी तथा निषेधवादी नहीं थी। इस सम्बन्ध में उनकी दृढ़ धारणा रही है। उन्हें चिंता उस तीसरे व्यक्ति की है जिसका हाथ यांत्रिकता के दबाव के पीछे छिपा हुआ है। इस तीसरे व्यक्ति के चरित्र और भूमिका को जानना-समझना भी शलभ की दृष्टि में आवश्यक है—''फ़ैशन के नाम पर अंधाधुंध साहित्य लिखने वाले लेखकों की एक भीड़ अनजाने इस षड्यंत्र की जड़ मजबूत करने में लगी हुई है। व्यक्तिगत स्थापना की लालसा इन लेखकों को मूल बिंदु से हटाकर एक ऐसी आधुनिकता के समीप ले जा रही है जहाँ जातीय बोध आधारहीनता की स्थिति को सहज ही प्राप्त हो जाता है। इसका एकमात्र और भयानक कारण यह है कि आज साहित्य और जनसाधारण के बीच एक तीसरा व्यक्ति आ गया है। आवश्यकता है ग़लत हाथों की पकड़ से यांत्रिकता को मुक्त कराने के लिए संतुलित विद्रोह की। विद्रोह जो एक विचारधारा के व्यक्तियों द्वारा चिंतन के स्तर पर हो।''[43] अपने वैचारिक सीमाओं के बावजूद जगदीश गुप्त जैसे आलोचक ने भी यह स्वीकारा कि उपर्युक्त वक्तव्य में पहली बार संतुलन, आधारहीनता के संकट से मुक्ति और वास्तविक किंतु परोक्ष पारतन्त्र्य के प्रति विद्रोह की बात, चिंतन के एक समान स्तर की माँग के साथ, कही गयी।

शलभ की स्पष्ट मान्यता थी कि सकारात्मक युयुत्सा प्रवृत्ति ही किसी रचनाकार को जनसंघर्ष का पक्षधर बनाती है और वर्तमान तथा भविष्य के भटकावों से उसे सचेत करती है। उनके काव्य में भी अनेक स्थलों पर यह प्रमाण उपलब्ध है—

''सुनो कि आ रहे हैं हम
तुम्हें बता रहे हैं हम
सवाल से जुदा-जुदा हैं रास्ते जवाब के
भटक न जाएँ साथियों कदम ये इन्कलाब के
सितमगरों से तुम कभी लड़े थे यह गुनाह था
कि तनके उनके रूबरू खड़े थे यह गुनाह था
जुबान रोटियों से जुड़ गयी थी यह गुनाह था
सही दिशा में राह मुड़ गयी थी यह गुनाह था

गुनाह था कि ये ही क्यों
खिलाफ़ तुम उठे ही क्यों...''[44]

अनेक जनपक्षधर रचनाकारों ने शलभ के इस इन्क़िलाबी रास्ते में उनका साथ दिया जिनमें धूमिल, देवताले, श्री हर्ष, जगूड़ी आदि के नाम याद किये जा सकते हैं। दुर्भाग्य से आगे चलकर युयुत्सा का यह आंदोलन बिखर गया। हालाँकि युयुत्सावादी तमाम कवि अपनी जनवादी दृष्टि और जनपक्षधरता के साथ बराबर काव्य-सृजन में रत रहे और इस तरह जनवादी काव्यधारा के भीतर ही उनका लेखन आ गया। यह मानना चाहिए कि युयुत्सावादी काव्य ने युगीन समस्याओं के प्रति जागरूकता लाने में तथा शोषण के विरुद्ध वामपंथी चेतना को समृद्ध करने में अपना महत्त्वपूर्ण योग दिया। युयुत्सावादियों के यहाँ काव्यानुभूति रुग्ण स्थिति में नहीं मिलती बल्कि अपने स्वस्थ व सकारात्मक रूप में दिखाई देती है।

प्रगतिशील-जनवादी काव्य-परिदृश्य

प्रगतिशील-जनवादी कवियों के यहाँ काव्यानुभूति की बनावट वही नहीं रह जाती, जो अज्ञेय और जगदीश चतुर्वेदी जैसे कवियों के यहाँ होती है, वह बदल जाती है और इस बदलाव में भाववादी रुझानों तथा कलावादी खतरों से बचते हुए सामाजिक यथार्थ की ओर प्रस्थान का आग्रह स्पष्ट है। अनुभूति की स्थापना कविता के मूल में ही की जाती है और की जानी चाहिए, लेकिन—''अनुभूति को कविता के मूल में स्थापित करते ही पहली समस्या काव्यानुभूति की माप की उठती है। माप सामान्यतः मात्रा और गुण दो स्तरों पर हो सकती है किंतु भावाभिव्यक्तिवादी आलोचक अपने शुद्ध अनुभूतिपरक आग्रह के कारण प्रायः मात्रापरक माप के लिए विवश होते हैं। काव्यानुभूति की जटिलता की समस्या इसीलिए है कि भावाभिव्यक्तिवादी आलोचक अनुभूति के दायरे से बौद्धिकता अथवा ज्ञानात्मक अवयव को बाहर रखकर कविता का विश्लेषण करना चाहते हैं।''[45] सौभाग्य से प्रगतिशील तथा जनवादी कविता की केन्द्रीय धुरी 'ज्ञानात्मक संवेदना' या 'संवेदनात्मक ज्ञान' ही रही है—''बीस वर्षों की लम्बी उपेक्षा के बाद मुक्तिबोध का पुनराविष्कार समग्र नयी काव्यधारा को एक भिन्न परिप्रेक्ष्य में रख देता है जिससे नयी कविता के अंतर्गत अरसे से चमकने वाले अनेक तारों की द्युति मंद पड़ने लगती है। इसके सही मूल्यांकन का अर्थ है ब्योरे में जाना, प्रसंगतः इतना ही संकेत किया जा सकता है कि छायावादोत्तर कविता के मूल्यांकन का संगत संदर्भ यही है।''[46]

यहाँ एक बार पुनः हम स्पष्ट कर दें कि विचारधारात्मक स्तर पर प्रत्येक प्रगतिशील मार्क्सवादी होगा ही, लेकिन प्रत्येक जनवादी साहित्यकार मार्क्सवादी होगा, यह आवश्यक नहीं। अपनी जनपक्षधरता के रहते ही वह जनवादी है। इस अर्थ में सातवें दशक में तीन पीढ़ियों के प्रगतिशील-जनवादी कवियों का लेखन सामने आता है। इन कवियों की यह काव्य-यात्रा आठवें और अब नौवें दशक में निरंतर जारी है। यह अतिरिक्त संतोष का विषय होना चाहिए कि अब कवियों की चौथी पीढ़ी भी सामने आ गयी है जिसमें देवीप्रसाद मिश्र, विनोददास, अदम गोंडवी तथा कुमार अंबुज जैसे महत्त्वपूर्ण कवि सम्मिलित हैं। सामाजिक पक्षधरता के बिंदु पर जनवादी तथा प्रगतिशील कवियों में मतवैभिन्य नहीं है। प्रगतिशील साहित्य के बारे में नामवर सिंह का यह कथन जनंवादी रचनाकारों पर भी लागू होता है कि–"प्रगतिशील साहित्य कोई स्थिर मतवाद नहीं है, बल्कि यह एक निरंतर विकासशील धारा है, जिसके लेखकों का यह विश्वास है कि प्रगतिशील साहित्य लेखक की स्वयंभू अंतःप्रेरणा से उद्‌भूत नहीं होता बल्कि सामाजिक और सांस्कृतिक विकास के क्रम से वह भी परिवर्तित और विकसित होता रहता है और उसके सिद्धांत उत्तरोत्तर स्पष्ट तथा अधिक पूर्ण होते चलते हैं।"[47]

सन् साठ के बाद का काव्य-परिदृश्य नागार्जुन, केदार, शमशेर, मुक्तिबोध, त्रिलोचन, शील, भवानीप्रसाद मिश्र, विजेन्द्र, कुमारेन्द्र पारसनाथ सिंह, शलभ श्रीरामसिंह, धूमिल, सर्वेश्वर, रघुवीर सहाय, केदारनाथ सिंह, जगूड़ी, सोमदत्त, ऋतुराज, चंद्रकांत देवताले, वेणुगोपाल, विनोद शुक्ल, आलोक धन्वा, राजेश जोशी, उदयप्रकाश, मंगलेश डबराल, अरुण कमल, असद जैदी, विनय दुबे, नरेन्द्र जैन, कुमार विकल, अजीत चौधरी, भगवत रावत, स्वप्निल श्रीवास्तव, देवीप्रसाद मिश्र, विनोद दास, अदम गोंडवी तथा कुमार अंबुज जैसे अनेक महत्त्वपूर्ण कवियों के काव्य-लेखन से समृद्ध है। इन कवियों के काव्य की केन्द्रीय धुरी में अपने समय की प्रखर सामाजिक चिंता तथा एक नए समाज की रचना की उत्कट आकांक्षा दिखाई देती है।

भारतीय जनजीवन, उसकी सभ्यता तथा संस्कृति का जितना जीवंत और व्यापक चित्रण नागार्जुन के काव्य में हुआ, उतना अन्यत्र दुर्लभ है। निश्चित रूप से निराला के बाद हिन्दी कविता में दूसरा बड़ा काव्य-व्यक्तित्व केवल नागार्जुन का ही है। विष्णु खरे ने भी लिखा है कि–"1947 के बाद के भारत को यदि कविता में पूरी तरह किसी ने प्रतिबिम्बित किया है तो वह नागार्जुन हैं।"[48] चाहे वे प्रेम कविताएँ हों (यह तुम थीं, सिंदूर, तिलकित भाल) चाहे शोषण के विरुद्ध

क्रांतिकारी कविताएँ (हरिजन गाथा, काली माई, मंत्र आदि) (चाहे आम जनता के दुःख-दर्द की कविताएँ हों (अकाल और उसके बाद, चौराहे के उस नुक्कड़ पर, प्यासी, पथरायी आँखें) और चाहे प्रकृति पर लिखी गयी कविताएँ ही क्यों न हों (बादल को घिरते देखा है, अबके इस मौसम में, नीम की दो टहनियाँ, फूले कदंब आदि) सभी कविताएँ जीवन-मूल्यों और काव्यकला की दृष्टि से बेजोड़ हैं। शोध प्रबंध की सीमाओं में यहाँ विस्तार भय के कारण उद्धरण नहीं दिये जा रहे हैं।

नागार्जुन के अतिरिक्त त्रिलोचन, शमशेर, शील तथा भवानी मिश्र जैसे महत्त्वपूर्ण कवियों के काव्य में भी युग अपने राजनीतिक-सामाजिक दुःख-तकलीफों के साथ अभिव्यक्त हुआ। प्रगतिशील-जनवादी धारा को समृद्ध करने में इनका योग अविस्मरणीय है। सन् साठ के बाद इनका लेखन भी निरंतर जारी रहा। इन कवियों की चर्चा पिछले अध्यायों में हम निरंतर करते रहे हैं अतः यहाँ इन कवियों के बाद की पीढ़ियों का मूल्यांकन अपेक्षित है। मुक्तिबोध ने तो फिर हिन्दी कविता को एक नया मुहावरा दिया तथा सन् साठ के बाद के काव्य-परिदृश्य पर उनके गहरे प्रभाव को स्पष्ट देखा जा सकता है। नये कवियों के लिए वे प्रेरणास्रोत बन गए।

बाद के कवियों में भी अपने चारों ओर के ठोस यथार्थ जगत् के अनेक स्तरों को परिभाषित करने का प्रयास दृष्टिगोचर होता है। अपनी कुछ व्यक्तिवादी प्रवृत्तियों के बावजूद रघुवीर सहाय अपने 'मैं' को 'जन' के पक्ष में ही प्रस्तुत करते हैं। स्वतन्त्रता के बाद की राजनीतिक विसंगति, युवा पीढ़ी के भटकाव तथा मोहभंग को वे पूरी ईमानदारी के साथ व्यक्त करते हैं–

"बीस वर्ष खो गए उपदेश में
एक पूरी पीढ़ी जनमी पली पुसी क्लेश में
बेगानी हो गयी अपने ही देश में।"[49]

सर्वेश्वर ने भी शोषक-शक्तियों को भेड़िया जैसे प्रतीकों से व्यक्त किया और संघर्ष की चेतना को वाणी दी–

"भेड़िया गुर्राता है
तुम मशाल जलाओ
उसमें और तुममें यही बुनियादी फ़र्क है
भेड़िया मशाल नहीं जला सकता।"[50]

अपने समय के अत्यन्त चर्चित कवि धूमिल के यहाँ काव्यानुभूति की ईमानदारी कविता के नए मुहावरे में देखी जा सकती है। वे स्थल-स्थल पर अपनी पैनी कलम से रुग्ण व्यवस्था का पर्दाफाश कर देते हैं। सन् साठ के बाद की राजनीतिक-सामाजिक सच्चाइयाँ उनके यहाँ बिना किसी लाग-लपेट के अभिव्यक्त होती हैं—

"अपने यहाँ संसद तेल की वह घानी है
जिसमें आधा तेल और आधा पानी है
दरअसल अपने यहाँ जनतन्त्र
एक ऐसा तमाशा है जिसकी जान
मदारी की भाषा है
मगर मैं जानता हूँ कि मेरे देश का समाजवाद
माल गोदाम में लटकती हुई
उन बाल्टियों की तरह है
जिन पर 'आग' लिखा है और उनमें
बालू और पानी भरा है।"[51]

वेणुगोपाल, केदारनाथ सिंह तथा लीलाधर जगूड़ी ने भी सातवें दशक में अपने गत्यात्मक दौर के अंतर्विरोधों को रूपायित किया और युग की कुरूपता, पाखंड तथा अन्याय का अनावरण किया। हालाँकि इन कवियों में केदारनाथ सिंह को छोड़कर धूमिल का प्रभाव भी लक्ष्य किया जा सकता है। बावजूद इसके इन कवियों ने कविता के नकारात्मक-निषेधात्मक परिदृश्य के विरुद्ध वामपंथी-जनवादी चेतना की प्रभावशाली कविताएँ लिखीं और अपने समय को बाँधने का प्रयास किया—

"नागरिकता का सबसे बड़ा रंदा थाना है
चेहरा एक सुविधा है
लेकिन वह जहाँ पर सही है
वहाँ पर नहीं है
वह आधा सेठ जी का, आधा सरकारी है
मुझे ज्ञान ने नहीं निर्वाचन ने मारा है
ज़्यादा लोग पीठ पर पेट ढो रहे हैं
सूचना विभाग के हर पोस्टर पर
खुशहाली है चारों ओर
कंगाली के पास आटा नहीं गाली है

जिस पर कोई खाना नहीं चाहता
आजादी एक जूठी थाली है।''[52]

यह सच है कि 1967 के आस-पास के नक्सलवादी आंदोलन तथा चौथे आम चुनाव में पश्चिम बंगाल तथा केरल में वामपंथी सरकारों के बनने से सातवें दशक के अंत में हिन्दी काव्य परिदृश्य से अस्वीकृति, कुंठा, निराशा तथा विकल्पहीनता की स्थिति खत्म होने लगती है और रुग्ण अनुभूति के स्थान पर जीवन की सकारात्मक अनुभूति को काव्य में स्थान मिलने लगता है। चंद्रकांत देवताले ने सामाजिक विसंगतियों और अंतर्विरोधों को 'अपनी कविता की कपटभेदी आँख से' चीन्हने की सायास कोशिश की–

''किस अग्निस्नान के बाद
उगेंगे-उगेंगे वे शब्द
जिनके पेट में छिपा होगा वह सत्य
जिसे देखते ही पहचान जाना होगा आसान
देखो दोमुँहे शब्दों को
ध्यान से देखो
सुनो उनकी पीठ पीछे की फुसफुसाहट
मंच के तामझाम के बाद की
वह नेपथ्य की साजिश
इस साजिश को मैं पहचानता हूँ
अपनी कविता की कपट भेदी आँख से।''[53]

मानना होगा कि सातवें दशक की कविता ने कुछ विकल्पहीनता तथा भटकावों के बाद भी आठवें-नौवें दशक की प्रगतिशील-जनवादी कविता के लिए एक ठोस पृष्ठभूमि तैयार की। आठवें दशक के आरंभिक वर्षों में हिन्दी कविता यदि अपने ठोस और समृद्ध रूप में सामने आती है, यदि काव्यानुभूति की सकारात्मकता और ईमानदारी दिखाई देती है और यदि आलोक धन्वा जैसे कवियों की कविता में "मामूली आदमी अपनी टाँग पर टिके महानगरों और अपनी कमर पर टिकी राजधानियों को तथा बीज, पानी, ज़मीन के सही रिश्तों को महसूस'' करने लगता है तो इसके पीछे सातवें दशक की भूमिका कम महत्त्वपूर्ण नहीं है–

"जिसे आप मामूली आदमी कहते हैं
वह किसी भी देश के झंडे से बड़ा है
इस बात को वह महसूस करने लगा है
महसूस करने लगा है वह अपनी पीठ पर
लिखे गये सैकड़ों उपन्यासों
अपने हाथों से खोदी गयी नहरों तथा सड़कों को
कविता की महान संभावना है यह
अपनी टाँग पर टिके महानगरों और
अपनी कमर पर टिकी राजधानियों को
महसूस करने लगा है वह....धीरे-धीरे
उसका चेहरा नये गँड़ासे में बदल रहा है
हल के चमचमाते हुए फाल की तरह पंजों
और बीज, पानी ज़मीन के सही रिश्तों को
वह महसूस करने लगा है।"[54]

विभिन्न सामाजिक, राजनीतिक और साहित्यिक आंदोलन तथा इन आन्दोलनों की मुख्य चिंता-भूमियाँ

आचार्य शुक्ल ने कहीं लिखा है कि कोरी नवीनता केवल मरे हुए आंदोलन का इतिहास छोड़ जाए तो छोड़ जाए, कविता नहीं खड़ी कर सकती। सातवें दशक के अनेक नकारात्मक, निषेधात्मक तथा मरे हुए काव्यान्दोलन दृष्टिहीन, कोरे चमत्कारमूलक नवीनता के आग्रही थे। युगीन सम्पृक्तता के अभाव में वे खत्म हो गए जबकि—"हर सार्थक नयेपन के पीछे एक समय और समाज के गहरे दबाव होते हैं। इन ऐतिहासिक दबावों के साथ नवीनता का सम्बन्ध कला और साहित्य के क्षेत्र में हमेशा अनुकरणात्मक या तालमेल बिठाने वाला नहीं होता—उनमें कई बार द्वंद्वमूलक सम्बन्ध की विशिष्टता ही सार्थक सर्जनात्मक परिणतियों तक ले जाने वाली सिद्ध होती है।"[55]

सन् साठ के बाद का भारतीय परिवेश विभिन्न सामाजिक-राजनीतिक उथल-पुथलों से भरा है। आंदोलन का एक अर्थ सिर्फ आंदोलन न होकर चेतनागत परिवर्तन से भी संबंधित है। इस दृष्टि से भी सन् साठ के बाद का समय कम महत्त्वपूर्ण नहीं है। स्वतन्त्रता के बाद भारतीय व्यवस्था के पूँजीवादी झुकाव के बाद जनसामान्य की स्थिति दिनोंदिन बद से बदतर होती चली गयी। सन् साठ और

पैंसठ के बीच का समय भारतीय जनमानस के लिए मोहभंग का समय है। सन् 65 के आसपास ही विभिन्न नकारात्मक निषेधात्मक तथा प्रतिक्रियावादी साहित्यिक आंदोलनों की शुरुआत होती है—हालाँकि जल्द ही ये अकाल मृत्यु के शिकार भी हो जाते हैं। अकविता जैसे विभिन्न आंदोलन यदि कविता के क्षेत्र में थे तो गद्य जगत् भी अस्तित्ववादी प्रभावों से अछूता नहीं रहा था। हम इन साहित्यिक आन्दोलनों की चर्चा विस्तार से कर चुके हैं।

सातवें दशक और उसके बाद के सामाजिक-राजनीतिक परिवर्तनों को भी नजरअंदाज नहीं किया जा सकता। देखना यह है कि इन आंदोलनों की चिंता-भूमियाँ क्या थीं और भारतीय जनमानस पर ये किस तरह का प्रभाव डाल रहे थे। हम देख चुके हैं—प्रतिक्रियावादी साहित्यिक आंदोलनों ने प्रगतिवाद का विरोध किया और रचना तथा समाज के सम्बन्ध को झुठलाने की कोशिश की। जाने-अनजाने इन आंदोलनों ने सत्तापक्ष को ही लाभान्वित किया क्योंकि—"प्रतिक्रियावादी लेखकों के बीच मुख्यतः दो प्रकार के लोग हैं। अधिकाधिक लोग आदमी की फटेहाली, नेतृत्व की राष्ट्रविरोधी नीतियों, महँगाई, बेरोजगारी, भ्रष्टाचार आदि स्थितियों से अवश्य चिंतित हैं। ये सीधे और ईमानदार लोग होते हैं लेकिन आम आदमी की मुक्ति के मार्ग और इसकी समझ से अपरिचित होने और सामंती-पूँजीवादी चिंतन-पद्धतियों से ग्रस्त होने के कारण जो कुछ कहते-रचते हैं, वह जाने-अनजाने जनविरोधी नीतियों का ही पक्षधर हो जाता है। ऐसे लोगों की आम जनता के प्रति हमदर्दी सही लेकिन उसकी मुक्ति की समझ गलत होती है। प्रतिक्रियावादी लेखकों के दूसरे प्रकार में चालाक, काफी पढ़े-लिखे, देश-विदेश की यात्रा किए हुए सत्ता की नीतियों से गहरे प्रतिबद्ध लेखक हैं।"[56] दुर्भाग्य से तमाम निषेधवादी साहित्यिक आंदोलन ने अपनी इसी नासमझी के कारण जाने-अनजाने सत्तापक्ष का समर्थन किया। हालाँकि इसी समय युयुत्सावादी काव्यान्दोलन भी चला और प्रगतिशील-जनवादी कविताओं का लेखन भी निरंतर जारी रहा। काव्य के इस दूसरे परिदृश्य में जनता के दुःख-तकलीफों की अभिव्यक्ति हुई और वामपंथी चेतना ने जनसंघर्ष का रास्ता अख्तियार किया।

सातवें दशक का सबसे बड़ा आंदोलन 1967 के आसपास का नक्सलबाड़ी आंदोलन है जिसने राजनीतिक-सामाजिक परिदृश्य को गहरे तक प्रभावित किया। सन् '67 और '73 के बीच तीव्र वामपंथी चेतना के उदय का कारण यह नक्सलबाड़ी आंदोलन ही था। बकौल रोहिताश्व के—"स्वतन्त्रता के बाद के इतिहास की सबसे महत्त्वपूर्ण घटना 1967 की नक्सलबाड़ी जनक्रांति थी जिसने देश के तमाम लेखकों, कलाकारों, बुद्धिजीवियों के सोच की दिशा को झकझोरा। जिससे सुविधाजीवी,

आभिजात्य प्रवृत्तियों के रचनाकारों ने लिखना बंद कर दिया, श्रीराम शुक्ल, सौमित्र मोहन, जगदीश चतुर्वेदी, रमेश बक्षी, गंगा प्रसाद विमल और मोना गुलाटी आदि कई नाम हैं जिनकी कविताएँ धड़ल्ले से छपने के क्रम में रुककर स्थगित हो गयीं। 1969-72 तक आते-आते अकविता के दौर की कई पत्रिकाएँ बंद हो गयीं। गुणात्मक परिवर्तन की स्थिति में लीलाधर जगूड़ी और धूमिल जैसे कवि ऐतिहासिक दबाव को खुली आँखों से देख रहे थे और उसके साथ हो जाने का संघर्ष कर रहे थे। सामंती भू-व्यवस्था के अंतर्विरोध से उपजी, नक्सलबाड़ी जनक्रांति जैसी घटना ने बुद्धिजीवियों की मानसिकता पर गहरा असर डाला।''[57] साहित्य में इस प्रभाव की जाँच के लिए आलोक धन्वा की 'गोली दागो पोस्टर' जैसी कविताएँ देखी जा सकती हैं। नक्सलबाड़ी आंदोलन के मूल में सामाजिक परिवर्तन की उत्कट चिंता देखी जा सकती है।

चौथे आम चुनाव में हुए राजनीतिक परिवर्तनों– केरल तथा पश्चिम बंगाल में वामपंथी सरकारों का बनना–का भी साहित्य और समाज पर गहरा प्रभाव लक्ष्य किया जा सकता है। केरल तथा पश्चिम बंगाल के इन राजनीतिक परिवर्तनों के मूल में भी सामाजिक पुनर्रचना तथा शोषणमुक्त व्यवस्था की स्थापना की चिंताएँ ही कार्य कर रही थीं। हालाँकि केन्द्र में कांग्रेस की स्थिति अभी भी मजबूत बनी हुई थी। इन विभिन्न आंदोलनों तथा परिवर्तनों से देश की स्थिति में एक गुणात्मक अंतर आया। देश के गंभीर सामाजिक संकट, दमन और शोषण को देखते हुए मेहनतकश लोगों ने भी अपनी ताकत दिखानी शुरू की और धीरे-धीरे जहाँ-तहाँ जन-आंदोलन का उभार दिखाई देने लगा। किसान-मजदूर वर्ग के कुछ हिस्सों पर वामपंथी चिंतन का प्रभाव बढ़ने लगा। मेहनतकश लोगों से जुड़े हुए मध्यवर्गीय लोगों पर इसका अच्छा असर पड़ा। प्रेमचंद और निराला के साहित्य का पुनर्मूल्यांकन आरंभ हो गया। मुक्तिबोध नए रचनाकारों के लिए प्रेरणास्रोत बन गए।

डॉ. ओमप्रकाश ग्रेवाल के अनुसार–''अब मध्यमवर्गीय तबकों को यह बात समझ में आने लगी कि जनतांत्रिक मूल्यों की रक्षा करने तथा उन्हें और अधिक व्यापक सार्थकता प्रदान करने के लिए निरंतर संघर्ष करने की ज़रूरत है। इस सारी राजनीतिक-सामाजिक हलचल के परिणामस्वरूप जनवादी कविता में कई नये हस्ताक्षर सामने आए और आम लोगों की चेतना में छाये कुहासे को उन्होंने अपनी रचनाओं के माध्यम से छाँटना आरंभ कर दिया। इसके साथ-साथ नयी कविता और अकविता के माध्यम से व्यक्त होने वाले व्यक्तिवादी मूल्यों के जन-विरोधी

स्वरूप को स्पष्ट करते हुए उन्होंने मूल्यहीनता के वातावरण का विरोध किया और संघर्षरत तबकों के साथ एकात्म होने की आवश्यकता पर बल दिया तथा स्वस्थ जनवादी मूल्यों का प्रतिपादन एवं समर्थन किया। जन-आंदोलन के तेज होने के साथ-साथ जैसे-जैसे जनवादी कवियों की दृष्टि साफ होती गयी और मेहनतकश वर्गों की ओर उसकी प्रतिबद्धता भी अधिक मजबूत होती गयी, वैसे-वैसे उनकी रचनाओं में भी निखार आता गया और उनका तेवर सही संघर्ष धर्मिता के नजदीक आता चला गया।''[58]

कवि का अनुभव जगत्

सन् साठ के बाद हिन्दी काव्य-परिदृश्य में कवियों का अनुभव जगत् अत्यन्त व्यापक, वैविध्यपूर्ण तथा समृद्ध है। इस अनुभव जगत् में यदि उन कवियों के अनुभव सम्मिलित हैं जो सातवें दशक में अकविता, बीट कविता तथा निर्दिशायामी कविता लिख रहे थे तो उन कविताओं के अनुभवों की हिस्सेदारी भी किसी भी दृष्टि से कम महत्त्वपूर्ण नहीं है जो युयुत्सावादी तथा प्रगतिशील जनवादी काव्य-सृजन में रत थे। काव्य-सृजन के ये दोनों पक्ष आठवें और अब नौवें दशक की नयी कविता में भी देखे जा सकते हैं। यह और बात है कि अब प्रधानता प्रगतिशील-जनवादी कविता की ही है और नकारात्मक जीवन-दृष्टि की काव्यधारा अपने अत्यन्त क्षीण रूप में ही प्रवाहमान है। इस व्यापक परिदृश्य में व्यापक स्तर पर व्यवस्था विरोधी राजनीतिक कविताएँ सम्मिलित हैं और औसत आदमी के दैनंदिन संसार के सुख-दुःख को अभिव्यक्त करने वाली कविताएँ भी। नकारात्मक-निषेधात्मक जीवनदृष्टियों के कवियों के अनुभव जगत् की चर्चा हम विस्तार से कर चुके हैं इसलिए पुनः उन्हें अनावश्यक महत्त्व न देते हुए यहाँ हम कवियों के सकारात्मक अनुभवों की ही चर्चा करेंगे।

सन् '64 के आसपास मुक्तिबोध की बीमारी, मृत्यु तथा उनके मूल्यांकन-पुनर्मूल्यांकन के बाद वे देखते-देखते नये कवियों तथा कुछ अपने समकालीनों के लिए भी प्रेरणास्त्रोत बन गए। अनायास नहीं कि मुक्तिबोध ने काव्य के लिए अनुभवों के चुनावों से पहले नये कवियों और प्रकारांतर में स्वयं से यह प्रश्न किया कि ''पार्टनर तुम्हारी पॉलिटिक्स क्या है?" स्पष्ट है कि वर्ग विभक्त समाज में वह पॉलिटिक्स अनिवार्यतः वर्ग-हितों से जुड़ी होती है। इसलिए मुक्तिबोध ने अनिवार्य रूप से यह कहा कि काव्य में अनुभवों की सही प्रस्तुति हो सकती है–

"बशर्ते तय करो
किस ओर हो तुम, अब
सुनहले ऊर्ध्व आसन के दबाते पक्ष में
अथवा कहीं उससे लूटी-टूटी अँधेरी निम्न कक्षा में तुम्हारा मन
कहाँ हो तुम?"[59]

मुक्तिबोध के काव्य में स्वाधीनता के बाद का भारतीय जीवन अपनी सारी विडम्बनाओं और अंतर्विरोधों के साथ मौजूद है–

"जो मारे-मारे से हमारे से
ईंट के सिरहाने अकेले लेटते हैं. धूल के
बवंडर-सा वक्त समेटते हैं
जो बहुत गुरूर से
सिर्फ इंसान होने की हैसियत रखते हैं
जो अपने लिए इज्जत तलब करते हैं
बराबरी का हक
बराबरी का दावा
नहीं तो मुठभेड़ और धावा
अब आप चाहे सरकार हों
या साहूकार हों
उनके साथ मेरी पटरी बैठती है
उनके साथ, हाँ उन्हीं के साथ
मेरी यह बिजली-भरी ठठरी लेटती है
और रात कटती है
शायद यह मेरी बहुत बड़ी भूल है
लेकिन मेरी यह गरीब दुनिया
उन्हीं के बदनसीब हाथों से चलती है।"[60]

मुक्तिबोध के बाद प्रायः सभी जनवादी प्रगतिशील कवियों ने उन अनुभवों को प्राथमिकता दी जिनमें ज़िंदगी को वृहद प्रसंग में रखकर उसे व्यापक अर्थ देने वालों का प्रसंग से कट जाने का दर्द है–

"ज़िंदगी को
एक वृहद प्रसंग में रख
और व्यापक अर्थ इसके
खोजते फिरते रहे जो
हमीं हैं वो
मगर हम ही प्रसंग से कट गए खुद
हमीं तो हैं जो निरर्थक पड़े हैं
हमारे सपने अभी तक इस गगन में खड़े हैं
हमारी गूँजें पड़ी हैं वनों में
आहें मिलों में, दफ्तरों में।"[61]

रघुवीर सहाय जैसे कवियों ने अपने अनुभवों में समकालीन परिवेश को स्थान दिया और उस निर्मम तथा विद्रूप व्यवस्था का पर्दाफाश किया जिसके भीतर हत्या और आत्महत्या का अंतर समाप्त हो जाता है। संवेदना और आक्रोश का यह उभार समकालीन कविता की अपनी पहचान है—

"जब हम दफनाते हैं
एक हताश लड़के की लाश बार-बार
एक बेबसी
थोड़ी-सी मिटती है
....
....
एक शब्द कहीं नहीं कि वह लड़का कौन था
क्या उसकी बहनें थीं
क्या उसने रक्खे थे टीन के बक्से में अपने अजूबे
वह कौन-कौन-से पकवान
खाता था
एक शब्द कहीं नहीं एक वह शब्द जो वह खोज
रहा था जब वह मारा गया।"[62]

कवियों के अनुभव-क्षेत्र का यह विस्तार विशेष रूप से हमारा ध्यान आकृष्ट करता है। सन् '70 के बाद यानी आठवें दशक की कविता में रिश्तों की आत्मीय गंध, प्रेम, प्रकृति, स्त्री और बच्चों की उपस्थिति मध्य व निम्नवर्गीय दुःख-तकलीफें,

शोषण और उसका विरोध—सब कुछ एक साथ उपलब्ध मिलता है। युग की बड़ी-बड़ी घटनाएँ ही कवियों को उद्वेलित नहीं करतीं बल्कि छोटे-छोटे रोजमर्रा के दृश्य भी कवि की संवेदना में घुल-मिलकर अभिव्यक्त होते देखे जा सकते हैं। फिर यह दृश्य चाहे 'टमाटर बेचने वाली बुढ़िया' का हो चाहे 'मंडी जाने से इनकार करते दानों का' और चाहे रास्ता पार करते आदमी का—

''उस आदमी को देखो जो सड़क पार कर रहा है
वह कहाँ से आ रहा है
मुझे नहीं मालूम
कहाँ जाएगा
बताना कठिन है
पर इतना साफ़ है
कि वह सड़क के इस तरफ़ खड़ा है
और उस तरफ जाना चाहता है
उसका एक पाँव हवा में उठा है
और दूसरा उठने का इंतज़ार कर रहा है

जो उठा है
मैं सुन रहा हूँ, वह दूसरे से कह रहा है
'जल्दी करो, जल्दी करो
यह सड़क है'

मुझे आदमी का सड़क पार करना
हमेशा अच्छा लगता है
क्योंकि इस तरह
एक उम्मीद-सी होती है
कि दुनिया जो इस तरफ़ है
शायद उससे कुछ बेहतर हो
सड़क के उस तरफ़।''[63]

अनुभवों की जीवंतता के कारण ही इन कवियों की कविताएँ एक पूरे समय की व्यवस्था और उसकी क्रूर जड़ता के प्रति हमें विचलित करती हैं। आठवें दशक

में कवियों की नयी पीढ़ी अपनी ठोस पहचान के साथ सामने आती है जिसमें राजेश जोशी, अरुण कमल, मंगलेश डबराल, असद जैदी, उदय प्रकाश आदि अनेक महत्त्वपूर्ण नाम गिनाये जा सकते हैं। समकालीन दौर में पूँजीवादी जटिलता के व्यापक षड्यन्त्रों में फँसा हुआ मध्य तथा निम्न वर्ग की निराशा, तात्कालिक दुर्दशा, जीवन-संघर्ष की अनेक मनःस्थितियों को समकालीन कविता के अनुभव-जगत् में देखा जा सकता है। मध्यवर्गीय मानसिकता का जिम्मेदारियों तथा दहशत से भरे मन तथा उसकी अंतर्जटिलताओं का बगैर गैरजरूरी वक्तव्यपरकता के समग्र और कलात्मक निर्वहन आठवें दशक की कविता में दिखाई देता है—

"यह जो हाथ बाँधे सामने खड़ा है घर
इनमें दीमकें लगी हैं
वे जब चलती हैं पूरा घर काँपता है
कई बच्चे बड़े हुए इस घर में
गिरते-पड़ते आखिरकार
खाने-कमाने की खोज में तितर-बितर होते हुए
यहाँ कुछ मौतें हुईं
कुछ स्त्रियाँ रोयीं इस तरह
कि बस उनका सुबकना सुनाई दे
दिन भर लकड़ी ढोकर माँ आग जलाती है
पिता डाकखाने में चिट्ठी का इंतज़ार करके
लौटते हैं हाथ-पैर में
दर्द की शिकायत के साथ
रात में घर जब काँपता है
पिता सोचते हैं जब मैं नहीं होऊँगा
क्या होगा इस घर का।"[64]

आठवें-नौवें दशक की इस काव्यधारा में वर्तमान नैराश्य तथा प्रतिकूल परिस्थितियों के बावजूद 'आहिस्ता-आहिस्ता सुलग रही आग' का जिक्र बार-बार मिलता है, 'लोग एक-दूसरे का हाथ थामे जिसका इंतज़ार कर रहे हैं।' आस्था की यह अटूट धारा आज की कविता में बिना किसी अपवाद के मौजूद है—

"आग
किस कदर आहिस्ता-आहिस्ता सुलग रही है

न कहीं धुआँ है
न कोई चिनगारी
फिर भी सुनाई दे रही है उसकी आँच
कुछ लोग
एक-दूसरे का हाथ थामे
उसका इंतज़ार कर रहे हैं।''[65]

कवियों का यह अनुभव-संसार देश की सीमाओं से ही बद्ध नहीं है बल्कि वहाँ विश्व स्तर पर घटने वाली विभिन्न घटनाओं के विस्तृत संदर्भ भी मिलते हैं। युद्ध की विभीषिका से आज का संसार त्रस्त है। दो देशों के संघर्ष में मूलतः आम जनता ही पिसी जाती है—इस विडम्बना का मार्मिक अंकन कवियों ने किया है—

''दो हाथियों की लड़ाई में
सबसे ज़्यादा कुचली जाती है घास
घास, जिसका
हाथियों के समूचे कुनबे से
कुछ भी लेना-देना नहीं

दो हाथियों की लड़ाई में
सबसे ज़्यादा
टूटते हैं पेड़
सबसे ज़्यादा मरती हैं चिड़ियाँ
इस लड़ाई में
जितने घाव बनते हैं
हाथियों के उन्मत्त शरीरों पर
उससे कहीं ज्यादा
गहरे घाव
बनते हैं जंगल और समय
की छाती पर।''[66]

कवियों का यह सम्पन्न अनुभव-जगत् हिन्दी कविता के भविष्य के प्रति भी एक अच्छा संकेत माना जा सकता है।

काव्यानुभवों की प्रकृति और प्रयोजन

"अपने बच्चे से
तुमने जाने दुनिया के बच्चे
अपने बच्चे की बीमारी से
तुमने जाने तमाम दुनिया के रोग
अपने बच्चे की किलकारी से
तुमने जाने तमाम दुनिया के सुख
अपने बच्चे से
अपनी माँ से
अपने भाई से
अपने पड़ोसी से
अपने प्रेम से
अपने दुश्मन से
तुमने जानी
हमने जानी तमाम दुनिया तमाम लोग।"[67]

सोमदत्त की यह छोटी-सी कविता साठोत्तरी परिदृश्य में काव्यानुभवों की प्रकृति और काफी हद तक उनके प्रयोजन को भी स्पष्ट करती है। सन् साठ के बाद की जनवादी कविता नितांत निजी अनुभवों से शुरू होकर दुनिया के तमाम लोगों तक पहुँचती है तथा छोटी से छोटी घटना को भी एक बड़ा फ्रेम देती है। यह आकस्मिक नहीं है कि कवियों के निजी अनुभव काव्यानुभव बनते ही सामूहिक हो जाते हैं। मुक्तिबोध के बाद धूमिल, सर्वेश्वर, रघुवीर सहाय, केदारनाथ सिंह, आलोक धन्वा, अरुण कमल आदि कवियों के मूल्यांकन से काव्यानुभवों की प्रकृति के संबंध में जो मूल बात समझ में आती है वह यह कि ये काव्यानुभव किसी अरण्य के एकाकी चिंतन या आत्मप्रलाप न होकर जीवन के समग्र और मार्मिक साक्षात्कार के परिणाम हैं। ऐसा नहीं है कि इस दौर में काव्यानुभवों का सिर्फ यही रूप सामने आता हो। रुग्ण और नितांत वैयक्तिक काव्यानुभवों की दृष्टि से अज्ञेय, जगदीश गुप्त से लेकर मोना गुलाटी, जगदीश चतुर्वेदी जैसे कवि विपन्न नहीं हैं। कहा जा चुका है कि ये कवि शीतयुद्धीय राजनीति और अस्तित्ववादी विचारधारा से परिचालित थे। एक स्वस्थ जीवन-दृष्टि के अभाव में इस वर्ग के कवि विकल्पहीनता के शिकार हैं।

परमानंद श्रीवास्तव ने लिखा है—"प्रतिमानों से कविता नहीं बनती, कविता से ही प्रतिमान बनते हैं। प्रतिमानों से हर हालत में बड़ी है कविता और कविता से भी बड़ा है जीवन—दुनिया की तमाम महत्त्वपूर्ण कविताएँ मिलकर जिस जीवन-समग्रता को पाना चाहती हैं और जो निरंतर कवियों के लिए चुनौती है।"[68] कहना चाहिए कि साठोत्तरी जनपक्षधर कविता इस चुनौती को स्वीकारती है और जीवन से लगातार जूझती है। कवियों के इस जुझारू संघर्ष के अनुभव ही प्रगतिशील-जनवादी धारा के काव्य में काव्यानुभव बनकर सामने आते हैं। साठोत्तरी ही क्यों, तुलसी, कबीर से लेकर निराला, नागार्जुन, मुक्तिबोध, केदारनाथ सिंह और अरुण कमल तक दीर्घ काव्य-परम्परा में काव्यानुभवों की व्यापक समृद्धि का रहस्य यही है।

इस धारा के काव्य में काव्यानुभवों की प्रकृति से थोड़ा आगे बढ़कर जब हम उनके प्रयोजन के बारे में विचार करते हैं तो बरबस मुक्तिबोध की ये पंक्तियाँ याद आ जाती हैं—

"तुम्हारे पास, हमारे पास
सिर्फ एक चीज़ है—
ईमान का डण्डा है
बुद्धि का बल्लम है
अभय की गैंती है
हृदय की तगारी है—तसला है
नये-नये बनाने के लिए भवन
आत्मा के
मनुष्य के हृदय की तगारी में ढोते हैं हमीं लोग
जीवन की गीली और
महकती हुई मिट्टी को।"[69]

काव्यानुभवों का प्रयोजन नए मनुष्य की रचना के साथ केवल जीवन और समाज के यथार्थ का चित्रण भर नहीं है बल्कि उस समाज में व्याप्त विसंगतियों से मुक्ति का प्रयास और एक नयी समाज-व्यवस्था की ओर संकेत करना भी है। प्रसिद्ध स्पेनी कवि लोर्का ने कविता को मुक्ति कहा था। यह मुक्ति अपने सीमित अर्थ में सिर्फ हमारी अमानवीय प्रथाओं तथा रूढ़ियों से ही मुक्ति नहीं है बल्कि अपने व्यापक अर्थ में आर्थिक और सामाजिक शोषण से मुक्ति भी है। साठोत्तरी

कविता ने सीधे अपने परिवेश से प्रेरणा ग्रहण की और व्यापक मानव-समाज के यथार्थ को जीवंत अभिव्यक्ति दी। इस दौर के युवा कवियों ने यथार्थ से पलायन न करके उसका सामना किया और उसके संत्रासों को सहते हुए अपने मन के माध्यम से सैकड़ों मनों का उद्घाटन किया। नामवर सिंह ने लिखा है—"सबसे पहले रचनाकार अपना हृदय उद्घाटित करता है। सच्चे लेखक वे हैं जो अपने मन के माध्यम से उस मन के साथ जुड़े हुए सैकड़ों दूसरे मनों का उद्घाटन करते हैं। इस तरह वे अपने मन के द्वंद्व का उद्घाटन करते-करते उस युग के पूरे समाज के संघर्ष को खोलकर रख देते हैं।"[70]

अपने समय के विक्षुब्ध युवामानस की तीखी प्रतिक्रियाओं को साठोत्तरी कविता में सक्षमता के साथ अभिव्यक्त किया गया। जनपक्षधर साहित्य का इतिहास गवाह है कि उसने समाज के वर्तमान स्वरूप के चित्रण के साथ-साथ इस बात का भी संकेत किया कि उसका स्वरूप कैसा होना चाहिए। मुक्तिबोध के परवर्ती कवियों ने भी अपने काव्यानुभवों के केन्द्रीय प्रयोजन के रूप में इसी मुद्दे को उठाया कि—

"समस्या एक—
मेरे सभ्य नगरों और ग्रामों में
सभी मानव
सुखी, सुंदर व शोषण-मुक्त
कब होंगे?"[71]

यही कारण है कि साठोत्तरी कवियों ने अपनी कविताओं में स्वातन्त्र्योत्तर भारतीय जीवन की अनेक परतों को ईमानदारी के साथ उभारने का प्रयत्न किया है। सामान्य जन से इन कवियों की गहरी सम्पृक्ति है। इसलिए इन कवियों की वैयक्तिक पीड़ा भी सामान्य जन की पीड़ा के साथ इनके काव्य में व्यक्त हुई है। बकौल शिवकुमार मिश्र के—"आज के आर्थिक-सामाजिक एवं राजनीतिक जीवन की विसंगतियों से पूरी तरह वाकिफ साठोत्तरी कवियों ने इन विसंगतियों के बीच छटपटाते सामान्य जन के जीवन को बड़ी सफाई के साथ अभिव्यक्ति दी है, और यही नहीं, इन विसंगतियों के स्त्रष्टा शासन तथा समाज के सत्ताधारियों की तीव्र भर्त्सना की है। इन कवियों की कविताओं में एक विशेष प्रकार की आक्रामकता है जिसका पिछले युगों की कविता में अभाव दिखाई पड़ता है। इस आक्रामकता

का मूल कारण यही है कि इन रचनाकारों ने महज दर्शक की भाँति ही आज के युग की कटु वास्तविकताओं से साक्षात्कार नहीं किया, उन्हें एक अदना इंसान के रूप में भोगा भी है। ये भोगे हुए यथार्थ की सजीव अभिव्यक्तियाँ हैं और तभी इनमें इतनी जान है। वस्तु के स्तर पर ही नहीं, भाषा और शिल्प के स्तर पर भी इन रचनाकारों ने अपनी रचनाओं को यथार्थ जीवन से जोड़ा है। कुल मिलाकर संवेगों, प्रतिक्रियाओं और आक्रोश-विक्षोभ की यदा-कदा अतिवादी अभिव्यक्ति के बावजूद इन युवा कवियों की कविता स्वातन्त्र्योत्तर भारतीय जीवन की अनेक विसंगतियों का प्रामाणिक दस्तावेज है।''[72]

काव्यानुभवों की इस मानवीय प्रकृति और सार्थक प्रयोजन को समकालीन कविता में देखा जा सकता है। यह एक सुखद संयोग ही कहा जाना चाहिए कि समकालीन काव्य-परिदृश्य में कवियों की चार पीढ़ियाँ एक साथ काव्य-सृजन में सक्रिय हैं। इनमें नागार्जुन, केदारनाथ अग्रवाल, त्रिलोचन, शमशेर, शील, केदारनाथ सिंह, रघुवीर सहाय, शलभ श्रीराम सिंह, कुमारेन्द्र पारसनाथ सिंह, विजेन्द्र, वेणुगोपाल, लीलाधर जगूड़ी, अरुण कमल, उदय प्रकाश, राजेश जोशी, मंगलेश डबराल, नरेन्द्र जैन, विनय दुबे, कुमार विकल, विनोद कुमार शुक्ल, भगवत रावत, विष्णु खरे, ऋतुराज, अक्षय उपाध्याय, पंकज सिंह, हरिशंकर अग्रवाल, स्वप्निल श्रीवास्तव, ज्ञानेन्द्र पति, अजीत चौधरी, असद जैदी, आलोक धन्वा, प्रयाग शुक्ल, मानबहादुर सिंह, अदम गोंडवी, विनोद दास, देवी प्रसाद मिश्र, कुमार अम्बुज आदि कवियों के नाम, इनके प्रतिनिधि होने के दावे के बगैर सहज ही याद आ जाते हैं। और अनेक महत्त्वपूर्ण नाम हैं जिन्हें गिनाकर यह फेहरिस्त बढ़ायी भी जा सकती है। इन कवियों की काव्यानुभूति के स्वरूप को युगीन यथार्थ ने ही निर्धारित किया है। इनकी काव्यानुभूति में गतिशीलता, विकास, व्यापकता तथा गहराई का कारण भी युगीन यथार्थ ही है। समकालीन कविता में अपने समय के विरोधाभासों, द्वंद्वों और अंतर्विरोधों का चित्रण ही यह प्रमाणित करने के लिए पर्याप्त है कि किस तरह कवि के अंतर्जगत् में उत्पन्न नितांत वैयक्तिक अनुभूति सामूहिक अनुभवों के आलोक में आलोकित होती है। वैयक्तिक काव्यानुभूति की यह सामाजिक परिणति ही समकालीन कविता का सबसे सबल और सकारात्मक पक्ष है।

सन्दर्भ

1. नामवर सिंह : 'इतिहास और आलोचना', पृ. 15

2. रोहिताश्व : 'समकालीन कविता : मार्क्सवादी सौंदर्यशास्त्र के परिप्रेक्ष्य में', पृ. 154
3. नामवर सिंह : 'इतिहास और आलोचना', पृ. 49
4. रोहिताश्व : 'समकालीन कविता : मार्क्सवादी सौंदर्यशास्त्र के परिप्रेक्ष्य में', पृ. 155
5. वही, पृ. 156
6. मुक्तिबोध : नयी कविता का आत्मसंघर्ष तथा अन्य निबंध', पृ. 37
7. रोहिताश्व : 'समकालीन कविता : मार्क्सवादी सौंदर्यशास्त्र के परिप्रेक्ष्य में', पृ. 206
8. वही, पृ. 207
9. वही, पृ. 156
10. नंदकिशोर नवल : 'लेखक का परिवेश और रचना का संसार' नामक निबंध : 'लेखक और परिवेश' सं. वचन देव कुमार, पृ. 28
11. शिवकुमार मिश्र : 'परिवेश और मूल्यबोध' : वही, पृ. 17-18
12. डॉ. रघुवंश : 'साहित्य का नया परिप्रेक्ष्य', पृ. 216
13. चंचल चौहान : 'जनवादी समीक्षा : नया चिंतन नये प्रयोग', पृ. 176-77
14. वही, पृ. 183-84
15. आचार्य रामचंद्र शुक्ल : 'रसमीमांसा', पृ. 213
16. जगदीश गुप्त : 'किसिम-किसिम की कविता' शीर्षक लेख : 'नयी कविता : स्वरूप और समस्याएँ', पृ. 175
17. वही, पृ. 177
18. वही, पृ. 179
19. वही, पृ. 181
20. वही, पृ. 182
21. वही, पृ. 182
22. वही, पृ. 195
23. वही, पृ. 198
24. वही, पृ. 206
25. डॉ. विश्वम्भरनाथ उपाध्याय : 'अकविता : एक अनिबंध' नामक निबंध : 'जलते और उबलते प्रश्न', पृ. 265
26. डॉ. श्याम परमार : 'अकविता और कला संदर्भ' से उद्धृत।
27. 'नयी कविता : स्वरूप और समस्याएँ' जगदीश गुप्त से उद्धृत, पृ. 204
28. वही, पृ. 204-5
29. श्याम परमार : 'अकविता और कला संदर्भ', पृ. 5
30. रोहिताश्व : 'समकालीन कविता : मार्क्सवादी सौंदर्यशास्त्र के परिप्रेक्ष्य में', पृ. 204
31. श्याम परमार : 'कविताएँ : कविता से बाहर', पृ. 34
32. जगदीश चतुर्वेदी : 'इतिहास हन्ता', पृ. 58
33. वही, पृ. 47
34. वही, पृ. 34
35. वही, पृ. 66

36. मोना गुलाटी : 'स्ने स्वेक्तोय', पृ. 242
37. राजकमल चौधरी : 'मुक्ति प्रसंग', पृ. 114
38. वही, पृ. 121
39. सौमित्र मोहन : 'निषेध' सं. जगदीश चतुर्वेदी, पृ. 175
40. जगदीश नारायण श्रीवास्तव : 'समकालीन कविता पर एक बहस', पृ. 85
41. रोहिताश्व : 'समकालीन कविता : मार्क्सवादी सौंदर्यशास्त्र के परिप्रेक्ष्य में', पृ. 211
42. शलभ श्रीराम सिंह : 'रूपाम्बरा', 1965 अप्रैल, पृ. 27
43. शलभ श्रीराम सिंह : सम्पादकीयवत् : युयुत्सा : अक्टूबर 1966
44. शलभ श्रीराम सिंह : 'सर्वहारा के समूहगान' सं. स्वामी शरण स्वामी, पृ. 4
45. नामवर सिंह : 'अनुभूति की जटिलता और तनाव' नामक निबंध 'कविता के नए प्रतिमान', पृ. 184
46. नामवर सिंह : मूल्यांकन की समस्या : छायावादोत्तर कविता : 'कविता के नये प्रतिमान', पृ. 67
47. नामवर सिंह : 'आधुनिक साहित्य की प्रवृत्तियाँ', पृ. 86
48. विष्णु खरे : 'आलोचना' अंक, पृ. 56-57
49. रोहिताश्व : 'समकालीन कविता : मार्क्सवादी सौंदर्यशास्त्र के परिप्रेक्ष्य में', पृ. 177
50. सर्वेश्वर : 'जंगल का दर्द', पृ. 31
51. धूमिल : 'संसद से सड़क तक' : 'पटकथा' से उद्धृत।
52. लीलाधर जगूड़ी 'नाटक जारी है', पृ. 61
53. चंद्रकांत देवताले : 'लकड़बग्घा हँस रहा है', पृ. 14-15
54. आलोक धन्वा : 'जनता का आदमी' : वाम-2, पृ. 13
55. परमानंद श्रीवास्तव : 'समकालीन कविता और काव्य मूल्य' आलोचना-83 : अक्टूबर-दिसम्बर 1987, पृ. 37
56. विश्वम्भरनाथ उपाध्याय : 'समकालीन कविता', पृ. 47
57. रोहिताश्व : 'समकालीन कविता : मार्क्सवादी सौंदर्यशास्त्र के परिप्रेक्ष्य में', पृ. 211
58. डॉ. ओमप्रकाश ग्रेवाल : 'आज की जनवादी कविता' : कंक : समकालीन जनवादी कविता, पृ. 112-13
59. मुक्तिबोध : : 'चाँद का मुँह टेढ़ा है', पृ. 156
60. मुक्तिबोध : 'हर चीज अपनी' शीर्षक कविता : 'भूरी-भूरी खाक धूल' से उद्धृत।
61. दुष्यन्त कुमार : 'आवाज़ों के घेरे', पृ. 78
62. रघुवीर सहाय : 'आत्महत्या के विरुद्ध', पृ. 88-89
63. केदारनाथ सिंह : 'उस आदमी को देखो' : प्रतिनिधि कविताएँ, सम्पादक—परमानंद श्रीवास्तव, पृ. 85-86
64. मंगलेश डबराल : 'घर' शीर्षक कविता : 'पहाड़ पर लालटेन' नामक संग्रह से उद्धृत, पृ. 48
65. विजयबहादुर सिंह : 'आग' शीर्षक कविता : 'मौसम की चिट्ठी' से उद्धृत, पृ. 23
66. उदय प्रकाश : 'दो हाथियों की लड़ाई' : 'अबूतर-कबूतर', पृ. 67-68
67. सोमदत्त : 'पुरखों के कोठार से' नामक संग्रह से उद्धृत।

68. परमानंद श्रीवास्तव : 'समकालीन कविता और काव्य-मूल्य' नामक निबंध : 'शब्द और मनुष्य' से उद्धृत।
69. मुक्तिबोध : 'कहने दो उन्हें जो यह कहते हैं' शीर्षक कविता : 'भूरी-भूरी खाक धूल', पृ. 125
70. नामवर सिंह : 'इतिहास और आलोचना', पृ. 17
71. मुक्तिबोध : 'चाँद का मुँह टेढ़ा है', पृ. 155
72. शिवकुमार मिश्र : 'हिन्दी साहित्य में यथार्थवादी चेतना का उद्भव और विकास', 'यथार्थवाद', पृ. 182

नवम अध्याय

स्वातन्त्र्योत्तर हिन्दी कविता के कुछ महत्त्वपूर्ण कवि और उनके काव्य-अनुभव

कवि स्वभाव से संवेदनशील होता है अतः कविता सीधे-सीधे उसके संवेदनशील मानस की अभिव्यक्ति होती है। कवि का संवेदनशील मानस दारुण दुःख-तकलीफों और घटनाओं के अतिरिक्त युग के हल्के से हल्के कम्पन को भी ग्रहण करने में सक्षम होता है। कवि सिर्फ तटस्थ इतिहास द्रष्टा ही नहीं होता बल्कि वर्तमान और भविष्य के रचनात्मक परिवर्तन के दुर्धर्ष संघर्ष में वह एक सक्रिय कर्ता भी होता है—चाहे उसकी यह भूमिका कविता के माध्यम से ही क्यों न हो। कविता कवि के नितांत वैयक्तिक दुःख की अभिव्यक्ति के साथ-साथ उस दुःख के साथ जुड़े सैकड़ों दुःखों की अभिव्यक्ति भी होती है। इस तरह वह अपने युग के विरोधाभासों, द्वंद्वों तथा अंतर्विरोधों का बयान भी होती है। स्वातंत्र्ययोत्तर हिन्दी काव्य-परिदृश्य अनेक महत्त्वपूर्ण कवियों के सृजन से सम्पन्न है।

निराला और पंत (छायावाद) का अनुभव संसार

निराला के समग्र काव्य में काव्यानुभूति का अत्यन्त सकारात्मक और जनधर्मी पक्ष उभरकर सामने आता है। उनके जीवन और रचना में अंतर्विरोध प्रायः कम है, जैसी उनकी जीवन-शैली थी वैसी ही उनकी रचनाएँ भी हैं। वे आधुनिक हिन्दी कविता के सूत्रधार कवि हैं। हिन्दी कविता में मुक्तछंद को लाने का श्रेय उन्हीं को जाता है। निराला ने अपने काव्य में अपनी वैयक्तिक अनुभूतियों को एक सीमा से अधिक अभिव्यक्त नहीं होने दिया। वे सदैव सचेष्ट रहे कि उनकी वैयक्तिक अनुभूतियाँ उनके काव्य को नितांत अंतर्मुखी न बना दें। निराला आधुनिक हिन्दी कविता के सर्वाधिक महत्त्वपूर्ण तथा विराट व्यक्तित्व कहे जाते हैं—“भीतर का संकल्प, एक

अदम्य जिजीविषा, जीवन से निरंतर साक्षात्कार, वेदान्ती दृष्टि–इन सबने मिलकर उन्हें लम्बी यात्रा के पाथेय दिये। उनकी आंतरिक पीड़ाएँ कई बार कविताओं में झाँकती हैं पर उनके काव्य में ऐसे क्षण बहुत इने-गिने मिलेंगे जब कोई विषय-परिस्थिति उन्हें पूरी तरह दबोच दे। वे अपने रचनाकार को अपनी वैयक्तिक पीड़ाओं से हमेशा जिता देते हैं। यह निर्विवाद है कि हिन्दी स्वच्छंदतावादी काव्य में अपनी वैयक्तिक अनुभूतियों से ऊपर उठने की शक्ति सबसे अधिक निराला में है।"[1]

काव्य के क्षेत्र में निराला का प्रवेश 'अनामिका' (1922) के साथ हुआ जिसमें सात कविताएँ सम्मिलित हैं जो बाद में अन्य संग्रहों में सम्मिलित कर ली गयीं। निराला की प्रतिनिधि कविताओं का संग्रह 'परिमल' 1929 ई. में प्रकाशित हुआ। इसकी भूमिका में निराला ने घोषणा की–"मनुष्यों की मुक्ति की तरह कविता की भी मुक्ति होती है। मनुष्यों की मुक्ति कर्मों के बंधन से छुटकारा पाना है और कविता की मुक्ति छंदों के शासन से अलग हो जाना। मुक्त काव्य कभी साहित्य के लिए अनर्थकारी नहीं होता, प्रत्युत उससे साहित्य में एक प्रकार की स्वाधीन चेतना फैलती है, जो साहित्य के कल्याण की ही मूल होती है।"[2] इसके बाद 'गीतिका' का प्रकाशन हुआ तथा "गीतिका" के अनन्तर 'अनामिका' का नवीन संस्करण प्रकाशित हुआ। इसमें कुछ अनुवाद भी सम्मिलित हैं। 1938 ई. में 'तुलसीदास' का प्रकाशन हुआ जिसमें तुलसीदास-रत्नावली की कथा के साथ-साथ ही मध्यकालीन सांस्कृतिक पृष्ठभूमि का चित्रण भी किया गया है। 1942 में व्यंग्य कृति 'कुकुरमुत्ता' सामने आयी। इसके बाद 'अणिमा' (1943), 'बेला' (1946), 'नये पत्ते' (1946), 'अर्चना' (1950), 'आराधना', (1953), 'गीतगुंज' (1954) का प्रकाशन हुआ। निराला की अंतिम काव्य-कृति 'सान्ध्य काकली' (1969) है जो कवि के मरणोपरान्त प्रकाशित हुई।

काव्यानुभवों की दृष्टि से जब हम निराला के काव्य पर दृष्टिपात करते हैं तो पाते हैं कि निराला का अनुभव-संसार सिर्फ विस्तृत ही नहीं बल्कि वैविध्यपूर्ण भी है। निराला की अत्यन्त विस्तृत जीवन-दृष्टि के कारण ही उनके यहाँ काव्यानुभूति में भी व्यापकता व गहराई देखने को मिलती है। एक तरफ यदि 'जुही की कली' जैसे अत्यन्त कलात्मक प्रेम कविता उन्होंने लिखी तो दूसरी तरफ सर्वहारा के प्रति संवेदना व्यक्त करते हुए तथा क्रांति की अगुवानी में 'बादलराग' जैसी कविताएँ भी लिखीं जिनमें कवि को उम्मीद है कि क्रांति के बादल आयेंगे और एक नयी व्यवस्था जन्मेगी–

"जीर्ण बाहु, है जीर्ण शरीर
तुझे बुलाता कृषक अधीर
ऐ विप्लव के वीर
चूस लिया है उसका सार
हाड़-मात्र ही है आधार
ऐ जीवन के पारावार।"[3]

वे 'प्रपात', 'शरद पूर्णिमा' तथा 'सांध्य सुंदरी' जैसी कविताएँ लिखकर अपने प्रकृति प्रेम को भी अभिव्यक्ति देते हैं तथा 'भिक्षुक', 'रास्ते के फूल', 'दीन' तथा 'विधवा' जैसी कविताएँ लिखकर प्रगतिशील-जनवादी दृष्टि का परिचय भी देते हैं। 'जागो फिर एक बार' तथा 'महाराज शिवाजी को पत्र' जैसी कविताएँ देशप्रेम से प्रेरित हैं। यही नहीं, अपने गीतों से उन्होंने मानवीय जीवन की अनेक कोमल अनुभूतियों को वाणी देने का प्रयास किया। 'गीतिका' के गीतों को इस दृष्टि से देखा जा सकता है।

1938 में प्रकाशित 'अनामिका' में निराला एक साथ अनेक भूमियों पर खड़े दिखाई देते हैं। उसमें 'राम की शक्ति पूजा' जैसी बौद्धिक रचना है तो 'सरोज स्मृति' जैसा मार्मिक शोकगीत भी और 'तोड़ती पत्थर' जैसा यथार्थ का जीवंत चित्र भी। वे 'तुलसीदास' जैसा सांस्कृतिक काव्य लिखकर पौराणिक जगत् से आगे बढ़कर इतिहास के क्षेत्र में भी प्रवेश करते हैं। 'अणिमा' में कवि के अनेक तेवरों के साथ कवि के अवसादी मनःस्थिति की अभिव्यक्ति भी दिखाई देती है—

"स्नेह निर्भर बह गया है
रेत ज्यों तन रह गया है।"[4]

"इस क्रम में 'कुकुरमुत्ता' जैसी लम्बी और प्रगतिशील व्यंग्य कविता का उल्लेख भी अत्यन्त आवश्यक है क्योंकि अनेक आलोचकों के अनुसार आधुनिकता की दृष्टि से हिन्दी कविता की शुरुआत 'कुकुरमुत्ता' से ही होती है।"[5] इस कविता में निराला की वास्तविक और क्रांतिकारी भंगिमा का पता चलता है। स्वतन्त्र पुस्तक के रूप में 'कुकुरमुत्ता' का प्रकाशन जुलाई 1948 ई. में हुआ। गुलाब इस कविता में शोषक का प्रतीक है और कुकुरमुत्ता शोषित का। यह कविता अपने समय की सही ज़मीन पर रची गयी। देश में सामंतवाद के साथ नए पूँजीवाद का गठबंधन और किसान-मजदूर तथा गरीब जनता पर अत्याचार, सामाजिक असमानता, शोषण और अन्याय के माहौल में यह कविता समय की माँग थी—

"अबे, सुन बे, गुलाब!
भूल मत जो पायी खुशबू, रंगो आब
खून चूसा खाद का तूने अशिष्ट
डाल पर इतराता है कैपिटलिस्ट।"[6]

इस कविता के नये तेवर तथा नयी भाषा-शैली के कारण, आश्चर्य नहीं, जो आलोचकों को इसकी व्याख्या के लिए अकादमिक शास्त्रीय प्रतिमानों से बाहर आना पड़ा था।

1946 में प्रकाशित 'नये पत्ते' की कविताओं में कवि ने आजादी के ठीक पहले के बिगड़े माहौल को रूपायित करने का प्रयास किया है। 'नये पत्ते' में काव्य का ताना-बाना 'कुकुरमुत्ता' जैसा ही है। स्वातन्त्र्योत्तर भारत में कवि के चार कविता-संग्रह प्रकाशित हुए—'अर्चना' (1950), 'आराधना' (1953), 'गीतगुंज' (1954), 'सान्ध्य काकली' (1969)। इनमें अंतिम कृति कवि के अवसान के बाद की है। यह आश्चर्य का विषय हो सकता है कि व्यंग्य और विद्रोह का कवि इन संकलनों में निवेदन तथा समर्पण की भक्तिमार्गी मुद्रा में कैसे आ गया। इन संग्रहों में प्रार्थना भाव मुख्य स्वर के रूप में आया है। हम इसे निराला की आध्यात्मिक चेतना कह सकते हैं जहाँ कवि आत्मस्थ होकर एक प्रकार से आत्मालाप करने लगता है। 'गीतगुंज' में कवि ने प्रार्थना भाव के अतिरिक्त मुख्य रूप से वर्षा ऋतु का स्मरण भी किया है। लेकिन प्रार्थना भाव की सर्वत्र प्रधानता है—

"दूरित करो नाथ
अशरण हूँ गहो हाथ
हार गया जीवन-रण
छोड़ गए साथी जन
एकाकी, नैश-क्षण
कंटक पथ, विगत क्षण।"[7]

लेकिन 'सान्ध्य काकली' में निराला का वैविध्य एक बार पुनः सामने आता है। हालाँकि प्रार्थना, समर्पण और आध्यात्मिक भावना यहाँ भी है लेकिन साथ ही जीवन के अन्य प्रसंगों की मात्रा भी कम नहीं है। यहाँ निराला व्यक्तिगत मनोव्यथा के अतिरिक्त प्रकृति और मानवीय संवेदन की कविताएँ भी लिखते हैं। 'शीत की गहरी विभावरी' में वे अपने चिरपरिचित कृषक की दयनीय दशा का चित्रण करते हैं—

"मटर, चने कुछ काम न आये
जौ, गेहूँ लड़ते अरगाये
माचे पर किसान का कूकर
कुँकड़ाया, सिहरी शीत की।
सूख गया किसान एकाकी
रोया, रही न लेखा बाकी
कर्म-धर्म को करके साखी
दुहरी डगर भरी शीत की।'[8]

इस तरह निराला ने एक लम्बी और सार्थक काव्ययात्रा तय की। उनका काव्य अनेक सामाजिक, वैयक्तिक स्थितियों से गुजरता रहा और उनके काव्य के तेवर भी बदलते रहे। दूधनाथ सिंह ने निराला को 'आत्मस्थ, निजत्वपूर्ण और गतिशील कवि' कहा है।[9] निराला के सम्पूर्ण काव्यानुभवों के वैविध्य को ध्यान में रखते हुए उनके समग्र काव्य के लिए—''यदि किसी एक शब्द का प्रयोग लाजिमी हो तो क्रांतिकारी स्वच्छंदतावाद सबसे मौजूँ होगा। स्वच्छंदतावाद उनके काव्य का वह रोमानी अंश है, जहाँ वे अपने वैयक्तिक अनुभूतियों का उपयोग करते हैं, सौन्दर्य के निजी चित्र बनाते हैं और कल्पना की सहायता से रंग भरते हैं। पर क्रांतिकारी वे आरंभ से ही हैं और उनकी विद्रोही भावना इसी का एक मुख्य तत्त्व है। निराला की यह क्रांतिकारी चेतना उनके आक्रोश को वैयक्तिक अथवा नपुंसक बनकर नहीं रहने देती, वे उसे सामाजिक यथार्थ से जोड़ने में सफल होते हैं। उनका विद्रोह एक निश्चित प्रयोजन तक पहुँचता है और वे सामाजिक बुराइयों पर तीखे आक्रमण करते हैं। निराला की स्वच्छंदतावादी चेतना में आध्यात्मिकता के जो तत्त्व मौजूद थे, वे अंतिम क्षणों में प्रार्थना भाव की सृष्टि करते हैं। इस प्रकार प्रकृति और मनुष्य को केन्द्र में रखकर वे अपनी क्रांतिकारी स्वच्छंदतावादी भावना को विभिन्न दिशाओं में फेंकते हैं। प्रार्थना-गीतों के क्षणों में भी वे आत्म-सजग हैं और अपने व्यक्तित्व का उन्हें पूरा एहसास है। जिसे निराला का वैविध्य कहा जाता है, वह इसी क्रांतिकारी स्वच्छंदतावादी चेतना का विभिन्न दिशाओं में प्रसार है। निराला अपनी चेतना के स्फुलिंग अनेक दिशाओं में फेंक सकने की सामर्थ्य रखते हैं। इस दृष्टि से वे आधुनिक इतिहास में सबसे सार्थक कवि कहे जा सकते हैं जिन्होंने अपने चिंतन को, जीवन-मूल्यों सम्बन्धी आस्था को अपनी रचनाओं के माध्यम से प्रमाणित किया।''[10]

सुमित्रानंदन पंत

काव्यानुभवों का वैविध्य सुमित्रानंदन पंत के रचना-संसार में भी देखा जा सकता है। पंत के समग्र काव्य के विभिन्न चरण दिखाई देते हैं जिनमें आरंभ में पंत सौंदर्यवादी हैं, फिर यथार्थपरक और अंत में दार्शनिक-आध्यात्मिक। जहाँ तक प्रभावों का प्रश्न है, पंत पर प्रारम्भ में प्रकृति और अंग्रेजी स्वच्छंदतावादी कवियों—कीट्स, शैली, वड्र्सवर्थ तथा टेनिसन आदि का प्रभाव दिखाई देता है और फिर गाँधीवाद, मार्क्सवाद और अरविंद दर्शन का गहरा प्रभाव लक्ष्य किया जा सकता है। पंत में बार-बार परिवर्तन का प्रमुख कारण दरअसल उनका अंतर्मुखी व्यक्तित्व है।

'उच्छ्वास' (1921) पंत की प्रथम प्रकाशित काव्यकृति है। इसके बाद 'वीणा' (1927)। हालाँकि 'पल्लव' इसके पूर्व 1926 में ही प्रकाशित हो गया था। लेकिन 'वीणा' की कविताएँ 'पल्लव' से पहले की हैं। 'ग्रंथि' नामक एक लघुकाव्य की रचना भी पंत ने 1920 में की। इस तरह पंत की काव्ययात्रा का आरंभ 'वीणा, ग्रंथि' से होता है। इसके अनन्तर 'गुंजन' (1932) तथा 'ज्योत्स्ना' (1934) नामक काव्य-नाटक का प्रकाशन हुआ। 1920 से '34 तक के इस कालखण्ड को हम पंत का प्रथम काव्य-चरण मान सकते हैं। आरंभिक काव्य-चरण में ही पंत ने प्रकृति के विविध रूपों का जीवंत तथा आकर्षक चित्रण किया और प्रकृति के सुकुमार कवि कहलाये—

"पावस ऋतु थी पर्वत प्रदेश
पल-पल परिवर्तित प्रकृति वेश
मेखलाकार पर्वत अपार
अपने सहस्र दृग सुमन फाड़
अवलोक रहा है बार-बार
नीचे जल में निज महाकार
जिसके चरणों में पला ताल
दर्पण-सा फैला विशाल।"[1]

'गुंजन' में भी प्रकृति और प्रेम की गीतात्मक कविताएँ संकलित हैं। 'ज्योत्स्ना' पाँच अंकों की एक प्रतीकात्मक नाटिका है जिसमें अमूर्त भावों को पात्रों के रूप में प्रस्तुत किया गया है।

पंत के काव्य का दूसरा चरण दरअसल उस वैचारिकता का विकास ही माना जाना चाहिए जो 'पल्लव' की 'परिवर्तन' तथा 'गुंजन' की कुछ कविताओं

में दिखाई देती है। इस चरण में 'युगान्त' (1936), 'युगवाणी' तथा 'ग्राम्या' (1940) कविता-संग्रह आते हैं। इस दौर के काव्य को यथार्थपरक काव्य भी कहा जा सकता है। इस समय की कविताओं पर 1936 में भारतीय प्रगतिशील लेखक संघ की स्थापना और उसकी विचारधारा का प्रभाव भी लक्ष्य किया जा सकता है। प्रकृति, सौंदर्य, प्रेम और रहस्य के चिरपरिचित छायावादी संसार से बाहर आकर अपने नये अनुभव-संसार के बारे में पंत ने स्वयं लिखा है–"प्रथम महायुद्ध के बाद पश्चिमी आदर्शवादी विचारधारा को आघात लगा तथा रूसी क्रांति के फलस्वरूप जिस नवीन सामाजिक यथार्थ की धारणा की ओर धीरे-धीरे ध्यान आकर्षित होने लगा और साथ ही वैज्ञानिक युग ने हमारे मध्ययुगीन निषेधात्मक दृष्टिकोण के विरोध में जिस नवीन भावनात्मक दर्शन को जन्म दिया, उन सबकी सम्मिलित प्रतिक्रियास्वरूप विश्व जीवन तथा मानव जीवन के प्रति युग के विचार एवं भावना जगत् को मैंने अपने बदलते हुए दृष्टिकोण के अनुरूप 'युगान्त', 'युगवाणी' तथा 'ग्राम्या' में अभिव्यक्ति दी।"[12]

निश्चित रूप से यह पंत के काव्य का जनवादी दौर है। यदि प्रथम चरण का काव्य प्रकृति सौन्दर्य, प्रेम व कलात्मकता की दृष्टि से श्रेष्ठ है तो इस दौर की कविताएँ अपनी जन-सम्पृक्ति के आधार पर सार्थक हैं जो साहित्य का मूलाधार भी हैं। कवि उम्मीद करता है कि शोषक श्रमजीवी भविष्य में और अधिक निर्णायक भूमिका अदा करेगा–

"लोक क्रांति का अग्रदूत वरवीर जनाहत
नव सभ्यता का उन्नायक, शासक, शासित
चिर पवित्र वह, भय, अन्याय, घृणा से पालित
जीवन का शिल्पी, पावन श्रम से प्रक्षालित।"[13]

'ग्राम्या' में काव्य का अनुभूति पक्ष अधिक सक्रिय है। कवि वक्तव्य-शैली से बाहर दिखाई देता है। इसमें गाँवों का जीवन, प्रकृति तथा दुःख-दर्दों के चित्रण के माध्यम से कवि ने यथार्थ से सम्पर्क की चेष्टा की है–

"गंजी को मार गया पाला
अरहर के फूलों को झुलसा
हाँका करती दिनभर बंदर
अब मालिन की लड़की तुलसा।"[14]

"टूट गया वह स्वप्न वणिक का
आयी जब बुढ़िया बेचारी
आध पाव आटा लेने–
लो, लाला ने फिर डण्डी मारी।"[15]

वैचारिक परहेज के बावजूद डॉ. नगेन्द्र ने यह स्वीकार किया है कि–"ग्राम्या में कवि ने मार्क्सवादी दृष्टि के आलोक में गाँव के जीवन की विविध यथार्थ-छवियों का बड़ा सुंदर चित्र अंकित किया है।"[16] प्रेमशंकर के अनुसार भी–"यदि 'पल्लव' स्वच्छंदतावादी प्रवृत्तियों का सर्वोत्तम प्रकाशन है तो 'ग्राम्या' पंत की यथार्थपरक दृष्टि का सबसे जीवन्त स्वर है और पंत के काव्य में उसका विशिष्ट स्थान है। पंत ने जो नयी विचार-भूमि प्राप्त की थी, 'ग्राम्या' में उसे काव्य के माध्यम से अभिव्यक्ति देने में उन्हें सफलता मिली है। इसमें संदेह नहीं, यदि वे इसी प्रकार सामाजिक यथार्थ से जुड़ते जाते तो उनका आकाश विस्तृत होता जाता और उन्हें आध्यात्मिक लोक की शरण न लेनी पड़ती।"[17]

पंत की 1958 तक की स्वातन्त्र्योत्तर काव्य-कृतियाँ तीसरे चरण के अन्तर्गत आती हैं। यहाँ पंत के अनुभव-संसार में सर्वथा नया मोड़ दिखाई देता है। यह कम चौंकाने वाली बात नहीं कि पंत के स्वातन्त्र्योत्तर काव्य के अनुभव जगत् में पूर्ववर्ती काव्य की रोमानी और यथार्थवादी भूमियाँ एकदम गायब हैं। यहाँ पंत अरविन्द दर्शन को अपने काव्य का प्रेरणास्रोत मानकर आध्यात्मिक चोला धारण कर लेते हैं। 'स्वर्ण किरण' (1947), 'स्वर्ण धूलि', 'उत्तरा', 'रजत शिखर', 'शिल्पी', 'सौवर्णा', 'अतिमा' (1955) तथा 'वाणी' (1958) को प्रमाण के तौर पर देखा जा सकता है। पाँचवें दशक में महायुद्ध की बढ़ती विभीषिका और भारतीय राजनीति के तेजी से बदलते घटना चक्र का सामना करना सबके सामर्थ्य की बात न थी। पंत की काव्यानुभूति की मूल बनावट रोमानी, आदर्शवादी और आध्यात्मिक रही है। अपने आरंभिक संस्कारों से पूर्ण मुक्त हो पाना उन जैसे कोमल-प्राण व्यक्ति के लिए असंभव है। डॉ. नगेन्द्र ने लिखा भी है–"पंत जैसे कोमल-प्राण व्यक्ति के लिए आस्तिकता अनिवार्य हो जाती है। ऐसे व्यक्ति को अंत में आत्मा और ईश्वर में ही जीवन और जगत् का समाधान मिलता है।"[18]

यहाँ पंत के काव्यानुभवों पर जब हम दृष्टि डालते हैं तो पाते हैं, कवि मानो जीवन यथार्थ से असंतुष्ट होकर कल्पनालोक में खो जाना चाहता है। वर्तमान जगत् का यथार्थ नितांत भयावह है और इसीलिए उन्होंने एक स्वर्णिम जगत् की

कल्पना कर ली। निश्चित रूप से यह जीवन और जगत् से कवि का पलायन है। ऐसा तभी होता है, जब रचनाकार और समाज का रिश्ता कमजोर पड़ जाता है और वह जनपक्षधर नहीं रह जाता—"बहुत समय तक किसी भी रचनाकार के लिए अपने भीतर से सामग्री लेते रहना संभव नहीं होता और बाहरी दुनिया से आँख मूँद लेने पर वह धीरे-धीरे चुकने लगता है। उसके पास स्वयं को दोहराने के अतिरिक्त और कोई विकल्प नहीं रह जाता। पंत के इस परवर्ती आध्यात्मिक काव्य को इसी कारण पूरी सराहना नहीं मिल सकी, क्योंकि उसमें जीवन-साक्षात्कार कम है।"[19] कवि पंत एक ऐसे आध्यात्मिक लोक की कल्पना करते हैं, जहाँ मनुष्य की चेतना ऊपर जा रही होगी।

निश्चित रूप से पंत की यात्रा बाह्य से अंतर की ओर है—

"बहिर्जगत् के वैभव का मद
अंतर्मानव से हो चालित
ऋतचित की आभा से चुम्बित
मनुष्यत्व हो पूर्ण प्रस्फुटित।"[20]

"ज्योति पुरुष तुम जहाँ दिव्य मन के हो स्वामी
निखिल इंद्रियों के परिचालक अंतर्यामी
ऋतचित से है जहाँ सूक्ष्म नभ चिर आलोकित
उस प्रकाश में हमें जगाओ, इंद्र अपरिमित।"[21]

'स्वर्णकिरण' से 'वाणी' (1947) तक लगभग दस वर्षों की पंत की काव्य-यात्रा इसी आध्यात्मिकता से ओतप्रोत है।

'कला और बूढ़ा चाँद' (1959), 'पौ फटने से पहले', 'समाधिता' उनके कुछ परवर्ती काव्य-संग्रह हैं। पंत का दीर्घकारी काव्य 'लोकायतन' भी इसी बीच रचा गया। इसे हम पंत का चौथा और अंतिम चरण कह सकते हैं। हालाँकि पंत के काव्य के अनुभव-संसार में यहाँ कोई बड़ा परिवर्तन हम नहीं देखते। इन संग्रहों में छंद से बचने का प्रयास है और कुछ नये प्रयोगों की ओर रुझान भी। आध्यात्मिकता के स्वर को नये अंदाज में प्रस्तुत करने का प्रयोग 'कला और बूढ़ा चाँद' में किया गया है। संग्रह की एक कविता 'सिंधु मंथन' में देश को ललकारा गया है—

"ओ दंतहीन बूढ़े अजगर
भय, संदेह, घृणा की
विद्वेष-भरी अँधेरी खोह से
बाहर आ—
ओ आत्म पराजित
एक बार क्रुद्ध होकर
अपनी आरीदार पूँछ
समस्त बल से
धरती पर मार
फटकार
पुरानी केंचुल फाड़
नया यौवन
तेरी प्रतीक्षा में खड़ा है।"[22]

अपने समय की कविता से जुड़ने के उद्‌देश्य से ही पंत ने छंद से मुक्ति का यह प्रयास किया है लेकिन खुरदुरे यथार्थ से सम्पर्क क्रे अभाव में उनके अनुभव-जगत् में समय के तेवर नहीं दिखाई देते। पंत का काव्य-विन्यास यहाँ कुछ-कुछ नया अवश्य है लेकिन बातें आध्यात्मिकता की ही हैं।

पंत और निराला के समग्र व्यक्तित्व पर दृष्टि डालने से हम पाते हैं कि निराला की तरह पंत में विद्रोही चेतना के बीज सक्रिय नहीं रहे। अपने अत्यन्त संवेदनशील प्रकृति के कारण भी पंत ने इधर-उधर के प्रभावों को ग्रहण किया और उनके सहारे बढ़ते रहे। उनके परवर्ती काव्य में अंतर्मुखी वृत्ति और कल्पनाप्रियता के कारण ही एक आदर्शवादी और आध्यात्मिक जीवन-दृष्टि दिखाई देती है और वे पैगम्बरी मुद्रा में आ जाते हैं। प्रेमशंकर के अनुसार—"अगर यह सब उनके व्यक्तित्व से मिलकर घटित हुआ होता और काव्य में वे उसका संयोजन कर पाते, तो रचना का विषयान्तर न होता लेकिन वे दार्शनिक बनने की धुन में काव्य से दूर होते गए।"[23] तथापि हिन्दी स्वच्छंदतावादी काव्य में पंत का स्थान महत्त्वपूर्ण है, इसमें संदेह नहीं। उनके प्रथम व द्वितीय काव्यचरण प्रकृति एवं सौन्दर्य तथा जीवन-यथार्थ की अभिव्यक्ति के कारण निश्चित रूप से हिन्दी कविता की उपलब्धि माने जा सकते हैं। प्रसाद की तरह निराला और पंत छायावाद के आधार-स्तंभ कवि हैं। इनका अनुभव-संसार अत्यन्त व्यापक तथा समृद्ध है। यहाँ डॉ. विजयबहादुर

सिंह का यह कथन महत्त्वपूर्ण है कि–"कविता का सम्बन्ध भावों से होता है और छायावादी कविता की यही उपलब्धि है कि वह वस्तुओं और घटनाओं के शास्त्रीय काव्य-रूपों से निकलकर भावोन्मेष के उच्चतम सोपान पर अपने व्यक्तित्व की प्रतिष्ठा कर सकी है।"[24]

माखनलाल चतुर्वेदी

माखनलाल चतुर्वेदी के समग्र काव्य में काव्यानुभूति के अनेक रूप दिखाई देते हैं–कहीं वह राष्ट्रीय है, कहीं रोमानी और कहीं आध्यात्मिक। चतुर्वेदी जी का अनुभव-संसार न सिर्फ राष्ट्रीय भावना की कविताओं से समृद्ध है बल्कि वहाँ शुद्ध प्रेम और प्रकृति की कविताएँ तथा आध्यात्मिक कविताएँ भी व्यापक परिमाण में उपलब्ध हैं। वैविध्य उनके यहाँ कम नहीं है, इसलिए उनके काव्यानुभवों को हम एक ही कोटि में नहीं रख सकते। अब यह अलग बात है कि उनकी ख्याति मूलतः एक राष्ट्रीय कवि के रूप में ही है। चतुर्वेदी जी का सर्वाधिक महत्त्व इसलिए भी है क्योंकि वे राष्ट्रीय धारा के अकेले कवि हैं जिनका राष्ट्रबोध स्वातन्त्र्योत्तर भारत में भी तिरोहित नहीं हो जाता बल्कि युग की विसंगतियों और पीड़ा के साथ काव्य में लगातार व्यक्त होता है।

माखनलाल चतुर्वेदी ने सन् 1888 से जनवरी 1968 तक एक लम्बी जीवन-यात्रा तय की। लिखना उन्होंने कम उम्र में आरंभ कर दिया था। हालाँकि उनकी रचनाओं का प्रकाशन बहुत विलम्ब से तब हुआ जब 1913 में खण्डवा से 'प्रभा', कानपुर से 'प्रताप' और 1919 में जबलपुर से 'कर्मवीर' पत्र का प्रकाशन प्रारंभ हुआ। 'कर्मवीर' का प्रकाशन 1925 से खण्डवा में भी आरंभ हो गया। आरंभ में माखनलाल जी की कविताएँ प्रायः 'एक भारतीय आत्मा' के नाम से प्रकाशित हुईं। पुस्तक प्रकाशन की दृष्टि से 'कृष्णार्जुन-युद्ध' नामक नाटक का नाम सर्वप्रथम आता है, इसके बाद उनके कविता-संग्रह। 'हिम किरीटनी' (1941) तथा 'हिम तरंगिनी' (1949) में माखनलाल जी की स्वातंत्र्य-पूर्व और मूलतः राष्ट्रीय भावना की कविताएँ संग्रहीत हैं। 'माता' (1952), 'समर्पण' (1957) तथा 'युग चरण' (1957) उनकी प्रमुख परवर्ती काव्यकृतियाँ हैं। इसके अनंतर 'धूम्र वलय', 'वेणु लो, गूँजे धरा' तथा 'बिजुरी काजल आँज रही' नामक कविता-संग्रह प्रकाशित हुए।

माखनलाल जी के समग्र काव्य के अनुभव-संसार को सुविधा के लिए हम दो भागों में बाँट सकते हैं। एक तो वह, जहाँ उन्होंने अपनी व्यापक राष्ट्रीय भावना

के अंतर्गत युग की पीड़ा और सामाजिक-राजनीतिक विसंगतियों को वाणी देने का प्रयत्न किया और दूसरा वह, जहाँ उन्होंने प्रेम और प्रकृति से सम्बन्धित सूक्ष्म मानवीय भावनाओं तथा अपनी आध्यात्मिक अनुभूतियों को अभिव्यक्ति दी। माखनलाल जी ने न सिर्फ राष्ट्रीय भावना की कविताएँ लिखीं बल्कि स्वतन्त्रता-आंदोलन में भी भाग लिया और जेल भी गए। यही कारण है कि 'पुष्प की अभिलाषा' तथा 'कैदी और कोकिला' जैसी राष्ट्रीय भावना की कविताओं में अनुभवों की जीवंतता देखी जा सकती है–

"चाह नहीं मैं सुरबाला के
गहनों में गूँथा जाऊँ
चाह नहीं प्रेमी माला में
बिंध प्यारी को ललचाऊँ
चाह नहीं, सम्राटों के शव पर
हे हरि, डाला जाऊँ
चाह नहीं देवों के सिर पर
चढ़ूँ भाग्य पर इठलाऊँ
मुझे तोड़ लेना वनमाली
उस पथ पर देना तुम फेंक
मातृभूमि पर शीश चढ़ाने
जिस पथ जावें वीर अनेक।"[125]

"क्या देख न सकतीं जंजीरों का गहना
हथकड़ियाँ क्यों? यह ब्रिटिश राज का गहना
कोल्हू का चरक चूँ? जीवन की तान
मिट्टी पर अँगुलियों ने लिक्खे गान
हूँ मोट खींचता लगा पेट पर जुआ
खाली करता हूँ ब्रिटिश अकड़ का कुआँ
दिन में करुणा क्यों जगे, रुलाने वाली
इसलिए रात में गजब ढा रही आली
इस शान्त समय में
अंधकार को बेध-सी रही क्यों हो?

कोकिल बोलो तो!
चुपचाप मधुर विद्रोह बीज
इस भाँति बो रही क्यों हो?
कोकिल बोलो तो!"[26]

स्वतन्त्रता के बाद भी चतुर्वेदी जी राष्ट्र के दायित्व से मुक्त नहीं हुए बल्कि वे युग-जीवन से उसी तरह सम्पृक्त रहे। आजादी के बाद के आरंभिक कुछ वर्षों में तो यही भ्रम बना रहा कि अब लक्ष्य-प्राप्ति हो चुकी है। किसी तरह की कोई चिंता की ज़रूरत नहीं है और राष्ट्र का दायित्व चुने हुए जनप्रतिनिधियों के कंधों पर है। थोड़े समय तक माखनलाल जी भी इस भ्रम के शिकार रहे लेकिन यह भ्रम बहुत ज़्यादा दिनों तक बना न रह सका। देश में विदेशी पूँजी की घुसपैठ हुई। जमींदार वर्ग टूटा और नए मध्यवर्ग का उदय हुआ जिसकी साँठ-गाँठ पूँजीपति तथा उद्योगपतियों से हुई। ग्रामीण उद्योग टूटे और फलस्वरूप ग्रामीण आत्मनिर्भरता में कमी आयी। नेहरू सरकार की उदारवादी नीतियों के कारण पूँजीवाद को बढ़ावा मिला। देखते-देखते देश भूख, बेरोजगारी, अशिक्षा, गरीबी जैसी भयावह समस्याओं की लपटों में झुलसने लगा। राष्ट्र के प्रति जागरूक कवियों का मोहभंग हुआ। ऐसे में शोषण की मार चुपचाप सह रहे युग की पुकार को माखनलाल जी ने अपने काव्य में अभिव्यक्त किया–

"पथ से जरा बहकते युग को ललकारा है मैंने
तुम क्या जानो, मेरे युग पर क्या-क्या बीत रही है
सब इल्जाम मुझे स्वीकृत हैं
किंतु न ठहरूँगा मैं
मुझको स्वांग बनाने का अवकाश नहीं है साथी
क्या साजूँ शृंगार कि उसमें अब कुछ स्वाद नहीं है
परम् सभ्य-सा
सिर्फ़ सभ्य-सा
या असभ्य-सा जो हूँ
मैं न खड़ा रह पाऊँगा, पथ जोते, आँसू बोते
मेरा ही युग है, वह कब से मुझे पुकार रहा है।"[27]

यही नहीं, स्वातन्त्र्योत्तर परिवेश में दिनोंदिन दयनीय होते जा रहे भारतीय कृषकों की दशा का मार्मिक चित्रण भी उनके यहाँ देखने को मिलता है और इस

तरह ग्रामीण जीवन की विडम्बना को सामने लाने का कार्य वे अत्यन्त कुशलता से करते हैं–

''गाँव के चौपाल पर बैठे हुए कृषि बंधु प्यारे
कृषक के ढाँचे रहे जो जोहते मेरे इशारे
और उनकी घरनियाँ, वे तरनियाँ दारिद्र्य नद की
निस्सहाय शिकार मेरे विफल से नेतृत्व मद की
खेत के मोती हमें देकर जिलाते प्राण देकर
हम उन्हें लौटा रहे क्या? कौन-सा सम्मान देकर
माँगते दुर्भाग्य-क्षय थे, निधि मिली सौभाग्य-क्षय की
किस तरह अधिकार ने यह
दुर्दशा कर दी विनय की
आ गयी है पूछने फिर यह स्मरण बेला विजय की।''[28]

माखनलाल जी ने पर्याप्त मात्रा में प्रेम तथा प्रकृति की कविताएँ लिखीं तथा अपनी आध्यात्मिक अनुभूतियों को भी वाणी दी। 'माखनलाल जी के परिवार के वैष्णवी संस्कार, क्रांतिकारियों का उग्रपंथ, गाँधीवादी दृष्टि तथा उनके व्यक्तित्व की रोमानी बनावट–इन सबके सम्मिलित योग से माखनलाल चतुर्वेदी की रचनाएँ बनती हैं।''[29] प्रिया की याद में लिखा गया यह गीत चतुर्वेदी जी के अनुभव-संसार का दूसरा पक्ष भी स्पष्ट करता है–

''तरुणाई के प्रथम चरण में जोड़ी टूट गयी।
फूली हुई रात की रानी प्रातः रूठ गयी।
गंध बनी साँसें भर आयीं
छंद बनी फूलों पर छायी
बन आनंद धूलि पर बिखरी
यौवन के तुतलाते वैभव सन्ध्या लूट गयी।
फूलों भरी रात की रानी, सहसा रूठ गयी।
मुसुकों भरी मनोरम बेली
यादों की डालों पर खेली
गिरी सभी साधें अधबेली
ऊँचे पर उठती अभिनवता पथ में छूट गयी।
फूली हुई रात की रानी कैसे रूठ गयी।''[30]

शिवकुमार मिश्र के इस कथन से हम सहज ही सहमत हो सकते हैं कि—"माखनलाल जी के स्वर अपना युगानुरूप संस्कार करते चले हैं, यही कारण है कि उनकी राष्ट्रीयता इस युग में भी उतनी ही सक्रिय रह सकी है।"[31]

रामधारी सिंह दिनकर

रामधारी सिंह दिनकर का नाम राष्ट्रीय काव्यधारा के कवियों में अत्यन्त महत्त्वपूर्ण है लेकिन दुर्भाग्य से वे उन कवियों में से हैं जो स्वतन्त्रता के बाद अपनी परवर्ती कृतियों को भटकाव से न बचा सकें। स्वातन्त्र्य पूर्व भारतीय जनता की राष्ट्रीय भावना को दिनकर ने अत्यन्त उग्र रूप में व्यक्त किया। 'प्रणभंग' (1929), 'रेणुका' (1935), 'हुंकार' (1939), 'रसवंती' (1940), 'द्वंद्वगीत' (1940), 'कुरुक्षेत्र' (1946), 'सामधेनी' (1946) दिनकर की पूर्ववर्ती काव्यकृतियाँ हैं। 'प्रणभंग' एक लघु खण्डकाव्य है जिस पर मैथिलीशरण गुप्त के खण्डकाव्य 'जयद्रथ वध' का प्रभाव है। 'रेणुका' में राष्ट्र-प्रेम की अभिव्यक्ति हुई है। 'हुंकार' राष्ट्रीय काव्य की दृष्टि से कवि का सर्वाधिक चर्चित काव्य-संग्रह है। इनमें दिनकर के क्रांतिकारी व्यक्तित्व को अत्यन्त उग्र रूप में देखा जा सकता है—

"सुनूँ क्या सिन्धु! मैं गर्जन तुम्हारा
स्वयं युग-धर्म का हुंकार हूँ मैं
कठिन निर्घोष हूँ भीषण अशनि का
प्रलय-गाण्डीव की टंकार हूँ मैं।"[32]

'रसवंती' में हालाँकि वैयक्तिक सौन्दर्य भावना की अभिव्यंजना हुई और 'द्वंद्वगीत' में मानव-हृदय के अंतर्द्वंद्वों का काव्यमय चित्रण किंतु देश-माता का तोरण-द्वार सजा देखने की कवि की आकांक्षा बार-बार उभरकर सामने आयी—

"सजेगा जिस दिन उत्सव हेतु
देश-माता का तोरण-द्वार
करेंगे हम ले मंगल-शंख
उदय का स्वागत-मंत्रोच्चार।"[33]

कवि का सजग राष्ट्रबोध 'सामधेनी' में पुनः हमारे समक्ष आता है। 'कुरुक्षेत्र' दिनकर का प्रबंधकाव्य है जिसमें कवि ने युग की प्रमुख समस्या युद्ध के प्रश्न पर विचार-मंथन किया है।

स्वातन्त्र्योत्तर काव्य परिदृश्य में दिनकर का प्रवेश 'बापू' नामक काव्य-कृति से होता है। इसके अनंतर 'इतिहास के आँसू' (1951), 'धूप और धुआँ' (1951), 'रश्मिरथी' (1952), 'दिल्ली' (1954), 'नीम के पत्ते' (1954), 'नील कुसुम' (1954), 'नये सुभाषित' (1957), 'उर्वशी' (1961), 'परशुराम की प्रतीक्षा' (1963), 'कोयला और कवित्व' (1964), 'मूर्ति-तिलक'(1964) तथा 'हारे को हरिनाम' (1970) दिनकर की परवर्ती काव्यकृतियाँ हैं। स्वातन्त्र्योत्तर काव्य-परिदृश्य में कवि दिनकर के बदले हुए अनुभव-संसार के संदर्भ में शिवकुमार मिश्र का यह मत उल्लेखनीय है कि–"मूलतः एक राष्ट्रीय कवि रहते हुए भी दिनकर राष्ट्रीयता बनाम प्रणय, सौन्दर्य और रोमांस के बीच चलने वाले एक स्थायी मानसिक द्वंद्व से प्रारंभ से ही आबद्ध रहे हैं और इस द्वंद्वात्मक स्थिति में भी मुख्यतः एक राष्ट्रीय कवि के रूप में ही आगे की ओर गतिशील होते रहे हैं। परन्तु आज जब कि देश स्वतन्त्र हो चुका है और 'माता का तोरण द्वार' सजा देखने की उनकी इच्छा पूर्ण हो चुकी है, उनका राष्ट्रीय कवि दिग्भ्रान्त होकर अगले पथ की खोज के लिए आकुल, लक्ष्यहीन, इधर-उधर भटकते हुए, क्रांति और ध्वंस की बातें करने का आदी होने के कारण राष्ट्रीय नवनिर्माण के स्वरों से उदासीन या तो अपनी पिछली राष्ट्रीयता पर झुँझला रहा है, या फिर अपनी प्रकृति के विरुद्ध अत्यन्त विनम्र शब्दों में अपने को भी प्रयोगवादी मान लेने का आग्रह कर रहा है। परन्तु इस वैचारिक परिवर्तन के बाद भी यदि कहा जाए कि दिनकर न कभी प्रयोगवादी थे और न कभी अपनी पुरानी भावभूमि से अलग जा सकते हैं, तो कोई अत्युक्ति न होगी। स्वतन्त्रता के पश्चात् उन्होंने जिन कृतियों का प्रणयन किया है वे उनके कवि के ठहराव को ही सूचित करता है।"[34]

उल्लेखनीय है कि स्वातन्त्र्योत्तर भारत में दिनकर बारह वर्ष संसद सदस्य तथा सात वर्ष हिन्दी सलाहकार अधिकारी रहे। यह जान लेने के बाद हमें कवि के ठहराव पर अनुभव-संसार के बदलाव पर आश्चर्य नहीं होना चाहिए। जब कवि स्वयं सत्ताधारी दल की राजनीति से जुड़ जाए तो शोषक-सत्ता कवि के आक्रोश का केन्द्र कैसे हो सकती है। दिनकर की परवर्ती कृतियों में जीवन यथार्थ के पलायन का यह कारण था और यही कारण था कि उनके काव्यानुभवों में केन्द्रीय महत्त्व उस औसत मनुष्य को नहीं मिलता जो भूख, गरीबी, अशिक्षा, बेकारी और शोषण की मार चुपचाप सह रहा है। स्पष्ट है कि युग की मूल पीड़ा से कटकर रचनाकार इतिहास और पुराण की शरण में ही जा सकता है। 'इतिहास के आँसू' में मगध,

वैशाली तथा कलिंग-विजय आदि को काव्य-विषय बनाया गया है—

"युद्ध की इति हो गयी, रण-भू श्रमित, सुनसान
गिरि शिखर पर थम गया है, डूबता दिनमान
देखता यम का भयावह कृत्य
अंध मानव की नियति का नृत्य
सोचता इस बंधु वध का क्या हुआ परिणाम
विश्व को क्या दे गया इतना बड़ा संग्राम"[35]

'रश्मिरथी' तथा 'उर्वशी'—दोनों प्रबंधकाव्यों को भी हम इसी दृष्टि से देख सकते हैं जिनका प्रकाशन क्रमशः 1952 और 1961 में हुआ। 'रश्मिरथी' एक ऐतिहासिक काव्य है जिसका नायक कर्ण है तथा जिसमें जातिगत वैषम्य की समस्या को दिनकर ने उठाया है। 'उर्वशी' में दिनकर ने एक नयी दिशा में हाथ-पाँव मारने के प्रयास में नर-नारी के उस द्वंद्व को अपने प्रबंध का आधार बनाया है, जो सृष्टि के आरंभ से अब तक निरंतर चलता आ रहा है। इस द्वंद्व का केंद्र बिंदु है—नर-नारी सम्बन्ध। स्पष्ट है कि यहाँ दिनकर पर फ्रायड तथा उनके समकालीन मनोविश्लेषण वेत्ताओं के प्रभाव को देखा जा सकता है। इस प्रबंध के नायक हैं पुरुरवा तथा नायिका है उर्वशी जिनके माध्यम से कवि ने स्त्री-पुरुष सम्बन्ध तथा उनकी काम-भावना को एक व्यापक परिवेश में धूम-धाम के साथ प्रस्तुत किया है। कहने की जरूरत नहीं कि इसी बहाने दिनकर को स्त्री-पुरुष के स्थूल, मांसल और वासनालु प्रेम के चित्रण की खुली छूट मिल गयी है। 'उर्वशी' उत्कट वासना और काम का प्रतीक है—

"अतिक्रमण सुख की तरंग, तन के उद्वेलित मधु का?
तुम तो जगा रहे मुझमें फिर उसी शीत महिमा को
जिसे टाँगकर पारिजात-द्रुम की अकम्प टहनी में
मैं चपलोष्ण मानवी-सी भू पर जीने आयी हूँ।
तन से मुझको कसे हुए अपने दृढ़ आलिंगन में
मन से, किंतु विषण्ण दूर तुम कहाँ चले जाते हो?"[36]

'दिल्ली' की कविताओं में कवि नेताओं से आग्रह करता है कि वे भारत की ग्रामीण जनता और उसके दुःख-दर्द पर दृष्टि डालें। कवि का यह विश्वास कितना हास्यास्पद है कि ऐसा करने से नेताओं की भोगवादी दृष्टि समाप्त हो जाएगी

जबकि वह स्वयं 'भारत के रेशमी नगर' का एक नेता है–

"हो गया एक नेता मैं भी, तो बन्धु सुनो
मैं भारत के रेशमी नगर में रहता हूँ।
जनता तो चट्टानों का बोझ सहा करती
मैं चाँदनियों का बोझ किस विध सहता हूँ।"[37]

चल रहे ग्राम-कुंजों में पछिया के झकोर
दिल्ली, लेकिन ले रही लहर पुरवाई में
है विकल देश सारा अभाव के तापों में।
दिल्ली सुख से सोयी है नरम रजाई में।"[38]

1963 में 'परशुराम की प्रतीक्षा' का प्रकाशन निश्चित रूप से दिनकर के परवर्ती काव्य की एक महत्त्वपूर्ण उपलब्धि है। यह संग्रह 1962 में चीनी आक्रमण के पश्चात् प्रकाशित हुआ। इसमें संकलित कुल अठारह कविताओं में गहरा राष्ट्रबोध दिखाई देता है। एक अंतराल के बाद दिनकर का सोया हुआ राष्ट्रबोध पूर्ण जाग्रत अवस्था में दिखाई देता है। कविता का स्वर क्रांति की आराधना का है जिसमें 'हुंकार' से भी ज़्यादा ओज और तेज है। कवि ने युग जागरण का आह्वान करते हुए लिखा है–

"निर्जर पिनाक हर का टंकार उठा है
हिमवंत हाथ में ले अंगार उठा है
ताण्डवी तेज फिर से हुंकार उठा है
लोहित में था जो गिरा, कुठार उठा है।"[39]

लेकिन दुर्भाग्य से दिनकर का यह राष्ट्रबोध क्षणिक आवेश की तरह तिरोहित हो जाता है और एक वर्ष बाद प्रकाशित 'कोयला और कवित्व' तथा 'मूर्ति-तिलक' में कहीं दिखाई नहीं देता। निराशा, अवसाद, लाचारी, पारिवारिक व्यथा तथा जीवन का ढलता सूर्य–कवि के काव्यानुभवों में स्थान पाते हैं। 'हारे को हरिनाम' (1970) तक स्थिति इतनी दयनीय हो जाती है कि हमारे कवि के पास हरिनाम जपने के अतिरिक्त कोई मार्ग शेष नहीं रह जाता।

यह सच है कि दिनकर अपने आरंभिक काव्य में उग्र राष्ट्रीय चेतना और पौरुष के कवि रहे हैं लेकिन उनके परवर्ती अनुभव-संसार को देखकर हमारा यह

विश्वास डिगने लगता है। दिनकर की राष्ट्रीय कविताओं का अपना ऐतिहासिक महत्त्व है और उनकी स्वातन्त्र्योत्तर कृतियों की सीमाओं के बावजूद 'परशुराम की प्रतीक्षा' जैसी कृति एक उपलब्धि मानी जानी चाहिए।

बच्चन और उनका काव्य-संसार

कवि हरिवंशराय बच्चन का काव्यारंभ छायावाद और प्रगतिवाद के संक्रान्तिकाल में हुआ। बच्चन उत्तर छायावादी व्यक्तिपरक काव्य के कवियों नरेन्द्र शर्मा, रामेश्वर शुक्ल अंचल, आरसी प्रसाद सिंह तथा भगवतीचरण वर्मा—में सर्वप्रमुख कवि हैं। शिवकुमार मिश्र ने लिखा है—"छायावाद के उत्तरकालीन विघटन को यदि उसकी सम्पूर्ण विविधताओं में कहीं देखा जा सकता है तो वह बच्चन की ही कृतियों में। उनका काव्य तत्कालीन परिस्थितियों से आक्रान्त, निराश, विषण्ण और टूटे हुए युवा-मानस का तो जीवित चित्र प्रस्तुत करता ही है, छायावाद की उत्तरकालीन, एकान्तिकता और अस्त-व्यस्तता का भी यथार्थ चित्रागार है।"[40] यों परवर्ती कृतियों में उनके अनुभव-संसार का सर्वथा भिन्न और नया रूप भी दिखाई देता है। हालाँकि वहाँ उनका कवि अधिक सफल नहीं है।

बच्चन का प्रथम कविता-संग्रह 'तेरा हार' (1932) है जो बाद में 1943 के प्रकाशित 'प्रारंभिक रचनाएँ'—भाग-1 तथा भाग-2 में सम्मिलित हो गया। इन दोनों भागों में कवि की 1929 से 1933 तक की कविताएँ संकलित हैं। इसके अनन्तर 'मधुशाला' (1935), 'मधुबाला' (1936), 'मधुकलश' (1937), 'निशा निमंत्रण' (1938), 'सतरंगिनी' (1945), 'हलाहल' (1946), 'बंगाल का काल' (1946) का प्रकाशन हुआ। स्वातन्त्र्योत्तर काव्य परिदृश्य में बच्चन का प्रवेश 'खादी के फूल' (1948) के साथ होता है। इसके बाद 'सूत की माला' (1948), 'मिलन यामिनी' (1950), 'प्रणय पत्रिका' (1955), 'धार के इधर-उधर' (1957), 'आरती और अंगारे' (1958), 'बुद्ध और नाच घर' (1958), 'त्रिभंगिमा' (1961) तथा 'चार खेमे : चौंसठ खूँटे' (1962) आदि कविता-संग्रह प्रकाशित हुए।

आरंभ में बच्चन की कवि-प्रतिभा को तीव्रता के साथ बाहर फूट निकलने की प्रेरणा उमर ख़य्याम की रुबाइयों ने दी। उनकी प्रारंभिक रचनाओं में ही निराशा, विषपान, मृत्यूपासना, नियति तथा क्षण-भंगुरता आदि प्रवृत्तियाँ दिखाई पड़ती हैं जो बाद की कृतियों में और प्रमुखता के साथ व्यक्त हुई। इन्हीं निराशावादी संस्कारों ने बच्चन को हालावाद की ओर मोड़ा जिसका प्रमाण 'मधुशाला', 'मधुबाला', 'मधुकलश' तथा 'हलाहल' काव्यकृतियाँ हैं। इन्हें पंत ने बच्चन का मधु काव्य

भी कहा है। यहाँ बच्चन पर उमर खय्याम के दर्शन का प्रभाव देखा जा सकता है—"हालावादी कृतियों में कवि ने वस्तुतः अपनी निराशा, दुःख और पराजय की भावनाओं को ही मस्ती और मौज के कृत्रिम आवरण में प्रकट करने की कोशिश की है।"[41] क्योंकि बकौल बच्चन के—"उमर खय्याम का दर्शन मस्ती और मौज का दर्शन नहीं, प्रत्युत निराश और दुःखी व्यक्ति का दर्शन है।"[42] बच्चन के इस मधुकाव्य ने बच्चन को लोकप्रियता के सर्वाधिक ऊँचे सोपान पर प्रतिष्ठित कर दिया। काश! हर लोकप्रिय रचना गुणात्मक और जीवन-मूल्यों की दृष्टि से श्रेष्ठ होती—

"नाम अगर पूछे कोई तो
कहना बस पीने वाला
काम ढालना और ढलाना
सबको मदिरा का प्याला
जाति, प्रिये, पूछे यदि कोई
कह देना दीवानों की
धर्म बताना प्यालों की ले
माला जपना मधुशाला।"[43]

बच्चन पर निराशावाद, नियतिवाद तथा स्थूल शृंगारिकता के जो आरोप लगाये गये हैं, वे गलत नहीं हैं। 'निशा-निमंत्रण', 'एकान्त-संगीत' तथा 'आकुल अंतर' की अधिकांश कविताएँ भाषा-शिल्प अथवा कलात्मकता तथा मार्मिक अनुभूतियों की दृष्टि से श्रेष्ठ हैं परन्तु कवि की जीवन-दृष्टि यहाँ भी ह्रासोन्मुख है। आत्मकेन्द्रित कवि की निराशा, वेदना एवं कठोर जीवन-आघातों से आहत मनःस्थिति ही यहाँ प्रधान काव्यानुभव बनकर सामने आती है—

"तिमिर-समुद्र कर सकी न पार नेत्र की तरी
विनष्ट स्वप्न से लदी, विषाद याद से भरी
न कूल भूमि का मिला, न कोर भोर की मिली
न कट सकी, न घट सकी विरह-घिरी विभावरी
कहाँ मनुष्य है जिसे, कमी खली न प्यार की
इसलिए खड़ा रहा कि तुम मुझे दुलार लो
इसलिए खड़ा रहा कि तुम मुझे पुकार लो।"[44]

यहाँ हम बालकृष्ण राव के इस कथन से पूर्णतः सहमत हो सकते हैं–"बच्चन मुख्यतः भावना और अनुभूति के आत्मनिष्ठ कवि हैं। यही बच्चन की शक्ति भी है और सीमा भी।"[45] छायावादोत्तर कवियों पर लिखे गए अपने एक निबंध में विजयदेव नारायण साही ने ठीक ही कहा है कि "इस काल के कवियों ने जनजीवन और उसकी समस्याओं को अगंभीर रूप से लिया है।"[46]

'सतरंगिनी' में बच्चन ने पहली बार अंतर्मन के सीमित दायरे से बाहर निकलकर विश्व में फैले जीवन के अपरिमित सौन्दर्य को देखने की कोशिश करते हैं। 'बंगाल का काल', 'खादी के फूल', 'आरती और अंगारे', 'बुद्ध और नाचघर', 'त्रिभंगिमा' तथा 'चार खेमे : चौंसठ खूँटे' आदि अपनी परवर्ती काव्य-कृतियों में बच्चन अंतर्मुखता से मुक्त होकर पूर्णतः बहिर्मुखी दिखाई देते हैं। लेकिन इस बहिर्मुखता में कवि प्रायः सामयिक विषयों से ही जुड़ता है। यही कारण है कि परवर्ती कृतियों में बच्चन को प्रायः आंशिक सफलता ही मिल पाती है। हालाँकि अपनी बहिर्मुखता में बच्चन सदा ही एक असफल कवि रहे हैं, यह कहना उचित नहीं है। 'बुद्ध और नाचघर' जैसी कृतियों में उनके इस नए रूप को भी सारी कवि प्रतिभा के साथ देखा जा सकता है–

"हे हिम खण्ड, शीतल और समुज्ज्वल
जब तलक गल-पिघल
नीचे को ढलककर
तुम न मिट्टी से मिलोगे
तब तलक तुम
तृण हरित बन
व्यक्त धरती का नहीं रोमांच
हरगिज कर सकोगे
और न उसके हास बन
रंगीन कलियों
और फूलों में खिलोगे
और न उनकी वेदना के अश्रु बनकर
प्रात पलकों में पंखुरियों की पलोगे।"[47]

"जाओ, लाओ, पिया, नदिया से सोन मछरी
पिया सोन मछरी, पिया सोन मछरी

उसकी हैं नीलम की आँखें
हीरे-पन्ने की हैं पाँखें
वह मुख से उगलती है मोती की लरी
पिया, मोती की लरी, पिया, मोती की लरी
जाओ, लाओ, पिया, नदिया से सोन मछरी।''[48]

लेकिन कहना ही होगा कि अपनी परवर्ती कृतियों में बच्चन कुछ कविताओं को छोड़कर प्रायः विचार और अनुभूति का कलात्मक निर्वहन नहीं कर पाए। यह विडम्बना ही है कि कवि के पूर्ववर्ती काव्यानुभवों में, जहाँ मात्र नियतिवाद, निराशावाद तथा स्थूल प्रणय का बोलबाला दिखाई देता है, वहाँ बच्चन की कविताएँ कलात्मकता की दृष्टि से श्रेष्ठ हैं और परवर्ती कृतियों में जहाँ कवि अपने अनुभव संसार को व्यापक बनाना चाहता है, वहाँ जीवन-दृष्टि की सकारात्मकता के बावजूद अनुभूति और कलात्मकता के अभाव में रचना प्रायः वैचारिक टिप्पणी बनकर रह जाती है। बालकृष्ण राव की दृष्टि में—''बच्चन के काव्य के इस विघटन का कारण, उनकी काव्यानुभूति का रूपान्तरण है जिसकी चरम परिणति विशिष्ट विषयों और विशिष्ट अवसरों पर लिखी कविताओं के रूप में हुई। काव्यानुभूति से अभिप्राय उस आंतरिक (मानसिक) अनुभूति से है, जिसकी सार्थकता है काव्यात्मक सर्जना को प्रेरित करना। यह मानस अनुभूति लौकिक अनुभूति से सम्बद्ध ही न हो, उस पर आश्रित भी हो, तो भी उससे भिन्न अवश्य है। बच्चन अनुभूति के कवि रहे हैं, कल्पना अथवा चिंतन के नहीं। उनके प्रारंभिक युग से 'सतरंगिनी' तक उनकी कविता काव्यानुभूति-जन्य रही, अतः सच्ची और सजीव थी।''[49]

बच्चन के समग्र काव्य के अवलोकन के बाद जिस कटु निष्कर्ष का सामना करना पड़ता है, वह यह कि कवि का अनुभव-संसार बीच-बीच की क्षणिक बहिर्मुखता के बावजूद व्यक्तिपरक अधिक है और सामाजिक कम। बच्चन का काव्य युग की पीड़ा का प्रतिनिधित्व नहीं करता।

अज्ञेय

छायावादोत्तर काल के नकारात्मक, निषेधात्मक और व्यक्तिपरक परिदृश्य में अज्ञेय सर्वाधिक प्रमुख और विवादास्पद कवि हैं। मुक्तिबोध और अज्ञेय स्वातन्त्र्योत्तर हिन्दी कविता के दो आब हैं। इन दोनों कवियों का फर्क दरअसल दो विचारधाराओं और दो जीवन-दृष्टियों का फर्क है। अज्ञेय की काव्ययात्रा छायावादी युग से प्रारंभ होती है। अज्ञेय का कवि-व्यक्तित्व न सिर्फ प्रयोगवादी काव्यान्दोलन के प्रवर्तक

के रूप में सामने आता है बल्कि वह नयी कविता का एक सशक्त हस्ताक्षर भी है।

'भग्नदूत' अज्ञेय का प्रथम कविता-संग्रह है जो 1933 में प्रकाशित हुआ। इसके अनंतर 'चिंता' (1942), 'इत्यलम्' (1946), 'हरी घास पर क्षण भर' (1949), 'बावरा अहेरी' (1954), 'इंद्रधनुष रौंदे हुए ये' (1957), 'अरी ओ करुणा प्रभामय' (1959), 'आँगन के पार द्वार' (1961), 'कितनी नावों में कितनी बार' (1967), 'क्योंकि मैं उसे जानता हूँ' (1969), 'सागर-मुद्रा' (1970), 'पहले मैं सन्नाटा बुनता हूँ' (1973) तथा 'महावृक्ष के नीचे' (1977) का प्रकाशन हुआ।

प्रणय, प्रकृति, प्रबल व्यक्तिबोध, दर्शन, अध्यात्म, फ्रायडवाद तथा पाश्चात्य कविता के मिले-जुले प्रभावों से अज्ञेय की काव्यानुभूति का स्वरूप तैयार होता है। यह काव्यानुभूति ही कवि के अनुभव-संसार को निर्मित करती है। अज्ञेय के बारे में शमशेर बहादुर सिंह ने लिखा है—"अज्ञेय में जो चीज मुझे खटकती और साथ ही आकर्षित करती रही, वह है उनका सदैव अपनी भावनाओं के प्रति सचेत रहना। कभी वह अपने को भूल नहीं सकते, खो नहीं सकते। उनके राजनीतिक दृष्टिकोण और कला तथा सौन्दर्य सम्बन्धी मूल्यमानों के दार्शनिक आधार मुझे अंततोगत्वा कुछ विरोध में ही लगे हैं। अज्ञेय की कलात्मक अनुभूति में सांस्कृतिक दृष्टि नहीं है, कहना तो हास्यास्पद होगा। मगर हाँ, यह दृष्टि उनकी कलात्मक अनुभूति के दर्पण में ही मिलेगी। फिर उनकी सीमाओं से बाहर जाकर उन पर बहस करना, उनके साथ अन्याय करना होगा। अज्ञेय नगर के कवि हैं, किंचित उच्च मध्यवर्ग के, सरल, भावुक मध्यवर्ग के, निष्ठावान, संतोषी, मितभाषी, जिज्ञासु, सतर्क, आवश्यकता पड़ने पर साहसी, व्यक्ति के आदर्श मूल्यों के पुजारी मगर पूँजीवादी समाज के चौतरफा सांस्कृतिक ह्रास की क्षुब्धता से अपने को एकाकी चिंतन-मनन और कला साधना द्वारा 'सुरक्षित' किए हुए।"[50] कहने की जरूरत नहीं कि भाषागत शालीनता के बावजूद शमशेर ने अज्ञेय के समग्र कवि पर कम शब्दों में अत्यन्त सटीक टिप्पणी की है। उपर्युक्त विशेषताओं को ही हम अज्ञेय के काव्य के अनुभव-संसार की उपलब्धियाँ और सीमाएँ मान सकते हैं।

यों हिन्दी कविता अज्ञेय की कुछ उपलब्धियों की ऋणी अवश्य है। अज्ञेय शब्द-शिल्पी के रूप में प्रसिद्ध हैं। निरंतर नूतन प्रयोगों के द्वारा उन्होंने भाषा और शिल्प के नए-नए रूप खोजे हैं लेकिन कहना ही होगा कि वस्तु की दृष्टि से अज्ञेय का काव्य विपन्न है। यह विपन्नता तब और भी स्पष्ट हो जाती है जब उनकी तुलना हम मुक्तिबोध, नागार्जुन, केदार या त्रिलोचन जैसे कवियों से

करते हैं। भारतीय जन, भारतीय समाज, भारतीय संस्कृति और सभ्यता की समग्र और सही तस्वीर अज्ञेय के काव्य में नहीं उभरती। अज्ञेय पर बार-बार लगाया जाने वाला यह आरोप गलत नहीं है कि उनकी सम्पूर्ण रचनाओं के केन्द्र को यदि पकड़ा जाए तो उसमें भारत के जनतांत्रिक राष्ट्रीय आंदोलन के विपरीत गुण-धर्म वाला व्यक्तिबोध दिखाई देगा। अज्ञेय ने भारत के सामाजिक यथार्थ की वास्तविकता और सच्चाई को काट-काटकर व्यक्तिधर्मी बनाया है और अहं के विद्रोह को आधुनिक परिवेश में स्थापित किया है–

"हम नदी के द्वीप हैं
हम नहीं कहते कि हमको छोड़कर स्रोतस्विनी बह जाये
वह हमें आकर देती है
हमारे कोण, गलियाँ, अंतरीप, उभार, सैकत-कूल
सब गोलाइयाँ उसी की गढ़ी हैं
माँ है वह। हैं, इसी से हम बने
किंतु हम हैं द्वीप। हम धारा नहीं हैं।
हम बहते नहीं हैं। क्योंकि बहना रेत होना है
यदि ऐसा कभी हो
तुम बढ़ो, प्लावन तुम्हारा घरघराता उठे
यह स्रोतस्विनी ही कर्मनाशा, कीर्तिनाशा घोर काल प्रवाहिनी
बन जाए
तो हमें स्वीकार है वह भी। उसी में रेत होकर
फिर छनेंगे हम। जमेंगे हम। कहीं फिर पैर टेकेंगे
कहीं फिर भी खड़ा होगा नए व्यक्तित्व का आकार।"[51]

शिवकुमार मिश्र का स्पष्ट मत है कि–"विचारों के क्षेत्र में अज्ञेय का काव्य प्रारंभ से ही व्यक्तिवाद का उन्नायक रहा है। इस व्यक्तिवाद तथा अहंवाद के कारण ही उनके काव्य में पराजयवादी, नियतिवादी, क्षणवादी एवं अन्य प्रकार की विकृतियों की सत्ता व्याप्त हो उठी है जो उनके काव्य का बड़ा ही दुर्बल पक्ष प्रस्तुत करती है। इस जीवन-दर्शन का उनके काव्य के वस्तुतत्त्व पर अवांछित प्रभाव पड़ा है। फलतः अनेक कविताएँ या तो अतिरिक्त बौद्धिकता से ग्रस्त हैं अथवा कुंठा, पराजय, निराशा आदि से आच्छन्न हैं। इसी ने वस्तुतत्त्व में व्यापकता भी नहीं आने दी। वस्तुतत्त्व का यह संकोच ही अज्ञेय के काव्य को व्यापक समाज

की स्वीकृति से अलग कर देता है।''[52] इस संदर्भ में अज्ञेय के अनुभव संसार की अनेक सकारात्मक-नकारात्मक तथा ग्राह्य-अग्राह्य झाँकियाँ देखी जा सकती हैं—

''जो पुल बनायेंगे
वे अनिवार्यतः
पीछे रह जायेंगे
सेनाएँ हो जाएँगी पार
मारे जायेंगे रावण
जयी होंगे राम
जो निर्माता रहे
इतिहास में
बंदर कहलायेंगे।''[53]

''जो राज करें
उन्हें गुमान भी न हो
कि उनके अधिकार पर
किसी को शक है
और जिन्हें मुक्त जीना चाहिए
उन्हें अपनी कारा में
इसकी खबर ही न हो
कि उनका यह हक है।''[54]

''यों मत छोड़ दो मुझे, सागर
कहीं मुझे तोड़ दो, सागर
कहीं मुझे तोड़ दो!
मेरी दीठ को और मेरे हिये को
मेरी वासना को और मेरे मन को
मेरे कर्म को और मेरे मर्म को
मेरे चाहे को और मेरे जिये को
मुझको और मुझको और मुझको
वहीं मुझसे जोड़ दो!

यों मत छोड़ दो मुझे सागर!
यों मत छोड़ दो।"[55]

"ठहर-ठहर, आततायी! जरा सुन ले
मेरे क्रुद्ध वीर्य की पुकार आज सुन जा।"[56]

"आह, मेरा श्वास है उत्तप्त, धमनियों में उमड़ आयी है
लहू की धार
प्यार है अभिशप्त
तुम कहाँ हो नारि?"[57]

"तुम्हारी देह मुझको कनक चम्पे की कली है
दूर से ही स्मरण में भी गंध देती है
तुम्हारे होंठ—
पर उस दहकते दाड़िम-पुहुप को
मूक तकता रह सकूँ मैं
सह सकूँ मैं
ताप ऊष्मा का मुझे जो लील लेती है।"[58]

"मैं उस असीम शक्ति से
सम्बन्ध जोड़ना चाहता हूँ
अभिभूत होना चाहता हूँ
जो मेरे भीतर है
शक्ति असीम है
मैं शक्ति का एक अंग हूँ।"[59]

"चलो ठीक है कि आजादी के बीस बरस से
तुम्हें कुछ नहीं मिला
उन्नीस नंगे शब्द? अठारह लचर आंदोलन?
सत्रह फटीचर कवि?
ओ मेरे मसीहा, हाय मेरे मसीहा..."[60]

इस तरह काव्यभाषा तथा काव्यशिल्प की दृष्टि से अज्ञेय का योगदान निश्चित रूप से अत्यन्त महत्त्वपूर्ण है लेकिन अपनी जीवनदृष्टि की सीमाओं में रहते उनका काव्य-संसार युग के अंतर्विरोधों, द्वंद्वों तथा विसंगतियों का चित्रण नहीं करता। बकौल रोहिताश्व के–"आभिजात्य संस्कारों में बंदी होने की दयनीयता अज्ञेय को अंततः उसी रहस्यवादी पड़ाव पर पहुँचा देती है जहाँ से आगे कोई राह नहीं है।"[61] अपने समय की पेचीदगियों, हकीकतों, संघर्षों, दुःख-तकलीफों तथा औसत भारतीय मनुष्य के दैनंदिन जीवन के संदर्भ अज्ञेय के अनुभव-संसार में एक सिरे से दूसरे सिरे तक नदारद हैं। यही कारण है कि उनकी जागरूकता उन्हें छटपटाहट और जीवन-संघर्षी-सौन्दर्यबोध का कवि नहीं बनने देती।

धर्मवीर भारती

हिन्दी काव्य जगत् में अज्ञेय के समानधर्मा धर्मवीर भारती का प्रवेश 'दूसरा सप्तक' (1951) में संकलित कविताओं के साथ होता है। एक वर्ष पश्चात् ही उनका प्रथम कविता-संग्रह 'ठण्डा लोहा' (1952) प्रकाशित होता है। इसके अनंतर 1955 में गीति-नाट्य 'अंधायुग' का प्रकाशन फिर एक प्रबन्धकाव्य 'कनुप्रिया' और एक कविता-संग्रह 'सात गीत वर्ष'।

स्थूल और मांसल प्रेम ही भारती के समग्र काव्य में सर्वप्रथम काव्यानुभव बनकर उभरता है। प्रेम का यह रूप उनकी परवर्ती कृतियों में सूक्ष्म भी होता है लेकिन उनके प्रारंभिक काव्य में रूपासक्ति, वासना तथा उद्दाम काम भावनाओं का ही बाहुल्य है–

"इन फीरोजी होंठों पर बरबाद मेरी ज़िंदगी
तुम्हारे स्पर्श की बादल धुली कचनार नरमाई
तुम्हारे वक्ष की जादूभरी मदहोश गरमाई
मुझे तो वासना का विष बन गया अमृत
बशर्ते वासना भी हो तुम्हारे रूप से आबाद
मेरी ज़िंदगी बरबाद
इन फीरोजी होंठों पर मेरी ज़िंदगी बरबाद।"[62]

"अगर मैंने किसी के होंठ के पाटल कभी चूमे
अगर मैंने किसी के नैन के बादल कभी चूमे

महज इससे किसी का प्यार मुझ पर पाप कैसे हो
महज इससे किसी का स्वर्ग मुझ पर शाप कैसे हो।"[63]

भारती का काव्य प्रारंभ में प्रायः कुण्ठाग्रस्त मन तथा दमित वासनाओं का विस्फोट ही है। उनके यहाँ स्थल-स्थल पर निराशा, अकुलाहट, शंका, ऊब तथा थकान से भरी मनःस्थिति दिखाई देती है जो एक अजीब-सी निष्क्रियता को जन्म देती है। वस्तुतः वासना, घुटन, दर्द और निराशा आदि वृत्तियाँ भारती के काव्य में प्रेम के मूल तत्त्व बनकर ही सामने आती हैं। इन प्रवृत्तियों से भारती का परवर्ती काव्य भी अछूता नहीं है। हालाँकि प्रेम का स्वर वहाँ थोड़ा संयत हो गया है।

डॉ. शिवकुमार मिश्र के अनुसार—"कवि का क्षय इतना शक्तिशाली है कि उसकी स्वस्थ भावनाएँ उस पर बहुधा ही विजय नहीं पातीं। परिणामस्वरूप जिस विकलता, घुटन अथवा विषाद का जन्म होता है, वह अपने में और भी विरक्ति उत्पन्न करने वाला बन जाता है। भारती के काव्य का महत्त्वपूर्ण अंश ऐसी ही कविताओं से युक्त है।"[64] प्रकृति भी भारती के यहाँ अपने स्वतन्त्र रूप में नहीं आती बल्कि अपने उद्दीपन रूप में ही आती है जो या तो उनकी यौनभावना को जगाती है या उदास मनःस्थिति की अभिव्यक्ति में सहायक बनती है—

"यह बादलों की पाँत भी
दुश्मन हुई जाती मुझे।"[65]

"ओस में भीगी हुई अमराइयों को चूमता
झूमता आता मलय का एक झोंका सर्द
काँपती मन की मुँदी मासूम, कलियाँ, काँपती
और खुशबू-सा बिखर जाता हृदय का दर्द।"[66]

भारती के काव्य में कुछ स्थल ऐसे भी हैं जहाँ कवि अपनी मानसिक कुंठा, निराशा तथा क्षय से लड़ने का प्रयत्न करता है। ऐसी कविताएँ, यद्यपि कम हैं लेकिन अपने सामाजिक स्वर के कारण सार्थक और प्रभावशाली बन पड़ी हैं—

'भूख, खूँरेजी, गरीबी हो मगर आदमी के सृजन की ताकत
इन सबों की शक्ति के ऊपर, और कविता सृजन की आवाज़ है
फिर उभरकर कहेगी कविता

क्या हुआ दुनिया अगर मरघट बनी
तो तुम्हें मैं फिर नया विश्वास देती हूँ, नया इतिहास देती हूँ।"[67]

गीति-नाट्य 'अंधा युग' को हम भारती के समग्र काव्य में सर्वाधिक महत्त्वपूर्ण उपलब्धि कह सकते हैं जो आधुनिक भावबोध को स्पष्ट करने का प्रयास करता है। इसमें महाभारत के अठारहवें दिन की सन्ध्या से प्रभासतीर्थ में कृष्ण के देहावसान तक की कथा ली गयी है। इस कथा का मूल उद्देश्य युद्धों से आक्रान्त आधुनिक समय को रूपायित करना है। 'अंधा युग' को भारती ने जैसी नाटकीय बिम्बात्मकता तथा रचनात्मकता प्रदान की है, निस्संदेह वह प्रशंसनीय है। 'अंधा युग' बहिर्द्वंद्व की समाप्ति से आरंभ होता है और अंतर्द्वंद्वों के विकराल और भयावह झंझावातों को व्यक्त करता है। 'अंधा युग' निश्चित रूप से एक श्रेष्ठ कृति है लेकिन यह विडम्बना ही है कि बावजूद इसके वह भारतीय जनता के संघर्ष का प्रतिनिधित्व नहीं करती। यह एक गहरा अंतर्विरोध है जिसका कारण भारती की रचना-शैली और जीवन-शैली की भिन्नता ही है।

'भारती मुख्यतः रोमानी कल्पना और सौन्दर्य के कवि हैं, जिसे उसकी विविध भाव-भंगिमाओं में उनके काव्य के सभी क्षेत्रों में देखा जा सकता है।"[68] 'अंधा युग' के बाद 'कनुप्रिया' (प्रबंधकाव्य) के प्रकाशन ने शिवकुमार मिश्र के उपर्युक्त कथन को पुनः प्रमाणित कर दिया। 'कनुप्रिया' पूर्णमान्य अर्थ में नहीं, एक नये अर्थ में प्रबंध काव्य कहा जा सकता है। इसमें कृष्ण के साथ बीते राधा के तन्मय क्षणों की विभिन्न स्थितियों को अभिव्यक्ति देना ही कवि का मूल उद्देश्य है न कि कोई कथा कहना। 'कनुप्रिया' की भी मूल संवेदना प्रेम है। भारती ने इस प्रेम को मूल्यों के साथ जोड़ने का प्रयत्न करते हुए कुछ प्रश्न भी उछाले हैं—जैसे कृष्ण का युद्ध सत्य है या राधा के साथ बिताये हुए उनके प्रेम के क्षण? गीतात्मकता भारती की प्रधान विशेषता है, जो यहाँ भी है। डॉ. देवराज की दृष्टि में—"कनुप्रिया में नर-नारी के प्रेम सम्बन्ध को चरम मूल्य के रूप में प्रकल्पित करने का प्रयत्न है।"[69] इस कृति में भारती ने अपनी अनुभूतियों को राधा के माध्यम से अभिव्यक्ति दी है। रागात्मक बोध, प्रेम-संवेदना, कैशोर्य-भावुकता की गहरी छाप यहाँ भी देखी जा सकती है—

"तुम्हारे चंदन कसाव के बिना
मेरी देह लता के बड़े-बड़े गुलाब

धीरे-धीरे टीस रहे हैं
और दर्द उस लिपि के अर्थ खोल रहा है
जो तुमने आम्र-मंजरियों के अक्षरों में
मेरी माँग पर लिख दी थी।''[70]

रमेश कुंतल मेघ के अनुसार–''कनुप्रिया में सिद्ध रति से वैष्णव महाभाव और अस्तित्ववादी क्षण-भोग की गड्डमड्ड यात्रा हुई है।''[71] यह सच है कि युग-जीवन की सम्पृक्ति–जो साहित्य का मूलाधार है–के अभाव में अपनी तमाम कलात्मकता के बावजूद यह कृति सार्थक नहीं बन सकी है। चंचल चौहान ने भारती की कटु आलोचना करते हुए लिखा है कि–''इस कृति में पतनशील नयी कविता की मूल संवेदना रूपायित हुई है''[72]–

''सो जाओ योगेश्वर...जागरण स्वप्न है
छलना है मिथ्या है।''[73]

इस पंक्ति से ही कवि का जीवन-संदेश समझा और जाना जा सकता है।

'सात गीत वर्ष' में भी कवि अपनी नकारात्मक-निषेधात्मक प्रवृत्तियों से बचकर युग की पीड़ा के साथ सम्पृक्त नहीं हो पाता है। इस संग्रह में बकौल चंचल चौहान के–''आत्ममुग्ध कविता अपने 'समुद्र स्वप्न' में इतिहास को 'बैशाखियों पर चलता हुआ' तथा असफल देखती है।''[74] कहना ही होगा कि भारती की कविता अपने चरित्र में मूलतः जनविरोधी है। वह शोषित-जन के साथ नहीं है। भारती ने सदैव शोषक-शासक वर्ग के साथ रहकर सत्ता समर्थन ही किया और फलस्वरूप उनकी रचना-शैली तथा जीवन-शैली में अंतर्विरोध आया–

''मेरा अज्ञातवास खुल न जाए
छिन न जाए मेरी आजीविका इसी भय से
पीछे सभी को धोखा देकर
सामने सभी के झूठी कसमें खाता हुआ।''[75]

हमारे सामाजिक जीवन से ही हमारी चेतना का निर्धारण होता है। आजीविका तथा सुविधाभोगी ज़िंदगी ने भारती के रचनाकार की चेतना को कुंद कर दिया। अपनी सारी संभावनाओं तथा कलात्मक उपलब्धियों के बावजूद विद्रोह की रूमानियत के रहते भारती–"अंततः सुविधाभोगी राजनीति व सृजन के शिकार हुए तथा जनसंघर्ष की पक्षधरता नहीं निभा सके।''[76]

नरेश मेहता

'समय देवता', 'बनपाँखी सुनो', 'बोलने दो चीड़ को', 'संशय की एक रात' तथा 'अरण्य' आदि काव्यकृतियों के कवि नरेश मेहता पहली बार प्रमुखता के साथ 'दूसरा सप्तक' (1951) में प्रकाशित हुए। नरेश मेहता प्रगतिविरोधी नकारात्मक-निषेधात्मक काव्य-परिदृश्य में अज्ञेय, भारती, गिरिजा माथुर आदि के साथी कवि हैं। अतः उनके काव्य में भी कुण्ठाग्रस्त मनःस्थितियों तथा रुग्ण प्रवृत्तियों का बाहुल्य है। उनके यहाँ काव्यानुभूति का स्वरूप बहुत कम स्थलों पर सामाजिक हो पाता है और प्रायः वैयक्तिक ही रह जाता है। वे सर्वाधिक शिल्प-सजग हैं लेकिन उदात्त मानवीय विचारों और स्वस्थ सामाजिकता को लेकर प्रायः उनका शिल्प सक्रिय नहीं हो पाता—"नरेश मेहता की सबसे बड़ी दुर्बलता यह है कि अपने काव्य में सामाजिक वस्तु तत्त्व और समृद्ध शैली-शिल्प का संतुलन बहुधा ही वे उपस्थित नहीं कर पाये हैं।"[77] हालाँकि कुछ कविताओं को हम अपवादस्वरूप मान सकते हैं लेकिन नरेश मेहता का समग्र काव्य व्यक्तित्व सकारात्मक जीवन-दृष्टि का परिचायक नहीं बन पाता।

कवि में कहीं-कहीं धरती एवं मनुष्य के प्रति प्रेम, उनके भविष्य के प्रति गहरा विश्वास तथा सामाजिक होने का प्रयास दिखाई देता है—ऐसी कविताएँ न सिर्फ भाषा-शिल्प की दृष्टि से बल्कि वस्तु की दृष्टि से भी प्रभावशाली बन पड़ी हैं—"ओ वैभव प्रिय मेघ! शक्ति से जन को मुक्त करो बंधन से 'वर्गहीन हो हर क्षितिज फिर, जन-अभिनंदन हो चंदन से"[78]—

"समय देवता, आज विदा लो
किंतु तुम्हारे रेशम के इस चमक वस्त्र में
मिट्टी का विश्वास बाँधकर भेज रहा हूँ
मेरी धरती पुष्पवती है
और मनुज की पेशानी के चरागाह पर
दौड़ रही हैं तूफानों की नयी हवाएँ।"[79]

"हमें शेष से जोड़ो
तुमने ये अभिषिक्त शिलाएँ रखकर
हमको उद्गमहीन कर दिया
हटो हमारी गति के बाधक।"[80]

लेकिन, कहा जा चुका है, कवि की सकारात्मक समझ और जीवन-दृष्टि के परिचायक ऐसे स्थल कम हैं।

प्रेम और प्रकृति की अनुभूति भी नरेश मेहता के काव्य में गहरी, सूक्ष्म और स्वस्थ प्रायः कम कविताओं में देखने को मिलती है। स्थूल, मांसल, वासनालु प्रेम के प्रति कवि ज्यादा आसक्त है और प्रकृति से वह इस कार्य में सहायता लेता है—

"नीलम वंशी में से कुंकुम के स्वर गूँज रहे
अभी महल का चाँद किसी आलिंगन में डूबा होगा।"[181]

"गोमती तट
दूर पेंसिल-रेख-सा वह बाँस का झुरमुट
शरद-दुपहर के कपोलों पर उड़ी वह धूप की लट
जल के नग्न ठंडे बदन पर कुहरा झुका
लहर पीना चाहता है।"[182]

'अहं' से कवि मुक्त ही नहीं हो पाता जो नयी कविता के तमाम व्यक्तिवादियों कवियों का प्रमुख रोग है। नरेश मेहता तो फिर बाकायदा घोषणा करते हैं—

"कौन?
चुप के वस्त्र को
तेज सुई की तरह है छेदता
विश्व के इस रेत वन पर
मैं अहं का मेघ हूँ।"[183]

कहने की जरूरत नहीं कि व्यापक जन-समाज तथा अपने समय की राजनीतिक-सामाजिक चुनौतियों से बचकर कोई भी कवि युगीन सत्य को अभिव्यक्ति नहीं दे सकता। यही कारण है कि नरेश मेहता भी रुग्ण मनःस्थितियों के शिकार हो जाते हैं। अपने सामाजिक दायित्व के प्रति सजग न होने के कारण ही उन्हें सभी 'बीमार' और 'बेहोश' लगते हैं—

"पश्चिम की गगन खिड़की के
उन नीले धुले शीशों पर
आज की बीमार, बुझी

साँझ की ये रोशनियाँ
पीले टिंचर की तरह
फैल रहीं, फैल गयीं।
आज तो बीमार सभी
बेहोश सभी...।"[84]

ऐसी स्थितियों में कवि संशय, दर्प तथा अपने रूमानी विद्रोह को ही प्रमुख काव्यानुभव के रूप में प्रस्तुत करता है—

"किंतु हमारे मन का
संशय, दर्प और विद्रोह वही है
कैसे हम तब झुकते
ओ मेरी गति
कैसे अब झुक पायें!!"[85]

'संशय की एक रात' नरेश मेहता का खण्ड काव्य है जिसमें राम के मन के संशय को चित्रित किया गया है। जब समुद्र में पुल बँध जाता है तो राम का मन अनेक संशयों से भर उठता है कि एक सीता के लिए इतना बड़ा नर-संहार क्यों किया जाए? फिर अपने सहयोगियों से विचार-मंथन के बाद वे यह निर्णय लेते हैं कि युद्ध किया ही जाए, जो सीता के लिए नहीं बल्कि समूची प्रजा के लिए हो। लेकिन नरेश मेहता के राम 'राम की शक्ति पूजा' के राम नहीं हैं। वे 'रामचरितमानस' के राम भी नहीं हैं। कवि के कथनानुसार वे आधुनिक प्रज्ञा का प्रतिनिधित्व करते हैं। चंचल चौहान ने लिखा है—"आधुनिकतावादियों के लिए आधुनिक प्रज्ञा सार्वकालिक और सार्वदेशिक मानी जाती रही है। इस प्रज्ञा की मूल अवधारणाएँ—अकेलापन, बिखराव, संशय, अनिर्णय आदि हिन्दी नयी कविता में खूब बजायी गयी हैं। निम्न पूँजीवादी मनःस्थितियों को ही इन लोगों ने सभी मनुष्यों की 'आधुनिक प्रज्ञा' का नाम दे दिया है। विश्वभर के आधुनिकतावादी कवियों, कलाकारों व दार्शनिकों ने इस रोग को शुभ नियति मानकर इसे हर मन पर आरोपित करने की कोशिश की है। अस्तित्ववादी विचारधारा को ओढ़कर कोई राम में संशय देखता है तो कोई राधा में। नरेश मेहता के राम की चेतना दरअसल शासक-शोषकों की चेतना है।"[86] फलस्वरूप इस कृति में राम के बहाने व्यर्थता बोध, संशय तथा निम्न पूँजीवादी-चेतना का टूटन राग ही प्रमुखता के साथ व्यक्त हुआ है—

"कितनी बार
कितनी साँझ
इस सिंधु बेला तट
बितायीं
काट दीं—पर व्यर्थ!!"[187]

"किंतु प्रति बार
संशय
अनिश्चय ही
हमें भटकाता रहा
नारिकेलों पर टिका
आकाश
शव की पुतलियों-सा
मौन
नीला मौन!!"[188]

"इतिहास के हाथों
बाण बनने से अधिक अच्छा है
स्वयं हम
अँधेरों में यात्रा करते हुए
खो जाएँ।"[189]

स्पष्ट है कि निराला के राम और नरेश मेहता के राम का अंतर दरअसल दो रचनाकारों की जीवन-दृष्टियों तथा विचारधाराओं का अंतर है जो उन्हें क्रमशः प्रगतिशील और निःगतिशील परिदृश्य रचने के लिए बाध्य करता है।

नरेश मेहता के समग्र काव्य के अनुभव-संसार से गुजरने के बाद भी हम स्वातन्त्र्योत्तर भारतीय परिवेश के अंतर्विरोधों, द्वंद्वों, विडम्बनाओं, चुनौतियों, संघर्षों तथा दुःख-तकलीफों से परिचित नहीं हो पाते। वहाँ हमें व्यक्ति-मन की अनुभूतियों का ही बाहुल्य दिखाई देता है। सामाजिक असम्पृक्तता ही कवि को विभिन्न रुग्ण प्रवृत्तियों से ग्रस्त कर देती है। फलस्वरूप वह युगीन सत्य को वाणी नहीं दे पाता।

नागार्जुन

''वामपंथी सोच का आयाम है नागार्जुन
ज़िंदगी में आस्था का नाम है नागार्जुन
ग्रामगंधी सर्जना उसमें जुलाहे का गुरुद
जितना अनगढ़ उतना ही अभिराम है नागार्जुन
हम तो कहते हैं उसे बंगाल की खाँटी सुबह
केरला की खूबसूरत शाम है नागार्जुन
खास इतना है कि सर आँखों पर है उसका वजूद
मुफलिसों की झोंपड़ी तक आम है नागार्जुन
इस अहद के साथ कि इस बार हारेगा यजीद
कर्बला में युद्ध का पैगाम है नागार्जुन।''[90]

नागार्जुन प्रगतिशील-जनवादी काव्यधारा में सर्वाधिक सशक्त और महत्त्वपूर्ण कवि हैं। सिर्फ प्रगतिशील काव्यधारा में ही नहीं, बल्कि बीसवीं सदी के समग्र हिन्दी काव्य-परिदृश्य में नागार्जुन का काव्य व्यक्तित्व निराला के बाद सर्वाधिक महत्त्वपूर्ण, सशक्त, वैविध्यपूर्ण और विराट काव्य-व्यक्तित्व है। अपने अत्यन्त व्यापक व समृद्ध अनुभव-संसार की दृष्टि से वे निराला से होड़ लेते दिखाई देते हैं, दूसरा कोई समकालीन कवि उनके सामने नहीं ठहरता। यह कहा जाना सर्वथा संगत है कि—''नागार्जुन बीसवीं सदी की हिन्दी कविता में अब एक युग का नाम है। इस युग की पहचान है नागार्जुन की रचनाओं का समाजवादी यथार्थवाद। असल में अपनी कविताओं में वे अपने समय की जन-मानसिकता का दैनिक इतिहास दर्ज करते हैं। यह इतिहास विवरणात्मक सामाजिक इतिहास नहीं है बल्कि जनता की तात्कालिक संवेदना का रचनात्मक इतिहास है। इसमें उनके सोच की एक-एक धड़कन दर्ज है। निश्चय ही यह संवेदनात्मक इतिहास हमारी ऐतिहासिक समझ को सम्पूर्ण बनाने में रचनात्मक भूमिका निभाता है। नागार्जुन अपनी हज़ारों कविताओं के मार्फत लम्बे अर्से से रचना की इस नयी दिशा में आगे बढ़ते रहे हैं।''[91]

नागार्जुन का प्रथम कविता-संग्रह 'चना जोर गरम' है जो पैम्फ्लेटनुमा था और 1952 में प्रकाशित हुआ। इसके अनंतर अनेक कविता-संग्रहों का प्रकाशन—'युगधारा', 'सतरंगे पंखों वाली', 'प्यासी पथरायी आँखें', 'तालाब की मछलियाँ', 'भस्मांकुर', 'तुमने कहा था', 'खिचड़ी विप्लव देखा हमने', 'हजार-हजार बाँहों वाली', 'पुरानी जूतियों का कोरस', 'ऐसे भी हम क्या, ऐसे भी तुम क्या',

'शपथ', 'प्रेत का बयान', 'खून और शोले' तथा 'रत्नगर्भ'। नागार्जुन ने एक ओर उग्र वामपंथी चेतना की क्रांतिकारी कविताएँ लिखीं जिनमें उनकी गहरी राजनीतिक समझ देखी जा सकती है, शोषक-शासक वर्ग की बड़ी भर्त्सना देखी जा सकती हैं और सर्वहारा के लिए गहरी आत्मीयता और संवेदना देखी जा सकती है। दूसरी ओर नागार्जुन ने प्रेम और प्रकृति की अनेक कविताएँ लिखीं, गाँवों और नगरों के अनेक प्रसंगों को सफल काव्यात्मक अभिव्यक्ति दी और औसत मनुष्य के दैनंदिन जीवन के संघर्षों तथा छोटे-बड़े सुख-दुःखों को अपने काव्यानुभवों में स्थान देकर अपने अनुभव-लोक को निरंतर समृद्ध किया। डॉ. विजय बहादुर सिंह का यह कथन महत्त्वपूर्ण है कि–"उनकी कविता इसलिए ज़्यादा याद की जाएगी कि उसमें आम आदमी का प्रेम, आम आदमी का गुस्सा, उसका जीवन-संघर्ष, मज़ा-मौज–सब वहाँ पहली बार प्रामाणिक तौर पर मौजूद है। सामान्य और मामूली आदमी को वे जितने करीब से जानते हैं, उतना शायद ही कोई अन्य कवि जानता हो। इस मायने में उनकी संवेदना का परिदृश्य अत्यन्त विस्तृत है। अपने इस सारे अनुभवलोक को वे जिस आत्मीय ऊर्जा के सहारे गूँथते-रंगते और बाँधते हैं, वह सर्जित काव्यचरित्रों को उनकी जन-संघर्षी कला का अभिन्न हिस्सा बना देती है।"[92]

शोषक-शासक वर्ग की भर्त्सना और विरोध करते हुए वे अपनी कविता का केन्द्रीय मंतव्य भी स्पष्ट कर देते हैं–

"नफरत की अपनी भट्ठी में
तुम्हें गलाने की कोशिश ही
मेरे अंदर बार-बार ताकत भरती है
प्रतिहिंसा ही स्थायी भाव है मेरे कवि का
जन-जन में जो ऊर्जा भर दे, मैं उद्गाता हूँ उस रवि का।"[93]

कवि समाज से अपने व्यक्तित्व की सम्पृक्ति में ही अपने होने की सार्थकता देखता है। वह सर्वहारा की वेदना और हर्ष में उसके साथ है और 'नयी सृष्टि रचने' के संघर्ष में भी–

"नई-नई सृष्टि रचने को तत्पर
कोटि-कोटि कर-चरण
देते रहें अहरह स्निग्ध इंगित
और मैं अलस अकर्मा
पड़ा रहूँ चुपचाप!

यह कैसे होगा
यह क्योंकर होगा?''[94]

एक ओर वे 'बाघिन' जैसी कविता में शोषक व्यवस्था की कलई खोलते हैं—

''लम्बी जिह्वा, मदमाते दृग झपक रहे हैं
बूँद लहू के उन जबड़ों से टपक रहे हैं
चबा चुकी है ताज़े शिशु-मुंडों को गिन-गिन
गुर्राती है टीले पर बैठी बाघिन।''[95]

दूसरी ओर गाँवों की 'अकाल और उसके बाद' जैसी स्थितियों का अत्यन्त सजीव और मार्मिक चित्रण करते हैं—

''कई दिनों तक चूल्हा रोया, चक्की रही उदास
कई दिनों तक कानी कुतिया, सोयी उसके पास
कई दिनों तक लगी भीत पर छिपकलियों की गश्त
कई दिनों तक चूहों की भी हालत रही शिकस्त

दाने आए घर के अंदर कई दिनों के बाद
धुआँ उठा आँगन के ऊपर कई दिनों के बाद
चमक उठीं घर भर की आँखें कई दिनों के बाद
कौए ने खुजलायी पाँखें कई दिनों के बाद।''[96]

नागार्जुन दरअसल युग के सारे अंतर्विरोधों और सत्यों को बाँध लेना चाहते हैं—चाहे तेलंगाना विद्रोह हो, चाहे हरिजन-दाह या छात्र आंदोलन, चाहे कांग्रेस सरकार की असंगत नीतियों का विरोध हो, चाहे जनता पार्टी की सरकार की आलोचना हो, साम्प्रदायिक दंगे हों, जातिगत संघर्ष हो, भूख हो, गरीबी हो, बेकारी हो—उनके यहाँ स्वांतन्त्र्योत्तर भारतीय समाज का व्यापक और समग्र चित्र देखने को मिलता है—''नागार्जुन की कविता एक सर्वव्यापी हवा की तरह हर जगह उपस्थित मिलती है। आजादी के बाद की शायद ही कोई ऐसी उल्लेखनीय घटना हो जो इस कवि की निगाह से छूटी हो।''[97] विष्णु खरे ने भी इस मत का समर्थन किया है—''1947 के बाद के भारत को यदि कविता में पूरी तरह किसी ने प्रतिबिम्बित किया है, तो वह नागार्जुन हैं।''[98] व्यंग्य में नागार्जुन सर्वाधिक सिद्धहस्त हैं। अपने समय के क्रूर यथार्थ को व्यक्त करने में वे इसी विधा का सहारा लेते हैं—'तीनों बंदर

बापू के', 'हर गंगे', 'झंडा गीत', 'प्लीज एक्सक्यूज मी', 'वे और तुम' आदि अनेक कविताएँ देखी जा सकती हैं। नामवर सिंह ने लिखा है—"कबीर के बाद हिन्दी में नागार्जुन से बड़ा दूसरा व्यंग्यकार पैदा नहीं हुआ।"[99] यहाँ विस्तार-भय से एक छोटा-सा उद्धरण देना ही संभव होगा—

"बापू के भी ताऊ निकले तीनों बंदर बापू के
सरल सूत्र उलझाऊ निकले तीनों बंदर बापू के
सचमुच जीवन-दानी निकले तीनों बंदर बापू के
ज्ञानी निकले ध्यानी निकले तीनों बंदर बापू के
जल, थल, गगन बिहारी निकले तीनों बंदर बापू के
लीला के गिरधारी निकले तीनों बंदर बापू के।"[100]

राजनीतिक-सामाजिक यथार्थ ही नहीं, प्रेम और प्रकृति के अत्यन्त नाजुक इलाकों में भी कवि नागार्जुन अपनी प्रतिभा का लोहा मनवा लेते हैं। नागार्जुन की कविताएँ अज्ञेय की प्रेम कविताओं—'तुम कहाँ हो नारि?' के एकदम विरोध में खड़ी होती हैं। नागार्जुन की कविता में प्रिया का भोग्या रूप नहीं उभरता बल्कि वह घर-आँगन में व्यस्त, बाल-बच्चों से घिरी, श्रमरत या चूल्हे-चौके के काम से जूझती प्रिया है। नागार्जुन अपने प्रेम को पूरे मानवीय संसार और अपने परिवार के संदर्भों से जोड़कर अभिव्यक्त कर देते हैं। वहाँ कोरी भावुकता और वियोग की कोरी छटपटाहट नहीं है। 'यह तुम थीं' तथा 'सिंदूर तिलकित भाल' निश्चित रूप से हिन्दी की श्रेष्ठ प्रेम कविताएँ हैं जहाँ नागार्जुन की प्रिया उनके अँधेरों में 'जोत की फाँक' है और जहाँ उनके अनुभवों की अनेक परतें उद्‌घाटित होती जाती हैं। नागार्जुन के यहाँ प्रेम वैयक्तिक अनुभूति ही न होकर अपनी लोक सम्पृक्ति में अत्यन्त मानवीय रूप में उपलब्ध मिलता है—

"कर गयी चाक
तिमिर का सीना
जोत की फाँक
यह तुम थीं
सिकुड़ गयी रग-रग
झुलस गया अंग-अंग
बनाकर ठूँठ छोड़ गया पतझार
उलंग असगुन-सा खड़ा रहा कचनार

अचानक उमगी डाली की संधि में
छरहरी टहनी
पोर-पोर में गसे थे टूसे
यह तुम थीं।"[101]

"घोर निर्जन में परिस्थितियों ने दिया है डाल
याद आता तुम्हारा सिंदूर तिलकित भाल
यहाँ स्मृति-विस्मृति सभी के स्थान
तभी तो तुम याद आतीं प्राण
हो गया हूँ मैं नहीं पाषाण!
याद आते स्वजन
जिनकी स्नेह से भीगी अमृत मय आँख
स्मृति-विहंगम की कभी न थकने देगी पाँख
याद आता मुझे अपना वह 'तरउनी' ग्राम
याद आतीं लीचियाँ, दे आम
याद आते मुझे मिथिला के रुचिर भू-भाग
याद आते धान
याद आते कमल, कुमुदिनी और तालमखान
याद आते शस्य-श्यामल जनपदों के
रूप-गुण अनुसार ही रक्खे गये वे नाम
याद आते वेणुवन वे नीलिमा के निलय, अति अभिराम।"[102]

नागार्जुन की कविता में प्रकृति अज्ञेय की प्रकृति की तरह निर्जन नहीं है बल्कि वह मनुष्य की गरिमामय उपस्थिति की ऊष्मा से ओत-प्रोत है।

नागार्जुन के काव्य में प्रकृति के अनेक अनूठे बिम्बों की भरमार है। उनके प्रकृति-बिम्ब औसत मनुष्य के रोजमर्रा के जीवन से लिये गए हैं। बकौल धनंजय वर्मा के—"नागार्जुन का प्रकृति चित्रण हिन्दी में एक नए यथार्थवाद की प्रतिष्ठा है। प्रकृति के उदात्त और मानवीयकृत बिम्बों की वहाँ कमी नहीं है लेकिन वर्तमान जीवन की विषमताओं को संकेतित करने के संदर्भ में भी उनके प्रकृति बिम्ब उतने ही प्रभावशाली हैं।"[103] 'नीम की दो टहनियाँ', 'अबके इस मौसम में', 'फूले कदम्ब', 'मेघ बजे', 'करवट लेंगे बूँदों के सपने', 'झुक आए कजरारे मेघ', 'काली सप्तमी का चाँद', 'शरद पूर्णिमा', 'बादल को घिरते देखा है', 'फिसल रही चाँदनी'

आदि अनेक कविताएँ इस संदर्भ में देखी जा सकती हैं–

''अमल-धवल गिरि के शिखरों पर
बादल को घिरते देखा है
छोटे-छोटे मोती जैसे
उसके शीतल तुहिन कणों को
मानसरोवर के उन स्वर्णिम
कमलों पर गिरते देखा है।''[104]

''पीपल के पत्तों पर फिसल रही चाँदनी
नालियों के भीगे हुए पेट पर, पास ही
जम रही, धुल रही, पिघल रही चाँदनी
पिछवाड़े बोतल के टुकड़ों पर
नाच रही, कूद रही, उछल रही चाँदनी
वो देखो, सामने
पीपल के पत्तों पर फिसल रही चाँदनी।''[105]

''हलकी फुहियों से भीगता रहेगा बदन
छेड़ती रहेगी छिनाल पुरवइया
इकलौती बिटिया वाले अधेड़ बाप की भाँति
झुका रहेगा तुम पर बादल।''[106]

भाषा-शिल्प का उपयोग अपने समग्र काव्य में नागार्जुन ने इस तरह किया है, जिस तरह एक कुशल कारीगर अपने औजारों का उपयोग करता है। मुख्य रूप से मुक्त छंद को स्वीकार करते हुए भी नागार्जुन ने अनेक छंदबद्ध कविताएँ लिखी हैं–''नागार्जुन ने छंदोबद्ध व छंदमुक्त दोनों शिल्प रूपों में रचनाएँ की हैं। अंतर्वस्तु अनुरूप उन्होंने संस्कृतनिष्ठ और बोलचाल की जनभाषा का भी प्रयोग किया है।''[107] निराला की तरह ही नागार्जुन में भी छंद, लय और संगीत का वैविध्य देखने को मिलता है। उनके यहाँ काव्य-रूपों के सृजन की विविधता देखते ही बनती है। एक तरफ यदि वे 'फूले कदम्ब' जैसे गेय गीत लिखते हैं तो 'प्रेत का बयान' जैसी नाट्य कविता भी। दोहे और कुंडलियाँ जैसे पुराने छंदों को भी वे अपने काव्य में नयी वस्तु के साथ प्रभावशाली ढंग से प्रस्तुत कर देते हैं। लोकधुनों

पर आधारित कविताएँ भी वे लिख लेते हैं। नागार्जुन ने भाषा तथा कविता के रूप-विधान में सर्वाधिक प्रयोग किए हैं।

नागार्जुन, निस्संदेह, बीसवीं शताब्दी की हिन्दी कविता में निराला के बाद सर्वाधिक महत्त्वपूर्ण जनकवि हैं और–"जनकवि के रूप में नागार्जुन की सबसे बड़ी उपलब्धि है, कविता के कलात्मक सौन्दर्य की बलि चढ़ाये बिना कविता को सर्वजन सुलभ बना देना।"[108]

मुक्तिबोध

"समस्या एक–
मेरे सभ्य नगरों और ग्रामों में
सभी मानव
सुखी, सुंदर व शोषण मुक्त कब होंगे?
...कि मैं अपनी अधूरी दीर्घ कविता में
उमगकर
जन्म लेना चाहता हूँ फिर से
कि व्यक्तित्वांतरित होकर
नये सिरे से समझना और जीना
चाहता हूँ सच..."[109]

शोषण को जीवन और कविता की केन्द्रीय समस्या तथा उससे मुक्ति के प्रयास को कला और मनुष्य के जीवन का एकमात्र उद्देश्य मानने वाले, मार्क्सवादी विचारधारा से गहरे प्रतिबद्ध कवि मुक्तिबोध की कविताएँ दरअसल दुर्धर्ष संघर्षों और मुठभेड़ों की कविताएँ हैं। वे गहरे अर्थों में, प्रगतिशील-जनवादी काव्य-परिदृश्य के एक अत्यन्त समर्थ कवि व एक अत्यन्त समर्थ आलोचक दोनों हैं। यों कथा-साहित्य में भी वे पर्याप्त दखल रखते हैं। निराला के बाद बीसवीं सदी की हिन्दी कविता में, यदि सिर्फ दो अत्यन्त महत्त्वपूर्ण कवियों का चुनाव किया जाए, तो निस्संदेह, वे नागार्जुन तथा मुक्तिबोध ही होंगे। लेकिन दोनों कवियों के मानसिक गठन में पर्याप्त अंतर है। नागार्जुन सरल और सहज ही बोधगम्य हैं तथा ज़िंदगी के विविध धरातल उनकी कविता में उभरकर सामने आते हैं। लेकिन मुक्तिबोध की कविता चिंतन, विचार-मंथन तथा जटिल विश्लेषणों की एक लम्बी शृंखला है। युग के कठोर यथार्थ को व्यक्त करने के लिए वे फंतासी का सहारा लेते हैं। फलस्वरूप

एक सामान्य पाठक को अर्थ तक पहुँचने के लिए उनकी कविता से संघर्ष करना पड़ता है। दूसरी बात यह कि जीवन के अन्य प्रसंगों की अभिव्यक्ति में मुक्तिबोध की वृत्ति नहीं रमती। वे एक ही समस्या से मुख्यतः और गौणतः जूझते हैं कि 'सभी मानव सुखी, सुंदर व शोषण मुक्त कब होंगे'। कहा भी गया है कि—"प्रतिभा का दुर्धर्ष आत्मसंघर्ष ही मुक्तिबोध के कवि की एकमात्र परिभाषा है।"[110]

मुक्तिबोध के समग्र अनुभव-संसार से गुजरने के बाद हम जिस निष्कर्ष तक पहुँचते हैं, वह यह कि—"मुक्तिबोध के यहाँ जो अनुभव है, वह अविश्रांत छटपटाहट और उद्विग्न चिंता में रूपान्तरित होता गया है। वहाँ कुछ लोग नहीं, एक समूची व्यवस्था है—सामंतवादी, अर्धपूँजीवादी, अर्धगणतन्त्रवादी, कुल मिलाकर पाखण्डपूर्ण घिनौनी और तिरस्करणीय। कवि का विद्रोही स्वर इसी परिवेश में संघर्ष का संकल्प लेता है। कहीं प्रत्यक्ष तो कहीं गुरिल्ला युद्ध करता है। इस संघर्ष का एक अंतहीन सिलसिला उनकी कविताओं में मौजूद है किंतु इस संघर्ष में उनके कोमल और दिव्य सपने भी सुरक्षित हैं। दोनों मिलकर ही उस कला की बुनियाद तैयार करते हैं जिसे फ़ैंटेसी कहते हैं। मुक्तिबोध एक साथ यह सब करते हैं—लड़ाई लड़ते हुए भी उनके स्वप्न कहीं लड़खड़ाते नहीं। उनकी दुनिया कहीं खंडित नहीं होती, यद्यपि चारों तरफ़ से घिरी हुई किंतु कवि हर ओर से उसे ललकारता हुआ।"[111] मुक्तिबोध के अनुभव-लोक की यह विशेषता हम उनके दोनों कविता-संग्रहों 'चाँद का मुँह टेढ़ा है' तथा 'भूरी-भूरी खाक धूल' में देख सकते हैं जो दुर्भाग्य से कवि की मृत्यु (1964) के बाद प्रकाशित हुए।

शोषक और शोषितों के वर्ग-विभक्त समाज में मुक्तिबोध के अनुसार सबसे पहले एक रचनाकार के लिए यह तय करना आवश्यक है कि वह किस वर्ग का पक्षधर है—

> *"बशर्ते तय करो*
> *किस ओर हो तुम, अब*
> *सुनहले ऊर्ध्व आसन के दबाते पक्ष में*
> *अथवा, कहीं उससे लूटी-टूटी अँधेरी निम्न कक्षा में तुम्हारा मन*
> *कहाँ हो तुम...?"*[112]

मुक्तिबोध ने अपनी काव्यालोचना में शीतयुद्ध की साजिश का पर्दाफाश किया और इस जुझारू संघर्ष में ही 'अभिव्यक्ति के खतरे' उठाना उन्हें आवश्यक लगने लगा—

"अब अभिव्यक्ति के सारे खतरे
उठाने ही होंगे
तोड़ने होंगे मठ और गढ़ सब
पहुँचना होगा दुर्गम पहाड़ों के उस पार
तब कहीं देखने को मिलेंगी बाँहें
जिनमें कि प्रतिपल काँपता रहता
अरुण कमल एक
ले जाने उसको धँसना ही होगा
झील के हिम-शीत सुनील जल में..."[113]

मुक्तिबोध कविता को एक सांस्कृतिक प्रक्रिया मानते हैं तथा उनका विश्वास है कि मुक्ति के रास्ते अकेले नहीं बल्कि व्यापक जन-समाज के साथ रहकर ही तलाशे जा सकते हैं। मुक्तिबोध की कविता में साफ़-साफ़ यह बयान दर्ज है कि जिन मेहनतकशों के हाथों से दुनिया चलती है, दरअसल कवि की पटरी उन्हीं के साथ बैठती है। इस तरह मुक्तिबोध अपने ऐतिहासिक दौर की द्वंद्वात्मक शक्तियों को चीन्हने और रूपायित करने की कोशिश करते हैं। उनके यहाँ भी नागार्जुन के रचना लोक की तरह ही स्वाधीनता के बाद का भारतीय जीवन अपनी सारी विडम्बनाओं, द्वंद्वों और अंतर्विरोधों के साथ अत्यन्त कलात्मक अभिव्यक्ति पाता है–

"जो मारे-मारे से हमारे से
ईंट के सिरहाने अकेले लेटते हैं
धूल के बवण्डर-सा वक्त समेटते हैं
जो बहुत गुरूर से
सिर्फ़ इंसान होने की हैसियत रखते हैं
जो अपने लिए इज़्ज़त तलब करते हैं
बराबरी का हक़
बराबरी का दावा
नहीं तो मुठभेड़ और धावा
अब आप चाहे सरकार हों
या साहूकार हों
उनके साथ मेरी पटरी बैठती है
उनके साथ, हाँ, उन्हीं के साथ मेरी यह

बिजली भरी ठठरी लेटती है
और रात कटती है
शायद यह मेरी बहुत बड़ी भूल है
लेकिन मेरी यह गरीब दुनिया
उन्हीं के बदनसीब हाथों से चलती है।"[114]

मुक्तिबोध की कविता को हम स्वातन्त्र्योत्तर भारतीय समाज की अस्मिता की खोज कह सकते हैं लेकिन इस खोज में, बकौल नामवर सिंह के "व्यक्तिवादी कवियों की तरह किसी प्रकार की आध्यात्मिकता या रहस्यवाद नहीं, बल्कि गली-सड़क की गतिविधि, राजनीतिक परिस्थिति और अनेक मानव चरित्रों की आत्मा के इतिहास का वास्तविक परिवेश है"[115]—

"इसलिए मैं हर गली में
और हर सड़क पर
झाँक-झाँककर देखता हूँ हर एक चेहरा
प्रत्येक गतिविधि
प्रत्येक चरित्र
वह हर एक आत्मा का इतिहास
हर एक देश व राजनीतिक परिस्थिति
प्रत्येक मानवीय स्वानुभूत आदर्श
विवेक प्रक्रिया, क्रियागत परिणत!!

खोजता हूँ पठार...पहाड़...समुन्दर
जहाँ मिल सके मुझे
मेरी वह खोयी हुई
परम अभिव्यक्ति अनिवार
आत्म-सम्भवा!"[116]

'अँधेरे में', 'लकड़ी का बना रावण', 'मेरे सहचर मित्र', 'दिमागी गुहांधकार का औरॉंग-उटॉंग', 'एक भूतपूर्व विद्रोही का आत्मकथन', 'डूबता चाँद कब डूबेगा' आदि अनेक कविताओं को प्रमाणस्वरूप रखकर यह कहा जा सकता है कि मुक्तिबोध के यहाँ सिर्फ़ युग की वास्तविकता तथा भयावहता का चित्रण तथा सिर्फ राजनीतिक ब्योरों का वर्णन ही नहीं मिलता बल्कि आततायी तथा भयावह शोषण व्यवस्था से

लड़ने वाली सर्वहारा शक्ति का अदम्य विश्वास भी मिलता है। इस तरह—"मुक्तिबोध शब्द के असामाजिक प्रयोग के कवि नहीं हैं"[117] यही कारण है कि—"उनके यहाँ क्रोध आधुनिकतावादी कवियों की तरह ठंडा नहीं होता बल्कि लावे की तरह विस्फोट के लिए इकट्ठा होता है।"[118] उनकी कविता जनता की जनवादी क्रांति का रचनात्मक शिक्षण करने वाली कविता है—"मुक्तिबोध विषमता के मूल कारणों का वैज्ञानिक विवेचन-विश्लेषण करते हुए उसके उन्मूलन का एक मूर्त और ठोस मार्ग प्रस्तुत करते हैं।"[119] ऐसा तभी संभव है जब कवि अनुभूति और विचार—दोनों की एकनिष्ठ अभिव्यक्ति को जरूरी मानता हो।

मुक्तिबोध की कविताएँ साक्ष्य हैं कि कविता सिर्फ अनुभूति नहीं है, उसमें ज्ञान का प्रसार भी रहता है। कविता सिर्फ विचार नहीं है, उसमें कल्पना और भावों की व्यापकता भी रहती है। मुक्तिबोध के काव्यानुभव जीवन और जगत् के कठोर तथा भयावह यथार्थ से सम्बन्धित है। फलस्वरूप वे अत्यन्त विशद, जटिल, सूक्ष्म और गहरे हैं। उनकी कविता में कहीं 'खैबर की चट्टान' बनने की आकांक्षा उभरती है तो कहीं 'सुनहले दिवस' के प्रति एक अटूट और अडिग आस्था। ऐसा इसलिए कि वे 'हृदय की तगारी' में व्यक्तिगत दुःख-दर्दों के स्थान पर 'जीवन की गीली और महकती हुई मिट्टी' को ढोने में विश्वास रखते हैं—

"मुझे बना दो तुम ख़ैबर की
काली-भूरी ऊँची गरम चट्टान!!
ऐसी शक्तिमान रूपाकृति मुझको दो
व संस्कृति मुझको दो!!"[120]

"मानव धुकधुकी में
सुनहले दिवस का रक्त खिलखिलायेगा।"[121]

"हृदय की तगारी में ढोते हैं हमीं लोग
जीवन की गीली और
महकती हुई मिट्टी को।"[122]

मुक्तिबोध ने अपनी यथार्थगर्भा फंतासियों का प्रयोग परम्परागत रोमानी फंतासी के विरुद्ध किया। मुक्तिबोध ने काव्यभाषा के प्रचलित स्वरूप को तोड़कर उसे एक नया तेवर दिया। एक दृष्टि में मुक्तिबोध की काव्यभाषा परम्परागत भाषा

की तुलना में काफी अनगढ़ और बेडौल-सी लगती है लेकिन फिर भी वह अकाव्यात्मक नहीं है। मुक्तिबोध ने कविता को युग के यथार्थ के अनुरूप भाषा का खुरदुरा और ठोस जामा पहनाया। मुक्तिबोध की काव्यभाषा में कहीं नाटकीय भंगिमा देखने को मिलती है, कहीं सघन बिम्बों की माला तो कहीं ठेठ सपाट-बयानी। नामवर सिंह ने लिखा है–"अनुकरणशील कवि प्रायः उस 'पोएटिकल' भाषा का प्रयोग करते हैं जो परम्परा के काव्यात्मक भाषा के रूप में प्राप्त होती है। इसके विपरीत सृजनशील कवि परम्परागत 'काव्यात्मक भाषा' के दायरे को तोड़कर अपने कथ्य के अनुरूप 'काव्यभाषा' का निर्माण करता है जो आरंभ में खुरदुरी लगते हुए भी अपनी अर्थवत्ता में जानदार होती है। इस दृष्टि से निराला के समान मुक्तिबोध की भाषा भी 'तेजस्क्रिय' है। मुक्तिबोध की भाषा पर अनगढ़ता का आरोप लगाते समय इस बारे में सोचकर देखना चाहिए कि जिस तिलस्मी दुनिया की सृष्टि वे कविता में कर ले जाते हैं, वह क्या असमर्थ भाषा से कभी संभव है? मुक्तिबोध की अभिव्यक्ति की गरिमा का पता उस विराट बिम्ब-लोक से चलता है जो 'अँधेरे में' जैसी महाकाव्यात्मक कविता अपनी समग्रता में प्रस्तुत करती है।"[123]

अपने काव्य द्वारा मुक्तिबोध ने यह प्रमाणित करके दिखा दिया कि कविता एक सामाजिक वस्तु है और उसमें प्रगतिशील-जनवादी जीवन-मूल्यों की अभिव्यक्ति होती है। मार्क्स का द्वंद्वात्मक भौतिकवाद तथा ऐतिहासिक भौतिकवाद मुक्तिबोध के काव्य-सृजन तथा आलोचना-दृष्टि के भीतर निरंतर क्रियाशील रहा है। मुक्तिबोध की प्रतिबद्धता मूलतः वह विचारधारा है जिसके आचरण में एक समूची व्यवस्था सक्रिय रहती है। उसमें युग के राजनीतिक, सामाजिक और आर्थिक परिप्रेक्ष्यों को स्पष्ट देखा जा सकता है। मुक्तिबोध दमित, शोषित तथा पीड़ित समाज के पक्षधर हैं। स्वातन्त्र्योत्तर भारत की ग़रीब और मजदूर जनता की मुक्ति की चिंता उनके काव्य की केन्द्रीय चिंता है। फलस्वरूप उनकी प्रतिबद्धता उस सारी व्यवस्था के विरोध में है जिसके कारण समाज में दरिद्रता मौजूद है। कहने की ज़रूरत नहीं कि मुक्तिबोध की प्रतिबद्धता क्रांतिधर्मी है। मुक्तिबोध की काव्य-प्रक्रिया के सम्बन्ध में डॉ. विजय बहादुर सिंह का यह कथन अत्यन्त महत्त्वपूर्ण है कि–"उनकी एक-एक कविता जीवन के महान युद्ध का एक-एक अध्याय है। उसमें जितना इतिहास है उतना ही अर्थशास्त्र भी, जितना धर्म है उतनी ही राजनीति भी, जितना आत्म-विश्लेषण है उतना ही समाज-चिंतन भी। मुक्तिबोध की काव्य-प्रक्रिया उस समाधिस्थ योगी की लम्बी साँस की तरह है, जो न लड़खड़ाती है, न कहीं से टूटती है। वह क्रमशः अभ्यास की अपेक्षित सिद्धि है।"[124]

केदारनाथ अग्रवाल

केदारनाथ अग्रवाल स्वातन्त्र्योत्तर प्रगतिशील-जनवादी कविता के आधार-स्तंभ कवियों में प्रमुख हैं। 'युग की गंगा' उनका पहला कविता-संग्रह है जो मार्च 1947 में प्रकाशित हुआ। अगस्त '47 में 'नींद के बादल' का प्रकाशन तथा तब से अब तक अनेक कविता-संग्रह प्रकाशित—'लोक और आलोक', 'फूल नहीं रंग बोलते हैं', 'आग का आईना', 'गुलमेहँदी', 'पंख और पतवार', 'हे मेरी तुम', 'मार प्यार की थापें' तथा 'कहें केदार खरी-खरी'। केदार के अनुभव-संसार के मुख्यतः तीन क्षेत्र हैं—प्रेम, प्रकृति तथा युग का राजनीतिक-सामाजिक यथार्थ। लेकिन इस ढंग का विभाजन बहुत तर्कसंगत नहीं कहा जा सकता क्योंकि एक जनवादी कवि होने के नाते केदार जब प्रकृति पर कविता लिखते हैं तो उनके यहाँ की प्रकृति पंत के काव्य की तरह शुद्ध प्रकृति नहीं होती बल्कि वहाँ प्रकृति-बोध तथा जीवन-बोध का घुला-मिला रूप होता है। इसी अर्थ में उनके यहाँ प्रेम भी शुद्ध अर्थात् जन-जीवन से असम्पृक्त प्रेम नहीं है। राजनीतिक-सामाजिक यथार्थ की कविता में भी प्रकृति और कहीं-कहीं प्रेम की उपस्थिति देखी जा सकती है। आशय यह है कि केदार के काव्य में उनके अनुभव-संसार के ये तीनों रूप इतने घुले-मिले तथा अभिन्न दिखाई देते हैं कि किसी भी तरह का विभाजन प्रायः संभव नहीं होता। काव्यगत मूल्यों की दृष्टि से केदार प्रेम और प्रकृति तथा इनके बहाने जीवन के यथार्थ की अभिव्यक्ति में जितने सफल दिखाई देते हैं, उतने अपनी राजनीतिक कविताओं में नहीं, यह मानना चाहिए। वैसे वहाँ भी कवि का प्रयास ईमानदार है।

केदारनाथ अग्रवाल के समग्र काव्य-संसार से गुजरने के बाद कवि की जो तस्वीर बनती है, बेशक, वह एक जनपक्षधर कवि की है। केदार ने तो फिर खुले तौर पर यह स्वीकारा भी है कि वे सार्थक और सजीव जीवन-कर्म के पक्षधर जनवादी कवि हैं—

"हम लेखक हैं
कथाकार हैं
हम जीवन के भाष्यकार हैं
हम कवि हैं जनवादी
प्रिय भारत की
परम्परा के
जीवन की संस्कृति सत्ता के

हम कर्मठ युगवादी
हम कवि हैं जनवादी।"[125]

केदार वस्तुतः गहरी जीवन-आस्थाओं तथा अस्तित्व-संघर्षी सौन्दर्यबोध के सक्रिय और निष्ठावान कवि रहे हैं। उनके यहाँ प्रकृति चित्रण में भी औसत मनुष्य के रोजमर्रा जीवन के कार्यकलापों को देखा जा सकता है और प्रेम कविताओं में आत्मीय-संबंधों की रागात्मकता को महसूसा जा सकता है, लेकिन इसका आशय यह नहीं कि केदार के काव्य में जन-संघर्ष का अंकन कम है। स्थल-स्थल पर हमें सर्वहारा के प्रति कवि की प्रतिबद्धता दिखाई देती है–

"एह हथौड़े वाला घर में और हुआ!
हाथी-सा बलवान
जहाजी हाथों वाला और हुआ
सूरज-सा इंसान
लरेटी आँखों वाला और हुआ!!
एक हथौड़े वाला घर में और हुआ!

माता रही विचार :
सबेरा करने वाला और हुआ!!
एक हथौड़े वाला घर में और हुआ!

जनता रही पुकार :
अँधेरा हरने वाला और हुआ!

दादा रहे निहार :
सलामत लाने वाला और हुआ!
सुन ले री सरकार!
क़यामत ढाने वाला और हुआ!!
एक हथौड़े वाला घर में और हुआ।"[126]

'मजदूर का जन्म' शीर्षक उपर्युक्त कविता से केदार की जीवन-दृष्टि तो स्पष्ट होती ही है, साथ ही उनके अनुभव-लोक पर पर्याप्त प्रकाश पड़ता है।

केदार ने अपने काव्यानुभवों में स्वातन्त्र्योत्तर भारत के राजनीतिक-सामाजिक

अंतर्विरोधों को स्थान दिया तथा युग की जटिलताओं को कलमबद्ध किया। भूख, गरीबी, बेकारी, अशिक्षा, शोषण तथा सामाजिक रूढ़ियों व परम्पराओं से भरा स्वातन्त्र्योत्तर परिवेश उनके यहाँ सारी विडम्बनाओं के साथ मौजूद है। तथाकथित सामाजवादी नारों के बीच झूठी पड़ती स्वतन्त्रता की कलई वे 'कहें केदार खरी-खरी' की 'हाथ न आयी' जैसी कविताओं में खोलते हैं—

"चिट्ठी आई
पत्री आई
डाक बराबर सब दिन आई
लेकिन दिल्ली से आजादी
अब तक अब तक हाथ न आई
हाथ न आई!!"[127]

शमशेर बहादुर सिंह ने लिखा है—"केदार जिस खोज की ओर बढ़ा है, वह है समाज का सत्य और प्रकृति का खुला नैसर्गिक सौन्दर्य। अन्याय के खिलाफ और मेहनत के पक्ष में वह बेझिझक बोलता है। उसके व्यंग्य में दोहरी-तिहरी धार नहीं, सीधी एक धार है। मगर वही बहुत काफी होती है। ऐसा खुले हृदय का उन्मुक्त साहसी कवि सौंदर्य और प्रेम की सुषमा और सौष्ठव पर दृष्टि डालता है तो अपनी सहज अनुभूतियों से हमें मोह लेता है।"[128] केदार की प्रेम-कविताओं में आरंभ में जो बाल-सुलभ जिज्ञासा रही है, वह एक दृष्टि में मन मोह लेती है—

"मन होता है—
उड़ जाऊँ मैं
पर फैलाये सारस के संग
जहाँ जुगल जोड़ी रहती है
हरे खेत में
सच्ची प्रेम-कहानी सुन लूँ
चुप्पे-चुप्पे।"[129]

आगे चलकर केदार की प्रेम-कविताएँ अत्यन्त आत्मीय और पारिवारिक संदर्भों में सामने आती हैं। उनकी प्रेम कविताओं में हमारे छोटे-बड़े सुख-दुख तथा आसपास का माहौल जीवंत रूप में उपलब्ध मिलता है। केदार के काव्य में प्रेम का स्वरूप कवि अज्ञेय के प्रेम के स्वरूप से नितांत भिन्न है। वह दैहिक और मांसल नहीं है। और ऐसा हो भी क्यों न, जब इस स्वरूप के पीछे दो जीवनदृष्टियाँ तथा दो

विचारधाराएँ काम कर रही हों—

"हे मेरी तुम
कल कमीज में बटन नहीं थे
कुरता देखा तो आगे से फटा हुआ था
धोती में कुछ दाग पड़े थे
बक्स और अलमारी देखी
नहीं एक भी मिला तौलिया
मैंने एक रूमाल निकाला
वह था मैला
सोपकेस में सोप नहीं था
एक बूँद भी तेल नहीं था
कंघा परसों टूट चुका था
मेजपोश पर धूल जमी थी
पुस्तक पर प्याला बैठा था
कॉपी पर औंधा गिलास था
पैसों की डिबिया में पैसा एक नहीं था
आलू और अनाज खतम था
लालटेन अंधी जलती थी
हाय राम! मेरी आफत थी
अब बोलो, तुम कब आओगी
घर सँवारने।"[130]

केदार के काव्य में प्रकृति के प्रति भी सर्वथा नयी दृष्टि मिलती है। कहा जा चुका है, उनकी कविता में प्रकृति पंत के काव्य की प्रकृति नहीं है। वे प्रकृति के संदर्भ में भी मनुष्य को देखते हैं। नदी, नाले, झरने, पर्वत, खेत, धूप, हवा, नदी, बादल, दिन, रात, सुबह, साँझ के अनेक जीवंत बिम्ब केदार के काव्य में देखे जा सकते हैं लेकिन वहाँ भी औसत मनुष्य का दैनंदिन संसार तथा उसकी अनुभूतियों का अंकन मिल जाता है—

"यह उदास दिन
पेंसन पाये चपरासी-सा

और जुए में हारे जन-सा
आपे में खोये गदहे-सा
मौन खड़ा है।
रवि रोता है
माँ से बिछुड़े हुए पुत्र-सा
धूप पड़ी है
परित्यक्ता पत्नी-सी कातर
पाँव कटाये
हवा लढ़ी पर लेटे-लेटे
धीरे-धीरे
अस्पताल की ओर चली है,
सुबक रही है!
एक टाँग पर खड़े
देह का भार उठाये
ऊँचे-ऊँचे पेड़ पुरातन
वनस्थली में तप करते हैं
जटा बढ़ाये।"[131]

इस तरह कवि के अनुभव-संसार के तीनों क्षेत्र अपनी नवीनतम उपलब्धियों के साथ अत्यन्त समृद्ध हैं। उनका यह व्यापक अनुभव-लोक उन्हें युग का अत्यन्त समर्थ और जागरूक कवि प्रमाणित करता है। केदार के समग्र काव्य के संदर्भ में निष्कर्ष के तौर पर यहाँ डॉ. विजय बहादुर सिंह का यह कथन याद किया जा सकता है कि—"केदार की कविता में लोकांचलों की चहल-पहल, मस्ती और जुझारूपन की गूँज सबसे पहले सुनाई पड़ी। प्रकृति के विविध रूपों, व्यापारों और रिश्तों का अंकन वे जिस अनुभवी कलम से करते हैं, वह बेजोड़ है। केदार की कविताओं में बुंदेलखण्ड का जीवन-संगीत, वहाँ का खुलापन, वहाँ के लोगों का दर्प और कठोर आत्मविश्वास सामने आता है। उनकी कविता एक अर्थ में रोमांटिक भी है, पर यह रोमांस छायावादी भी नहीं है, हालावादी भी नहीं। यह वह आधुनिक रसिकता है, जिसकी कुछ जड़ें हमारे जातीय संस्कारों में भी मौजूद हैं। पुराने अर्थों में वे एक भोक्ता कवि हैं। जो कविताएँ उन्होंने समकालीन राजनीति को लक्ष्य करके लिखी हैं, वे अत्यन्त सरल और ज्यादातर सपाट कला का उदाहरण पेश करती हैं।

केदार की मूल्यवान उपलब्धियाँ प्रायः उन्हीं क्षेत्रों से चलकर आती हैं, जो छायावादियों के भी अपने क्षेत्र कहे जाते हैं। केदार ने उसी के बीच अपना कोण बदल दिया है।"[132]

त्रिलोचन शास्त्री

त्रिलोचन के काव्यानुभव हिन्दी कविता में ठेठ गँवई काव्यानुभव हैं। यों उनके अनुभव लोक के और भी धरातल हैं लेकिन उनके यहाँ मूलतः ग्रामीण जीवन की विविधता तथा जीवंत झाँकियाँ देखने को मिलती हैं। त्रिलोचन जितने मानव-जीवन के व्यापक संघर्ष के कवि हैं उतने ही प्रकृति के अपार सौन्दर्य के कवि भी हैं। इसी तरह वे जितने प्रेम की गहरी और उत्कट अनुभूति के कवि हैं, उतने ही वे अपने 'आत्म' के कवि हैं। यों नगरीय जीवन पर भी उनके यहाँ कविताएँ हैं, यद्यपि वे परिमाण में कम हैं। कुछ नगरीय कविताओं को छोड़कर उपर्युक्त सभी प्रकार की कविताओं का ताना-बाना ग्रामीण ही है। अंततः वे समग्र जीवन के कवि हैं। कहीं भी कवि की जनपक्षधरता संदिग्ध नहीं है। वे मूलतः लुटे-पिटे, दुःखी तथा शोषित सर्वहारा वर्ग के कवि हैं जो व्यवस्था तथा शोषण की मार के बावजूद संघर्ष के अदम्य विश्वास से भरा है। यह स्वीकार उन्हीं के शब्दों में—

"उस जनपद का कवि हूँ जो भूखा दूखा है,
नंगा है, अनजान है, कला—नहीं जानता
कैसी होती है, क्या है, वह नहीं मानता
कविता कुछ भी दे सकती है। कब सूखा है
उसके जीवन का सोता, इतिहास ही बता
सकता है। वह उदासीन बिलकुल अपने से
अपने समाज से है, दुनिया को सपने से
अलग नहीं मानता, उसे कुछ भी नहीं पता
दुनिया कहाँ से कहाँ पहुँची, अब समाज में
ये विचार रह गए नहीं हैं, जिनको ढोता
चला जा रहा है, वह, अपने आँसू बोता
विफल मनोरथ होने पर अथवा अकाज में
धरम कमाता है वह तुलसीकृत रामायण
सुन पढ़कर, जपता है नारायण नारायण।"[133]

त्रिलोचन की अब तक प्रकाशित काव्य-कृतियाँ हैं—'धरती' (1945), 'गुलाब और बुलबुल' (1956), 'दिगन्त', (1957), 'ताप के ताये हुए दिन' (1980), 'शब्द' (1980), 'उस जनपद का कवि हूँ' (1981), 'अरघान' (1984) तथा 'तुम्हें सौंपता हूँ' (1985)। त्रिलोचन की कविता का महत्त्व पिछले कुछ वर्षों में यदि असाधारण रूप से बढ़ा है तो इसका एक सीधा-सा कारण तो यह है कि उनकी अनेक महत्त्वपूर्ण कृतियाँ पिछले वर्षों में ही प्रकाशित हुई हैं। दूसरा कारण सूक्ष्म है। और यह है पाठकों की अभिरुचि में गहरा परिवर्तन। वास्तव में—"त्रिलोचन की कविताएँ दुःखों और विपदाओं के अपार समुद्र में मानवीय सौंदर्य, प्रेम, आशा और स्वप्न का एक ऐसा घनीभूत पुंज है जो हमारे भीतर जीवन के प्रति अगाध विश्वास जगाता है। जीवन को विध्वंस की आग में झोंकने वाली शक्तियों के खिलाफ त्रिलोचन की कविताएँ किसी गुरिल्ला सैनिक की तरह हमारे भीतर प्रवेश करती हैं।"[134]

यह कहना अनुचित न होगा कि हिन्दी कविता के प्रगतिशील-जनवादी परिदृश्य में त्रिलोचन की पहचान उनकी अपनी विशिष्ट काव्य प्रवृत्ति, ग्रामीण जीवन की भावनाओं की अभिव्यक्ति तथा सॉनेटप्रियता के कारण है।

त्रिलोचन की कविता की वस्तु विभिन्न वर्गों के दुःख-तकलीफों से चुनी गयी है जो सामाजिक-राजनीतिक अंतर्विरोधों तथा जनता की मानसिक जटिलताओं को अत्यन्त जीवंत रूप में प्रस्तुत करती है। 'नगई मेहरा' उनकी एक बहुचर्चित लम्बी कविता है जिसमें सम्पूर्ण ग्रामीण परिवेश का चित्रण हुआ है। ग्रामीणों की पारम्परिक मान्यताएँ और जड़ताएँ तो इस कविता में हैं ही, साथ ही परिवर्तन की आहटें भी स्पष्ट तौर पर सुनी जा सकती हैं। व्यंग्य-क्षमता भी त्रिलोचन में कम नहीं है। फिर चाहे यह व्यंग्य समकालीन राजनीति पर हो या सामाजिक विडम्बनाओं पर। कमलाप्रसाद के अनुसार यदि त्रिलोचन जटिल सहजता के कवि हैं तथा—"उनकी कविताएँ सामान्य जन की ऐतिहासिकता को रेखांकित करती हैं।"[135] तो बकौल केदारनाथ सिंह के—"त्रिलोचन की कविताओं का मूल्य बाहर नहीं, उन्हीं के भीतर है, जैसे लोहे की धार लोहे के भीतर होती है।"[136]

त्रिलोचन की काव्यानुभूति प्रायः स्वस्थ, सरल तथा निश्छल है जो जीवन के सकारात्मक परिदृश्य का निर्माण करती है। कवि की कल्पना, सोच तथा अंततः उनका काव्य—सब कुछ सहज आडम्बरहीन है। त्रिलोचन जब प्रकृति पर कविताएँ लिखते हैं तो वे भी मानवीय तथा सामाजिक सरोकारों से जुड़ी होती हैं। कवि ने बारिश के विविध रूपों का अंकन अपने काव्य में किया है। अन्य ऋतुएँ तथा प्रकृति के दूसरे व्यापार भी पर्याप्त मात्रा में अभिव्यक्त हुए हैं लेकिन वे स्वतन्त्र

रूप में प्रायः नहीं हैं। हर जगह प्रकृति जैसे मानवीय श्रम की थकान के बाद आती है और मन-प्राण ताजा कर जाती है—'उजले बादल आकाश में', 'भादों की रात', 'चारों ओर घोर बाढ़ आयी है', 'झापस', 'बादलों में लग गयी है आग दिन की', 'सन्ध्या ने मेघों के कितने चित्र बनाये', 'आज का दिन बादलों में खो गया था', 'धूप सुंदर', 'झाँय-झाँय करती दुपहरिया', 'गेहूँ-जौ के ऊपर सरसों की रंगीनी', 'मेहँदी और चाँदनी'—आदि अनेक कविताएँ इसका साक्ष्य हैं—

> *"गेहूँ-जौ के ऊपर सरसों की रंगीनी*
> *छाई है, पछुआ आ-आकर इसे झुलाती*
> *मटर खिलखिलाती है, फूल-भरा आँचल है*
> *लगी किचोई है, अब भी छीमी की पेटी*
> *नहीं भरी है, बात हवा से करती, बल है*
> *कहीं नहीं इसके उभार में, यह खेती की*
> *शोभा है, समृद्धि है, गमलों की ऐयाशी*
> *नहीं है..."*[137]

> *"वर्षा-सीकर भरी हवा, मेहँदी की महँ-महँ*
> *जी करता है, मैं अंजलि भर-भर पी जाऊँ*
> *जैसे फुलसुँघनी गाती है वैसे गाऊँ*
> *वृक्ष, लताएँ, पौधे, तृण धरती पर डह-डह*
> *करप रहे हैं। मेघ नगर में ज्योत्स्ना टह-टह*
> *उग आई अब। आँखें सहस कहाँ से लाऊँ।"*[138]

त्रिलोचन अपनी प्रेम कविताओं में भी युग-जीवन से असम्पृक्त नहीं हो पाते। उनकी एक पंक्ति सहसा याद आती है कि—"मुझे जगत्-जीवन का प्रेमी बना रहा है प्यार तुम्हारा" संयोग तथा वियोग दोनों मनःस्थितियों की जीवंत तथा मार्मिक अभिव्यक्तियाँ कवि के गहरे रागात्मक बोध का प्रमाण हैं—

> *"ये दिन न भुला ऽ ऽ ऽ ऽ ना*
> *ओ सनेही*
> *आने को आए*
> *सनेह लगाया*

बाती मिलायी
दीया जगाया
बिसर मत जा ऽ ऽ ऽ ऽ ना
ओ सनेही
नींबू के फूले
बेला के फूले
कहीं किसी बारी
में भूले-भूले
बिलम मत जा ऽ ऽ ऽ ऽ ना
ओ सनेही।''[139]

''यों ही कुछ मुस्काकर तुमने
परिचय की यह गाँठ लगा दी।
था पथ पर मैं भूला-भूला
फूल उपेक्षित कोई फूला
जाने कौन लहर थी उस दिन
तुमने अपनी याद जगा दी।
कभी-कभी यों हो जाता है
गीत कहीं कोई गाता है
गूँज किसी उर में उठती है
तुमने वही धार उमगा दी।''[140]

त्रिलोचन के यहाँ प्रेम जितना कवि या व्यक्ति के निजी प्रसंगों से सम्पृक्त है, उतना ही सम्पृक्त वह सामाजिक तथा मानवीय संबंधों से भी है। कवि का मानना है कि प्रेम में हम अकेले होकर भी अकेले नहीं होते बल्कि अपने पारिवारिक तथा सामाजिक संदर्भों के साथ होते हैं। प्रेम का स्वरूप ऊपर-ऊपर से चाहे वैयक्तिक हो लेकिन अंततः वह सामाजिक सरोकारों से जुड़ा होता है। बकौल त्रिलोचन के—

''प्रेम व्यक्ति व्यक्ति से
समाज को पकड़ता है
जैसे फूल खिलता है

उसका पराग किसी और जगह पड़ता है
फूलों की दुनिया बन जाती है।"[141]

त्रिलोचन के काव्य-जगत् में आत्मपरक कविताओं की संख्या भी अच्छी-खासी है। लेकिन ध्यान रखना होगा कि उनकी आत्मपरकता अज्ञेय की आत्मग्रस्तता नहीं है। ये कविताएँ एक व्यक्ति के रूप में उनके मन के निजी सुख-दुःखों को उभारती हैं। वैयक्तिक अनुभूति कवि को इतना त्रस्त नहीं करती कि उसका सामाजिक व्यक्तित्व ही दब जाए। त्रिलोचन जितने अपने भीतर हैं, उतने अपने बाहर भी हैं। लेकिन अपने भीतर रहकर भी अपने से बाहर हो जाने में ही अपने कवि व व्यक्ति की सार्थकता समझते हैं। शिवकुमार मिश्र ने लिखा है कि "उनका 'मैं' एक सामाजिक व्यक्ति का 'मैं' है।"[142] अपनी आत्मपरक कविताओं में त्रिलोचन अपने व्यक्ति मन की सूक्ष्म तथा गहरी अनुभूतियों को बखूबी पकड़ते हैं–

"मौन के सागर में
गहरे-गहरे
निशिवासर डूब रहा हूँ
बाढ़ में जो
कहीं न जा सकी
जलरुद्ध रही वही दूब रहा हूँ।"[143]

लेकिन कहना होगा, अपने विविध अनुभवों के बावजूद कवि त्रिलोचन मूलतः मानव-जीवन के दुर्धर्ष संघर्ष तथा उसकी मुक्ति की चिंता के कवि हैं। वे निरंतर शोषकों की बखिया उधेड़ते हैं और शोषित जन के प्रति अपनी अपार संवेदना प्रकट करते हैं–

"दुःख से दबे हुए मानव, आ आ, मैं ले लूँ
तेरा सब दुःख, तू हल्का होकर सिर ताने
आसमान में, इस दुनिया को अपनी माने।"[144]

कवि अपने समग्र काव्य यात्रा में अपने केन्द्रीय उद्देश्य से कहीं विचलित नहीं होता कि–

"विषम समाज सम व्यवस्था जब दिखलाएगा
तभी, तभी संतोष इस हृदय में आएगा।"[145]

भाषा-शिल्प के प्रति भी त्रिलोचन में गजब का कलात्मक संयम दिखाई देता है। उन्होंने विभिन्न काव्य-रूपों में कविताएँ की हैं—सॉनेट, मुक्त-छंद, गीत, ग़ज़ल, घनाक्षरी तथा सवैया आदि का वैविध्य उनके यहाँ देखा जा सकता है। लेकिन हिन्दी कविता में त्रिलोचन सॉनेट के कारण जाने जाते हैं। हालाँकि अपने अन्य काव्य रूपों में भी वे असफल कतई नहीं हैं—"सॉनेट जैसे विजातीय काव्य रूप को हिन्दी भाषा की सहज लय और संगीत में ढालकर त्रिलोचन ने एक ऐसी नयी काव्य विधा का आविष्कार किया है जो लगभग हिन्दी की अपनी विरासत बन गयी है।"[146] भाषा के प्रति वे एक बेहद सजग कवि हैं। हालाँकि सॉनेट के सृजनात्मक अनुशासन की तुलना में कहीं-कहीं उनकी भाषा में ग्रामीण जन-जीवन के अनुरूप ऊबड़-खाबड़पन भी दिखाई देता है। वे मूलतः अवध के कवि हैं अतः खड़ी बोली को अवधी की सर्जनात्मकता से सम्पन्न बनाने के पक्षधर भी। इस कार्य में वे पर्याप्त सफल भी दिखते हैं। जनजीवन की बोली के नए-नए शब्द तो उनके यहाँ देखे ही जा सकते हैं, साथ ही, संस्कृत के कठिन शब्दों की उपस्थिति भी दिखाई देती है। कुल मिलाकर, भाषा-शिल्प की कलात्मक शर्तों पर भी त्रिलोचन की कविताएँ खरी उतरती हैं—"त्रिलोचन जीवन-व्यापारों को सजाने के बजाय उसकी सहज क्रियाओं पर रोशनी डालते हैं और चीज़ों को कविता और कविता से बाहर एकमेक और एक रंग कर देते हैं।"[147]

शमशेर बहादुर सिंह

जीवन तथा कला मूल्यों को विकृत करने वाली पूँजीवादी समाज व्यवस्था का निषेध चाहने वाले प्रगतिशील कवियों में शमशेर बहादुर सिंह एक लब्धप्रतिष्ठित नाम है। शमशेर का अनुभव-संसार भी कमोबेश उन्हीं अनुभवों से निर्मित होता है जो प्रगतिशील-जनवादी कविता के केन्द्रीय अनुभव रहे हैं यानी सर्वहारा और उसका संघर्ष, थोड़ा व्यापक अर्थ में कहें तो औसत मनुष्य का रोजमर्रा-संसार, प्रेम तथा प्रकृति। शमशेर की काव्यानुभूति प्रायः अत्यन्त सूक्ष्म, सघन और संश्लिष्ट रूप में सामने आती है। शमशेर गहरे सौन्दर्यबोध के कवि कहे जा सकते हैं। कलात्मकता उनके यहाँ सर्वत्र दिखाई देती है। प्रगतिशील कवियों में हम उन्हें सर्वाधिक कलात्मक कवि कहें तो अत्युक्ति न होगी। शमशेर की काव्यानुभूति अत्यधिक महीन है जो अपने सौंदर्यबोधी परिवेश को इस तरह बुनती है कि उनके काव्य का आस्वाद एक सजग बौद्धिक पाठक ही ग्रहण कर सकता है।

शमशेर 'दूसरा सप्तक' (1951) के कवियों में एक रहे हैं। उनका प्रथम काव्य-संग्रह 'कुछ कविताएँ' के नाम से 1959 में प्रकाशित हुआ। इसके अनन्तर 'कुछ और कविताएँ', 'चुका भी हूँ नहीं मैं', 'उदिता', 'इतने पास अपने' तथा 'बात बोलेगी' संग्रहों का प्रकाशन हुआ। शमशेर के काव्य के संदर्भ में डॉ. शिवकुमार मिश्र का मत उनकी काव्यानुभूति की बनावट पर पर्याप्त प्रकाश डालता है कि—"शमशेर कोमल भावनाओं के, विशिष्ट भावप्रसंगों के, गहरी संवेदन शक्ति तथा संवेदन ज्ञान के, प्रणय-जीवन के रससिक्त, सौंदर्यनिष्ठ रोमानी कवि के रूप में विख्यात रहे हैं या फिर एक प्रयोगधर्मी रचनाकार, कुशल शिल्पी तथा गहरी शब्द-साधना के धनी कवि के रूप में उन्हें याद किया जाता है। उनकी दो रचनाएँ व्यापक अर्थों में सामाजिक तथा क्लासिकल पूर्णता से युक्त मानी गयी हैं, उनमें भी शमशेर की काव्यानुभूति उक्त विशेषताओं को समेटे हुए सामने आयी है।"[148]

शमशेर ने वैविध्यमय जीवन के तत्त्वों तथा सकारात्मक पहलुओं को आत्मसात् किया। उनमें निराला के माध्यम से तुलसी, कबीर की लोकधर्मी काव्य-परम्परा का गहरा प्रभाव दिखता है तो दूसरी ओर हाली, गालिब, नजीर की उर्दू परम्परा का खास रंग और विशेष मिजाज भी। हालाँकि शमशेर इस मिजाज को बिलकुल नए अंदाज में हिन्दी में प्रस्तुत करते हैं। प्रगतिशील परिदृश्य में शमशेर समाज की द्वंद्वात्मक स्थितियों को रूपायित करते हैं और सर्वहारा तथा मध्यवर्गीय जीवन-संघर्षों के पक्षधर कवि की भूमिका निभाते हैं। बानगी के तौर पर उनकी 'अकाल' कविता सामाजिक विषमता पर प्रहार करती है तथा जीवन के अनेक दारुण दृश्यों को रूपायित करती है—

"अनाज खोर का
बिलकुल छिपा-सा, निर्जन में
अँधेरा बाज़ार :
जिनके चारों ओर गवरमेंट
कँकरीले रूप लिये दान-समितियाँ
और भूखी लाशों से दूर
सूने-सूने खिचड़ी रसोइयों वाले
हम-तुम, वे, सब
इस मौन तांडव के चारों ओर
असहाय-से चक्कर लगा रहे हैं

समझ नहीं पा रहे हैं
कुछ सोच तक नहीं पा रहे हैं
केवल कुछ कर पा रहे हैं ऐसे
कि मानो कुछ कर पा नहीं रहे हैं।''[149]

'य' 'शाम है', 'बात बोलेगी', 'वाम वाम वाम दिशा', 'राजनीतिक करवटें', 'ओ मेरे घर' जैसी कविताओं तथा शमशेर की अनेक ग़ज़लों में राजनीतिक-सामाजिक अंतर्विरोधों तथा युग-जीवन की बेबाक अभिव्यक्ति देखी जा सकती है।

शमशेर एक ओर सामाजिक-राजनीतिक विडम्बनाओं को, जीवन-संघर्षों को अभिव्यक्ति देने वाले कवि के रूप में हमारे सामने आते हैं तो दूसरी ओर प्रेम, प्रकृति के संदर्भ में व व्यक्तिमन की अनेक निजी तथा सूक्ष्म अनुभूतियों को वाणी देने वाले कवि के रूप में भी अपना विशिष्ट स्थान रखते हैं–

''कहाँ किया मैंने प्रेम अभी
जब करूँगा प्रेम
पिघल उठेंगे युगों के भूधर
उफन उठेंगे
सात सागर
किंतु मैं हूँ मौन आज
कहाँ साजे मैंने साज...अभी।''[150]

''आह, तुम्हारे दाँतों से जो दूब के तिनके की नोक
उस पिकनिक में चिपकी रह गयी थी
आज तक मेरी नींद में गड़ती है।''[151]

शमशेर ने प्रेम के विशुद्ध सौन्दर्यबोध को रूपायित किया है। उनके यहाँ प्रेम आत्मा की समूची गहराइयों में से निकली एक सच्ची, सात्विक व ईमानदार अनुभूति है। शमशेर की प्रेम कविताएँ सघन संवेदनाघात तथा भावगत तटस्थता के कारण महत्त्वपूर्ण हैं। शमशेर के काव्य में प्रेम जितना निजी है, उतना ही मानवीय और सामाजिक भी है। उनकी प्रेम-कविताएँ आभिजात्य लोक का निर्माण नहीं करतीं बल्कि हमारे रोजमर्रा-जीवन के अनेक प्रसंगों को सहजता से उद्घाटित करती हैं। इस अर्थ में ही प्रणय-जीवन के विविध चित्र शमशेर के काव्य में मिलते हैं।

मुक्तिबोध के अनुसार–''शमशेर की मूल मनोवृत्ति एक इम्प्रेशनिस्ट चित्रकार

की है। ऐसा चित्रकार वस्तुदृश्य को प्रस्तुत करता है। किंतु शमशेर बाह्य दृश्य के भीतर, भाव-प्रसंग को उपस्थित करते हैं।''[152] इस कथन का साक्ष्य शुद्ध प्रकृति पर लिखी गयी शमशेर की कविताएँ हैं। शमशेर के काव्य में प्रकृति को केन्द्रीय महत्त्व प्राप्त है। उन्होंने पहाड़ों, बादलों, आसमान तथा प्रकृति के अन्य रूपों को बहुत करीब से देखा है। अन्य कवियों के प्रकृतिबोध से शमशेर का प्रकृतिबोध इस अर्थ में भिन्न है कि उनके काव्य में प्रकृति पूरी तरह स्वतन्त्रसत्ता में उपस्थित है। पंत और निराला की तरह प्रकृति के गत्यात्मक और विराट चित्र उनके यहाँ देखने को मिलते हैं लेकिन प्रकृति पर शमशेर प्रायः अपने मन के भावों का रंग नहीं चढ़ाते। प्रकृति का मानवीयकरण भी वे कम ही करते हैं। धनंजय वर्मा ने लिखा है—''शमशेर के काव्य में प्रकृति माध्यम नहीं है। वह अपनी स्वतन्त्र सत्ता में सुंदरता से पल छिन होने वाले अवतार का साक्षात्कार प्रस्तुत करती है। शमशेर कम-अज़-कम प्रकृति के प्रसंग में तो पंत और निराला के मंगलमय मिलन कहे जा सकते हैं।''[153] इस संदर्भ में एक-दो काव्यांश दृष्टव्य हैं—

''प्रात नभ था बहुत नीला शंख जैसे
भोर का नभ
राख से लीपा हुआ चौका
अभी गीला पड़ा है
बहुत काली सिल ज़रा से लाल केसर से
कि जैसे धुल गयी हो
स्लेट पर या लाल खड़िया चाक
मल दी हो किसी ने
नील जल में या किसी की
गौर झिलमिल देह
जैसे हिल रही हो ...''[154]

''चाँद निकला बादलों से पूर्णिमा का
गल रहा है आसमान
एक दरिया उमड़कर पीले गुलाबों का
चूमता है बादलों के झिलमिलाते
स्वप्न जैसे पाँव।''[155]

शमशेर भूख, गरीबी, शोषण तथा आम आदमी के अन्य दुःख-तकलीफों को अपनी ग़ज़लों में भी अभिव्यक्ति देते हैं। वहाँ भी शमशेर के समग्र अनुभव-संसार-जनसंघर्ष, प्रेम व प्रकृति की प्रभावशाली प्रस्तुति देखी जा सकती है–

"जहाँ में अब तो जितने रोज़
अपना जीना होना है
तुम्हारी चोटें होनी हैं
हमारा सीना होना है।"[156]

"आज फिर काम से लौटा हूँ बड़ी रात गये
ताक़ पर ही मेरे हिस्से की धरी है शायद"[157]

छंद, भाषा, शिल्प आदि कलात्मक शर्तों का निर्वहन शमशेर ने एक सर्वाधिक सजग कवि के रूप में किया है। हम देख चुके हैं कि वे एक प्रयोगधर्मी रचनाकार, कुशल शिल्पी तथा 'गहरी शब्द-साधना के धनी कवि' के रूप में विख्यात हैं। समय-समय पर आलोचकों द्वारा जो दलील दी जाती रही है, वह गलत नहीं है, कि जो लोग प्रगतिशील काव्य पर कलाहीनता या अकलात्मकता का आरोप लगाते हैं, उन्हें शमशेर का काव्य पढ़ना चाहिए। शब्द-चयन का जहाँ तक सवाल है, कवि ने सभी क्षेत्रों से उसे ग्रहण किया है। वाक्य-विन्यास भी उनका विशिष्ट है जो कुशलतापूर्वक पाठक को काव्य के मर्म तक ले जाने में सक्षम है। उनकी कविताओं में लय की योजना भावों के अनुरूप है। काव्य-रूप की दृष्टि से गीत भी कवि ने लिखे हैं। उर्दू के कुछ शेर तथा ग़ज़लें भी लिखी हैं। सभी क्षेत्रों में वे बराबर सफल रहे हैं। शमशेर बिम्ब योजना में अप्रतिम हैं। 'एक चित्रकार कवि' के रूप में उनकी प्रसिद्धि यों ही नहीं है। शमशेर की प्रगतिशीलता और जनपक्षधरता में संदेह नहीं, लेकिन मानना होगा कि उनका कवि व्यक्तित्व रोमानी प्रकार का है। वे मूलतः एक रोमांटिक कवि हैं। कल्पना का आधिक्य, काव्यानुभूति की संश्लिष्टता, सघनता तथा सूक्ष्मता व एक तरह की अमूर्तता के कारण शमशेर कहीं-कहीं रूपवादी खतरों के भँवर में भी फँस जाते हैं। लेकिन उनके रचनाकार का सामाजिक स्वर उन्हें डूबने नहीं देता और हर बार किनारे तक पहुँचा देता है।

कुछ और महत्त्वपूर्ण कवि

भवानी प्रसाद मिश्र, रघुवीर सहाय, सर्वेश्वरदयाल सक्सेना, केदारनाथ सिंह, दुष्यन्त कुमार, राजकमल चौधरी, शलभ श्रीरामसिंह और धूमिल।

भवानी प्रसाद मिश्र

"वाणी की दीनता, अपनी मैं चीन्हता
कहने में अर्थ नहीं, कहना पर व्यर्थ नहीं
मिलती है कहने में एक तल्लीनता।"[158]

प्रबल गाँधीवादी आस्था के कवि भवानी प्रसाद मिश्र का रास्ता प्रगतिशील कवियों से चाहे अलग है लेकिन उनके काव्य में सार्थक कवि-कर्म की चिंता हर जगह बिना किसी अपवाद के मौजूद है। कवि की जनपक्षधरता असंदिग्ध है। सीधी-सहज शैली के प्रयोग में सिद्धहस्त भवानी प्रसाद मिश्र कविता की भाषा को लोकांचलों की बोली तक ले जाते हैं–

"पीके फूटे आज प्यार के, पानी बरसा री
हरियाली छा गयी हमारे, सावन सरसा री
रुनझुन बिछिया, आज हिल-डुल मेरी बेनी री
ऊँचे-ऊँचे पैंग, हिंडोला सरग नसैनी-री।"[159]

'गीत फ़रोश', 'अँधेरी कविताएँ', 'चकित है दुःख', 'गाँधी पंचशती', 'बुनी हुई रस्सी', 'खुशबू के शिलालेख' तथा 'त्रिकाल सन्ध्या' आदि अनेक संग्रहों में कवि का जो अनुभव-संसार सामने आता है, दरअसल, वह लोक जीवन के हर्ष, विषाद, मौज-मस्ती, भूख, गरीबी, शोषण तथा संघर्ष के अनेक रंगों से रचा-पगा अनुभव-लोक है। भवानी प्रसाद मिश्र की कविताएँ स्वातन्त्र्योत्तर भारतीय परिवेश के राजनीतिक-सामाजिक यथार्थ की विसंगतियों को ही उजागर नहीं करतीं बल्कि व्यवस्था की विकृतियों तथा शोषण का तीव्र विरोध भी करती हैं। शायद यही कारण भी है कि उनके काव्य की यह लोकोन्मुखता तथा लोक-जीवन के दुःख-तकलीफों की लगभग उन्हीं की बोली में अभिव्यक्ति उन्हें स्वातन्त्र्योत्तर काव्य-परिदृश्य में एक अत्यन्त महत्त्वपूर्ण कवि के रूप में स्थापित करती है–

"अगर गा न पाए तो हल्ला करेंगे
इस हल्ले में मौत आ गयी तो मरेंगे
कई बार मरने से जीना बुरा है
कि गुस्से को हर बार पीना बुरा है।
बुरी ज़िंदगी को न अपनी बचाओ
कि इज्जत के पैरों पर इसको चढ़ाओ

चलो गीत गाओ चलो गीत गाओ
कि गा-गा के दुनिया को सिर पर उठाओ।''[160]

मानना होगा कि व्यापक सामाजिकता की भावना भवानी प्रसाद मिश्र के काव्य की सर्वाधिक महत्त्वपूर्ण विशेषता है जो उन्हें एक औसत मनुष्य के रोजमर्रा के जीवन को विविध कोणों से देखने की दृष्टि देती है। जटिल बौद्धिक नयी कविता के दौर में भी मिश्र जी ने विशुद्ध भारतीय कवि के रूप में जन सम्पृक्ति का मार्ग ही अपनाया। जनता की तल्खी, क्रोध, उल्लास, आस्था, आशा-निराशा, वेदना, प्यार, अभाव—सब कुछ की बहुत प्रामाणिक अभिव्यक्ति उनके यहाँ मिलती है। प्रेम और प्रकृति के अपार सौन्दर्य को भी कवि ने संवेदना के रंग में डुबो-डुबो कर प्रस्तुत किया है—यहाँ भी उनका काव्य जन-जीवन की ऊष्मा से वंचित नहीं है। विजय बहादुर सिंह ने भवानी प्रसाद मिश्र के समग्र काव्य-व्यक्तित्व पर बहुत कम शब्दों में प्रकाश डालते हुए लिखा है—''उनमें एक वैष्णवी तेजस्विता और सहृदयता है, किंतु वे कई मुद्दों पर हमारे इन (प्रगतिशील) कवियों से न केवल अलग-अलग हैं, वरन् असहमत भी। कहने को तो वे कहते हैं कि 'समूचा जंगल/जला देने वाली आग भी/कौन कहता है/ कि जलनी नहीं चाहिए' किंतु उनकी कविता में कई अगर-मगर हैं और अपनी वैचारिक सहिष्णुता को वे काफ़ी तीव्रता से प्यार करते हैं। तब भी उनकी कविता जन-संघर्षों के लिए अनुपयोगी नहीं हो जाती। वह भी अपने आसपास के हिंसक और जनविरोधी वातावरण के खिलाफ़ सात्विक तेज और ललकार से भरी हुई है। अहिंसा की तेज़ धार वाली उनकी कविताएँ कला की ठंडी और चमत्कारी मुद्राओं से काफ़ी दूर उस आर्ष-क्रोध की भंगिमा लिये हुए हैं, जिनसे राजधानियाँ थरथराती हैं और मामूली आदमी नया आत्मविश्वास प्राप्त करता है।''[161]

रघुवीर सहाय

स्वातन्त्र्योत्तर हिन्दी कविता में गहरी जनसम्बद्धता, विशिष्ट भाषा-शैली तथा व्यापक सामाजिक-राजनीतिक परिदृश्य को कविता के केन्द्रीय अनुभवों में स्थान देने वाले कवियों में रघुवीर सहाय का स्थान विशिष्ट है। 'सीढ़ियों पर धूप में', 'आत्महत्या के विरुद्ध', 'हँसो-हँसो जल्दी हँसो' तथा 'लोग भूल गए हैं' उनके कविता-संग्रह हैं। यह निश्चित है कि उनमें व्यक्तिवादी छायाएँ भी सक्रिय रही हैं और उनका प्रगतिशील कवियों से एक वैचारिक मतभेद रहा है अर्थात् वे गैरमार्क्सवादी कवि हैं। साथ ही उनमें लोहिया का प्रभाव भी लक्ष्य किया जा सकता है। अपनी कविता

में कहीं-कहीं अमूर्तता से भी बच नहीं पाते। बावजूद इसके, उनके समग्र काव्य व्यक्तित्व पर विचार करने से उपर्युक्त बातों का बहुत ज़्यादा निर्णायक महत्त्व नहीं रह जाता। उनमें अनवरत एक गहरी सामाजिक और जनपक्षधरता की भावना दिखाई देती है जो उनके कवि को एक सक्रिय जीवन-दृष्टि और युग की उद्यत चिंता का कवि बनाती है। नामवर सिंह ने लिखा है—"उनकी कविता की संरचनात्मक सघनता काव्यानुभूति की शक्ति और काव्य-कथ्य की ऊर्जा का प्रतिबिम्ब है।"[162]

रघुवीर सहाय के काव्यानुभवों से गुजरने के बाद उस मनुष्य की मूर्ति उभरकर सामने आती है जो स्वातन्त्र्योत्तर परिवेश में सामाजिक-राजनीतिक शोषण की मार कहीं चुपचाप सह रहा है और कहीं अपने 'नक्कू और कातर क्रोध' को लेकर झुँझला रहा है—

"भाषा कोरे वादों से
वायदों से भ्रष्ट हो चुकी है सबकी

न सही यह कविता
यह मेरे हाथ की छटपटाहट सही
यह कि मैं घोर उजाले में खोजता हूँ
आग
जब कि हर अभिव्यक्ति
व्यक्ति नहीं
अभिव्यक्ति
जली हुई लकड़ी है न कोयला न राख
क्रोध, नक्कू क्रोध, कातर क्रोध
तुमने किस औरत पर उतारा क्रोध?"[163]

रघुवीर सहाय की कविता का 'मैं' दरअसल सामान्य जन और कायरता, साहस तथा दुःख अभावों से भरी उसकी दुनिया का प्रतिनिधित्व करता है। उनके काव्य का मनुष्य हर जगह अपने नक्कू व कातर क्रोध से पराजित नहीं है, बल्कि प्रायः जुझारू संघर्ष का संकल्प भीतर के कायर को तोड़ देता है—

"कुछ होगा कुछ होगा अगर मैं बोलूँगा
न टूटे न टूटे तिलस्म सत्ता का मेरे अंदर एक कायर टूटेगा टूट

मेरे मन टूट एक बार सही तरह
अच्छी तरह टूट मत झूठमूठ अब मत रूठ
मत डूब सिर्फ टूट।"[164]

रघुवीर सहाय के अनुभवों की दुनिया में समय की नब्ज़ की गहरी पहचान दिखाई देती है। उन्होंने काव्य-भाषा में राजनीतिक शब्दावली का समावेश भी किया है और राजनीति तथा समाज की विसंगतियाँ उभारी हैं। उनकी रचना-प्रक्रिया जटिल है, अतः भाषा की सहजता के बावजूद उनकी कविता के दूरवर्ती और प्रासंगिक संकेत एक प्रबुद्ध पाठक की माँग करते हैं। वे प्रचलित और पारम्परिक शिल्प का सहारा न लेकर प्रायः सीधी-सादी शैली में सटीक व्यंग्य करते हैं और गहरे तक उद्वेलित करते हैं। रघुवीर सहाय के काव्य में छले गये तथा शोषक तन्त्र के हाथों शोषित व पस्त मनुष्य के प्रति गहरी संवेदना उभरती है। आम आदमी की कायरता, साहस, उदासी, निराशा, बिखराव और संघर्ष—सब कुछ उनके कवि को उद्वेलित करता है। रोहिताश्व के अनुसार—"वस्तुतः रघुवीर सहाय की कविताएँ एक जागरूक और संवेदनशील व्यक्ति द्वारा अपने चारों ओर के ठोस यथार्थ जगत् के एक या एक से अधिक स्तरों को परिभाषित करने के प्रयास की कविताएँ हैं।"[165] 'लोग भूल गए हैं' के निम्न काव्यांश से ही यह स्पष्ट हो जाता है कि रघुवीर सहाय की कविताएँ अपने समय के क्रूर तन्त्र की भयावहता को रूपायित करती हुई स्वातन्त्र्योत्तर भारत की कटु सच्चाइयों तथा राजनीतिक-सामाजिक विडम्बनाओं को किस तरह उघाड़कर रख देती हैं—

"दुनिया ऐसे दौर से गुजर रही है जिसमें
हर नया शासक पुराने के पापों को आदर्श मानता
और जन वंचित जन जो कुछ भी करते हैं
काम-धाम राग-रंग
वह ऐसे शासक के विरुद्ध ही होता है
यह संस्कृति उसको पोसती है
जो सत्य से विरक्त है
देह से सशक्त और दानशील धीर है
भड़ककर एक बार जो उग्र है, उसे तुरंत मार देती है।"[166]

सर्वेश्वरदयाल सक्सेना

सर्वेश्वर की काव्ययात्रा अपने प्रथम कविता-संग्रह 'काठ की घंटियाँ'–जिसमें कवि की 1949 से 1957 तक की कविताएँ संग्रहीत हैं–से इस उम्मीद और आस्था के साथ आरंभ होती है कि–

"शायद कल
मेरे गूँगे स्वरों के सहारे
कोटि-कोटि कंठों की खोयी शक्ति बोल दे..."[167]

और दूसरे कविता-संगह 'बाँस का पुल' में यह आस्था 'एक समर्थ सच्ची आवाज' सुनने की आकांक्षा में बदल जाती है–

"सुनना चाहता हूँ
एक समर्थ सच्ची आवाज़
यदि कहीं हो..."[168]

परवर्ती संग्रहों–'एक सूनी नाव', 'गर्म हवाएँ', 'कुआनो नदी', 'जंगल का दर्द' तथा 'खूँटियों पर टँगे लोग'–में कवि ने काव्य-विकास के महत्त्वपूर्ण पड़ाव तय किये जिनके आधार पर स्वातन्त्र्योत्तर हिन्दी काव्य-परिदृश्य में एक जनवादी कवि के रूप में एक ठोस पहचान बनी। सर्वेश्वर पर भी लोहिया का प्रभाव दिखाई देता है, बावजूद इसके उनकी सामाजिकता असंदिग्ध है। उनके समग्र काव्यानुभवों से गुजरने के बाद हम सहज ही उन्हें जनता का कवि कहकर पुकार सकते हैं।

सर्वेश्वर के यहाँ प्रेम की रागात्मक तथा व्यक्ति-मन की अनेक निजी अनुभूतियों का भी कलात्मक अंकन देखने को मिलता है–

"अक्सर एक खामोशी
मुझे कपड़े पहनाती है
अक्सर एक व्यथा
यात्रा बन जाती है।"[169]

लेकिन अंततः वे शोषक-शासक वर्ग के प्रति आक्रोश तथा शोषित सर्वहारा वर्ग के प्रति गहरी संवेदना के कवि हैं। प्रगतिशील-जनवादी काव्य परम्परा को साक्ष्य में रखकर कहा जा सकता है कि जनसम्बद्धता तथा सामाजिकता की भावना रचनाकार को भीतर के आत्मग्रस्त व्यक्ति से पराजित नहीं होने देती। इस दृष्टि से भी सर्वेश्वर

का काव्य उन्हें युग का समर्थ व जागरूक कवि प्रमाणित करता है–

"अब मैं कवि नहीं रहा
एक काला झंडा हूँ
तिरपन करोड़ भौंहों के बीच मातम में
खड़ी है मेरी कविता।"[170]

भूख, गरीबी, महामारी, अकाल, साम्प्रदायिक दंगे, शोषण जैसी युग की तमाम त्रासदियाँ मिलकर कवि सर्वेश्वर के अनुभव-संसार का निर्माण करती हैं–"सर्वेश्वर को कस्बे, गाँव और राजधानी का एकत्र अनुभव था। वे दोनों दिशाओं के आरपार देख लेते थे। उनके बिम्ब, मुहावरे, उनकी लोकचेतना और यथार्थ दृष्टि ने काफी महत्तर कार्य किया है।"[171] सर्वेश्वर ने स्वातन्त्र्योत्तर भारत की सामाजिक-राजनीतिक स्थितियों तथा जनता के एक-एक तेवर को अपनी कविता में जीवंतता के साथ अभिव्यक्त किया जो उनके काव्य के जनवादी चरित्र का ही प्रमाण है। प्रेम व प्रकृति की रागात्मक तथा व्यक्तिमन की निजी अनुभूतियों और मूलतः जन-विरोधी ताकतों के प्रति आक्रोश व गुस्सा–के सम्मिलन से सर्वेश्वर की काव्यानुभूति निर्मित होती है। सर्वेश्वर की कविता के केन्द्र में शोषणविहीन व्यवस्था व 'आज़ाद आदमी' का स्वप्न है जो बार-बार उभरकर सामने आता है–

"क्योंकि उसकी हथेलियाँ
इस दुनिया को रचती हैं
और फूल और साँप के फनों का अंतर नहीं जानतीं
उन्हें एक-सा थाम लेती हैं।"[172]

केदारनाथ सिंह

"मुझे विश्वास है
यह पृथ्वी रहेगी
यदि और कहीं नहीं तो मेरी हड्डियों में
यह रहेगी जैसे पेड़ के तने में
रहते हैं दीमक
जैसे दाने में रह लेता है घुन
यह रहेगी प्रलय के बाद भी मेरे अंदर..."[173]

केदारनाथ सिंह की कविता आम आदमी की चिंता, उसकी अदम्य आस्था, संघर्ष और विजय के विश्वास की कविता है। वह किसी आभिजात्य लोक का निर्माण नहीं करती बल्कि मध्य तथा निम्नवर्ग के मनुष्यों की एक ऐसी दुनिया रचती है जो युग की घोर निस्तब्धता को तोड़ती है और वर्तमान व्यवस्था के प्रति हमें सोचने व चिंतित होने के लिए बाध्य करती है। 'अभी बिलकुल अभी' कवि का पहला कविता संकलन है जो 1960 में प्रकाशित हुआ। इसके अनंतर 'जमीन पक रही है' (1980), 'यहाँ से देखो' (1983) तथा 'अकाल में सारस' (1988)—तीन कविता-संग्रहों का प्रकाशन हुआ। परमानंद श्रीवास्तव ने लिखा है—"केदारनाथ सिंह शायद हिन्दी के समकालीन काव्य परिदृश्य में अकेले ऐसे कवि हैं जो एक ही साथ गाँव के भी कवि हैं और शहर के भी। अनुभवों के यो दोनों छोर कई बार उनकी कविता में एक ही साथ और एक ही समय दिखाई पड़ते हैं। शायद भारतीय अनुभव की यह अपनी बनावट है जिसे नकार कर सच्ची भारतीय कविता नहीं लिखी जा सकती। केदार की कविता जो पहली बार रूप या तन्त्र के धरातल पर एक आकर्षक विस्मय पैदा करती है, क्रमशः बिम्ब और विचार के संगठन में मूर्त होती है और एक तीखी बेलौस सच्चाई की तरह पूरे सामाजिक दृश्य पर अंकित होती चली जाती है।"[174]

केदार के अनुभव-संसार में कहीं 'माँझी का पुल' है जो 'हल चलाते लालमोहन' को 'बैलों के सींगों के बीच से दिख जाता है', कहीं गंगा के पानी से 'अब हो गई शाम। अच्छा भाई पानी। राम! राम!' कहता और जाल समेटता बूढ़ा मल्लाह है, कहीं धार्मिक, सांस्कृतिक शहर 'बनारस' है जो 'शताब्दियों से गंगा के जल में अपनी एक टाँग पर खड़ा है' और जो 'आधा जल में है/आधा मंत्र में/आधा फूल में है/ आधा शव में/आधा नींद में है/आधा शंख में', कहीं प्रिया है जिसका हाथ अपने हाथ में लेते हुए कवि सोचता है कि 'दुनिया को हाथ की तरह गर्म और सुंदर होना चाहिए', कहीं 'रोटी में नमक की तरह प्रवेश करता' सूर्य है और कहीं 'पानी में घिरे हुए लोग' हैं जो 'पानी की आँखों में/आँखें डाले हुए/ रात भर खड़े रहते हैं/ पानी के सामने/ पानी की तरफ/ पानी के खिलाफ' —कुल मिलाकर केदार की कविता में आम आदमी—जो ग्रामीण भी है और शहरी भी—की सम्पूर्ण दुनिया जीवंत रूप में, विविध रंगों में तथा बहुत प्रामाणिक तौर पर मौजूद है। उनके यहाँ शोषित समाज के मार्मिक चित्र भी हैं और शोषक शासित व्यवस्था के खिलाफ एक आक्रामक मुद्रा भी। अगर यह कहा जाए कि केदारनाथ सिंह मुक्तिबोध-नागार्जुन के बाद की पीढ़ी में सर्वाधिक महत्त्वपूर्ण, जागरूक व कलात्मक कवि हैं तो अतिशयोक्ति न होगी।

सर्वहारा का दुःखी तबका ही केदार की कविता के केन्द्र में है। मुट्ठियाँ बाँधता और मुट्ठियाँ खोलता, एक दुःखी, उदास और हताश मनुष्य का चेहरा—जो व्यापक जन-समाज का प्रतिनिधित्व करता है—कवि केदार की चेतना में निरंतर मौजूद रहता है। उनके सद्य-प्रकाशित कविता-संग्रह 'अकाल में सारस' की एक कविता 'चेहरा' में इस तथ्य के संदर्भ में कवि का स्वीकार विशिष्ट भाषा-शैली में तथा अत्यन्त कलात्मक रूप में देखा जा सकता है—

"मेरे लिए यह बताना
बेहद मुश्किल है कि इतने दिनों बाद भी
मुझे क्यों याद है
एक बूढ़े उदास गड़रिये का चेहरा
जिसे मैंने एक दिन
नदी में देखा था
जहाँ उसकी भेड़ें पानी पी रही थीं
मैंने देखा—वहाँ उसकी झुर्रियों में
अब भी जगह थी
जहाँ एक चिड़िया
अपना घोंसला बना सकती थी

फिर भेड़ें रह गयीं वहीं
और न जाने कैसे
मेरे संग-संग चला आया
पानी और कीचड़-समेत वह ज़िंदा चेहरा
जिससे इतने बरस बाद भी
मेरे अंदर बूँदें टपक रही हैं।
मेरे दोस्त, कितना मुश्किल है
इस शहर दिल्ली में
सुबह से शाम तक
अपनी चेतना के अंदर
एक बूढ़े उदास गड़रिये का चेहरा
लिये-लिये फिरना!"[175]

दुष्यन्त कुमार

एक सार्थक काव्यानुभूति का लक्ष्य अपने समय के 'जन' का ऐसा समग्र रेखांकन रहता है जिसके माध्यम से उसकी एक-एक रेखा और एक-एक रंग में करवट बदलता हुआ एक सम्पूर्ण युग अपने अंतर्विरोधों व द्वंद्वों सहित साक्षात् हो जाता है। यही नहीं, एक सार्थक काव्यानुभूति की चिंता राजनीतिक-सामाजिक विसंगतियों के बीच खंडित होती 'जन' की मूर्ति के बचाव को लेकर भी रहती है। इस दृष्टि से स्वातन्त्र्योत्तर हिन्दी कविता के प्रगतिशील जनवादी परिदृश्य में कवि दुष्यन्त कुमार के योगदान को भुलाया नहीं जा सकता। 'सूर्य का स्वागत', 'जलते हुए वन का वसंत', 'आवाज़ों के घेरे' दुष्यन्त के कविता-संग्रह हैं। 'साये में धूप' उनका बहुचर्चित ग़ज़ल-संग्रह है और एक काव्य-नाटक 'एक कंठ विषपायी'–जो दक्ष यज्ञ के समय पति के अपमान को देखकर सती के दग्ध होने की कथा पर आधारित है। लेकिन मूलतः दुष्यंत कुमार की रचनाएँ-कविताएँ व ग़ज़लें—व्यापक जन-असंतोष को एक रचनात्मक परिवर्तन तक ले जाने वाली रचनाएँ हैं।

सातवें दशक के उत्तरार्द्ध में भारतीय जनता के मोहभंग की पीड़ा, छटपटाहट और आक्रोश का अंकन दुष्यन्त के काव्य में व्यापक पैमाने पर हुआ। झूठा पड़ता समाजवाद का सपना, पंचवर्षीय योजनाओं की असफलता, भीषण महँगाई, बेरोजगारी, गरीबी और फलस्वरूप व्यापक पैमाने पर फूटते जनता के असंतोष की अत्यन्त सजीव अभिव्यक्ति दुष्यन्त के यहाँ देखी जा सकती है—

"ज़िंदगी को
एक वृहद प्रसंग में रख
और व्यापक अर्थ इसके
खोजते-फिरते रहे जो
हमीं हैं वो
मगर हम ही प्रसंग से कट गए खुद
बह गए
हम औपन्यासिक अधूरे कथा-नायक
विश्व के साहित्य में
आलोचकों के कृपापात्र होकर रह गए
हमीं तो हैं जो निरर्थक पड़े हैं
हमारे सपने अभी तक इस गगन में खड़े हैं

हमारी गूँजें पड़ी हैं वनों में
आहें मिलों में, दफ्तरों में
हमारी आहें, हमारी यही गूँजें
साँप-सी फुँफकारती हैं
पत्थरों पर फन पटकतीं
विवश होकर फिर हमीं को मारती हैं
हम अजीवित
जीवितों से
हर व्यथा की हाँक सुनकर सिहरते हैं
बोलते हैं
हमीं हैं जो बुझ गए लेकिन अभी तक
मुट्ठियों को बाँधते हैं, खोलते हैं।''[176]

ऐसा नहीं कि जिंदगी के दूसरे रंग कवि दुष्यन्त के अनुभव-जगत् में न दिखाई देते हों। वहाँ प्रेम, प्रकृति एवं इतर मानवीय अनुभूतियों को भी पर्याप्त स्थान मिला है–

''एक जंगल है तेरी आँखों में
मैं जहाँ राह भूल जाता हूँ
मैं तुझे भूलने की कोशिश में
आज कितने करीब पाता हूँ।''[177]

''एक छाया सीढ़ियाँ चढ़ती-उतरती है
धूप ये अठखेलियाँ हर रोज करती है
मैं तुम्हें छूकर जरा-सा छेड़ देता हूँ
और गीली पाँखुरी से ओस झरती है।''[178]

लेकिन दुष्यन्त ने अपनी हिन्दी ग़ज़लों में भी मूलतः व्यवस्था की विसंगतियों और राजनीतिक भावनाओं को व्यक्त किया और यह साबित कर दिया कि ग़ज़ल न सिर्फ व्यक्ति मन की निजी, नाजुक और रागात्मक अनुभूति का माध्यम है बल्कि युग की तीखी और बेलौस सच्चाइयाँ भी उसमें व्यक्त हो सकती हैं–

''मुझमें रहते हैं करोड़ों लोग चुप कैसे रहूँ
हर ग़ज़ल अब सल्तनत के नाम एक बयान है।''[179]

"दस्तकों का अब किवाड़ों पर असर होगा ज़रूर
हर हथेली खून से तर और ज़्यादा बेकरार।"[180]

"कहाँ तो तय था चरागाँ हरेक घर के लिए
कहाँ चिराग भी मयस्सर नहीं शहर के लिए
यहाँ दरख्तों के साये में धूप लगती है
चलो यहाँ से चलें और उम्र भर के लिए
वे मुतमईन हैं कि पत्थर पिघल नहीं सकता
मैं बेकरार हूँ आवाज में असर के लिए
जियें तो अपने बगीचे में गुलमोहर के तले
मरें तो गैर की गलियों में गुलमोहर के लिए।"[181]

कवि दुष्यन्त के समग्र काव्य व्यक्तित्व में उनकी विरोधी और आक्रामक मुद्रा बार-बार उभर-उभरकर सामने आती है। उनके यहाँ युगजीवन से सम्पृक्त काव्यानुभूति की व्यापकता व सकारात्मकता देखी जा सकती है। यही नहीं, भविष्य की सृजनात्मक परिकल्पना के प्रति एक अटूट और अदम्य आत्मविश्वास भी दुष्यन्त के कवि-कर्म में निहित है–

"और क्या पता
कि मैं तुम और हम सब
जो धरती माता की गोद में तड़पते हैं
मुट्ठियाँ बाँध-बाँधकर आगे बढ़ते हैं
लड़ते हैं और हार जाते हैं–
किसी वृहद और विशाल गीत के बोल हों
और कल जनम लेकर
पूरी धरती पर फैल जायें।"[182]

निस्संदेह, दुष्यन्त युग-जीवन से गहरे सम्पृक्त एक जनकवि हैं। उनके समग्र काव्य-संसार में अनुभवों की जनपक्षधरता असंदिग्ध है। दुष्यन्त के बारे में यह सही कहा गया है कि–"दुष्यन्त की कविताएँ समग्रतः विरोध की कविताएँ हैं लेकिन रचनात्मक स्तर पर कवि का यह विरोध व्यवस्था से अधिक अपने आपसे है, जहाँ व्यक्ति न होकर वह एक वर्ग है मुट्ठियों को बाँधता और खोलता। बाँधना जो

उसकी ज़रूरत है और खोलना, मजबूरी।"[183]

राजकमल चौधरी

"वह एक की निगाह में हीरा आदमी था
तो दूसरी की निगाह में कमीना था...
राख और जंगल से बना हुआ वह
एक ऐसा चरित्र था
जिसे किसी भी शर्त पर
राजकमल होना था...
मगर यह तय है कि उसकी शख़्सियत
घास थी
वह जलते हुए मकान के नीचे भी हरा था...
वह एक ऐसा आदमी था जिसका मरना
कविता से बाहर नहीं है।"[184]

'मुक्ति प्रसंग' (प्रदीर्घ काव्यकृति) तथा 'इस अकाल बेला में' (रचनावली) के कवि राजकमल चौधरी वैयक्तिकता के दर्शन के हिमायती होने के बावजूद-युग-जीवन की विसंगतियों और अमानुषिकताओं पर तीखा आक्रमण करते हैं। हालाँकि अकविता के दौर के कवि होने के कारण उनकी कवि-दृष्टि की अपनी सीमाएँ भी रही हैं। अनेक सकारात्मक पक्षों के बावजूद राजकमल की कविताएँ वैयक्तिक तथा नकारात्मक-निषेधात्मक परिदृश्य भी रचती हैं। राजकमल में व्यक्तिबोध और युगबोध इस तरह घुला-मिला है कि हम उन्हें अंतर्विरोधों का कवि भी कह सकते हैं। 'मुक्ति प्रसंग' में कवि अपने निजी संदर्भों को व्यापक मानवीय पीड़ा के परिदृश्य से जोड़कर देखता है। अकविता की सीमाओं के बावजूद 'मुक्ति प्रसंग' यथार्थ की विसंगतियों का चित्रण करती है। देशी-विदेशी साम्राज्यवादी शक्तियों की पहचान भी कवि को है। यही कारण है कि कवि की वैयक्तिक पीड़ा व्यापक मानवीय बोध से जुड़कर अपने अनुभव-संसार को समृद्ध करती है–

"मेरे देश और मेरे मनुष्य का भविष्य निर्धारित करने के लिए
अतीत निर्धारित करने के लिए
मैं इतिहास-पुस्तक की तरह खुला पड़ा हुआ हूँ
लेकिन मेरा देश–

मेरा पेट मेरा ब्लाडर
मेरी अँतड़ियाँ खुलने से पहले
सर्जकों को जान लेना होगा
हर जगह नहीं है जल अथवा रक्त अथवा मांस अथवा मिट्टी
केवल हवा, कीड़े, ज़ख्म और गंदे पनाले हैं
अधिक स्थानों पर इस देश में
जहाँ सड़कर फट गयी हैं नसें, वहाँ हवा तक नहीं
ऊपर की त्वचा चीरने पर आग नहीं निकलेगी
नहीं धुआँ जठराग्नि, दावानल...
सब बुझ गए अचानक पहले पंद्रह अगस्त की पहली रात के बाद
अब राख की तरह बच गया है पीला मवाद।
जिसे बेडौल टुकड़ों में बाँटकर
अलग-अलग चाहते हैं
भाग करना, बनिये, सौदागर...[185]

यह सच है कि राजकमल चौधरी शासन-तन्त्र की कुरूपताओं का पर्दाफाश करते हैं तथा पूँजीवादी अर्थव्यवस्था और उसकी नीतियों की भी तीव्र भर्त्सना करते हैं लेकिन अंततः—"कवि के जीवन सम्बन्धी निष्कर्ष अबौद्धिक और पलायनवादी हैं, वैयक्तिक प्रकृति और विघटन के हिमायती हैं।"[186] उन पर अज्ञेय और एलेन गीन्सबर्ग के प्रभाव का आरोप भी लगाया जाता रहा है—"अज्ञेय और एलेन गीन्सबर्ग की कविता की परिणति ही राजकमल चौधरी की परिणति है।"[187] यह मानना होगा कि किसी स्पष्ट दर्शन के अभाव में राजकमल चौधरी का विश्वबोध मुक्तिबोध के विश्वबोध की तरह न मनोवृत्तियों को अनुशासित करता है और न किसी विकल्प की ओर ही संकेत करता है। राजकमल की कविताओं में यौन शब्दों का बाहुल्य भी प्रायः एक वितृष्णा पैदा करता है। लेकिन इतना तो हमें स्वीकारना ही होगा कि अकविता के दौर में वामपंथी-जनवादी चेतना के बीज मौजूद थे जो आठवें दशक की कविता में अपनी विकसित अवस्था में फूलते-फलते दिखाई देते हैं।

इस नाते राजकमल के काव्य में भी जनवादी चेतना के बीज उनके अंतर्विरोधों और सीमाओं के बावजूद सर्वत्र दिखाई देते हैं। इस चेतना के बीज-रूप में होने का परिणाम सकारात्मक हुआ तो दूसरी ओर नकारात्मक भी—कहा जा चुका है इसका पूर्ण विकास आठवें दशक में दिखता है। फलस्वरूप राजकमल चौधरी की

कविताएँ राष्ट्रीय-अंतर्राष्ट्रीय स्थितियों की समझ तथा द्वंद्वात्मक संबंधों की जटिलता की ओर प्रयाण करने के बावजूद यौन तथा तांत्रिक शब्दावली में उलझकर सामाजिक सम्बन्धों के दबाव को पूरी तरह नहीं उकेरती और न ही पक्षधरता की ही स्पष्ट विवेचना कर पाती हैं। राजकमल चौधरी के अनुभव-जगत् में व्यक्तिबोध तथा नकारात्मक-निषेधात्मक दृष्टि का प्रभाव तो दिखता ही है, साथ ही वहाँ अकविता की अन्य विकृतियाँ भी मौजूद मिलती हैं। इन अंतर्विरोधों और सीमाओं के बावजूद राजकमल चौधरी में आम आदमी के दुःख-तकलीफों के करीब पहुँचने का एक ईमानदार प्रयास भी लक्ष्य किया जा सकता है जो उनके कवि-कर्म की सार्थकता का ही पोषक है—

"आदमी को तोड़ती नहीं हैं लोकतांत्रिक पद्धतियाँ
केवल पेट के बल उसे झुका देती हैं धीरे-धीरे
अपाहिज, धीरे-धीरे नपुंसक बनाने के लिए
उसे शिष्ट राजभक्त देशप्रेमी नागरिक बना लेती हैं।

हम लोगों को अब शामिल नहीं रहना है
इस धरती से आदमी को हमेशा के लिए
खत्म कर देने की साजिश में।"[188]

शलभ श्रीराम सिंह

'कल सुबह होने से पहले' (1966), 'अतिरिक्त पुरुष' (1976), 'नागरिकनामा' (1983), 'राहे हयात' (ग़ज़ल संग्रह, 1982), 'निगाह-दर-निगाह' (नज़्म और ग़ज़लें, 1982) तथा 'अपराधी स्वयं' (प्रदीर्घ कविता 1986) आदि काव्यकृतियों के कवि शलभ श्रीरामसिंह दरअसल 'युयुत्सावादी कविता' के प्रवर्तक के रूप में हिन्दी काव्य-जगत् में प्रवेश करते हैं। आगे चलकर उनके काव्य में जनवादी चिंतन की धार निरंतर तेज होती जाती है। उपर्युक्त पुस्तकों में आरंभिक तीन उनके कविता-संग्रह हैं। समकालीन कविता के परिदृश्य में वे अपने रचनाकार के तीनों रूपों—कवि, गीतकार व शायर—में सृजनरत हैं। काव्यकला की जनवादी उपलब्धियों की दृष्टि से हिन्दी कविता में उनकी ठोस पहचान है। शलभ मूलतः स्वच्छंदतावादी कवि हैं लेकिन उनका स्वच्छंदतावाद क्रांतिकारी या प्रगतिशील स्वच्छंदतावाद ही है।

शलभ के अनुभव लोक में समूचा स्वातन्त्र्योत्तर भारत अपने सामाजिक-राजनीतिक अंतर्विरोधों, द्वंद्वों तथा विसंगतियों सहित मूर्त हो उठा है। वहाँ शोषक

और शोषितों के बीच की विभाजन रेखा स्पष्ट तौर पर उभरकर सामने आती है। शलभ के काव्य में सर्वहारा के प्रति सिर्फ संवेदना ही नहीं मिलती बल्कि वह उनके जुझारू संघर्ष की द्वंद्वात्मक चेतना को भी रूपायित करता है—

"जहाँ अवाम के खिलाफ़ साज़िशें हों शान से
जहाँ पे बेगुनाह हाथ धो रहे हों जान से
जहाँ पे लफ्जे-अम्न एक ख़ौफनाक राज़ हो
जहाँ कबूतरों का सरपरस्त एक बाज हो
वहाँ न चुप रहेंगे हम
कहेंगे, हाँ, कहेंगे हम
हमारा हक़-हमारा हक़ हमें जनाब चाहिए!
घिरे हैं हम सवाल से हमें जवाब चाहिए!
जवाब-दर-सवाल हैं कि इन्क़लाब चाहिए!
इन्क़लाब! ज़िंदाबाद!
ज़िंदाबाद! इन्क़लाब!"[189]

शलभ की कलम युग की भीषण त्रासदियों—अकाल, महामारी, भूख, गरीबी, बेकारी, महँगाई, शोषण से एकाकार होकर चली है। उनके यहाँ जीवन-जगत् की विविध सच्चाइयों तथा मन की अनेक निजी अनुभूतियों का अंकन एक साथ देखने को मिलता है—कहीं प्रिया है, इस तरह जैसे 'खिड़की से सटी/चुपचाप/गीतांजलि खड़ी हैं', कहीं जनसंघर्ष का आह्वान है 'मजूर आ, किसान आ, वतन के नौजवान आ' तो कहीं अनेक मीठी घरेलू स्मृतियों से भरा, गाँव से महानगर आया एक ग्रामीण युवक है, हैरान, परेशान—

"दर्पणों के बीच
अपनों को ढूँढ़ता
प्रतिबिम्बों से बातें करता
मैं किसी अज़नबी शहर में आ गया हूँ
जहाँ नल पर नहाती सुबहें
फाइलों पर झुकी दोपहरें
और खाँसती बीमार रातें
एक पल भी चैन से जीने नहीं देतीं
जाने कहाँ छूट गयी

छूट गयी—वह धूप वाली एक टुकड़ा बदली : माँ
ईरानी गुलाब की शाख : पत्नी
धानी पत्तियों वाली वाली ईख : बहन
नीम का नौधा पेड़ : भाई
और रोशनी भरा पूरा का पूरा आसमान : पिता
दर्पणों की इस भीड़ में सबके सब खो गये!''[90]

अत्यन्त सधी हुई भाषा मजबूत शिल्प में शलभ ने अपने गीतों में अपने सत्य लोक की रागात्मक तथा व्यक्तिमन की सूक्ष्म अनुभूतियों को अत्यन्त कलात्मक रचाव में प्रस्तुत किया। यहाँ 'विदा के संदर्भ में हम-तुम' तथा 'मिले लगते हैं, रेल की दो पटरियों से कभी हम-तुम' जैसे अनेक गीतों को याद किया जा सकता है। यहाँ उल्लेखनीय यह है कि शलभ के अनेक गीतों में युगीन संदर्भों की सार्थक उपस्थिति भी लक्ष्य की जा सकती है। शलभ अपने गीत-ग़ज़लों में अपने 'आत्म' को भी अनेक कोणों से पकड़ते हैं। हालाँकि त्रिलोचन की तरह यहाँ भी कवि की आत्मपरकता, आत्मपरकता ही है, आत्मग्रस्तता नहीं—

''खुद में होना भी खूब होना है
ग़म छुपाये खुशी से मिलता हूँ।''[91]

शलभ के समग्र काव्यानुभवों के मूल्यांकन के बाद हमें यह स्वीकारना ही होगा कि वे मूलतः शोषित, दमित और अधिकार वंचित जनता के कवि हैं। कलावादियों-रूपवादियों से स्वयं को अलगाते हुए शलभ श्रीराम सिंह ने साफ़-साफ़ यह स्वीकारा भी है कि—

''कविता का अनिवार्य विषय
जाँघों का जुग़राफ़िया नहीं
आँतों का इतिहास होता है
और यहीं से शुरू होती है कविता।''[92]

धूमिल

''धूमिल मात्र अनुभूति के नहीं, विचार के भी कवि हैं। उनके यहाँ अनुभूतिपरकता और विचारशीलता, एहसास और समझ, एक-दूसरे से घुले-मिले हैं और उनकी कविता केवल भावात्मक स्तर पर नहीं, बल्कि बौद्धिक स्तर पर भी सक्रिय होती है। 'मोचीराम',

'राजकमल चौधरी के लिए', 'अकाल-दर्शन', 'प्रौढ़ शिक्षा' जैसे विषयों से धूमिल जो काव्य-संसार बसाते हैं, वह हाशिए की दुनिया नहीं, बीच की दुनिया है। यह दुनिया जीवित और पहचाने जा सकने वाले समकालीन मानव-चरित्रों की दुनिया है जो अपने ठोस रूप-रंगों और अपने चारित्रिक मुहावरों में धूमिल के यहाँ उजागर होती है।''[193]

सातवें-आठवें दशक की हिन्दी कविता में धूमिल सर्वाधिक चर्चित, तेजस्वी, प्रखर और क्रांतिकारी कवि रहे हैं। 'संसद से सड़क तक' उनका प्रमुख व प्रथम कविता-संग्रह है जो 1972 में प्रकाशित हुआ। 'कल सुनना मुझे' धूमिल का दूसरा कविता-संग्रह है जो कवि के मरणोपरांत प्रकाशित हुआ। धूमिल ने कविता को एक नया मुहावरा दिया तथा राजनीतिक चेतना को अपनी कविता में अंतर्व्याप्त किया जो उनकी पंक्ति-पंक्ति से फूटती दिखाई देती है। अपने समय की दिशाहीन कविता की भर्त्सना करते हुए धूमिल ने कविता को प्रगतिशील-जनवादी संघर्ष चेतना से लैस किया। धूमिल की दृष्टि में 'एक सही कविता/पहले/एक सार्थक वक्तव्य होती है' अतः उनके अनुभव-संसार में व्यवस्था की त्रासदियाँ व शोषण से पीड़ित एक औसत मनुष्य के आक्रोश और विद्रोह की मुखर अभिव्यक्ति दिखाई देती है। वहाँ कलात्मकता की भूलभुलैया में छिपने का प्रयास कतई नहीं है। शायद यह युग की माँग थी जिसे धूमिल ने पूरी की। धूमिल की कविता सिर्फ जनता को नहीं जगाती, बल्कि वह अपने समय के रचनाकारों व बुद्धिजीवियों को भी झिंझोड़ती है—

''यह दीवार अब तुम्हारी आदत का
हिस्सा बन गयी है
इसे झटककर अलग करो
अपनी आदतों में
फूलों की जगह पत्थर भरो
मासूमियत के हर तकाज़े को
ठोकर मार दो
अब वक़्त आ गया है कि तुम उठो
और अपनी ऊब को आकार दो।''[194]

धूमिल के काव्यानुभवों में क्षत-विक्षत हिन्दुस्तान की समग्र तस्वीर मिलती है। उनके यहाँ काव्यानुभूति—कवि की नितांत निजी व्यक्तिगत, अनुभूति—की अत्यन्त सार्थक, सामाजिक और युगीन परिणति होती है। धूमिल के अनुभव-लोक में स्थान-स्थान

पर लोकतन्त्र की विफलता की वेदना उभरती है और राजनीतिक- सामाजिक परिप्रेक्ष्य में सत्ता द्वारा जनता के साथ किये गये विश्वासघात की तिलमिलाहट भी। कवि ने न सिर्फ राजनीति, पूँजीवाद और नौकरशाही के पाखंड का पर्दाफाश किया बल्कि उस गहरी चौड़ी खाई को भी रेखांकित किया जो स्वातन्त्र्योत्तर भारत में तथाकथित समाजवाद के सिद्धांत और व्यवहार के बीच है–

"अपने यहाँ जनतन्त्र
एक ऐसा तमाशा है
जिसकी जान
मदारी की भाषा है
मेरे देश का समाजवाद
माल गोदाम में लटकती हुई
उन बाल्टियों की तरह है जिस पर 'आग' लिखा है
और उनमें बालू और पानी भरा है...
यह सच है कि
अपने यहाँ संसद
तेल की वह घानी है
जिसमें आधा तेल
और आधा पानी है।"[95]

धूमिल के रचना-संसार में तटस्थ निर्लिप्त मनुष्य के प्रति एक नाराजगी का भाव दिखाई देता है। दरअसल धूमिल की कविता युगीन चिंता से असम्पृक्त और उदासीन मनुष्य को ललकारती है और मानवीय मुक्ति के व्यापक संघर्ष में सम्मिलित होने के लिए आमंत्रित करती है। मनुष्य के प्रति एक गहरी करुणा धूमिल के काव्य में अंतर्निहित है। स्वातन्त्र्योत्तर भारत की राजनीतिक-सामाजिक स्थितियों और विडम्बनाओं का जितना सूक्ष्म, गहरा व व्यापक चित्रण धूमिल के काव्य में है, मानना होगा, उतना कम ही कवियों के यहाँ दिखता है। युग-जीवन से गहरी सम्पृक्ति के कारण ही यह संभव हो सका कि धूमिल के काव्यानुभवों में हमारा समय व समाज सर्वाधिक विश्वसनीय रूप में मौजूद है।

धूमिल की भाषा पर प्रायः सपाटता और बड़बोलेपन का आरोप लगाया जाता है लेकिन सच्चाई यह है कि सपाट और उग्र शब्दावली में धूमिल युगीन प्रयोजनों को उनकी समग्र अर्थवत्ता के साथ पाठक तक पहुँचाने का प्रयास करते

हैं और इसमें सफल भी रहते हैं। बिम्ब, प्रतीक, उक्तियाँ आदि का सार्थक प्रयोग भी धूमिल की कविता को कलात्मक शर्तों के अंतर्गत उच्चतम सोपान पर प्रतिष्ठित करता है। दरअसल, धूमिल के काव्य में भाषा-शिल्प पर विचार करने के लिए प्रचलित मानदंडों से बाहर आना आवश्यक है। जीवनानुभवों की नवीनता व व्यापकता ने धूमिल को अभिव्यक्ति के नए मुहावरे दिये। यह सब धूमिल में गहरी जीवन-दृष्टि के रहते संभव होता है जिसके कारण वे युग के समग्र राजनीतिक सामाजिक परिदृश्य में 'रंगों की चालबाज़ी' को बहुत आसानी से पकड़ लेते हैं—

"सिर कटे मुर्ग की तरह फड़कते हुए जनतन्त्र में सुबह—
सिर्फ, चमकते हुए रंगों की चालबाज़ी है।"[196]

इसलिए, आकस्मिक नहीं है कि धूमिल उच्चतम सोपानों पर प्रतिष्ठित स्वातन्त्र्योत्तर हिन्दी कविता के बहुत कम कवियों में से एक हैं।

समकालीन कविता तथा उसके कुछ और महत्त्वपूर्ण कवि

वरिष्ठ कवियों में शील, शिवमंगलसिंह सुमन, रामेश्वर शुक्ल अंचल, हरिनारायण व्यास, रामविलास शर्मा के नाम भी अत्यन्त महत्त्वपूर्ण हैं जिनकी विस्तार से चर्चा शोध प्रबंध की सीमा में व्याप्ति-भय के कारण नहीं की जा सकी। जनवादी काव्यानुभवों की दृष्टि से सातवें-आठवें दशक के कुछ और महत्त्वपूर्ण कवियों की फेहरिस्त यदि हम तैयार करना चाहें, तो वह इस तरह होगी—लीलाधर जगूड़ी, वेणुगोपाल, चंद्रकांत देवताले, कुमार विकल, कुमारेन्द्र पारसनाथ सिंह, हरीश भादानी, विजेन्द्र, श्री हर्ष, मुकुट बिहारी सरोज, सोमदत्त, ऋतुराज, विनोद शुक्ल, विष्णु खरे, ज्ञानेन्द्र पति, अरुण कमल, मंगलेश डबराल, उदय प्रकाश, असद जैदी, नरेन्द्र जैन, विनय दुबे, अक्षय उपाध्याय, राजेश जोशी, भगवत रावत, मानबहादुर सिंह, आलोक धन्वा, प्रयाग शुक्ल, विष्णु नागर, अजीत चौधरी, स्वप्निल श्रीवास्तव, नरेश सक्सेना, इब्बारब्बी, रमेश रंजक, नचिकेता, अश्वघोष, मनमोहन, गोरख पांडे, हरिशंकर अग्रवाल, श्याम कश्यप, राजेन्द्र शर्मा, पंकज सिंह, नीलाभ, विजय गुप्त, राजेन्द्र उपाध्याय, जीवन यदु, अदम गोंडवी, विनोद दास, देवीप्रसाद मिश्र, कुमार अम्बुज, राजीव सभरवाल, नरेन्द्र गौड़ आदि। इस सूची के बावजूद ऐसा दावा नहीं किया जा सकता कि सभी महत्त्वपूर्ण कवियों का नामोल्लेख हो ही गया है—कुछ महत्त्वपूर्ण नाम, संभव है, सारी सावधानी के बाद भी छूट गए हों।

उपर्युक्त सभी कवियों पर विस्तार से चर्चा शोध-प्रबंध की सीमा में तथा

व्याप्ति-भय के कारण संभव न हो सकेगी। इसलिए इनमें से कुछ कवियों की चर्चा आगे की जा रही है। यहाँ यह स्पष्ट कर देना भी आवश्यक है कि इससे शेष अन्य कवियों की महत्ता किसी तरह कम नहीं होती।

लीलाधर जगूड़ी

सातवें दशक की हिन्दी कविता में उभरकर सामने आने वाले कवियों में लीलाधर जगूड़ी का अत्यन्त विशिष्ट स्थान है। 'शंखमुखी शिखरों पर', 1964, 'नाटक जारी है' 1972, 'इस यात्रा में' 1974, 'रात अब भी मौजूद है', 1976, 'बची हुई पृथ्वी' 1977 तथा 'घबराये हुए शब्द' 1981 के कवि लीलाधर जगूड़ी के काव्यानुभव दुनिया के घटनाक्रमों से बचकर 'शंखमुखी शिखरों पर' नहीं रचे गए हैं, बल्कि वहाँ व्यापक पैमाने पर क्रूर शोषक तन्त्र के जारी नाटक के प्रति आक्रोश, जनसंघर्ष की यात्रा में पराजय की थकान तथा विजय की उम्मीद, रात के अभी भी मौजूद होने का दुःख, 'बची हुई पृथ्वी' की खुशी व आस्था तथा घबराये हुए शब्दों के बावजूद एक संघर्षशील मनुष्य का धीरज उभरकर सामने आता है। आरंभ में अकविता के कुछ प्रभाव के बावजूद जगूड़ी की कविता में उनके अनुभव-लोक की रचना के पीछे एक गहरी जनवादी दृष्टि काम करती दिखाई देती है।

कवि के शब्दों में–

"मेरे भीतर
एक घूमते हुए घाव की तरह है
यह घूमती हुई पृथ्वी"[197]

और यह भी कि–

"मेरी कविता हर उस इंसान का बयान है
जो बंदूकों के गोदाम से
अनाज की ख्वाहिश रखता है
मेरी कविता
हर उस आँख की दरख्वास्त है
जिसमें आँसू हैं।"[198]

जगूड़ी के काव्य में उनका विद्रोही तेवर प्रमुख है। युग की कुरूपता, पाखंड तथा अन्याय के अनावरण की शक्ति जगूड़ी में प्रबल है। उनका प्रकृति-चित्रण,

रागात्मक बोध तथा पारिवारिक-आत्मीय अनुभूतियाँ भी तथाकथित रोमांटिक पैटर्न के बाहर हैं। कहीं-कहीं धूमिल-सी सूक्तियों तथा अभिव्यक्ति के खास मुहावरे के दोहरावों के बावजूद जगूड़ी वर्ग-चेतना के रूपांतरण तथा मानवीय जीवन के संघर्ष के सक्षम कवि हैं।

वेणु गोपाल

'वे हाथ होते हैं' 1972, 'हवाएँ चुप नहीं रहतीं' 1980, 'चट्टानों का जल-गीत' 1980, के कवि वेणु गोपाल वामपंथी कवियों में प्रमुख हैं। उनके काव्यानुभवों में वर्ग संघर्ष की पक्षधरता तथा सर्वहारा की ताकत प्रमुखता के साथ स्थान पाती है। वेणु गोपाल सामाजिक, राजनीतिक, आर्थिक तथा सांस्कृतिक अंतर्विरोधों को रूपायित करते हैं और इस तरह उनकी कविता सर्वहारा तथा मध्य निम्नवर्गीय जीवन की विडम्बनाओं को समाप्त करने में अग्रगामी भूमिका निभाती है। उनके काव्य-संसार में–

"घर नींव में है। बीज में पेड़ होता है ज्यों।
घर भूमिका है। रिश्तों का पूर्व कथन।
एक निश्चय है सुगबुगाता हुआ
हाथों के हाथ धर्म निभाने की
शुरुआत करता हुआ।"[199]

द्वंद्वात्मक भौतिकवाद की वैज्ञानिक समझ से लैस होकर वेणु गोपाल अपने 'मैं' को 'हम' तक ले जाते हैं। उनके यहाँ समूह की शक्ति स्थान-स्थान पर मुखर दिखाई देती है। शोषित जनता के मुक्ति प्रयासों के लिए उनकी कविता सामाजिक-राजनीतिक खतरों से जूझती है। क्योंकि–

"खतरे पारदर्शी होते हैं
खूबसूरत
अपने पार भविष्य दिखाते हुए
जैसे छोटे-से गुदाज बदन वाली बच्ची
किसी जंगली जानवर का मुखौटा लगाये
धम्म से आ कूदे हमारे आगे
और हम डरें नहीं, बल्कि देख लें

उसके बचपन के पार
एक जवान खुशी।''[200]

यह ज़रूर है कि संवेदना की कमी तथा सर्वत्र वैचारिकता के उच्छलन के कारण वेणु गोपाल की कविता कहीं-कहीं वक्तव्य-सी शुष्क लगने लगती है लेकिन उनके काव्य में युग की विसंगतियों का सूक्ष्म अंकन उन्हें एक स्वस्थ जीवन-दृष्टि का कवि प्रमाणित करता है।

चंद्रकांत देवताले

चंद्रकांत देवताले के पास सामाजिक विसंगतियाँ तथा अंतर्विरोधों को चीन्हने के लिए एक प्रगतिशील दृष्टि है। उनकी कविता न सिर्फ जनता की दुःखानुभूति का मार्मिक अंकन करती है बल्कि शत्रु पर सीधी चोट भी करती है। जीवन की समग्रता को समझने का प्रयास उनके अनुभव जगत् को निरंतर सम्पन्न बनाता है। आरंभ में अकविता के प्रभाव में रहकर वे शीघ्र ही आठवें-नौवें दशक की कविता में उससे मुक्त भी हो जाते हैं। 'हड्डियों में छिपा ज्वर' (पहचान सिरीज), 'दीवारों पर खून से' (1975), 'लकड़बग्घा हँस रहा है' (1980), 'भूखंड तप रहा है' (1982) तथा 'आग हर चीज में बताई गयी थी' (1988)–उनके कविता-संग्रह हैं। देवताले की कविता सर्वहारा तथा निम्न मध्यवर्ग की चेतना के रूपान्तरण में अपना योग देती है तथा भविष्य के प्रति एक आस्था पैदा करती है–

''पत्थरों को तोड़ते हुए आदमी
और कोयला बीनती हुई औरतें और नंगे पैर ठिठुरते हुए बच्चे
मुझे इस पठार पर
अपने मौजूदा मुकद्दर के खिलाफ
हर रोज कुछ दे रहे हैं...
और देख रहा हूँ अब इस पठार पर
आहिस्ता-आहिस्ता बदलता जा रहा है
मुट्ठियों का अर्थ...''[201]

देवताले के अनुभव-संसार में जीवन के दूसरे पक्ष भी उजागर होते हैं। मध्यवर्गीय दुःख-तकलीफ, चिंता, व्याकुलता व सामाजिक बंधनों का दबाव–

''एक सुबह
पहाड़-सी दिखती हैं बेटियाँ

कलेजा कवि का चट्टान-सा होकर भी
थर्राता है पत्तियों की तरह''[202]

चंद्रकांत देवताले के काव्यानुभव एक वामपंथी-जनवादी कवि के काव्यानुभव हैं जिनमें जीवन के समग्र रंगों को वैविध्य व व्यापकता के साथ चीन्हा जा सकता है। यह तथ्य उन्हें समकालीन कविता में एक महत्त्वपूर्ण कवि का दर्जा देता है।

विजेन्द्र

''मैं स्वीकारता हूँ
जंजीरों का टूटना
वह समय दूर नहीं
भरोसा करो
तुम मेरी आँखों से देखो
मेरे कानों से सुनो
हर क्षण इस बदलती दुनिया का रुख।''[203]

विजेन्द्र का प्रथम कविता-संग्रह 'त्रास' 1967 में प्रकाशित हुआ। इसके अनन्तर अन्य कविता-संग्रहों—'ये आकृतियाँ तुम्हारी', 'उठे गूमड़े नीले' तथा 'चैत की लाल टहनी'—का प्रकाशन हुआ। प्रगतिशील कविता के वामपंथी परिदृश्य में विजेन्द्र की कविता जन-पक्षधरता का निर्वाह करती हुई जन-जीवन के व्यापक संघर्षों से जुड़ती है तथा युग के कठोर यथार्थ को अत्यन्त कलात्मकता के साथ प्रतिबिम्बित करती है। एक कलात्मक सघनता में जीवन व संसार के सूक्ष्मतम क्रिया-व्यापार ही विजेन्द्र के यहाँ रचनात्मक अनुभव में बदल जाते हैं। उदयप्रकाश के अनुसार—''विजेन्द्र की कविता की एक प्रवृत्ति यह भी है कि वह यथार्थ के अंतर्विरोधों या विसंगतियों को रूपकथा-प्रति संसार के माध्यम से व्यक्त करती है। विजेन्द्र प्रकृति का, वनस्पति जगत् की गतिविधियों का एक रूपक तैयार करते हैं और इसी रूपक के माध्यम से वे समाज के अंतर्विरोधों, उसकी परिवर्तनशीलता, दमनकारी शक्तियों के विरुद्ध शोषितों के संघर्ष को सम्प्रेषित करने का प्रयास करते हैं।''[204]

उपर्युक्त संदर्भ में यह काव्यांश दृष्टव्य है—

''रचना एक उपदेश है। भाषा एक अस्त्र
लड़ाई में जड़ें और पत्तियाँ/ एक उपदेश हैं

भाषा एक अस्त्र/लड़ाइयाँ एक होती हैं
कुलाबे एक होते हैं/ इन पत्थरों के ढलान एक होते हैं।"[205]

सर्वहारा के कर्म-सौन्दर्य व प्रेम का विशिष्ट अंकन भी उनके यहाँ दिखता है। सघन प्रकृतिबोध तथा सूक्ष्म जीवन-दृष्टि के रहते विजेन्द्र के काव्यानुभवों में युग के जन-जीवन की कलात्मक प्रस्तुति देखते ही बनती है, जो निस्संदेह उन्हें समकालीन कविता का एक अत्यन्त सशक्त हस्ताक्षर प्रमाणित करती है।

सोमदत्त

'रेल बोगदे में' (पहचान सिरीज, 1974), 'किस्से अरबों हैं' (1980) तथा 'पुरखों के कोठार से' (1986) के कवि सोमदत्त सातवें दशक में उभरने वाले उन थोड़े-से कवियों में से हैं जिन्होंने युग के भयावह और कठोर यथार्थ से निरंतर तथा जागरूक सम्पर्क बनाये रखा। सोमदत्त की कविता भीतर की कचोट से आरंभ होकर अपने आसपास के समाज से जुड़ती है। यही समाज उनके अनुभवों की दुनिया में अपनी समग्रता में मौजूद है। उनकी भाषा में स्थानीय बोलचाल के शब्द, आंचलिकता की गहरी पकड़ तथा ज़मीन के वास्तविक दुःख-तकलीफों का रचाव कवियों की भीड़ में उन्हें स्वतन्त्र और ठोस पहचान देता है। सोमदत्त अनुभूति सम्पन्न होने के बावजूद मूलतः विचार के कवि हैं। उनमें 'मिट्टी, गिट्टी, कारखानों, बाज़ारों, मंत्रालयों का शरीर रचना-विज्ञान' समझने की गहरी तड़प है। इसी तड़प में उनकी कविता का जन्म होता है और अनुभवों की ठोस, मूर्त तथा यथार्थ की दुनिया तैयार होती है। इस दुनिया से गुजरते हुए हम देखते हैं शोषक-तन्त्र का तीव्र विरोध और सर्वहारा के प्रति अपनापा तथा संवेदना–

"पानी को चिड़ियों के घोंसलों का पता है : वह उनमें नहीं घुसता
पानी को चींटियों के बिल का थान मालूम है : वह वहाँ नहीं जाता
पानी को पत्तों का शहद अच्छा लगता है : वह उन्हें नहीं तोड़ता।"[206]

कुमार विकल

'एक छोटी-सी लड़ाई' तथा 'रंग खतरे में हैं' के कवि कुमार विकल की शुरुआत हालाँकि अकविता के दौर में हुई थी लेकिन वे उस प्रभाववृत्त से कुछ समय बाद ही बाहर निकल आए। कुमार विकल के काव्यानुभवों में मध्य तथा निम्नवर्ग की जीवंत उपस्थिति देखी जा सकती है। मध्यवर्गीय मानसिकता तथा अंतर्विरोधी चरित्रों का खुलासा उनके यहाँ बिना किसी लाग-लपेट के देखने को मिलता है। एक तरफ

जनपक्षधरता तो दूसरी ओर शोषक-वर्ग से समझौता जैसी प्रवृत्तियों पर वे कटु व्यंग्य करते हैं–"आदमी ने जाने हैं अब तक जितने जहर, उनमें सबसे अधिक घातक है/ सुरक्षा की एक छोटी-सी चाहत का जहर।"[207] वे अपनी तीक्ष्ण दृष्टि से सामान्य से सामान्य दिखने वाली दैनन्दिन घटना की गहराई में जाकर षड्यन्त्र की महीन बुनावट को पकड़ लेते हैं–

"नहीं देखूँगा, किस तरह झूठी मुठभेड़ों के नाम पर
नौजवानों की हत्याएँ होती हैं
और घरों में इंतज़ार करती हुई माँएँ
आँसू सूख जाने के बावजूद रोती हैं।"[208]

'वापसी', 'रंग खतरे में हैं', 'एक छोटी-सी लड़ाई', 'खूनी नदी की यात्रा' तथा 'विपाशा' आदि कविताओं में कुमार विकल की तीक्ष्ण काव्य चेतना तथा गहरी जनपक्षधरता प्रकट होती है। उनकी कविता दरअसल सम्पूर्ण राजनीतिक बोध में मुक्ति का दस्तावेज़ है।

ऋतुराज

ऋतुराज के संदर्भ में यह कहा गया है कि–"कविता के हक में सबसे पहली बात यह है कि कवि के अनुभव उसके रचनात्मक व्यक्तित्व से एकमेक होकर सामने आयें। कवि में यदि एक वयस्क चिंता और सार्थक कह पाने का धीरज मौजूद है तो गहरी से गहरी काव्यानुभूति को अकथनीय जैसे फतवे से बचाया जा सकता है।"[209] सच है कि ऋतुराज के यहाँ उनकी काव्यानुभूति कहीं अकथनीय नहीं हो पाती? 'मैं आँगिरस' (1964), 'एक मरणधर्मा और अन्य कविताएँ' (1967), 'पुल पर पानी' (1981) तथा 'अबेकस' (1982) उनके कविता-संग्रह हैं। ऋतुराज यदि सन् साठ के बाद की हिन्दी कविता के एक अत्यन्त महत्त्वपूर्ण कवि हैं तो इसीलिए कि उनकी कविता कलात्मकता का पूर्ण निर्वहन करती हुई एक गहरी सामाजिक विडम्बना से जनमती है और आज़ादी के बाद की भारतीय व्यवस्था की समग्र विद्रूपताओं को अपने अनुभव-संसार में सम्मिलित करती है–"यहाँ बहुत अर्से से/शोषक और कंगालों के बीच/पानी में डूबा लकड़ी का पुल है/पानी की दीवार में/दोनों का साझा है।"[210] ऋतुराज की कविता के केन्द्र में अपने अधिकारों से वंचित तथा निर्वासित मनुष्य का दर्द है कि "इस घर के ऊपर एक घर और है/जो कभी नहीं हमारा होता।"[211] अपने समय के वे महत्त्वपूर्ण कवि इसलिए भी हैं कि उनके अनुभव-जगत्

में चीजें परम्परागत अर्थ के विपरीत सर्वथा नए तथा भिन्न संदर्भों में उभरकर युग की चिंता से जुड़ती हैं।

विनोद कुमार शुक्ल

"मैं दीवाल के ऊपर/ बैठा/ थका हुआ भूखा हूँ/ और पास ही एक कौआ है/जिसकी चोंच में/ रोटी का टुकड़ा/उसका ही हिस्सा/छीना हुआ है/ सोचता हूँ/ कि हाय!/ न मैं कौआ हूँ/ न मेरी चोंच है/ आखिर किस नाक-नक्शे का आदमी हूँ/ जो अपना हिस्सा छीन नहीं पाता।"[212] विनोद कुमार शुक्ल की काव्यानुभूति उस अधिकार-वंचित मनुष्य के दर्द से सम्पृक्त होकर पैदा होती है जो शोषण की मार निष्क्रिय होकर सह रहा है। फलतः विनोद शुक्ल की कविता में उस मनुष्य की कायरता पर तीखा व्यंग्य है, गहरी संवेदना है और संघर्ष की ललकार भी है। सातवें दशक से सृजनरत विनोद शुक्ल का प्रथम लघु काव्य-संकलन 'लगभग जय हिन्द' 1971 में 'पहचान' सीरीज़ में प्रकाशित हुआ। इसके अनंतर उनका दूसरा महत्त्वपूर्ण संग्रह 'वह आदमी नया गरम कोट पहनकर चला गया विचार की तरह' 1981 में प्रकाशित हुआ। वे काव्य-परम्परा की प्रचलित पहचान के बाहर कुछ विरल कवियों में से एक हैं। उनकी लम्बी कविताओं की दुरूहता व बिम्बों आदि में मुक्तिबोध का गहरा प्रभाव भी लक्ष्य किया जा सकता है। बावजूद इसके, उनका अनुभव-संसार एक औसत भारतीय मनुष्य की पीड़ा का प्रतिनिधित्व करने के कारण महत्त्वपूर्ण हो उठता है—"नक्शा पूरा टँगा हुआ देश का दीवाल पर / कहाँ नाँदगाँव उसमें मेरा घर..."[213]

ज्ञानेन्द्र पति

आठवें दशक में अपनी विशिष्ट पहचान के साथ उभरने वाले तथा कविता में प्रकृति के महत्त्व को उसकी सम्पूर्ण गरिमा के साथ स्थापित करने वाले कवि ज्ञानेन्द्र पति का पहला काव्य-संग्रह 'आँख हाथ बनते हुए', 'पहचान' सीरीज़ में प्रकाशित हुआ। उनका दूसरा चर्चित काव्य-संकलन 'शब्द लिखने के लिए ही यह काग़ज़ बना है' का प्रकाशन 1984 में हुआ। परमानंद श्रीवास्तव के अनुसार—'उनके यहाँ प्रकृति संबंधी अनुभवों के केन्द्र में वृक्ष संवेदना है—इस हद तक कि ज्ञानेन्द्र पति को एक बार वृक्ष संवेदना का कवि कहा जा सकता है।"[214] माँ, बिटिया, बचपन तथा स्मृतियाँ उनके अनुभव-संसार को अत्यन्त आत्मीय बनाती हैं—"माँ ने दिया है यह हृदय/ अपनी छाती में काढ़कर/ गाय की आँखों की तरह सजल हृदय/ चिड़िया

की उड़ान-सा बड़ा हृदय/बादलों की तरह अपनी धाराओं को सहेज नहीं पाता हृदय।"[215] ज्ञानेन्द्र पति का स्वर प्रायः शांत, संयत और विनम्र दिखाई देता है। वह उग्र कम है लेकिन इसका अर्थ यह कदापि नहीं कि वे मात्र प्रेम, अकेलापन, थकान, प्रकृति तथा आत्मसंलाप के ही कवि हैं। उनके काव्य-संसार के एक बड़े हिस्से में मूलतः मानवीय जीवन का संघर्ष तथा शोषण के विरुद्ध बयान दर्ज है। ज्ञानेन्द्र पति की कविता का मुख्य तेवर राजनीतिक है जो शोषण तथा अन्याय के विरुद्ध जनपक्षधरता को अपना मूल लक्ष्य लेकर चलती है—"बूढ़ों से पहले/पके हुए फलों के गिरने से पहले/जिस राज्य में गिरता है एक नौजवान/ उस राज्य पर/ दुष्काल की छाया मँडरा रही होती है।"[216]

अरुण कमल

"अपना क्या है इस जीवन में/ सब तो लिया उधार
सारा लोहा उन लोगों का/ अपनी केवल धार।"[217]

'अपनी केवल धार' (1980) तथा 'सबूत' (1989) के कवि अरुण कमल अपनी पीढ़ी में यदि गहरे जीवनबोध के सर्वाधिक महत्त्वपूर्ण कवि माने जाते हैं तो इसका कारण उनके वे जीवनानुभव हैं जो उन्हें कलावादी खेमे के खतरों से बचाते हैं और रचना को एक सामाजिक कर्म साबित करते हैं। अरुण कमल सिर्फ पूँजीवादी व्यवस्था के षड्यन्त्र और तिलस्म को अनावृत्त करते हुए जनसंघर्ष की ताकत के प्रति आस्था ही प्रकट नहीं करते बल्कि प्रकृति सौन्दर्य, सहज मानवीय प्रेम तथा जीवन के छोटे-मोटे सुख-दुखों को भी प्रमुखता के साथ रूपायित करते हैं। पुल बनाते हुए गंगा में डूबे मजदूरों के प्रति अरुण कमल की संवेदना इस तरह अभिव्यक्त होती है—"पत्थर डूबे तो आवाज़ होती है/ आदमी इस दुनिया में बेआवाज़ डूब जाता है/ इस बार भी होली में घर पर उनका इंतज़ार होगा।"[218] अरुण कमल के रचना-संसार में कहीं 'संघर्षरत वृक्षों का दुर्धर्ष सौन्दर्य' है, कहीं दुनिया की सारी गंदगी के बीच खुशबू रचते हाथ हैं, कहीं 'नवजात बच्ची को प्यार है' जिसका 'पिता लौट गया बाहर ही बाहर', कहीं 'धनतेरस' के दिन आखिरी बर्तन बिक जाने का दुःख है और कहीं 'गिलहरी के दाँतों के दाग वाला' तथा 'अंधकार के रस से भरा हुआ' जामुन खाने की तीव्र इच्छा। उनके बारे में यह उचित ही कहा गया है कि—"अरुण कमल की कविता सम्पूर्ण मानव-स्थिति की कविता है।"[219]

मंगलेश डबराल

"दूर एक लालटेन जलती है पहाड़ पर/ एक तेज आँख की तरह टिमटिमाती/ धीरे-धीरे आग बनती हुई/ देखो अपने गिरवी रखे हुए खेत/ बिलखती स्त्रियों के उतारे गये गहने/ देखो भूख से, बाढ़ से, महामारी से मरे हुए/ सारे लोग उभर आए हैं चट्टानों से/ दोनों हाथों से बेशुमार बर्फ झाड़कर/ अपनी भूख को देखो/ जो एक मुस्तैद पंजे में बदल रही है/ जंगल से लगातार एक दहाड़ आ रही है/ और दाँत पैने कर रही है/ पत्थरों पर।"[220]

मंगलेश डबराल की कविता 'पहाड़ पर लालटेन' का उपर्युक्त अंश लगभग, उनके दोनों कविता-संग्रहों—'पहाड़ पर लालटेन' तथा 'घर का रास्ता' के समग्र अनुभव लोक को स्पष्ट कर देता है। यों समकालीन हिन्दी कविता के एक अत्यन्त महत्त्वपूर्ण कवि मंगलेश की रचना की दूसरी दुनिया भी है, जहाँ 'एक बड़ी भूरी चिड़िया की तरह टहनियों पर टिका कोहरा' है 'सड़क पर पड़ी पतंग घर ले जाता' बच्चा है, धूप में फैली 'माँ की हँसी' है, 'धूप में पानी की तरह चमकती सबसे अच्छी तारीख' है, 'सियार और झींगुर का बोलना है', 'दीमकों के चलने से काँपता घर' है और कविता है पूछती हुई 'रात को खाना खाया'?—कुल-मिलाकर एक औसत भारतीय मनुष्य का समग्र जीवन वहाँ मौजूद है। अतिक्रांतिकारिता तथा बड़बोलेपन से दूर मंगलेश की कविता पूँजीवादी षड्यंत्रों की व्यापक जटिलताओं में उलझा मध्य तथा निम्न वर्ग की विभिन्न स्थितियों, संघर्षों, अंतर्विरोधों तथा हर्ष-विषादों की अभिव्यक्ति अत्यन्त जीवन्त रूप में करती है।

उदय प्रकाश

'सुनो कारीगर' तथा 'अबूतर कबूतर' के कवि उदय प्रकाश मनुष्य और समाज के स्वस्थ नैतिक सम्बन्धों के प्रति एक दृढ़ आस्था के कवि हैं। उनकी काव्यानुभूति के उद्गम अत्यन्त मानवीय तथा सामाजिक हैं अतः उनकी कविता भी अभौतिक नहीं है। उनकी कविता एक जनवादी कवि की प्रतिबद्ध विश्वदृष्टि तथा वैज्ञानिक बोध से लैस है। उदय प्रकाश की कविता समकालीन जीवन का जायजा लेती है, अन्याय व शोषण का विरोध करती है तथा सामाजिक परिवर्तन के लिए शब्दों की ताकत से कारगर हथियार गढ़ने का प्रयास करती है—"कि बीत रहा है/ कलियुग का एक चरण/ कि ढह रहा है/ काल का एक और कठिन कगार/ कि पछाड़ मार रहा है/ दबी हुई जाति का एक विराट सागर/ कहेंगे वे जागें और सरजू गंगा, जमुना, कोसी, बागमती/ सोन, नर्मदा, ब्रह्मपुत्र, केन, बेतवा, टमस, ताप्ती/ के तटों पर उगे बाँस

और कठई के/ घने-गझिन जंगलों को काटकर/ धनुष-बाण बनायें। और चण्डी बन जायें/ चामुण्डा बन जायें/ काली-महाकाली/ भैरवी बन जायें/अजिता बन जायें।"[221]
उदय प्रकाश की कविता निम्न मध्यवर्गीय अनुभवों और जीवन-यथार्थ को केन्द्र मानकर मूलतः सर्वहारा वर्ग के हिमायत की कविता है। उदय की कविताएँ गहरी आस्था की कविताएँ हैं जो समकालीन जीवन में तमाम प्रतिकूल परिस्थितियों के बीच में पर्याप्त आत्मबल प्रदान करती हैं। जीवन के छोटे-बड़े अन्य सुख-दुःखों से एकाकार होकर भी उनकी लेखनी चली है। उदय प्रकाश के काव्यानुभव दरअसल आम आदमी के रोजमर्रा के जीवनानुभव ही हैं, जिनमें मुख्यतः शोषितों की पक्षधरता, उनकी मुक्ति की चेष्टा और कामना दिखाई देती है।

यह एक सुखद संयोग है कि समकालीन हिन्दी कविता के परिदृश्य में एक साथ कवियों की चारों पीढ़ियों—नागार्जुन, केदारनाथ सिंह, अरुण कमल, देवीप्रसाद मिश्र—सृजनरत हैं। इन कवियों की काव्यानुभूति अंतर्मन की नितांत निजी दुनिया में पैदा होकर युगीन चिंता से प्रेरित होती है और अपने समय के व्यापक, सूक्ष्म तथा जटिल संदर्भों से जुड़कर सार्वजनीन हो जाती है। यों, हम यह भी देख चुके हैं, कि मनुष्य का अंतर्जगत् मूलतः वस्तुजगत् की आत्मगत प्रभाव-सत्ता का ही द्योतक है।

सन्दर्भ

1. डॉ. प्रेमशंकर 'हिन्दी स्वच्छंदतावादी काव्य', पृ. 206
2. निराला : 'परिमल की भूमिका', पृ. 12
3. निराला : 'बादल राग' : 'परिमल' से उद्धृत।
4. निराला : 'अणिमा' से उद्धृत।
5. इंद्रनाथ मदान : 'आधुनिकता और सृजनात्मक साहित्य', पृ. 12
6. निराला : 'कुकुरमुत्ता'।
7. निराला : 'अर्चना' : गीत छह।
8. निराला : 'सान्ध्य काकली' : गीत, चालीस : 'शीत की गहरी विभावरी'।
9. दूधनाथ सिंह : 'निराला : आत्महंता आस्था', पृ. 29
10. डॉ. प्रेमशंकर "हिन्दी स्वच्छंदतावादी काव्य', पृ. 287-88
11. पंत : 'पल्लव' से उद्धृत।
12. पंत : 'साठ वर्ष : एक रेखांकन', पृ. 48
13. पंत : 'युगवाणी', पृ. 53
14. पंत : 'ग्राम्या' से उद्धृत।
15. वही।

16. डॉ. नगेन्द्र : 'हिन्दी साहित्य का इतिहास', पृ. 620
17. प्रेमशंकर : 'हिन्दी स्वच्छंदतावादी काव्य', पृ. 332
18. डॉ. नगेन्द्र : 'सुमित्रानंदन पंत', पृ. 167
19. डॉ. प्रेमशंकर : 'हिन्दी स्वच्छंदतावादी काव्य', पृ. 335
20. पंत : 'स्वर्ण किरण' से उद्धृत।
21. पंत : 'स्वर्ण धूलि' से उद्धृत।
22. पंत : 'सिंधु मंथन' शीर्षक कविता : 'कला और बूढ़ा चाँद'।
23. प्रेमशंकर : 'हिन्दी स्वच्छंदतावादी काव्य', पृ. 345
24. डॉ. विजय बहादुर सिंह : 'बृहत्त्रयी', पृ. 225
25. माखनलाल चतुर्वेदी : 'रचनावली'-6
26. माखन लाल चतुर्वेदी : 'कैदी और कोकिला' : रचनावली।
27. माखनलाल चतुर्वेदी : 'रचनावली'-6 पृ. 290-91
28. वही, पृ. 264
29. डॉ. प्रेमशंकर : 'हिन्दी स्वच्छंदतावादी काव्य', पृ. 367
30. माखनलाल चतुर्वेदी : 'रचनावली'-7
31. शिव कुमार मिश्र : 'नया हिन्दी काव्य', पृ. 63
32. दिनकर : 'हुंकार', पृ. 86
33. दिनकर : 'रसवंती', पृ. 11
34. शिव कुमार मिश्र : 'नया हिन्दी काव्य', पृ. 63
35. रामधारी सिंह दिनकर : 'कलिंग विजय' : 'इतिहास के आँसू'।
36. दिनकर : 'उर्वशी' से उद्धृत।
37. दिनकर : 'दिल्ली', पृ. 22
38. वही, पृ. 22
39. दिनकर : 'परशुराम की प्रतीक्षा' से उद्धृत।
40. शिव कुमार मिश्र : 'नया हिन्दी काव्य', पृ. 124
41. वही, पृ. 125
42. बच्चन : 'खय्याम की मधुशाला' : भूमिका।
43. बच्चन : 'मधुशाला' से उद्धृत।
44. 'बच्चन : 'व्यक्ति और कवि' सं. बाँकेबिहारी भटनागर, पृ. 80
45. बालकृष्ण राव : 'बच्चन की कविता : अभिनव सोपान के संदर्भ में, शीर्षक निबंध : विवेचना संकलन-संयोजक उमराव, पृ. 214
46. विजयदेव नारायण साही : विवेचना-संकलन, पृ. 224
47. बच्चन : 'चोटी की बरफ' शीर्षक कविता : 'बुद्ध और नाचघर'।
48. बच्चन : 'सोनमछरी' शीर्षक कविता : 'त्रिभंगिमा'।
49. बालकृष्ण राव : विवेचना संकलन, पृ. 221
50. शमशेर बहादुर सिंह : 'मेरे कुछ प्रिय आधुनिक हिन्दी कवि' से उद्धृत।
51. अज्ञेय : 'नदी के द्वीप' : 'हरी घास पर क्षण भर' से उद्धृत।

52. शिव कुमार मिश्र : 'नया हिन्दी काव्य', पृ. 243
53. अज्ञेय की कविताएँ : 'नया विकल्प' अंक-7, 1986, पृ. 8
54. वही, पृ. 8
55. अज्ञेय : 'सागर-मुद्रा' से उद्धृत।
56. अज्ञेय : 'इत्यलम्', पृ. 156
57. वही, पृ. 154
58. अज्ञेय : 'बावरा अहेरी', पृ. 35
59. अज्ञेय : 'असाध्य वीणा' से उद्धृत।
60. अज्ञेय : 'क्योंकि मैं उसे जानता हूँ', पृ. 121
61. रोहिताश्व : 'समकालीन कविता : मार्क्सवादी सौन्दर्यशास्त्र के परिप्रेक्ष्य में', पृ. 185
62. धर्मवीर भारती : 'गुनाह का गीत' : 'दूसरा सप्तक', पृ.172
63. भारती : 'गुनाह का दूसरा गीत' : 'दूसरा सप्तक', पृ. 175
64. शिव कुमार मिश्र : 'नया हिन्दी काव्य', पृ. 245
65. धर्मवीर भारती : 'ठंडा लोहा', पृ. 22
66. वही, पृ. 23
67. भारती : 'कविता की मौत' : 'दूसरा सप्तक', पृ. 188
68. शिव कुमार मिश्र : 'नया हिन्दी काव्य', पृ. 246
69. डॉ. देवराज : 'प्रतिक्रियाएँ', पृ. 139
70. धर्मवीर भारती : 'कनुप्रिया', पृ. 32
71. रमेश कुंतल मेघ : 'क्योंकि समय एक शब्द है', पृ. 450
72. चंचल चौहान : 'कनुप्रिया का आंतरिक अर्थ' : जनवादी समीक्षा : नया चिंतन नये प्रयोग', पृ. 125
73. भारती : 'कनुप्रिया', पृ. 77
74. चंचल चौहान : 'जनवादी समीक्षा', पृ. 136
75. भारती : 'बृहन्नला' शीर्षक कविता : 'सात गीत वर्ष', पृ. 77
76. रोहिताश्व : 'समकालीन कविता : मार्क्सवादी सौन्दर्यशास्त्र के परिप्रेक्ष्य में', पृ. 188
77. शिव कुमार मिश्र : 'नया हिन्दी काव्य', पृ. 284
78. नरेश मेहता : द्वारा 'नया हिन्दी काव्य' : शिव कुमार मिश्र, पृ. 284
79. नरेश मेहता : 'दूसरा सप्तक', पृ. 145
80. नरेश मेहता : द्वारा 'नया हिन्दी काव्य' : शिव कुमार मिश्र, पृ. 285
81. नरेश मेहता : 'दूसरा सप्तक', पृ. 126
82. वही, पृ. 123
83. वही, पृ. 111
84. नरेश मेहता : 'बीमार साँझ के किनारे' : 'बनपाँखी सुनो'।
85. नरेश मेहता : 'बनपाँखी सुनो' से उद्धृत।
86. चंचल चौहान : 'संशय की एक रात' : मध्यवर्गीय मिथ्या चेतना का अंधकार' : जनवादी समीक्षा, पृ. 149

87. चंचल चौहान : 'संशय की एक रात' से उद्धृत।
88. वही।
89. वही।
90. अदम गोंडवी : 'नागार्जुन लोक सम्मान समारोह' (विदिशा, म. प्र.) 19-20 नवम्बर' 88 के अवसर पर प्रकाशित पुस्तिका।
91. नागार्जुन : 'चुनी हुई रचनाएँ' से उद्धृत एक टिप्पणी : 'नागार्जुन लोक सम्मान समारोह' (विदिशा, म. प्र.)19-20 नवम्बर '88 के अवसर पर प्रकाशित पुस्तक से उद्धृत।
92. डॉ. विजय बहादुर सिंह : 'जनकवि' की भूमिका, पृ. 40
93. नागार्जुन : 'प्रतिहिंसा ही स्थायी भाव है' शीर्षक कविता से उद्धृत।
94. नागार्जुन : 'यह कैसे होगा?' 'जनकवि' (विजय बहादुर सिंह), पृ. 85
95. नागार्जुन : 'खिचड़ी विप्लव देखा हमने' से उद्धृत : 'बाघिन'।
96. नागार्जुन : 'अकाल और उसके बाद' : 'जनकवि', पृ. 121
97. डॉ. विजय बहादुर सिंह : 'आजादी के बाद की जनवादी कविता' : कतार : अप्रैल-जून, 1988, पृ. 10
98. विष्णु खरे : 'आलोचना': अंक-56-57, पृ. 21
99. नामवर सिंह : सम्पादकीय : आलोचना : जून 81
100. नागार्जुन : 'तीनों बंदर बापू के' : 'नागार्जुन लोकसम्मान समारोह' पुस्तिका।
101. नागार्जुन : 'यह तुम थीं' : 'जनकवि', पृ. 95
102. नागार्जुन : 'सिंदूर-तिलकित भाल' : 'जनकवि', पृ. 98-99
103. धनंजय वर्मा : 'प्रेम और प्रकृति : प्रगतिशील काव्य की बृहत्त्रयी : नागार्जुन, केदार, शमशेर' : वसुधा-6 अप्रैल-जून 86, पृ. 24
104. नागार्जुन : 'बादल को घिरते देखा है' : 'युगधारा' से उद्धृत।
105. नागार्जुन : 'फिसल रही चाँदनी' : 'खिचड़ी विप्लव देखा हमने'।
106. नागार्जुन : 'झुक आए कजरारे मेघ' : 'प्यासी पथराई आँखें'।
107. डॉ. विजय बहादुर सिंह : 'नागार्जुन का रचना-संसार', पृ. 108
108. नामवर सिंह : 'आलोचना' : जून 81 सम्पादकीय।
109. मुक्तिबोध : 'चकमक की चिनगारियाँ' : चाँद का मुँह ढेढ़ा है', पृ. 141
110. डॉ. विजय बहादुर सिंह : 'जनकवि' की भूमिका, पृ. 41
111. वही, पृ. 38
112. मुक्तिबोध : 'चाँद का मुँह टेढ़ा है', पृ. 156
113. वही, पृ. 6
114. मुक्तिबोध : 'हर चीज अपनी' शीर्षक कविता : 'भूरी-भूरी खाक धूल'।
115. नामवर सिंह : 'कविता के नए प्रतिमान', पृ. 235
116. मुक्तिबोध : 'अँधेरे में', : 'चाँद का मुँह टेढ़ा है' से उद्धृत।
117. अशोक चक्रधर : 'मुक्तिबोध की काव्य-प्रक्रिया', पृ. 172
118. सुरेन्द्र प्रताप : 'मुक्तिबोध : विचारक, कवि और कथाकार', पृ. 101
119. लल्लन राय : 'मुक्तिबोध का साहित्य विवेक और उनकी कविता', पृ. 18

120. मुक्तिबोध : 'भूरी-भूरी खाक धूल' शीर्षक कविता : 'भूरी-भूरी खाक धूल', पृ. 94
121. मुक्तिबोध : 'मुक्तिकामी पैरों की मोच की चीख़' : वही, पृ, 196
122. मुक्तिबोध : 'कहने दो उन्हें जो यह कहते हैं' : वही, पृ. 125
123. नामवर सिंह : 'कविता के नए प्रतिमान', पृ. 243-44
124. डॉ. विजय बहादुर सिंह : 'जनकवि' की भूमिका, पृ. 39
125. केदारनाथ अग्रवाल : 'गुलमेहँदी' पृ. 118
126. केदार : 'मज़दूर का जन्म' : 'जनकवि' में संकलित, पृ. 61
127. केदार : 'हाथ न आई' : 'कहें केदार खरी-खरी' से उद्धृत।
128. शमशेर बहादुर सिंह : 'मेरे कुछ प्रिय आधुनिक हिन्दी कवि' से उद्धृत।
129. केदारनाथ अग्रवाल : 'चंद्रगहना से लौटती बेर' : 'जनकवि' से उद्धृत।
130. केदारनाथ अग्रवाल : द्वारा—'प्रेम और प्रकृति : प्रगतिशील काव्य की बृहत्त्रयी : नागार्जुन, केदार, शमशेर' : धमंजय वर्मा : वसुधा-6 अप्रैल-जून' 86, पृ. 28
131. केदार : 'उदास दिन' : 'जनकवि' में संकलित, पृ. 66
132. डॉ. विजय बहादुर सिंह : 'जनकवि' की भूमिका, पृ. 32-33
133. त्रिलोचन : 'उस जनपद का कवि हूँ' शीर्षक सॉनेट : प्रतिनिधि कविताएँ : सम्पादक—केदारनाथ सिंह, पृ. 23-24
134. ''तुम्हें सौंपता हूँ'' (त्रिलोचन) शीर्षक संग्रह के फ्लैप पर प्रकाशित टिप्पणी से उद्धृत।
135. कमला प्रसाद : 'दरअसल', पृ. 91
136. केदारनाथ सिंह : 'त्रिलोचन : प्रतिनिधि कविताएँ' के आवरण पर प्रकाशित टिप्पणी से उद्धृत।
137. त्रिलोचन : 'गेहूँ-जौ के ऊपर सरसों की रंगीनी' शीर्षक सॉनेट : प्रतिनिधि कविताएँ, पृ. 93
138. त्रिलोचन : 'मेहँदी और चाँदनी' : 'दिगन्त' से उद्धृत।
139. त्रिलोचन : 'ओ सनेही' : 'ताप के ताए हुए दिन' से।
140. त्रिलोचन : 'परिचय की गाँठ' : 'तुम्हें सौंपता हूँ', पृ. 86
141. त्रिलोचन : 'अपना-अपना संधान' : 'अरधान' से उद्धृत।
142. शिव कुमार मिश्र : कंक : 'समकालीन जनवादी कविता' शीर्षक निबंध अंक-56-57, 58, पृ. 71
143. त्रिलोचन : 'जलरुद्ध दूब' : 'ताप के ताए हुए दिन' से।
144. त्रिलोचन : दो सॉनेट : अंक-56-58, पृ. 52
145. वही, पृ. 52
146. केदारनाथ सिंह : त्रिलोचन : प्रतिनिधि कविताएँ' की भूमिका, पृ. 6
147. डॉ. विजय बहादुर सिंह : 'जनकवि' की भूमिका, पृ. 34
148. शिव कुमार मिश्र : 'शमशेर की कविता का एक नया तेवर' शीर्षक निबंध : पुरुष अंक-5, 6, 7 पृ. 21
149. शमशेर बहादुर सिंह : 'अकाल' शीर्षक कविता : 'जनकवि' से, पृ. 195
150. शमशेर : 'चुका भी हूँ नहीं मैं', पृ. 103

151. शमशेर : 'टूटी हुई बिखरी हुई' : 'जनकवि' से, पृ. 214
152. मुक्तिबोध : 'शमशेर : मेरी दृष्टि में' के कुछ अंश : नया विकल्प : अंक-सात : नवम्बर 1986, पृ. 5
153. धनंजय : वर्मा : 'प्रेम और प्रकृति' प्रगतिशील काव्य की बृहत्त्रयी : नागार्जुन, केदार, शमशेर' : वसुधा-छः पृ. 30
154. शमशेर बहादुर सिंह : 'ऊषा' शीर्षक कविता : 'कुछ कविताएँ' से।
155. शमशेर : 'पूर्णिमा का चाँद' : नया विकल्प-7 नवम्बर 86, पृ. 6
156. शमशेर : 'ग़ज़ल' : 'कुछ कविताएँ' से उद्‌धृत।
157. वही।
158. भवानी प्रसाद मिश्र : 'दूसरा सप्तक', पृ. 28
159. वही : 'मंगल वर्षा' शीर्षक कविता, पृ. 14
160. भवानी प्रसाद मिश्र : 'गाँधी पंचशती', पृ. 12
161. डॉ. विजय बहादुर सिंह : 'जनकवि', पृ. 27
162. नामवर सिंह : 'कविता के नए प्रतिमान', पृ. 155
163. रघुवीर सहाय : 'आत्महत्या के विरुद्ध', पृ. 27
164. वही, 88-89
165. रोहिताश्व : 'समकालीन कविता : मार्क्सवादी सौन्दर्यशास्त्र के परिप्रेक्ष्य में', पृ. 177
167. सर्वेश्वर दयाल सक्सेना : 'कविताएँ-एक' ('काठ की घंटियाँ' और 'बाँस का पुल' दो संग्रहों का संकलित रूप), पृ. 168
168. वही, पृ. 256
169. सर्वेश्वर दयाल सक्सेना : 'कविताएँ-दो' (एक सूनी नाव' तथा 'गर्म हवाएँ' दो संग्रहों का संकलित रूप), पृ. 10
170. वही : 'गर्म हवाएँ', पृ. 86
171. डॉ. विजय बहादुर सिंह : 'जनकवि' की भूमिका, पृ. 28
172. सर्वेश्वर : 'कुआनो नदी', पृ. 66
173. केदारनाथ सिंह : 'यह पृथ्वी रहेगी' : प्रतिनिधि कविताएँ, पृ. 14-15
174. परमानंद श्रीवास्तव : भूमिका : 'केदारनाथ सिंह : प्रतिनिधि कविताएँ', पृ. 4
175. केदारनाथ सिंह : 'चेहरा' शीर्षक कविता : 'अकाल में सारस', पृ. 100-101
176. दुष्यन्त कुमार : 'हम' शीर्षक कविता : 'आवाजों के घेरे', पृ. 78-79
177. दुष्यन्त कुमार : 'साये में धूप' से उद्धृत।
178. वही।
179. वही।
180. वही।
181. वही : संकलन की पहली ग़ज़ल।
182. दुष्यन्त कुमार : 'गीत का जन्म' शीर्षक कविता : 'आवाज़ों के घेरे', पृ. 30
183. दुष्यन्त कुमार के कविता-संग्रह 'आवाज़ों के घेरे' के फ्लैप पर प्रकाशित टिप्पणी का उद्‌धृत अंश।

184. धूमिल : 'राजकमल चौधरी के लिए' शीर्षक कविता : 'संसद से सड़क तक' से उद्धृत, पृ. 35-36-37
185. राजकमल चौधरी : 'मुक्ति प्रसंग', पृ. 14
186. डॉ. माहेश्वर : 'आधुनिक हिन्दी कविता' (सम्पादक—जगदीश चतुर्वेदी) में संकलित 'मुक्ति प्रसंग' की समीक्षा, पृ. 123
187. रोहिताश्व : 'समकालीन कविता : मार्क्सवादी सौन्दर्यशास्त्र के परिप्रेक्ष्य में', पृ. 207
188. राजकमल चौधरी : 'मुक्ति प्रसंग', पृ. 32
189. शलभ श्रीरामसिंह : 'निगाह-दर-निगाह', पृ. 13
190. शलभ श्रीरामसिंह : 'दर्पणों के बीच' : 'कल सुबह होने से पहले', पृ. 5
191. शलभ श्रीरामसिंह : 'राहे-हयात', पृ. 33
192. शलभ श्रीरामसिंह : 'अतिरिक्त पुरुष', पृ. 47
193. अशोक वाजपेयी : 'संसद से सड़क तक' के फ्लैप से उद्धृत।
194. धूमिल : 'पटकथा': 'संसद से सड़क तक', पृ. 124
195. धूमिल : 'संसद से सड़क तक' : 'पटकथा' 115, 139, 140
196. धूमिल : 'जनतन्त्र के सूर्योदय में' : 'संसद से सड़क तक', पृ. 15
197. लीलाधर जगूड़ी : 'उद्‌घाटन' : 'घबराये हुए शब्द', पृ. 38
198. वही : 'लड़ाई' शीर्षक कविता, पृ. 36
199. वेणु गोपाल : 'समारंभ' पहल-13 समकालीन कविता, पृ. 103
200. वेणु गोपाल : 'खतरे' : साक्षात्कार, कविता अंक-50,15,52, पृ. 226
201. चंद्रकांत देवताले : 'लकड़बग्घा हँस रहा है', पृ. 30
202. वही, पृ. 57
203. विजेन्द्र : 'चैत की लाल टहनी', पृ. 110
204. उदयप्रकाश : 'आंचलिकता का अतिरिक्त आग्रह' : आलोचना : अंक-56-57, पृ. 175
205. विजेन्द्र : 'ये आकृतियाँ तुम्हारी', पृ. 71
206. सोमदत्त : 'मघा' : साक्षात्कार' कविता अंक-50,51,52, पृ. 190
207. कुमार विकल : 'दीवार के इस पार उस पार' शीर्षक कविता : वही, पृ. 123
208. कुमार विकल : 'एक छोटी-सी लड़ाई', पृ. 76
209. ''पुल पर पानी' ऋतुराज के कविता-संग्रह के फ्लैप से उद्धृत।
210. ऋतुराज : 'पुल पर पानी', पृ. 94
211. वही, पृ. 98
212. विनोद कुमार शुक्ल : 'वह आदमी नया गरम कोट पहनकर चला गया विचार की तरह' : 'मैं दीवाल के ऊपर' शीर्षक कविता, पृ. 18
213. विनोद कुमार शुक्ल : 'रायपुर-बिलासपुर संभाग' शीर्षक लम्बी कविता : 'साक्षात्कार' कविता अंक-50, 51, 52, पृ. 160
214. परमानंद श्रीवास्तव : पूर्वग्रह : अंक 39-40, 1982, पृ. 74
215. ज्ञानेन्द्रपति : 'शब्द लिखने के लिए ही यह काग़ज़ बना है' से।
216. वही : 'एक अकाल मृत्यु' शीर्षक कविता।

217. अरुण कमल : 'अपनी केवल धार', पृ. 79
218. अरुण कमल : 'सबूत', पृ. 44
219. 'सबूत' अरुण कमल के कविता-संग्रह के फ्लैप से उद्धृत टिप्पणी।
220. मंगलेश डबराल : 'पहाड़ पर लालटेन', पृ. 61
221. उदयप्रकाश : 'बैरागी आया है गाँव' : 'अबूतर-कबूतर', पृ. 102-3

दशम अध्याय

उपसंहार

स्वातन्त्र्यपूर्व काव्यानुभवों से स्वातन्त्र्योत्तर काव्यानुभवों की तुलना– ऐतिहासिक, राजनीतिक, सामाजिक और आर्थिक भूमियों के आधार पर

उन्नीसवीं शताब्दी तक अंग्रेजी साम्राज्य की जड़ें भारत में गहरी हो चुकी थीं। देश के एक बड़े हिस्से में कम्पनी का शासन लागू था। भारतीय समाज सामाजिक परम्पराओं और धार्मिक रूढ़ियों से ग्रस्त था। ऐसे में जनजीवन में कुंठा और असहायता की भावना बढ़ती जा रही थी। न सिर्फ जागरूक नागरिकों तथा बुद्धिजीवियों में बल्कि आम जनता में भी ब्रिटिश साम्राज्य के प्रति असंतोष की भावना जागने लगी थी।

स्वातंत्र्यपूर्व हिन्दी कविता भारतेन्दु युग से छायावाद तक मूलतः नवजागरणवादी दिखाई देती है। प्रगतिवाद में आकर उसका रूप अत्यन्त यथार्थपरक और जनपक्षधर हो जाता है, प्रयोगवादी शीतयुद्ध जिसे ध्वस्त करने की कोशिश करता है। स्वातन्त्र्यपूर्व हिन्दी कविता में देश की स्वतन्त्रता की माँग प्रमुख काव्यानुभव बनकर सामने आती है जिसके मूल में एक गहरी राष्ट्रीय भावना दृष्टिगोचर होती है। कविता ही नहीं, समग्र हिन्दी साहित्य में प्रेमचंद, प्रसाद, निराला आदि अनेक साहित्यकारों की रचनाओं में यह राष्ट्रीय भावना देखी जा सकती है। युगीन परिस्थितियों के अनुकूल कवियों ने साम्राज्यवाद तथा उपनिवेशवाद के विरोध को अपने काव्यानुभवों में प्रमुखता के साथ स्थान दिया। स्वतन्त्रता के पूर्व समाज तथा साहित्य की विभिन्न विचारधाराएँ राष्ट्रीय भावना की महीन किंतु मजबूत डोर में बँधकर एक थीं। पुनरुत्थानवादी तथा सुधारवादी होने के बावजूद अपने व्यापक राष्ट्रवाद के कारण इन विचारधाराओं की महत्ता को आज हम नकार नहीं सकते।

किंतु स्वतन्त्रता से पहले काव्यानुभवों के इस सकारात्मक पक्ष के अतिरिक्त उसका दूसरा नकारात्मक पक्ष भी था। हिन्दी कविता में पश्चिम के आधुनिक जीवन-

दर्शन का गहरा प्रभाव पड़ने लगा था। पश्चिमी शिक्षा व संस्कृति के सम्पर्क में आए हुए रचनाकार अपनी प्राचीन भारतीय शिक्षा तथा सांस्कृतिक परम्पराओं से विमुख हो गए। कवियों का यह वर्ग, जनता से कट गया और नकारात्मक-निषेधात्मक जीवन-मूल्यों से उनके काव्यानुभव निर्मित होने लगे।

पश्चिमी सभ्यता के सम्पर्क के कारण देश लाभान्वित भी हुआ। रेल, तार, डाक जैसे वैज्ञानिक साधनों का भारत में विकास हुआ और नयी शिक्षा का प्रसार हुआ जिसके कारण शिक्षित भारतीय समुदाय की चेतना में क्रांतिकारी परिवर्तन हुआ। भारतेन्दु युग—जिसे हम राष्ट्रीय चेतना के कारण पुनर्जागरण काल भी कहते हैं—के प्रमुख कवि भारतेन्दु हरिश्चंद्र, बदरीनारायण चौधरी 'प्रेमघन', प्रताप नारायण मिश्र, जगन्मोहन सिंह, अम्बिका दत्त व्यास तथा राधाकृष्ण दास आदि कवि इस शिक्षित समुदाय में उस वर्ग का प्रतिनिधित्व कर रहे थे जो प्राचीन भारतीय मूल्यों को नवीन दृष्टि से आँकना चाहता था। यह वर्ग पश्चिमी शिक्षा को स्वीकार करते हुए भटके हुए भारतीय बुद्धिजीवियों, साहित्यकारों तथा जनता को स्वदेश की भावना से भर देना चाहता था।

द्विवेदी युग के काव्यानुभवों में राष्ट्रीय भावना का स्वरूप पहले से ज़्यादा उग्र और मजबूत हो गया। इस युग के कवियों नाथूराम शर्मा 'शंकर' श्रीधर पाठक, महावीर प्रसाद द्विवेदी, अयोध्या सिंह उपाध्याय 'हरिऔध', गयाप्रसाद शुक्ल 'सनेही', मैथिलीशरण गुप्त में, दयानंद, विवेकानंद तथा तिलक-गाँधी के क्रमशः धार्मिक, आध्यात्मिक तथा राजनीतिक दृष्टिकोण का प्रभाव दिखाई देता है। समाज में दिनोंदिन बढ़ रहे राष्ट्रीय आंदोलन के अनुकूल महत्त्वपूर्ण ऐतिहासिक घटनाओं तथा चरित्रों से भी इन कवियों के काव्यानुभव निर्मित हुए।

1918 से आरंभ छायावादी काव्यान्दोलन में मुख्यतः प्रणय, अध्यात्म, कल्पना, स्वप्न तथा व्यक्तिवादी प्रवृत्तियाँ ही क्रियाशील रहीं। बावजूद इसके प्रसाद के नाटकों व कुछ कविताओं, पंत के परवर्ती तथा निराला के लगभग सम्पूर्ण काव्य में राष्ट्रीय आंदोलन तथा युग के व्यापक संदर्भों की स्थिति देखी जा सकती है।

छायावाद में विविध काव्यधाराएँ एक साथ सक्रिय दिखाई देती हैं। इसलिए काव्यानुभवों के विविध रूप हमें देखने को मिलते हैं। प्रसाद, निराला वाली प्रधान छायावादी धारा के अतिरिक्त राष्ट्रीय काव्य की अत्यन्त महत्त्वपूर्ण धारा भी इस युग में प्रवहमान रही। इस धारा के प्रमुख कवियों में मैथिलीशरण गुप्त, माखनलाल चतुर्वेदी, सियाराम शरण गुप्त, बालकृष्ण शर्मा 'नवीन', रामधारी सिंह दिनकर तथा सुभद्राकुमारी चौहान के नाम उल्लेखनीय हैं।

व्यक्तिवादी गीति-काव्य की एक और धारा इस युग में (तथा इसके बाद तक) सक्रिय रही। बच्चन, नरेन्द्र शर्मा, अंचल, भगवतीचरण वर्मा आदि नाम याद किये जा सकते हैं। लेकिन इनके काव्यानुभव घोर व्यक्तिवाद के कारण छायावादी तथा राष्ट्रीय कवियों की तरह मूल्यवान नहीं हैं।

निरंतर उग्र होते जा रहे राष्ट्रीय आंदोलन, साम्राज्यवाद का बढ़ता शोषण, अस्त-व्यस्त सामाजिक स्थिति तथा प्रतिकूल युगीन परिस्थितियों में, जाहिर है, छायावाद की स्थिति बहुत दिनों तक संभव नहीं थी।

कवियों के एक बड़े वर्ग में गहरी जनपक्षधरता के रहते सामाजिक भावना का विकास तेजी से हुआ। पहली बार व्यापक तौर पर साहित्य के सौन्दर्य का कारण समाज को माना गया। ये कवि कार्लमार्क्स के द्वंद्वात्मक भौतिकवाद से प्रभावित थे। स्वातन्त्र्यपूर्व हिन्दी कविता का यह युग प्रगतिवाद के नाम से जाना जाता है। वैयक्तिकता के विरुद्ध इस काव्य में सामाजिक क्रांति की अनुगूँज सुनाई देती है। अपनी सीमाओं के बावजूद प्रगतिवाद ने हिन्दी कविता को आत्मपरकता के धुँधलकों से बाहर निकालकर यथार्थ की ठोस ज़मीन दी। निराला, पंत, केदारनाथ अग्रवाल, नागार्जुन, रामविलास शर्मा, त्रिलोचन, शील, शिवमंगल सिंह सुमन तथा रांगेय राघव आदि कवियों के काव्यानुभवों में युग के यथार्थ, संघर्ष तथा अंतर्विरोधों को स्थान मिला।

लेकिन, पिछले अध्यायों में हम देख चुके हैं कि किस तरह द्वितीय विश्वयुद्ध के पश्चात् साम्राज्यवाद को अपने अस्तित्व की रक्षा के लिए साम्यवाद से शीतयुद्ध छेड़ना पड़ा। दुनियाभर के देशों में जहाँ राष्ट्रवादी, प्रगतिवादी-जनवादी आंदोलन चल रहे थे, वहाँ शीतयुद्ध छेड़ दिया गया। 1943 में 'तारसप्तक' का प्रकाशन दरअसल इसी शीतयुद्ध की साजिश का एक नमूना था। हालाँकि इन सप्तकों में कुछ प्रगतिशील-जनवादी कवि भी आरंभ में संकलित रहे किंतु बाद में वे उस दायरे से बाहर आ गए। यहीं आकर कवियों का दो वर्ग स्पष्ट दिखाई देने लगा। एक ओर वे कवि थे जो पूँजीवादी तथा अस्तित्ववादी जीवन-दर्शन का पक्ष ले रहे थे तो दूसरी ओर जनप्रतिबद्ध कवि युगीन चिंताओं व संदर्भों से एकाकार होकर अपनी कलम चला रहे थे। हम देख चुके हैं इनमें प्रथम वर्ग में अज्ञेय व द्वितीय वर्ग में नागार्जुन, मुक्तिबोध जैसे कवि सम्मिलित हैं। विचारधाराओं तथा जीवन-दृष्टियों के अंतर से इन कवियों के काव्यानुभवों में भी अंतर आया। एक ओर संशय, अहं, कुंठा, निराशा, अकेलापन तथा व्यर्थताबोध—जैसी प्रवृत्तियाँ काव्यानुभव बनीं तो दूसरी ओर जनता के जीवन के दुःख-तकलीफों से काव्यानुभव निर्मित हुए।

लेकिन भारतीय जनता का बरसों का संघर्ष अंततः रंग लाया और कुछ ऐसी ही परिस्थितियों में सन् 1947 में भारत स्वतन्त्र हुआ।

दुर्भाग्य से भारतीय स्वतन्त्रता समाजवादी मूल्यों को लेकर बहुत दूर तक न चल सकी। स्वातन्त्र्योत्तर भारत की राजनीतिक, आर्थिक तथा सामाजिक पृष्ठभूमि के अवलोकन के बाद यह स्पष्ट हो जाता है।

स्वातन्त्र्योत्तर परिवेश में बहुत-से परिवर्तन एक साथ हुए। नेहरू ने विज्ञान, उद्योग, टेक्नालॉजी को बढ़ावा दिया। ज़मींदारी प्रथा खत्म हुई। नए मध्य वर्ग का उदय हुआ। इस नए धनाढ्य वर्ग की उद्योगपतियों तथा पूँजीपतियों से साँठगाँठ हुई। लोहिया ने भी अपने समाजवादी दृष्टिकोण से अपनी आर्थिक भूमिका प्रस्तुत की। यह समय है जब रचनाकारों पर नेहरू और लोहिया की दृष्टि का गहरा प्रभाव पड़ा। फलस्वरूप एक नये तरह की रचनाशीलता विकसित हुई। नेहरू सरकार द्वारा आधुनिक उद्योगों को बढ़ावा देने से राष्ट्रीय पूँजीवाद के विकास की नींव मजबूत हुई। भारत को विश्व बैंक से उधारी के रूप में धन मिला। ग्रामीण तथा महानगरीय, उद्योग व्यवस्था का संतुलन विदेशी पूँजी की घुसपैठ से टूटने लगा। ग्रामीण जीवन नगरों, महानगरों पर आश्रित हो गया। अतः अभाव और कुंठाओं का शिकार भी हुआ। चारों तरफ भूख-गरीबी, बेकारी, अशिक्षा, महँगाई का हाहाकार सुनाई पड़ने लगा। भारतीय व्यवस्था में दिनोंदिन पसरते पूँजीवाद तथा उसके दुष्प्रभावों ने स्पष्ट कर दिया कि स्वतन्त्रता के पश्चात् नेहरू सरकार ने समाजवाद का रास्ता नहीं चुना। फलस्वरूप देखते-देखते भारतीय जनता का रामराज्यीय स्वप्न टूटकर चूर-चूर हो गया। यह उसके मोहभंग का समय था।

ऐसे में न सिर्फ वैचारिक संघर्ष तीव्र हुआ बल्कि देश में सांस्कृतिक संकट, आस्थाहीनता तथा मूल्यों की अस्वीकृति की चर्चा जोर-शोर से चल पड़ी। रचनाकारों पर डार्विन, मार्क्स तथा फ्रायड का प्रभाव पड़ने लगा। संक्रमण काल से गुजरते लेखक वर्ग का अनिर्णय और द्वंद्व उनकी रचनाओं में भी दिखाई देने लगा। 1962 तथा 1965 के चीन तथा पाकिस्तान के आक्रमणों के बाद पहले से ही अस्त-व्यस्त भारतीय समाज महँगाई की आग में झोंक दिया गया। स्वातन्त्र्योत्तर हिन्दी कविता दिनोंदिन बदतर होते जा रहे भारतीय परिवेश से अप्रभावित न रह सकी। शोषण और भ्रष्टाचार की तीव्र मार सह रहे एक औसत मनुष्य की जिंदगी की त्रासदियों से कवियों के काव्यानुभव तैयार होने लगे लेकिन ये प्रगतिशील-जनवादी कवि थे।

अन्य कवि या भटकाव का शिकार थे या पूँजीवादी-अस्तित्ववादी जीवन-दर्शन के हिमायती। प्रयोगवादी शीतयुद्ध अभी समाप्त नहीं होता बल्कि और तीव्र हो जाता

है। प्रयोगवादी कविता स्वातन्त्र्योत्तर परिदृश्य में नयी कविता का चोला धारण कर लेती है। मुक्तिबोध ने तो फिर खुलेआम लिखा है कि–"नयी कविता के बुर्ज से शीतयुद्ध की गोलांदाजी की गयी थी।" इन शीतयुद्धकारियों ने जनवादी तथा राष्ट्रवादी मनुष्यों के मूल्यों पर चोट करना आरंभ कर दिया। यह कार्य अनेक तरीकों से हुआ। पश्चिम के रचनाकारों की मान्यताओं को हिन्दी कविता में उतारा जाने लगा। इलियट, पाउंड तथा लारेंस आदि की महत्ता पर प्रकाश डाला जाने लगा। पश्चिम की नयी समीक्षा तथा अमूर्त कला पर बहस आरंभ की गयी। रचना में अबौद्धिकता तथा प्रतीकवाद को स्थान दिया जाने लगा। व्यक्ति-स्वातंत्र्य के नाम पर घनघोर व्यक्तिवाद को बढ़ावा दिया जाने लगा तथा सामाजिक मूल्यों की अवहेलना की जाने लगी। अज्ञेय, जगदीश गुप्त, लक्ष्मीकांत वर्मा, गिरिजा माथुर, आदि रचनाकारों ने यही काम किया। स्वतन्त्रता के पश्चात् दो दशकों में प्रयोगवाद, नयी कविता से लेकर अकविता तक जो काव्य-यात्रा हुई, वह मूलतः अस्तित्ववादी, पूँजीवादी तथा शीतयुद्धीय कारगुजारियों का ही परिणाम है।

इन कवियों के काव्यानुभव औसत मनुष्य के जीवन तथा उसके संघर्षों का प्रतिनिधित्व नहीं करते, बल्कि मनुष्य की मूल आदिम तथा पाशविक प्रवृत्तियों और यौन कुंठाओं को सामने लाते हैं। यह इतिहास विरोधी दृष्टि थी जिसके रहते परम्परा में विकास के स्थान पर विरोध देखा गया और फलतः कुंठा, ह्रास, थकान, अकेलापन, नैराश्य, संशय, संत्रास जैसे विघटनकारी मूल्य इन कवियों के काव्यानुभव बने। कहने की ज़रूरत नहीं कि ये काव्यानुभव मनुष्य की प्रगति के विरोधी थे और उसके विकास के मार्ग में बाधक भी।

अतः स्वातंत्र्यपूर्व हिन्दी कविता में इतिहास, परम्परा, नवजागरण, राष्ट्रवाद, लोकतन्त्र तथा जनवाद की जो जीवनधर्मी धाराएँ विकसित हुई थीं, उन्हें इस आधुनिकता बोधवादी धारा ने तोड़-फोड़कर रख दिया। फलस्वरूप रचना में सामाजिक मुद्दे कमजोर पड़ने लगे और कवियों की निजी महत्त्वाकांक्षा उजागर होने लगी।

किंतु स्वातन्त्र्योत्तर हिन्दी कविता सिर्फ व्यक्तिवादी नहीं है, सिर्फ निषेधवादी नहीं है, सिर्फ परम्परा तथा इतिहास विरोधी नहीं है बल्कि वह भारतीय जनता के संघर्ष का प्रतिनिधित्व भी करती है और उसमें नए समाज के पुनर्गठन की भावना भी दिखाई देती है। यह सच है कि स्वतन्त्रता के पश्चात् कुछ वर्षों तक प्रगतिशील-जनवादी काव्यदृष्टि पूँजीवाद और व्यक्तिवाद के सामने फीकी पड़ गयी। यह भी सच है कि नयी कविता के दौर में चाहे इन कवियों का शंखनाद न सुनाई देता हो लेकिन अपनी गहरी जनप्रतिबद्धता के साथ ये कवि निरंतर सृजनरत रहे।

सातवें दशक में इस कविता का विशेष उभार दिखाई देता है और आगे चलकर चौथे आम चुनावों में वामपंथी सरकारों की सफलता के पश्चात् आस्था और आशा का स्वर निरंतर तीव्र होता जाता है।

नागार्जुन, केदार, त्रिलोचन, मुक्तिबोध, शमशेर, शील, धूमिल, सर्वेश्वर, रघुवीर सहाय, भवानी मिश्र, केदारनाथ सिंह, शलभ श्रीराम सिंह, जगूड़ी, विजेन्द्र, कुमारेन्द्र पारसनाथ सिंह, सोमदत्त, अरुण कमल, मंगलेश डबराल आदि अनेक वरिष्ठ तथा नये कवियों के काव्यानुभवों में स्वातन्त्र्योत्तर भारत अपने राजनीतिक, सामाजिक तथा आर्थिक अंतर्विरोधों के साथ मौजूद दिखाई देता है। ये काव्यानुभव स्वातन्त्र्योत्तर नगरों और गाँवों की स्थितियों से हमारा साक्षात्कार कराते हैं तथा सामाजिक यथार्थ को समझने के लिए एक अंतर्दृष्टि प्रदान करते हैं। ये काव्यानुभव व्यापक जनसमाज के समर्थन में शोषक-शासित वर्ग के प्रति जनता की घृणा-आक्रोश तथा विद्रोह को भी व्यक्त करते हैं। अपनी गहरी जनपक्षधरता के कारण प्रगतिशील जनवादी कविता अत्याचार-अनीति तथा विषमता को मिटाकर समाज के नवनिर्माण का प्रयास करती है और इस तरह यह काव्यधारा स्वातंत्र्यपूर्व की भारतेन्दुयुगीन, द्विवेदीयुगीन तथा छायावाद की जनवादी एवं प्रगतिवादी काव्यपरम्परा से जुड़ जाती है।

स्वातन्त्र्योत्तर परिदृश्य में एक ओर वैयक्तिक जीवन-दर्शन की काव्यधारा-प्रयोगवाद, नयी कविता तथा अकविता-प्रगति-विरोधी दृष्टि के साथ प्रवहमान दिखाई देती है तो दूसरी ओर प्रगतिशील-जनवादी काव्यधारा अपनी जनप्रतिबद्ध भूमिका को स्वीकृत करती है और भारतेन्दु युग से समकालीन कविता तक अपनी जनवादी काव्य-परम्परा को निरंतर समृद्ध करती है। स्वातंत्र्यपूर्व तथा स्वातंत्र्योत्तर हिन्दी कविता की तुलना में जो एक प्रमुख अंतर सामने आता है, वह यह कि स्वातंत्र्यपूर्व काव्यानुभवों में स्वतन्त्रताप्राप्ति का संघर्ष जहाँ प्रमुख है, वहीं स्वातंत्र्योत्तर जनवादी काव्यानुभवों में शोषक-शासित व्यवस्था, उसका विरोध तंथा नवनिर्माण की चिंता को प्रमुखता के साथ महत्त्व दिया गया है।

स्वातन्त्र्योत्तर कविता के कुछ उल्लेखनीय काव्यानुभव और उनका महत्त्व

स्वातन्त्र्योत्तर कविता में एक तरफ मानव-मूल्यों और उनकी महान विरासत को ह्रास की ओर ले जाने वाले कवियों की इतिहास विरोधी संलग्नता है तो दूसरी ओर ऐतिहासिक विकास-क्रम को सुनिश्चित शक्ल प्रदान करने वाली जनशक्ति तथा उसकी संघर्ष चेतना के पक्ष में कवियों की गहरी जनपक्षधरता है। इन भिन्न-भिन्न वैचारिक धरातलों तथा भिन्न-भिन्न जीवन-दृष्टियों के कारण कवियों के काव्यानुभवों

के स्वरूप में भी अंतर आ जाता है। स्वातन्त्र्योत्तर काव्य के विस्तृत परिदृश्य के विश्लेषण-मूल्यांकन के बाद पुनः यहाँ इस बहस को आरंभ करने की आवश्यकता नहीं है कि उपर्युक्त दोनों वर्गों में किस वर्ग के कवियों के काव्यानुभवों की महत्ता सर्वाधिक है। हमारे प्रगतिशील ही नहीं, बल्कि जनवादी कवियों के काव्यानुभवों से गुजरते हुए जिस स्वातन्त्र्योत्तर यथार्थ से हमारा प्रामाणिक साक्षात्कार होता है, उसी से प्रगतिशील-जनवादी कविता के काव्यानुभवों की सम्पूर्ण गरिमा उद्घाटित हो जाती है।

वैचारिक दृष्टि से प्रतिबद्ध सिर्फ मार्क्सवादी कवि ही नहीं बल्कि भवानीप्रसाद मिश्र, सर्वेश्वर दयाल सक्सेना, रघुवीर सहाय जैसे कवि भी गहरे अर्थों में जनवादी हैं और उनके काव्यानुभव व्यापक जन-समाज से निर्मित होते हैं। स्वातन्त्र्योत्तर हिन्दी कविता के अत्यन्त महत्त्वपूर्ण कवि नागार्जुन, मुक्तिबोध, केदार, त्रिलोचन, शमशेर, भवानी मिश्र, सर्वेश्वर, रघुवीर सहाय, केदारनाथ सिंह, दुष्यन्त, धूमिल, जगूड़ी, वेणु गोपाल, चंद्रकान्त देवताले, विजेन्द्र, कुमार विकल, सोमदत्त, ऋतुराज, ज्ञानेन्द्र पति, अरुण कमल, उदयप्रकाश तथा नईम, रमेश रंजक, अश्वघोष, नचिकेता और अदम गोंडवी आदि के काव्यानुभव स्वातन्त्र्योत्तर भारत के जनजीवन व जन-आंदोलनों का गहरा परिचय देते हुए हमें स्थितियों एवं घटनाचक्रों को समझने तथा सूक्ष्म विश्लेषण करने के लिए प्रेरित करते हैं। इन कवियों के काव्यानुभव भारत की सांस्कृतिक परम्परा तथा ऐतिहासिक पृष्ठभूमि के विकास तथा अंतर्विरोधों को समझने में मनुष्य की मदद करते हुए उसे बेहतर मानवीय पथ पर अग्रसर करते हैं।

इन कवियों के काव्यानुभवों के मूल में एक सूक्ष्म व गहरी जीवन-दृष्टि एवं विश्व-दृष्टि काम करती दिखाई देती है। वहाँ सिर्फ भारतीय संदर्भोंकी सार्थक उपस्थिति ही नहीं, बल्कि विस्तृत अंतर्राष्ट्रीय परिवेश को भी अपने में समेट लेने का रचनात्मक प्रयास भी निहित है। इस कथन के साक्ष्य में उदयप्रकाश की 'दो हाथियों की लड़ाई' जैसी अनेक कवियों की कविताओं को देखा जा सकता है। ये काव्यानुभव मनुष्य और समाज के स्वस्थ नैतिक सम्बन्धों के प्रति अपनी दृढ़ आस्था प्रकट करते हैं। इन काव्यानुभवों के जन्म तथा रचना के पीछे भूख, गरीबी, अकाल, बेकारी, महामारी, भ्रष्टाचार, अशिक्षा, अन्याय, शोषण और संघर्ष से भरा स्वातन्त्र्योत्तर भारत का ग्रामीण तथा नगरीय जन-जीवन ही मूलतः आधार भूमि का कार्य करता है। वे काव्यानुभव न सिर्फ जनता को शिक्षित तथा संस्कारित करते हैं बल्कि सामाजिक परिवर्तन की दिशा में एक नये व नैतिक समाज के निर्माण का मार्ग भी प्रशस्त करते हैं। जीवन को उसकी सम्पूर्णता में जीने की ललक ही इन कवियों के काव्यानुभवों को एक निहायत

आशावादी धरातल प्रदान करती है।

मध्य तथा निम्नवर्गीय जीवन-यथार्थ तथा उसके दुःख-तकलीफों और संघर्षोंसे ही हमारे इन कवियों के काव्यानुभव निर्मित होते हैं। इनके मूल में एक औसत मनुष्य, मूलतः शोषितों की पक्षधरता तथा उनकी मुक्ति की चेष्टा और कामना निहित है। ये काव्यानुभव अपने समय व युग की यातना, यांत्रिकता तथा विसंगतियों को उजागर करते हैं और आम आदमी की अस्मिता की खोज की दिशा में अपनी महत्त्वपूर्ण भूमिका निभाते हैं। प्रगतिशील-जनवादी काव्यानुभवों का यह विस्तृत फलक स्वातन्त्र्योत्तर भारत के ऐतिहासिक, राजनीतिक, आर्थिक तथा सामाजिक परिवेश एवं उनके अंतर्विरोधों से हमारी प्रामाणिक पहचान कराता है। ये काव्यानुभव साक्ष्य हैं कि कविता के जरिये किस तरह समाज की समग्रता को रूपायित किया जाता है। ये काव्यानुभव स्वतन्त्रता-प्राप्ति के पश्चात् टूटते सपनों की चटख, मोहभंग तथा अपने समय की क्रूर वास्तविकताओं से उत्पन्न हुए हैं और महँगाई, बेरोजगारी, अशिक्षा, आर्थिक असमानता तथा व्यापक जन-असंतोष के प्रामाणिक दस्तावेज़ हैं।

इन काव्यानुभवों में केवल लड़ाई, आतंक, अँधेरा, आग, चीखें, संगठन, गुस्सा और विस्फोट ही नहीं है बल्कि प्रकृति-सौंदर्य का यथार्थपरक अंकन भी है, प्रेम की सूक्ष्म तथा सघन अनुभूतियाँ भी हैं, स्त्री और बच्चों की मानवीय उपस्थिति भी है तथा मनुष्य के छोटे-मोटे सुख-दुःख भी हैं। कुल मिलाकर सन् '47 के पश्चात् के एक औसत भारतीय मनुष्य का दैनंदिन संसार ही उसके तमाम दुःख-तकलीफों एवं संघर्षों सहित अपनी समग्रता में हमारे इन प्रगतिशील-जनवादी कवियों के काव्यानुभवों में अत्यन्त प्रामाणिक तौर पर उपलब्ध है और इसी से इन काव्यानुभवों की महत्ता और गरिमा भी उद्घाटित होती है।

संदर्भ ग्रंथ-सूची

(अ) आधार ग्रंथ

(1) अकाल में सारस : केदारनाथ सिंह
(2) अपलक : बालकृष्ण शर्मा 'नवीन'
(3) अबूतर-कबूतर : उदय प्रकाश
(4) अरी ओ करुणा प्रभामय : अज्ञेय
(5) अंधा युग : धर्मवीर भारती
(6) अणिमा : निराला
(7) अर्चना : निराला
(8) अरघान : त्रिलोचन
(9) अतिरिक्त पुरुष : शलभ श्रीराम सिंह
(10) अपनी केवल धार : अरुण कमल
(11) अनाथ : सियारामशरण गुप्त
(12) अपूर्वा : केदारनाथ अग्रवाल
(13) अँधेरी कविताएँ : भवानी प्रसाद मिश्र
(14) अभी बिलकुल अभी : केदारनाथ सिंह
(15) अपराधी स्वयं : शलभ श्रीराम सिंह
(16) अपने सामने : कुँवर नारायण
(17) अपने को प्रकाशित करता हुआ : मलयज
(18) अँधेरी रात का सूर्य : मत्स्येन्द्र शुक्ल
(19) अपरा : निराला
(20) अलाव में तपकर : ललित सुरजन

(21) आँगन के पार द्वार : अज्ञेय
(22) आत्महत्या के विरुद्ध : रघुवीर सहाय
(23) आत्मजयी : कुँवर नारायण
(24) आहटें आसपास : पंकज सिंह
(25) आवाज़ों के घेरे : दुष्यन्त कुमार
(26) आँसू : जयशंकर प्रसाद
(27) इस हादसे में : नरेन्द्र मोहन
(28) इतने पास अपने : शमशेर बहादुर सिंह
(29) इंद्रधनुष रौंदे हुए ये : अज्ञेय
(30) इतिहास के आँसू : रामधारी सिंह दिनकर
(31) इस अकाल बेला में : राजकमल चौधरी
(32) इत्यलम् : अज्ञेय
(33) इतिहास हन्ता : जगदीश चतुर्वेदी
(34) इस यात्रा में : लीलाधर जगूड़ी
(35) उदिता : शमशेर बहादुर सिंह
(36) उपनगर में वापसी : बलदेव वंशी
(37) उस जनपद का कवि हूँ : त्रिलोचन शास्त्री
(38) उत्सव : नरेश मेहता
(39) उर्वशी : दिनकर
(40) एक कंठ विषपायी : दुष्यन्त कुमार
(41) एक दिन बोलेंगे पेड़ : राजेश जोशी
(42) एक दिन नदी बन गया : रामदरस मिश्र
(43) एक छोटी-सी लड़ाई : कुमार विकल
(44) एक उठा हुआ हाथ : भारत भूषण अग्रवाल
(45) एकान्त-संगीत : बच्चन
(46) एक रंग हम : अजीत चौधरी
(47) कुआनो नदी : सर्वेश्वर दयाल सक्सेना
(48) कविता की आँख : ओम भारती
(49) क्वासि : बालकृष्ण शर्मा 'नवीन'
(50) कोयला और कवित्व : दिनकर
(51) कल सुनना मुझे : धूमिल

(52) कविताएँ-एक : सर्वेश्वर दयाल सक्सेना
(53) कविताएँ-दो : सर्वेश्वर दयाल सक्सेना
(54) कविताएँ : कविता से बाहर : श्याम परमार
(55) कुकुरमुत्ता : निराला
(56) कला और बूढ़ा चाँद : पंत
(57) क्योंकि मैं उसे जानता हूँ : अज्ञेय
(58) कहें केदार खरी-खरी : केदारनाथ अग्रवाल
(59) कल सुबह होने के पहले : शलभ श्रीराम सिंह
(60) कुरुक्षेत्र : दिनकर
(61) क्या कहकर पुकारूँ : सर्वेश्वर दयाल सक्सेना
(62) कनुप्रिया : धर्मवीर भारती
(63) काल-पात्र : श्रीराम वर्मा
(64) काला इतिहास : बलदेव वंशी
(65) किस्से अरबों हैं : सोमदत्त
(66) कितनी नावों में कितनी बार : अज्ञेय
(67) किसी भी तारीख को : श्रीकान्त जोशी
(68) कुछ कविताएँ एवं कुछ और कविताएँ : शमशेर बहादुर सिंह
(69) कौन-सा आकाश : सुनीता जैन
(70) कंधे पर सूरज : रामदरस मिश्र
(71) खिचड़ी विप्लव देखा हमने : नागार्जुन
(72) खुद अपनी आँख से : विष्णु खरे
(73) खिलाफ हवा से गुजरते हुए : विनोद दास
(74) खुली आँखों में आकाश : दिविक रमेश
(75) खूँटियों पर टँगे लोग : सर्वेश्वर दयाल सक्सेना
(76) खुशबू के शिलालेख : भवानी प्रसाद मिश्र
(77) गर्म हवाएँ : सर्वेश्वर दयाल सक्सेना
(78) गाँवों का कोई इतिहास नहीं होता : रमेश दत्त दुबे
(79) गीतिका : निराला
(80) गीत पर्व : महादेवी वर्मा
(81) गुलमेहँदी : केदारनाथ अग्रवाल
(82) गीता और गटर : लक्ष्मीकान्त वर्मा

(83) गीतम	:	वीरेन्द्र मिश्र
(84) गीत आदमी है	:	पुरुषोत्तम प्रतीक
(85) ग्राम्या	:	पंत
(86) गाँधी पंचशती	:	भवानी प्रसाद मिश्र
(87) गीत-अगीत	:	पंत
(88) गरुड़ किसने देखा है	:	श्रीकांत वर्मा
(89) गीतफरोश	:	भवानी प्रसाद मिश्र
(90) घबराये हुए शब्द	:	लीलाधर जगूड़ी
(91) घर का रास्ता	:	मंगलेश डबराल
(92) चाक पर रखी धरती	:	अक्षय उपाध्याय
(93) चुका भी हूँ नहीं मैं	:	शमशेर बहादुर सिंह
(94) चैत की लाल टहनी	:	विजेन्द्र
(95) चाँद का मुँह टेढ़ा है	:	मुक्तिबोध
(96) चिदम्बरा	:	पंत
(97) चिंता	:	अज्ञेय
(98) चक्रव्यूह	:	कुँवर नारायण
(99) चौथा सप्तक	:	सं. अज्ञेय
(100) चकित है दुःख	:	भवानी प्रसाद मिश्र
(101) ज़मीन पक रही है	:	केदारनाथ सिंह
(102) जलसा घर	:	श्रीकान्त वर्मा
(103) जलता मकान	:	विनोद भारद्वाज
(104) जंगल का दर्द	:	सर्वेश्वर दयाल सक्सेना
(105) जमुन जल तुम	:	केदारनाथ अग्रवाल
(106) ठंडा लोहा	:	धर्मवीर भारती
(107) तालाब में डूबी छः लड़कियाँ	:	विष्णु नागर
(108) ताप के ताये हुए दिन	:	त्रिलोचन
(109) तीसरा अँधेरा	:	कैलाश वाजपेयी
(110) तारसप्तक	:	सं. अज्ञेय
(111) तुम्हें सौंपता हूँ	:	त्रिलोचन
(112) तीसरा सप्तक	:	सं. अज्ञेय
(113) दी हुई दुनिया	:	भगवत रावत

(114) दूसरा सप्तक : सं. अज्ञेय
(115) दीपशिखा : महादेवी
(116) दिल्ली : दिनकर
(117) दिनारंभ : श्रीकान्त वर्मा
(118) दिगन्त : त्रिलोचन
(119) दरवाजा खुलता है : नरेन्द्र जैन
(120) धूप के दर्पण में : नीलिमा सिंह
(121) धूप के धान : गिरिजा कुमार माथुर
(122) धूप और धुआँ : दिनकर
(123) धुएँ की लकीरें : विपिन कुमार अग्रवाल
(124) धरती : त्रिलोचन
(125) नकेन के प्रपद्य : नलिन विलोचन शर्मा, केसरी कुमार, नरेश
(126) नए सुभाषित : दिनकर
(127) नाश और निर्माण : गिरिजा कुमार माथुर
(128) नाव के पाँव : जगदीश गुप्त
(129) नाटक जारी है : लीलाधर जगूड़ी
(130) निगाह-दर-निगाह : शलभ श्रीराम सिंह
(131) नीली रेखा तक : भवानी प्रसाद मिश्र
(132) नागार्जुन रचनावली : नागार्जुन
(133) नागरिकनामा : शलभ श्रीराम सिंह
(134) प्यासी-पथरायी आँखें : नागार्जुन
(135) पहाड़ पर लालटेन : मंगलेश डबराल
(136) पहले मैं सन्नाटा बुनता हूँ : अज्ञेय
(137) पुल पर पानी : ऋतुराज
(138) पुरानी जूतियों का कोरस : नागार्जुन
(139) पंख और पतवार : केदारनाथ अग्रवाल
(140) परशुराम की प्रतीक्षा : दिनकर
(141) पुरखों के कोठार से : सोमदत्त
(142) परिमल : निराला
(143) पल्लव : पंत

(144) फूल नहीं रंग बोलते हैं : केदारनाथ अग्रवाल
(145) बची हुई पृथ्वी : लीलाधर जगूड़ी
(146) बहनें और अन्य कविताएँ : असद जैदी
(147) बात बोलेगी. : शमशेर बहादुर सिंह
(148) बुनी हुई रस्सी : भवानी प्रसाद मिश्र
(149) बरगद के चिकने पत्ते : हरिनारायण व्यास
(150) बनपाँखी सुनो : नरेश मेहता
(151) बावरा अहेरी : अज्ञेय
(152) बुद्ध और नाच घर : बच्चन
(153) भूरी-भूरी खाक धूल : मुक्तिबोध
(154) भूमि-भाग : मैथिलीशरण गुप्त
(155) भग्नदूत : अज्ञेय
(156) मुक्ति-प्रसंग : राजकमल चौधरी
(157) माया दर्पण : श्रीकान्त वर्मा
(158) मौसम की चिट्ठी : विजय बहादुर सिंह
(159) मधुशाला : बच्चन
(160) मधुबाला : बच्चन
(161) मधुकलश : बच्चन
(162) मिट्टी का चेहरा : राजेश जोशी
(163) मिट्टी की बारात : शिवमंगल सिंह सुमन
(164) मार प्यार की थापें : केदारनाथ अग्रवाल
(165) मृग और तृष्णा : हरिनारायण व्यास
(166) यहाँ से देखो : केदारनाथ सिंह
(167) यह एक दिन है : प्रयाग शुक्ल
(168) ये आकृतियाँ तुम्हारी : विजेन्द्र
(169) युगधारा : नागार्जुन
(170) युगवाणी : सुमित्रानंदन पंत
(171) युग की गंगा : केदारनाथ अग्रवाल
(172) यह मैं हूँ पत्थर : नरेन्द्र जैन
(173) रात का पेड़ : प्रयाग शुक्ल
(174) रात अब भी मौजूद है : लीलाधर जगूड़ी

(175) रश्मि रेखा : बालकृष्ण शर्मा 'नवीन'
(176) रसवंती : रामधारी सिंह दिनकर
(177) राहे हयात : शलभ श्रीराम सिंह
(178) रेणुका : दिनकर
(179) रेल बोगदे में : सोमदत्त
(180) लकड़बग्घा हँस रहा है : चंद्रकांत देवताले
(181) लौट आयेंगे सगुन पंछी : अनूप अशेष
(182) लोग भूल गए हैं : रघुवीर सहाय
(183) वह आदमी नया गरम कोट पहनकर चला गया विचार की तरह : विनोद कुमार शुक्ल
(184) वे हाथ होते हैं : वेणु गोपाल
(185) शहर अब भी संभावना है : अशोक वाजपेयी
(186) शब्द : त्रिलोचन
(187) शब्द लिखने के लिए ही यह कागज बना है : ज्ञानेन्द्र पति
(188) शुरुआत : हरिहर द्विवेदी
(189) शब्ददंश : जगदीश गुप्त
(190) सपनों में आता है राक्षस : विनय दुबे
(191) साये में धूप : दुष्यन्त कुमार
(192) सीढ़ियों पर धूप में : रघुवीर सहाय
(193) सुनो कारीगर : उदय प्रकाश
(194) संशय की एक रात : नरेश मेहता
(195) सम्प्रति : भवानी प्रसाद मिश्र
(196) संसद से सड़क तक : धूमिल
(197) सप्तपर्णा : महादेवी वर्मा
(198) समुद्र के बारे में : भगवत रावत
(199) सुदामा पांडेय का प्रजातन्त्र : धूमिल
(200) सान्ध्य काकली : निराला
(201) स्वर्ण किरण : पंत
(202) स्वर्ण धूलि : पंत
(203) सागर मुद्रा : अज्ञेय

(204) सात गीत वर्ष : धर्मवीर भारती
(205) सबूत : अरुण कमल
(206) हज़ार-हज़ार बाँहों वाली : नागार्जुन
(207) हवाएँ चुप नहीं रहतीं : वेणु गोपाल
(208) हँसो-हँसो, जल्दी हँसो : रघुवीर सहाय
(209) हम विषपायी जनम के : बालकृष्ण शर्मा 'नवीन'
(210) हुंकार : दिनकर
(211) हारे को हरिनाम : दिनकर
(212) हरी घास पर क्षण भर : अज्ञेय
(213) हे मेरी तुम : केदारनाथ अग्रवाल
(214) त्रिभंगिमा : बच्चन

(ब) आलोचनात्मक ग्रंथ

(1) अकविता और कला संदर्भ : डॉ. श्याम परमार
(2) अथातो सौंदर्य जिज्ञासा : रमेश कुंतल मेघ
(3) अंग्रेजी की स्वच्छंद कविता : प्रमोद वर्मा
(4) आधुनिक साहित्य : नंददुलारे वाजपेयी
(5) आधुनिक कविता और युगदृष्टि : शिवकुमार मिश्र
(6) आधुनिक परिवेश और नवलेखन : शिवप्रसाद सिंह
(7) आधुनिक काव्य-कला और दर्शन : राममूर्ति त्रिपाठी
(8) आधुनिक कविता की प्रमुख प्रवृत्तियाँ : डॉ. नगेन्द्र
(9) आधुनिक काव्य में शिल्प : कैलाश वाजपेयी
(10) आधुनिक कविता : इंद्रनाथ मदान
(11) आधुनिक साहित्य : विविध परिदृश्य : सुंदरलाल कथूरिया
(12) आधुनिक हिन्दी कविता में विचार तत्त्व : बलदेव वंशी
(13) आधुनिक कवि : रामेश्वर शुक्ल अंचल
(14) आस्था और सौंदर्य : रामविलास शर्मा
(15) आज का भारत : रजनी पामदत्त
(16) आचार्य नंददुलारे वाजपेयी : व्यक्ति और साहित्य : रामाधार शर्मा
(17) आलोचक की आस्था : नगेन्द्र

(18) आत्मनेपद	: अज्ञेय
(19) आधुनिक हिन्दी कविता और आलोचना की द्वंद्वात्मकता	: कमला प्रसाद
(20) आधुनिकता और सृजनात्मक साहित्य	: इंद्रनाथ मदान
(21) आधुनिकता के बारे में तीन अध्याय	: धनंजय वर्मा
(22) आधुनिक भावबोध की संज्ञा	: अमृतराय
(23) आधुनिक काव्य की स्वच्छंदतावादी प्रवृत्तियाँ	: अजब सिंह
(24) आधुनिक हिन्दी आलोचना के बीज शब्द	: बच्चन सिंह
(25) आधुनिक साहित्य और इतिहास-बोध	: नित्यानंद तिवारी
(26) आलोचक मुक्तिबोध	: चारू मित्र
(27) आस्था के चरण	: नगेन्द्र
(28) आधुनिकता साहित्य के संदर्भ में	: गंगाप्रसाद विमल
(29) आधुनिक मनोविज्ञान और हिन्दी साहित्य	: गंगाप्रसाद झा
(30) आलोचना के नए मान	: कर्णसिंह चौहान
(31) आधुनिक साहित्य की प्रवृत्तियाँ	: नामवर सिंह
(32) आधुनिक हिन्दी कविता	: सं. जगदीश चतुर्वेदी
(33) इतिहास और आलोचना	: नामवर सिंह
(34) इतिहास, विचारधारा और साहित्य	: राजेश्वर सक्सेना
(35) एक साहित्यिक की डायरी	: मुक्तिबोध
(36) काव्य-सर्जना और काव्यास्वाद	: वेंकट शर्मा
(37) काव्य और कला तथा अन्य निबंध	: जयशंकर प्रसाद
(38) क्योंकि समय एक शब्द है	: रमेश कुंतल मेघ
(39) कविता की मुक्ति	: नंदकिशोर नवल
(40) कविता के नए प्रतिमान	: नामवर सिंह
(41) कला के वैचारिक और सौंदर्यात्मक पहलू	: आव्नेर ज़ीस
(42) कला का जोखिम	: निर्मल वर्मा
(43) काव्यशास्त्र और काव्य	: राधावल्लभ त्रिपाठी

(44) काव्यतत्त्व विमर्श : राममूर्ति त्रिपाठी
(45) खून के छींटे इतिहास के पन्नों पर : भगवत शरण उपाध्याय
(46) गद्य-पथ : पंत
(47) चिंतामणि-पहला भाग : रामचंद्र शुक्ल
(48) चाबुक : निराला
(49) चयन : निराला
(50) छायावादोत्तर हिन्दी काव्य की सामाजिक और सांस्कृतिक पृष्ठभूमि : कमला प्रसाद पांडेय
(51) छायावाद : नामवर सिंह
(52) छायावाद : पुनर्मूल्यांकन : सुमित्रानंदन पंत
(53) छायावाद युग : शंभूनाथ सिंह
(54) छायावाद का सौन्दर्यशास्त्रीय अध्ययन : कुमार विमल
(55) जनकवि : विजय बहादुर सिंह
(56) जनवादी समीक्षा : नया चिंतन, नये प्रयोग : चंचल चौहान
(57) जलते और उबलते प्रश्न : विश्वम्भरनाथ उपाध्याय
(58) जनान्तिक : नेमिचंद्र जैन
(59) दर्शन, साहित्य और आलोचना : चर्नी शेव्स्की
(60) दिनकर के काव्य में राष्ट्रीय चेतना : शिवकांत गोस्वामी
(61) दरअसल : कमला प्रसाद
(62) नया साहित्य : नये प्रश्न : नंददुलारे वाजपेयी
(63) नयी कविता और अस्तित्ववाद : रामविलास शर्मा
(64) नया काव्य : नये मूल्य : ललित शुक्ल
(65) नये प्रतिमान पुराने निकष : लक्ष्मीकांत वर्मा
(66) नयी कविता का आत्मसंघर्ष तथा अन्य निबंध : मुक्तिबोध
(67) नयी कविता : स्वरूप और समस्याएँ : जगदीश गुप्त
(68) नए साहित्य का सौंदर्यशास्त्र : मुक्तिबोध
(69) नया हिन्दी काव्य : शिवकुमार मिश्र
(70) निराला ग्रंथावली : निराला
(71) नयी कविता : संस्कार और शिल्प : रामशंकर मिश्र

(72) नयी कविता, नयी आलोचना और कला : कुमार विमल
(73) नयी कविताएँ : एक साक्ष्य : रामस्वरूप चतुर्वेदी
(74) नयी कविता का वैचारिक आधार : सुधीश पचौरी
(75) निराला : आत्महन्ता आस्था : दूधनाथ सिंह
(76) नागार्जुन का रचना-संसार : विजय बहादुर सिंह
(77) नयी कविता के प्रतिमान : लक्ष्मीकांत वर्मा
(78) पाश्चात्य समीक्षा सिद्धांत : केसरी नारायण शुक्ल
(79) पाश्चात्य समीक्षा दर्शन : जगदीश चंद्र सेन
(80) प्रबंध प्रतिमा : निराला
(81) प्रगतिवाद और समानांतर साहित्य : रेखा अवस्थी
(82) प्रतिक्रियाएँ : देवराज
(83) प्राचीन भारत की संस्कृति और सभ्यता : दामोदर धर्मानंद कोसम्बी
(84) प्रगतिशील काव्यधारा और केदारनाथ अग्रवाल : रामविलास शर्मा
(85) प्रबंध पद्‌म : निराला
(86) प्रगतिवाद : शिवकुमार मिश्र
(87) परम्परा का मूल्यांकन : रामविलास शर्मा
(88) प्रयोगवाद और नयी कविता : शंभूनाथ सिंह
(89) फिलहाल : अशोक वाजपेयी
(90) बच्चन : व्यक्ति और कवि : सं. बाँके बिहारी भटनागर
(91) भारतीय साहित्यशास्त्र : गणेशत्र्यम्बक देशपांडे
(92) भारतीय काव्यशास्त्र के नए क्षितिज : राममूर्ति त्रिपाठी
(93) भारत का इतिहास : रोमिला थापर
(94) भारतीय समाज का ऐतिहासिक विश्लेषण : भगवतशरण उपाध्याय
(95) भारतीय दर्शन : सरल परिचय : देवीप्रसाद चट्टोपाध्याय
(96) भारतीय कला दृष्टि : अज्ञेय
(97) भारतीय कला का अध्ययन : नीहार रंजन राय
(98) भारतीय काव्यशास्त्र : नयी व्याख्या : राममूर्ति त्रिपाठी
(99) भारतीय कला की भूमिका : भगवत शरण उपाध्याय

(100) भारत : आदिम साम्यवाद से
दासप्रथा तक का इतिहास : श्रीपाद अमृत डाँगे
(101) भारतीय चिंतन परम्परा : के. दामोदरन
(102) भाषा, युगबोध और कविता : रामविलास शर्मा
(103) भाषा और समाज : रामविलास शर्मा
(104) मार्क्सवादी साहित्य चिंतन : शिवकुमार मिश्र
(105) मिथक और साहित्य : नगेन्द्र
(106) मुक्तिबोध रचनावली : मुक्तिबोध
(107) मेरे कुछ प्रिय आधुनिक हिन्दी कवि : शमशेर बहादुर सिंह
(108) मैथिलीशरण गुप्त की काव्ययात्रा : जगदीश प्रसाद चतुर्वेदी
(109) मैथिलीशरणगुप्त के काव्य में
भारतीय संस्कृति की अभिव्यक्ति : जनार्दन पांडेय
(110) माखनलाल चतुर्वेदी रचनावली-6 तथा 7: माखनलाल चतुर्वेदी
(111) मार्क्सवाद और प्रगतिशील साहित्य : रामविलास शर्मा
(112) मैथिलीशरण गुप्त : पुनर्मूल्यांकन : नगेन्द्र
(113) मैथिलीशरण गुप्त के काव्य में
नारी की भावना : मधुबाला रोहतगी
(114) मैथिलीशरण गुप्त के पात्रों का
मनोविश्लेषणात्मक अध्ययन : राम कुलकर्णी
(115) मुक्तिबोध की काव्य-प्रक्रिया : अशोक चक्रधर
(116) मुक्तिबोध : विचारक, कवि और
कथाकार : सुरेन्द्र प्रताप
(117) मुक्तिबोध का साहित्य विवेक
और उनकी कविता : लल्लन राय
(118) मनुष्य और समाज : सं. डॉ. चैस्नोकोव एवं
वी. कारपुशिन
(119) मानव-समाज : राहुल सांकृत्यायन
(120) मार्क्सवाद और कविता : जार्ज थामसन
(121) यथार्थवाद : शिवकुमार मिश्र
(122) रचना का इतिहास-दर्शन : राजेश्वर सक्सेना
(123) रिचर्ड्स के आलोचना सिद्धांत : अनु. शंभूदत्त झा

(124) रसमीमांसा : रामचंद्र शुक्ल
(125) राष्ट्रीय साहित्य तथा अन्य निबंध : नंददुलारे वाजपेयी
(126) लम्बी कविताओं का रचना-विधान : सं. नरेन्द्र मोहन
(127) लेखक और परिवेश : शिवसागर मिश्र
(128) लेखन कला और रचना-कौशल : मैक्सिम गोर्की
(129) वृहत्त्रयी : विजय बहादुर सिंह
(130) विचार और विश्लेषण : नगेन्द्र
(131) विष्णु प्रिया : मैथिलीशरण गुप्त
(132) विवेचना संकलन : संयोजक उमाराव
(133) विचार बोध : केदारनाथ अग्रवाल
(134) शिल्पी : पंत
(135) शब्द और स्मृति : निर्मल वर्मा
(136) शब्द जहाँ सक्रिय हैं : नंदकिशोर नवल
(137) शब्द और मनुष्य : परमानंद श्रीवास्तव
(138) शब्द और कर्म : मैनेजर पांडेय
(139) साम्यवाद और मानव-मूल्य : मॉरिस कार्नफोर्थ
(140) साक्षात्कार : डॉ. रामविलास शर्मा से बातचीत : सं. कर्णसिंह चौहान
(141) साहित्य सिद्धांत : रामअवध द्विवेदी
(142) स्वातन्त्र्योत्तर हिन्दी कविता में व्यंग्य : शेरजंग गर्ग
(143) समकालीन कविता पर बहस : जगदीश नारायण श्रीवास्तव
(144) समकालीन हिन्दी कविता : विश्वनाथ प्रसाद तिवारी
(145) समकालीन कविता की भूमिका : विश्वम्भरनाथ उपाध्याय
(146) समकालीन कविता का व्याकरण : परमानंद श्रीवास्तव
(147) समकालीन कविता का यथार्थ : परमानंद श्रीवास्तव
(148) साहित्य का नया परिप्रेक्ष्य : रघुवंश
(149) साठोत्तरी हिन्दी कविता : परिवर्तित दिशाएँ : विजय कुमार
(150) सौंदर्यशास्त्र की पाश्चात्य परम्परा : नीलकांत
(151) सौंदर्य का तात्पर्य : येरिक न्यूटन : अनु. रामकीर्ति शुक्ल

(152) स्वातन्त्र्योत्तर हिन्दी कविता : अनंत मिश्र
(153) संस्कृति और साहित्य : रामविलास शर्मा
(154) समकालीन कविता : मार्क्सवादी सौन्दर्यशास्त्र के परिप्रेक्ष्य में : रोहिताश्व
(155) साठ वर्ष : एक रेखांकन : पंत
(156) सुमित्रानंदन पंत : नगेन्द्र
(157) सौन्दर्यशास्त्र के तत्त्व : कुमार विमल
(158) हिन्दी साहित्य की भूमिका : हजारी प्रसाद द्विवेदी
(159) हिन्दी साहित्य का इतिहास : रामचंद्र शुक्ल
(160) हिन्दी साहित्य का इतिहास : नगेन्द्र
(161) हिन्दी साहित्य का इतिहास : राममूर्ति त्रिपाठी
(162) हिन्दी साहित्य : आधुनिक परिदृश्य : अज्ञेय
(163) हिन्दी साहित्य : बीसवीं शताब्दी : नंददुलारे वाजपेयी
(164) हिन्दी स्वच्छंदतावादी काव्य : प्रेमशंकर
(165) हिन्दी नव स्वच्छंदतावाद : नरेन्द्र देव वर्मा
(166) हम हशमत : कृष्णा सोबती
(167) हिन्दी काव्य रूप : शकुन्तला दुबे
(168) त्रिशंकु : अज्ञेय

(स) पत्र-पत्रिकाएँ

(1) आलोचना : सं. नामवर सिंह
(2) आकंठ : सं. हरिशंकर अग्रवाल
(3) उत्तरार्द्ध : सं. सव्यसाची
(4) गंगा : सं. कमलेश्वर
(5) चौथी दुनिया : सं. संतोष भारतीय
(6) जनसत्ता : सं. प्रभाष जोशी
(7) दस्तावेज़ : सं. विश्वनाथ प्रसाद तिवारी
(8) नयी कविता : सं. जगदीश गुप्त
(9) नया विकल्प : सं. विजय बहादुर सिंह
(10) प्रयोजन : सं. वीरेन्द्र यादव
(11) पूर्वग्रह : अशोक वाजपेयी

(12) पहल : सं. ज्ञानरंजन
(13) लहर : सं. प्रकाश जैन
(14) वसुधा : सं. धनंजय वर्मा
(15) वर्तमान साहित्य : सं. से. रा. यात्री
(16) सापेक्ष : सं. महावीर अग्रवाल
(17) साक्षात्कार : सं. सोमदत्त
(18) सारंगा स्वर : सं. विजयकुमार मिश्र
(19) समकालीन भारतीय साहित्य : सं. शानी
(20) हंस : सं. राजेन्द्र यादव

उत्तरकथन

प्रस्तुत पुस्तक अपने मूल रूप में काव्य आलोचना की पुस्तक है—शोध-प्रबन्ध होने के बावजूद। इसे मैंने वरिष्ठ आलोचक डॉ. विजय बहादुर सिंह के निर्देशन में बरकतुल्लाह विश्वविद्यालय, भोपाल (म.प्र.) की पी-एच.डी. उपाधि हेतु लिखा था—1987 से 1989 तक लगभग दो वर्ष की कालावधि में। सन् 1989 में शोध-प्रबन्ध प्रस्तुत किया गया था और अप्रैल 1990 में डॉक्टरेट की उपाधि मुझे प्रदान कर दी गई थी। उन दिनों डॉ. विजय बहादुर सिंह जैन महाविद्यालय, विदिशा (म.प्र.) में हिन्दी विभाग के अध्यक्ष थे।

तब से अब तक गंगा में कितना पानी बह चुका है। आज सन् 2018 में—अट्ठाईस साल बाद—इस शोध-प्रबन्ध को देखना जैसे स्मृतियों के चक्रवात में घिर जाने की तरह है। और ये यादें हैं—48 स्वर्णकार कॉलोनी मार्ग, विदिशा की जो डॉक्टर साहब का निवास स्थान हुआ करता था। यहाँ शलभ श्री राम सिंह उनके साथ लगभग स्थायी मित्र की तरह रहते थे। नरेन्द्र जैन का लगभग नियमित आना-जाना था। बाबा नागार्जुन के लम्बे-लम्बे प्रवास हुआ करते थे। अशोक वाजपेयी, विष्णुनागर, अदमगोंडवी, त्रिलोचन, मानबहादुर सिंह, नीलकान्त अनिल जनविजय, हरि भटनागर आदि अनेक लेखकों से वहाँ पहली बार मुलाकात हुई—कहना चाहिए कि उन्हें देखना हुआ तब मेरी बस आरम्भिक कविताएँ छपी थीं—कवि रूप में पहचान बस बनी ही थी, बन रही थी।

पिताजी की नौकरी बिलासपुर, मध्यप्रदेश (अब छत्तीसगढ़) में थी। माँ, भाई-बहन उन्हीं के साथ थे; मैं भी। अम्मा दादी गाँव (कोमा-राजिम) में थीं। हम वहाँ आते-जाते रहते। अम्मा भी बिलासपुर हमारे साथ आती रहती थीं।

एम. ए. (हिन्दी साहित्य) सन् 1986 में करने के बाद मैं केन्द्रीय विद्यालय (सेंट्रल स्कूल) जमुना कॉलरी, (तहसील—कोतमा, जिला—शहडोल) में हिन्दी का तदर्थ

अध्यापक हो गया था। शोधकार्य का अध्ययन वहीं रहकर करता रहा। थीसिस लिखने का समय आया तो नौकरी छोड़ दी। (अस्थायी वह थी ही)

बिलासपुर में रहकर मैंने सारे अध्याय लिखे। डॉक्टर साहब का मार्गदर्शन पत्रों द्वारा मिलता रहा। साथ ही डॉ. राजेश्वर सक्सेना (प्रतिष्ठित वरिष्ठ आलोचक) की बराबर सहायता मिलती रहती थी। वे बिलासपुर में ही रहते थे। उनके अध्ययन, ज्ञान और मार्गदर्शन को कभी भूला नहीं जा सकता। वस्तुतः वे मेरे प्रत्यक्ष गाइड थे। अध्याय की जाँच करवाने मैं विदिशा जाता तो प्रायः पन्द्रह-पन्द्रह दिन और कभी महीने भर विदिशा में डॉक्टर साहब के घर पर ही रुका करता। वे नए रचनाकारों के प्रति उदार और आत्मीय थे। मैं उनके लिए शोध छात्र मात्र नहीं, बल्कि एक नया कवि था। वहाँ उनका घर पुस्तकों का खजाना था। उनके कॉलेज जाने के बाद प्रायः खाली घर में मैं पुस्तकें पढ़-पढ़कर नोट्स लेता रहता था। सविता भार्गव और नीलेश रघुवंशी भी तब डॉक्टर साहब की छात्र थीं।

पिताजी मेरे शोधकार्य के प्रति बेहद उत्सुक और चिंतित रहते थे। मैं बड़ा था। वे उचित ही सोचते थे कि पी-एच. डी. हो जाने पर मुझे नौकरी मिल जाएगी। मैंने अप्रैल में उन्हें लौटकर बताया कि उपाधि प्रदान कर दी गई है। केवल अधिसूचना निकलने की औपचारिकता बाकी है। शोधग्रंथ के दो परीक्षक थे—डॉ. विश्वनाथ प्रसाद तिवारी (गोरखपुर) कवि, आलोचक, सम्पादक-दस्तावेज तथा कांतिकुमार जैन (सागर) जो संस्मरण लेखन से हिन्दी के चर्चित लेखक हुए। मौखिकी डॉ. जैन ने ली थी। पिताजी तब तक हृदय रोग से गम्भीर रूप से अस्वस्थ हो चुके थे। बारह दिन अस्पताल में भर्ती रहे और हमें हमेशा के लिए छोड़कर विदा हो गये थे। गाँव में पी-एच. डी. की अधिसूचना डाक से मई में पहुँची तब उनका श्राद्ध कर्म चल रहा था।

एक गहरी उदासी में इन पंक्तियों को लिखते हुए अब सोच रहा हूँ कि अपने जीवनकाल में मैं अपने पिता और अम्मा (दादी) को कोई सुख न दे सका। अम्मा भी दो वर्ष बाद साथ छोड़ गईं—पिताजी उनके एकलौते पुत्र थे। पिताजी के जाने के बाद उनका दो वर्षों का साथ भी हमारा बड़ा संबल था।

मैं दोनों की स्मृतियों को नमन करता हूँ। प्रसंगवश; यह बताना आवश्यक है कि मेरा विद्यालयीन-कार्यालयीन नाम प्रदीप है। अतः डॉक्टरेट की उपाधि भी प्रदीप श्रीवास्तव को प्रदान की गई थी; एकान्त श्रीवास्तव को नहीं।

टाइपिस्ट की भूल से उपलब्ध शोधग्रन्थ की एकमात्र प्रति में उद्धरण चिह्नों का उदारता से मनचाहा प्रयोग हुआ है। इसके कारण मेरा लिखा हुआ कई बार

उद्धरण चिह्नों के भीतर आ गया है और दूसरों का लिखा हुआ उद्धरण चिह्नों के बाहर—मेरे लिखे की तरह। अब इतने वर्षों बाद उन्हें ठीक-ठीक अलगा पाना सम्भव नहीं। इस तरह इस पुस्तक को मेरे द्वारा आधा लिखा ही माना जाए; आधा दूसरों का।

मैंने इस पुस्तक अर्थात् शोधग्रन्थ में कोई छेड़छाड़ नहीं की है क्योंकि मेरे लिए अब इस पुस्तक का ऐतिहासिक महत्त्व है। आज़ादी के बाद बयालीस वर्षों की हिन्दी कविता का लेखा-जोखा और इतिहास यहाँ दर्ज़ है। जिन पुस्तकों से उद्धरण लिये गए; वे आलोचना-पुस्तकें भी अब प्रायः अप्राप्त और अनुपलब्ध हैं—आउट ऑफ प्रिंट। अब वे किताबें भी प्रायः इसी तरह उद्धरणों में जहाँ-तहाँ बच रही हैं। गद्य की मेरी प्रथम पुस्तक के रूप में इसे देखा जाए—ऐसा मेरा आग्रह है। शोधग्रन्थ होने के बावजूद; यह पुस्तक आलोचना की पुस्तक है।

धन्यवाद!

एकान्त श्रीवास्तव

26-05-2018
कोलकाता

❑❑❑